# MEMBUKA ISI ALKITAB

## PERJANJIAN LAMA

Kilas pandang unik seluruh Alkitab

J. David Pawson, M.A., B.Sc

bersama Andy Peck

Copyright © 2017 David Pawson

The right of David Pawson to be identified as author of this Work has been asserted by him in accordance with the Copyright, Designs and Patents Act 1988.

Pengakuan tentang hak David Pawson sebagai pengarang dari Karya ini telah dikukuhkan olehnya sesuai dengan the Copyright, Designs and Patents Act 1988.

Alih bahasa: Paul Santoso Hidajat

This translation published in Great Britain in 2017 by
Terjemahan ini diterbitkan di Inggris pada 2017 oleh
Anchor Recordings Ltd
DPTT, Synegis House, 21 Crockhamwell Road,
Woodley, Reading RG5 3LE

Dilarang mereproduksi atau mentransmisi bagian mana pun dari terbitan ini dalam bentuk apa saja seperti elektronik atau mekanik, termasuk fotocopy atau sistem penyimpanan dan pengambilan informasi apa saja,
tanpa lebih dulu mendapat izin dari penerbit.

**Lebih banyak tentang pengajaran David Pawson, Termasuk DVD dan CD, kunjungi**
www.davidpawson.com

**UNTUK PENGUNDUHAN GRATIS**
www.davidpawson.org

**Informasi lanjut, email**
info@davidpawsonministry.org

**ISBN 978-1-911173-15-1**

Printed by Lightning Source
Dicetak oleh Lightning Source

# ISI

| | |
|---|---|
| Pendahuluan | 5 |
| **PETUNJUK SANG PENCIPTA** | 19 |
| 1. Pandangan menyeluruh Perjanjian Lama | 21 |
| 2. Kejadian | 36 |
| 3. Keluaran | 133 |
| 4. Imamat | 171 |
| 5. Bilangan | 199 |
| 6. Ulangan | 229 |
| **TANAH DAN KERAJAAN** | 261 |
| 7. Yosua | 263 |
| 8. Hakim-hakim dan Rut | 302 |
| 9. 1 dan 2 Samuel | 334 |
| 10. 1 dan 2 Raja-raja | 368 |
| **PUISI PENYEMBAHAN DAN HIKMAT** | 401 |
| 11. Pendahuluan ke puisi Ibrani | 403 |
| 12. Mazmur | 425 |
| 13. Kidung Agung | 460 |
| 14. Amsal | 373 |
| 15. Pengkhotbah | 500 |
| 16. Ayub | 514 |

| | |
|---|---|
| **KEMUNDURAN DAN KEJATUHAN KERAJAAN** | 539 |
| 17. Pendahuluan ke Nabi-nabi | 541 |
| 18. Yunus | 549 |
| 19. Yoel | 562 |
| 20. Amos dan Hosea | 579 |
| 21. Yesaya | 611 |
| 22. Mikha | 643 |
| 23. Nahum | 658 |
| 24. Zefanya | 666 |
| 25. Habakuk | 681 |
| 26. Yeremia dan Ratapan | 701 |
| 27. Obaja | 737 |
| **PERJUANGAN UNTUK BERTAHAN HIDUP** | 749 |
| 28. Yehezkiel | 751 |
| 29. Daniel | 786 |
| 30. Ester | 821 |
| 31. Ezra dan Nehemia | 837 |
| 32. 1 dan 2 Tawarikh | 864 |
| 33. Hagai | 884 |
| 34. Zakharia | 897 |
| 35. Maleakhi | 930 |

 # PENDAHULUAN

Menurut perkiraan saya semua ini dimulai di Arab pada tahun 1957. Ketika itu saya adalah pendeta di Angkatan Udara Inggris (Royal Air Force), bertugas memelihara kesejahteraan rohani semua mereka yang bukan anggota Gereja Inggris atau Roma Katolik tetapi dari denominasi lainnya -- seperti Metodis, Bala Keselamatan, Budhis sampai yang ateis). Saya bertanggungjawab untuk rangkaian markas tentara dari Laut Merah sampai ke Teluk Persia. Kebanyakannya bahkan tidak ada jemaat yang disebut 'gereja,' apalagi bangunan gereja.

Sebagai seorang sipil saya adalah pendeta Metodis yang bekerja di mana saja dari Kepulauan Shetland sampai Lembah Thames. Di denominasi itu hanya perlu mempersiapkan beberapa khotbah setiap triwulan, yang diedarkan di 'himpunan kapel-kapel'. Yang saya kerjakan kebanyakannya adalah jenis 'teks' (membahas tentang satu ayat) atau jenis 'topik' (membahas tentang satu pokok dengan banyak dasar ayat dari seluruh Alkitab). Dalam kedua jenis khotbah itu saya seperti halnya banyak pengkhotbah lain pun, bersalah mengeluarkan teks dari konteksnya sebelum saya sadar bahwa baik penomoran pasal maupun ayat tidak diinspirasikan atau dimaksudkan oleh Tuhan dan telah menyebabkan akibat sangat buruk kepada Alkitab, setidaknya dengan mengubah arti 'teks' dengan melepaskan satu kalimat dari keseluruhan kitab. Alkitab telah dijadikan semacam bunga rampai 'teks-teks pembuktian,' yang dipilih semaunya dan dipakai untuk mendukung hampir apa saja yang pengkhotbah ingin katakan.

Dengan sekantong khotbah yang didasari pada teknik bermasalah ini, saya dalam pakaian seragam berhadapan dengan jemaat yang sangat berbeda -- yang semuanya laki-laki ketimbang yang saya terbiasa tadinya: pertemuan gaya perahu penyelamat untuk para perempuan dan anak-anak. Persediaan khotbah saya yang sedikit segera habis. Beberapa darinya telah gagal, khususnya dalam kebaktian parade wajib di Inggris, sebelum saya ditempatkan di luar Inggris.

Maka di sini saya di Aden, memulai sebuah gereja praktis dari awal, terdiri dari para Staf Permanen dan Sementara Tentara Nasional dari angkatan bersenjata termuda Yang Mulia Ratu. Bagaimana saya bisa membuat mereka tertarik akan iman Kristen dan kemudian menjadi orang yang berkomitmen kepadanya?

Sesuatu (kini akan saya katakan: Satu Pribadi) mendorong saya untuk mengumumkan bahwa saya akan menyampaikan serangkaian khotbah selama beberapa bulan, yang akan membimbing kami menelusuri Alkitab ('dari Kejadian ke Wahyu'!).

Terbukti itu menjadi perjalanan penemuan untuk kami semua. Alkitab menjadi sebuah buku baru apabila dilihat sebagai suatu kesatuan. Dengan memakai sebuah klise usang, kita telah gagal melihat hutan karena hanya memerhatikan pohon. Kini rencana dan tujuan Tuhan disingkapkan secara segar. Orang-orang itu mendapatkan sesuatu yang cukup besar untuk mereka kunyah.

Pemikiran tentang ambil bagian dari penyelamatan kosmis menjadi motivasi dahsyat. Kisah-kisah Alkitab dilihat sebagai hal yang nyata dan relevan.

Tentu saja, 'pandangan menyeluruh' saya waktu itu masih agak sederhana, bahkan naif. Saya merasa seperti turis Amerika yang 'berhasil' menjelajahi Museum Inggris dalam 20 menit -- dan dapat menjadikannya 10 menit jika ia mengenakan sepatu untuk lari! Kami balap melintasi abad-abad, memberi tidak lebih dari sekilas jengukan kepada beberapa kitab-kitab Alkitab.

Tetapi akibatnya melampaui pengharapan saya dan menetapkan arah kehidupan dan pelayanan saya seterusnya. Saya menjadi 'pengajar Alkitab,' meski baru dalam bentuk janin. Ambisi saya berbagi keasyikan mengetahui keseluruhan Alkitab menjadi sebuah gairah.

Ketika saya kembali ke kehidupan gereja 'normal,' saya berketetapan hati membimbing jemaat saya menelusuri keseluruhan Alkitab selama sepuluh tahun (jika mereka tahan bersama saya selama itu). Ini meliputi pembahasan satu 'pasal' pada setiap kebaktian. Ternyata ini memerlukan banyak waktu, baik untuk persiapan (sejam studi untuk tiap 10 menit di mimbar) dan penyampaian (45-50 menit lamanya). Perbandingan itu sama seperti memasak dan memakan. Dampak dari 'eksposisi' Alkitab sistematik ini mengukuhkan bahwa keputusan itu memang tepat. Ada kelaparan nyata akan Firman Tuhan yang terlihat. Orang mulai datang dari tempat jauh dan luas, 'untuk mengisi baterai mereka' demikian dijelaskan oleh beberapa orang. Segera lalu lintas ini berbalik. Pita rekaman, yang tadinya disiapkan untuk orang sakit dan tinggal di rumah, kini mulai tersebar jauh dan luas, pada puncaknya sampai ratusan ribu ke 120 negara. Tak ada yang lebih terkejut ketimbang saya.

Meninggalkan Gold Hill di Buckinghamshire pindah ke Guildford di Surrey, saya temukan diri saya ambil bagian dalam merancang dan membangun Millmead Center, yang memiliki aula yang ideal bagi kelangsungan pelayanan pengajaran ini. Pada saat pembukaannya, kami memutuskan untuk menghubungkannya dengan pembacaan keseluruhan Alkitab yang dibacakan dengan suara kuat tanpa henti. Itu memakai waktu 84 jam, dari Minggu petang sampai Kamis pagi, ketika tiap orang membaca selama 15 menit sebelum meneruskan Alkitab ke seorang lainnya. Kami memakai Alkitab versi 'Living' yang paling mudah untuk dibaca dan didengar, dengan hati maupun pikiran.

Kami tidak tahu akan mengharapkan apa, tetapi peristiwa itu agaknya menangkap imajinasi publik. Bahkan walikota ingin ambil bagian dan secara kebetulan saja (atau karena penyelenggaraan ilahi) mendapatkan dirinya sendiri membaca tentang seorang suami "yang terkenal, karena ia duduk dalam dewan kota bersama para tua-tua kota lainnya." Ia mendesak untuk membawa pulang satu salinan untuk istrinya. Seorang ibu lain dalam perjalanannya untuk menemui pengacaranya tentang pemutusan pernikahannya secara hukum singgah dan ia mendapat giliran membaca, "Aku benci perceraian, firman Tuhan." Akibatnya ia tidak jadi pergi ke pengacara itu.

Sejumlah 2,000 orang hadir dan membeli setengah ton Alkitab. Sebagian datang untuk setengah jam dan ternyata masih tinggal sampai tiga jam kemudian, sambil bergumam sendiri, "Ya, mungkin satu kitab lagi dan baru saya sungguh harus pergi."

Banyak dari mereka, termasuk pengunjung yang paling teratur yang untuk pertama kalinya mendengar Alkitab dibacakan keseluruhannya. Dalam kebanyakan gereja hanya beberapa kalimat dibacakan tiap minggu dan juga tidak selalu secara berurutan. Mana ada buku lain yang dapat membuat siapa pun tertarik, bahkan asyik, jika diperlakukan dengan cara tadi?

Maka pada hari-hari Minggu kami mendalami keseluruhan Alkitab, kitab demi kitab. Karena Alkitab bukan satu tetapi banyak buku -- bahkan, ia adalah sebuah perpustakaan (kata *biblia* dalam bahasa Latin dan Yunani berbentuk majemuk: 'kitab-kitab'). Dan tidak saja banyak buku, tetapi banyak jenis buku -- sejarah, hukum, surat, kidung, dsb. Apabila kami telah selesai mempelajari satu kitab, menjadi keharusan untuk memulai kitab berikutnya dengan pendahuluan khusus yang meliputi pertanyaan sangat mendasar: Apakah jenis kitab ini? Kapan ia ditulis? Siapa yang menulisnya? Untuk siapa ia ditulis? Paling utamanya, mengapa ia dituliskan? Jawaban atas yang satu itu menyediakan 'kunci' untuk membuka pesannya. Tidak satu pun dalam buku itu yang dapat dimengerti penuh kecuali dilihat sebagai bagian dari keseluruhan. Konteks dari setiap 'teks' bukan semata paragraf atau bagian tetapi pada dasarnya adalah keseluruhan kitab itu sendiri.

Lalu, saya jadi makin dikenal luas sebagai pengajar Alkitab dan diundang ke perguruan tinggi, konferensi dan konvensi -- mulanya di negara ini, tetapi makin meningkat di luar negeri, di mana kaset telah membuka pintu dan menyiapkan jalan. Saya suka bertemu orang baru dan melihat tempat-tempat baru, tetapi pengalaman baru duduk – dalam jet jumbo – memudar dalam 10 menit!

Ke mana saja saya pergi saya temukan semangat dan hasrat yang sama untuk mengetahui Firman Tuhan. Saya mensyukuri Tuhan atas temuan kaset rekaman yang tidak seperti sistem video, telah terstandarisasi di seluruh dunia. Kaset sungguh mengisi kekosongan nyata di banyak sekali tempat. Ada banyak sekali penginjilan yang berhasil tetapi sangat sedikit pelayanan pengajaran untuk memantapkan, membangun dan mendewasakan para petobat.

Saya mungkin dapat melanjutkan jalur pelayanan ini sampai akhir masa pelayanan aktif saya, tetapi Tuhan memiliki satu lagi kejutan untuk saya, yang merupakan mata rantai terakhir yang memimpin ke penerbitan jilid ini.

Di awal 1990-an, Bernard Thompson, sahabat yang menggembalakan sebuah gereja di Wallingford, dekat Oxford, meminta saya memberikan ceramah di rangkaian singkat pertemuan kebersamaan antar gereja dengan tujuan meningkatkan kesukaan akan dan pengetahuan Alkitab -- suatu sasaran yang pasti memancing saya!

Saya jawab saya akan datang tiap bulan sekali dan bicara selama tiga jam tentang satu kitab dalam Alkitab (dengan rehat kopi di tengahnya!). sebagai imbalan, saya minta mereka yang hadir untuk membaca kitab yang akan dibahas sebelum dan sesudah kunjungan saya. Semasa minggu-minggu berikutnya para pengkhotbah diminta mendasari khotbah mereka dan persekutuan rumah tangga mendiskusikan kitab yang sama. Semua ini paling tidak diharapkan menghasilkan keakraban dengan satu kitab itu.

Tujuan saya rangkap dua. Di satu pihak, membuat orang sangat tertarik akan kitab itu sampai mereka tidak dapat menunggu untuk mulai membacanya. Di pihak lain, memberi mereka cukup wawasan dan informasi supaya ketika mereka sungguh membacanya mereka akan mengalami keasyikan dengan tumbuhnya kesanggupan mereka untuk mengerti kitab itu. Untuk mendukung kedua tujuan ini, saya menggunakan gambar, diagram, peta dan model.

Pendekatan ini sungguh menarik. Sesudah hanya empat bulan saya didesak untuk membuat janji lagi untuk lima tahun berikutnya, untuk meliput semua 66 kitab! Sambil tertawa saya menolak, dan mengatakan bahwa saya mungkin sudah di surga jauh hari sebelumnya (sesungguhnya, saya jarang membuat janji lebih dari enam bulan di muka, tidak ingin menggadaikan masa depan, atau mengandaikan bahwa saya memiliki masa depan). Tetapi Tuhan memiliki rencana lain dan menyanggupkan saya menyelesaikan maraton tersebut.

*Anchor Recordings (http://anchor-recordings.com)* telah mendistribusikan kaset saya selama 20 tahun terakhir dan ketika Direktur saya, Jim Harris, mendengar rekaman pertemuan ini, ia mendesak saya mempertimbangkan untuk menjadikan itu video. Ia mengatur kamera dan krunya untuk datang ke Pusat Konferensi High Leigh, aula utamanya 'diubah' menjadi studio, selama tiga hari pada satu kesempatan, memungkinkan 18 program dibuat dengan para pendengar undangan. Perlu lima tahun tambahan untuk menyelesaikan proyek ini; yang didistribusikan dengan judul 'Membuka Alkitab' (*Unlocking the Bible*).

Kini video-video ini telah mengelilingi dunia. Mereka dipakai dalam persekutuan rumah, gereja, kampus, angkatan bersenjata, perkemahan gipsi, penjara dan jaringan televisi kabel. Semasa kunjungan yang diperpanjang ke Malaysia, mereka dilihat dengan tingkat seribu kali per minggu. Mereka telah menyusup ke semua enam benua, termasuk Antartika!

Lebih dari seorang menyebut ini adalah 'legasi saya untuk gereja.' Pastinya ini adalah buah dari kerja selama banyak tahun. Dan kini saya di dasa warsa ke delapan di planet bumi, meski saya tidak berpikir bahwa Tuhan sudah selesai dengan saya. Tetapi saya memang pernah berpikir bahwa tugas khusus ini telah mencapai kesimpulannya. Saya keliru.

HarperCollins mendatangi saya dengan ide untuk menerbitkan bahan ini dalam jilid-jilid berseri. Selama kurang lebih satu dasa warsa terakhir saya telah menulis buku-buku untuk penerbit lain, maka saya yakin bahwa ini adalah suatu cara yang baik untuk menyebar-luaskan Firman Tuhan. Namun demikian, saya memiliki dua pertimbangan besar tentang usulan ini yang membuat saya menjadi sangat ragu. Pertama berhubung dengan cara bahan ini telah disiapkan dan yang satu lagi berhubung dengan cara ia telah disampaikan. Saya akan jelaskan ini dalam urutan terbalik.

Pertama, saya tidak pernah menuliskan khotbah, ceramah atau presentasi saya secara penuh. Saya bicara dari catatan, terkadang terdiri dari banyak halaman. Saya memerhatikan komunikasi selain juga isinya dan secara intuitif tahu bahwa naskah yang ditulis lengkap mengganggu hubungan antara pembicara dan pendengar, setidaknya dengan mengalihkan matanya dari pendengar. Bicara yang spontan lebih dapat merespons kepada reaksi pendengar dan juga lebih dapat mengungkapkan emosi.

Hasilnya, bicara dan gaya tulisan saya sangat beda, masing-masing disesuaikan dengan fungsinya. Saya menikmati mendengarkan kaset saya dan dapat tersentuh sendiri secara mendalam. Saya entusias tentang membaca salah satu terbitan baru saya, dan kerap memberitahu istri saya, "Ini sungguh bahan yang bagus!" Tetapi, ketika saya membaca salinan apa yang saya katakan, saya malu dan tertegun. Begitu banyak pengulangan kata dan frasa! Bertele-tele, bahkan kalimat tidak lengkap! Bentuk waktu kata kerja yang bercampur, khususnya lampau dan kini! Sungguhkah saya telah melecehkan Bahasa Inggris Ratu seperti ini? Bukti petunjuknya tidak dapat disangkal.

Sudah saya jelaskan bahwa tidak mungkin saya berpikir untuk menulis ulang semua bahan ini sepenuhnya. Itu telah mengambil sebagian terbesar dari masa kehidupan saya dan saya tidak memiliki lainnya. Memang, salinan dari ceramah telah dibuat, dengan ide untuk menerjemahkan dan mengisikan suara ke dalam bahasa Spanyol dan Tionghoa. Tetapi ide bahwa ini akan diterbitkan apa adanya membuat saya gentar. Barangkali inilah pergumulan akhir saya dengan kesombongan, tetapi perbedaan dengan buku-buku yang sudah saya tulis, dengan mengambil banyak waktu dan dengan susah payah, terlalu besar dari yang dapat saya tanggung.

Saya diyakinkan bahwa pemeriksa naskah akan memperbaiki kebanyakan kekeliruan yang ada. Tetapi usul perbaikan yang paling utama adalah mempekerjakan seorang 'penulis bayangan' yang selaras dengan saya dan pelayanan saya, untuk menyesuaikan bahan agar siap cetak. Perkenalan dengan pribadi yang dipilih, Andy Peck, membuat saya amat yakin bahwa ia dapat melakukan pekerjaan ini, bahkan meski hasilnya akan tidak seperti jika saya sendiri menulisnya -- juga karenanya, tidak seperti jika ia menulis sendiri.

Saya serahkan kepadanya semua catatan, kaset, video dan transkrip, tetapi jilid ini adalah juga karyanya seperti ini adalah karya saya. Ia telah bekerja luar biasa keras dan saya berterima kasih mendalam kepadanya karena memungkinkan saya mencapai lebih banyak orang dengan kebenaran yang memerdekakan manusia. Jika seorang mendapatkan pahala nabi hanya karena memberikan air minum kepada nabi itu, saya hanya dapat bersyukur kepada

Tuhan untuk pahala yang Andy akan terima karena karya kasih yang sangat besar ini.

Kedua, saya tidak pernah secara teliti menyimpan catatan tentang sumber-sumber yang saya pakai. Ini karena Tuhan memberkati saya dengan ingatan yang cukup baik untuk hal-hal seperti kutipan dan ilustrasi dan barangkali juga karena saya tidak pernah memakai bantuan sekretaris.

Buku telah memainkan peran besar dalam pekerjaan saya -- tiga ton buku, menurut pemindah perabotan yang baru-baru ini jasanya saya sewa, untuk mengisi dua ruang dan gudang di taman. Mereka terbagi tiga kategori: buku-buku yang sudah saya baca, yang ingin saya baca dan yang tidak akan pernah saya baca! Buku-buku telah sangat memberkati saya dan sangat menjengkelkan istri saya.

Bagian terbesar diisi dengan buku-buku tafsiran Alkitab. Ketika menyiapkan penelaahan Alkitab, saya melihat ke para penulis yang relevan, tetapi hanya sesudah saya sendiri menyiapkan sebanyak yang saya bisa. Lalu saya menambahkan dan memperbaiki usaha saya dalam terang tulisan ilmiah dan devosional. Akan mustahil menyebutkan semua mereka yang kepadanya saya telah berutang itu. Seperti banyak orang lain, saya melahap Bacaan Alkitab Sehari-hari (*Daily Bible Readings*) dari William Barclay secepat mereka diterbitkan kembali di tahun 1950-an. Pengetahuannya akan latarbelakang dan kosakata Perjanjian Baru sangat bernilai dan gaya tulisannya yang sederhana dan jelas menjadi model untuk diikuti, meski kemudian hari saya mempertanyakan tafsiran-tafsirannya yang 'liberal.' John Stott, Merill Tenney, Gordon Fee dan William Hendrickson adalah di antara mereka yang membukakan Perjanjian Baru untuk saya, sementara Alec

Motyer, G. T. Wenham dan Derek Kidner melakukan yang sama untuk Perjanjian Lama. Waktu tidak akan cukup untuk menyebutkan Denney, Lightfoot, Nygren, Robinson, Adam Smith, Howard, Ellison, Mullen, Ladd, Atkinson, Green, Beasley-Murray, Snaith, Marshall, Morris, Pink dan banyak lagi lainnya. Juga saya tidak akan lupa tentang dua buku kecil berharga buah pena perempuan: Tentang Apakah Sebenarnya Alkitab itu (*What the Bible is all about*) oleh Henrietta Mears dan Kristus dalam seluruh Alkitab (*Christ in all the Scriptures*) oleh A. M. Hodgkin. Boleh duduk di kaki mereka telah merupakan kehormatan besar. Saya selalu menganggap kesediaan belajar sebagai salah satu prasyarat dasar menjadi seorang pengajar.

Saya bagaikan spons yang menyerap semua sumber ini. Saya ingat banyak sekali hal yang telah saya baca, tetapi tidak dapat dengan mudah mengingat di mana saya membacanya. Ketika mengumpulkan bahan untuk khotbah hal ini tidak begitu masalah, sebab kebanyakan para penulis ini tepatnya bertujuan menolong para pengkhotbah dan tidak berharap untuk terus menerus dikutip. Pasti, khotbah yang dipenuhi dengan kutipan dapat mengganggu, jika bukan disalahtafsirkan sebagai tahu banyak nama hebat atau mengklaim secara tidak langsung bahwa pengkhotbah itu telah banyak membaca, sebagaimana yang dapat dikesankan oleh paragraf saya di atas!

Tetapi tidak seperti khotbah, cetakan tunduk kepada hak cipta, sebab di dalamnya terlibat royalti. Dan takut melanggar ini mencegah saya dari mengizinkan pelayanan lisan saya mana pun untuk direproduksi dalam bentuk cetakan. Tak perlu ditanya lagi susahnya menelusur balik 40 tahun mengutip dan andai itu mungkin, keharusan mencantumkan catatan kaki dan ucapan terima kasih dapat menggandakan tebal dan harga buku ini.

Alternatifnya adalah menyangkal akses ke bahan-bahan ini untuk mereka yang dapat menerima manfaat darinya, yang diingatkan oleh penerbit saya sebagai hal salah. Paling tidak saya bertanggungjawab mengumpulkan dan menyatukan semua ini, tetapi saya yakin bahwa ada cukup kontribusi asli saya untuk membenarkan penerbitan buku ini.

Saya hanya dapat menyampaikan permohonan maaf dan terima kasih kepada semua yang studinya telah saya rampok sekian lama, entah dalam jumlah kecil atau besar, dengan berharap mereka boleh melihat ini sebagai contoh tentang imitasi yang merupakan bentuk sanjungan paling tulus. Dengan menyebut satu lagi kutipan yang saya baca entah di mana: "Beberapa pengarang tertentu, bicara tentang karya mereka, sebagai 'buku saya'... Seharusnya lebih tepat mereka mengatakan 'buku kami'... sebab biasanya dalam tulisan mereka ada lebih banyak karya orang lain ketimbang mereka sendiri saja' (aslinya berasal dari Pascal).

Jadi, inilah buku 'kami'! Saya duga sayalah yang dengan lugas disebut oleh orang Perancis sebagai 'pemasyhur.' Pemasyhur adalah orang yang mengambil apa yang para akademisi ajarkan dan membuatnya cukup sederhana untuk dapat dimengerti oleh orang 'biasa.' Saya puas dengan itu. Seperti seorang perempuan tua berkata kepada saya, sesudah saya menguraikan nas Alkitab yang cukup dalam, "Anda memecahkannya menjadi cukup kecil untuk kami dapat menerimanya." Sungguh, saya memang selalu bermaksud mengajar seperti itu sampai anak usia 12 tahun dapat mengerti dan mengingat pesan saya. Sebagian pembaca akan kecewa, bahkan frustrasi dengan sedikitnya rujukan teks, khususnya jika mereka ingin memeriksanya sendiri! Tetapi ketiadaan ini disengaja. Tuhan memberikan Firman-Nya kepada kita dalam kitab-kitab, tetapi bukan dalam pasal-pasal dan ayat-ayat. Itu adalah pekerjaan dua orang uskup, Perancis dan Irlandia, beberapa abad sesudahnya. Itu membuat lebih mudah mendapatkan 'teks' dan mengabaikan konteks. Berapa banyak orang Kristen yang mengutip Yohanes 3:16 dapat mengucapkan isi ayat 15 dan 17? Banyak yang tidak lagi 'menyelidiki Alkitab'; mereka hanya melihat (dengan diberinya penomoran). Maka saya telah mengikuti kebiasaan para rasul menamai hanya pengarangnya -- "sebagaimana Yesaya atau Daud atau Samuel mengatakan." Sebagai contoh, Alkitab berkata bahwa Tuhan bersuit. Di manakah ayatnya yang mengatakan itu? Di kitab Yesaya. Di mana? Anda carilah sendiri. Lalu Anda juga akan menemukan kapan Ia berbuat demikian dan mengapa. Dan Anda akan mengalami kepuasan boleh menemukan sendiri semua itu.

Satu hal terakhir. Di balik pengharapan saya bahwa pengantar kepada kitab-kitab Alkitab ini akan menolong Anda boleh mengetahui dan mengasihi kitab-kitab Alkitab lebih daripada sebelumnya, terdapat kerinduan lebih besar dan lebih dalam -- bahwa Anda akan juga mengenal lebih baik dan lebih mengasihi inti yang terdapat dalam semua kitab-kitab itu, yaitu Tuhan sendiri. Saya sangat tersentuh oleh komentar seseorang yang telah melihat semua video itu dalam beberapa hari: "Kini saya mengetahui jauh lebih banyak tentang Alkitab, tetapi yang terpenting ialah saya merasakan hati Tuhan tidak pernah seperti ini sebelumnya."

Apa lagi yang dapat diharapkan oleh pengajar Alkitab? Semoga Anda mengalami hal yang sama sementara Anda membaca halaman-halaman ini dan bersama saya berkata, Terpujilah Bapa, Anak dan Roh Kudus."

J. David Pawson<br>
Sherborne St John, 2008

## MEMBUKA ISI ALKITAB

Ya saya kira saya tahu Alkitab saya
Membacanya sedikit, kena atau luput
Kini sebagian Yohanes atau Matius
Lalu sedikit Kejadian

Beberapa pasal khusus Yesaya
Mazmur dua puluh tiga
Amsal pertama, Roma dua belas
Ya, saya kira saya tahu Firman

Tetapi saya dapatkan bahwa pembacaan menyeluruh
Adalah hal berbeda
Dan caranya tidak terkenal
Ketika saya membaca Alkitab menyeluruh

Anda yang suka mempermainkan Alkitab
Mencelup sini memercik sana
Hanya sebelum Anda berlutut kelelahan
Menguap sepanjang doa yang tergesa

Anda yang memperlakukan seenaknya mahkota atas tulisan ini
Sementara tidak demikian Anda perlakukan buku lain
Memenggal hanya satu paragraf
Hanya menengok kepadanya dengan tak sabar

Cobalah prosedur yang lebih layak
Cobalah pandangan luas dan tetap;
Anda akan berlutut takjub dan heran
Ketika Anda membaca Alkitab menyeluruh.

*(Penulis anonim)*

# PETUNJUK SANG PENCIPTA

1. Ikhtisar Perjanjian Lama
2. Kejadian
3. Keluaran
4. Imamat
5. Bilangan
6. Ulangan

# 1.
# IKHTISAR PERJANJIAN LAMA

Tuhan telah memberi kita sebuah perpustakaan terdiri dari 66 kitab. Kata Latin *biblia* berarti kitab-kitab. Perjanjian Lama yang terdiri dari 39 kitab, mencakup lebih dari 2,000 tahun, ditulis oleh beragam penulis dan mencakup banyak jenis sastra. Karenanya, tidak heran bahwa banyak orang datang ke Alkitab bertanya-tanya bagaimana semua itu dapat bertautan. Tuhan tidak menata Alkitab secara topikal sehingga kita dapat mempelajari tema-tema secara perorangan: Ia mengaturnya agar kita dapat membaca satu kitab pada satu kesempatan. Alkitab adalah kebenaran Tuhan tentang diri-Nya dan bagaimana kita harus berhubungan dengan Dia, digelar dalam konteks sejarah. Ia memberitahu bagaimana manusia, secara prinsip bangsa Israel, sampai mengalami Tuhan untuk diri mereka dan merespons Firman-Nya. Jauh dari menjadi sebuah buku teks teologis yang kering, ia adalah kisah seru tentang karya penebusan Tuhan dalam kehidupan umat-Nya.

Banyak yang gagal meraih pesan menyeluruh itu karena mereka tidak memiliki cukup pengertian tentang latarbelakang Alkitab. Pasal ini bertujuan menyediakan ikhtisar Perjanjian Lama supaya bagian Alkitab mana pun dapat diberikan konteksnya yang tepat.

## Geografi

Jika kita ingin mengerti Perjanjian Lama, ada dua peta yang harus lebih dulu kita hargai sebelum lainnya: itu adalah Tanah Perjanjian dan Timur Tengah.

Wilayah kunci dalam peta Timur Tengah adalah yang disebut oleh para ahli geografi 'Bulan Sabit Subur' -- yaitu bentangan tanah subur yang merentang dari Sungai Nil di Mesir di sebelah barat, ke timur laut Israel dan kemudian ke selatan lalu ke tenggara ke dataran yang mengitari Tigris dan Efrat di tempat yang biasa disebut Mesopotamia (artinya 'di tengah sungai-sungai,' meso = tengah, dan potamia = sungai-sungai). Wilayah subur ini menampung pusat-pusat kuasa dalam dunia purba, dengan Mesir di Barat dan Asyur kemudian Babilonia di timur. Israel terganjal antara kedua bangsa ini dan banyak bagian Perjanjian Lama ditulis dengan latarbelakang pergumulan antara dua kekuatan dunia ini. Juga ada masa-masa penting ketika ancaman atau kegiatan mereka berbenturan langsung pada Israel.

Posisi geografis Israel membuatnya penting sebagai rute perdagangan. Gurun Siria di timur Israel menyebabkan para pedagang dan tentara dari timur perlu melintasi perbatasan Israel sementara mereka bergerak antara Asia, Afrika dan Eropa. Wilayah pegunungan batu karang ke barat laut Laut Galilea menyalurkan para pengelana melintasi Yizreel dan lanjut menuju Megido. Sebuah jalan raya utama memasuki Palestina melalui Gerbang Siria, mengalir melalui Damaskus, menyeberangi Jembatan Putri Yakub dan menyeberangi bendungan batu karang ke Danau Galilea. Ini lalu ke barat-daya melalui Dataran Megido ke Dataran Pesisir, melalui Lida dan Gaza ke Mesir. Israel adalah lorong sempit -- ke timur ada lembah retakan, yang

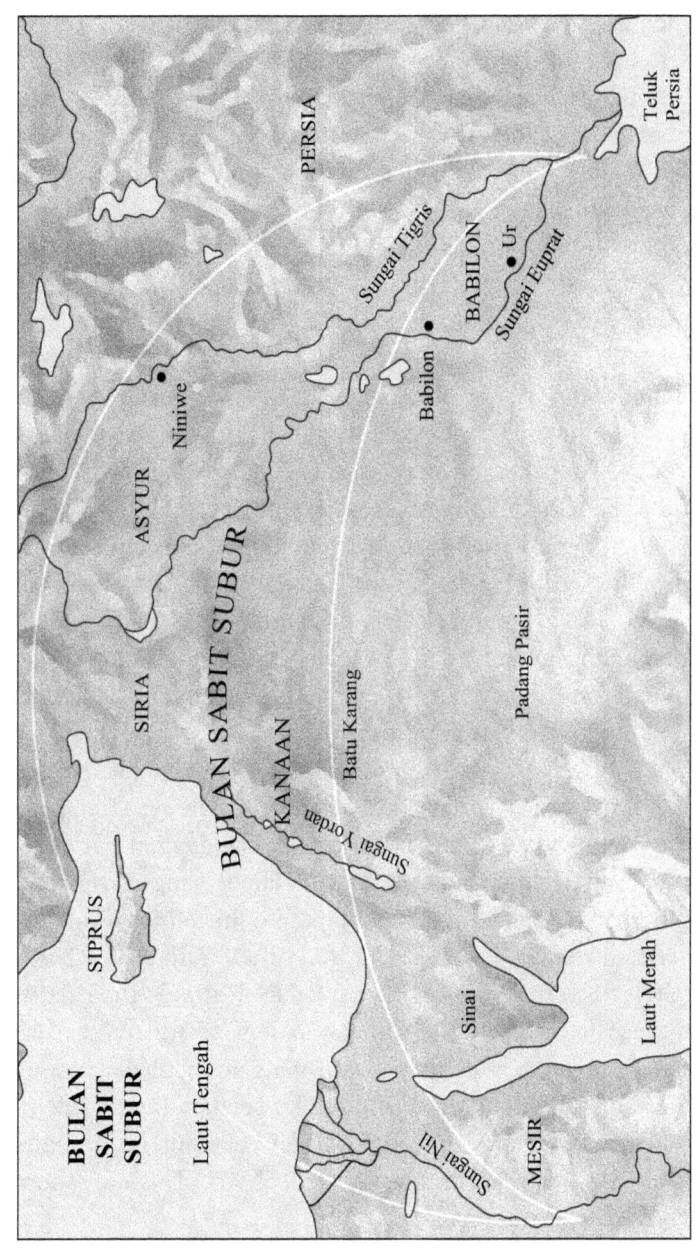

mengalir dari utara ke selatan ke Laut Mati, dan ke barat terletak Laut Tengah.

Karenanya, Israel adalah jalan lintas dunia, dengan rute perdagangan datang dari semua jurusan dan Megido adalah tempat mereka semua bertemu. Menghadap ke 'jalan lintas' itu adalah desa Nazaret, dan pasti Yesus pernah duduk di bukit itu dan memandang dunia berlangsung.

Lokasi ini memiliki makna rohani. Tuhan sedang menanam suatu umat di jalan lintas di mana mereka dapat menjadi model tentang kerajaan surga di bumi. Seluruh dunia dapat melihat berkat yang datang kepada manusia yang hidup di bawah pemerintahan Tuhan -- dan kutuk yang datang ketika mereka tidak taat. Posisi unik Israel tidak kebetulan. Melihat ke geografi internal Tanah Perjanjian, bagian utara yang mengandung jalan lintas dunia disebut Galilea, atau 'Galilea bangsa-bangsa' sebab suasana internasional di sana. Bagian selatan, Yudea, lebih bergunung-gunung dan terisolasi dari bagian lain dunia, mendorong kebudayaan yang lebih khas Yahudi dengan ibukota Yerusalem di pusatnya.

Tanah Perjanjian kira-kira sama dengan luas Wales (sedikit lebih luas dari Jawa Barat dan Banten), tetapi ia mencakup segala jenis iklim dan pemandangan. Di mana pun Anda tinggal, ada tempat di Israel yang mirip tempat tinggal Anda. Tempat yang paling mirip Inggris adalah sebelah selatan Tel Aviv. Karmel di utara dikenal sebagai 'Swiss Kecil.' Hanya 10 menit dari Karmel Anda dapat duduk di bawah pohon-pohon palem. Yang terkenal di tanah itu ialah Sungai Yordan, yang muncul di Gunung Hermon dan mengalir dari utara ke selatan di dalam lembah retakan yang telah disebutkan sebelum ini, melalui Laut Galilea dan turun ke Laut Mati. Dataran subur mengeliling alirannya.

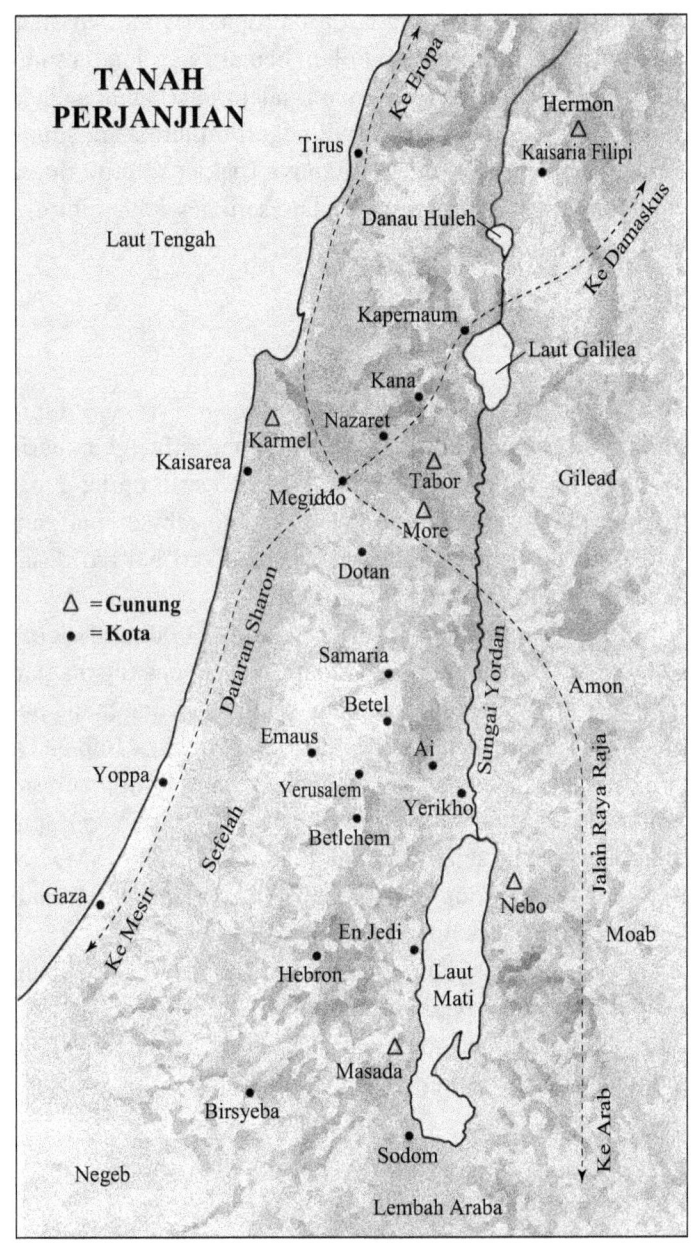

Semua flora dan fauna dari Eropa, Afrika dan Asia dapat ditemukan di Israel. Pohon cemara Skotlandia tumbuh bersebelahan dengan pohon palem dari Sahara. Pada masa alkitabiah binatang liar di negeri itu termasuk singa, beruang, buaya dan unta. Kesannya seakan seluruh dunia entah bagaimana terperas ke dalam satu negara kecil itu.

# Sejarah

Sesudah kita menjadi akrab dengan geografi umum dunia Perjanjian Lama, kini kita perlu mempertimbangkan garis besar sejarah Perjanjian Lama. Agaknya sulit untuk dapat meliput 2,000 tahun atau lebih, tetapi sebuah diagram sederhana akan menolong kita menangkap hal-hal dasar (lihat diagram).

Perjanjian Lama mencakup sejarah 2,000 tahun lebih sebelum masa Kristus. Kejadian 1-11 mencakup bagian 'prasejarah' -- penciptaan alam semesta, Kejatuhan manusia di Taman Firdaus, Air Bah dan Menara Babel. Di sini fokusnya pada umat manusia secara umum, meski termasuk juga garis keturunan 'saleh.' Tetapi kita dapat mendiagramkan sejarah Israel sendiri dari 2000 SM, ketika Tuhan memanggil Abraham (meski hal itu terjadi beberapa abad sebelum bangsa itu dibentuk).

Periode Perjanjian Lama secara kasar dapat dibagi ke dalam empat bagian setara yang masing-masingnya 500 tahun. Tiap periode memiliki peristiwa kunci, pribadi menonjol dan jenis kepemimpinan tertentu.

# IKHTISAR PERJANJIAN LAMA

**YESUS - Kelahiran, Kematian, Kebangkitan, Kenaikan**
MATIUS, MARKUS, LUKAS, YOHANES

## (P.L.) SEJARAH ORANG IBRANI (SM)

**MANUSIA - Penciptaan, Kejatuhan, Air Bah, Babel** (KEJADIAN 1-11)

| 2000 | 1500 | 1000 | 500 | |
|---|---|---|---|---|
| Pemilihan Abraham | Keluaran Musa | Kerajaan Daud | Pembuangan Yesaya | |
| BAPA2 LELUHUR | NABI-NABI | PARA RAJA | PARA IMAM | |
| (Abraham sampai Yusuf) | (Musa sampai Samuel) | (Saul sampai Zedekia) | (Yosua sampai Kayafas) | |
| ABRAHAM ISHAK YAKUB | | SAUL DAUD SALOMO | | SELANG 400 TAHUN |
| | | | MAZMUR K A AMSAL PKH | |
| YUSUF | KELUARAN IMAMAT BILANGAN ULANGAN | 'ISRAEL' (10) 'YEHUDA' (2) ELIA ELISA | **SEBELUM** YOEL YUNUS AMOS NAHUM HOSEA OBAJA MIKHA HABAKUK YESAYA ZEFANYA | TUHAN DIAM TIDAK AKTIF |
| SELANG 400 TAHUN | YOSUA HAKIM2 RUT | | **SEMASA** YEREMIA (RATAPAN) YEHEZKIEL | SOCRATES PLATO ARISTOTELES |
| TUHAN DIAM TIDAK AKTIF | | | **AFTER** HAGGAI ZECHARIAH MALACHI | |
| KEJADIAN 12–50 | 1, 2 SAMUEL 1, 2 RAJA-RAJA 1, 2 TAWARIKH | | DANIEL ESTER | BUDHA KONFUSIUS ALEKSANDER AGUNG |
| **AYUB** MESIR INDIA TIONGKOK | | | EZRA NEHEMIA | YULIUS KAISAR |

| 2000 | 1500 | 1000 | 500 |
|---|---|---|---|
| Pemilihan Abraham | Keluaran Musa | Kerajaan Daud | Pembuangan Yesaya |
| Bapa-bapa leluhur | Para Nabi | Raja-raja | Para Imam |

Dalam periode pertama para bapa leluhur memimpin Israel: Abraham, Ishak, Yakub dan Yusuf. Dalam periode kedua Israel dipimpin oleh para nabi, dari Musa sampai Samuel. Dalam periode ketiga mereka dipimpin oleh para raja, dari Saul sampai Zedekia. Periode ke empat melihat para imam yang memimpin, dari Yosua (imam yang kembali ke Yudea dari pembuangan di bawah pemerintahan Zerubabel) sampai Kayafas pada masa Kristus.

Tak satu pun jenis pemimpin tersebut yang ideal dan masing-masing individu membawa kelemahanya ke dalam tugas mereka. Bangsa itu membutuhkan seorang pemimpin yang adalah nabi, imam dan raja, dan ini mereka temukan dalam Yesus. Karena itu, tiap tahap adalah pembayangan awal dari pemimpin ideal yang akan datang.

Garis waktu ini dibagi oleh dua celah 400 tahun. Celah pertama terjadi antara para bapa leluhur dan para nabi sekitar 1500 SM dan yang kedua sesudah para imam pada 400SM. Semasa dua set 400 tahun ini Tuhan tidak bicara dan berbuat apa pun, maka tidak ada hal dari dua periode ini dalam Alkitab. Ada beberapa kitab orang Yahudi yang ditulis di periode kedua, dikenal secara kolektif sebagai Apokrifa, tetapi mereka bukan bagian dari Alkitab sesungguhnya sebab tidak mencakup masa ketika Tuhan bicara dan berbuat. Karena itu Maleakhi adalah kitab terakhir Perjanjian Lama dari Alkitab standar kita, kemudian ada celah 400 tahun sebelum Injil Matius.

Sangat menarik memerhatikan peristiwa-peristiwa dalam sejarah dunia yang terjadi semasa dua celah ini. Kebudayaan orang Mesir, India dan Tionghoa berkembang semasa celah pertama, sementara dalam yang kedua filsafat Yunani berkembang melalui Sokrates, Plato dan Aristoteles. Tokoh besar lain dari masa ini termasuk Budha, Kong Hu Cu, Aleksander Agung dan Julius Caesar. Jadi banyak kejadian yang oleh sejarawan dianggap penting, tetapi kecil relevansinya bagi Tuhan. Sejarah yang menyangkut umat-Nyalah yang sungguh penting.

## Ikhtisar ringkas kitab-kitab

Kejadian 12-50 mencakup periode pertama sejarah Israel ketika bangsa itu dipimpin oleh para bapa leluhur (lihat tabel di halaman 28). Boleh jadi kitab Ayub ditulis pada masa ini, sebab ada kesejajaran dengan jenis kehidupan yang dijalani oleh para bapa leluhur.

Relatif sedikit kitab mencakup perempat berikutnya. Keluaran, Imamat, Bilangan dan Ulangan semuanya ditulis oleh Musa. Kitab Yosua, Hakim-hakim dan Rut melanjutkan sejarah periode itu.

Ada lebih banyak kitab yang dihubungkan dengan bagian perempat ketiga: Samuel, Raja-raja dan Tawarikh, tambah kitab-kitab puisi: Mazmur, Amsal, Pengkhotbah dan Kidung Agung. Semasa perempat ke tiga ini dan sesudah masa Salomo ada perang sipil ketika 12 suku terbagi menjadi dua bagian, yang 10 di utara menyebut diri mereka Israel, dua yang di selatan Yudea. Ini adalah akhir dari kebangsaan yang bersatu. Ada nabi-nabi pada masa itu -- Elia dan Elisa -- tetapi mereka tidak memiliki kitab-kitab mereka sendiri.

Akhirnya ada sejumlah besar kitab nubuatan yang dihubungkan dengan Pembuangan (kerajaan Israel di utara telah takluk kepada Asyur, kemudian suku-suku di kerajaan selatan Yudea dipaksa ke pembuangan oleh Babilonia). Beberapa mengandung nubuatan dari sebelum Pembuangan, sebagian pada masa itu, sebagian sesudahnya, serta sebagiannya campuran sebab nabi yang bersangkutan bekerja pada lebih dari satu tahap. Ini memberitahu kepada kita tentang kepentingan peristiwa ini bagi sejarah Israel. Yaitu kehilangan tanah yang telah Tuhan janjikan untuk mereka dan menghantam ke inti jatidiri mereka sebagai sebuah bangsa.

Para nabi sudah memperingatkan bangsa itu bahwa mereka akan kehilangan tanah tersebut dan para nabi (kadang orang yang sama) menghibur mereka apabila mereka telah kehilangan tanah itu. Ada nabi yang mendesak mereka untuk membangun kembali bait ketika mereka kembali ke Yudea sesudah 70 tahun di pembuangan. Kitab Daniel dan Ester dituliskan dari Babilonia sendiri. Nabi Ezra dan Nehemia menolong pembangunan ulang Yerusalem dan memperbarui umat itu begitu mereka telah kembali.

Garis besar ringkas ini cukup untuk memperlihatkan bahwa kitab-kitab Perjanjian Lama tidak selalu dalam urutan kronologis. 'Kitab-kitab sejarah' cukup teratur dan tepat, tetapi para nabi diatur bukan menurut ukuran kronologi. Dengan demikian hal itu dapat membuat orang bingung tentang siapa yang bicara dan kapan bicaranya.

## Bangkit dan jatuhnya sebuah bangsa

Ada satu aspek lagi dari diagram yang terdapat di halaman 28 yang perlu digarisbawahi. Diagram itu memperlihatkan garis titik-titik yang mewakili keberuntungan bangsa itu, yang mencapai puncaknya di bawah Daud dan Salomo. Garis yang naik landai itu menunjukkan kemajuan sampai ke titik ini, dengan penurunan tajam begitu puncak telah dicapai. Semua orang Yahudi melihat balik ke periode itu dan merindukan kembalinya. Itu adalah masa keemasan. Mereka mengharapkan seorang anak Daud untuk memulihkan kemakmuran mereka.

Pertanyaan terakhir yang para murid tanyakan kepada Yesus sebelum Ia naik ke surga adalah tentang bila Ia akan memulihkan kerajaan untuk Israel. Mereka bertanya hal yang sama itu 2,000 tahun sesudahnya.

Garis itu masih menurun sampai Israel dibuang oleh Asyur pada 721 SM dan kemudian Yudea oleh Babilon pada 587 SM.

Sesudah selang 400 tahun kedua Yohanes Pembaptis datang, nabi pertama sesudah kurun waktu yang lama. Kemudian datang Yesus dan pelayanan-Nya. Perjanjian Baru mencakup 100 tahun dibanding dengan 1,000 tahun lebih cakupan Perjanjian Lama.

## Urutan kitab-kitab

Telah kita catat bahwa kronologi sejarah Perjanjian Lama berbeda dari urutan penyajian kitab-kitab ini. Juga ada perbedaan besar dalam urutan kitab-kitab yang dimasukkan dalam Alkitab kita dibandingkan dengan Alkitab Ibrani. Alkitab Indonesia ditata dalam kerangka **sejarah**: Kejadian sampai Ester, lalu **puisi**: Ayub sampai Kidung Agung, lalu **nubuatan**: Yesaya sampai Maleakhi. Para nabi lebih jauh dibagi ke dalam **para nabi besar**: Yesaya, Yeremia, Yehezkiel dan Daniel, dan **para nabi kecil**: Hosea sampai

## PERJANJIAN LAMA

### IBRANI

**HUKUM (TAURAT PENTATEUKH)**
* Pada mulanya (Kejadian)
* Inilah nama-nama (Keluaran)
* Dan Ia memanggil (Imamat)
* Di padang gurun (Bilangan)
* Inilah Firman (Ulangan)

**NABI-NABI**
**Awal:**
* Yosua
* Hakim-hakim
* Samuel
* Raja-raja

**Kemudian:**
Yesaya
Yeremia
Yehezkiel
Hosea
Yoel
Amos
Obaja
Yunus
Mikha
Nahum
Habakuk
Zefanya
Hagai
Zakharia
Maleakhi

**TULISAN**
* Puji-pujian (Mazmur)
* Ayub
* Amsal
* Rut
* Kidung Agung
* Pengkhotbah
* Bagaimana? (Ratapan)
* Ester
* Daniel
* Ezra
* Nehemia
* 1, 2 Perkataan hari-hari (Tawarikh)
'bangkit' (aliya) (kata2 akhir)

[Lukas 24:37, 44]

### INDONESIA

**SEJARAH (LAMPAU)**
* Kejadian
* Keluaran
* Imamat
* Bilangan
* Ulangan
* Yosua
* Hakim-hakim
* Rut
* 1, 2 Samuel
* 1, 2 Raja-raja
* 1, 2 Tawarikh
* Ezra
* Nehemia
* Ester

**PUISI (KINI)**
* Ayub
* Mazmur
* Amsal
* Pengkhotbah
* Kidung Agung

**SEJARAH (DEPAN)**
**Besar (4):**
Yesaya
Yeremia
* Ratapan
Yehezkiel
* Daniel

**Kecil (12):**
Hosea
Yoel
Amos
Obaja
Yunus
Mikha
Nahum
Habakuk
Zefanya
Hagai
Zakharia
Maleakhi
'kutuk' (kata terakhir)

(Tanda * menunjukkan kitab-kitab yang tampak dalam bagian-bagian berbeda dari Alkitab Ibrani dan Indonesia.)

Maleakhi. Namun demikian, penyebutan 'besar' dan 'kecil' diberikan karena ukuran kitab dan bukan lainnya. Pembagian ini umumnya disorot di halaman daftar isi, sehingga kebanyakan pembaca tidak sadar tentang perubahan kategori ketika mereka pindah dari satu bagian ke berikutnya.

Alkitab Ibrani memiliki tiga pembagian jelas. Pertama lima kitab yang tidak dianggap sebagai sejarah tetapi sebagai hukum Taurat, dan dikenal oleh kata pertama yang dibaca sementara gulungan kitab dibuka. Bagian berikutnya di bawah judul para nabi, sebuah judul yang mengejutkan sebab ia mencakup sejumlah kitab yang dalam Alkitab kita didaftarkan sebagai sejarah: Yosua, Hakim-hakim, Samuel dan Raja-raja disebut para nabi awal, dengan para nabi besar dan kecil (sebagaimana yang biasa disebut dalam Alkitab) didaftarkan sebagai para nabi yang kemudian. Ini disebabkan orang Yahudi melihat kitab-kitab sejarah sebagai sejarah bersifat nubuatan -- sejarah menurut bagaimana Tuhan mencerap apa yang terjadi dan apa yang penting.

Semua sejarah didasarkan atas prinsip pemilihan dan hubungan -- apa yang dicakup dan mengapa itu dicakup. Sejarah Alkitab tidak berbeda, kecuali bahwa para nabi di bawah pengilhaman Tuhan yang membuat pemilihan itu. Ruth dan Tawarikh adalah sejarah dalam Alkitab kita tetapi tidak dianggap sebagai sejarah bersifat nubuatan dalam Alkitab Ibrani. Bahkan, tidak ada tindakan langsung Tuhan yang disebut dalam kitab Rut, meski orang-orang dalam kisah itu merujuk kepada-Nya karena berkat, dan sebagainya. Sebaliknya kitab-kitab ini membentuk bagian tulisan yang ketiga dan terakhir dalam Alkitab Ibrani. Di sini ada lebih banyak kejutan, sebab kitab-kitab puisi dimasukkan, juga Daniel, yang boleh diharap untuk dicakup di antara kitab-kitab nubuatan.

Pembagian ini mungkin terkesan aneh, tetapi itulah pembagian yang Yesus rujuk ketika Ia menampakkan diri kepada dua murid yang di jalan ke Emaus dan sepuluh murid, sesudah kematian dan kebangkitan-Nya. Kita baca bagaimana Ia menuntun mereka melalui kitab Musa, kitab para nabi dan seluruh Alkitab, dan memperlihatkan segala sesuatu yang menyangkut diri-Nya kepada mereka. Ini adalah pembagian Perjanjian Lama yang Yesus kenal dan terima dan saya percaya kita pun bisa mendapatkan manfaat darinya.

Ada lagi kitab-kitab sejarah Yahudi yang tidak merupakan bagian Alkitab. Kitab-kitab Apokrifa kebanyakannya adalah 'sejarah,' meski beberapa mengandung jenis sastra lain. Kitab-kitab ini mencakup kisah-kisah menakjubkan, menyajikan wawasan ke dalam kehidupan kaum Makabea dalam pemberontakan mereka melawan orang Yunani yang menduduki tanah itu pada beberapa abad sebelum Kristus. Tetapi kitab-kitab ini tidak dinilai sebagai catatan yang diilhamkan oleh Tuhan dan karena itu tidak dimasukkan ketika kanon Perjanjian lama akhirnya disetujui. Mereka telah dimasukkan ke dalam Alkitab Roma Katolik.

Dalam buku ini kitab-kitab Alkitab telah disusun ulang kira-kira menurut urutan kronologis, supaya pembaca boleh mendengar firman Tuhan dalam urutan di mana Ia mengucapkannya dan dengan demikian memberi kesan lebih masuk akal tentang pewahyuan progresif yang dikandung dalam kitab-kitab Alkitab.

## Kesimpulan

Pada kilas pertama, Perjanjian Lama mungkin terkesan membingungkan, tetapi saya harap ikhtisar ini akan menolong Anda berhasil menjelajahi halaman-halamannya. Tentu, tidak ada pengganti untuk membaca dan membaca ulang teks Alkitab sendiri. Latihan tersebut tidak harus bersifat akademis. Tuhan telah mengilhamkan tulisan-tulisan Pejanjian Lama dan akan menjumpai Anda melalui halaman-halamannya. Anda hanya perlu memohon itu kepada-Nya.

# 2. KEJADIAN

## Pendahuluan

Alkitab bukan satu tetapi banyak buku. Dalam bahasa Inggris 'Bible' datang dari kata *biblia* dalam bahasa Latin yang berarti 'perpustakaan.' Alkitab terdiri dari 66 kitab terpisah dan berbeda dari kitab sejarah lain mana pun dalam hal ia mulai lebih awal dan berakhir lebih kemudian. Kitabnya yang pertama, Kejadian, mulai pada awal alam semesta dan kitabnya yang terakhir, Wahyu memaparkan akhir dunia dan sesudahnya. Alkitab juga unik sebab ia adalah sejarah yang ditulis dari sudut pandang Tuhan. Sejarah politik atau sejarah fisik alam semesta memiliki fokus yang ditentukan oleh interes manusia, tetapi dalam Alkitab Tuhan memilih apa yang penting untuk-Nya.

## Tema

Pada dasarnya ada dua tema utama dalam Alkitab: apa yang salah dengan dunia kita dan bagaimana ia dapat diperbaiki. Kebanyakan orang setuju bahwa dunia ini bukan tempat yang baik untuk kita hidup di dalamnya, bahwa sesuatu yang sangat salah telah berlangsung. Kitab Kejadian memberitahu kita apa masalah tepatnya, sedangkan bagian selanjutnya dari Alkitab memberitahu kita bagaimana Tuhan memperbaiki dengan meluputkan kemanusiaan dari dirinya. Seluruh 66 kitab dalam Alkitab membentuk bagian dari sebuah drama agung -- yang dapat kita sebut drama penebusan. Kitab Kejadian penting sebab ia menuntun kita ke panggung, pertunjukan dan plot drama agung ini. Tambahan, tanpa beberapa pasal awal Kejadian, sisa Alkitab berikutnya akan sedikit artinya.

AWAL MULA

Judul kitab ini dalam bahasa Ibrani hanya 'Pada Mulanya.' Alkitab Ibrani ditulis dalam bentuk gulungan dan nama tiap kitab adalah kata atau frasa pertama yang ditulis di bagian atas gulungan, tampak kepada siapa saja yang ingin tahu kitab apa itu.

Ketika Perjanjian Lama Ibrani diterjemahkan ke dalam bahasa Yunani pada sekitar 250 SM, para penerjemah mengubah nama kitab pertama menjadi 'Kejadian,' yang artinya adalah 'asal' atau 'awal.' Itu judul yang sangat tepat sebab kitab itu mencakup asal dari sangat banyak hal -- alam semesta kita, matahari, bulan dan bintang-bintang, planet bumi. Di sini kita mengetahui asal tumbuh-tumbuhan, burung, ikan, binatang, manusia. Kita dapatkan juga awal dari seks, pernikahan dan kehidupan keluarga, asal peradaban, pemerintah, kebudayaan (seni dan ilmu), dosa, kematian, pembunuhan dan perang. Kita juga menemukan kurban pertama, baik binatang dan manusia. Singkatnya, kita miliki rangkuman dari sejarah umat manusia. Sebelas pasal pertama Kejadian dapat disebut 'pendahuluan kepada Alkitab.'

## PERLUNYA PEWAHYUAN

Kejadian tidak saja berurusan dengan asal mula, ia juga mengurus pertanyan-pertanyaan terpenting tentang kehidupan. Dari mana alam semesta kita berasal? Mengapa kita ada di sini? Mengapa kita harus mati?

Jelas sekali bahwa pertanyaan ini tidak dapat dijawab oleh manusia mana pun. Para sejarawan mencatat apa yang manusia telah lihat atau alami di masa lalu. Ilmuwan mengamati apa yang dapat diamati kini dan mengusulkan bagaimana kemungkinan mulainya hal-hal itu. Tetapi tidak ada yang dapat memberitahu kita mengapa semua itu mulai dan apakah alam semesta yang ada kini memiliki arti. Para filsuf hanya dapat menduga jawabannya. Mereka berspekulasi tentang asal mula kejahatan dan mengapa ada begitu banyak penderitaan dalam dunia ini, tetapi sesungguhnya mereka tidak mengetahui jawabannya. Satu-satunya pribadi yang sungguh dapat menjawab berbagai pertanyaan ini untuk kita adalah Tuhan sendiri.

## Siapa yang menulisnya?

Karena itu, ketika kita membuka kitab Kejadian, langsung kita berhadapan dengan pertanyaan: Apakah kita membaca hasil imajinasi manusia atau sebuah kitab ilham ilahi?

Pertanyaan itu dapat dijawab dengan mengambil pendekatan yang serupa yang digunakan dalam penyelidikan ilmiah. Sains didasari atas langkah-langkah iman: suatu hipotesis dibuat dan kemudian diuji untuk melihat apakah ia cocok dengan fakta-faktanya. Jadi sains berkembang dengan serangkaian lompatan iman, dengan mengajukan teori dan mengambil tindakan berdasarkan teori tersebut. Seperti itu juga, untuk membaca Kejadian dengan tepat kita harus mengambil langkah iman bahkan sebelum kita membuka kitab ini. Kita harus mengandaikan bahwa ini adalah sebuah kitab ilham ilahi dan kemudian melihat jika berbagai jawaban yang ia berikan sesuai dengan kehidupan alam semesta sebagaimana kita melihatnya.

Ada dua fakta yang khusus dan jelas yang secara sempurna dijelaskan oleh jawaban dalam Kejadian. Fakta pertama ialah bahwa kita hidup dalam dunia ajaib yang sangat indah dan luar biasa beragam. Fakta kedua ialah bahwa dunia telah dihancurkan oleh mereka yang hidup di dalamnya. Kita diberitahu bahwa 100 spesies berbeda punah setiap harinya, dan kita makin menjadi sadar akan dampak merusak yang dibawa oleh produksi modern pada lingkungan kita. Secara sempurna Kejadian menjelaskan mengapa dua fakta ini benar, seperti akan kita lihat nanti.

## Tempat Kejadian

Kejadian bukan saja kitab pertama, ia adalah kitab yang menjadi fondasi bagi keseluruhan Alkitab. Kebanyakan kebenaran alktiabiah, jika bukan semuanya, dicakup di sini, paling tidak sebagai embrio. Kitab ini adalah kunci yang membuka bagian Alkitab berikutnya. Kita belajar bahwa ada satu Tuhan, pencipta alam semesta. Kita diberitahu bahwa dari antara semua bangsa, Israel adalah umat pilihan untuk memberkati. Para sarjana menyebut ini 'skandal kekhususan,' bahwa dari semua bangsa, Israel yang khusus dipilih. Ini adalah tema yang mengalir sepanjang Alkitab ke halaman paling akhir.

Kepentingan Kejadian dikukuhkan jika kita bertanya akan seperti apa Alkitab jika ia mulai dengan Keluaran. Jika itu yang terjadi, kita akan bertanya-tanya mengapa kita harus tertarik akan sekumpulan para budak Yahudi di Mesir. Hanya jika kita memiliki perhatian akademis tertentu akan pokok ini kita akan membaca lebih lanjut. Hanya dengan membaca Kejadian kita mengerti kepentingan para budak keturunan Abraham tersebut. Tuhan telah membuat perjanjian dengan Abraham, menjanjikan bahwa semua bangsa akan diberkati melalui garis ini. Dengan mengetahui ini, kita dapat menghargai mengapa pemeliharaan Tuhan atas para budak ini menarik, sambil melihat bagaimana maksud-maksud yang Ia singkapkan boleh tercapai.

## Jenis Sastra apakah Kejadian ini?

Banyak pembaca Kejadian sadar adanya perdebatan sengit tentang apakah kitab ini diwahyukan Tuhan. Sebagian sarjana mengusulkan bahwa ini adalah kitab mitos dengan sedikit dasar historis. Saya ingin membuat tiga pokok pendahuluan menyangkut hal ini.

1. Seluruh Perjanjian Lama dibangun atas kitab Kejadian, dengan banyak rujukan di dalamnya ke para tokoh seperti Adam, Nuh, Abraham dan Yakub (kemudian hari dikenal sebagai Israel). Perjanjian Baru juga membangun atas fondasi yang Kejadian sediakan dan mengutipnya jauh lebih banyak ketimbang yang Perjanjian Lama lakukan. Keenam pasal pertamanya dikutip secara rinci di Perjanjian Baru, dan delapan penulis penting Perjanjian Baru merujuk ke kitab Kejadian dalam berbagai cara.
2. Yesus sendiri menyelesaikan semua pertanyaan tentang kesejarahannya dengan Ia kerap merujuk ke para tokoh Kejadian sebagai pribadi nyata dan peristiwa-peristiwa di dalamnya sebagai sejarah nyata. Yesus menganggap kisah Nuh dan Air Bah sebagai peristiwa historis. Ia

juga mengklaim sebagai kenalan pribadi Abraham. Injil Yohanes mencatat perkataan-Nya kepada orang Yahudi: "Abraham bapamu bersukacita bahwa ia akan melihat hari-Ku dan ia telah melihatnya dan ia bersukacita." Selanjutnya Ia berkata, "... sebelum Abraham jadi [dilahirkan] Aku telah ada." Yohanes juga mengingatkan kita dalam Injilnya bahwa Yesus sudah ada pada awal waktu. Ketika Yesus ditanya tentang perceraian dan pernikahan ulang, Ia merujuk para penanya-Nya ke Kejadian 2 dan memberitahu mereka bahwa di sana terdapat jawabannya. Jika Yesus percaya bahwa Kejadian benar kita tidak beralasan melakukan yang berbeda.
3. Pengertian teologis rasul Paulus mengandaikan bahwa Kejadian benar secara historis. Dalam Roma 5 ia mempertentangkan ketaatan Kristus dengan ketidaktaatan Adam, dengan menjelaskan akibat-akibatnya dalam kehidupan orang percaya. Hal ini akan tidak berarti jika Adam bukan tokoh sejarah sungguhan.

## Jika Kejadian tidak benar, bagian Alkitab berikutnya pun tidak.

Penyiratan sedemikian bukan hanya berlaku untuk Kejadian sendiri. Jika kita tidak menerima bahwa Kejadian benar, maka kita tidak dapat mengandalkan bagian Alkitab berikutnya. Seperti telah kita perhatikan, sedemikian banyak bagian Alkitab dibangun atas kebenaran fondasional dalam Kejadian. Jika Kejadian tidak benar, maka 'kebetulan' adalah pencipta kita dan binatang purba adalah nenek moyang kita. Tidak heran bahwa kitab ini mengalami lebih banyak serangan daripada kitab lainnya di seluruh Alkitab.

Ada dua sisi serangan: pertama bersifat ilmiah dan kedua spiritual. Kita akan memeriksa aspek serangan ilmiah ketika kita melihat ke isi Kejadian secara lebih rinci kelak. Kini kita hanya perlu memerhatikan klaim bahwa banyak rincian di pasal-pasal awalnya yang tidak serasi dengan sains modern -- yaitu rincian seperti usia bumi, usia manusia, keluasan Air Bah dan panjang usia manusia sebelum dan sesudah Air Bah.

Namun demikian, di balik serangan ilmiah itu, kita bisa mengenali serangan iblis. Iblis paling benci dua kitab dalam Alkitab yang memaparkan masuknya ia dan keluarnya ia secara tidak terhormat: Kejadian dan Wahyu. Karena itu ia suka mencegah orang dari memercayai pasal-pasal awal Kejadian dan pasal-pasal akhir Wahyu. Jika ia dapat meyakinkan kita bahwa Kejadian adalah mitos dan Wahyu adalah misteri, maka ia tahu ia dapat maju jauh menghancurkan banyak iman orang.

## Bagaimana Kejadian sampai ditulis?

Kejadian adalah satu dari lima kitab yang membentuk unit Alkitab Yahudi yang dikenal entah sebagai Pentateukh (*penta* berarti 'lima') atau Taurat (yang berarti instruksi'). Orang Yahudi percaya bahwa kelima kitab ini membentuk 'instruksi sang pencipta' untuk dunia dan mereka membaca kelimanya sepanjang tahun, sebagian demi sebagian tiap minggunya.

Sudah menjadi tradisi panjang di antara para sejarawan Yahudi, Kristen dan bahkan bukan Yahudi bahwa Musa yang menulis kelima kitab ini dan agaknya tidak ada alasan untuk meragukan ini. Pada masa Musa abjad telah mengganti bahasa gambar yang umum di Mesir dan masih berlaku di Tiongkok dan Jepang sampai kini. Musa menerima pendidikan tinggi dan memiliki pembelajaran dan pengetahuan untuk menyusun kelima kitab ini.

Namun demikian, ada dua masalah menerima Musa sebagai yang menulis kelima kitab ini.

## MASALAH DENGAN KEPENGARANGAN MUSA

Masalah pertama cukup kecil. Di akhir Ulangan dicatat tentang kematian Musa. Agaknya tidak mungkin ia menuliskan bagian itu! Kemungkinan Yosua orangnya yang menambahkan catatan tersebut di akhir kelima kitab itu untuk melengkapi kisah tersebut.

Kedua, dan masalah besar, ialah bahwa kitab Kejadian berakhir sekitar 300 tahun sebelum Musa lahir. Tidak ada masalah untuk Musa menuliskan kitab Keluaran, Imamat, Bilangan dan Ulangan, sebab ia hidup sepanjang peristiwa-peristiwa yang dicatat dalam kitab-kitab itu. Tetapi bagaimana ia mendapatkan bahan untuk kitab Kejadian?

Masalah itu dengan mudah dapat diatasi. Studi yang dibuat tentang bangsa yang tidak mengenal buku dalam kebudayaannya telah menyingkapkan bahwa mereka yang tidak dapat menulis memiliki ingatan luar biasa. Suku-suku yang tidak memiliki tulisan belajar sejarah mereka melalui kisah-kisah yang diteruskan di sekitar api unggun. Tradisi lisan sangat kuat dalam komunitas primitif dan pasti demikian juga di antara orang Ibrani, khususnya ketika mereka menjadi budak di Mesir dan ingin anak-anak mereka tahu siapa mereka dan dari mana mereka berasal.

Ada dua jenis sejarah yang lazimnya diteruskan dalam bentuk ingatan. Pertama adalah silsilah, sebab pohon keluarga memberikan jatidiri orang. Ada banyak silsilah dalam Kejadian, dengan frasa "inilah daftar keturunan" (atau "inilah anak-anak dari" dalam beberapa terjemahan) terdapat sebanyak 10 kali. Lainnya adalah kisah saga atau kepahlawanan -- menceritakan tentang perbuatan hebat yang para leluhur berhasil capai. Hampir seluruh Kejadian terdiri dari dua aspek sejarah itu: kisah-kisah tentang para pahlawan besar diselingi dengan pohon keluarga. Dengan mengingat ini, mudah mengerti bagaimana kitab ini digubah dari ingatan yang Musa kumpulkan dari para budak di Mesir.

Meski demikian, ini tidak menjawab semua pertanyaan tentang kepengarangan Musa. Ada satu bagian Kejadian yang tidak mungkin diambil dengan cara tadi, dan itu adalah pasal pertama (atau lebih tepatnya 1:1 sampai 2:3, sebab pembagian pasal tidak tepat). Bagaimanakah Musa menggubah pasal yang memerinci tentang penciptaan dunia ini?

Di sini kita harus memakai iman. Mazmur 103 menunjuk bahwa Tuhan memberitahukan jalan-jalan-Nya melalui Musa, termasuk narasi penciptaan. Itu adalah salah satu dari sedikit bagian Alkitab yang mestinya telah didiktekan langsung oleh Tuhan dan diteruskan oleh manusia, seperti juga Tuhan memberitahu Yohanes dengan jelas apa yang harus ditulis dalam Wahyu ketika memaparkan tentang akhir dunia. Umumnya Tuhan mengilhami para penulis Alkitab untuk memakai tabiat, ingatan, wawasan dan pandangan mereka untuk membentuk Firman-Nya (sebagaimana dengan Musa di bagian sisa Kejadian), dan mereka sedemikian dikuasai oleh pengilhaman Roh-Nya sampai apa yang mereka hasilkan adalah apa yang Ia ingin tuliskan. Tetapi Ia memberikan kisah penciptaan dalam pewahyuan langsung.

Ada satu rincian pendukung ketika kita mempertimbangkan tidak adanya catatan tentang perayaan Sabat sebelum masa Musa. Kita tidak membaca bahwa mengkhususkan satu hari Sabat perhentian adalah bagian dari gaya hidup para bapa leluhur. Bahkan, sama sekali tidak ada petunjuk adanya konsep tentang minggu tujuh hari. Semua rujukan waktu adalah kepada bulan dan tahun. Karena kita memiliki Kejadian 1 di awal Alkitab, kita salah apabila mengandaikan bahwa Adam tahu tentangnya dan merayakan Sabat sebagai model kepada semua orang sesudahnya. Tetapi sebaliknya, agaknya Adam mengurus Taman Firdaus tiap siang dan waktu bersama Tuhan pada petang hari. Demikian juga tidak ada usulan bahwa Abraham, Ishak atau Yakub memelihara Sabat, dan pekerjaan mereka sebagai peternak barangkali hanya menyediakan sedikit waktu untuk istirahat.

Semua ini tidak perlu membuat kita heran jika seperti diusulkan di atas, Musa menerima pasal pertama -- termasuk konsep istirahat Sabat -- dari Tuhan sendiri. Dengan pengetahuan ini, ia lalu sanggup memperkenalkan konsep Sabat ke dalam kehidupan Israel melalui Sepuluh Perintah.

Jadi kesimpulannya, Kejadian jelas adalah sebuah kitab dari Tuhan dan harus dibaca dengan pengandaian ini. Ia juga sebuah kitab yang ditulis oleh Musa, dengan memakai pendidikan dan talentanya menulis dari masa ia di Mesir untuk mencatat karya-karya Tuhan yang luar biasa ketika Ia membalikkan akibat Kejatuhan dalam panggilan Abraham.

## Bentuk Kejadian

Memerhatikan bentuk keseluruhan kitab ini berguna sebagai petunjuk. Pasal-pasal awalnya (Pasal 1-11) membentuk satu unit khusus, meliput banyak abad dan pertumbuhan serta penyebaran bangsa-bangsa di seluruh 'Bulan Sabit

Subur' (tanah yang merentang dari Mesir ke Teluk Persia di Timur Tengah). Perubahan penting terjadi dengan panggilan Tuhan kepada Abraham dalam Pasal 12. Tiga-perempat berikutnya dari kitab ini mengandung fokus lebih sempit, meriwayatkan bagaimana Tuhan berurusan dengan Abraham dan keturunannya, Ishak, Yakub dan Yusuf.

Ada lagi pembagian lainnya dalam bentuk keseluruhan ini. Dalam pasal 1-2 segala sesuatu dinyatakan baik, termasuk umat manusia. Dalam Pasal 3-11 kita lihat asal dan akibat dosa sambil manusia melenceng secara rohani dan jasmani ke luar dari Firdaus. Kita melihat karakter Tuhan, keadilan-Nya yang menghukum manusia, dan penyediaan rahmat-Nya bahkan di dalam hukuman ini.

Dalam Pasal 12-36 enam manusia dibandingkan: Abraham dengan Lot, Ishak (anak perjanjian) dengan Ismael (anak daging), dan Yakub dengan Esau. Kita berhadapan dengan dua jenis manusia dan didesak untuk menautkan diri kita dengan salah satunya. Tuhan menguji reputasi-Nya dengan tiga orang, Abraham, Ishak dan Yakub, kendati mereka memiliki kekurangan. Akhirnya, teks tersebut berfokus pada Yusuf, seorang dengan karakter yang sama sekali berbeda. Kelak kita akan lihat bagaimana dan mengapa ia sedemikian berbeda dari leluhurnya.

## Pada mulanya Tuhan

Mari kini kita arahkan perhatian ke kitab ini sendiri dan ke pasal-pasal pembukanya yang menakjubkan. Kejadian mulai dengan kata, "Pada mulanya Tuhan."

Kejadian penuh dengan permulaan, tetapi jelas bahwa Tuhan sendiri tidak berpermulaan di sini. Tuhan sudah ada ketika Alkitab mulai, sebab Ia telah ada ketika alam semesta mulai. Pertanyaan filosofis tentang dari mana Tuhan berasal sesungguhnya adalah bukan pertanyaan. Harus ada sesuatu atau satu pribadi kekal sebelum alam semesta ada dan Alkitab jelas bahwa pribadi tersebut adalah Tuhan. Ini merupakan pengandaian dasar dari Alkitab bahwa Tuhan ada secara kekal, bahwa Ia senantiasa sudah ada, dan bahwa Ia akan selalu ada, dan bahwa Ia kini *ada*-lah Tuhan. Nama-Nya, 'Yahweh' itu sendiri adalah kata kerja-sifat dalam bahasa Ibrani yang berarti 'ada.' Kata yang menampung sifat Tuhan yang terkandung dalam kata 'Yahweh' dalam bahasa Indonesia ialah 'selalu': Ia selalu telah seperti adanya Ia kini dan akan selalu sama seperti itu juga.

Meski kita tidak perlu menjelaskan keberadaan Tuhan, kita perlu menjelaskan keberadaan segala sesuatu lainnya. Ini justru lawan dari pemikiran modern, yang melihat ke sekitar ke yang ada dan mengandaikan bahwa kita perlu membuktikan keberadaan Tuhan. Alkitab datang ke pertanyaan itu dari arah lain dan berkata bahwa selalu ada Tuhan dan kini kita harus menjelaskan mengapa segala sesuatu lainnya ada.

Pasti ketika Musa menulis, setiap orang Ibrani tahu bahwa Tuhan ada. Ia telah meluputkan umat-Nya dari Mesir, membelah Laut Merah dan menenggelamkan pasukan Mesir, maka pengalaman pribadi mereka memberitahu bahwa Tuhan ada. 'Bukti' lebih lanjut tidak diperlukan.

## Perlunya iman

Perjanjian Baru mengusulkan pendekatan yang berguna untuk mempertimbangkan Tuhan yang akan menolong kita waktu membaca Kejadian. Dalam Ibrani 11 kita membaca dua hal tentang penciptaan. Pertama ialah "karena iman kita mengerti, bahwa alam semesta telah dijadikan oleh firman Tuhan, sehingga apa yang kita lihat telah terjadi dari apa yang tidak dapat kita lihat." Kemudian, beberapa ayat sesudahnya dalam pasal yang sama, kita baca bahwa " barangsiapa berpaling kepada Tuhan, ia harus percaya bahwa Tuhan ada, dan bahwa Tuhan memberi upah kepada orang yang sungguh-sungguh mencari Dia."

Karena itu, sejauh menyangkut keseluruhan Alkitab -- termasuk Kejadian -- kita harus mengandaikan Tuhan ada dan bahwa Ia ingin kita menemukan Dia, mengenal Dia, mengasihi dan melayani Dia. Lalu kita lihat apa yang terjadi atas dasar kepercayaan ini. Kita tidak dapat membuktikan entah Tuhan ada atau tidak, tetapi kita dapat memegang kepercayaan dasar bahwa Tuhan ingin kita mengetahui Dia dan memiliki iman akan Dia,

## Gambaran tentang sang pencipta

Maju dari empat kata pertama kitab itu, kita tiba di sebuah sifat khas yang mungkin mengejutkan: pokok Kejadian 1 bukan ciptaan tetapi sang pencipta. Kitab ini utamanya bukan tentang bagaimana dunia kita terjadi, tetapi tentang siapa yang menjadikannya ada. Bahkan, dalam 31 ayat kata 'Tuhan' muncul 35 kali, seakan menggarisbawahi bahwa semua ini adalah tentang Dia. Utamanya ini bukan kisah penciptaan melainkan gambaran tentang sang pencipta. Jadi apa yang gambaran ini beritahukan kepada kita?

### 1. TUHAN PRIBADI ADANYA

Kejadian 1 menggambarkan Tuhan yang pribadi. Ia memiliki hati yang merasa. Ia memiliki akal budi yang berpikir dan dapat mengucapkan pemikirannya. Ia memiliki kehendak dan membuat keputusan serta tetap memegangnya. Semua ini membentuk hal yang kita kenal sebagai kepribadian. Tuhan bukan sesuatu, Tuhan adalah Ia. Ia adalah pribadi lengkap dengan perasaan, pikiran dan motivasi seperti kita.

## 2. TUHAN BERKUASA ADANYA

Cukup terbukti bahwa jika dengan berkata Tuhan dapat meng-ada-kan benda-benda dengan Firman-Nya, mestinya Ia luar biasa berkuasa. Di pasal pertama, keseluruhannya Ia memberikan 10 'perintah' dan setiapnya digenapi tepat sebagaimana yang Ia inginkan.

## 3. TUHAN TIDAK DICIPTA

Kita telah mencatat bahwa Tuhan ada dan selalu ada. Ia selalu adalah sang Pencipta, bukan ciptaan.

## 4. TUHAN KREATIF ADANYA

Betapa dahsyat imajinasi yang Ia miliki! Alangkah hebat Ia sebagai artis! Enam ribu ragam kumbang. Tidak ada dua helai rumput yang sama. Tidak ada dua bunga salju yang sama. Tidak juga dua awan, dua butir pasir, dua bintang. Keragaman yang mencengangkan, namun dalam keserasian. Itulah alam semesta (Inggris: uni-verse = gerak [verse] yang menyatu / serasi).

## 5. TUHAN TERATUR ADANYA

Ada suatu simetri dalam karya penciptaan-Nya, sebagaimana akan kita lihat. Bahwa ciptaan mengandung sifat matematis memungkinkan adanya sains. Fakta keadaan matematis ciptaan membuat sains dimungkinkan.

## 6. TUHAN TUNGGAL ADANYA

Kata kerja dalam Kejadian 1, dari 'menciptakan' seterusnya, adalah dalam bentuk tunggal.

## 7. TUHAN MAJEMUK ADANYA

Kata yang dipakai untuk 'Tuhan' bukan tunggal El, tetapi majemuk yaitu Elohim, yang berarti tiga atau 'Tuhan-Tuhan' (jamak). Kalimat pertama sekali dalam Alkitab, memakai kata benda majemuk dangan kata kerja tunggal, sesuatu yang salah secara tata bahasa tetapi benar secara teologis, mengisyaratkan tentang Tuhan yang adalah 'Tiga-yang-Esa.'

## 8. TUHAN BAIK ADANYA

Karena itu semua karya-Nya 'baik' adanya dan Ia mencanangkan manusia sebagai karya-Nya yang terbaik, maha karya-Nya, 'sungguh amat baik.' Tambahan, Ia ingin untuk baik kepada semua ciptaan-Nya, untuk 'memberkati' mereka. Kebaikan-Nya menjadi standar untuk semua kebaikan.

## 9. TUHAN HIDUP ADANYA

Ia aktif dalam dunia waktu dan ruang.

## 10. TUHAN ADALAH KOMUNIKATOR

Ia bicara kepada ciptaan dan makhluk di dalamnya. Khususnya Ia ingin berhubungan dengan manusia.

## 11. TUHAN SEPERTI KITA

Kita diciptakan dalam gambar-Nya, jadi dalam beberapa cara mestinya kita seperti Dia dan Dia seperti kita.

## 12. TUHAN TIDAK SEPERTI KITA

Ia dapat 'mencipta' dari ketiadaan (ex nihilo), sementara kita hanya dapat 'membuat' beberapa dari sesuatu yang sudah ada. Kita adalah 'penghasil'; Ia adalah Pencipta satu-satunya.

## 13. TUHAN MANDIRI ADANYA

Tuhan tidak pernah disamakan dengan ciptaan-Nya. Ada perbedaan antara pencipta dan ciptaan sejak dari awal mulanya. Gerakan Zaman Baru mengacaukan ide ini dengan mengusulkan bahwa entah bagaimana 'Tuhan' adalah bagian dari kita. Tetapi pencipta terpisah dari ciptaan-Nya. Ia dapat mengambil satu hari perhentian dan cukup terpisah dari semua yang telah Ia ciptakan. Kita tidak boleh menyamakan Dia dengan apa yang telah Ia ciptakan. Menyembah ciptaan-Nya adalah pemberhalaan. Menyembah sang pencipta adalah kebenaran.

### Filsafat menantang

Jika kita menerima kebenaran Kejadian 1, maka sejumlah titik pandang alternatif tentang Tuhan dengan sendirinya tersingkir. Titik pandang ini dapat disebut berbagai filsafat (kata 'filsafat' berarti 'cinta hikmat'). Setiap orang memiliki cara pandangnya sendiri melihat dunia, entah mereka menyadari itu atau tidak.

Jika Anda percaya Kejadian. Filsafat-filsafat berikut tidak akan bertahan.

1. **Ateisme.** Ateisme percaya tidak ada Tuhan. Kejadian 1 mengukuhkan Tuhan ada.
2. **Agnostisisme.** Agnostik berkata mereka tidak tahu entah ada Tuhan atau tidak. Kejadian 1 berkata kita

menerima bahwa Ia ada.
3. **Animisme.** Ini adalah kepercayaan bahwa banyak roh mengontrol dunia -- roh sungai, roh gunung, dsb. Kejadian 1 menegaskan bahwa Tuhan mencipta dan mengontrol dunia.
4. **Politeisme.** Politeis percaya bahwa ada banyak Tuhan. Hindu ada dalam kategori ini. Kejadian 1 menyatakan hanya ada satu.
5. **Dualisme.** Ini adalah kepercayaan bahwa ada dua Tuhan, satu baik dan satu jahat, dengan Tuhan yang baik bertanggungjawab untuk hal-hal baik yang terjadi dan Tuhan yang jahat untuk hal-hal buruk. Kejadian 1 menegaskan bahwa hanya ada satu Tuhan, yang baik adanya.
6. **Monoteisme.** Ini adalah kepercayaan Yudaisme dan Islam -- bahwa ada satu Tuhan, dan hanya satu pribadi-Nya, maka pandangan ini menolak Tuhan sebagai tritunggal. Dengan memakai kata Elohim untuk menyatakan Tuhan, Kejadian 1 memberitahu kita bahwa ada satu Tuhan dalam tiga pribadi.
7. **Deisme.** Deis melihat Tuhan sebagai pencipta, tetapi beranggapan bahwa Ia kini tidak dapat mengontrol apa yang telah Ia ciptakan. Ia seperti pembuat jam tangan yang telah memutar dunia dan membiarkannya berjalan menurut hukum-hukumnya sendiri. Dengan demikian Tuhan tidak pernah mengintervensi dalam dunia-Nya, dan mukjizat mustahil. Banyak orang Kristen pada praktiknya adalah deis.
8. **Teisme.** Teis percaya bahwa Tuhan tidak hanya mencipta dunia tetapi juga mengendali segala sesuatu dan semua orang yang telah Ia ciptakan. Teisme dekat dengan filsafat alkitabiah, tetapi sesungguhnya tidak cukup dekat.

9. **Eksistensialisme.** Ini adalah filsafat yang populer masa kini, di mana pengalaman dipercaya adalah Tuhan. Pilihan dan penegasan kita dari diri kita sendiri adalah 'agama' yang diikuti. Tidak ada pencipta sebagaimana dalam Kejadian 1 yang kepada-Nya kita harus memberikan pertanggungjawaban.
10. **Humanisme.** Humanis menolak konsep tentang Tuhan di luar dunia ciptaan. Meski Kejadian 1 memberitahu kita bahwa manusia diciptakan oleh Tuhan, humanis percaya bahwa manusia adalah Tuhan.
11. **Rasionalisme.** Rasionalis percaya bahwa akal budi kita sendiri adalah Tuhan, dengan menolak petunjuk dalam Kejadian bahwa kesanggupan berpikir diberikan ketika Tuhan menciptakan manusia dalam gambar-Nya.
12. **Materialisme.** Materialis percaya bahwa hanya benda yang sejati dan tidak menerima siapa atau apa pun yang tidak dapat mereka lihat sendiri.
13. **Mistisisme.** Kebalikan dari materialisme, mistik percaya bahwa hanya roh yang sejati.
14. **Monisme.** Filsafat ini mendukung banyak hal dari gerakan Zaman Baru. Pandangan ini menganggap bahwa materi dan roh pada hakikatnya satu dan sama. Ide tentang Tuhan sebagai roh yang mandiri yang menciptakan dunia dengan demikian disingkirkan dari pertimbangan.
15. **Panteisme.** Ide ini sama dengan monisme, yaitu segala sesuatu dipercaya adalah Tuhan. Versi modernnya disebut Panenteisme: Tuhan di dalam segala sesuatu.

Berbeda dari semua filsafat ini, titik pandang alkitabiah dapat disebut **Teisme tritunggal:** Tuhan adalah tiga dalam satu, pencipta dan pengendali alam semesta. Inilah cara pemikiran alkitabiah yang datang langsung dari Kejadian 1 dan berlanjut seterusnya sampak ke pasal terakhir Wahyu.

## Gaya tulisan

Mari kita maju untuk melihat lebih dekat teks Kejadian 1 dan khususnya gaya tulisan pasal ini. Pokok yang jelas harus dikatakan ialah bahwa teks ini tidak dituliskan dalam bahasa ilmiah. Agaknya banyak orang mendatangi pasal ini dengan mengharapkan rincian seperti dalam buku teks ilmiah. Sebaliknya teks ini ditulis sangat sederhana, supaya tiap generasi dapat mengertinya, apa pun standar pembelajaran ilmiah mereka.

Catatan ini hanya menggunakan kategori sangat sederhana. Tumbuh-tumbuhan dibagi ke dalam tiga kelompok: rumput, tanaman dan pohon. Binatang juga dibagi tiga kategori: binatang rumah, binatang buruan untuk makanan dan binatang buas. Klasifikasi sederhana ini dapat dimengerti oleh semua orang di mana saja.

### KATA

Gaya sederhana ini juga didemonstrasikan dalam penggunaan kata-kata. Hanya ada 76 akar kata terpisah dalam seluruh Kejadian 1. Tambahan, masing-masing dari kata tersebut ditemukan dalam setiap bahasa di bumi, yang berarti Kejadian 1 adalah pasal termudah untuk diterjemahkan dalam seluruh Alkitab.

Setiap penulis harus bertanya tentang siapa calon pembaca mereka. Tuhan ingin kisah penciptaan mencapai semua orang di segala waktu dan setiap tempat. Karena itu Ia membuatnya sangat sederhana. Bahkan seorang anak dapat membaca dan mendapatkan pesannya. Salah satu akibat dari hal ini adalah teks ini dapat diterjemahkan dengan lancar.

Kata kerjanya juga sangat sederhana. Salah satu kata kerja yang dipakai khususnya penting untuk kita dapat mengerti tentang apa yang terjadi. Kejadian 1 membedakan antara kata 'mencipta' dan 'membuat.' Kata Ibrani untuk 'mencipta' adalah *bara*, berarti membuat sesuatu dari tidak ada dan ini hanya muncul tiga kali dalam keseluruhan Kejadian 1 untuk memaparkan penciptaan materi, hidup dan manusia. Pada kesempatan lain kata 'membuat' dipakai untuk menunjuk bahwa sesuatu dibuat dari sesuatu lainnya, mirip seperti kita bicara tentang memproduksi barang.

Pemaparan tentang karya penciptaan Tuhan dalam tujuh hari juga sangat sederhana. Tiap kalimat memiliki subjek, kata kerja dan objek, tata bahasanya juga sangat mudah sehingga tiap orang dapat mengikutinya. Semua kalimatnya dikaitkan oleh satu kata -- sebagai contoh, 'tetapi,' 'dan' atau 'lalu.' Ini sebuah produksi luar biasa.

## STRUKTUR

Kejadian 1 disusun dengan indah. Teratur, melingkupi enam hari, dan enam hari itu dibagi ke dalam dua set dari tiga hari.

Di Kejadian 1:2 kita baca, "Bumi belum berbentuk dan kosong." Perkembangan mulai di ayat 3 dan di sana ada keterhubungan mencengangkan antara tiga hari pertama dan tiga hari terakhir. Dalam tiga hari pertama, Tuhan menciptakan beragam lingkungan hidup dengan kontras tajam: terang dari gelap, angkasa dari lautan, dan tanah dari laut. Ia menciptakan pembedaan-pembedaan yang menyiapkan untuk keragaman.

Lalu, di hari ke empat, lima, enam, Ia mulai mengisi lingkungan yang telah Ia ciptakan di tiga hari pertama tadi. Maka di hari ke empat matahari, bulan dan bintang terhubung dengan sinar dan gelap yang diciptakan di hari pertama; di hari ke lima burung dan ikan mengisi angkasa dan laut yang dicipta di hari ke dua; dan di hari ke enam binatang serta Adam diciptakan untuk menempati tanah yang diciptakan di hari ke tiga. Maka Tuhan menciptakan semua itu dalam cara yang beraturan dan tepat. Ia sungguh mengeluarkan keteraturan dari kekacauan. Bumi kini 'penuh' -- oleh kehidupan.

## SIFAT MATEMATIS

Juga menakjubkan untuk diperhatikan bahwa Kejadian 1 mengandung sifat matematis. Tiga angka yang berulang muncul dalam catatan tersebut adalah 3, 7 dan 10, masing-masingnya memiliki kepentingan khusus sepanjang Alkitab. Angka 3 bicara tentang apa adanya Tuhan, 7 adalah angka sempurna dalam Alkitab, dan 10 adalah angka kegenapan. Jika kemunculan angka 3, 7 dan 10 diperiksa, beberapa kaitan mencengangkan muncul.

Hanya pada tiga kesempatan Tuhan sungguh mencipta sesuatu dari ketiadaan. Pada kesempatan itu Ia memanggil sesuatu dengan nama, tiga kali Ia membuat sesuatu, dan tiga kali Ia memberkati sesuatu.

Pada tujuh kesempatan kita baca Tuhan "melihat bahwa hal itu baik." Tentu saja ada, tujuh hari -- dan kalimat pertama Kejadian 1 terdiri dari tujuh kata Ibrani. Lebih jauh, aslinya tiga kalimat terakhir dalam catatan penciptaan ini masing-masingnya juga terbentuk dari tujuh kata Ibrani. Dan, ada sepuluh perintah dari Tuhan.

## KESEDERHANAAN

Gaya tulisan Kejadian 1 berbeda tajam dari 'kisah penciptaan' lain, semisal epik penciptaam Babilonia, yang sangat rumit dan janggal serta memiliki sedikit kaitan dengan realitas. Namun demikian, kesederhanaan catatan Kejadian tentang penciptaan tidak cukup mendapatkan pujian. Beberapa mengusulkan bahwa pendekatan sederhana ini adalah bukti bahwa Alkitab tidak dapat dianggap serius dalam zaman modern. Tetapi ada banyak yang dapat dikatakan untuk membela pendekatan sederhana ini. Bayangkan memaparkan bagaimana sebuah rumah dibangun dalam buku anak-anak. Anda ingin itu akurat tetapi sederhana supaya pembaca muda sanggup mengikuti prosesnya. Anda mungkin menulis tentang tukang batu yang menyusun bata, tukang kayu yang mengerjakan jendela, bingkai pintu dan rangka atap. Anda mungkin menyebut tukang leding yang memasang pipa-pipa, tukang listrik yang menempatkan kabel, tukang plester tembok dan dekorator yang mencat tembok.

Ditulis dengan cara demikian ada enam tahap dasar, tetapi tentu saja membangun rumah jauh lebih rumit ketimbang itu. Hal itu membutuhkan penyerasian dan penyusunan kerja para pekerja yang berbeda dalam periode waktu tertentu. Tidak akan ada yang mengatakan bahwa paparan yang dalam buku untuk anak-anak itu salah atau menyesatkan, hanya realitasnya agak jauh lebih rumit. Sama halnya tidak perlu diragukan bahwa Kejadian adalah penyederhanaan dan bahwa sains dapat membeberkan jauh lebih banyak rincian untuk kita. Tetapi maksud Tuhan bukan menyediakan ketepatan ilmiah terinci. Melainkan memberikan sebuah penjelasan teratur yang tiap orang dapat ikuti dan terima, dan yang menggarisbawahi bahwa Ia tahu apa yang Ia buat.

## Pertanyaan ilmiah

Mengerti perlunya kesederhanaan tidak menjawab semua pertanyaan yang muncul dari catatan Kejadian tentang penciptaan. Khususnya kita mesti mempertimbangkan kecepatan terjadinya penciptaan dan usia bumi, dua wilayah terpisah yang saling berkait. Geologi memberitahu kita bahwa bumi perlu empat seper-empat milyar tahun untuk terbentuk, sedangkan Kejadian berkata hanya enam hari. Yang mana yang benar?

Dalam hal urutan penciptaan ada kesetujuan luas antara temuan-temuan ilmiah dan catatan Kejadian. Sains setuju dengan urutan Kejadian 1. Dengan satu perkecualian: matahari, bulan dan bintang tidak tampil sebelum hari ke empat, sesudah tumbuh-tumbuhan dibuat. Kesannya ini bertentangan sampai kita menyadari bahwa bumi asalnya diselimuti dengan awan atau kabut tebal. Temuan ilmiah mengukuhkan kemungkinan ini. Jadi ketika terang pertama muncul, itu hanya dilihat sebagai awan yang lebih terang, sementara begitu tumbuh-tumbuhan datang dan mulai mengubah karbon dioksida menjadi oksigen, kabut lenyap dan untuk pertama kali matahari, bulan dan bintang tampak di angkasa. Karena itu, penampakan matahari, bulan dan bintang adalah akibat penyingkiran awan tebal yang melingkupi bumi. Maka sains sungguh setuju dengan urutan Kejadian 1. Makhluk-makhluk hidup muncul di laut sebelum yang di daratan. Manusia muncul terakhir.

Meski ilmuwan umumnya setuju dengan Alkitab tentang urutan penciptaan, tetap ada berbagai wilayah konflik besar. Ini mencakup asal binatang dan manusia serta sekumpulan pertanyaan terkait, termasuk usia manusia yang hidup sebelum dan sesudah Air Bah, keluasan Air

Bah, serta seluruh pertanyaan tentang evolusi lawan penciptaan. Namun, sebelum terlibat dalam rincian pertanyaan sedemikian, penting diingat bahwa ada tiga cara menangani masalah sains lawan Alkitab ini. Penting memutuskan bagaimana Anda akan mendekati masalah ini sebelum melakukan itu. Anda harus memilih entah menghapus, memisah atau memadukan.

## PENGHAPUSAN

Pilihan pertama bisa menawarkan sebuah pilihan. Entah Alkitab benar, atau sains benar, tetapi Anda harus menghapus salah satunya: Anda tidak dapat menerima keduanya. Biasanya orang yang tidak percaya memilih sains, orang percaya memilih Alkitab dan mereka mengubur kepala mereka dalam pasir tentang yang bukan pilihan mereka.

Masalah dengan menghapuskan sains jika Anda seorang Kristen ialah sains ternyata benar dalam sangat banyak wilayah. Kita berutang sangat banyak dari komunikasi modern kepada perkembangan ilmiah, misalnya. Sains bukan musuh seperti yang dipercaya oleh sebagian orang Kristen. Kisah tentang 'manusia Piltdown' adalah satu contoh kasus. Ketika tengkorak dari satu makhluk yang terkesan merupakan setengah-manusia setengah-monyet ditemukan di Piltdown di Sussex pada 1912, banyak orang melihatnya sebagai bukti tentang bentuk evolusi.

Ketika kemudian hari ditemukan bahwa tengkorak itu sesungguhnya adalah pemalsuan, orang Kristen cepat mencurahkan ejekan pada sains. Mereka lupa bahwa sains juga yang awalnya menemukan bahwa tengkorak itu palsu!

Maka, memilih antara sains dan Alkitab membawa masalah. Kita tidak boleh menerima kebenaran ilmiah secara tidak kritis, tetapi tidak perlu juga kita menjadi bodoh dengan mengajak orang melakukan bunuh diri intelektual dalam rangka untuk memercayai Alkitab. Itu tidak perlu.

## PEMISAHAN

Pendekatan kedua ialah memisah sains dan Alkitab sejauh mungkin. Sains memerhatikan satu jenis kebenaran dan Alkitab jenis lainnya. Pandangan ini mengklaim bahwa sains memerhatikan kebenaran fisik atau materiil, sedangkan Alkitab memerhatikan kebenaran moral dan supernatural. Keduanya mengurus isu-isu yang terpisah penuh. Sains memberitahu bagaimana dan bila dunia ada. Alkitab memberitahu siapa yang membuatnya dan mengapa. Keduanya harus tetap terpisah penuh karena tidak ada tumpang tindih yang perlu diperhatikan. Sains bicara tentang fakta-fakta; Alkitab bicara tentang nilai-nilai dan kita tidak boleh melihat ke yang satu untuk mengetahui yang lainnya.

Pendekatan ini telah sangat umum dianut bahkan dalam banyak gereja. Ia datang dari pola pemikiran yang dibentuk oleh pemikiran Yunani, di mana fisika dan spiritual ditempatkan dalam dua ruang kedap. Namun demikian, jenis pemikiran ini asing bagi pemikiran Ibrani, yang melihat Tuhan sebagai Pencipta dan Penebus, dengan fisik dan rohani datang bersama.

Jika kita mendatangi Kejadian dengan sikap pemisahan ini kita akan dipaksa memperlakukan narasinya sebagai mitos. Kejadian 3 menjadi dongeng berjudul 'Bagaimana ular kehilangan kakinya,' dan Adam menjadi 'Setiap orang.' Kitab itu menjadi penuh dengan kisah-

kisah fiksi yang mengajarkan kita nilai-nilai tentang Tuhan dan tentang diri kita, dan memperlihatkan bagaimana harus berpikir tentang Tuhan dan tentang diri sendiri - tetapi kita tidak boleh mendesaknya ke fakta sejarah.

Seperti halnya Hans Christian Andersen menulis buku untuk anak-anak yang mengajarkan nilai-nilai, menurut pendekatan ini Kejadian mengandung kisah-kisah dengan kebenaran moral tetapi bukan kebenaran sejarah. Adam dan Hawa adalah mitos, Nuh dan Air Bah juga mitos. Cara pandang ini meluas melampaui narasi Kejadian tentunya, sebab sekali orang mempertanyakan kesejarahan satu bagian Alkitab hanya perlu langkah kecil ke pertanyaan lainnya juga. Karenanya, pendekatan ini tidak menyisakan bagi kita sejarah dalam Alkitab: melimpah nilai tetapi sedikit fakta.

Sebagaimana dengan penghapusan, lalu usaha memisahkan sains dan Alkitab pun memiliki masalahnya sendiri. Bahkan, Alkitab dan sains bagaikan lingkaran yang saling tumpang tindih: keduanya mengurus beberapa hal sama dan karena itu kontradiksi yang tampak harus dihadapi. Dan jika kita berpura-pura bahwa secara faktual tidak akurat tetapi masih bernilai kita sesungguhnya merendahkan keseluruhan Alkitab. Jadi bagaimana kita harus menyelesaikan masalah ini? Dapatkah pendekatan ketiga menolong kita memadukan sains dan Alkitab?

PEMADUAN

Dalam usaha mengerti bagaimana menyatukan keduanya, kita perlu ingat dua kebenaran dasar, keduanya sama penting: sifat berubah dari penelitian ilmiah, dan dalam penafsiran kita akan Alkitab.

## 1. Sains berubah pandangan

Ilmuwan biasa memercayai bahwa atom adalah unsur terkecil dalam alam semesta. Kini kita ketahui bahwa tiap atom adalah sebuah alam semesta penuh dalam dirinya. Sampai baru-baru ini dikatakan bahwa kromosom X dan Y menentukan apakah suatu janin akan menjadi laki-laki atau perempuan. Kini pandangan ini telah dijungkir-balikkan. Penemuan DNA telah merevolusi pemikiran kita tentang hidup, sebab kini kita tahu bahwa bentuk paling awal dari kehidupan sudah memiliki DNA yang paling rumit. DNA adalah bahasa yang meneruskan pesan dari generasi yang satu ke generasi lainnya -- dan karena itu mestilah ada satu pribadi di baliknya.

Satu generasi yang lalu kebanyakan orang mengerti bahwa alam berlangsung menurut hukum-hukum yang tetap. Kini sains modern menegaskan bahwa ada lebih banyak keacakan ketimbang yang dapat kita bayangkan. Fisika 'quantum' jauh lebih lentur. Geologi juga berubah dan berkembang. Kini ada banyak cara berbeda untuk menghitung usia bumi. Beberapa metode baru diklaim telah menyingkap usia bumi adalah jauh lebih muda, dengan rentang spektrum, 9,000 tahun di ujung satu dan 175,000 tahun di ujung lainnya -- jauh lebih singkat dibanding empat seper-empat milyar tahun menurut penghitungan sebelumnya.

Lebih jauh, antropologi berada dalam status ketidakberaturan. Manusia prasejarah yang dikira sebagai nenek moyang kita kini dilihat sebagai makhluk-makhluk yang muncul dan punah tanpa adanya kaitan dengan kita. Biologi pun berubah, dan kini lebih sedikit orang percaya akan konsep evolusi Darwinian.

Semua ini berarti bahwa meski kita tidak boleh mengabaikan konflik antara temuan ilmiah dan catatan alkitabiah, kita akan bodoh bila berusaha mengikatkan penafsiran kita kepada pandangan ilmiah zaman tertentu, mengingat pengetahuan ilmiah sendiri selalu berkembang.

## 2. Penafsiran Alkitab berubah

Seperti terjadinya perkembangan dalam pengertian ilmiah, demikian juga penafsiran tradisional akan Alkitab pun dapat berubah. Alkitab diilhamkan oleh Tuhan, tetapi penafsiran kita mungkin tidak selalu demikian. Kita perlu menarik pembedaan sangat jelas antara teks Alkitab dan bagaimana kita menafsirkannya. Apabila Alkitab bicara tentang empat sudut bumi, sebagai contoh, sedikit orang masa kini yang mengartikan bahwa bumi berbentuk kubus atau persegi empat. Alkitab memakai bahasa yang disebut bahasa penampakan. Ia bicara tentang matahari terbit di timur, tenggelam di barat dan mengedari angkasa. Tetapi, seperti yang kita tahu, tidak berarti bahwa matahari mengitari bumi.

Sekali kita mengerti bahwa penafsiran ilmiah bersifat lentur dan bahwa penafsiran kita akan Alkitab mungkin berubah, lalu kita dapat mengusahakan penyatuan sains dan Alkitab dan membuat penilaian yang seimbang di mana terkesan ada kontradiksi.

## 'HARI' DALAM KEJADIAN 1

Penilaian yang 'terpadu' itu sangat dibutuhkan bila kita ingin mempertimbangkan argumen-argumen mengenai hari dalam Kejadian 1, suatu medan perang tradisional dalam debat antara sains dan Alkitab.

Masalah tentang hari yang dipaparkan dalam Kejadian 1 dan usia riil bumi ditingkatkan oleh fakta bahwa sebagian Alkitab yang dipakai umum diterbitkan dengan penanggalan seiring pasal pertama Kejadian, yaitu 4004

SM. Ini dihitung oleh seorang uskup agung Irlandia bernama James Ussher (seorang sarjana lainnya mengklaim lanjut bahwa Adam lahir jam 09:00 pada 24 Oktober!). Semua ini kendati fakta bahwa tidak ada penanggalan di aslinya sampai Pasal 5.

Ussher membuat perhitungannya berdasarkan silsilah yang dicatat dalam Kejadian, tanpa menyadari bahwa silsilah orang Yahudi tidak mengikutkan setiap angkatan dalam garis keturunan. Kata 'anak dari' mungkin berarti cucu atau buyut. Mudah mengabaikan penanggalan Ussher, tetapi kita masih diperhadapkan dengan konflik antara penegasan yang terkesan dilakukan Alkitab bahwa penciptaan berlangsung enam hari dan penegasan ilmiah bahwa itu mengambil waktu lebih lama.

**Hari-hari bumi**
Sebagian orang mengambil kata 'hari' secara harfiah sebagai hari bumi 24 jam. Ini bertentangan dengan taksiran para saintis tentang waktu geologis yang dibutuhkan untuk mencipta bumi, dengan membanding ke usia bumi menurut prakiraan sains.

**Selang Waktu**
Sebagian orang mengusulkan selang waktu antara ayat 2 dan 3. Mereka beranggapan bahwa sesudah kita membaca "bumi belum berbentuk" di ayat 2, terdapat selang lama sebelum keenam hari ketika Tuhan mengadakan segala sesuatu lainnya. Jadi bumi telah ada sebelum karya Tuhan mulai dalam enam hari. Itu adalah teori yang sangat umum, yang terdapat dalam *Scofield Bible* dan catatan di Alkitab lainnya.

Cara kedua mendapatkan lebih banyak waktu ialah menjelaskan dengan rujukan ke Air Bah. Ada berbagai buku yang diterbitkan, terutama terkait dengan nama

Whitcome dan Morris, yang mengatakan bahwa semua data geologis yang kita punyai berasal dari Air Bah, usia batu karang 'yang tampak' adalah akibat dari banjir itu.

## Waktu Ilusi

Sebagian lainnya lagi mengusulkan bahwa Tuhan secara sengaja membuat ciptaan terlihat tua. Seperti halnya Adam diciptakan sebagai laki-laki dewasa, bukan bayi, maka sebagian orang percaya bahwa Tuhan membuat bumi tampak lebih tua daripada sesungguhnya. Tuhan menciptakan hal-hal antik asli! Ia dapat membuat sebatang pohon tampak berusia 200 tahun dengan lingkar-lingkar usia di batangnya, dan Ia dapat mencipta gunung yang terlihat berusia ribuan tahun. Ini sebuah teori yang mungkin -- Tuhan dapat membuat itu.

Pandangan 'selang' dan 'ilusi' keduanya mengandaikan kita menerima 'hari' secara harfiah dan karenanya perlu menjelaskan waktu yang lebih lama untuk membuat catatan geologis masuk akal.

## Zaman geologis

Satu lagi pendekatan ialah menerima arti 'hari' sebagai 'zaman geologis.' Dalam hal ini kita tidak dapat bicara tentang enam hari, tetapi tentang enam zaman geologis, yi. hari 1-3 bukan hari matahari (karena belum ada matahari!). Ini dilihat sebagai teori yang menarik oleh banyak orang, tetapi gagal memperhitungkan penyebutan ulang pagi dan petang yang dikemukakan dari hari 1, atau untuk kenyataan bahwa enam hari itu tidak berhubungan dengan zaman geologis.

## Hari mitis

Kita telah melihat bahwa sebagian penafsir tidak bermasalah dengan lama hari-hari itu sebab mereka mengandaikan bahwa teks ini hanyalah mitologis. Untuk mereka enam hari itu adalah kerangka puitis untuk kisah -- hari-hari dongeng -- dan dapat diabaikan. Hal yang utama ialah mengeluarkan pesan dari cerita itu dan melupakan sisanya.

**Hari sekolah**
Satu pendekatan yang paling menarik dikemukakan oleh Profesor Wiseman dari Universitas London. Ia percaya hari-hari tersebut adalah hari-hari 'pendidikan.' Tuhan menyatakan tentang karya-Nya mencipta kepada Musa secara bertahap sepanjang periode tujuh hari, sehingga catatan yang kita miliki ialah Musa belajar tentang proses kreatif itu dalam rentang sekolah seminggu. Yang lainnya setuju tetapi mengusulkan bahwa pewahyuan itu mengambil bentuk penglihatan, mirip cara Yohanes diberikan penglihatan untuk dicatat dalam kitab Wahyu.

**Hari Tuhan**
Penafsiran terakhir ialah ini merupakan 'hari-hari Tuhan.' Waktu berhubungan dengan Tuhan dan seribu tahun bagi-Nya adalah seperti sehari. Dari sini dapat dimengerti bahwa Tuhan mengatakan keseluruhan ciptaan adalah 'karya seminggu saja' untuk-Nya.

Ini berfungsi menekankan kepentingan yang Tuhan lampirkan kepada manusia dalam skema penciptaan, karena kehidupan manusia dapat kehilangan makna jika Anda ambil waktu geologis sebagai satu-satunya ukuran. Contohnya, bayangkan ketinggian Jarum Kleopatra (tugu asal Mesir) yang ditempatkan di tanggul Sungai Thames di London mewakili usia planet bumi. Tempatkan koin 10 peni mendatar di atas ujung jarum itu dan selembar perangko di atas itu. Koin 10 peni itu mewakili zaman ras manusia dan perangko mewakili manusia beradab. Manusia terkesan tidak bermakna dari perspektif kronologis.

Mungkin Tuhan ingin kita berpikir tentang penciptaan sebagai karya satu minggu sebab Ia ingin langsung ke bagian penting, kita yang tinggal di planet bumi. Dari semua ciptaan, kita yang paling bermakna untuk Dia. Ia memakai begitu sedikit ruang di Kejadian untuk merinci ciptaan dan sekian banyak untuk umat manusia.

Teori ini dapat diperluas. Hari ke tujuh tidak memiliki akhir di teks ini, sebab itu berlangsung berabad-abad. Itu berlangsung sepanjang Alkitab sampai Minggu Paskah, ketika Tuhan membangkitkan Anak-Nya dari kematian. Sepanjang Perjanjian Lama tidak ada hal baru yang diciptakan; Tuhan telah menyelesaikan penciptaan. Bahkan, kata 'baru' hampir tidak pernah muncul di Perjanjian Lama, dan bila ada itu dalam arti negatif, sebagaimana di Pengkhotbah kita baca, "tidak ada sesuatu yang baru di bawah matahari." Jadi sepanjang Perjanjian Lama Tuhan beristirahat.

Berarti, ada argumen kuat untuk memahami hari-hari dalam Kejadian 1 sebagai hari-hari Tuhan -- Tuhan sendiri ingin kita berpikir tentang hal itu sebagai minggu kerja.

## Manusia di pusat

Beralih ke Pasal 2, segera jelas bahwa ada perbedaan besar antara pasal ini dan Pasal 1. Ada pergeseran gaya tulisan, isi dan titik pandang. Dalam Pasal 1 Tuhan di pusat dan catatan penciptaan diberikan dari titik pandang-Nya. Di Pasal 2 manusia diberikan peran menonjol. Istilah umum di pasal pertama diganti dengan nama-nama spesifik di Pasal 2. Di Pasal 1 ras manusia hanya dirujuk sebagai 'laki-laki' dan 'perempuan.' Di Pasal 2 laki-laki dan perempuan menjadi 'Adam' dan 'Hawa,' dua individu khusus. Tuhan pun diberi nama di Pasal 2. Di Pasal 1 Ia hanya Elohim (Sesembahan), tetapi kini Ia adalah 'TUHAN (Yahweh)' Elohim. Ketika kita membaca 'TUHAN' dalam huruf besar di Alkitab Indonesia itu berarti dalam bahasa Ibrani nama-Nya terdapat di sana juga. Dalam Ibrani tidak terdapat huruf hidup, jadi nama-Nya terdiri dari empat huruf mati, J H V H, yang darinya kata 'Jehovah' dibentuk. Sesungguhnya itu salah, sebab J dibaca seperti Y dan V diucapkan seperti W. Berarti huruf-hurufnya harus dibaca sebagai Y H W H, dari situ kita mendapatkan kata 'Yahweh.' Dalam *New Jerusalem Bible* kata itu dimasukkan seperti adanya -- 'Tuhan Yahweh.' Di atas kita telah lihat bagaimana kata Ibrani 'selalu' membawa arti Ibrani (kata kerja-sifat 'ada') dan akan berguna mengingat kata itu ketika kita berpikir tentang Tuhan.

Pasal 2 lebih menjelaskan tentang hubungan antara manusia dan Tuhan. Pasal 1 mencakup rujukan ke laki-laki dan perempuan diciptakan dalam gambar-Nya, tetapi dalam Pasal 2 kita lihat Tuhan berinteraksi dengan manusia dalam cara yang unik di antara semua ciptaan yang telah Ia buat. Ada kedekatan antara manusia dan Tuhan yang kurang terdapat dalam setiap bagian ciptaan lainnya. Binatang tidak memiliki kesanggupan untuk berhubungan rohani dengan Tuhan seperti yang manusia miliki. Dalam artian itu, manusia adalah seperti pencipta mereka dalam cara yang unik.

Tetapi kita juga diberitahu tentang perbedaan antara Tuhan dan manusia, sebab meski manusia dibuat dalam gambar-Nya, ia juga tidak seperti Dia. Ini adalah kebenaran yang penting untuk ditangkap jika kita ingin memiliki hubungan dengan Tuhan. Fakta bahwa kita seperti

Dia berarti kita dapat berelasi akrab dengan Tuhan, tetapi fakta bahwa Ia tidak seperti kita mengharuskan relasi itu dijaga dengan hormat dan memastikan bahwa penyembahan kita sepadan. Ada kemungkinan kita menjadi terbiasa dengan Tuhan di satu pihak, atau terlalu takjub di pihak lainnya.

## Pentingnya nama

Nama yang Tuhan berikan kepada Adam berarti 'dari bumi' -- kita boleh menyebut dia si Debu. Belakangan di pasal ini perempuan itu diberi nama juga: Hawa, berarti 'hidup / semarak.' Lazim bahwa nama bersifat deskriptif, atau bahkan onomatopeik (mengikuti bunyi seperti kita menamai burung kukuk), maka ketika Adam menamai binatang-binatang ia memakai deskripsi yang kemudian menjadi nama mereka. Nama-nama dalam Alkitab tidak saja deskriptif, juga menyandang otoritas di dalamnya. Orang yang memberi nama memiliki otoritas atas siapa atau apa saja yang menerima nama itu. Maka Adam memberi nama semua binatang, menunjukkan otoritasnya atas mereka. Ia juga menamai istrinya, suatu fitur yang masih diingat masa kini ketika perempuan mengambil nama keluarga laki-laki ketika mereka menikah.

Pasal ini juga memasukkan nama-nama tempat. Tanah tidak lagi hanya 'tanah kering': kita diberitahu tentang tanah Hawila, Kush, Asyur dan Taman Firdaus. Air juga diberi nama. Ada empat sungai yang disebut, dan Tigris serta Efrat masih dikenal masa kini. Ini menempatkan Taman Firdaus di dekat timur daya Turki, atau Armenia, di mana Gunung Ararat berdiri dan orang memercayai itu tempat bahtera Nuh terkubur.

## Hubungan manusia

Dalam Kejadian 2 kita melihat manusia di pusat jaringan hubungan-hubungan. Ini mendefinisi arti kehidupan. Hubungan manusia memiliki tiga dimensi: dengan mereka yang ada di bawah kita, dengan yang di atas kita, dan dengan yang ada di samping kita. Atau, dengan kata lain, kita memiliki hubungan vertikal dengan alam di bawah, hubungan vertikal dengan Tuhan di atas kita, dan hubungan horisontal dengan orang lain dan diri sendiri. Mari kita lihat lebih dekat tiga dimensi ini.

**Hubungan dengan alam.** Dimensi pertama adalah hubungan yang kita miliki dengan ciptaan lain yang telah Tuhan buat. Hubungan itu bersifat penaklukan -- binatang diberikan untuk melayani manusia. Ini tidak berarti kita memiliki izin untuk kejam atau memunahkan mereka, tetapi sungguh berarti bahwa binatang ada di bawah skala nilai umat manusia.

Ini pokok yang penting untuk ditangkap dalam zaman ketika agaknya perlindungan pada bayi anjing laut diberi nilai lebih ketimbang memelihara kekudusan janin manusia. Yesus bersedia mengorbankan 2,000 babi dalam rangka menyelamatkan kewarasan satu orang dan memulihkan dia kepada keluarganya. Di Kejadian 9 kita baca bahwa binatang diberikan untuk persediaan makanan manusia sesudah Air bah. Karena itu, dalam hubungan dengan alam di bawah kita, kita memiliki kuasa, untuk mengembangkan dan mengendalikan alam.

Menarik untuk diperhatikan juga dalam konteks ini bahwa manusia membutuhkan lingkungan hidup yang bermanfaat (*utilitarian*) dan estetis (indah). Tuhan tidak menempatkan manusia di padang gurun, tetapi menumbuhkan sebuah taman untuknya, sama seperti yang disebut taman pondok tua di Inggris adalah gabungan antara bunga dan kentang -- kegunaan dan keindahan berdampingan.

**Hubungan kita dengan Tuhan.** Dimensi ke dua adalah hubungan kita dengan Tuhan di atas. Sifat hubungan ini sebagiannya dilihat dari perintah Tuhan kepada manusia mengenai dua pohon di dalam Taman Firdaus: pohon pengetahuan baik dan jahat dan pohon kehidupan. Yang satu memperpanjang kehidupan dan yang lain mempersingkat kehidupan. Pohon-pohon ini tidak magis, tetapi adalah yang dapat kita sebut pohon-pohon 'sakramental.' Dalam Alkitab Tuhan menentukan saluran fisik yang mengkomunikasikan berkat atau kutuk rohani untuk kita. Jadi makan roti dan anggur pada perjamuan kudus adalah untuk berkat kita, tetapi memakan roti dan meminum anggur secara tidak tepat atau berlebihan dapat menyebabkan kita sakit atau bahkan mati. Tuhan telah menentukan saluran fisik baik untuk anugerah maupun hukuman. Pohon kehidupan memberitahu kita bahwa Adam dan Hawa tidak bersifat abadi, tetapi dapat menjadi abadi. Mereka tidak mungkin dapat hidup selamanya oleh kualitas yang mereka miliki dalam diri sendiri, tetapi hanya dengan datang kepada pohon kehidupan.

Belum ada saintis yang menemukan mengapa kita mati. Mereka telah menemukan banyak penyebab kematian, tetapi tidak ada yang tahu mengapa jam di dalam kita mulai melemah. Pada akhirnya, tubuh adalah sebuah mesin ajaib. Jika ia diberikan pasokan makanan, udara segar dan olahraga, secara teoritis ia dapat lanjut memperbarui diri sendiri. Tetapi nyatanya tidak demikian dan tidak ada yang tahu mengapa. Rahasianya ada dalam pohon kehidupan: Tuhan memungkinkan manusia untuk hidup terus selamanya dengan menempatkan pohon itu di taman bagi mereka.

Manusia tidak abadi secara hakiki, tetapi diberikan kesempatan untuk mencapai keabadian dengan memakan dari pasokan kehidupan dari Tuhan secara tetap.

Pohon pengetahuan baik dan jahat sangat berarti dalam hubungan dengan hal ini. Ketika kita membaca kata 'pengetahuan,' kita perlu menggantinya dengan kata 'pengalaman.' Sesungguhnya konsep pengetahuan dalam Alkitab adalah 'pengalaman pribadi.' Ide ini terdapat dalam versi Alkitab Inggris yang lebih tua yang bila diterjemahkan ke bahasa Indonesia berkata, "Adam mengetahui Hawa dan ia mengandung serta melahirkan seorang anak." 'Pengetahuan' dalam artian ini adalah pengalaman pribadi akan seseorang (persetubuhan) atau sesuatu. Perintah Tuhan untuk tidak menyentuh pohon ini diberikan karena Ia tidak ingin mereka mengetahui (mengalami) baik dan jahat -- Ia ingin mereka mempertahankan kemurnian mereka. Bahkan sampai kini itu tetap sama. Sekali kita melakukan kesalahan kita tidak pernah dapat sama seperti sebelumnya. Kita boleh diampuni, tetapi kita telah kehilangan kemurnian kita.

Jadi, mengapa Tuhan menempatkan pohon semacam itu dalam jangkauan mereka? Itu adalah cara Dia mengatakan bahwa Ia memiliki otoritas moral atas mereka. Bukan hak mereka memutuskan apa benar dan salah, tetapi mereka harus memercayai Tuhan yang memberitahu mereka tentang itu. Selanjutnya, Ia menggarisbawahi fakta bahwa mereka bukan tuan atas bumi, tetapi pekerja. Sang pemilik berhak menentukan aturan.

Nas itu juga menegaskan pentingnya hubungan horisontal, yang akan kita periksa lebih dalam di bawah. Manusia tidak saja perlu berhubungan dengan yang ada di bawahnya dan Tuhan di atasnya, tetapi juga dengan yang di sampingnya. Kita belum sepenuhnya manusia jika kita hanya berhubungan dengan Tuhan dan tidak dengan orang lain. Kita butuh berjejaring. Pengertian ini dicerminkan oleh kata Ibrani *Shalom* yang berarti keserasian -- serasi dengan diri Anda sendiri, dengan Tuhan, dengan orang lain dan dengan alam.

Dalam Kejadian 2 kita memiliki gambaran tentang keserasian itu dan Tuhan memperingatkan Adam bahwa jika ia merusak keserasian ini ia akan mati. Ini tidak mesti berdampak langsung, tetapi 'jam' pribadi ini akan mulai melemah.

Sementara orang mempertanyakan kejamnya hukuman itu. Kesannya, kematian adalah hukuman yang keras untuk satu dosa kecil. Tetapi Tuhan mengatakan bahwa sekali orang mengalami kejahatan, Ia harus membatasi panjang kehidupannya di bumi, atau kejahatan akan menjadi kekal. Jika Tuhan mengizinkan manusia pemberontak untuk hidup selamanya mereka dapat menghancurkan alam semesta-Nya selamanya, maka Ia membuat pembatasan waktu atas mereka yang tidak menerima otoritas moral Dia.

**Hubungan kita satu dengan lain.** Manusia perlu teman yang sesuai. Betapa pun bernilai dan dihargainya binatang peliharaan, ia tidak pernah dapat menggantikan persahabatan pribadi dengan manusia lainnya. Karena itu Tuhan membuat Hawa menjadi teman Adam. Dalam Kejadian 1 kita diberitahu bahwa martabat laki-laki dan perempuan setara -- dan nanti akan kita lihat bahwa mereka setara dalam kecemaran dan dalam nasib juga.

Dalam Kejadian 2 kita belajar bahwa fungsi laki-laki dan perempuan berbeda. Alkitab bicara tentang tanggungjawab laki-laki untuk menyediakan dan melindungi, dan perempuan untuk menolong dan menerima. Berikut adalah tiga pokok untuk diperhatikan secara khusus, yang semuanya diambil dari Perjanjian Baru.

1. **Perempuan diciptakan dari laki-laki.** Karena itu ia beroleh keberadaannya dari laki-laki. Bahkan, seperti telah kita lihat, perempuan dinamai oleh laki-laki sama seperti laki-laki menamai binatang.
2. **Perempuan dibuat sesudah laki-laki.** Karena itu laki-laki mengemban tanggungjawab anak sulung. Arti pentingnya hal itu akan menjadi jelas dalam Kejadian 3, ketika Adam bukan Hawa yang disalahkan karena dosa, sebab Adam bertanggungjawab tentang Hawa.
3. **Perempuan diciptakan untuk laki-laki.** Adam memiliki tugas sebelum ia memiliki istri dan laki-laki terutama dicipta untuk pekerjaannya, sedangkan perempuan dicipta terutama untuk hubungan. Ini tidak berarti bahwa laki-laki tidak boleh memiliki hubungan atau perempuan tidak boleh bekerja, tetapi bahwa ini adalah tujuan utama Tuhan menciptakan laki-laki dan perempuan. Fakta bahwa laki-laki menamai perempuan juga memperlihatkan bagaimana kerekanan harusnya berfungsi: bukan sebagai demokrasi, tetapi dengan tanggungjawab kepemimpinan jatuh kepada laki-laki. Tekanannya ada pada kerjasama, bukan persaingan.

Kejadian 2 juga mengurus wilayah dasar lainnya dari hubungan manusia. Ia bicara jelas bahwa seks baik adanya -- seks bukan D-O-S-A. Seks indah, sungguh Tuhan berkata bahwa ia 'sangat baik." Seks dicipta untuk kerekanan ketimbang supaya manusia menjadi orangtua (pokok penting yang mengandung kaitan dengan penggunaan kontrasepsi, yaitu pelaksanaan keluarga berencana tanpa melarang kerekanan dalam hubungan seks.). Dua ayat, satu di Pasal 1 dan satu lagi di Pasal 2, ditulis dalam bentuk puitis dan keduanya tentang seks. Tuhan menjadi puitis ketika Ia menilai laki-laki dan perempuan yang diciptakan dalam gambar-Nya sendiri. Lalu Adam menjadi puitis ketika ia melihat pemandangan gadis cantik telanjang ini ketika Adam terbangun dari 'pembedahan pertama dengan pembiusan' itu. Terjemahan kita akan ungkapan Ibrani itu kehilangan dampaknya. Sesungguhnya Adam berteriak, "Wah! Inilah dia!" Kedua puisi singkat itu menyampaikan kegembiraan Tuhan dan manusia akan seksualitas.

Jelas juga bahwa pola bagi penikmatan seksual adalah monogami. Pernikahan terbentuk dari dua hal, meninggalkan dan bersatu, jadi baik aspek jasmani maupun sosial terlibat bersama menjadi semen kesatuan itu. Yang satu tanpa yang lain bukan pernikahan. Hubungan seksual tanpa pengakuan sosial bukan pernikahan -- itu adalah perzinahan. Pengakuan sosial tanpa penyatuan-penyempurnaan (*consummation*) juga bukan pernikahan dan karenanya harus ditiadakan.

Kita diberitahu bahwa pernikahan mengatasi semua hubungan lainnya. Tidak akan ada lelucon tentang para mertua jika hal ini diperhatikan sepanjang sejarah! Pasangan hidup seseorang adalah prioritas pertama mereka sebelum semua hubungan lainnya, bahkan mendahului anak-anak mereka. Suami dan isteri harus saling menempatkan pasangannya mutlak sebagai prioritas tertinggi. Ideal yang dilukiskan di Kejadian 2 ini adalah tentang sepasang yang tidak memiliki apa pun yang disembunyikan satu terhadap lainnya, tanpa rasa malu dan dengan keterbukaan total satu sama lain. Ini adalah gambaran menakjubkan dan inilah yang Yesus tunjuk beberapa abad sesudahnya.

Kejadian 2 menggambarkan keserasian yang harus ada dalam tiga tingkat hubungan antara manusia dan dunia ciptaan, Tuhan di atas dan sesama manusia kita. Namun demikian, ada beberapa masalah ilmiah menyangkut asal manusia yang harus kita tinjau.

## Di mana tepatnya tempat manusia prasejarah?

Teori evolusi telah mengembangkan argumen bahwa manusia adalah keturunan kera. Temuan geologis mengusulkan bahwa ada manusia prasejarah yang agaknya terhubung dengan *homo sapien* modern. Beragam peninggalan telah ditemukan, khususnya oleh Leakey -- ayah dan anak, antara lain di Ngarai Orduvi di Kenya. Diklaim bahwa kehidupan manusia mulai di Afrika, ketimbang di Timur Tengah menurut Alkitab.

Harus bagaimanakah kita tentang bukti petunjuk ini? Bagaimana kita harus mengerti hubungan manusia modern dengan manusia prasejarah? Mungkinkah mempertemukan apa yang Alkitab dan sains katakan tentang asal manusia?

### ASAL MANUSIA

Mari kita melihat dulu apa yang Alkitab katakan. Kejadian memberitahu kita bahwa manusia dibuat dari bahan yang sama seperti binatang. Binatang dibuat dari debu bumi. Kita pun dibuat persis dari bahan yang sama yang ditemukan dalam kerak bumi. Perkiraan baru-baru ini menunjukkan bahwa harga mineral yang terdapat dalam tubuh manusia adalah 85 sen (sekitar Rp. 17,000.-)! Namun demikian, berbeda dari dunia binatang, Kejadian 1 juga memberitahu bahwa Tuhan menghembuskan nafas ke dalam debu tanah itu dan manusia menjadi 'jiwa yang hidup.'

## Jiwa

'Jiwa' adalah kata yang disalahmengerti. Frasa tersebut juga dipakai untuk binatang di Kejadian 1. Binatang disebut 'jiwa yang hidup' (makhluk hidup) sebab dalam Ibrani kata 'jiwa' semata berarti tubuh yang bernafas. Karena binatang dan manusia keduanya disebut 'makhluk hidup' kedua mereka adalah jenis keberadaan yang sama. Ketika kita berada dalam bahaya di laut kita mengirimkan SOS (*save our souls* -- selamatkan jiwa kami) bukan SOB (makian kasar -- *son of a bitch* -- anak perempuan jalang) -- tetapi yang kita inginkan ialah tubuh kita yang bernafas ini diselamatkan.

Lord Soper ketika berada di Pojokan Pembicara di Hyde Park suatu ketika ditanya, "Dimana letak jiwa dalam tubuh?" ia menjawab, "Dimana letak musik dalam organ!" Anda bisa membongkar sebuah organ atau piano sampai berkeping-keping dan Anda tidak akan menemukan musik. Musik hanya terjadi ketika alat musik dijadikan hidup oleh seseorang yang memainkannya.

## Ciptaan khusus

Kata 'jiwa' dalam Kejadian 2 telah membuat banyak orang keliru berpikir bahwa yang membuat manusia unik adalah bahwa kita memiliki jiwa. Sesungguhnya, kita unik karena alasan berbeda. Percaya bahwa manusia dan kera antropoid (mirip manusia) berasal dari bahan yang sama terkesan bertentangan langsung dengan catatan alkitabiah. Tidak perlu diragukan, manusia adalah ciptaan khusus. Ia diciptakan dalam gambar Tuhan, langsung dari tanah dan bukan secara tidak langsung dari binatang. Kata Ibrani *bara*, mencipta sesuatu yang sama sekali baru, dipakai hanya tiga kali -- untuk materi, hidup dan manusia. Ini menyiratkan ada sesuatu yang unik tentang manusia.

Catatan Kejadian juga menekankan kesatuan umat manusia. Rasul Paulus memberitahu orang Atena bahwa Tuhan membuat kita 'satu keturunan.' Segala sesuatu dalam sejarah menunjuk ke kesatuan ras manusia kita di masa kini. Saya telah sedikit belajar arkeologi pertanian dan menarik untuk diperhatikan bahwa arkeologi pertanian menempatkan asal cocok tanam jagung dan binatang peliharaan tepat di mana Alkitab menempatkan Taman Firdaus, di timur laut Turki atau selatan Armenia.

## SPEKULASI ILMIAH

Apa yang sains katakan tentang hal ini? Banyak orang ingin kita memilih yang satu dan menolak yang lain: entah sains telah melakukan penyelidikan keliru tentang manusia prasejarah, atau Alkitab telah memberikan kita informasi keliru. Tidak perlu diragukan bahwa sains telah menemukan peninggalan yang secara mengherankan terlihat sangat mirip kita. Mereka telah diberikan berbagai nama: Manusia Neanderthal, Manusia Peking, Manusia Jawa, Manusia Australia. Kedua Leakey mengklaim telah menemukan peninggalan manusia yang berasal dari 4 juta tahun silam. Di antara para antropolog hampir sepenuhnya diterima bahwa asal manusia ditemukan di Afrika, ketimbang di Timur Tengah.

*Homo sapien* dikatakan berasal dari 30,000 tahun silam, Manusia Neanderthal 40-150,000 tahun; Manusia Swanscombe 200,000 tahun; *Homo erectus* (Cina dan Jawa) 300,000 tahun, Manusia Australia 500,000 tahun dan kini Manusia Afrika 4 juta tahun. Harus berkata apa kita tentang semua ini?

Hal pertama yang harus ditegaskan dengan kuat ialah masih tidak ada temuan yang setengah-kera dan setengah-manusia. Temuan-temuan ini adalah peninggalan manusia prasejarah, tetapi tidak ada yang setengah-dan-setengah.

Hal kedua untuk dicatat ialah bahwa tidak semua kelompok ini adalah moyang kita langsung. Ini sekarang diakui oleh para saintis -- masa kini antropologi ada pada status yang berubah terus.

Pokok penting ke tiga ialah peninggalan tersebut tidak mengikuti aturan yang progresif. Bagan yang dibuat mengandaikan paparan perkembangan manusia, mulai dengan kera di sisi kiri bagan dan bergerak melalui urutan spesies-spesies ke manusia modern, homo sapiens, di sisi kanan. Tetapi bagan ini tidak akurat: beberapa dari peninggalan manusia paling awal memiliki otak lebih besar daripada kita masa kini dan berjalan lebih tegak ketimbang beberapa peninggalan terkemudian. Masa kini konsensus pendapatnya ialah tidak satu pun dari kelompok ini yang berkaitan dengan kita.

Ada tiga kemungkinan cara menyelesaikan konflik tersebut. Berikut adalah penjelasannya dalam garis besar singkat.

1. **Manusia prasejarah adalah manusia alkitabiah.** Yang kita gali itu sama dengan Adam, diciptakan dalam gambar Tuhan. Bahkan ada yang mengusulkan bahwa Kejadian 1 menggambarkan 'manusia pemburu dari zaman paleolitik,' dan Kejadian 2 menggambarkan 'manusia petani neolitik.'
2. **Manusia prasejarah pada titik tertentu diubahkan menjadi manusia alkitabiah.** Pada titik tertentu dalam sejarah manusia serupa binatang atau binatang mirip manusia ini menjadi gambar Tuhan. Entah hanya satu yang diubahkan, atau beberapa, atau semuanya sekaligus masih terbuka untuk pembahasan.

3. **Manusia prasejarah bukan manusia alkitabiah.** Manusia prasejarah memiliki penampakan jasmani serupa dan menggunakan alat, tetapi tidak terdapat jejak adanya agama atau doa. Ia adalah makhluk berbeda, bukan diciptakan dalam gambar Tuhan.

Agaknya tidak perlu kita melebihkan penjelasan yang satu atas lainnya pada tahap ini. Antropologi sendiri sedang dalam tahap perubahan dan perkembangan saat ini, dan agaknya mungkin sekali perdebatan ini akan membangkitkan pendekatan lain di masa depan. Untuk kita cukup mencatat argumen-argumennya dan menyadari bahwa kesimpulan apa pun yang kita ambil mungkin sementara saja sifatnya.

## Evolusi

Selanjutnya mari kita beralih ke pertanyaan tentang evolusi secara umum. Kebanyakan orang beranggapan bahwa evolusi adalah teorinya Charles Darwin. Bukan. Teori itu pertama dibuat oleh Aristoteles (384-322 SM). Pada zaman modern Erasmus Darwin, kakek Charles yang pertama mengemukakannya. Charles mengambil dari kakeknya yang ateis dan mempopulerkannya.

Jika kita ingin memahami dasar dari teori ini, ada beberapa ungkapan yang perlu kita ketahui.

**Variasi** adalah kepercayaan bahwa telah terjadi perubahan-perubahan kecil, bertahap dalam bentuk yang diteruskan kepada setiap generasi berikutnya. Setiap generasi berubah sedikit dan melanjutkan lagi perubahan itu.

Dari variasi-variasi ini terjadi **seleksi alami**. Ini semata berarti kesanggupan untuk bertahan dari yang paling sesuai dengan lingkungan mereka. Ambillah contoh ngengat berbintik. Di tumpukan batu bara di timur laut Inggris ngengat hitam lebih sesuai dalam penyamaran ketimbang yang putih. Burung lebih mudah memakan ngengat putih dan ngengat hitam bertahan hidup. Dengan pertambangan telah berhenti di daerah itu, ngengat putih balik kembali dan ngengat hitam menghilang. Seleksi alami adalah proses melalui mana spesies-spesies yang paling menyesuaikan diri dengan lingkungannya yang bertahan. Seleksi ini 'alami' sebab ia terjadi secara otomatis dalam alam, tanpa bantuan dari luar.

Namun demikian, kepercayaan bahwa hanya ada proses variasi dan seleksi yang lambat, dan bertahap kini telah berubah. Lamarque, seorang Perancis berkata bahwa sebaliknya dari perubahan bertahap yang terjadi adalah perubahan mendadak, dan besar, dikenal sebagai **mutasi**. Dalam situasi ini, rangkaian perubahan terlihat lebih menyerupai tangga ketimbang eskalator. Konsep **evolusi mikro** ialah bahwa terjadi perubahan terbatas di dalam kelompok binatang tertentu, mis. Kelompok kuda atau anjing. Sains telah membuktikan dengan jelas bahwa evolusi mikro memang terjadi.

Berbeda dari itu, **evolusi makro** adalah teori bahwa semua binatang datang dari satu asal yang sama dan bahwa semuanya berhubungan. Semua mereka balik ke asal bentuk kehidupan sederhana yang sama. Karena itu, ini bukan perubahan dalam spesies individual, tetapi sebuah kepercayaan bahwa semua spesies berkembang dari satu sama lain.

Istilah terakhir untuk kita pertimbangkan ialah **perjuangan**. Dalam konteks evolusi itu merujuk kepada 'perjuangan untuk menjadi yang paling sesuai' (*struggle of the fittest*).' Saya tidak akan mengajukan argumen yang mendukung atau melawan evolusi kecuali menunjukkan bahwa evolusi masih sebuah teori. Ia tidak pernah dibuktikan dan, kenyataannya, semakin banyak bukti petunjuk kita dapatkan dari fosil-fosil semakin ia terlihat sebagai teori yang kurang memadai untuk menjelaskan berbagai bentuk kehidupan berbeda yang muncul.

1. Dalam bukti fosil, kelompok-kelompok yang diklasifikasi terpisah di bawah teori evolusi sesungguhnya tampak secara simultan dalam periode Cambrian (periode geologis pertama dalam era Paleozoik, antara 1 - 1.9 juta tahun yang lalu -- dinamai menurut tempat di Wales, Inggris di mana ditemukan batu karang yang terbentuk pada zaman ini.). Mereka tidak tampak terbentuk secara bertahap sepanjang beberapa zaman, tetapi mereka tampak muncul hampir bersamaan.
2. Bentuk hidup rumit dan sederhana tampil bersama. Tidak ada urutan dari sederhana ke rumit.
3. Ada teramat sangat sedikit fosil 'jembatan' yang merupakan bentuk peralihan antara satu spesies dan lainnya.
4. Semua bentuk kehidupan sangat rumit: mereka selalu memiliki DNA.
5. Mutasi, yaitu perubahan mendadak yang diakui menjelaskan perkembangan dari satu spesies ke berikutnya, biasanya membawa kepada kecacatan dan menyebabkan kepunahan pada makhluk itu.
6. Pembiakan silang biasanya menyebabkan kemandulan.
7. Di atas semuanya, lepas dari keberatan lainnya, ketika kemungkinan statistik dianalisis, tidak cukup waktu untuk semua ragam bentuk kehidupan boleh berkembang.

Tentu saja, teori evolusi bukan sekadar perhatian akademis. Bagaimana masing-masing kita mengerti asal kita berdampak pada bagaimana kita memandang manusia sebagai keseluruhan. Para pemimpin yang terinfeksi oleh filsafat evolusionis telah membawa dampak cukup besar. Hal mendasar bagi teori evolusi adalah konsep kesanggupan bertahan dari yang paling sesuai dan perjuangan yang semua spesies hadapi supaya dapat bertahan. Ini ditemukan dalam beberapa filsafat yang membentuk masyarakat beradab kita, dan telah menyebabkan penderitaan tak terkatakan. Kapitalis Amerika seperti John D. Rockefeller berkata, "Bisnis adalah kesanggupan bertahan dari yang paling sesuai." Pola pandang yang sama ditemukan dalam fasisme: Buku Adolf Hitler berjudul *Mein Kampf*, 'Perjuangan-Ku.' Ia percaya akan kesanggupan bertahan dari yang paling sesuai, yang dalam pandangannya 'yang paling sesuai' ialah ras Aria Jerman. Ini juga ditemukan dalam komunisme. Karl Marx menulis tentang 'perjuangan' antara kaum borjuis dan kaum proletar, yang ia percaya harus tercetus dalam revolusi. Kata 'perjuangan' dapat juga ditulis sepanjang masa awal kolonialisme, ketika manusia sekadar ditiadakan demi nama kemajuan.

Singkatnya, apabila ide kesanggupan bertahan dari yang paling sesuai diterapkan kepada umat manusia, itu telah menyebabkan lebih banyak penderitaan daripada konsep mana pun lainnya dalam zaman modern. Tetapi ia juga menghadapkan kita dengan dua pilihan besar tentang apa yang kita percayai.

PILIHAN MENTAL

Pertama dengan pilihan mental. Jika Anda percaya akan penciptaan Anda percaya akan Tuhan sebagai bapa. Jika Anda percaya akan evolusi Anda cenderung pergi ke alam sebagai ibu (perempuan yang tidak pernah ada). Jika Anda percaya akan penciptaan Anda percaya bahwa alam semesta ini adalah akibat dari pilihan pribadi. Jika Anda percaya akan evolusi, Anda akan beranggapan bahwa ia adalah kebetulan yang acak dan bukan akibat pilihan pribadi. Ada rancangan dan tujuan dalam konsep penciptaan, tetapi dalam evolusi hanya ada pola yang acak.

Dengan penciptaan alam semesta adalah produksi supernatural, dengan evolusi ia adalah proses natural. Di bawah penciptaan seluruh alam semesta ada dalam suatu situasi terbuka, terbuka kepada intervensi pribadi baik oleh Tuhan maupun manusia. Dalam evolusi kia memiliki alam sebagai suatu sistem tertutup yang beroperasi sendiri. Dalam penciptaan kita memiliki konsep pemeliharaan, bahwa Tuhan memerhatikan ciptaan-Nya dan menyediakan serta memerhatikannya. Tetapi dengan evolusi kita hanya memiliki kebetulan: jika ada yang baik terjadi itu semata akibat kebetulan. Dengan penciptan kita memiliki iman didasarkan atas fakta, dengan evolusi iman didasarkan atas khayalan (sebab ia hanyalah suatu teori). Jika kita menerima penciptaan maka kita menerima bahwa Tuhan bebas untuk membuat sesuatu dan membuat manusia dalam gambar-Nya. Jika kita menerima evolusi kita hanya memiliki pandangan bahwa manusia bebas membuat Tuhan dalam gambaran apa saja yang manusia pilih dari imajinasinya sendiri. Menerima salah satu, karenanya, mengandung konsekuensi cukup berarti.

## PILIHAN MORAL

Ada juga pilihan moral di balik penerimaan penciptaan atau evolusi. Mengapa sampai orang menyambar teori evolusi dan memegangnya sedemikian fanatik? Jawabannya ialah bahwa pandangan itu satu-satunya alternatif nyata jika Anda ingin percaya bahwa tidak ada Tuhan di atas kita. Dalam konsep penciptaan Elohim adalah Tuhan, di bawah konsep evolusi manusia adalah Tuhan. Dengan penciptaan kita di bawah otoritas ilahi, tetapi jika tidak ada Tuhan kita adalah manusia otonom dan dapat memutuskan segala sesuatu untuk diri kita sendiri. Jika kita menerima Tuhan sebagai pencipta kita menerima bahwa ada standar mutlak tentang benar dan salah. Tetapi tanpa Tuhan di bawah evolusi kita, kita hanya memiliki situasi-situasi relatif. Dengan dunia ciptaan Tuhan kita bicara tentang tugas dan tanggungjawab, dengan evolusi kita bicara tentang tuntutan dan hak. Di bawah Tuhan kita memiliki kebergantungan tanpa batas, kita menjadi sebagai anak kecil dan bicara tentang bapa surgawi. Dengan evolusi kita bangga akan kemandirian kita, kita bicara tentang menjadi dewasa, tentang tidak lagi 'memerlukan' Tuhan. Menurut Alkitab, manusia adalah makhluk yang jatuh ke dalam dosa. Menurut evolusi ia bangkit dan maju senantiasa. Dalam Alkitab kita memiliki keselamatan untuk yang lemah. Dalam filsafat evolusi kita memiliki kesanggupan bertahan dari yang kuat.

Nietzsche, filsuf di balik pemikiran dalam Jermannya Hitler, berkata bahwa ia membenci Kekristenan sebab membiarkan orang lemah tetap hidup dan memerhatikan orang yang sakit dan sekarat. Alkitab mengajarkan bahwa Anda kuat ketika melakukan yang benar, tetapi filsafat evolusioner membawa ke pandangan 'kuat adalah benar.' Yang satu menuju ke perang, yang lain ke damai, di mana evolusionisme berkata Anda harus memanjakan diri sendiri, menomorsatukan diri, Alkitab berkata bahwa iman, pengharapan dan kasih adalah tiga kebajikan utama dalam kehidupan. Pada akhirnya Alkitab memimpin ke surga, sementara evolusi menjanjikan sedikit -- fatalisme, ketidakberdayaan dan keberuntungan -- dan memimpin ke neraka.

## Kejatuhan

Ketika Tuhan selesai menciptakan dunia kita Ia berkata bahwa itu sangat baik adanya. Hanya sedikit orang masa kini akan berkata bahwa dunia sangat baik adanya. Sesuatu yang salah telah terjadi. Kejadian 3 memaparkan untuk kita apa masalah itu dan bagaimana terjadinya.

Ada tiga fakta yang tidak dapat disangkal tentang keberadaan kita masa kini:

1. Kelahiran menyakitkan.
2. Hidup sukar.
3. Kematian pasti.

Mengapa ini? Mengapa kelahiran menyakitkan. Mengapa hidup sukar? Mengapa kematian pasti? Filsafat memberi kita banyak jawaban berbeda. Sebagian filsuf berkata bahwa pasti ada Tuhan yang jahat sebagaimana ada Tuhan yang baik. Lebih sering, mereka berkata bahwa Tuhan yang baik telah melakukan tugas dengan buruk dan dari sini berusaha menjelaskan asal kejahatan.

Kejadian 3 memberi kita empat wawasan penting ke dalam masalah ini.

1. Kejahatan tidak selalu ada dalam dunia ini.
2. Kejahatan tidak mulai dengan manusia.
3. Kejahatan bukan sesuatu yang fisik, tetapi sesuatu yang moral. Sementara filsuf berkata bahwa bagian materiil alam semesta ini yang merupakan sumber kejahatan, atau dalam ungkapan pribadi tubuh kitalah yang merupakan sumber pencobaan.
4. Kejahatan tidak ada pada dirinya sendiri. Ia adalah kata sifat ketimbang kata benda. Kejahatan dengan demikian

bukan keberadaan, hanya pribadi-pribadi yang keberadaannya dapat jahat atau yang dapat menjadi jahat.

Jadi apakah yang Kejadian 3 ajarkan kepada kita tentang pokok ini? Penting untuk kita mengingatkan diri sendiri bahwa ini adalah peristiwa nyata dalam sejarah nyata: kita diberikan baik tempat dan waktunya. Pada fajar sejarah manusia sebuah bencana moral raksasa terjadi.

Masalahnya mulai dengan seekor binatang melata bicara (kendati anggapan lazim, ia lebih seperti kadal ketimbang ular sebab ia memiliki kaki; hanya sesudahnya Tuhan membuat ular itu merayap dengan perutnya). Bagaimanakah kita harus mengerti kisah luar biasa tentang ular bicara kepada Hawa ini? Ada tiga kemungkinan:

1. Ular itu adalah iblis dalam penyamaran; ia dapat menyerupai malaikat atau binatang.
2. Tuhan menyanggupkan binatang untuk bicara, seperti yang Ia buat dengan keledai Bileam.
3. Binatang itu dirasuk oleh roh jahat. Seperti halnya Yesus mengusir roh-roh jahat yang menyiksa seorang laki-laki di bawah tebing Gadara ke dalam badan 2,000 ekor babi, demikian juga sangat mungkin untuk Iblis merasuk binatang. Makhluk ini dapat membodohi Adam dan Hawa, sebab Iblis menempatkan dirinya di bawah mereka. Dalam kenyataannya iblis adalah malaikat yang jatuh, senyata halnya manusia, lebih cerdas dan lebih kuat daripada kita.

Penting diperhatikan bahwa Iblis pergi kepada Hawa. Secara sangat umum, kaum perempuan cenderung lebih mudah percaya daripada laki-laki, yang terkenal curiga. Memanfaatkan ini Iblis menumbangkan perintah Tuhan dan memperlakukan Hawa seakan ia adalah kepala rumah tangga. Meski jelas Adam bersama Hawa di sana, ia tidak berkata apa pun. Seharusnya ia melindungi Hawa, dengan membantah Iblis. Pada akhirnya, Adam yang telah mendengar firman larangan dari Tuhan.

Ada tiga cara salah memperlakukan Firman Tuhan. Satunya ialah menambahkan sesuatu kepadanya, lainnya ialah mengambil sesuatu darinya, dan yang ketiga ialah mengubahnya. Jika Anda membaca teks itu dengan teliti, Anda akan mendapatkan bahwa Iblis melakukan ketiganya. Iblis tahu benar Alkitab, tetapi ia dapat mengutip secara salah dan memanipulasinya juga. Namun demikian, Adam, yang tahu benar apa yang Tuhan katakan, diam saja ketika seharusnya ia bicara. Dalam Perjanjian Baru jelas ia disalahkan karena mengizinkan dosa masuk ke dalam dunia.

Penting memerhatikan strategi yang Iblis pakai ketika ia mendekati Hawa. Pertama ia membangkitkan keraguan di pikiran, kedua keinginan di hati, dan ketiga ketidaktaatan di kehendak. Ini selalu strateginya dalam semua perlakuannya dengan manusia. Pertamanya ia mendorong pemikiran salah, biasanya dengan salah menafsirkan Firman Tuhan. Berikut ia memikat kita dengan hasrat jahat dalam hati kita. Sesudah itu lingkungan tepat untuk kita tidak taat dengan kehendak kita.

Apakah akibat dosa? Ketika Tuhan menanyai Adam ia berusaha menyalahkan Hawa dan Tuhan. Ia bicara tentang "perempuan yang Kau tempatkan di sisiku," atau "perempuan yang Kau berikan untuk bersamaku." Ia berhenti memenuhi perannya sebagai laki-laki dengan menyangkali tanggungjawabnya untuk memerhatikan istrinya.

Tuhan merespons dalam hukuman. Sisi karakter-Nya ini untuk pertama kali terlihat: Tuhan membenci dosa dan

Ia harus mengurusnya. Jika Ia sungguh Tuhan yang baik, maka Ia tidak dapat membiarkan manusia pergi dengan keburukan. Inilah pesan dari Kejadian 3. Hukuman itu diberikan dalam bentuk puitis. Ketika Tuhan bicara dalam prosa Ia mengkomunikasikan pikirannya, dari pikiran-Nya ke pikiran Anda, tetapi ketika Ia bicara secara puitis Ia mengkomunikasikan perasaan-Nya, dari hati-Nya ke hati Anda.

Puisi di Kejadian 3 menyatakan emosi marah Tuhan (dalam ungkapan teologis, murka Tuhan). Tuhan merasakan secara mendalam bahwa Firdaus telah dihancurkan -- dan Ia tahu juga ke mana ini akan menuju. Pengalimatan ulang berikut dari Kejadian 1-3 menjelaskan secara segar kisah ini.

> Dulu kala, ketika tidak ada apa pun, Tuhan yang senantiasa ada menjadikan keseluruhan alam semesta, keseluruhan angkasa luar dan planet bumi ini.
>
> Awalnya bumi hanyalah massa benda cair, tidak dapat dihuni dan memang tidak dihuni. Ia dilingkupi kegelapan dan digenangi air; tetapi Roh Tuhan sendiri melayang-layang di atas banjir itu.
>
> Lalu Tuhan memerintah: "Datanglah terang!" Dan ia menjadi ada. Itu terlihat tepat bagi Tuhan, tetapi Ia memutuskan untuk membuat terang bergantian dengan gelap, dan menamainya 'siang' dan 'malam.' Kegelapan asal dan terang baru itu adalah petang dan pagi dari hari kerja Tuhan pertama.
>
> Lalu Tuhan berkata lagi: "Hendaklah ada dua sumber air, dengan sebuah bentangan di antara kedua itu." Lalu Ia memisah air di permukaan dari lembab di atmosfir. Demikianlah 'angkasa' sebagaimana Tuhan menyebutnya, terjadi. Ini mengakhiri hari kedua karya-Nya.

Hal berikut yang Tuhan katakan ialah: "Hendaknya air di permukaan berkumpul di satu wilayah, supaya sisanya boleh mengering." Sudah pasti, itu terjadi! Dari saat itu seterusnya, Tuhan merujuk ke 'laut' dan 'tanah' secara terpisah. Ia senang melihat itu dan menambahkan: "Kini hendaknya tanah mengeluarkan sayuran, tanaman berbiji dan pepohonan dengan buah, semuanya sanggup menghasilkan ulang sendiri"; Dan semua itu muncul -- segala jenis tanaman dan pohon, masing-- masing sanggup mengembangkan jenisnya sendiri. Segala sesuatunya sesuai dengan rencana Tuhan. Hari kerja-Nya ketiga usailah.

Kini Tuhan mencanangkan: "Hendaknya berbagai sumber terang tampak di angkasa. Mereka akan membedakan siang dari malam dan memungkinkan untuk mengukur musim, hari khusus dan tahun, meski tujuan khusus mereka adalah menyediakan penerangan." Dan demikianlah jadi, persis seperti yang Ia katakan. Dua terang besar adalah 'matahari' yang menguasai siang dan yang lebih kecil 'bulan' yang menguasai malam, dikelilingi oleh kerlap-kerlip bintang-bintang. Tuhan menempatkan semua itu untuk kebaikan bumi -- untuk meneranginya, mengaturnya dan menjaga pola peralihan terang dan gelap. Tuhan senang bahwa hari kerja-Nya ke empat telah berlangsung sangat baik.

Perintah berikut yang Tuhan lancarkan ialah: "Hendaknya laut dan angkasa dipenuhi dengan makhluk hidup, dengan kawanan ikan-ikan yang berenang dan kawanan burung-burung yang terbang." Maka Tuhan menjadikan semua makhluk hidup yang menghuni laut, dari monster raksasa di laut dalam sampai ke organisme halus yang mengambang bersama ombak, dan segala ragam burung dan serangga bersayap di angin di atas. Untuk Tuhan itu pemandangan yang ajaib dan Ia mendorong mereka untuk berkembang biak dan bertambah dalam jumlah, supaya setiap bagian laut dan angkasa boleh dikeriapi dengan kehidupan. Itu mengakhiri hari kelima-Nya.

Lalu Tuhan mengumandangkan: "Kini hendaklah tanah juga dipenuhi dengan makhluk hidup -- binatang menyusui, binatang melata dan binatang liar segala jenis.' Seperti sebelumnya, segera diucapkan semua pun terjadi! Ia membuat segala jenis binatang liar, termasuk binatang menyusui dan melata, masing-masing dengan jenis khasnya. Dan semua mereka membuat Dia senang. Pada keadaan itu Tuhan mengambil keputusan penting: "Kini mari kita membuat makhluk yang sangat berbeda, lebih seperti kita -- keberadaan, yang mirip kita. Mereka dapat bertanggungjawab atas semua lainnya -- ikan di laut, burung di udara dan binatang darat.

Agar menyerupai diri-Nya Tuhan menciptakan manusia,
Untuk mencerminkan dalam diri mereka hati-Nya, kehendak-Nya dan pikiran-Nya sendiri,
Untuk berhubungan sama sendiri, laki-laki dan perempuan terjalin.

Kemudian Ia mengukuhkan posisi unik mereka dengan perkataan penguatan: "Hasilkanlah banyak keturunan, sebab kalian harus menguasai dan mengendali seluruh bumi. Ikan di laut, burung di udara dan binatang di darat adalah semua yang harus kalian kuasai. Aku juga memberikan kepadamu tanaman biji dan buah sebagai asupan makananmu. Burung dan binatang liar dapat memakan dedaunan hijau." Dan demikianlah adanya.

Tuhan meneliti semua perbuatan tangan-Nya dan ia sangat puas dengannya ... segala sesuatunya sedemikian tepat, sedemikian indah... enam hari kerja berlangsung baik sekali.

Angkasa luar dan planet bumi kini lengkap. Karena tidak ada lagi lainnya yang diperlukan, Tuhan mengambil hari berikutnya untuk istirahat. Itu sebabnya Ia menetapkan tiap hari ke tujuh harus berbeda dari lainnya, dikhususkan untuk diri-Nya saja -- Ia menetapkan pada hari itu Ia tidak sibuk dengan pekerjaan hari-hari pada penciptaan.

Begitulah alam semesta kita lahir dan bagaimana segala sesuatu terjadi seperti adanya sekarang; ketika Tuhan yang nama-Nya adalah 'Selalu' membuat angkasa luar dan planet bumi, ada masa ketika tidak ada tumbuhan apa pun di tanah. Dan jika demikian keadaannya, tidak juga ada hujan untuk mengairinya atau manusia untuk mengolahnya. Tetapi sumber air meluap ke permukaan dan mengairi tanah. Dan Tuhan 'Selalu' itu membentuk tubuh manusia dari partikel tanah liat, menciumnya dengan kehidupan, dan manusia menjadi bagian dari makhluk hidup. Dan Tuhan 'Selalu' telah membentangkan sebidang tanah pertamanan, sebelah timur dari sini, tempat itu disebut "Firdaus,' yang berarti 'Kesukaan.' Ia menempatkan manusia pertama untuk hidup di sana. Tuhan 'Selalu' telah menanam beragam pepohonan dengan daun-daun yang indah dan buah-buah yang lezat. Tepat di tengah-tengahnya ada dua pohon yang terlihat istimewa; buah dari salah satu itu dapat mempertahankan kehidupan tanpa batas sementara buah dari pohon lainnya memberi kepada yang memakannya pengalaman pribadi tentang perbuatan baik dan jahat.

Sebuah sungai mengairi seluruh wilayah tetapi dibagi ke dalam empat cabang yang ke luar dari taman itu. Yang satu disebut Pison dan mengitar keseluruhan panjang Hawila, tanah dengan bijih emas murni kemudian hari ditemukan, termasuk juga getah harum dan permata onyx. Yang ke dua disebut Gihon dan meliuk ke kanan melalui tanah Kush. Yang ke tiga adalah Tigris masa kini, yang mengalir di depan kota Asyur. Yang ke empat yang kita kenal sebagai Efrat.

Maka Tuhan 'Selalu' menempatkan manusia di dalam 'Tanah Kesukaan' ini untuk mengembangkan dan menjaganya. Dan Tuhan 'Selalu' memberinya perintah sangat jelas: "Kamu bebas penuh memakai buah pohon yang mana saja kecuali satu -- pohon yang memberi kamu pengalaman benar dan salah. Jika kamu merasainya itu pasti akan membuat kamu mengalami kematian."

Lalu Tuhan 'Selalu' berkata kepada diri-Nya sendiri: "Tidak baik untuk manusia itu sendirian saja. Aku akan menyediakan rekan yang sepadan untuknya."

Jadi setelah Tuhan 'Selalu' membentuk segala jenis burung dan binatang liar dari tanah dan Ia membawa mereka kepada manusia untuk melihatkan bagaimana ia akan menamakan mereka; dan apa pun yang manusia katakan tentang masing-masingnya menjadi namanya. Jadi manusialah yang menamai semua makhluk lain itu tetapi tidak ada satu pun dari mereka yang dikenali manusia sebagai teman yang sesuai bagi dirinya sendiri.

Maka Tuhan 'Selalu' membuat manusia tidur nyenyak dan sementara Ia tidak sadar Tuhan mengambil sebagian jaringan dari sisi tubuhnya, dan menarik daging untuk menutupi bagian yang diambil itu. Dari jaringan itu Ia membuat tiruan manusia itu, perempuan dan membawanya kepada laki-laki itu, yang berseru:

"Akhirnya Engkau memenuhi harapanku,
Seorang teman dari tulang dan dagingku,
Perempuan bagiku, itulah namanya,
Dirayulah perempuan oleh laki-laki itu ketika perempuan itu datang."

Semua ini menjelaskan mengapa seorang laki-laki meninggalkan orangtuanya dan berpadu kepada istrinya, kedua tubuh mereka melebur menjadi satu kembali. Manusia pertama dan istri barunya menjelajahi taman itu telanjang, tetapi tanpa sedikit pun rasa malu.

Lalu seekor binatang melata berbahaya ada di dekat situ, lebih licik daripada segala binatang liar yang telah diciptakan Tuhan 'Selalu.' Suatu hari ia mengajak perempuan itu berbincang dan bertanya: "Bukankah Tuhan melarang kamu memakan semua buah dari semua pohon ini?" Ia menjawab: "Tidak, bukan demikian. Kami boleh makan buah dari pohon-pohon ini, tetapi Tuhan memang melarang kami memakan dari yang di tengah itu. Bahkan, Ia memperingatkan kami bahwa jika sampai kami menyentuh saja, kami akan mati."

"Ah, pasti Ia tidak akan berbuat itu kepadamu," jawab binatang melata itu kepada si perempuan, "Ia hanya menakut-nakuti kamu saja sebab Ia tahu benar bahwa ketika kamu memakan buah itu kamu akan sanggup melihat apa pun dengan cara yang jauh berbeda. Sesungguhnya itu akan membuat kamu setingkat Dia, sanggup memutuskan bagi dirimu sendiri apa yang benar dan salah."

Maka ia melihat pohon itu baik-baik dan buah itu terlihat mengenyangkan dan lezat. Selain itu, jelas ada manfaatnya memiliki kesanggupan membuat keputusan moral sendiri. Lalu ia memetik beberapa, memakan sebagian dan memberikan sisanya kepada suaminya, yang ada bersama dia saat itu dan ia pun segera memakannya. Benar sekali, mereka lalu melihat segalanya jauh berbeda! Untuk pertama kalinya mereka menjadi sadar akan ketelanjangan mereka. Lalu mereka berusaha menutupi dengan pakaian seadanya yang mereka buat dari daun-daun pohon ara.

Petang itu juga, tiba-tiba mereka sadar Tuhan 'Selalu' datang dan mereka lari bersembunyi di bawah semak-semak. Tetapi Tuhan 'Selalu' memanggil sang laki-laki: "Ke manakah kau?" Ia menjawab: "Aku dengar Engkau datang dan aku takut sebab aku tidak mengenakan pakaian yang pantas. Maka aku bersembunyi di semak-semak di sini." Lalu Tuhan bertanya: "Bagaimana kau tahu bagaimana rasanya telanjang? Apakah kau telah memakan buah yang Ku perintahkan untuk kau jauhi?" Laki-laki itu berusaha membela diri: "Ini semua karena perempuan yang Kau berikan untuk menemaniku; ia membawa buah ini kepadaku, jadi wajar aku juga memakannya tanpa tanya."

Lalu Tuhan 'Selalu' menantang perempuan itu: "Apa yang telah kau buat?" Perempuan itu menjawab: "Itu, binatang melata menakutkan itu yang salah! Ia sengaja menipu aku dan aku tertipu."

Lalu Tuhan 'Selalu' berkata kepada binatang melata itu: "Ini hukuman untuk mu:

Di antara semua binatang liar aku mengutuk mu.
Nasib cara berjalan mu menjadi lebih buruk!
Di perutmu kamu akan merayap dan maju
Dengan mulutmu menggantung dalam debu.
Sepanjang hari-hari sisa hidupmu,

Akan ada ketakutan, permusuhan, persaingan
Antara perempuan itu dan engkau karena perbuatan ini
Yang akan kau turunkan ke keturunanmu;
Tetapi kakinya akan kau rasakan atas kepalamu
Sementara dari takut kau mematuk tumitnya."

Lalu kepada perempuan itu Ia berkata:

"Hendaknya kesakitan melahirkan bertambah-tambah
Nyeri, juang dan derita;
Engkau akan menginginkan laki-laki mengendali mu
Tetapi mendapatkan dirimu diperintahnya."

Tetapi kepada laki-laki itu, Adam, Ia berkata, "Karena engkau mendengarkan istrimu ketimbang Aku dan tidak menaati perintah larangan-Ku tentang pohon itu:

Terkutuklah tanah;
Seluruh hari-harimu kau akan berjerih.
Duri dan onak akan tumbuh
Di antara semua yang kau tabur.
Dengan keringat menetes di dahimu
Engkau harus bekerja keras untuk makan;
Lalu kembali ke tanah
Dalam keadaan itu kau ditemukan
Dari debu engkau dicipta;
Dalam debu engkau akan terbaring."

Adam menamai istrinya Hawa (berarti 'memberi hidup') sebab ia kini menyadari bahwa istrinya akan menjadi ibu dari semua umat manusia yang akan hidup.

Tuhan 'Selalu' membuat pakaian baru dari kulit binatang untuk Adam dan istrinya supaya mereka bisa berpakaian sepantasnya. Lalu Tuhan 'Selalu' berkata kepada diri-Nya sendiri; "Kini manusia ini telah menjadi sadar akan baik dan jahat sebagaimana kita, bagaimana kita dapat membatasi kerusakan ini jika ia masih dapat memakan dari pohon khusus satunya dan hidup selamanya seperti kita?" Untuk mencegah itu, Tuhan 'Selalu' mengusir manusia dari Taman Kesukaan dan mengirim dia kembali untuk mengolah tanah yang sama yang darinya asalnya ia dibentuk!

Sesudah ia diusir, malaikat surgawi ditempatkan di batas timur Tanah Kesukaan itu, mencegah mereka mendatangi pohon kehidupan berkelanjutan dengan senjata tajam, menyala-nyala.

## AKIBAT KEJATUHAN

Pasal 3 biasanya dirujuk sebagai 'Kejatuhan,' ketika manusia jatuh dari keadaan indah yang dipaparkan dalam Pasal 2. Semua itu bisa jadi sangat berbeda. Jika Adam tidak berusaha menyalahkan Hawa, atau bahkan Tuhan, tetapi merespons dalam pertobatan, Tuhan dapat mengampuni dia langsung. Sejarah mungkin akan sangat berbeda. Sebaliknya kita temukan usaha Adam yang menyedihkan untuk menutupi diri dengan daun pohon ara untuk mencerminkan kebodohannya.

Sifat hukuman penting untuk diperhatikan. Adam dihukum dalam hubungan dengan kerjanya, dan Hawa dalam hubungan dengan keluarga. Binatang melata itu menjadi ular (bahkan sampai kini ada kaki kecil di bagian bawah ular).

Hubungan mereka tadinya dengan Tuhan menjadi hancur. Hubungan mereka satu sama lain juga terkena dampak: mereka saling bersembunyi dan Tuhan mencanangkan kutuk atas mereka. Dalam Pasal 4 pembunuhan pertama terjadi dalam keluarga itu, ketika iri timbul karena penolakan terhadap teguran Tuhan.

Mari kita perhatikan tiga wilayah dalam kisah selanjutnya dimana Tuhan bereaksi kepada situasi yang khusus terlihat.

## 1. Kain

Ada yang menyatakan bahwa dosa yang dibuat oleh manusia pertama menyebabkan manusia kedua membunuh manusia ketiga. Di sini kita dapatkan keluarga Adam sendiri. Putranya pertama membunuh putra tengahnya, dan karena alasan yang sama: iri hati, mereka membunuh Yesus berabad-abad kemudian. Iri bertanggungjawab atas pembunuhan pertama dalam sejarah dan pembunuhan lebih buruk lagi dalam sejarah.

Kain yang berarti 'didapatkan' -- ketika ia dilahirkan, Hawa berkata 'aku telah mendapat' seorang anak laki-laki dari Tuhan. Habil berarti 'nafas' atau 'uap.' Tuhan memperkenan Habil, sang adik, sebab Ia tidak ingin siapa pun menganggap bahwa mereka memiliki hak wajar atas karunia dan warisan-Nya. Dalam Alkitab kerap kita lihat Tuhan memilih anak yang lebih muda ketimbang yang lebih tua (mis. Ishak atas Ismael, Yakub atas Esau).

Masalah yang membuat mereka terbagi ialah Tuhan menerima persembahan Habil dan menolak yang dari Kain. Habil telah belajar dari orangtuanya bahwa satu-satunya persembahan yang layak kepada Tuhan adalah korban darah -- akibat dari dicabutnya nyawa. Tuhan telah menutupi dosa dan aib orangtuanya dengan membunuh binatang dan menyediakan penutup bagi Adam dan Hawa dari kulit binatang itu. Satu prinsip telah ditetapkan: darah dicurahkan supaya aib mereka dapat ditutupi (mulai dari sana dan berlanjut sampai ke Kalvari). Maka ketika Habil datang untuk menyembah Tuhan ia membawa persembahan binatang. Kain hanya membawa buah dan sayuran. Tuhan hanya berkenan dengan persembahan Habil, tidak dengan persembahan Kain. Kain marah karenanya. Kendati peringatan Tuhan bahwa ia harus mengatasi dosa, Kain membawa adiknya jauh dari rumah atas dalih palsu, lalu membunuh dia, menguburkan dan menolaknya sepenuhnya ("Akukah penjaga saudaraku"? tanyanya).

Tampak pola yang jelas di sini: orang jahat membenci orang baik, dan orang berdosa iri kepada orang saleh. Demikian pembagian yang berlangsung sepanjang sejarah manusia.

Maka dunia Tuhan yang sempurna itu kini menjadi tempat di mana kebaikan dibenci, dan orang jahat membuat alasan untuk kejahatan mereka. Siapa pun yang mengajukan tantangan ke hati nurani dibenci. Dapat kita katakan bahwa Habil adalah martir pertama demi kebenaran. Yesus sendiri berkata bahwa "darah orang benar telah ditumpahkan sejak dari Habil, terus sampai ke Zakharia."

Narasi itu berlanjut dengan garis keturunan Kain dan itu mencakup beberapa unsur menarik. Bersama dengan nama-nama keturunan Kain didaftarkan pencapaian mereka, kebanyakannya adalah perkembangan musik dan logam, termasuk senjata pertama. Urbanisasi juga datang dari garis Kain. Garis keturunan Kain yang mulai membangun kota-kota, memusatkan orang-orang berdosa di satu tempat dan dengan demikian memusatkan dosa di satu tempat. Boleh dibilang kota-kota menjadi lebih berdosa ketimbang pedesaan sebab pemusatan ini.

Jadi apa yang kita lihat sebagai 'kemajuan manusia' telah tercemar.' 'Tanda Kain,' sebagaimana adanya dulu, ada pada 'perkembangan,' dan itu merupakan penafsiran alkitabiah tentang peradaban: kegiatan berdosa senantiasa ada di intinya. Poligami juga datang melalui garis Kain. Sampai ke saat itu seorang laki-laki dan seorang perempuan menikah untuk seumur hidup, tetapi keturunan Kain mengambil banyak istri, dan kita tahu bahkan Abraham, Yakub dan Daud adalah poligamis.

Namun demikian, ada saudara yang ke tiga, anak laki-laki ke tiga Adam dan Hawa, Set. Dengan dia kita lihat garis lain mulai, garis keturunan yang ilahi. Dari garis Set, manusia mulai 'memanggil nama TUHAN,'

Ada dua garis yang berlangsung sepanjang sejarah manusia dan akan terus demikian sampai ke akhir, ketika mereka akan dipisahkan untuk selamanya. Kita hidup dalam dunia di mana ada garis Kain dan garis Set, dan kita dapat memilih akan termasuk garis mana dan jenis kehidupan apa yang ingin kita hidupi.

**2. Nuh**
Peristiwa besar berikutnya adalah Air Bah dan pembuatan bahtera Nuh. Kisah itu sangat terkenal, baik di dalam maupun di luar Alkitab. Banyak suku memiliki kisah tentang bah sedunia dalam cerita rakyat mereka. Ada pertanyaan apakah peristiwa itu sungguh terjadi dan bah meliputi seluruh bumi secara harfiah. Teks tidak memberi petunjuk entah Bah itu melingkupi seluruh bulatan bola bumi atau hanya meliputi bagian dunia yang dikenal saat itu. Pastinya, teluk Timur Tengah, kemudian hari disebut Mesopotamia, yaitu dataran luas yang melaluinya Tigris dan Efrat mengalir, adalah pemandangan dari semua kisah-kisah awal Kejadian dan pasti merupakan daerah yang dipengaruhi oleh air bah itu.

Fokus utama Alkitab tidak pada sisi materiil dari kisah ini ketimbang pada sisi moral. Mengapa itu terjadi? Jawabannya mengejutkan. Itu terjadi karena Tuhan menyesal bahwa Ia telah membuat manusia. "Hal itu memilukan hati-Nya." Ini pasti salah satu ayat paling sedih dalam Alkitab. Ayat ini menyampaikan perasaan Tuhan sangat jelas, dan ini membawa kepada keputusan-Nya untuk melenyapkan umat manusia.

Apa yang telah terjadi sampai menyebabkan krisis sedemikian dalam emosi Tuhan? Untuk menjawab ini kita perlu menyatukan narasi Kejadian dengan bagian-bagian dari Perjanjian Baru dan beberapa bahan ekstra testamental yang dikutip dalam Yudas dan Petrus.

Kita diberitahu bahwa antara dua sampai tiga ratus malaikat di wilayah Gunung Hermon yang diutus untuk memerhatikan umat Tuhan jatuh cinta dengan perempuan, merayu mereka dan menghamili mereka. Keturunannya adalah makhluk campuran mengerikan, yang keadaannya di antara manusia dan malaikat -- keberadaan yang tidak menurut pengaturan Tuhan. Ini adalah 'Nefilim' [orang-orang yang gagah perkasa dalam alkitab terjemahan Indonesia] dalam Kejadian 6 -- keturunan dari perkawinan antara 'anak-anak Tuhan' dan 'anak-anak perempuan manusia.' Dalam terjemahan bahasa Inggris, kadang diterjemahkan sebagai 'raksasa-raksasa.' Kita tidak tahu apa arti tepatnya -- itu adalah suatu istilah baru untuk jenis makhluk baru. Kombinasi mengerikan ini juga merupakan awal dari okultisme, sebab para malaikat itu mengajarkan perempuan-perempuan itu ilmu sihir. Sebelum peristiwa ini tidak ada jejak adanya praktik okultisme.

Dampak langsung dari penyimpangan seks ini adalah kekerasan memenuhi bumi; yang satu menyebabkan yang lainnya ketika manusia diperlakukan sebagai objek dan bukan sebagai pribadi. Kejadian 6 memberitahu kita bahwa Tuhan melihat "segala kecenderungan hatinya selalu membuahkan kejahatan semata-mata." Ia merasa bahwa cukup adalah cukup.

Tetapi Tuhan tidak langsung menghukum, Ia sangat sabar dan memberi mereka peringatan keras. Ia memangil Henokh menjadi nabi untuk memberitahu umat manusia bahwa Tuhan akan datang untuk menghakimi dan mengurus segala ketidaksalehan. Pada usia 65 Henokh mendapat seorang anak, dan Tuhan memberi nama anak laki-laki itu, Metusalah, yang berarti 'ketika ia mati itu akan terjadi.' Maka baik Metusalah maupun Henokh keduanya tahu bahwa ketika putra Henokh mati Tuhan akan menghakimi dunia.

Kita tahu bahwa Tuhan sabar, sebab Metusalah hidup lebih lama daripada siapa pun yang pernah hidup -- 969 tahun. Ketika Metusalah meninggal mulailah hujan lebat. Cucu Metusalah, dinamai Nuh. Ia dan tiga orang anaknya selama 12 bulan membangun sebuah rakit berpenutup menurut petunjuk Tuhan. Hanya satu keluarga, seorang pengkhotbah dan istrinya, dengan tiga anak laki-laki, tiga mantu perempuan, yang diselamatkan.

Sesudah Air Bah, Tuhan berjanji tidak akan pernah mengulang hal sedemikian selama bumi ada. Ia membuat sebuah perjanjian, suatu janji kudus dengan seluruh ras manusia: tidak saja Ia tidak akan melenyapkan umat manusia lagi, tetapi Ia akan menopang mereka dengan menyediakan cukup makanan. Ia akan menyamin bahwa musim panas, dingin, semi dan panen akan datang secara teratur. Pada masa ketika kekeringan lazim terjadi di berbagai bagian dunia ini, janji ini mungkin terkesan telah diabaikan. Tetapi ada jauh lebih banyak hasil bumi dalam dunia ketimbang yang kita butuhkan -- hanya saja itu tidak didistribusi dengan adil. Setiap orang bisa mendapatkan makanan jika ada kemauan politik.

Untuk menandai perjanjian ini Tuhan menempatkan sebuah pelangi di angkasa. Dua hal yang kita butuhkan untuk kehidupan di bumi adalah sinar matahari dan air, dan ketika keduanya datang bersamaan pelangi pun tampak.

Ketika Tuhan membuat janji ini Ia juga menuntut sesuatu dari umat manusia. Ia memerintahkan agar kita memperlakukan hidup manusia sebagai hal yang kudus dan karena itu menghukum pembunuhan dengan hukuman mati. Ketika suatu bangsa meniadakan hukuman mati, itu menyuarakan pandangannya mengenai kehidupan manusia.

### 3. Babel

Kejadian berikutnya yang memengaruhi Tuhan amat dalam adalah pembangunan Menara Babel. Manusia ingin membangun sebuah menara yang mencapai ke lingkup Tuhan di surga, secara efektif untuk 'menantang surga.' Teks mengatakan bahwa mereka ingin membuat sebuah nama untuk diri mereka sendiri. Kita hanya tahu secara kasar seperti apa tampak menara itu: menara itu disebut *zigurat*, sebuah bangunan batu dengan anak tangga membentang ke arah langit. Di puncak menara sedemikian biasanya terdapat tanda-tanda astrologis. Tetapi Nimrod (raja babilonia, atau babel) membangun menara itu utamanya bukan untuk penyembahan bintang-bintang -- itu dimaksudkan lebih untuk mengungkapkan kuasa dan kemegahan dirinya.

Menara Babel membuat Tuhan sangat tersinggung. Ia berkata bahwa jika mereka dibiarkan melanjutkan itu sukar dikatakan di mana itu akan berakhir. Maka untuk pertama kalinya Tuhan memberikan karunia bahasa-bahasa, untuk mengacaukan mereka. Mereka tidak dapat lagi saling mengerti. Sejak saat itu kemanusiaan terbagi, tersebar dan berbicara dengan bahasa-bahasa yang berbeda.

Ada catatan kaki menarik pada kisah Babel itu. Di antara orang-orang yang tersebar di Babel ada sekelompok yang mendaki gunung di timur dan akhirnya mendiami tempat sesudah mereka menyeberangi lautan. Mereka menjadi bangsa besar Tionghoa. Kebudayaan Tionghoa berasal pada masa itu. Mereka meninggalkan wilayah Babel sebelum abjad Kuneiform menggantikan bahasa gambar dari Mesir purba. Semua bahasa bersifat gambaran sampai pada masa Babel. Bahasa yang mereka bawa ke Tiongkok mereka tuliskan dalam bentuk gambaran. Yang luar biasa ialah kita dapat merekonstruksi kisah dari Kejadian 1 sampai 11 dengan melihat ke simbol-simbol yang orang Tionghoa pakai untuk menyatakan berbagai kata berbeda.

Kata Tionghoa untuk 'mencipta,' misalnya, terdiri dari gambar-gambar lumpur, hidup dan seseorang sedang berjalan. Kata untuk 'iblis' dibuat dari gambaran manusia, taman, dan rahasia. Maka iblis adalah pribadi rahasia dalam taman. Kata untuk 'pencoba' dibuat dari kata 'iblis' ditambah dua pohon dan gambar untuk tutupan. Kata untuk 'perahu' dibuat dari tampungan, mulut dan delapan, maka perahu dalam bahasa Tionghoa adalah tampungan untuk delapan orang, seperti halnya bahtera Nuh.

Kita dapat merekonstruksi seluruh Kejadian 1-11 dari bahasa gambar di Tiongkok. Karenanya, ketika orang-orang ini pertama tiba di Tiongkok, mereka percaya akan Tuhan yang esa, pencipta langit dan bumi. Hanya sesudah

Konfusius dan Budha mereka terlibat dalam penyembahan berhala. Bahasa Tionghoa adalah peneguhan mandiri dari luar Alkitab bahwa hal-hal ini terjadi dan dibawa dalam ingatan umat yang tersebar di Babel, yang kemudian diam di Tiongkok.

## KEADILAN DAN RAHMAT

Dua tema menguasai pasal-pasal ini: dari Kejatuhan Adam seterusnya kita melihat baik kesombongan manusia dan respons keadilan serta rahmat Tuhan. Ia menunjukkan keadilan kepada Adam dan Hawa dengan mengusir mereka dari taman itu dan memberitahu bahwa suatu hari mereka harus mati, tetapi juga rahmat dalam menyediakan pakaian untuk mereka. Ia memperlihatkan keadilan kepada Kain dengan menghukum dia menjadi pengembara, tetapi juga rahmat dengan menaruh tanda padanya agar tidak ada orang yang dapat membunuh dia. Ia menghukum generasi Henokh (meski bukan Henokh sendiri), tetapi kita melihat rahmat-Nya dalam menyelamatkan Nuh dan keluarganya serta kesabaran-Nya menunggu, dengan memberi Metusalah usia sedemikian panjang. Apa lagi yang bagian Kejadian selanjutnya katakan tentang Tuhan kepada kita? Mari kita lihat lebih jauh, dan perhatikan hubungan macam apa yang Ia miliki dengan umat-Nya sepanjang rangkaian generasi dan peristiwa yang mengikuti.

# Tuhan yang berdaulat

Ada benang ganda yang membentang sepanjang penggambaran tentang Tuhan dalam Perjanjian Lama yang perlu penjelasan. Yaitu pensejajaran yang hanya menjadi jelas melalui pembacaan kitab Kejadian.

## Tuhan dari seluruh alam semesta

Di satu sisi Perjanjian Lama mengklaim bahwa Tuhan orang Yahudi adalah Tuhan dari seluruh alam semesta. Waktu itu setiap bangsa memiliki dewanya sendiri, entah itu Baal, Isis, atau Molokh, dan agama sangat bersifat nasional. Semua perang adalah perang agama, antar bangsa-bangsa dengan berbagai dewa. Tuhan Israel (Yahweh) dianggap oleh para bangsa lain hanya sebagai dewa kebangsaan Israel. Tetapi Israel sendiri mengklaim bahwa Tuhan mereka adalah 'Tuhan atas segala tuhan.' Bahkan umat Israel maju lebih jauh, dengan menegaskan bahwa Tuhan mereka adalah satu-satunya Tuhan yang sungguh ada. Ia telah menciptakan seluruh alam semesta. Semua dewa lain adalah khayalan dari imajinasi manusia. Klaim ini tentu saja sangat menghina bagi bangsa-bangsa lain. Anda dapat membaca ini dalam Yesaya 40, dalam kitab Ayub dan dalam banyak mazmur.

## Tuhan orang Yahudi

Sisi lain dari gambaran yang dilukiskan dalam Perjanjian Lama ialah bahwa Tuhan seluruh alam semesta itu adalah Tuhan orang Yahudi. Mereka mengklaim bahwa pencipta segala sesuatu memiliki hubungan yang sangat pribadi dan akrab dengan mereka, yang adalah sekelompok kecil manusia di bumi. Bahkan, mereka mengklaim bahwa Ia telah mengidentifikasi diri-Nya dengan satu keluarga; dengan kakek, ayah dan anak. Menurut mereka, Tuhan seluruh alam semesta menyebut diri-Nya 'Tuhan Abraham, Ishak dan Yakub.' Suatu klaim yang luar biasa.

## Rencana Tuhan

Kebenaran ganda yang mencengangkan ialah bahwa

Tuhan orang Yahudi adalah Tuhan alam semesta, dan Tuhan alam semesta khususnya adalah Tuhan orang Yahudi, itu dijelaskan bagi kita dalam Kejadian -- bahkan, tanpa kitab ini kita tidak punya dasar untuk memercayai itu. Kitab Kejadian meliput waktu lebih lama ketimbang keseluruhan bagian Alkitab berikutnya digabung bersama. Mulai dari Keluaran sampai Wahyu 3 meliput sekitar 1,500 tahun, satu setengah milenium, sedangkan Kejadian sendiri meliput keseluruhan sejarah dunia dari awalnya sampai ke masa Yusuf. Jadi ketika kita membaca Alkitab kita mesti menyadari bahwa waktu telah dimampatkan, dan bahwa Kejadian meliput banyak abad dibanding sisa Alkitab.

Pemampatan waktu ini juga terjadi dalam Kejadian sendiri. Telah kita perhatikan bahwa Pasal 1-11 membentuk seperempat dari kitab ini namun meliput periode sangat panjang serta umat dan bangsa sangat luas. 'Bagian' kedua dari Kejadian, Pasal 12-50, adalah bagian yang jauh lebih panjang, mengambil tiga perempat kitab, namun hanya meliput waktu relatif singkat dan manusia lebih sedikit -- hanya satu keluarga dan hanya empat generasi dari keluarga tersebut. Agaknya pembagian ruang ini sangat tidak seimbang jika Kejadian mengklaim mengisahkan sejarah dari seluruh dunia kita.

Namun demikian jelas, bahwa perbedaan dalam proporsi ini memang disengaja. Ada kesengajaan pengalihan perhatian pada seluruh dunia ke fokus pada satu keluarga khusus seakan mereka adalah keluarga paling penting yang pernah hidup. Dari satu segi memang mereka demikian, sebab mereka adalah bagian dari garis sangat khusus sejak Set yaitu umat yang menyeru nama Tuhan. Sejauh menyangkut Tuhan, manusia yang menyeru Dia adalah lebih penting daripada siapa pun lainnya sebab merekalah umat yang melaluinya Ia dapat menggenapi rencana dan maksud-Nya.

Pendekatan ini berfungsi mengingatkan kita bahwa Alkitab bukan jawaban Tuhan untuk masalah kita; Alkitab adalah jawaban Tuhan untuk masalah Tuhan. Masalah Tuhan ialah: "Harus bertindak apa dengan umat yang tidak ingin mengenal atau mengasihi atau menaati kamu?" Satu jalan keluar adalah melenyapkan mereka dan mulai dari baru. Ia mencoba itu, tetapi bahkan ayah dari sisa orang benar yang diselamatkan melalui Air Bah (Nuh) mabuk dan telanjang, memperlihatkan bahwa sifat manusia tidak berubah. Tetapi Tuhan tidak menyerah. Ia peduli akan umat manusia; Ia telah menciptakan mereka. Ia sudah memiliki seorang anak dan sangat menyukai anak itu namun Ia menginginkan keluarga lebih besar, maka Ia tidak akan menyerah tentang masalah umat manusia itu.

Jalan keluarnya mulai dengan Abraham. Para filsuf menyebut ini 'skandal kekhususan,' mengusulkan bahwa dengan memilih hanya berurusan dengan orang Yahudi Tuhan telah tidak adil. Mengapa Ia tidak menyelamatkan orang Tionghoa melalui orang Tionghoa, orang Amerika melalui orang Amerika, orang Inggris melalui orang Inggris, orang Indonesia melalui orang Indonesia? Program penyelamatan Tuhan menyinggung kita -- sebagaimana disimpulkan oleh pujangga William Norman Ewer:

> Betapa aneh
> Bahwa Tuhan
> Memilih
> Orang Yahudi

Lalu Cecil Browne memutuskan untuk menambahkan bait kedua sebagai jawaban:

Tetapi tidak seaneh
Mereka yang memilih
Tuhan orang Yahudi
Tetapi menghina orang Yahudi.

Kita mungkin menjelaskan pendekatan Tuhan dengan mempertimbangkan satu situasi sederhana dalam keluarga. Ayah memutuskan membawa pulang kembang gula untuk tiga orang anaknya. Ia dapat membawa tiga batang coklat dan memberikan mereka seorang satu, atau ia dapat membawa sekantong kembang gula, memberikannya kepada seorang anak dan menyuruh ia berbagi. Pilihan pertama adalah yang paling damai, tetapi memperlakukan anak-anak itu sebagai perorangan yang tidak saling terhubung. Jika ia ingin mencipta sebuah keluarga maka pendekatan kedua yang akan mengajar lebih banyak kepada mereka.

Cara Tuhan, karena itu, adalah memulai suatu rencana di mana anak-Nya akan datang sebagai seorang Yahudi. Ia memberitahu orang Yahudi untuk berbagi berkat-Nya dengan semua orang lain, ketimbang mengurus masing-masing bangsa secara terpisah. Ia memilih orang Yahudi, dengan maksud bahwa semua bangsa lain boleh mengetahui berkat-Nya melalui mereka.

Inilah sebab Ia menyebut diri-Nya Tuhan Abraham, Ishak dan Yakub dalam Perjanjian Lama. Pasal 12-50 dari kejadian pada dasarnya hanyalah kisah tentang empat orang. Tiga digolongkan bersama sementara yang ke empat, Yusuf, diperlakukan terpisah -- karena alasan yang kelak akan menjadi jelas, ketika kita berfokus pada dia secara lebih rinci.

Dijalin ke dalam kisah ketiga orang itu adalah perbedaan dengan kerabat mereka lainnya. Lawan Abraham adalah keponakannya Lot; lawan Ishak adalah saudara tirinya Ismael, lawan Yakub adalah kembarannya Esau. Hubungan-hubungan menjadi makin dekat, dari keponakan ke saudara tiri ke saudara kembar. Tuhan memperlihatkan bahwa masih berlangsung dua garis yang berbeda sangat tajam sepanjang ras manusia. Kisah-kisah ini mengundang kita untuk menempatkan diri dengan salah satu sisi. Apakah Anda seorang Yakub atau seorang Esau? Apakah Anda seorang Ishak atau seorang Ismael? Apakah Anda seorang Abraham atau seorang Lot?

## APAKAH INI KISAH NYATA?

Ada sementara orang beranggapan bahwa pasal-pasal ini adalah legenda atau saga. Mereka berkata bahwa meski ada inti kebenaran di dalamnya, ketepatan sejarahnya tidak dapat diteguhkan. Hal yang dilupakan oleh orang sedemikian itu ialah bahwa 'fiksi' adalah bentuk sastra sangat mutakhir. Novel sama sekali tidak dikenal pada zaman Abraham. Hanya ada sedikit kepentingan dalam menuliskan kisah-kisah buatan. Lazimnya, jika Anda berniat menciptakan sebuah kisah tentang sosok pahlawan, pasti Anda akan menghubungkan mukjizat kepada mereka. Catatan Kejadian hampir tidak memasukkan satu pun mukjizat. Ada lusinan dalam kitab Keluaran, tetapi Kejadian hanya sedikit. Namun legenda biasanya penuh dengan mukjizat atau kejadian-kejadian ajaib.

Tambahan, tak ada orang yang menemukan satu pun anakronisme dalam kisah-kisah ini (anakronisme adalah pelibatan sesuatu bahan yang tidak dapat terjadi pada periode yang sama). Rincian budaya yang tampil dalam kisah-kisah ini telah ditunjukkan oleh arkeologi sebagai sepenuhnya benar.

Salah satu ciri yang tidak dapat diperhitungkan dengan penjelasan alami ialah bagian di mana malaikat berperan, tetapi mereka dilibatkan di sepanjang Alkitab. Jika Anda merasa bermasalah menerima malaikat, Anda bermasalah dengan seluruh Alkitab. Lepas dari itu, kisah-kisah ini sangat biasa -- tentang laki-laki dan perempuan biasa yang dilahirkan, jatuh cinta, menikah, memiliki anak-anak dan mati. Mereka memelihara domba dan kambing dan ternak serta sedikit bercocok tanam. Mereka beda pendapat, mereka bertengkar, mereka berkelahi; mereka mendirikan kemah, mereka membangun mezbah dan menyembah Tuhan. Semua hal ini sepenuhnya ada dalam rentang pengalaman wajar manusia.

MENGAPA TUHAN MEMILIH ORANG YAHUDI?

Namun demikian, yang berbeda tentang kisah-kisah ini adalah, bahwa di dalamnya Tuhan bicara dengan manusia dan mereka bicara kepada-Nya. Maka kita temukan bahwa Tuhan atas segenap alam semesta menjadikan orang yang bernama Abraham sahabat khusus-Nya. Sungguh, Tuhan menyebut dia 'Abraham sahabat-Ku.' Inilah skandal pengkhususan. Orang tidak dapat tahan dengan Tuhan yang membuat persahabatan pribadi. Mereka merasa bahwa entah bagaimana itu tidak pada tempatnya, namun demikian itulah yang sungguh terjadi di sini.

Pertanyaan pentingnya ialah: Mengapa Tuhan memilih untuk menyatakan diri-Nya sebagai Tuhan Abraham, Ishak dan Yakub? Apa istimewanya mereka? Ini telah ditanyakan oleh banyak bangsa, orang, sepanjang zaman. Apa yang istimewa dengan orang Yahudi? Mengapa harus mereka menjadi umat pilihan dan bukan kita?

Jawabannya terletak pada kedaulatan pilihan Tuhan. Ketiga orang ini tidak memiliki klaim wajar pada Tuhan. Tuhan yang dengan bebas memprakarsai hubungan dengan mereka dan mereka tidak dapat mengklaim bahwa hubungan itu karena ada sesuatu pada mereka. Sungguh mengejutkan bagaimana dalam tiap generasi hak warisan lazim dijungkirbalikkan. Wajarnya anak pertama mewarisi kekayaan keluarga dari sang ayah, tetapi dalam tiap generasi Tuhan tidak memilih anak tertua tetapi anak termuda. Ia memilih Ishak, bukan Ismael, dan Yakub, bukan Esau. Dengan demikian Ia menegaskan bahwa tidak ada seorang pun yang memiliki klaim alami akan kasih-Nya: adalah kasih-Nya semata yang memberi sesuai yang Ia pilih. Maka, itu bukan masalah kaitan keturunan langsung melalui anak tertua. Baik Ishak maupun Yakub bukan anak sulung. Apa yang mereka warisi adalah karunia bebas.

Lebih mengejutkan adalah fakta bahwa tidak satu pun dari ketiga orang ini memiliki klaim moral apa pun pada Tuhan, sebab mereka tidak dapat mengklaim diri lebih baik daripada orang lain. Bahkan, Alkitab menyatakan bagaimana tiap mereka berdusta untuk meloloskan diri dari situasi rumit. Baik Abraham maupun Ishak berdusta tentang istri mereka untuk menyelamatkan diri mereka, dan Yakub adalah yang terburuk dari ketiga ini. Bukan saja tiga orang ini pembohong, mereka juga mengambil lebih dari satu istri. Kita diberikan sebuah gambaran tentang manusia yang sangat biasa seperti kita yang semuanya memiliki kelemahan.

Satu-satunya hal yang mereka miliki yang membuat mereka menonjol adalah iman. Mereka ini percaya akan Tuhan. Tuhan dapat membuat keajaiban ketika orang percaya. Tuhan lebih menyukai orang yang percaya ketimbang orang yang baik -- Ia bahkan berkata kepada Abraham bahwa imannya dicatat dalam kitab-Nya sebagai 'kebenaran.' Perbuatan baik tanpa percaya akan Tuhan tidak berarti apa pun.

Ishak dan Yakub memiliki iman itu, meski mereka sangat berbeda kepribadian dan temperamen. Satu kesamaan antara ketiga orang ini ialah mereka memiliki iman.

## Iman para bapa leluhur

Iman Abraham khususnya nyata ketika ia meninggalkan Ur-Kasdim. Pada zaman itu kota tersebut adalah tempat sangat mengesankan, canggih, salah satu yang paling maju di seluruh dunia, tetapi Tuhan memberitahu Abraham bahwa Ia ingin dia tinggal dalam kemah sepanjang kehidupannya berikutnya. Tidak banyak dari kita bersedia meninggalkan kota yang nyaman dan tinggal dalam kemah di gunung-gunung yang ketika musim dingin cuaca dingin bersalju, khususnya pada usia 75. Tuhan memerintah dia untuk meninggalkan tanah yang tak akan lagi ia lihat dalam rangka untuk pergi ke tanah yang tidak pernah ia lihat sebelumnya. Ia harus meninggalkan keluarga dan sahabatnya (meski dalam peristiwa itu Abraham membawa ayahnya dan anggota keluarganya yang lain setengah jalan sampai ke Haran, dari sana ia dan keponakannya Lut melanjutkan perjalanan). Abraham taat. Ia bahkan percaya Tuhan ketika Ia memberitahu dia akan memiliki seorang anak kendati Sara istrinya telah berusia 90 tahun. (Ketika anak itu lahir mereka menamai dia 'Lelucon.' Ishak adalah bahasa Ibrani untuk 'tertawa.' Ketika Sara pertama mendengar bahwa ia akan hamil di usia tersebut ia hanya tertawa terbahak--bahak. )

Iman Abraham mengalami pukulan berarti sepanjang kehidupannya. Sebelas tahun lewat sesudah janji Tuhan dan masih tidak ada tanda akan seorang anak. Abraham, atas usul Sara, mengusahakan keturunan melalui hambanya

Hagar. Alkitab menjelaskan bahwa Ismael bukan 'anak iman,' tetapi 'anak daging' yang tidak dipilih Tuhan (meski Tuhan masih memberkatinya juga dengan banyak keturunan yang membentuk bani Arab masa kini).

Ketika akhirnya Ishak datang, Abraham melatih imannya ketika ia siap mempersembahkan Ishak di mezbah atas permintaan Tuhan. Alkitab memberitahu bahwa Abraham bersedia membunuh Ishak sebagai korban sebab ia percaya Tuhan sanggup membangkitkan dia dari kematian sesudah ia membunuhnya. Mengingat bahwa Tuhan belum pernah melakukan itu sebelumnya, itu sungguh iman luar biasa! Ia berpikir bahwa jika Tuhan dapat menghasilkan kehidupan (Ishak) dari tubuh tuanya, Ia pasti dapat juga menghidupkan kembali Ishak dari kematian jika Ia ingin.

Kebanyakannya penggambaran tentang pengorbanan Ishak, ia dilukiskan sebagai seorang anak berusia 12. Tetapi jika kita memeriksa teks di sekitar peristiwa itu kita melihat bahwa hal berikut sesudah itu adalah kematian Sara dalam usia 127, yang berarti Ishak berusia 37. Jadi kemungkinan Ishak dalam usia awal 30-an pada saat pengorbanan itu. Jadi ia dapat dengan mudah menolak, tetapi ia tunduk dalam iman kepada ayahnya Abraham yang sudah tua. (Lokasinya juga penting, sebab gunung pengorbanan itu disebut Moria, yang kelak menjadi Golgota, atau Kalvari.) Ishak juga memperlihatkan iman dalam banyak cara, terutama dengan memercayai hamba Abraham untuk mendapatkan istri untuknya.

Yakub pun memiliki iman, tetapi awalnya ini adalah iman akan dirinya sendiri. Narasi mencatat bagaimana ia memanipulasi ayahnya untuk meneruskan berkat kepada dia ketimbang kepada Esau dengan cara licik dan tipuan. Tetapi paling tidak itu menunjukkan bahwa ia menginginkan berkat, sementara Esau tidak menghargai apa yang seharusnya dapat ia miliki. Kemudian hari, Tuhan harus 'menghancurkan' Yakub. Sepanjang sisa hidupnya ia pincang sesudah bergumul dengan Tuhan semalam. Tetapi ini adalah titik balik untuk imannya akan Tuhan. Sejak saat itu selanjutnya ia percaya janji-janji Tuhan bahwa 12 anaknya akan menjadi 12 suku.

Ketiga orang ini, kendati semua kelemahan dan kegagalan mereka, bersinar sebagai orang-orang yang percaya akan Tuhan. Mereka memiliki iman, berbeda tajam dari para kerabat mereka, yang adalah manusia daging ketimbang manusia iman.

Lot melintas sebagai seorang materialis, memilih untuk menempati lembah Yordan ketimbang tinggal di bukit-bukit gundul. Ia memercayai matanya, sementara Abraham, dengan mata iman, tahu bahwa Tuhan akan bersama dia di bukit-bukit itu. Esau memutuskan bahwa ia lebih mengingini semangkok sup ketimbang berkat dari ayahnya. Surat Ibrani memberitahu kita agar jangan seperti Esau, yang menyesali penukaran itu dan kemudian mencari berkat tersebut dengan air mata, meski tanpa pertobatan asli. Jadi, ada perbedaan tajam antara orang-orang beriman dan kerabat mereka yang hidup menurut daging -- suatu perbedaan yang mengalir melalui banyak keluarga masa kini.

Perbedaan ini juga terlihat dalam para istri mereka. Sara, Ribka dan Rahel memiliki satu kesamaan: mereka semua sangat cantik. Ketiga istri para leluhur ini memiliki kecantikan menetap dari karakter batin mereka dan mereka semua tunduk kepada para suami mereka. Istri-istri orang lainnya kembali berbeda. Istri Lot, misalnya, melihat ke belakang ke kehidupan nyaman yang mereka tinggalkan tetapi untuk dihukum oleh Tuhan, dan dengan tidak menaati firman Tuhan diubahkan menjadi tiang garam.

## Abraham

Mari kita lihat kepada ketiga orang tersebut secara lebih rinci. Tuhan membuat janji kepada Abraham yang di atasnya orang Kristen masih bertumpu. Tuhan memulai penciptaan dengan satu orang dan Ia memulai penebusan dengan satu orang. Kita diberitahu bahwa Tuhan membuat perjanjian dengan Abraham, yang menjadi tema berkelanjutan sepanjang Alkitab sampai kepada Yesus sendiri, yang melembagakan peringatan perjanjian baru pada Perjamuan Tuhan.

Penting untuk dimengerti secara jelas arti 'perjanjian.' Sementara orang mengacaukannya dengan kata 'kontrak,' tetapi itu bukan suatu tindakan tawar-menawar antara dua pihak dengan kuasa dan otoritas yang setara. Perjanjian (*covenant*) dibuat sepenuhnya oleh satu pihak untuk memberkati pihak lainnya. Pihak lainnya itu hanya memiliki dua pilihan: menerima syarat-syaratnya atau menolaknya. Mereka tidak dapat mengubahnya. Ketika Tuhan membuat perjanjian Ia memeliharanya dan bersumpah olehnya. Apabila seseorang mungkin berkata "demi Tuhan aku berjanji untuk melakukan itu," Tuhan berkata, "demi diri-Ku sendiri Aku bersumpah," sebab tidak ada yang lebih tinggi yang olehnya Tuhan dapat bersumpah. Maka Ia bersumpah demi diri-Nya sendiri dan mengatakan kebenaran, seluruh kebenaran dan tidak lain kecuali kebenaran.

Dalam janji-Nya kepada Abraham, Tuhan mengulang kata-kata niat 'Aku akan' sebanyak enam kali dalam Kejadian 12, seperti seorang suami menikahi pengantinnya. Adalah benar bahwa Tuhan atas alam semesta menikahkan diri-Nya sendiri kepada keluarga khusus ini dan janji pertama-Nya adalah memberi mereka sebuah tempat untuk tinggal (sebidang tanah di mana terjadi pertemuan antar benua -- pusat sesungguhnya dari massa tanah dunia adalah Yerusalem dan di sanalah jalan dari Afrika ke Asia dan dari Arabia ke Eropa bersimpangan, dekat sebuah bukit kecil yang disebut Armagedon dalam bahasa Ibrani, persimpangan dunia). Praktisnya, Tuhan berkata "Inilah tempat yang akan Ku berikan kepadamu selamanya." Mereka memegang sertifikat tanah atas tempat itu, apa pun pendapat pihak lainnya, sebab Tuhan memberi sertifikat tanah itu kepada mereka, kepada Abraham dan keturunannya selamanya.

Janji-Nya kedua adalah memberi mereka keturunan. Ia berkata selalu akan ada keturunan Abraham di bumi ini. Dan Ia mengatakan ini kendati usia Abraham dan Sara telah lanjut.

Janji ketiga adalah Ia akan memakai mereka untuk memberkati atau mengutuk setiap bangsa lainnya. Panggilan orang Yahudi adalah untuk berbagi Tuhan dengan semua orang. Panggilan ini dapat berlaku dua arah, karena Tuhan berkata kepada Abraham, "Aku akan memberkati orang-orang yang memberkati engkau, dan mengutuk orang-orang yang mengutuk engkau." Sebagai imbalan, Tuhan meminta pertamanya bahwa setiap laki-laki Yahudi harus disunat sebagai tanda bahwa mereka lahir ke dalam perjanjian, dan keduanya bahwa Abtaham harus menaati Tuhan dan melakukan setiap hal yang Tuhan perintahkan untuk ia lakukan.

Perjanjian ini adalah intisari Alkitab dan adalah dasar yang di atasnya Tuhan berkata, "Aku akan menjadi Tuhanmu dan kamu akan menjadi umat-Ku," suatu ungkapan yang diulang-ulang sepanjang isi Alkitab sampai ke halaman terakhir Wahyu. Ini memberitahu kita bahwa Tuhan ingin melekat dengan kita. Di bagian paling akhir Alkitab Tuhan sendiri beranjak dari surga dan turun ke bumi untuk hidup dengan kita di bumi baru untuk selamanya.

## Ishak

Kita kurang tahu tentang dia ketimbang tentang ayahnya Abraham atau anaknya, Yakub, tetapi ia adalah penghubung penting antara mereka. Imannya perlu dilihat dalam penerimaannya akan istri pilihan Tuhan, tetap tinggal di tanah Kanaan ketika kelaparan menyerang dan mewariskan tanah itu kepada anaknya meski sebenarnya ia belum memiliki dalam kenyataan, hanya dalam janji. Sayangnya, kebutaannya di usia lanjut membuat ia ditipu oleh keluarganya sendiri.

## Yakub

Yakub barangkali adalah yang paling berwarna-warni dari ketiga orang itu. Bahkan ketika ia baru dilahirkan ia memegangi tumit saudara kembarnya Esau, sejak dari awalnya ia sudah meraih. Esau pergi mendiami tempat yang kini dinamai Petra, dimana masih bisa dilihat kuil-kuil indah yang dibentuk dari batu pasir merah. Di sana Esau membangun bangsa Edom. Kebencian antara Ismael dan Ishak masih ada di Timur Tengah dalam ketegangan antara orang Arab dan orang Yahudi, tetapi kebencian antara Esau dan Yakub telah lenyap. Bani Edom terakhir dikenal dengan nama Herodes dan keturunan Esaulah yang menjadi Raja orang Yahudi ketika Yesus dilahirkan. Ia membunuh semua bayi di Betlehem dalam usaha melenyapkan keturunan Yakub yang lahir untuk menjadi Raja.

## Warisan

Abraham, Ishak dan Yakub semuanya memperlihatkan iman mereka dalam satu cara akhir yang luar biasa. Masing-masing mereka mewariskan kepada anak-anak mereka apa yang mereka sendiri tidak sungguh miliki. Abraham berkata kepada Ishak bahwa ia meninggalkan baginya seluruh wilayah di sekitar mereka. Ishak juga berkata kepada Yakub bahwa ia meninggalkan untuknya seluruh tanah itu, dan Yakub berkata kepada 12 anak-anaknya bahwa ia meninggalkan untuk mereka seluruh tanah Kanaan. Tetapi tak seorang pun mereka memiliki apa yang mereka wariskan. Hanya Abraham yang sungguh memiliki tanah dan ini hanya gua di Hebron di mana Sara dikuburkan. Masing-masing mereka percaya bahwa Tuhan telah memberikan kepada mereka apa yang mereka wariskan, dan suatu hari seluruh tanah itu akan menjadi milik mereka.

Apabila kita membaca lebih lanjut tentang mereka dalam Alkitab di Ibrani 11, kita dapatkan bahwa "semua orang ini terus hidup beriman ketika mereka mati." Semua mereka dipuji karena iman mereka, "namun tak seorang pun mereka menerima apa yang telah dijanjikan. Tuhan telah menyediakan sesuatu yang lebih baik bagi kita, tanpa kita mereka tidak dapat sampai kepada kesempurnaan." Abraham, Ishak dan Yakub telah mati. Kita dapat melihat kuburan mereka di Hebron, tetapi mereka tidak mati. Yesus berkata bahwa Tuhan adalah (kata kerja bentuk waktu kini bukan lampau) Tuhan Abraham, Ishak dan Yakub. Ia bukan Tuhan orang mati: Ia adalah Tuhan orang hidup.

## Yusuf

Bagian akhir Kejadian adalah kisah yang dikenal baik oleh banyak orang, kisah Yusuf. Kisah ini menarik baik anak-anak maupun orang dewasa, 'kisah si baik menang atas orang-orang jahat.' Kisah itu bahkan telah dibuatkan drama musik, meski rujukan populer tentang jubah warna-warni barangkali kurang tepat. Kemungkinan besar itu adalah jubah khusus dengan lengan panjang, ketimbang pakaian warna-warni -- tekanan utamanya ialah Yusuf diutamakan melebihi saudara-saudaranya dan mengenakan perlengkapan yang menekankan bahwa ia tidak perlu melakukan kerja tangan. Perlakuan tersebut janggal sebab Yusuf bukan putra tertua, maka itu menyebabkan kebencian.

Yusuf adalah generasi ke empat, buyut dari Abraham, namun lagi-lagi ia bukan anak tertua. Ada pola jelas di sini: pewaris alami tidak menerima berkat warisan. Tuhan dalam anugerah-Nya memilih siapa yang menerima itu. Polanya ialah pewaris itu adalah salah satu anak yang lebih muda.

Namun demikian, dalam satu cara penting pola itu tidak berlanjut. Sebelum ini saya tekankan adanya perbedaan besar antara Yusuf dan ketiga generasi terdahulu. Tuhan tidak pernah menyebut diri-Nya 'Tuhan Yusuf.' Para malaikat tidak pernah menampakkan diri kepada Yusuf dan saudara-saudaranya tidak ditolak seperti yang terjadi pada ketiga lainnya itu. Para saudaranya diikutkan dalam garis Ilahi keturunan Set, maka tidak ada kontras yang sama dalam hal tersebut. Selanjutnya, Yusuf tidak pernah disapa langsung oleh Tuhan. Ia menerima mimpi dan diberikan tafsiran mimpi, tetapi ia tidak pernah sungguh menerima komunikasi dari Tuhan seperti yang dialami oleh ketiga bapa leluhur.

Jadi tampaknya Yusuf memiliki kekhasannya sendiri. Mengapa ia berbeda, dan mengapa kisahnya diceritakan kepada kita?

Sebagian alasannya jelas, sebab kisahnya berhubungan secara wajar dengan bagian Alkitab selanjutnya. Dalam Keluaran kita dapati keluarga ini dalam perbudakan di Mesir dan setidaknya kita perlu menjelaskan bagaimana sampai mereka ada di sana. Kisah Yusuf adalah mata rantai penting, menjelaskan bagaimana Yakub dan keluarganya pindah ke Mesir karena alasan sama yang membuat Abraham dan Ishak sebelumnya turun ke Mesir: karena kekurangan pangan. (Mesir tidak bergantung pada hujan sebab ada Sungai Nil mengalir turun dari dataran tinggi Mesir, sedangkan tanah Israel untuk hasil buminya bergantung penuh kepada hujan yang dibawa oleh angin barat dari Mediteranea.) Karena itu, setidaknya, kisah Yusuf ada di sana untuk menghubungkan kita dengan bagian berikutnya dalam Alkitab. Ada selang waktu 400 tahun sesudah Yusuf, yang tentangnya kita tidak tahu apa pun, dan ketika selang waktu itu lewat keluarga tersebut telah menjadi bani dengan ratusan ribu orang -- tetapi kini mereka adalah budak di Mesir.

Jika hanya ini alasan kisah Yusuf dimasukkan dalam Kejadian, maka sukar menjelaskan mengapa begitu banyak ruang diberikan untuk itu. Kita diberitahu rincian hampir sebanyak yang diberikan tentang Abraham dan jauh lebih banyak daripada yang tentang Ishak atau Yakub. Mengapa kita diberitahu tentang Yusuf sedemikian rinci? Apakah itu sekadar contoh tentang orang baik bermoral dan bahwa kebaikan menang pada akhirnya? Pastinya ada lebih banyak hal ketimbang hanya itu.

Paling tidak ada empat tingkat cara kita dapat membaca kisah Yusuf.

## 1. SUDUT MANUSIA

Tingkat pertama hanyalah tingkat manusia. Ini adalah kisah gamblang yang diceritakan dengan piawai sekali dengan tokoh-tokoh sangat nyata. Ini adalah sebuah petualangan agung, lebih asing ketimbang fiksi. Di dalamnya terdapat beberapa kebetulan luar biasa, dan Anda dapat menyimpulkan kehidupan Yusuf dalam dua pasal: Pasal 1, menurun, dan Pasal 2, menaik. Ia menurun terus dari menjadi anak kesayangan ayahnya ke menjadi budak sebuah keluarga, dan ia menaik terus dari tahanan penjara terlupakan ke menjadi Perdana Menteri. Di antaranya kita memiliki kecemburuan para saudaranya yang menyebabkan perendahan itu, dan kunci dari akhiran sukses terletak dalam mimpi-mimpi. Karena itu, pada tingkat manusia, kisah itu menjadi bahan pertunjukan drama musik bagus di West End London di mana ribuan orang menonton dan menikmatinya.

## 2. SUDUT TUHAN

Anda dapat membaca kisah itu dari sudut Tuhan. Meskipun Ia tidak bicara kepada Yusuf secara aktual, Ia ada di latar belakang peristiwa, Tuhan yang tidak tampak mengatur situasi-situasi untuk tujuan dan rencana-Nya dan menyatakan itu melalui berbagai mimpi. Jelas dalam Alkitab bahwa terkadang Tuhan perlu bicara kepada umat-Nya dengan cara ini, tetapi itu selalu memerlukan penafsiran. Yusuf berkata bahwa mimpi itu datang dari Tuhan dan penafsirannya datang dari Tuhan. Kemudian hari Daniel juga dikenal karena karunia yang sama. Yusuf percaya bahwa situasinya diatur oleh Tuhan dan bahwa Tuhan ada di balik hal-hal yang terjadi kepadanya.

Ayat kunci dalam kisah Yusuf ini ditemukan di Pasal 45, ayat 7, ketika akhirnya ia memperkenalkan dirinya kepada saudara-saudaranya sesudah membuat mereka amat rendah dan sangat malu. Sesudah mengampuni mereka atas apa yang telah mereka lakukan kepadanya, lalu ia berkata, "Tuhan telah menyuruh aku mendahului kamu untuk menjamin kelanjutan keturunanmu di bumi ini dan untuk memelihara hidupmu, sehingga sebagian besar dari padamu tertolong."

Saudara-saudara Yusuf berpikir mereka telah menyingkirkan dia dengan menjualnya sebagai budak kepada para pedagang unta berkeliling dan melabur jubah istimewanya dengan darah kambing untuk menipu ayahnya memercayai bahwa anak kesayangannya telah mati. Namun Yusuf dapat melihat bahwa tangan Tuhan di dalam itu. Ia dapat melihat balik ke pekerjaannya di Mesir, sesudah diangkat ke posisi tinggi karena penafsiran yang ia lakukan atas mimpi Firaun (yi. akan ada tujuh tahun subur dengan panen bagus, dan tujuh tahun kekurangan sesudahnya). Dengan nasihatnya agar makanan disimpan semasa tahun kelimpahan itu sesungguhnya ia telah menyelamatkan seluruh bangsa Mesir -- dan keluarganya sendiri ketika mereka juga kelak kehabisan makanan. Ia menjadi juruselamat mereka.

Pemeliharaan Tuhan dapat dilihat juga dalam kepindahan keluarga Yusuf ke Mesir. Meski Tuhan telah menjanjikan tanah perjanjian kepada mereka, banyak tahun sebelumnya Ia telah memberitahu Abraham bahwa ia harus meninggalkan keluarganya di Mesir selama 400 tahun "sebab kedurjanaan orang Amori belum genap." Tuhan tidak membiarkan keluarga Abraham mengambil tanah perjanjian itu dari mereka yang hidup di dalamnya sampai mereka menjadi sangat menakutkan sehingga mereka kehilangan hak baik atas tanah maupun atas hidup mereka. Tuhan adalah Tuhan moral: Ia tidak akan begitu saja mengusir satu umat dan memasukkan umat-Nya sendiri. Arkeologi menunjukkan bagi kita betapa mengerikan keadaan orang-orang ini. Penyakit kelamin memenuhi tanah Kanaan sebab kebiasaan seksual mereka yang cemar. Akhirnya mereka mencapai titik tanpa kemungkinan untuk balik, dan hanya ketika itu terjadi Tuhan berkata bahwa umat-Nya dapat mengambil tanah mereka. Mereka yang mengeluh tentang ketidakadilan Tuhan memberikan tanah itu kepada orang Yahudi telah sangat keliru.

Tetapi ada alasan lainnya juga. Tuhan ingin umat pilihan-Nya menjadi budak. Sebagian rencana-Nya ialah meluputkan mereka dari perbudakan supaya mereka dapat bersyukur kepada-Nya dan menghidupi jalan-Nya, menjadi model agar seluruh dunia melihat betapa diberkati umat yang hidup di bawah pemerintahan surga. Maka Ia membiarkan mereka mengalami jahatnya perbudakan, bekerja tujuh hari seminggu tanpa bayaran, tanpa tanah milik, tanpa uang, tanpa apa pun yang mereka miliki. Lalu, ketika mereka berseru kepada-Nya, Ia turun dan meluputkan mereka dengan tangan-Nya yang kuat. Tuhan mengijinkan itu terjadi karena maksud-maksud-Nya sendiri. Ia ingin mereka tahu bahwa Tuhan sendirilah yang membebaskan mereka dan memberi mereka tanah milik mereka.

### 3. KARAKTER YUSUF

Kita juga dapat mendatangi narasi itu sebagai studi tentang karakter Yusuf. Hal yang mencolok ialah tidak ada hal buruk apa pun disebutkan tentang Yusuf. Telah kita lihat bahwa Alkitab memberitahu seluruh kebenaran tentang Abraham, Ishak dan Yakub, yang pasti memiliki kelemahan dan dosa mereka. Tidak satu kritikan pun dikatakan terhadap Yusuf. Hal terburuk yang pernah ia buat adalah kurang bijaksana menceritakan mimpi tentang kebesarannya di masa depan, tetapi tidak ada jejak apa pun tentang sikap atau reaksi salah dalam karakter Yusuf. Reaksinya sementara ia menuruni anak tangga sosial adalah jempolan: tidak ada kebencian, tidak ada keluhan, tidak ada keberatan terhadap Tuhan, tidak ada kesan ketidakadilan bahwa ia harus berakhir dalam penjara, menanti pelaksanaan hukuman mati dalam penjara Firaun. Lebih jauh, meskipun ia jauh dari tempat tinggalnya dan sama sekali tidak dikenal, ia menjaga integritasnya ketika istri Potifar berusaha merayunya. Bahkan di titik terendah, mendekam dalam penjara, tampak perhatiannya terutama tertuju untuk menolong orang lain dengan ia berusaha menghibur juru minuman dan juru makanan Firaun. Agaknya, Yusuf adalah seorang yang tidak memikirkan diri sendiri, tetapi sangat peduli akan orang lain.

Karakternya juga tidak bercacat ketika ia menaik ke kepemimpinan kedua dari pemerintahan Firaun. Perhatikan reaksinya kepada para saudaranya yang telah menjual dia ke perbudakan. Ia memberikan makanan dan tidak menuntut pembayaran dari mereka untuk itu, menaruh uang ke dalam karung-karung mereka. Ia mengampuni mereka sambil menangis, memohon bagi mereka kepada Firaun, dan membeli tanah terbaik di delta Nil supaya mereka boleh tinggal di sana. Mereka telah membuang dia dan memberitahu ayahnya bahwa ia telah mati, tetapi kini ia menyediakan semua kebutuhan mereka.

Yusuf tidak berubah menjadi buruk, baik oleh perendahan atau oleh penghormatan. Ia seorang dengan integritas total dan satu-satunya orang yang dinyatakan demikian dalam Perjanjian Lama. Semua tokoh Perjanjian Lama lainnya dinyatakan dengan kelemahan maupun kekuatan mereka, tetapi inilah seorang yang hanya memiliki kekuatan. Hanya ada seorang pribadi lagi dalam Alkitab yang seperti ini.

Ada satu pasal di tengah-tengah kisah Yusuf yang datang sebagai kejutan. Itu adalah tentang saudaranya Yehuda. Di tengah kisah tentang orang baik ini datang satu perbedaan tajam dengan saudaranya sendiri Yehuda. Yehuda mendatangi seorang perempuan yang dikiranya adalah pelacur, tetapi sesungguhnya ia adalah mantu perempuannya yang mengenakan cadar. Yehuda melakukan perbuatan inses dan cerita mesum itu dikisahkan justru di tengah-tengah narasi Yusuf. Mengapa di sana? Itu ditaruh di sana sebab ia berfungsi menggarisbawahi integritas Yusuf yang berbeda tajam. Seperti halnya Abraham dikontraskan dengan Lot, Ishak dengan Ismael dan Yakub dengan Esau, demikian juga Yusuf dikontraskan dengan Yehuda.

## 4. CERMINAN TENTANG YESUS

Sedemikian jauh kita telah membahas kisah ini pada tiga tingkatan: kisah manusia tentang seorang yang dibawa turun ke dasar dan kemudian naik tinggi ke puncak, dan yang menjadi juruselamat umatnya serta Pemimpin di Mesir; kisah tentang pengaturan Tuhan akan kehidupan orang ini, yang memakainya untuk menyelamatkan umat-Nya; dan akhirnya kisah tentang integritas total seorang manusia, yang sepenuh perjalanan menurun dan mendakinya tetap merupakan seorang manusia dengan kebenaran dan kebaikan yang jujur.

Setiap tingkat dari kisah ini mengingatkan kita akan seorang lain: Yesus sendiri: Yusuf menjadi apa yang dikenal sebagai tipe dari Yesus. Dalam hal ini 'tipe' berarti 'membayangkan.' Maksudnya seolah Tuhan memperlihatkan kepada kita dalam kehidupan Yusuf apa yang Ia akan lakukan dengan putra-Nya sendiri. Seperti Yusuf, putra-Nya sendiri akan ditolak oleh para saudara-Nya dan dibawa menuruni perendahan luar biasa, kemudian dinaikkan menjadi 'Juruselamat' dan 'Tuhan' dari umat-Nya.

Sekali kita mengenali 'tipe' ini, perbandingannya luar biasa. Semakin kita membaca kisah Yusuf semakin kita melihat gambaran Yesus, seakan sepanjang semua itu Tuhan tahu apa yang akan Ia lakukan dan sedang memberikan isyarat kepada umat-Nya. Yesus sendiri mendorong orang Yahudi untuk menyelidiki Alkitab, sebab kitab-kitab suci 'bersaksi tentang Aku,' sambil Ia merujuk ke Perjanjian Lama. Ketika kita membaca Perjanjian Lama kita selalu harus mencari Yesus, kemiripan dengan-Nya, bayang-bayang-Nya. Yesus sendiri adalah substansinya, tetapi bayang-bayang-Nya jatuh melintasi halaman-halaman Perjanjian Lama, khusus dalam Kejadian.

## Yesus dalam Kejadian

Sekali kita melihat bahwa Yusuf adalah gambaran dari Yesus, kita dapat melihat Yesus dalam banyak tempat lainnya sepanjang Kejadian. Yusuf adalah model dari respons Tuhan kepada iman akan Dia, dan kisahnya memperlihatkan bagaimana Tuhan dapat mengambil kehidupan seseorang dan memakai dia untuk membebaskan umat-Nya dari kebutuhan mereka, mengangkat dia menjadi Juruselamat dan Tuhan.

### SILSILAH

Silsilah-silsilah dalam Kejadian sesungguhnya adalah silsilah Tuhan kita Yesus Kristus. Jika Anda membaca Matius 1 dan Lukas 3 Anda akan mendapatkan dalam silsilah-silsilah itu nama-nama dari kitab Kejadian. Yesus datang dari garis keturunan Set, yang berlanjut langsung ke anak Maria. Jadi tiap orang yang ada dalam Kristus juga membaca pohon keluarga mereka sendiri. Ini adalah leluhur terpenting yang kita punyai, sebab melalui iman akan Kristus kita menjadi anak-anak Abraham.

### ISHAK

Apabila kita memeriksa para tokoh dalam Kejadian kita dapat melihat kesamaan-kesamaan dengan Yesus. Kita telah melihat tentang Yusuf, tetapi mari kita mundur ke masa ketika Abraham diminta untuk mempersembahkan Ishak sebagai kurban. Ia diberitahu untuk pergi ke sebuah gunung bernama Moria. Bertahun-tahun kemudian gunung yang sama itu dikenal sebagai Golgota, tempat di mana Tuhan mengorbankan Anak-Nya yang tunggal. Kejadian 22 memberitahu kita bahwa Ishak adalah putra satu-satunya yang dikasihi Abraham -- dan telah kita lihat bagaimana Ishak di usia tigapuluhan waktu itu, cukup kuat untuk menolak ayahnya, tetapi menundukkan diri untuk diikat dan ditaruh di atas mezbah.

Tuhan mencegah Abraham pada saat genting dan menyediakan satu kurban lain, seekor anak domba yang kepalanya terjepit dalam onak duri. Berabad-abad kemudian Yohanes Pembaptis berkata tentang Yesus, "Lihatlah 'anak domba' Tuhan yang mengangkut dosa seisi dunia." Kata 'anak domba' kerap dikenakan kepada Yesus, tetapi anak domba kecil tidak pernah dijadikan korban persembahan -- korban itu adalah anak domba berusia setahun yang sudah tumbuh tanduk. Yesus dalam Kitab Wahyu digambarkan sebagai domba dengan tujuh tanduk menandai kekuatan -- 'domba Tuhan.' Tuhan menyediakan seekor domba untuk Abraham persembahkan menggantikan anaknya sendiri, seekor domba dengan kepalanya terperangkap di dalam duri, dan Tuhan juga mencanangkan nama baru bagi-Nya sendiri: "Aku selalu adalah penyedia bagimu." Di tempat itu juga seorang laki-laki muda lain di awal usia tiga puluhan dikurbankan dengan kepalanya ditusuk oleh duri. Anda lihat di sana gambaran tentang Yesus?

## MELKISEDEK

Juga pantas untuk kita melihat dengan teliti perjumpaan asing Abraham dengan seorang yang adalah raja sekaligus imam. Ia adalah raja kota Salem (yang kemudian menjadi Yerusalem). Ketika Abraham sedang di jalan pulang dari membebaskan keluarganya sesudah mereka diculik, ia tiba dengan rampasan dari musuh di dekat kota Salem. Waktu itu ini adalah kota kafir, tidak ada hubungannya dengan garis keturunan Abraham yang saleh. Ia bertemu dengan tokoh aneh yaitu Melkisedek, yang imam dan juga raja, sebuah kombinasi tidak lazim, yang tidak pernah ditemukan di Israel. Imam-Raja ini membawa roti dan anggur sebagai penguat untuk Abraham dan pasukannya dan Abraham memberikan kepadanya sepersepuluh dari semua rampasan perang, sepersepuluhan dari harta milik. Dalam Perjanjian Baru kita diberitahu bahwa Yesus adalah imam besar selamanya dalam garis Melkisedek.

## TANGGA YAKUB

Dan bagaimana dengan tangga Yakub? Ketika Yakub melarikan diri dari rumah ia tidur di luar pada malam hari dengan kepalanya beralaskan batu dan bermimpi tentang sebuah tangga (sesungguhnya lebih menyerupai eskalator). Istilah Ibraninya menyiratkan bahwa tangga itu bergerak, dan ada yang bergerak ke atas dan ada yang bergerak ke bawah, sementara para malaikat naik dan turun. Yakub tahu bahwa di puncak tangga itu ada surga, di mana Tuhan tinggal.

Ketika bangun ia berjanji memberikan sepersepuluh dari segala sesuatu yang ia dapat untuk Tuhan. Persembahan persepuluhan tidak termasuk peraturan sampai masa Musa. (Persembahan seperpuluhan Yakub itu lebih merupakan tawar-menawar dengan Tuhan: Engkau membawa saya selamat kembali ke rumah dan saya akan memberi-Mu sepersepuluhan. Namun demikian, tidak mungkin tawar-menawar dengan Tuhan -- Tuhan yang membuat perjanjian dengan Anda, bukan sebaliknya -- dan Yakub harus belajar itu dengan sukar kemudian hari.)

Berabad-abad kemudian, ketika Yesus bertemu dengan seorang bernama Natanael, Ia berkata kepada Nataniel, "Lihat inilah seorang Israel sejati, tidak ada kepalsuan di dalamnya." Natanael menanyai Dia bagaimana sampai Ia mengetahui ini. Yesus menjawab, "Engkau pikir itu ajaib, bahwa Aku mengetahui rincian kehidupanmu. Apa yang akan kau pikir jika engkau melihat para malaikat naik dan turun kepada Anak Manusia?" Dengan kata lain, Yesus berkata, "Akulah tangga Yakub. Akulah penghubung antara bumi dan surga. Aku adalah Tangga yang baru."

## ADAM DAN HAWA

Mundur lebih jauh, di Kejadian 3, Tuhan membuat janji di tengah-tengah hukuman-Nya kepada Adam dan Hawa. Ia berkata kepada ular bahwa benih -- atau keturunan -- dari perempuan itu (benih dalam Ibrani dalam bentuk maskulin) akan menginjak kepala ular, meski si ular akan mematuk tumit keturunan perempuan. Melukai tumit tidak mematikan, tetapi menginjak kepala mematikan dan ini adalah janji yang paling pertama bahwa Tuhan suatu hari akan mengurus Iblis dengan hantaman mematikan. Kini kita tahu siapa yang mengikat si orang kuat dan merampas miliknya.

Dalam Roma 5, Paulus memberitahu kita bahwa sebagaimana ketidaktaatan satu orang membawa kematian, demikian juga ketaatan seorang membawa kehidupan, menyiratkan bahwa Yesus adalah Adam kedua. Di Taman Firdauslah Adam berkata "Aku tidak bersedia" dan di Taman Getsemani Yesus berkata "bukan kehendak-Ku tetapi kehendak-Mu jadilah." Alangkah bedanya! Mereka masing-masing memulai ras manusia: Adam adalah manusia pertama dari ras homo sapiens; Yesus adalah yang pertama dari *homo novus* (manusia baru). Kita semua terlahir sebagai homo sapiens, dan melalui Tuhan kita dapat menjadi *homo novus*.

Perjanjian Baru bicara tentang manusia baru, kemanusiaan baru. Ada dua ras manusia di bumi masa kini: endah Anda dalam Adam atau Anda dalam Kristus. Ada satu ras manusia yang seutuhnya baru dan yang akan menghuni satu planet bumi yang sama sekali baru -- termasuk alam semesta yang seutuhnya baru.

PENCIPTAAN

Salah satu hal menonjol yang dikatakan tentang Yesus dalam Perjanjian Baru ialah bahwa Ia bertanggungjawab atas penciptaan alam semesta. Para murid perdana berangsur mengerti bahwa Yesus terlibat dalam peristiwa-peristiwa di Kejadian 1. Sebagaimana yang Yohanes katakan di permulaan Injilnya, "tanpa Dia tidak ada suatu pun dari yang telah jadi dari segala yang telah dijadikan."

Karena itu, apabila kita membaca Kejadian 1, kita mendapatkan Yesus ada di sana. Tuhan berkata, "Marilah kita menjadikan manusia menurut gambar kita." Yesus adalah bagian dari kemajemukan dalam kepenuhan diri Tuhan. Sudah berpuluh-puluh tahun kita ketahui kini bahwa permukaan bumi adalah lempengan-lempengan datar batu karang yang mengambang di atas karang cair, dan bahwa lempengan ini senantiasa bergerak, saling bergesekan satu sama lain dan menyebabkan gempa bumi. Ketika ditemukan bahwa lempengan ini bergerak membentuk masa tanah yang kita punyai masa kini, saintis perlu menciptakan satu kata baru bagi lempengan itu.

Mereka menyebutnya 'lempengan tektonik.' Dalam bahasa Yunani kata *tektone* berarti 'tukang kayu.' Seluruh planet bumi yang di atasnya kita hidup ini adalah karya tukang kayu dari Nazaret -- dan Nama-Nya adalah Tuhan Yesus Kristus!

Demikianlah kita selesai mempelajari Kitab Kejadian di mana kita mulai dengan penciptaan. Tuhan sungguh menjawab masalah-Nya tentang harus berbuat apa ketika manusia berontak. Solusinya adalah Yesus Kristus, yang melalui-Nya dunia menjadi ada, untuk-Nya ia diadakan, dan oleh-Nya kita mendapatkan jawaban bagi semua masalah kita.

# 3. KELUARAN

## Pendahuluan

Keluaran adalah kisah keluputan terbesar dalam sejarah. Lebih dari dua juta budak luput dari salah satu bangsa yang memiliki pertahanan paling canggih di seluruh dunia. Ini adalah kisah yang secara manusia luar biasa dan mustahil, dan menampilkan serangkaian mukjizat, termasuk beberapa yang paling terkenal dalam keseluruhan Alkitab. Pemimpin bani Israel waktu itu adalah seorang bernama Musa. Ia menyaksikan lebih banyak mukjizat ketimbang yang dialami oleh Abraham, Ishak dan Yakub digabung bersama -- di beberapa bagian sejumlah mukjizat susul menyusul terjadi sebagai intervensi Tuhan untuk umat-Nya. Beberapa dari mukjizat tersebut terdengar seperti magis, misalnya ketika tongkat Musa berubah menjadi ular, tetapi kebanyakannya jelas adalah pemutarbalikan alami, ketika Tuhan membuktikan kuasa-Nya atas semua yang telah Ia ciptakan untuk kebaikan umat-Nya.

Judul asli Ibrani untuk Keluaran adalah 'Inilah nama-namanya," yang merupakan kata-kata pertama kitab ini yang tampak di gulungan kitab ketika imam datang untuk membacakannya. Nama 'Keluaran' (*Exodus* dalam bahasa

Inggris), datang dari *ex-hodos* dalam bahasa Yunani, yang secara harfiah berarti *ex* = keluar, *hoddos* = jalan -- berarti 'jalan ke luar.'

Seluruh peristiwa Keluaran mengandung makna sangat penting di dua fron.

## 1. Nasional

Pertama, ia mengandung makna nasional untuk umat Israel, ia menandai permulaan sejarah kebangsaan mereka. Mereka menerima kemerdekaan politis mereka dan menjadi satu bangsa yang berdaulat dengan hak mereka sendiri. Meski mereka belum lagi memiliki tanah, mereka adalah sebuah bangsa dengan nama mereka sendiri: 'Israel.' Sedemikian sentralnya peristiwa ini sampai sejak saat itu perayaannya telah dimasukkan ke dalam kalender nasional mereka, seperti halnya orang Indonesia merayakan kemerdekaan pada 17 Agustus, demikian juga tiap Maret/April orang Yahudi merayakan Keluaran. Mereka makan santapan Paskah dan menceritakan ulang tindakan-tindakan Tuhan yang perkasa.

## 2. Spiritual

Kedua, ia memiliki makna spiritual. Orang Israel mendapatkan bahwa Tuhan mereka adalah Tuhan yang telah menciptakan seluruh alam semesta dan yang dapat mengendalikan apa yang telah Ia buat untuk kepentingan mereka. Mereka menjadi percaya bahwa Tuhan mereka lebih berkuasa ketimbang semua dewa Mesir bergabung bersama. Kemudian hari mereka akan menyadari bahwa Tuhan mereka adalah satu-satunya Tuhan yang ada (lihat khususnya nubuat-nubuat Yesaya).

Kebenaran bahwa Tuhan lebih berkuasa daripada setiap tuhan lain menjadi jelas dari nama yang Tuhan berikan bagi diri-Nya sendiri. Judul 'formal'-Nya adalah El-Shaddai, Tuhan Mahakuasa, tetapi di kitab Keluaran inilah bangsa itu diberikan nama pribadi-Nya. Seperti halnya mengetahui nama seseorang memungkinkan hubungan manusia menjadi lebih intim, ketika mereka mendapatkan nama Tuhan Israel dapat masuk ke dalam hubungan lebih intim dengan-Nya.

Nama itu dalam bahasa Indonesia diterjemahkan sebagai 'Yahweh,' meski tidak ada huruf hidup dalam bahasa Ibrani -- dalam salinan langsung nama itu adalah Y H W H. Nama itu adalah kata kerja-sifat dari kata kerja 'ada.' Telah kita lihat dalam pelajaran tentang Kejadian bahwa 'selalu' adalah kata yang menyampaikan bagaimana orang Yahudi mengerti kata itu. Tuhan adalah Ia yang kekal tanpa awal atau akhir -- 'selalu.' Ini adalah nama pertama-Nya, tetapi Ia memiliki nama-nama berikutnya juga: 'Selalu penyediaku,' 'Selalu penolongku,' 'Selalu pelindungku,' 'Selalu penyembuhku.'

Dalam kitab Keluaran kita juga diberikan dengan kebenaran luar biasa bahwa sang pencipta segala sesuatu menjadi penebus dari suatu umat yang kecil. Kata 'penebusan' mencakup ide pelepasan pihak yang diculik dengan membayarkan uang tebusan. Dengan cara inilah Israel harus mengerti Tuhan mereka. Ia adalah pencipta alam semesta dan juga penebus umat-Nya. Kedua aspek tersebut penting jika kita ingin belajar mengenal Tuhan sebagaimana Ia menyatakannya dalam Alkitab.

## Kitabnya

Keluaran adalah satu dari lima kitab yang Musa tuliskan.

Kejadian mengurusi peristiwa-peristiwa sebelum masa kehidupannya dan Keluaran, Imamat, Bilangan serta Ulangan menceritakan tentang peristiwa-peristiwa semasa kehidupannya. Kitab-kitab ini menentukan bagi kehidupan Israel sebab mereka mencatat dasar-dasar bangsa itu. Mereka juga bersifat mendasari keseluruhan Perjanjian Lama. Kumpulan para budak ini perlu mengetahui siapa mereka tadinya dan bagaimana mereka menjadi suatu bangsa.

Telah kita lihat dalam pelajaran tentang Kejadian bagaimana Musa mengumpulkan dua hal dari kenangan bangsa itu: silsilah dan kisah-kisah tentang leluhur mereka. Kitab Kejadian terbuat dari kenangan-kenangan semacam itu. Keluaran, Imamat, Bilangan dan Ulangan berbeda, terdiri dari campuran narasi dan peraturan. Narasinya memaparkan gerak umat Israel dari Mesir melintasi padang gurun dan masuk ke tanah Kanaan. Peraturannya mencerminkan apa yang Tuhan katakan kepada mereka tentang bagaimana mereka harus hidup, kombinasi unik narasi dan peraturan inilah yang mencirikan empat kitab Musa lainnya ini.

Keluaran sendiri sebagiannya adalah narasi dan sebagian lagi peraturan. Paruh pertama memerinci apa yang telah Tuhan buat untuk mengeluarkan orang Israel dari perbudakan. Paruh kedua memaparkan apa yang Tuhan katakan tentang bagaimana mereka harus hidup sesudah mereka dimerdekakan. Paruh pertama mendemonstrasikan anugerah Tuhan kepada mereka yang mengeluarkan mereka dari masalah. Paruh kedua memperlihatkan bagaimana Tuhan berharap mereka memperlihatkan syukur kepada-Nya untuk anugerah itu dengan menghidupi jalan-Nya. Tekanan ini penting. Terlalu banyak orang membaca hukum Musa sambil berpikir bahwa itu memperlihatkan bagaimana mereka dapat diterima oleh Tuhan. Mereka menerimanya dalam arah yang terbalik. Umat Israel ditebus dulu oleh Tuhan, lalu mereka diberi hukum yang harus mereka ikuti sebagai ungkapan syukur mereka. Prinsip ini sama dalam Perjanjian Baru: Orang Kristen ditebus dan kemudian diberitahu bagaimana harus hidup kudus. Dengan memakai jargon teologis, pembenaran datang mendahului pengudusan. Kita tidak menjadi orang Kristen dengan menghidupinya lebih dulu, tetapi dengan ditebus dan dibebaskan serta kemudian hidup benar. *Pembebasan datang mendahului peraturan.*

Dalam Keluaran pembebasan umat Israel terjadi di Mesir dan pemberian peraturan terjadi di Gunung Sinai, ketika mereka berjalan ke Kanaan. Di sini mereka merespons komitmen perjanjian Tuhan kepada mereka, perjanjian itu mengambil bentuk upacara pernikahan. Tuhan berkata "Aku akan" (menjadi Tuhanmu jika kamu menaati Aku) dan kemudian mereka harus berkata, "Kami akan" (menjadi umat-Mu dan menaati-Mu).

## STRUKTUR

Seperti halnya ada dua paruh kitab Keluaran, ada sepuluh bagian berbeda di dalamnya: enam bagian dalam Pasal 10-18 dan empat dalam Pasal 19-40. Mereka dapat diatur sebagaimana yang diperlihatkan dalam tabel berikut:

## Pasal 1-18

*(umat bergerak)*
*Tema-tema kunci*
PERBUATAN ILAHI
ANUGERAH
PEMBEBASAN
DARI MESIR
PERBUDAKAN (manusia)
PENEBUSAN

*Bagian*
1. **1** Pelipagandaan dan pembunuhan
(ISRAEL)
2. **2-3** Semak duri dan api menyala
(MUSA)
3. **5-11** Tulah dan sampar

(FIRAUN)
4. **12-13:16** Perayaan dan anak sulung
(PASKAH)
5. **13:17-15:21** Dibebaskan dan ditenggelamkan
(LAUT MERAH)
6. **15:22-18;27** Disediakan dan dilindungi
(PADANG GURUN)

## Pasal 19-40

*(umat berdiam)*
*Tema-tema kunci*
PERKATAAN ILAHI
SYUKUR
PERATURAN
KE SINAI
PELAYANAN (Tuhan)
KEBENARAN

*Bagian*
7. **19-24** Perintah dan perjanjian
(SINAI)
8. **25-31** Spesifikasi dan spesialis
(KEMAH SEMBAHYANG)
9. **32-34** Pengampunan dan syafaat

(LEMBU EMAS)
10. **35-40** Pembangunan dan pengudusan
(KEMAH SEMBAHYANG)

Bagian pertama (Pasal 1-18) memerinci berbagai peristiwa yang mendahului dan mengikuti pelarian mereka dari

Mesir. Ini mencakup banyak mukjizat, termasuk yang paling termasyhur, yaitu bagaimana orang Israel dilindungi ketika anak sulung orang Mesir dibunuh, dan bagaimana mereka sanggup menyeberangi Laut Merah. Ini juga mencakup yang kurang termasyhur tetapi tidak kurang penting tentang penyediaan Tuhan sementara mereka berjalan dari Mesir ke Sinai. Pada masa perang Yom Kipur 1973 tentara Mesir tidak sanggup bertahan lebih dari tiga hari di padang gurun, namun dalam Keluaran 2,5 juta orang bertahan di sana selama 40 tahun.

Dalam bagian kedua fokusnya adalah pada peraturan. Sepuluh Perintah muncul lebih dulu, tetapi ada peraturan lainnya juga yang menyangkut keinginan Tuhan untuk diam di antara umat-Nya. Sebagaimana mereka tinggal dalam kemah-kemah, demikian pun Tuhan akan menyertai mereka dalam kemah mereka. Tetapi kemah-Nya akan khusus dan terpisah dari kemah mereka. Sampai di situasi itu umat ini tidak pernah membuat apa pun kecuali batu dari lumpur, tetapi Tuhan memberi mereka keterampilan untuk bekerja dengan emas, perak dan kayu.

Bagian kedua juga mencakup beberapa narasi. Di sini kita membaca bagian paling sedih dari keseluruhan kitab itu, ketika umat mencemarkan diri dan membuat sebuah patung lembu emas untuk disembah. Kitab ini diakhiri dengan pembangunan kemah sembahyang. Tuhan menempatinya dan kemuliaan-Nya turun ke atas kemah-Nya.

# Pasal 1-18

Banyak orang melihat bagian pertama Keluaran ini penuh dengan masalah sebab kisahnya sangat tidak alami. Ada begitu banyak kejadian luar biasa sampai banyak orang mengusulkan bahwa di sini kita memiliki serangkaian legenda ketimbang kenyataan. Jadi, apakah peristiwa-peristiwa yang dipaparkan ini bagian dari mitos atau mukjizat?

## Mitos atau mukjizat?

### 1. TIDAK ADA CATATAN SEKULER

Masalahnya tidak saja dengan sifat kejadian itu sendiri, tetapi juga dengan fakta bahwa kejadian tersebut tidak didukung oleh catatan historis, sekuler mana pun. Satu-satunya yang kita miliki hanyalah satu yang menyebutkan tentang 'habiru' di Gosyen -- kemungkinan adalah rujukan kepada 'Ibrani,' sebagaimana 'anak-anak orang Israel' dikenal. Namun begitu, kurangnya dokumentasi ini tidak perlu membuat kita heran. Keluaran orang Yahudi adalah salah satu peristiwa paling merendahkan dalam pengalaman Mesir. Mereka menderita tulah mengerikan, termasuk kematian para sulung mereka. Pasukan kereta terbaik mereka tenggelam di Laut Merah. Ini sukar dijadikan perenungan yang menghibur.

### 2. JUMLAH ORANG YANG TERLIBAT

Banyak orang merasa kisah ini sukar dipercaya karena banyaknya jumlah orang yang terlibat. Kita diberitahu ada 2,5 juta para budak yang meninggalkan Mesir. Dihitung bagaimana pun ini adalah jumlah yang sangat besar. Jika mereka berbaris lima sejajar, panjang kolomnya akan sekitar 175 kilometer, dan itu belum termasuk binatang peliharaan. Perlu waktu berbulan-bulan untuk mereka pindah ke mana pun. Jumlah penduduk itu juga luar biasa besar untuk mendapatkan makanan dan minuman di padang gurun selama 40 tahun.

## 3. TANGGAL

Juga ada pertanyaan tentang waktu terjadinya peristiwa itu. Dengan tidak adanya catatan lain di luar Alkitab kita tidak dapat menentukan waktu kejadiannya dengan pasti. Jadi kita tidak dapat tahu dengan pasti Firaun mana yang terlibat dan kapan itu semua terjadi. Pilihannya agaknya antara Ramses II, yang memiliki kekuatan militer sangat hebat, yang membangun patung-patung besar dirinya dan yang kuburan anak-anaknya baru akhir-akhir ini ditemukan, dan Dudimore, menurut 'kronologi baru' dari David M. Rohl.\*

## 4. RUTE

Juga ada pertentangan tentang rute yang diambil oleh bani Israel ketika mereka meninggalkan Mesir. Ada tiga kemungkinan untuk dipertimbangkan: rute ke utara, rute ke selatan, atau di antaranya. Kita akan kembali ke pertanyaan ini di halaman 151.

## 5. NAMA ILAHI

Para sarjana lainnya menemukan masalah dengan perkataan Tuhan kepada Musa di Keluaran 6:3 di mana Ia berkata: "Akukah TUHAN. Aku telah menampakkan diri kepada Abraham, Ishak dan Yakub sebagai Tuhan yang Mahakuasa, tetapi dengan nama-Ku TUHAN Aku belum menyatakan diri." Ungkapan terakhir boleh jadi sebuah pernyataan ("... Aku belum menyatakan diri..."), berarti Abraham mengenal dia sebagai 'Tuhan,' tetapi tanpa nama pribadi yang membedakan-Nya dari para tuhan lain; atau

---

\* Lihat *A Test of Time* (BCA, 1996), dan *Legend* (BCA, 1988) tentang klaim penting ini untuk mendapatkan bukti petunjuk bagi masa Yusuf di Mesir, pembebasan Musa dan, bahkan mundur lebih jauh, lokasi Taman Firdaus!

sebuah pertanyaan ("... bukankah Aku tidak menyatakan diri-Ku...?), yang berarti Abraham mengenal Tuhan sebagaimana halnya Musa. Kemungkinan yang kedua ini lebih kecil.

FAKTANYA

Semua pertanyaan ini membuat para sarjana meragukan apakah mereka membaca fakta, fiksi atau barangkali "faksi." Mereka yang tidak dapat memercayai peristiwa tersebut perlu bertanya mengapa mereka tidak dapat. Apakah itu prasangka atau yang dianggap pandangan ilmiah tentang alam semesta yang mencegah mereka dari percaya? Pada saat yang sama kita dapat juga berusaha mencari penjelasan yang paling dapat dimengerti untuk fakta-fakta yang tidak dapat dibantah.

1. Tidak ada yang dapat menentang bahwa ada sebuah bangsa yang disebut Israel dalam dunia masa kini. Jadi dari mana mereka datang? Bagimana awalnya mereka mulai? Bagaimana mereka menjadi sebuah bangsa jika asal mereka adalah sekumpulan budak-budak? Kita sungguh tahu dari catatan sekuler bahwa mereka adalah sekumpulan budak-budak. Sesuatu yang dramatis diperlukan untuk menjelaskan keberadaan Israel.
2. Setiap tahun, setiap keluarga Yahudi merayakan Paskah. Mengapa mereka melakukan itu? Ini adalah upacara yang telah berlangsung ribuan tahun dan membutuhkan penjelasan juga.

Karena itu, paling tidak dua kenyataan tersebut perlu penjelasan, dan kitab Keluaran menyediakan jawabannya. Maka mari kita lihat ke masing-masing bagian, mengikuti struktur yang dipaparkan di tabel halaman 138, dan mempertimbangkan beberapa pertanyaan di sekitar teks itu.

## 1. Pelipatgandaan dan pembunuhan

Di pembukaan bagian ini pada saat narasi Keluaran mulai kita temukan bahwa jumlah para budak Ibrani mestinya sekitar 2,5 juta. Ini kesannya jumlah yang besar mengingat bahwa mereka mulai hanya dengan 12 anak Yakub, keturunan mereka dan keluarga besar mereka. Tetapi jika tiap keluarga memiliki empat orang anak (bukan jumlah besar pada masa itu) selewat 30 generasi maka jumlah ini dapat dicapai. Tetapi mengapa mereka tinggal di Mesir sampai lebih dari 400 tahun padahal asalnya mereka berniat tinggal hanya untuk tujuh tahun? Pertama mereka tiba pada masa Yusuf dan Yakub ketika berlangsungnya kelaparan di Kanaan. (Waktu itu Mesir adalah keranjang roti Timur Tengah sebagai akibat pengaturan Yusuf menimbun gandum semasa tujuh tahun kelimpahan.) Mereka datang dengan sukarela, diterima sebagai tamu pemerintah dan diberikan sebidang delta Nil yang disebut Gosyen untuk tempat mereka tinggal bersama. Tetapi di akhir masa itu mengapa mereka tidak kembali ke tanah mereka sendiri? Ini merupakan pertanyaan terkait, dengan kenyataan bahwa akhirnya mereka dipaksa menjadi budak di Mesir.

Alasan manusia ialah bahwa mereka sangat mengalami kenyamanan. Lebih mudah mencari nafkah di delta Nil ketimbang di bukit-bukit Yudea. Tanah itu subur, cuacanya lebih hangat, tanpa salju di musim dingin sebagaimana yang dialami di bukit-bukit Yudea. Makanan mereka baik, mereka dapat makan ikan dari Nil dan merawat diri mereka dengan jauh lebih baik. Maka mereka tetap di sana karena mereka nyaman. Hanya ketika mereka dipaksa menjadi budak mereka ingat Tuhan dan mulai berseru-seru kepada-Nya.

Juga ada alasan ilahi. Selama 400 tahun Tuhan tidak berbuat apa pun untuk mendorong mereka kembali ke tanah mereka. Jika mereka kembali begitu kekeringan itu usai, mereka hanya menjadi sedikit umat saja, terlalu sedikit untuk dapat mencapai yang Tuhan maksudkan. Sebab keinginan Tuhan adalah menyingkirkan orang Kanaan dari tanah itu. Ia menjelaskan kepada Abraham bahwa keturunannya akan tinggal di Mesir sampai kejahatan orang Kanaan lengkap. Tuhan harus menunggu sampai mereka menjadi begitu jahat sampai mengeluarkan mereka dari Tanah Perjanjian dan memasukkan para budak Ibrani ke tanah itu akan merupakan sebuah tindakan keadilan dan hukuman. Kita membaca di Ulangan bahwa bukan karena kebajikan apa pun di pihak bani Israel yang membuat Tuhan memilih mereka. Bahkan, jika di tanah itu mereka berperilaku seperti mereka yang telah diusir, mereka pun harus dibuang. Agar menjadi instrumen keadilan mereka sendiri harus hidup benar.

Tetapi semua itu akan terjadi kemudian. Sebagai budak di Mesir, umat Israel menghadapi tiga keputusan yang menindas:

1. Kerja paksa: Firaun memutuskan untuk menggunakan orang Ibrani sebagai pekerja untuk program pembangunannya.
2. Keadaan lebih keras: mereka harus membuat batu bata tanpa jerami (yang berarti batu yang harus diangkut tersebut menjadi jauh lebih berat). Penggalian arkeologis di Mesir menemukan bangunan-bangunan dibuat dari tiga jenis batu bata: fondasi dengan jerami,

bagian tengah dengan reruntuhan, karena orang Ibrani berusaha terus membuat batu-batu ringan dengan tanpa pasokan jerami, dan kemudian di bagian puncak batu-batu yang seluruhnya dari tanah liat. Ide di balik keputusan keras itu ialah beban ekstra batu-batu itu membuat orang Ibrani terlalu letih untuk seks atau kesenangan dan dengan demikian populasi mereka akan berkurang. Itu merupakan bentuk pengendalian populasi yang kejam dan ternyata tidak berhasil, sampai orang Mesir harus memperkenalkan keputusan ke tiga.

3. Kematian: semua bayi laki-laki yang lahir kepada para budak Ibrani harus dibuang ke buaya-buaya di Sungai Nil.

## 2. Keranjang rumput dan semak menyala

Sungai Nil penuh buaya dan bentuk genosida ini dianggap perlu oleh orang Mesir jika jumlah bani Israel ingin dikurangi dengan efektif. Seharusnya bayi Musa juga mati dengan cara itu. Tetapi kita perhatikan bahwa di bawah pemeliharaan Tuhan, Musa seperti halnya Yusuf, dibawa ke istana dan diberikan pendidikan terbaik di perguruan tinggi orang Mesir. Tentunya, ini membuat ia berpendidikan jauh lebih baik ketimbang para budak Mesir mana pun, dan menyanggupkan dia untuk menuliskan kelima kitab pertama Alkitab. Bagi orang Yahudi Musa adalah orang kedua terbesar dalam Perjanjian Lama -- sesudah Abraham. Namun demikian masa ia menjadi pangeran Mesir tiba-tiba berakhir, ketika ia tidak dapat menahan kemarahannya terhadap seorang mandor Mesir dan membunuhnya, lalu ia melarikan diri untuk menyelamatkan hidupnya.

Statistik kehidupan Musa menarik untuk dibaca. Di usia 40, ia memakai 40 tahun menggembalakan domba di padang gurun yang sama dan kemudian ia harus kembali lagi untuk 40 tahun berikut bersama umatnya Israel! Ini jelas tangan Tuhan yang bekerja.

Perjumpaan Musa dengan Tuhan melalui semak duri yang menyala juga menarik, utamanya bukan karena semak itu melainkan tentang alasan-alasan Musa. Pertama Tuhan memerintahkan Musa untuk melepas kasutnya sebab ia berada di tanah yang kudus. Lalu Ia memberitahu Musa bahwa ia akan menjadi orang yang membawa umat Tuhan ke luar dari Mesir. Musa membuat lima alasan mengapa jangan ia yang melakukan itu.

Pertama ia berkata ia tidak berarti. Tuhan berkata Ia akan menyertai dia -- Ia yang penting. Berikut ia berkata ia bodoh dan tidak tahu harus bicara apa. Tuhan memberitahu dia bahwa Ia akan memberitahukan Musa apa yang harus ia katakan. Alasannya ketiga ialah ia tidak sanggup meyakinkan orang bahwa Tuhan telah berjumpa dengannya dan memerintah dia untuk memimpin mereka. Tuhan berkata bahwa kuasa-Nya akan menyertai Musa dan Ia akan mengadakan mukjizat-mukjizat. Lalu Musa berkata bahwa ia tidak pandai bicara, keadaannya yang terbata-bata mungkin mencegah dia menyusun perkataan dengan baik. Maka Tuhan menyediakan saudaranya Harun menjadi jurubicaranya. Tuhan akan memberitahu Musa harus mengatakan apa dan ia menyampaikan itu kepada Harun. Akhirnya Musa berkata bahwa ia tidak sesuai -- silakan saja Tuhan mengutus seorang lain? Tetapi Tuhan telah menyediakan Harun sebagai rekannya: mereka harus bekerja sama. Tiap kali pertanyaan Musa berfokus pada kelemahannya, dan tiap kali Tuhan memiliki jawabannya.

## 3. Tulah dan sampar

Sepuluh tulah disebutkan dalam bagian ini: Nil berubah menjadi darah, tulah katak, tulah nyamuk dan pikat, tulah lalat, penyakit ternak, sampar, hujan es, tulah belalang, kegelapan meliputi wilayah itu, dan akhirnya kematian semua yang sulung.

Ada beberapa hal yang perlu kita perhatikan, dan pertamanya ialah bahwa Tuhan mengendalikan penuh dunia serangga. Tuhan dapat memerintahkan nyamuk dan belalang apa yang dilakukan dan ke mana harus pergi, sama seperti Ia dapat memerintah katak untuk melakukan apa. Tulah-tulah itu memberi kesan dahsyat tentang kendali Tuhan atas apa yang telah Ia ciptakan.

Juga menarik untuk diperhatikan bagaimana tulah-tulah itu meningkat dalam kehebatannya. Terjadi peningkatan dari ketidaknyamanan ke penyakit ke bahaya ke kematian. Juga ada gerak dari tulah yang memengaruhi alam ke tulah yang memengaruhi manusia. Secara bertahap penderitaan itu memburuk sementara Firaun dan orang Mesir menolak untuk merespons kepada peringatan-peringatan yang diberikan. Sementara orang menganggap hukuman terakhir tidak adil -- apakah pembunuhan semua yang sulung tidak terlalu berlebihan dan keras? Tetapi orang Mesir telah berbuat lebih buruk kepada orang Israel, membunuh semua bayi laki-laki mereka, maka pembalasan ini sepenuhnya tepat.

Juga, adalah mungkin melupakan persaingan keagamaan yang terjadi sepanjang tulah-tulah tersebut. Setiap tulah adalah serangan kepada dewa tertentu yang disembah oleh orang Mesir:

**Khuum:** pelindung Nil
**Hapi:** roh Nil
**Osiris:** Nil dipercaya sebagai aliran darah Osiris
**Heqt:** dewa kebangkitan berupa katak
**Hathor:** dewi yang adalah sapi
**Apis:** lembu dari dewa Prah, lambang kesuburan
**Minevis:** juga seekor lembu, lembu sakral dari Heliopolis
**Imhotep:** dewa pengobatan
**Nut:** dewi angkasa
**Seth:** pelindung hasil bumi
**Re, Aten, Atum dan Horus:** semuanya dewa-dewa matahari
Firaun pun dikatakan adalah ilahi.

Masing-masing tulah diarahkan khusus melawan para dewa Mesir ini. Pesannya sangat sederhana: Tuhan para budak Ibrani jauh lebih berkuasa daripada semua para dewamu dikumpulkan bersama.

Beberapa orang melihat masalah dengan apa yang diceritakan dalam bagian narasi tentang hati Firaun. Kita membaca bahwa Tuhan mengeraskan hari Firaun. Beberapa orang bahkan membangun doktrin predestinasi di atas nas ini dan ayat dalam Roma 9 di mana Paulus berkata tentang Tuhan mengeraskan hati Firaun. Mereka mengusulkan nas ini mengajarkan bahwa terserah Tuhan untuk memilih apakah Ia melembutkan atau mengeraskan hati seseorang. Penganjur pandangan ini beranggapan bahwa kita tidak tahu mengapa Tuhan melakukan pilihan ini, tetapi apa pun alasannya dalam hal Firaun Ia memutuskan akan mengeraskan hati Firaun. Jadinya, seakan Tuhan memilih nama-nama yang ada dan memutuskan untuk menyelamatkan beberapa dan mengirim lainnya ke neraka, mengeraskan beberapa dan melembutkan lainnya.

Namun demikian bukan demikian yang Alkitab ajarkan. Jika Anda mempelajari teksnya dengan teliti Anda temukan sepuluh kali hati Firaun dikeraskan. Pada tujuh kesempatan pertama Anda temukan bahwa Firaun mengeraskan hatinya sendiri, pada tiga kesempatan berikut Tuhan mengeraskan hati Firaun. Ia mengukuhkan pilihan yang Firaun buat. Inilah cara Tuhan menghukum: Ia menolong orang sepanjang jalan yang mereka tetapkan untuk jalani. Dalam Wahyu Tuhan berkata: "Biarlah yang jahat menjadi makin jahat," Maka tidak ada pilihan sewenang-wenang dalam perlakuan Tuhan kepada Firaun -- ia lebih dahulu mengeraskan hatinya dan kemudian Tuhan mengeraskan untuknya. Tuhan merespons kepada pilihan-pilihan kita. Jika kita dengan tekun memilih jalan salah, Tuhan akan menolong kita di rute tersebut. Ia akan menunjukkan hukuman-Nya jika kita menolak menjadi pertunjukan kemurahan-Nya.

## 4. Perayaan dan anak sulung

Tulah ke sepuluh adalah semua anak laki-laki sulung di setiap keluarga Mesir akan mati. Ini merupakan tulah paling penting bagi keseluruhan drama itu. Tragedi tersebut juga akan terjadi kepada orang Yahudi kecuali mereka mengikuti petunjuk Tuhan. Mereka harus mengoleskan darah domba pada ambang pintu rumah mereka. Malaikat maut akan datang ke Mesir malam itu dan melewati rumah-rumah yang menunjukkan tanda tersebut. Untuk keluarga yang tidak memilikinya, maut akan beroperasi malam itu. Yang menariknya, warna darah adalah merah marun, warna yang paling sukar untuk dilihat pada waktu malam.

Darah itu mengandung makna tambahan: orang Yahudi harus membunuh domba berusia satu tahun, yang telah dewasa penuh, dan sesudah mengoleskan darahnya di ambang pintu rumah mereka dagingnya di bawa ke dalam untuk dipanggang. Jadi mereka dilindungi dan juga dikenyangkan olehnya. Ketika kita menyebut Yesus 'anak domba Tuhan' itu dapat menimbulkan sebuah gambaran yang lebih lemah dan jinak ketimbang yang Alkitab maksudkan, sebab sesungguhnya Ia adalah 'domba jantan Tuhan,' yang memberi sebuah gambaran lebih kuat. Orang Yahudi harus memakan daging itu sambil berdiri, berpakaian dan siap untuk berangkat pada saat diperintahkan. Mereka diberitahu untuk membawa roti tidak beragi sebagai persediaan darurat. Mereka harus meninggalkan Mesir malam itu juga.

Orang Yahudi masih memelihara perayaan Paskah sampai hari ini. Pada saat tertentu di petang hari, anggota keluarga termuda harus bertanya, "Apa arti semuanya ini?" Anggota keluarga tertua menjawab, "Ini hal yang Tuhan buat pada malam ketika setiap anak laki-laki sulung mati dan kita diselamatkan karena darah domba ini." Demikianlah mereka diingatkan bahwa anak-anak sulung tiap generasi harus ditebus.

## 5. Ditebus dan ditenggelamkan

Ada tiga kemungkinan untuk rute yang diambil oleh bani Israel ketika mereka meninggalkan Mesir, sebagaimana ditunjukkan pada peta di halaman berikut.

Yang pertama dikenal sebagai rute sebelah utara. Ini mengusulkan bahwa mereka pergi melalui barisan pesisir pasir di bagian landai Mediteranea. Peta Mesir memperlihatkan tanda pesisir pasir di sebuah tempat bernama Danau Sirbonis. Rute mereka kemudian menuju ke Kadesy Barnea. Tetapi mereka tidak mungkin dapat dikejar oleh

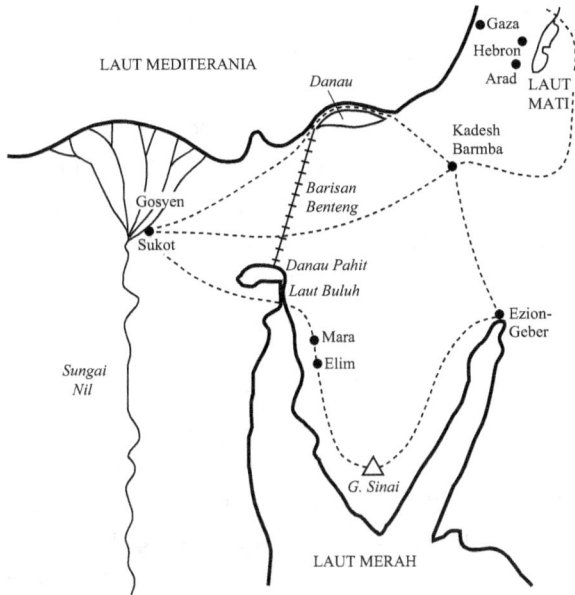

kereta perang Mesir melintasi pesisir pasir itu, maka ini sepertinya tidak mungkin.

Teori kedua mengatakan mereka pergi langsung menyeberang melalui Jalan Lintas Mitler ke Kadesy. Tetapi ada sebaris benteng yang dibangun melintang di sana (di mana kini terdapat Terusan Suez), menolak serbuan apa saja dari timur. Mereka tidak bersenjata dan sanggup berperang, maka rute ini pun sangat tidak mungkin.

Kemungkinan ketiga adalah rute menurun ke selatan ke Gunung Sinai, di mana Musa telah menggembalakan selama 40 tahun. Ini yang paling mungkin, sebab Musa mengenal wilayah ini. Lokasi Gunung Sinai tidak pasti, tetapi semua tradisi di Timur Tengah menempatkan Sinai di selatan. Bani Israel meninggalkan Gosyen dan menuju ke selatan. Firaun hanya akan membiarkan mereka pergi ke padang gurun, dengan berpikir bahwa ia selalu akan dapat membawa mereka kembali dari sana. Dengan berkemah, mereka disembunyikan dari orang Mesir oleh awan yang Tuhan kirim.

Mengenai penyeberangan laut itu sendiri, Alkitab tidak bicara bahwa Tuhan membelah Laut Merah, tetapi bahwa Ia mengirim angin timur yang membelah air. Tetapi bagaimana dapat angin timur membelah laut?

Jika kita memeriksa wilayah itu dengan teliti kita akan melihat bahwa sesungguhnya dulu sekali Danau Pahit Besar terhubung dengan apa yang kita sebut Laut Merah (lihat diagram di halaman berikut). Mereka terhubung oleh sebuah kanal rawa-rawa dangkal disebut 'Laut Buluh' (*Reed Sea*) dan sebenarnya istilah Ibraninya mengusulkan 'Laut Buluh' ini nama yang lebih mungkin dibanding 'Laut Merah.' Barisan benteng-benteng itu turun ke arah Danau Pahit. Jika di sini tempat orang Ibrani menyeberang, ada dua kekuatan yang dapat membelah laut itu. Angin timur yang kuat dapat mendorong air ke arah barat Danau Pahit Besar, atau gelombang surut juga dapat menariknya ke selatan.

Ini sama sekali tidak menjelaskan tentang mukjizat itu. Bagaimanakah sampai angin timur datang tepat pada saat itu? Dengan melihat hal itu dalam cara yang sangat praktis dan nyata demikian, kami tidak berusaha menyingkirkan mukjizat tersebut. Melainkan kami memperlihatkan bahwa itu adalah mukjizat 'kebetulan.' Sesungguhnya, Alkitab memberitahu kita bahwa tidak ada hal yang adalah 'kebetulan,' tetapi tidak lain adalah 'pemeliharaan.'

Fakta paling menyentuh tentang penyeberangan Laut Merah atau Laut Buluh ini ialah bahwa itu terjadi pada hari ke tiga sesudah domba Paskah dibunuh. Pembebasan bani Israel terjadi pada hari ke tiga sesudah domba Paskah. Lebih jauh, kitab Keluaran memberitahu kita jam tepatnya

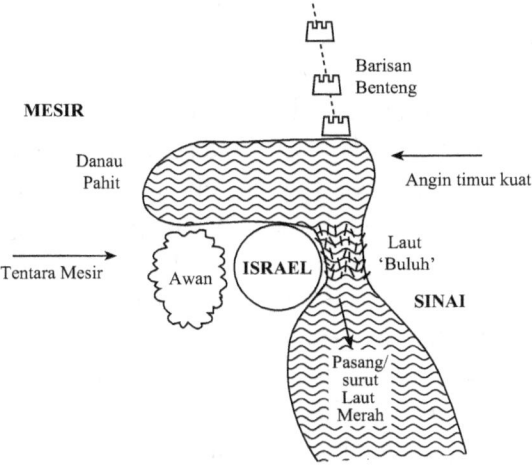

ketika domba Paskah harus dibunuh: jam 15.00. Pada hari ke tiga sesudah akhirnya bani Israel luput. Mereka bebas dari Firaun dan tidak akan pernah melihatnya lagi. Nanti kita akan melihat beberapa paralel dengan peristiwa ini dalam Perjanjian Baru.

## 6. Disediakan dan dilindungi

Wilayah padang gurun yang harus dilintasi oleh bani Israel itu tidak sanggup mendukung kehidupan manusia. Itu bukan tempat ideal untuk menerima 2,5 juta manusia ditambah binatang.

Karena itu, ada masalah baik eksternal maupun internal bagi Musa, yang paling mendasar adalah kebutuhan jasmani akan makanan dan air. Setiap pagi Tuhan menyediakan makanan untuk mereka. Mereka mendapatkan itu terletak di tanah ketika mereka bangun. Dalam bahasa Ibrani, manna itu berarti "Apakah ini?" Setiap hari ada 900 ton tersedia.

Secara harfiah itu adalah roti dari surga, sebuah tema yang kelak akan dijenguk ulang dalam Alkitab.

Meski hidup nyaman dengan manna, bani Israel menggerutu bahwa mereka tidak mendapatkan daging apa pun. Mereka telah terbiasa dengan diet berprotein tinggi di Mesir. Maka Tuhan mengirimkan kawanan burung puyuh, sedemikian banyaknya sampai bertumpuk setinggi 1,5 meter di atas dasar gurun itu. Umat itu makan daging puyuh sampai mereka menjadi muak olehnya!

Mereka juga mengalami masalah dengan air. Oasis pertama yang mereka datangi adalah Mara. Meski tempat itu menyediakan air, air itu tidak dapat diminum -- sampai air diubah segar melalui mukjizat. Tempat berikutnya, Elim, memiliki air segar sejak dari mula. Jumlah yang dibutuhkan sangat banyak -- paling tidak dibutuhkan 10 juta liter per hari untuk manusia dan binatang sebanyak itu. Kelak mereka mendapatkan air dari cadangan dalam batu karang. Barangkali mukjizat terbesar dari perjalanan pemeliharaan atas mereka itu adalah kasut mereka tidak pernah rusak. Batu karang bahkan merusak ban karet kendaraan masa kini, namun kasut mereka ini bertahan 40 tahun!

Musa juga menghadapi kesulitan dari dalam. Mengingat begitu banyaknya orang, tidak heran bahwa salah satu masalah terbesar yang Musa hadapi adalah menghakimi pertikaian di antara mereka. Kita diberitahu bahwa ini dapat berlangsung sepanjang hari, sampai Musa kelelahan. Perlu ayah mertuanya Jitro untuk mengusulkan pendelegasian tanggungjawab, di mana Musa menetapkan 70 orang tua-tua untuk menolong dalam pekerjaan tersebut.

# Pasal 19-40

Sesudah narasi peluputan dari Mesir, bagian kedua Keluaran pindah ke peraturan, ke perintah-perintah yang Tuhan berikan kepada umat-Nya, memberitahu mereka bagaimana harus hidup, dan perjanjian yang Ia buat dengan mereka.

## 7. Perintah dan perjanjian

Ada tiga koleksi 'hukum' dalam bagian kedua Keluaran. Yang paling dikenal adalah 'Sepuluh Hukum' (atau dekalog, dasa titah yang berarti '10 perkataan'), ditulis oleh jari Tuhan pada dua loh batu. (Kebanyakan penggambaran modern tentang peristiwa ini melukiskan Musa turun dari Gunung Sinai dengan Sepuluh Perintah terbagi pada dua loh batu, lima di yang satu dan lima di lainnya, tetapi sesungguhnya semua 10 perintah dituliskan di masing-masing loh batu.) Ini adalah sebuah kontrak hukum, yang sesuai dengan persetujuan kesepakatan pada masa itu. Seorang raja penakluk dapat membuat suatu kesepakatan dengan bangsa taklukannya, misalnya. Setiap bagian memegang satu salinan. Dalam hal Sepuluh Perintah, satu salinan adalah milik Tuhan dan satu salinan lagi adalah untuk umat-Nya. Namun demikian, kesepakatan tersebut sesuatu yang istimewa, yang dalam Alkitab dikenal sebagai 'perjanjian.' Perjanjian bukan tawar-menawar antara dua pihak tetapi suatu kontrak yang dituliskan oleh Tuhan yang dapat diterima atau ditolak oleh umat itu.

Sepuluh Perintah itu membentuk koleksi hukum pertama dan ini diikuti oleh yang dikenal sebagai 'Kitab Perjanjian,' yang dapat ditemukan dalam Keluaran 20:23-23:33. Hal-hal yang diurus oleh hukum-hukum ini berkaitan dengan kehidupan komunitas. Koleksi ketiga adalah kitab hukum-hukum dalam Pasal 25-31, yang berpusat pada kehidupan penyembahan orang Israel dan menyangkut tempat ibadah serta mereka yang menyelenggarakan ibadah. Tumpang tindih dan peluasan dari hukum-hukum ini terdapat dalam Ulangan. Jadi tidak hanya Sepuluh Perintah yang ada, tetapi jumlah keseluruhannya ada 613 peraturan dan pengaturan tentang cara hidup benar di hadapan Tuhan.

Penting menggarisbawahi pentingnya konteks dari hukum-hukum dalam Keluaran. Sepuluh Perintah dan Kitab Perjanjian diapit antara dua kaitan yang merujuk ke masa lalu dan masa depan.

1. Di 20:2 Tuhan berkata, "Akulah TUHAN Elohimmu, yang telah membawamu keluar dari Mesir, dari tempat perbudakan."
2. Di 23:20-33 Tuhan meyakinkan umat itu tentang kehadiran-Nya di masa depan dan tentang persediaan tanah tersebut, asalkan mereka memelihara jalan-jalan-Nya.

Teks pertama merujuk balik ke Mesir dan nas kedua berfokus pada hal memasuki Kanaan di masa depan. Konteksnya memberitahu kita bahwa hukum-hukum dari Tuhan ini adalah untuk umat yang telah mengalami masa lalu dan mengharapkan masa depan dan karenanya akan sanggup untuk hidup dalam kehadiran-Nya

Raja Alfred mendasari sistem legal Inggris atas Sepuluh Perintah ini, tetapi sukar memahami bagaimana orang dapat mengertinya jika mereka tidak pernah mengalami penebusan. Hukum-hukum ini harus dilihat dalam konteksnya yang tepat.

## SEPULUH PERINTAH

Melihat lebih teliti Sepuluh Perintah dan pengaturan yang mengikutinya akan menyingkapkan tiga prinsip mendasar yang diabadikan di sana. Pertama adalah prinsip hormat. Semua Sepuluh Perintah itu didasari atas hal ini -- hormat untuk Tuhan, hormat untuk Nama-Nya, hormat untuk hari-Nya, hormat untuk orang lain, hormat untuk kehidupan keluarga, hormat untuk kehidupan sendiri, hormat untuk pernikahan, hormat untuk milik orang lain, hormat untuk nama baik orang.

Pesannya jelas: masyarakat yang sehat, kudus dibangun atas **hormat**. Begitu banyak dari masyarakat masa kini, khususnya media masa, dilakukan untuk menghancurkan hormat, komedi televisi kerap mendorong pandangan tidak hormat tentang kehidupan sampai tidak ada hal yang dianggap sebagai kudus. Apa dan siapa saja adalah sosok potensial untuk lelucon. Tetapi jelas bahwa hilangnya hormat untuk Tuhan memimpin kepada penyembahan berhala, dan hilangnya hormat untuk manusia memimpin kepada immoralitas dan ketidakadilan.

Kebanyakan dari Sepuluh Perintah adalah tentang perbuatan atau perkataan, tetapi yang terakhir dari kesepuluh itu adalah tentang perasaan -- ini satu-satunya tentang hati. Barangkali ini sebab rasul Paulus berkata dalam Roma 7 bahwa ia telah melakukan sembilan yang pertama tetapi ia tidak dapat menjaga yang ke sepuluh, perintah tentang keserakahan. Sebab ketika kita menginginkan sesuatu yang tidak kita miliki, masalah kita adalah dengan kehidupan batin kita. Jika Anda melanggar satu hukum Anda telah melanggar semuanya. Semua hukum ini berkumpul bersama seperti kalung, dan jika Anda memutuskan satu manik saja semua manik-manik ikut berantakan.

Dalam kenyataannya bukan terdapat sepuluh perintah terpisah. Semua ini adalah satu hukum.

Prinsip kedua adalah **tanggungjawab**. Kita semakin diajarkan bahwa kita tidak bertanggungjawab atas tindakan kita, bahkan sampai kepada klaim bahwa kejahatan disebabkan oleh genetika! Kita tahu bahwa dosa asal diteruskan melalui gen, tetapi ide bahwa beberapa orang lebih jahat daripada orang lain sebab mereka memiliki gen yang salah memimpin kepada pandangan bahwa orang tidak bertanggungjawab atas apa yang mereka lakukan. Keluaran langsung menghadang pandangan itu. Tuhan berkata bahwa kita bertanggungjawab di hadapan-Nya atas bagaimana kita hidup menyangkut hukum-hukum-Nya.

Prinsip ketiga ialah **pembalasan**. Ada tiga alasan untuk hukuman di bawah hukum Taurat. Pertama adalah pembaruan: hukuman ditujukan untuk memperbaiki pembuat kesalahan. Kedua adalah pencegahan: idenya ialah bahwa melihat orang lain dihukum menjadi peringatan bagi orang lain yang akan berbuat jahat. Ketiga adalah pembalasan: hukuman terjadi semata karena orang bersangkutan layak menerimanya, tanpa harus menyangkut pertimbangan apakah orang lain akan menyimak peringatan itu atau pihak yang bersalah belajar dari kesalahannya. Prinsip ketiga tentang pembalasan ini menetap dalam hukum-hukum Keluaran.

Hukuman mati dikenakan kepada 15 dosa berbeda (didaftarkan dalam Kitab Keluaran) yang melawan Tuhan, dari membunuh ke melanggar Sabat. Ini termasuk juga menculik, mengutuk atau menghina orangtua, dan kesempatan ketika binatang tak terkendali milik orang mengakibatkan kematian.

Ada pembedaan sangat teliti dalam hukum Tuhan antara kematian yang disengaja dan karena kecelakaan.

Ada dua jenis pembunuhan: pembunuhan sengaja dan pembunuhan tidak disengaja. Yang satu menanggung hukuman mati, yang lainnya hukuman lebih ringan. Dalam setiap kasus kita diberitahu bahwa tidak ada korban dalam hukum Musa untuk dosa yang sengaja, direncanakan. Bahkan, jika Anda membaca surat Ibrani Anda akan menemukan hal yang sama dikatakan dalam Perjanjian Baru.

Layak diperhatikan bahwa penolakan kebebasan pribadi melalui pemenjaraan bukan sebuah pilihan dalam hukum Taurat. Tidak ada bagian dalam Alkitab yang mengajukan bentuk hukuman ini. Namun demikian, ada sistem pembayaran yang jelas, sistem ganti rugi untuk mereka yang telah dicelakakan. Ini adalah *lex talionis*, yang masa kini dikenal dengan ungkapan singkat 'mata ganti mata dan gigi ganti gigi.' Jika, misalnya seorang perempuan hamil diserang dan bayi yang dikandungnya lahir dalam keadaan cacat karena serangan itu, pihak yang bersalah akan dibuat cacat serupa yang dialami korbannya. Dalam kasus lainnya ada sistem pembayaran ganti rugi dalam bentuk barang atau uang ketika milik orang dirusakkan atau dicuri.

## 8. Spesifikasi dan spesialis

SPESIFIKASI

Berikut kita tiba di fakta luar biasa bahwa Tuhan ingin tinggal bersama Israel. Ia telah membuat kekudusan-Nya sangat jelas. Ketika hukum Taurat diberikan di Gunung Sinai, Tuhan ingin bani Israel tahu pasti apa arti kekudusan-Nya itu. Tuhan berkata bahwa tidak ada yang boleh menyentuh gunung kudus-Nya dan tetap hidup. Musa membangun pagar sekeliling dasarnya. Pemberian hukum

Taurat diiringi oleh guruh, halilintar dan api, menandakan kuasa Tuhan dan keterpisahan-Nya dari manusia.

Tetapi sesudah menekankan keterpisahan diri-Nya, Tuhan lalu memberitahu Musa bahwa Ia ingin datang dan tinggal dalam kemah bersama mereka. Di mana pun mereka berkemah Ia ingin ada di sana di pusat para umat-Nya. Itu akan merupakan sebuah kemah di tengah perkemahan mereka dan harus merupakan sebuah kemah yang menyatakan kekudusan-Nya, supaya umat itu boleh menyembah Dia dengan penuh hormat.

Kemah itu disebut 'kemah sembahyang' dan Keluaran memberi kita rincian bangunan tersebut yang dipaparkan Tuhan, dalam hukum-hukum mengenai kehidupan keagamaan Israel (Pasal 25-31). Segala sesuatunya tentang kemah sembahyang itu berbicara tentang Tuhan dan pendekatan yang benar kepada-Nya. Kemah itu harus ditempatkan di pusat perkemahan, dengan 12 suku diatur berurutan di sekitarnya.

SPESIALIS

**Pemakaiannya**

Paling penting, kemah sembahyang tersebut tidak dapat dimasuki, kendati berada di tengah-tengah perkemahan. Kita mulai dengan pagar yang panjangnya 100 kaki dan lebar 50 kaki serta tinggi 5 kaki (satu kaki kira-kira 45-50 cm, cukup tinggi untuk mencegah orang luar melongok ke dalam. Pagar itu hanya memiliki satu bukaan diletakkan di seberang suku Yehuda. Di balik pagar terdapat halaman dengan sebuah *mezbah* dan sebuah *bejana pembasuhan*.

Karena itu, pendekatan pertama kepada Tuhan harus melalui korban: binatang harus dibunuh dan kemudian dibakar di atas mezbah sebagai persembahan untuk Tuhan.

# KELUARAN

**Kemah Sembahyang**

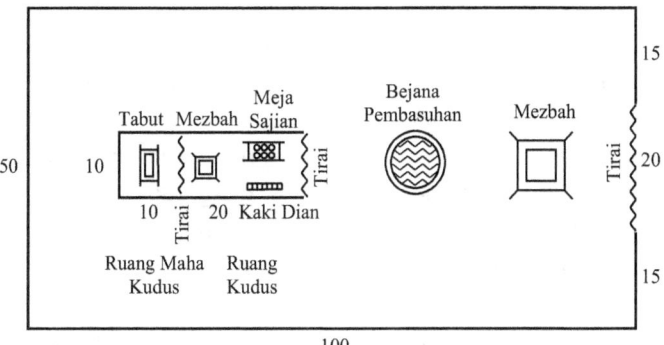

Kemudian sang penyembah harus mencuci tangannya dalam bejana tembaga di antara mezbah dan tempat kudus. Hanya sesudah itu kemah Tuhan dapat didekati. Kemah itu terdiri dari dua bagian, tempat di mana Tuhan sungguh berdiam adalah bagian lebih kecil dari kemah yang lebih besar, sebuah tempat yang tertutup dari pemandangan manusia dan hanya dikunjungi sekali setahun oleh Imam Besar.

Bagian yang lebih besar adalah 10 kaki kali 20 kaki dan dikenal sebagai *ruang kudus*. Hanya para imam yang diizinkan masuk dan hanya jika mereka telah mengorbankan seekor binatang dan mencuci tangan mereka di bejana pembasuhan. Ruang itu menampung tiga buah perlengkapan. Ada sebuah meja *roti pertunjukan,* 12 potong mewakili 12 suku Israel. Juga ada kaki dian bercabang tujuh yang dinyalakan dengan minyak kudus terus menerus, dan sebuah mezbah untuk persembahan di dekat tirai.

Tirai tersebut menyembunyikan satu ruang 10 kali 10 meter, ruang maha kudus: tempat di mana Tuhan berdiam. Dalam ruang maha kudus terdapat sebuah peti dan di atas peti itu ada dua kerubim. Dalam Alkitab, kerubim selalu adalah malaikat penghukuman. Di sini mereka dipaparkan melihat ke bawah ke tutup pendamaian dari emas. Setahun sekali Imam Besar akan masuk ke ruang maha kudus dan mempersembahkan domba usia setahun yang tidak bercacat sebagai pendamaian bagi umat. Juga terletak di ruang maha kudus tabut perjanjian, berisi beberapa manna dan kitab taurat. Dalam ruang maha kudus itu tidak terdapat penerangan alami, namun ia selalu terang benderang. Tuhan diam di sana dan kemuliaan-Nya menerangi tempat itu.

Keindahan kemah sembahyang pastilah mencengangkan, tetapi kebanyakannya itu tersembunyi. Di sana ada tirai berenda indah dan tutupan, tetapi semuanya ditutupi dengan kulit musang, menyembunyikan keindahan itu dari manusia. Di dalam terdapat perlengkapan dari emas dan tirai berenda warna biru (warna langit), merah (warna darah), perak dan emas.

Keseluruhan bangunan menunjukkan bahwa jika Anda ingin datang kepada Tuhan pertama Anda harus memberikan persembahan supaya menjadi bersih. Tuhan berkata bahwa ini adalah tiruan dari tempat Ia tinggal di surga.

Bahkan apabila kemah ini digulung dan dipindahkan, semua unsur-unsur itu tetap ditutupi. Kemah itu harus dibawa oleh orang khusus dan orang 'biasa' harus menjaga jarak sejauh seribu langkah darinya sampai ia didirikan kembali.

Kekudusan Tuhan juga ditekankan dalam pakaian para imam. Imam besar telah diberikan petunjuk khusus tentang apa yang harus Ia kenakan. Ia memakai tutup dada dengan 12 batu mulia mewakili 12 suku Israel, batu-batu mulia ini disebut kembali di halaman terakhir Alkitab, yang memaparkan Yerusalem Baru. Imam Besar juga memakai ikat pinggang istimewa, ikat kepala, gamis, efod dan jubah.

Para imam biasa juga memiliki 'jubah resmi,' tetapi persyaratan mereka hanya meliputi jubah istimewa, ikat pinggang, tutup kepala dan celana lenan. Dalam jubah berbeda ini kita dapat membedakan tentang Ia yang akan datang menjadi Imam Besar selamanya demi umat-Nya.

**Pembangunannya**

Sampai di sini, keterampilan umat terdiri dari membangun dan mengangkut batu, sehingga tugas pembangunan kemah sedemikian mendetail wajar melampaui kesanggupan mereka. Kita diberitahu bahwa Bezaleel, Oholiab dan lainnya diberikan karunia-karunia khusus oleh Tuhan untuk menyelesaikan bangunan itu. Ini adalah kesempatan pertama penyebutan tentang 'karunia rohani' dalam Alkitab, dan menarik bahwa hal itu harus dihubungkan dengan pekerjaan tangan seperti ini.

## 9. Pengampunan dan syafaat

PENGAMPUNAN

Musa lama berada di Gunung Sinai untuk menerima hukum Taurat. Tidak tahu apa yang terjadi kepadanya, umat itu meminta Harun agar mereka dapat menyembah 'tuhan' yang dapat mereka lihat. Maka dengan bantuan Harun mereka melebur emas mereka untuk membuat lembu emas yang dapat mereka sembah. Pilihan binatang itu penting artinya. Sebagaimana sudah kita pelajari, binatang ini adalah salah satu dari banyak berhala yang dipakai oleh orang Mesir. Lembu dan sapi adalah lambang kesuburan dan telah dipakai dengan pengertian itu sepanjang sejarah. Prinsip jelas dalam Alkitab ialah bahwa penyembahan berhala memimpin kepada immoralitas:

hilangnya hormat untuk Tuhan memimpin kepada hilangnya hormat untuk manusia. Pesta seks liar terjadi berikutnya. Ketika Musa turun dan melihat apa yang sedang berlangsung, ia membanting kedua salinan hukum Taurat itu. Tindakannya melambangkan apa yang umat tersebut telah lakukan dengan perilaku mereka.

## SYAFAAT

Musa balik ke gunung dan memberitahu Tuhan bahwa ia muak dengan umat itu, semata menemukan bahwa Tuhan merasakan hal yang sama juga. Kita mencapai saat kunci dalam sejarah Israel dan saat menentukan dalam kepemimpinan Musa. Musa memberitahu Tuhan bahwa jika Ia akan menghapuskan Israel dari kitab-Nya, ia pun harus dihapuskan, karena ia tidak ingin menjadi satu-satunya yang tersisa. Dengan kata lain ia berkata, "Ambillah kehidupanku untuk menebus mereka." Tuhan berkata kepada Musa, "Aku hanya menghapuskan dari kitab-Ku mereka yang berdosa terhadap-Ku."

Musa mendesak bahwa umat itu dihukum dan Tuhan memberitahu dia untuk mengurus para penghasut. Tiga ribu orang mati. Angka persis ini mungkin kurang berarti bagi kita, tetapi rincian narasi Keluaran mengandung keterhubungan menakjubkan dengan kejadian-kejadian dalam Perjanjian Baru. Taurat diberikan di Sinai pada hari ke lima puluh sesudah domba Paskah dibunuh. Domba itu dibunuh pada jam 15,00 dan pada hari ke tiga sesudah para budak itu dibebaskan. Di hari ke lima puluh sesudah Paskah Taurat diberikan, yaitu hari yang kemudian disebut hari Pentakosta oleh orang Yahudi. Tiga ribu orang dibunuh sebab mereka melanggar hukum Taurat. Pada hari ke lima puluh itulah berabad-abad kemudian ketika orang Yahudi merayakan pemberian hukum Taurat, Tuhan memberikan Roh-Nya -- dan kali ini 3,000 orang diselamatkan (lihat Kisah Rasul 2).

## 10. Pembangunan dan pengudusan

Dari mana bani Israel mendapatkan semua bahan yang mereka butuhkan untuk membangun kemah sembahyang itu? Paling tidak dibutuhkan sepuluh ton emas, belum lagi pakaian, kain lenan, permata, tembaga dan kayu. Ada pemberian rata-rata 20 gram emas dari tiap orang.

Tuhan telah memberitahu Abraham beberapa abad sebelumnya bahwa tidak saja keturunannya akan masuk ke dalam perbudakan, tetapi ketika mereka meninggalkan tanah perbudakan Ia akan mengeluarkan mereka dengan banyak harta milik. Bahan-bahan untuk kemah sembahyang dan pakaian para imam sesungguhnya datang dari orang Mesir, yang begitu gembira melihat kepergian bani Israel sampai mereka memberikan semua perhiasan mereka. Ini memberitahu kita bagaimana mereka dapat memiliki bahan-bahan itu. Bahan-bahan itu untuk dipergunakan dalam kemah sembahyang sebab umat itu memberikannya, menyumbangkannya untuk digunakan bagi hal itu. Empat kata menyatakan sifat pemberian mereka: spontan, peduli, teratur dan berkorban. Ini bukan pengumpulan secara paksa dengan hukuman bagi mereka yang tidak memberi, tetapi murni bersumber pada keputusan bebas umat ("Setiap orang memberi dengan sukarela...").

Di akhir Keluaran kita diberitahu bagaimana Tuhan mendiami dan menguduskan kemah itu. Umat melihat kemuliaan-Nya datang dan mereka melihat asap atau awan menggantung di atas ruang dalam. Ruang dalam menjadi penuh dengan cahaya sementara kemuliaan Tuhan datang ke dalamnya. Tuhan berkemah bersama umat-Nya. Sesudah itu, ketika mereka melihat awan dan cahaya itu bergerak mereka tahu itulah saat untuk bergerak maju.

## Bagaimana orang Kristen memakai Kitab Keluaran

Kisah Keluaran menggugah dan rincian penyembahan bani Israel menakjubkan, tetapi kita harus menanyakan ini: Bagaimana harusnya orang Kristen membaca kisah ini masa kini?

Hal pertama yang perlu disebut ialah Tuhan tidak berubah. Ia berurusan dengan orang Kristen dalam cara yang sama sebagaimana yang Ia lakukan dengan anak-anak Israel. Itulah sebab begitu banyak kata dalam Keluaran dipakai kembali dalam Perjanjian Baru -- kata-kata seperti hukum Taurat, perjanjian, darah, domba, Paskah, Keluaran, ragi. Kata-kata ini dipakai dalam Perjanjian Baru tetapi mendapatkan artinya dari kitab Keluaran.

Pada saat sama ada beberapa perbedaan berarti. Kita kini tidak di bawah hukum Taurat Musa tetapi di bawah hukum Kristus. Seperti yang akan kita lihat, dalam beberapa cara ini membuat menjadi lebih sukar dan dalam cara lainnya membuat lebih mudah. Kemah sembahyang tidak lagi perlu, sebab kita tahu bahwa Kristus telah menyediakan jalan masuk langsung ke dalam ruang maha kudus. Juga kita tidak bergantung pada penyediaan makanan dan minuman oleh Tuhan dari langit dan batu karang. Ada dua cara hakiki di mana orang Kristen perlu menerapkan Keluaran masa kini.

## Kristus

Orang Kristen harus mencari Kristus dalam kitab Keluaran. Yesus berkata, "Selidikilah Alkitab, sebab mereka bersaksi kepada Ku." Keluaran adalah pusat bagi Perjanjian Lama, dan semua kitab yang sesudahnya menatap balik kepadanya sebagai penebusan yang di atasnya semua yang lainnya didasarkan. Dalam cara yang sama salib merupakan pusat Perjanjian Baru.

Ini bukan merupakan koneksi berlebihan. Enam bulan sebelum Yesus mati di salib Ia berada di ketinggian 1,200 meter di puncak Gunung Hermon sebelah utara Israel, berbicara dengan Musa dan Elia. Injil Lukas memberitahu kita bahwa mereka membicarakan tentang 'keluaran' yang Yesus akan hasilkan di Yerusalem.

Tambahan lagi, Yesus mati pada jam 15.00, saat yang sama benar ketika ribuan domba Paskah dibunuh. Maka Kristus disebut 'domba Paskah kita,' Ia yang telah dijadikan korban untuk kita supaya malaikat maut berjalan lalu dari mereka yang percaya akan Dia. Ia bangkit dari kematian pada hari ketiga dan kebangkitan-Nya membebaskan kita dari kematian, seperti halnya orang Ibrani dibebaskan dari perbudakan pada hari ketiga sesudah Paskah.

Ada lagi kaitan lainnya juga. Kita membaca dalam Injil Yohanes bahwa Yesus adalah roti dari surga. Paulus berkata bahwa Yesus adalah batu karang yang darinya Musa menimba air untuk umat Israel. Yohanes juga berkata dalam Injilnya bahwa '"Firman telah menjadi daging dan 'diam (harfiah: bertabernakel) di antara kita."' Secara harfiah Ia membentangkan kemah-Nya, dalam Kristus Tuhan berdiam di tengah-tengah umat-Nya.

Dengan mengingat semua ini, kita dapat mengerti perkataan Kristus dalam Matius: "Aku tidak datang untuk meniadakan Taurat tetapi untuk menggenapinya." Singkatnya, kita tidak dapat mengerti Perjanjian yang Baru tanpa yang Lama.

## Orang Kristen

Kitab Keluaran dapat juga diterapkan kepada orang Kristen. Paulus, dengan merenungkan tentang beberapa peristiwa dalam Keluaran, menulis kepada gereja di Korintus: "Semuanya ini terjadi sebagai contoh bagi kita untuk memperingatkan kita, supaya jangan kita menginginkan hal-hal yang jahat seperti yang telah mereka perbuat."

Penyeberangan Laut Merah merupakan pragambaran baptisan. Paulus berkata bahwa anak-anak Israel menjadi pengikut Musa dan telah dibaptiskan ke dalam awan dan dalam Laut Merah dan para pembacanya telah dibaptiskan ke dalam Kristus.

Orang Kristen juga memiliki makanan Paskah secara teratur, sebab Perjamuan Kudus Tuhan adalah santapan Paskah, memperingati pembebasan dari Kristus.

Paulus bicara tentang memelihara perjamuan itu dan membuang ragi sebab Kristus sang domba Paskah telah dikorbankan. Anjuran ini terkesan asing sampai kita mempertimbangkan konteksnya. Ia menulis kepada sebuah gereja tentang perilaku immoral dari seorang percaya yang meniduri ibu tirinya. Dalam konteks ini ragi mewakili kejahatan yang telah terjadi itu yang perlu dibuang jika mereka sungguh ingin 'mendapat bagian dalam perjamuan itu.' Keluaran melihat berbagai hal secara materiil, sedangkan Perjanjian Baru melihatnya dalam konteks moral.

Banyak yang secara khusus memerhatikan tentang bagaimana orang Kristen harus memperlakukan hukum-

hukum yang diberikan kepada Musa. Memang benar kita tidak perlu memelihara hukum Taurat, tetapi dalam banyak cara 'Hukum Kristus' lebih berat ketimbang 'hukum Musa.' Hukum Musa berkata "jangan membunuh siapa pun," dan "jangan berzinah." Banyak orang sampai di tingkat itu jelas, tetapi Hukum Kristus berkata "bahkan jangan kamu memikirkannya." Adalah lebih sukar memelihara Hukum Kristus ketimbang hukum Musa.

Di pihak lain, dalam banyak cara lebih mudah sebab kini kita tidak perlu banyak imam, upacara dan bangunan khusus. Rasul Yohanes menulis, "sebab hukum Taurat diberikan oleh Musa, tetapi kasih karunia dan kebenaran datang oleh Yesus Kristus." Kapan saja kita berdoa dalam nama Yesus kita dapat memasuki tempat maha kudus tanpa ada perintang.

Ada perbedaan besar juga, antara Perjanjian Baru dan Lama. Di bawah Taurat yang diberikan pada hari Pentakosta 3,000 orang mati, tetapi dengan Roh yang dicurahkan pada Pentakosta 3,000 dihidupkan. Saya lebih menginginkan Roh yang menuliskan hukum di hati ketimbang hukum yang lama.

Tema kemuliaan juga memiliki artian baru untuk orang Kristen. Paulus membandingkan kemuliaan yang memudar pada Musa dengan karya Roh dalam Perjanjian Baru. Orang Kristen dapat mengalami kemuliaan yang sama yang Musa kenal ketika ia turun dari gunung. Namun demikian, kemuliaan ini, tidak berkaitan dengan mezbah, dupa dan jubah tetapi dengan Roh yang mendiami orang percaya. Kemuliaan ini bertambah-tambah hari demi hari. Akhirnya, kita perlu memerhatikan bagaimana kemah sembahyang berbicara demikian kuatnya tentang bagaimana kita mendatangi Tuhan masa kini. Pertama kita datang melalui korban (mezbah), dibenarkan melalui

Kristus, kemudian kita perlu penyucian oleh Roh (bejana basuhan). Warna-warna kemah sembahyang mengandung kepentingan: ungu berbicara tentang kerajaan, biru tentang surga dan putih tentang kemurnian. Masa kini kita memiliki seorang Imam Besar yang mewakili kita di hadapan Tuhan, tetapi yang sendirinya tidak membutuhkan korban untuk dosa-dosanya sendiri. Ia memberikan korban sekali untuk selamanya yang kepadanya semua korban di bawah Perjanjian Lama menunjuk.

Masih akan terjadi satu pelepasan di masa depan yang setara dengan Keluaran untuk orang Kristen. Dalam Wahyu kita temukan bahwa lebih dari separuh tulah-tulah Firaun akan terjadi lagi. Ada korelasi mencengangkan antara tulah di akhir sejarah dan tulah yang telah mendatangi Firaun. Mereka yang tetap setia kepada Yesus akan melalui semua ini dan menjadi pemenang. Pasal 15 kitab Wahyu berkata bahwa para martir, dan mereka yang telah menang atas tekanan aniaya dari luar dan pencobaan dari dalam, akan menyanyikan nyanyian Musa. Dalam Keluaran 15 kita miliki nyanyian pertama yang dicatat dalam Alkitab, sebuah lagu yang digubah oleh Miriam untuk merayakan tenggelamnya orang Mesir di Laut Merah. Lagu ini akan dinyanyikan ketika semua kesusahan dunia ini telah usai dan kita selamat dalam kemuliaan. Kita akan memiliki keluaran ganda untuk dirayakan -- Keluaran dari Mesir dan keluaran karena salib.

# 4. IMAMAT

## Pendahuluan

Banyak orang yang memutuskan untuk membaca seluruh Alkitab tertahan di Imamat. Dapat dimengerti mengapa demikian. Ini adalah sebuah kitab yang sangat sukar dibaca, karena tiga alasan utama.

Pertama kitab ini membosankan -- ini seperti berusaha membaca direktori telepon. Isinya sangat berbeda dari kitab-kitab lain dalam Alkitab, khususnya dua yang pertama yang penuh dengan cerita. Dalam kitab tersebut ada plot, ada drama, ada gerak. Ketika Anda masuk ke Imamat hampir tidak ada narasi sama sekali, karena banyak orang menganggap Alkitab adalah kumpulan cerita, tiba di sebuah kitab yang tidak ada cerita apa pun merupakan suatu kekecewaan besar.

Alasan kedua adalah kitab ini sangat tidak akrab bagi kita. Kitab ini dari kebudayaan berbeda dan isinya pun berbeda. Kita dipisahkan oleh 3,000 tahun dan 8,000 kilometer dari situasi kita masa kini. Ini sebuah dunia yang sepenuhnya berbeda dan kita membaca mengenai hal-hal yang kita rasa sangat asing. Contohnya bagaimana di Imamat mereka memperlakukan orang yang menderita penyakit menular. Orang yang malang itu harus mencabik pakaian mereka, membiarkan rambut mereka tumbuh panjang dan tidak disisir, menutup bagian bawah wajah mereka dan berjalan sambil berseru, "Najis! Najis!" Dalam masyarakat masa kini kita mengurus penyakit infeksi dengan cara sangat berbeda! Kitab ini juga mencakup kegiatan janggal lainnya -- kita tidak datang ke gereja dengan membawa seekor anak domba atau burung merpati dan memberikannya kepada pastor, yang kemudian menyembelih lehernya di depan seluruh anggota jemaat.

Alasan ketiga ialah kitab ini terkesan sangat tidak mengena. Apakah yang Imamat dapat katakan kepada saya yang hidup masa kini? Di tempat kerja pada hari Senin? Di kedalaman hati kita tahu secara insting bahwa kita tidak di bawah Taurat Musa dan karena buku ini adalah bagian dari Tauratnya, kita tidak pasti -- jika ada sesuatu di dalamnya yang berhubungan dengan kita.

## Konteks

Karena itu mari kita mempertimbangkan kitab ini dengan cara pandang yang membalikkan beberapa kecurigaan yang mungkin ada pada kita. Imamat adalah salah satu dari lima kitab yang bersama membentuk Pentateukh (*penta* berarti lima). Ini semua meliputi hukum Taurat Musa.

Orang Yahudi menyebutnya Torah, 'Kitab-kitab Instruksi,' dan mereka membaca keseluruhannya setiap tahun. Mereka mulai pada hari ke delapan Perayaan Tabernakel, kadang September/Oktober, dan mulai dengan Kejadian 1, mereka membaca seluruhnya sepanjang tahun sampai selesai pada Hari Raya Kemah Sembahyang berikutnya pada musim gugur tahun sesudahnya.

Hal yang menarik tentang kelima buku Musa ini ialah adanya bentuk khas dan mengesankan. Memerhatikan ini akan menolong kita menempatkan Imamat dalam konteks. Diagram berikut akan menjelaskan ini.

**'PENTATEUKH' – 5 kitab Musa – 'TORAH' – petunjuk**

| Siapa? | | Dimana? | Kapan? |
|---|---|---|---|
| **KEJADIAN** Permulaan | Semesta | Kasdim | **ABAD-ABAD** (Lampau) |
| **KELUARAN** Ke luar | Bangsa | Kanaan Mesir | **TAHUN-TAHUN** (300) |
| **IMAMAT** Orang Lewi | Suku | S | **BULAN** (Satu) |
| **BILANGAN** Statistik | Bangsa | i n a i | **TAHUN-TAHUN** (40) |
| **ULANGAN** Hukum Kedua | Semesta | Negeb Edom Moab | **ABAD-ABAD** (Masa depan) |

## TEMPATNYA DALAM PENTATEUKH

Kejadian adalah kitab tentang awal mula: itulah arti kata 'kejadian' dan ia memberitahu Anda bagaimana mulainya segala sesuatu, dari penciptaan alam semesta kita ke Israel menjadi umat Tuhan. Keluaran berfokus pada bani Israel keluar dari Mesir. Imamat mendapatkan namanya dari suku Lewi, salah satu suku Israel. Kitab Bilangan sesuai kata itu tepatnya adalah: sebuah buku statistik (600,000 orang ke luar dari Mesir, tambah para perempuan dan anak-anak, barangkali semuanya 2,5 juta orang). Akhirnya, Ulangan (*deutero* berarti 'kedua' dan *nomus* berarti 'hukum') berfokus pada pemberian hukum Taurat untuk kedua kalinya (Tuhan memberikan hukum-Nya kedua kali, sekali di Sinai dan sekali lagi sesaat sebelum mereka menyeberangi Yordan memasuki Tanah Perjanjian, maka Sepuluh Perintah datang dua kali -- sekali di Keluaran dan sekali di Ulangan sebagai sejenis pengingat akan hukum Taurat sesaat sebelum mereka masuk Tanah Perjanjian itu).

Bila kita bertanya tentang siapa kitab-kitab ini berbicara, kita mulai melihat bentuknya muncul. Kejadian adalah sebuah buku semesta -- ia tentang semua orang, ras manusia dan seluruh alam semesta. Keluaran adalah sebuah buku nasional -- ia menyorot ke satu umat, bangsa Israel. Dalam Imamat fokusnya bahkan menjadi lebih sempit lagi, hanya pada satu suku dari seluruh bangsa itu. Begitu melewati Imamat, fokus kembali melebar dan Bilangan adalah tentang seluruh bangsa kembali. Ulangan menempatkan Israel terhadap latar seluruh dunia dan kita kembali ke titik pandang semesta.

Bentuk ini berguna untuk menjelaskan mengapa begitu banyak orang terhenti di Imamat. Meski mereka tertarik akan hal-hal semesta dan bahkan hal-hal nasional, mereka kurang tertarik ketika fokusnya ada pada suku tertentu, lain dari mereka sendiri.

## TEMPATNYA DALAM GEOGRAFI

Kejadian mulai dengan seluruh bumi, lalu mulai berfokus pada wilayah orang Kasdim di mana Abraham tinggal, lalu pada tanah Kanaan yang ditujunya, kemudian ke Mesir di mana keturunannya menetap. Di tanah Mesir mereka menjadi budak selama 400 tahun. Di Imamat fokusnya kembali sangat sempit, memusat ke satu tempat saja: Gunung Sinai, di mana hukum Taurat dan pengaturan diberikan. Fokus itu lalu meluas dengan perjalanan melewati Negeb, Edom dan Moab, balik ke Kanaan.

## TEMPATNYA DALAM WAKTU

Kejadian mencakup berabad-abad, semua sejarah masa lalu bumi kita. Keluaran mencakup tahun-tahun, kira-kira 300 tahun. Imamat hanya mencakup satu bulan, sedangkan Bilangan mencakup 40 tahun serta Ulangan menatap ke depan melalui abad-abad ke sejarah Israel akan datang. Sekali lagi kita lihat bentuk kelima kitab Musa ini. Imamat adalah engsel dari keseluruhannya, berfokus tajam kepada bulan paling penting di tempat paling penting dengan suku paling penting. Keseluruhan hukum Musa bergantung pada hal ini.

Ketika orang Yahudi membaca keseluruhan Pentateukh setiap 12 bulan, mereka memakai sekitar dua sampai tiga minggu untuk membaca Imamat.

## Hubungan dengan Keluaran

Sesudah melihat Imamat dalam konteks Pentateukh, kita mesti juga menghubungkannya kembali dengan Keluaran. Penting sekali mengenali bagaimana setiap kitab tumbuh dari kitab yang mendahuluinya jika kita ingin mengertinya penuh. Kemah sembahyang, kemah yang di dalamnya Tuhan berdiam di antara umat-Nya, dibangun di paruh kedua Keluaran. Jika Anda membayangkan perkemahan dalam Keluaran, kemah Tuhan ada di tengah-tengah dan ratusan kemah lainnya di sekelilingnya -- kemah ilahi ada bersama kemah-kemah manusia. Imamat adalah tentang segala sesuatu yang berlangsung dalam kemah Tuhan dan segala sesuatu yang harus berlangsung dalam kemah-kemah umat. Maka ia dibagi ke dalam dua bagian: kemah Tuhan dan kemah-kemah manusia, dengan peraturan dan pengaturan bagi keduanya.

Selanjutnya, ketika mengurusi kemah sembahyang, Keluaran bicara tentang pendekatan Tuhan kepada manusia, tetapi Imamat bicara tentang pendekatan manusia kepada Tuhan. Keluaran adalah tentang pelepasan yang Tuhan bawa untuk umat-Nya, tetapi Imamat adalah tentang pengabdian umat Tuhan kepada-Nya. Keluaran adalah tentang anugerah Tuhan yang membebaskan umat, tetapi Imamat mulai dengan persembahan syukur, sambil menjelaskan bagaimana umat dapat memperlihatkan syukur mereka kepada Tuhan atas pembebasan itu.

Kita perlu kedua buku ini dan pesan masing-masingnya yang saling melengkapi. Kitab ini mungkin tidak semenarik Keluaran, tetapi ia memperlihatkan bahwa Tuhan mengharapkan sesuatu balasan dari kita untuk apa yang telah Ia buat bagi kita. Sekali lagi kita diingatkan bahwa kita diselamatkan dalam rangka untuk melayani. Keluaran memperlihatkan bahwa Tuhan menyelamatkan umat-Nya, tetapi Imamat menjelaskan bagaimana mereka harus melayani Dia.

## 'Jadilah kudus'

Ketika kita membaca Perjanjian Lama akan menolong untuk kita membayangkan bahwa kita adalah orang Yahudi. Untuk seorang Yahudi alasan membaca Imamat jelas: itu sungguh merupakan masalah hidup dan mati. Untuk orang Yahudi hanya ada satu Tuhan dan Ia adalah Tuhan Israel. Semua lainnya yang disebut tuhan adalah khayalan manusia. Demikianlah halnya untuk bani Israel di Keluaran dan Imamat. Karena hanya ada satu Tuhan dan mereka adalah umat-Nya satu-satunya di bumi, ada hubungan khusus antara mereka. Di pihak Tuhan Ia berjanji untuk melakukan banyak hal bagi mereka: menjadi pemerintah mereka; menjadi menteri pertahanan dan melindungi mereka; menjadi menteri keuangan, supaya tidak ada yang miskin di antara mereka; menjadi menteri kesehatan mereka, sehingga tidak ada sakit-penyakit Mesir akan menyentuh mereka. Tuhan akan menjadi segala sesuatu yang mereka

# IMAMAT

butuhkan, Raja mereka. Sebagai balasan Ia mengharapkan mereka hidup benar dan melakukan hal-hal yang benar. Kata alkitabiahnya adalah 'benar' -- 'perilaku benar' yang berarti hidup benar. Teks kunci di keseluruhan Imamat adalah yang kerap disebutkan dalam Perjanjian Baru: "Kuduslah kamu sebab Aku kudus."

Tuhan berharap umat yang Ia bebaskan menjadi seperti Dia dan tidak seperti orang lain di sekitar mereka. Banyak hal yang menimbulkan pertanyaan dalam Imamat dijelaskan oleh fakta ini. Itu adalah kunci yang membukakan seluruh kitab ini. Ketika Tuhan memberitahu mereka bahwa mereka tidak boleh melakukan sesuatu, itu karena umat sekitar mereka melakukannya tetapi mereka harus berbeda, harus kudus sebab Ia kudus adanya. Jika Tuhan menyelamatkan Anda Ia ingin Anda menjadi seperti Dia; Ia mengharapkan Anda menghidupi jalan-Nya dan menjadi kudus sebagaimana Ia kudus adanya.

## Bentuk kitab ini

Telah kita perhatikan bahwa kitab ini terbagi ke dalam dua bagian. Kitab ini dibangun menuju sebuah klimaks dan kemudian mengalir ke luar dari klimaks itu. Ia juga seperti kue dengan banyak lapisan. Bagan memperlihatkan bahwa bagian pertama terhubung dengan yang ke enam, bagian ke dua dengan yang ke lima, dan yang ke tiga dengan yang ke empat, menyisakan satu tepat di tengah-tengah. Ada hubungan yang jelas antara bagian-bagian ini, yang digabungkan dan disusun dengan indahnya.

Ingat bahwa Tuhan bertanggungjawab tentang pola ini, bukan Musa. Bahkan ada lebih banyak kata Tuhan dalam kitab Imamat ketimbang dalam kitab lain mana pun dalam Alkitab! Sekitar 90 persen dari Imamat adalah ucapan langsung dari Tuhan -- "TUHAN berkata kepada Musa..." Tidak ada kitab lain dalam Alkitab yang mengandung begitu banyak ucapan langsung Tuhan, maka jika Anda ingin membaca Firman Tuhan inilah kitab yang baik sebagai awal. Anda akan membaca kata-kata Tuhan yang aktual.

Persembahan dan kurban dari tujuh pasalnya pertama didukung oleh sanksi dan ikrar umat dalam bagian terakhir. Rincian tentang keimamatan berhubungan dengan rincian tentang penyembahan yang harus mereka pimpin.

Klimaks kitab ini adalah Hari Pendamaian, hari ketika dua ekor binatang dipakai untuk melambangkan dosa-dosa umat. Mereka mengorbankan satu ekor, domba, dalam perkemahan. Secara bergiliran kemudian mereka meletakkan tangan ke atas binatang lainnya, seekor kambing, dan mengakui dosa-dosa mereka. Mereka mengusir kambing itu ke luar dari perkemahan ke dalam padang gurun, di mana ia akan mati dengan semua beban dosa yang dibebankan kepadanya. Ia disebut 'kambing hitam (*azazel*),' sebuah kata yang masih kita pakai secara umum sampai hari ini.

Kedua bagian kitab ini berpusat di sekitar Hari Pendamaian. Paruh pertamanya memaparkan jalan kita kepada Tuhan -- yang kita sebut **pembenaran** -- dan paruh keduanya memaparkan jalan kita bersama Tuhan -- yang dikenal sebagai **pengudusan**.

## Persembahan dan penyembahan

Mari kita mulai melihat ketujuh pasal pembukanya, yang berurusan dengan peraturan untuk persembahan. Ada lima persembahan, dari dua jenis berbeda.

### Persembahan syukur

Tiga persembahan pertama adalah cara yang benar mengatakan 'terima kasih' kepada Tuhan untuk berkat-Nya. Persembahan ini bukan untuk dosa tetapi persembahan ucapan syukur. Jika kita merasa bersyukur kepada Tuhan Ia ingin kita mengucapkan 'terima kasih' kepada-Nya.

Untuk **korban bakaran,** seekor binatang dibawa, dibunuh dan kemudian dibakar supaya Tuhan dapat menciumnya. Kurban itu dikatakan berbau harum kepada-Nya.

Dalam korban bakaran keseluruhannya dibakar, tetapi untuk **korban sajian** beberapa diambil supaya pemberi persembahan dapat makan bersama Tuhan. Sebagian korban diberikan untuk Tuhan dan sebagian untuk dimakan oleh orang yang memberikan persembahan itu.

Persembahan syukur ke tiga adalah korban keselamatan, di mana seluruh lemaknya dibakar.

### Korban karena salah

Dua korban lainnya bukan untuk mengungkapkan syukur tetapi untuk mengurus kesalahan. Ada korban untuk dosa dan korban untuk pelanggaran dan keduanya melakukan dua hal.

Pertama, mereka membuat penyelamatan untuk dosa. Mereka mempersembahkan kepada Tuhan penggantian untuk kesalahan yang dilakukan oleh orang bersangkutan. Kata 'penyelamatan' (*atonement* bukan berarti *at-one-ment*, pe-nyatu-an) -- itu adalah suatu ide modern. Sesungguhnya kata itu berarti 'kompensasi' atau ganti rugi, jadi jika Anda menebus sesuatu, Anda menawarkan sesuatu sebagai ganti rugi. Baik korban karena dosa dan korban karena pelanggaran adalah korban ganti rugi kepada Tuhan yang meliputi darah: sebagai ganti rugi untuk kehidupan buruk yang telah dijalani oleh si pemberi korban, mereka mempersembahkan kepada Tuhan kehidupan baik yang tidak berdosa.

Kedua, mereka hanya berlaku untuk dosa-dosa tidak disengaja; bukan untuk dosa-dosa sengaja. Dengan kata lain, tidak ada orang yang sempurna, semua kita melakukan kesalahan, kita semua jatuh ke dalam dosa secara tidak sengaja. Meski kita tidak sengaja melakukan kesalahan, kita melakukan itu. Tuhan menyediakan korban untuk dosa tidak disengaja, tetapi tidak ada korban pada daftar ini untuk dosa sengaja.

Ini adalah pokok penting yang diangkat dalam Perjanjian Baru. Perjanjian Baru membedakan antara dosa kebetulan dan sengaja dalam orang Kristen. Seperti Perjanjian Lama, dikatakan bahwa jika kita dengan sengaja berdosa sesudah diampuni, tidak ada lagi korban untuk dosa. Dosa sengaja dalam mereka yang telah diampuni adalah sangat serius, itu sebab Yesus berkata kepada perempuan yang tertangkap dalam pezinahan, "Pergi dan jangan berdosa lagi." Namun demikian, untuk dosa tidak disengaja, ada jalan keluar penuh, sebab Tuhan tahu kita lemah, tahu kita jatuh, dan tahu kita tidak selalu bermaksud melakukan apa yang kita lakukan. Seperti kata Paulus di Roma: "Kejahatan yang tidak kuinginkan, itu yang kulakukan." Pembedaan antara dosa sengaja dan kebetulan dalam umat Tuhan dinyatakan sepanjang Perjanjian Baru seperti sepanjang Perjanjian Lama.

## Almanak penyembahan

Sebagaimana halnya tentang membawa persembahan kepada Tuhan, orang Yahudi memiliki almanak penyembahan untuk diikuti. Dalam Perjanjian Baru tidak terdapat almanak Kristen semacam itu, tidak ada petunjuk tentang merayakan Natal atau Paskah, tetapi untuk orang Yahudi almanak adalah bagian vital dari perjalanan mereka dengan Tuhan. Mereka diperlakukan seperti anak-anak: orang dewasa tidak membutuhkan almanak tetapi anak-anak perlu, untuk mengingatkan mereka tentang banyak hal agar tidak lupa. Berbagai jenis perayaan disebutkan dalam Imamat, dan semuanya harus dipelihara.

### PERAYAAN TAHUNAN

Almanak itu mulai di bulan pertama tahun. Yang kira-kira jatuh pada Maret/April kita, dengan **Paskah** dan Hari Raya Roti Tidak Beragi. Ini terjadi pada hari ke lima belas dari bulan pertama, untuk mengingat bagaimana Tuhan membawa bani Israel keluar dari perbudakan di Mesir. Pada hari sebelum Paskah mulai, seekor domba harus dibunuh pada jam 15.00. Tiga hari sesudahnya (tiga hari sesudah penyembelihan domba itu) mereka harus mempersembahkan **Buah sulung** dari panenan kepada Tuhan. Tidak sukar untuk menemukan kesamaan pola dengan kematian dan kebangkitan Yesus.

Lima puluh hari sesudah itu mereka harus merayakan Hari Raya **Pentakosta** (*penta* berarti '50'), atau Hari Raya

Minggu-minggu. Ini adalah hari hukum Taurat diberikan di Sinai. Mereka harus mengingat ini dan mengucapkan syukur karenanya. Ketika hukum Taurat diberikan di Sinai pada Pentakosta pertama, 3,000 orang dihukum mati karena dosa mereka. Berabad-abad kemudian, ketika Roh diberikan pada Pentakosta, 3,000 orang diselamatkan.

Sesudah itu datang beberapa hari raya ke akhir tahun ('bulan ke tujuh' atau September/Oktober kita). Pada **Hari Raya Sangkakala,** *sofar* yaitu trompet dari tanduk domba jantan tua, ditiup. Ini mengisyaratkan mulainya lingkaran beberapa hari raya baru. Lalu datang **Hari Raya Pendamaian,** yaitu hari yang menentukan ketika kambing hitam diusir ke luar perkemahan dengan semua dosa umat di kepalanya.

**Hari Raya Kemah Sembahyang** (dikenal juga sebagai Hari Raya Sukot) datang sesudahnya, berlangsung selama delapan hari. Untuk perayaan ini mereka ke luar dari rumah-rumah mereka dan tinggal dalam pondok-pondok. Mereka harus dapat melihat bintang-bintang melalui atap untuk mengingatkan mereka tentang 40 tahun pengembaraan bodoh mereka di padang gurun ketika mereka sesungguhnya dapat mencapai Tanah Perjanjian hanya dalam 11 hari.

Semua hari raya ini akan digenapi secara Kristen. Tiga yang pertama telah digenapi dalam kedatangan Yesus pertama. Tiga yang kedua akan digenapi pada kedatangan-Nya yang kedua. Kita tidak dapat mengetahui tahun ketika Yesus akan datang, tetapi kita tahu bahwa itu akan di sekitar September/Oktober, sebab Ia selalu melakukan hal-hal tepat waktu. Sesungguhnya itulah saat Ia telah dilahirkan: bukti petunjuk dalam Injil Lukas menunjuk ke bulan ke tujuh tahun itu, yang sesuai dengan Hari Raya Kemah Sembahyang. Inilah saatnya orang Yahudi menantikan sang Mesias. Setiap kali sangkakala disebutkan dalam Perjanjian Baru itu mencanangkan kedatangan-Nya. Ketika itu terjadi, tiga hari raya terakhir akan digenapi, dan pada Hari Raya Pendamaian penebusan akan datang kepada seluruh bangsa Israel.

## HARI KUDUS MINGGUAN

Sebagai tambahan kepada hari raya tahunan, ada juga hari perhentian mingguan, suatu berkat khusus untuk umat yang tadinya adalah para budak di Mesir. Tidak ada petunjuk perayaan **Sabat** dalam Alkitab sebelum Musa. Baik Adam maupun Abraham, misalnya, tidak memiliki hari Sabat: mereka bekerja tujuh hari seminggu. Musa memperkenalkan hari perhentian mingguan ini. Itu bukan menjadi hari libur atau hari keluarga tetapi satu hari untuk Tuhan, hari yang kudus, dan ini menjadi bagian dari almanak mereka.

## YOBEL

Tetapi tidak hanya ada hari raya tahunan dan mingguan -- ada juga hari raya setiap 50 tahun sekali, yaitu yang dikenal sebagai **Yobel**. Setiap 50 tahun saldo bank tiap orang diratakan, utang-utang dibatalkan dan semua kemilikan dikembalikan kepada keluarga pemilik asalnya. Maka semakin mendekati tahun ke 50 sewa akan semakin murah. Para budak juga dibebaskan di tahun yobel. Maka umat menantikan yobel ini, yang dikenal sebagai 'tahun rahmat Tuhan.' Tahun itu adalah kabar baik bagi orang miskin sebab mereka akan menjadi kaya kembali, dan itu adalah saat tawanan akan dibebaskan.

Yesus mewartakan di Nazaret: "Roh Tuhan ada pada-Ku... untuk mewartakan kabar baik bagi orang miskin...

untuk mewartakan kebebasan bagi yang tertawan... untuk mewartakan tahun rahmat Tuhan." Dengan kata lain, Yesus memulai yobel sejati yang dinanti-nantikan oleh setiap orang dari umat ini. Sekali lagi Perjanjian Lama dibutuhkan untuk mengerti Perjanjian Baru.

## Peraturan untuk hidup

### Kudus dan najis

Wilayah genting untuk dimengerti dalam Imamat menyangkut pembedaan antara kudus dan biasa, tahir dan najis. Kebanyakan orang berpikir dalam kerangka baik dan buruk, tetapi Alkitab bekerja dengan tiga penggolongan, sebagaimana yang diperlihatkan pada bagan.*

Ada dua proses berlangsung. Proses pertama ialah ke-

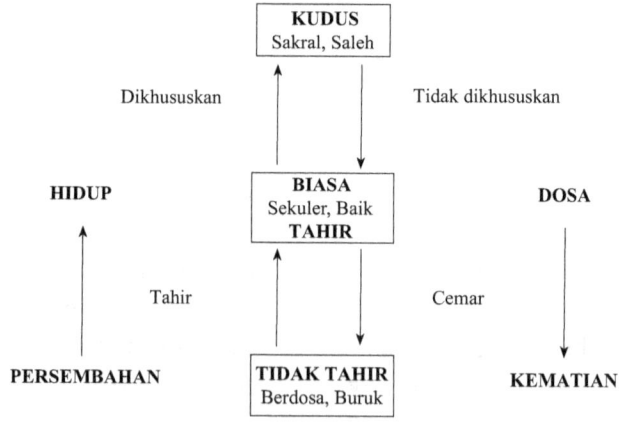

* Untuk penjelasan tentang pembedaan antara kudus, tahir dan najis ini, saya berutang kepada G. J. Wenham, dalam tafsirannya tentang Imamat, *New International Commentary on Leviticus* (Wm. B Eerdmans, Grand Rapids, Michigan, 1979).

tika hal-hal sakral, saleh, kudus dicemarkan dan menjadi biasa. Anda dapat mencemarkan hal yang kudus dengan menjadikannya biasa. Ketika Lembaga Alkitab mengirimkan Alkitab ke Rumania, pemerintahan komunis menjadikan halaman-halamannya untuk dipakai sebagai kertas toilet. Hal itu memantik revolusi yang dimulai oleh orang Kristen yang tersandung oleh tindakan ini. Apa yang telah terjadi dalam situasi itu menurut ajaran Imamat? Dengan memakai Alkitab untuk hal yang biasa meski perlu itu, hal yang kudus dibuat menjadi biasa. Proses kedua ialah ketika hal yang biasa, tahir dibuat menjadi najis dan berdosa.

Tiga kata, *sakral, sekuler* dan *berdosa* secara kasar menunjuk kepada pembagian tentang tahir, biasa dan najis ini. Seperti halnya ada proses penajisan yang kudus dengan membuatnya menjadi biasa, dan mencemarkan yang biasa serta yang tahir dengan membuatnya najis, demikian juga ada proses untuk menebus situasi ini. Anda dapat mentahirkan yang najis dan menjadikannya tahir, kemudian Anda dapat mengkhususkannya dan menjadikannya kudus.

Yang kudus dan yang najis tidak boleh bersentuhan. Mereka harus dijaga keras agar terpisah. Hal yang kudus dan hal yang najis tidak memiliki kesamaan. Jika terjadi percampuran antara yang najis dan tahir maka keduanya akan menjadi najis. Serupa itu, jika Anda mencampurkan yang kudus dan yang biasa, itu membuat keduanya menjadi biasa -- bukan membuat keduanya menjadi kudus.

Jadi proses ke bawah yang diperlihatkan di bagan sungguh menuju ke kematian, sedangkan proses ke atas menuju ke kehidupan -- tetapi ini melibatkan korban. Hanya melalui korban Anda dapat mentahirkan yang najis dan membawanya kepada hidup.

Ini mengandung penerapan untuk pandangan tentang hidup kita. Menurut Alkitab pekerjaan kita dapat dikhususkan untuk Tuhan. Pekerjaan bisa bersifat salah satu dari tiga hal, kudus, tahir atau najis. Ada beberapa pekerjaan yang tidak legal dan immoral, karenanya bersifat najis. Orang Kristen tidak boleh ada di dalamnya. Ada pekerjaan lain yang tahir, tetapi biasa. Tetapi Anda dapat mengkhususkan pekerjaan Anda dan melakukan itu untuk Tuhan, dan itu tidak lagi biasa -- itu menjadi panggilan kerja yang kudus dalam Tuhan. Maka adalah mungkin bagi pekerjaan percetakan melakukan hal yang kudus, seperti halnya bagi misionaris melakukan hanya pekerjaan biasa. Uang kita bisa najis jika dipakai untuk hal buruk, tahir jika dipakai secara baik, atau kudus jika dikhususkan untuk Tuhan. Seks, pun, dapat menjadi salah satu dari tiga sifat ini.

Banyak orang yang memiliki kehidupan yang pantas, biasa, tahir, tetapi mereka bukan orang kudus. Tuhan tidak ingin kita sekadar menghidupi kehidupan baik: Ia ingin kita menghidupi kehidupan yang kudus. Ini merupakan hal yang ditekankan dalam Imamat.

Mereka di luar Gereja boleh mengklaim bahwa mereka dapat menghidupi kehidupan sebaik kehidupan mereka yang di dalam, tetapi mereka bukan umat kudus yang Tuhan cari.

## Kehidupan kudus

Menghidupi kehidupan kudus mencakup semua jenis hal-hal sangat praktis.

- **Kesehatan** tubuh sama pentingnya bagi kekudusan sebagaimana kesehatan roh. Apa yang kita buat dengan tubuh kita berarti jika kita ingin menjadi kudus untuk Tuhan. Imamat memberikan petunjuk tentang

pemotongan rambut, tato dan laki-laki memakai anting-anting, termasuk juga peraturan tentang lelehan tubuh laki-laki dan perempuan serta kelahiran.
- Ada banyak pengaturan menyangkut **makanan** di sini, khususnya tentang makanan tahir dan najis.
- Ada ajaran dalam Imamat tentang larangan terlibat dalam **okultisme** atau dengan medium spiritualis.
- Berbagai petunjuk diberikan tentang tindakan yang harus diambil ketika ada **pelapukan** di rumah. Rumah itu harus dirobohkan demi kasih kepada tetangga.
- Ada ajaran tentang **pakaian**. Tidak boleh ada bahan pakaian bercampur.
- **Kehidupan sosial** pun diliput: kekudusan berarti memberi perhatian khusus kepada kaum miskin, tuli, buta, dan lanjut usia. Jika Anda anak muda yang kudus Anda akan berdiri ketika seorang lebih tua datang memasuki ruang.
- **Seks** pun diurus. Imamat bicara tentang inses, semburit dan homoseksualitas.

Jika Anda bertanya apakah kehidupan yang kudus, jawaban Imamat adalah bagaimana Anda hidup dari Senin ke Sabtu dan bukan hanya apa yang Anda lakukan di hari Minggu. Tuhan tidak hanya mencari umat yang tahir, tetapi umat yang kudus. Perbedaan antara keduanya besar dan sebelum Anda menjadi seorang Kristen Anda bahkan tidak pernah memikirkan tentang menjadi kudus; Anda hanya berpikir tentang menjadi baik -- dan itu tidak cukup baik.

## Peraturan dan pengaturan

Kita perlu jelas tentang pengertian kita akan hukum Taurat Musa. Ini disebut 'hukum,' bukan 'hukum-hukum,' sebab semuanya menggantung bersama. Kekudusan (*holiness*) berarti keutuhan (*wholeness*), dan semua peraturan serta pengaturan ini serasi bersama dan membentuk satu kesatuan utuh. Jika Anda melanggar salah satunya Anda merusak semuanya. (Dalam pasal tentang Keluaran saya mengumpamakan hal melanggar satu dari Perintah ini dengan memutuskan satu manik pada kalung yang menyebabkan seluruh manik-manik berantakan.) Fakta ini bertentangan dengan pandangan kebanyakan orang tentang Sepuluh Perintah. Umumnya dianggap bahwa jika kita dapat memelihara persentase tinggi dari hukum Taurat kita melakukan yang baik! Ini tidak cukup.

## ALASAN

Tuhan tidak memberikan alasan untuk semua peraturan-Nya. Ia tidak memberitahu kita mengapa tidak boleh mengenakan pakaian dengan bahan bercampur, misalnya, atau mengapa kita tidak boleh mengawin-silangkan binatang atau memanen benih bercampur. Namun demikian, barangkali kita dapat melihat alasannya, dalam kenyataan bahwa Tuhan adalah Tuhan kemurnian -- maka Ia tidak menyukai pencampuran bahan untuk pakaian, atau mencampur benih atau kawin silang. Meski Ia tidak selalu memberikan alasan untuk suatu larangan, dalam beberapa kasus kita dapat membuat dugaan atas dasar informasi memadai. Dalam beberapa kasus jelas alasannya adalah higienis. Beberapa pengaturan tentang toilet misalnya, jelas: ada alasan higienis di balik apa yang Tuhan beritahu untuk mereka lakukan. Juga mungkin beberapa makanan dilarang sebagai 'najis' karena pertimbangan kesehatan. Daging babi, contohnya, khususnya cenderung menyebabkan penyakit dalam cuaca tersebut.

Ketika tidak diberikan alasan, umat hanya perlu menaati sebab mereka percaya bahwa sang pemberi hukum tahu mengapa Ia telah memerintahkan demikian. Dalam cara sama, ada masa dalam keluarga ketika anak-anak harus diberitahu bahwa mereka harus melakukan sesuatu 'sebab Ayah mengatakannya.' Terkadang memberikan alasan adalah tidak pada tempatnya, atau mustahil untuk menjelaskan.

Dalam banyak hukum itu Tuhan berkata: Apakah engkau memercayai Aku? Apakah kalian percaya bahwa jika Aku memberitahu jangan melakukan sesuatu Aku memiliki alasan sangat baik untuk itu?

Terlalu sering kita hanya bersedia melakukan sesuatu sesudah diyakinkan bahwa itu untuk kebaikan kita. Kita ingin menjadi Tuhan. Seperti halnya Adam dan Hawa, yang mengambil buah pohon pengetahuan baik dan jahat, kita ingin memutuskan, mengalami dan menetapkan untuk diri kita sendiri. Tetapi Tuhan tidak berkewajiban menjelaskan diri-Nya kepada kita.

## Sanksi

Tuhan mungkin tidak memberikan alasan, tetapi Ia memberikan sanksi. Ada ajakan untuk ketaatan, tetapi biaya ketidaktaatan pun dibentangkan. Dan hukumannya cukup berat. Dalam Imamat 26, karena itu, sekumpulan alasan positif untuk ketaatan dibentangkan, tetapi dengan cara sama juga ada kutukan atas mereka yang tidak taat. Jika seorang Yahudi membaca kitab Imamat, ia menemukan bahwa sejumlah hal dapat terjadi jika ia tidak menaati hukum Tuhan.

Ia bisa kehilangan rumahnya, ia dapat kehilangan kewargaannya dan ia dapat kehilangan nyawanya. Ada

15 dosa disebutkan dalam Imamat yang konsekuensinya adalah hukuman mati. Mungkin kini kita paham mengapa pengertian tentang kitab ini sedemikian menentukan -- secara harfiah ia memang menyangkut hidup atau mati.

Lebih jauh Imamat menjadikan jelas bahwa seluruh bangsa itu dapat kehilangan dua hal. Mereka dapat kehilangan kemerdekaan mereka, diduduki oleh musuh dari luar (kita lihat ini dalam kitab Hakim-hakim). Atau mereka dapat kehilangan tanah mereka, dengan diusir dan dijadikan budak di tempat lain. Pada waktunya, kedua hal ini terjadi kepada bangsa Israel. Ini bukan janji atau ancaman kosong. Ada pahala untuk memercayai dan menaati Tuhan, tetapi ada juga hukuman untuk mereka yang tidak percaya dan tidak menaati Dia.

## KEBAHAGIAAN DAN KEKUDUSAN

Yang sesungguhnya Tuhan katakan melalui kombinasi pahala dan hukuman ini ialah bahwa satu-satunya jalan untuk sungguh bahagia adalah dengan sungguh menjadi kudus. Kebahagiaan dan kekudusan saling berpengaruh dan kurangnya kekudusan menyebabkan ketidakbahagiaan. Kebanyakan orang mengertinya terbalik. Kehendak Tuhan untuk kita ialah kita menjadi kudus dalam dunia ini dan bahagia dalam dunia akan datang, tetapi banyak yang ingin bahagia di dunia ini dan kudus nanti.

Tuhan bersedia mengizinkan hal-hal yang mungkin menyakitkan terjadi kepada kita, tetapi yang akan membuat kita menjadi lebih kudus sebagai akibatnya. Karakter kita cenderung lebih mengalami kemajuan dalam masa sukar ketimbang masa baik.

# Membaca Imamat sebagai orang Kristen

Apa yang kitab ini katakan kepada kita, yang hidup sebagai orang Kristen dalam dunia modern? Haruskah kita menghindari semua pakaian dengan serat bahan campuran? Jika ada bagian rumah kita yang lapuk, haruskah kita membakarnya?

Satu prinsip yang dapat kita pakai sebagai pedoman terdapat dalam surat kedua Paulus kepada Timotius. Paulus menulis: "Sejak kecil kamu telah mengenal Kitab Suci, yang dapat memberi kamu hikmat dan menuntun engkau kepada keselamatan oleh iman dalam Kristus Yesus. Segala tulisan yang diilhamkan Tuhan bermanfaat untuk mengajar, menyatakan kesalahan, memperbaiki kelakuan dan mendidik orang dalam kebenaran. Dengan demikian tiap-tiap orang kepunyaan Tuhan diperlengkapi untuk setiap perbuatan baik."

Paulus bicara kepada Timotius tentang Perjanjian Lama. Perjanjian Baru belum ada ketika ia menulis ini, maka "Kitab suci" yang dirujuknya mestinya adalah Perjanjian Lama. Ketika Yesus berkata, "Selidikilah Kitab Suci, karena mereka memberi kesaksian kepada-Ku," Ia memaksudkan Perjanjian Lama. Kita dapat belajar tentang dua hal dari Perjanjian Lama: keselamatan dan kehidupan yang benar. Ini termasuk Imamat juga. Kitab ini pun dapat menolong kita mengerti bagaimana diselamatkan, dan ia akan membukakan mata kita untuk kehidupan yang benar. Dua tujuan ini nyata dengan jelas.

## Imamat dalam Perjanjian Baru

Melihat apa yang Perjanjian Baru buat dengan salah satu kitab Perjanjian Lama selalu sangat memberikan pencerahan. Sebagaimana yang pernah dikatakan seseorang: "Yang Lama dinyatakan dalam yang Baru, yang Baru tersembunyi dalam yang Lama." Keduanya terhubung erat dan masing-masing Perjanjian memberi garis besar bagi yang satunya.

Ada sejumlah kutipan langsung dari Imamat dalam Perjanjian Baru, tetapi khususnya dua yang sangat sering: "Kuduslah kamu, karena Aku kudus" dan "Kasihilah sesamamu seperti dirimu sendiri." Ada banyak lagi nas di mana bagian-bagian Imamat jelas ada dalam pikiran, dan khususnya kita tidak dapat mengerti surat Ibrani kecuali kita membaca Imamat. Keduanya berbagian erat. Ibrani tidak dapat dituliskan kecuali Imamat telah ditulis lebih dulu.

Lebih dari 90 rujukan ke Imamat terdapat dalam Perjanjian Baru, maka ini adalah sebuah kitab yang sangat penting untuk dimengerti dengan benar oleh orang Kristen.

## PENGGENAPAN HUKUM TAURAT

Jadi, apa yang harus kita buat dengan hukum Taurat Musa masa kini, dengan mengingat bukan saja ada 10 hukum tetapi 613 totalnya? Kita mungkin memiliki firasat bahwa kita tidak terikat kepada semuanya itu, tetapi berapa banyak yang kita terikat dengannya? Sebagai contoh, sebagian gereja mengajarkan anggotanya untuk memberikan persepuluhan. Yang lain memiliki peraturan ketat tentang Sabat, bahkan jika Sabat untuk mereka adalah Minggu, bukan Sabtu sebagaimana yang dipegang oleh orang Yahudi. Setiap orang Kristen harus menghadapi kesukaran ini. Rumit mengingat fakta bahwa Yesus berkata, "Aku datang bukan untuk meniadakan Taurat, tetapi untuk menggenapinya."

Karena itu kita harus bertanya bagaimana masing-masing hukum digenapi. Jelas bahwa sebagian telah digenapi dan selesai dalam Kristus. Itu sebab Anda tidak perlu membawa merpati atau domba ke gereja ketika Anda datang beribadah Minggu akan datang. Hukum-hukum tentang korban darah telah digenapi.

Dalam cara yang sama hukum Sabat telah digenapi untuk kita sehari dalam seminggu ketika kita berhenti melakukan pekerjaan kita sendiri dan melakukan pekerjaan Tuhan, dengan demikian kita memasuki perhentian yang disediakan untuk umat Tuhan. Kita masih bebas untuk memiliki satu hari khusus lagi jika ingin, tetapi kita juga bebas memperlakukan setiap hari sama. Jadi kita tidak dapat memaksakan pemeliharaan Minggu pada orang percaya lain, apalagi orang yang tidak percaya, sebab kita semua merdeka dalam Kristus.

Penting sekali mengenali dengan tepat apa yang merupakan penggenapan dari masing-masing hukum, dari Sepuluh Perintah, sembilan diulang dalam Perjanjian Baru dalam cara yang persis sama, yi. Jangan kamu mencuri, jangan kamu berzinah. Yang tentang Sabat tidak demikian, karena telah digenapi dalam cara yang sangat berbeda.

Hukum-hukum Musa lainnya digenapi dalam berbagai cara berbeda. Satu hukum dalam Ulangan, katakanlah sebagai contoh, bahwa ketika orang memakai sapi untuk mengirik gandum, berjalan berputar-putar, kuku-kukunya memecah gandum dari sekam, Anda tidak boleh memakaikan berangus padanya sebab ia berhak memakan apa yang ia sediakan untuk orang lain. Ini digenapi dalam Perjanjian Baru. Paulus mengutip hukum itu dan memberikan penggenapan yang sama sekali berbeda, sambil menjelaskan bahwa dalam cara yang sama mereka yang hidup untuk injil memiliki hak untuk mengharapkan dukungan finansial dari orang lain. Maka penting melihat ke masing-masing hukum dan memahami bagaimana hal itu digenapi dalam Perjanjian Baru dan memberikannya arti yang lebih dalam.

Namun demikian, ada empat hal menentukan yang kita pelajari dari kitab Imamat yang tidak berubah dalam Perjanjian Lama.

## 1. KEKUDUSAN TUHAN

Tidak ada kitab dalam Alkitab yang lebih kuat tentang kekudusan Tuhan ketimbang Imamat dan ini sesuatu yang mudah untuk kita lupakan, khususnya dalam zaman ketika orang bertanya: "Bagaimana mungkin Tuhan yang mengasihi mengirim orang ke neraka?" Melalui Yesus kita tahu bahwa Tuhan kasih adanya, dan Yesus juga bicara secara terbuka tentang neraka. Kita tidak dapat pilih-pilih: jika Yesus mengatakan kebenaran tentang Tuhan adalah Tuhan yang mengasihi, kita juga harus menerima bahwa Ia bicara kebenaran tentang neraka.

Sesungguhnya, pengertian Tuhan tentang kasih berbeda dari kita. Pengertian kita adalah kasih sentimental, Tuhan adalah kasih kudus. Kasih-Nya sedemikian besar sampai Ia membenci kejahatan. Sedikit sekali dari kita yang cukup mengasihi sampai membenci kejahatan. Kita belajar tentang kekudusan Tuhan dari kitab Imamat. Kita belajar mengasihi Tuhan dengan hormat, dengan takut yang kudus. Ibrani berkata, "Mari kita menyembah Tuhan dengan hormat dan takjub, sebab Tuhan kita adalah api yang menyala-nyala." Ini adalah pernyataan yang penulisnya dapatkan langsung dari Imamat. Adalah penting untuk orang Kristen masa kini membaca Imamat, dalam rangka menangkap kesan tentang kekudusan Tuhan ini.

## 2. KEBERDOSAAN MANUSIA

Imamat dengan kuat menggarisbawahi keberdosaan manusia seperti halnya tentang kekudusan Tuhan. Ia sedemikian realistis dan masuk ke dalam kenyataan. Inilah sifat manusia, sanggup melakukan bestialitas (seks dengan binatang), inses, takhyul, dan banyak lagi hal kekejian bagi Tuhan. "Kekejian" berarti sesuatu yang membuat Anda menjadi sakit secara jasmani sebab Anda sedemikian muak. Kata Ibraninya untuk hal ini adalah suatu ungkapan yang teramat sangat kuat; dapat diterjemahkan sebagai -- kejijikan, muak, najis, keji, busuk, mulas -- semua ini masih pengganti yang kurang memadai.

Alkitab adalah tentang emosi Tuhan. Reaksi emosional Tuhan terhadap dosa terjadi karena Ia kudus adanya. Keberdosaan manusia tidak saja mencemarkan hal-hal tahir, tetapi juga menghinakan hal-hal kudus. Kebiasaan menyumpah adalah penghinaan akan kata-kata kudus. Hanya ada dua hubungan sakral dalam kehidupan kita -- yaitu antara kita dan Tuhan, dan antara laki-laki dan perempuan. Sembilan puluh persen kata-kata sumpah datang dari salah satu dari dua hubungan itu. Umat manusia menghinakan hal-hal kudus dan mencemarkan hal-hal tahir. Kita hidup dalam dunia yang melakukan keduanya, dan keberdosaan manusia tidak saja dalam membuat yang tahir menjadi kotor, tetapi dalam membuat yang kudus menjadi biasa dan dalam memperlakukan hal-hal menjadi biasa padahal sebenarnya tidak.

## 3. KEPENUHAN KRISTUS

Imamat menunjuk kepada kepenuhan Kristus dan korban-Nya, sekali untuk selamanya. Tuhan telah menyediakan satu jalan membasuh dosa umat manusia. Masalah Dia adalah bagaimana mendamaikan keadilan dan kemurahan. Haruskah Ia mengurus dosa dalam keadilan dan menghukum kita, atau haruskah Ia mengurusnya dalam kemurahan dan mengampuni kita? Karena Tuhan adil dan juga penuh rahmat, Ia harus mendapatkan satu jalan agar adil dan bermurah hati secara bersamaan. Mustahil untuk kita mendapatkan jalan itu, tetapi hal itu mungkin bagi-Nya -- dengan jalan penggantian oleh satu kehidupan yang tidak berdosa untuk kehidupan yang bersalah. Hukum-hukum korban Imamat mulai untuk memperlihatkan bagi kita bagaimana itu dapat terjadi.

Ada kata-kata khusus yang dihubungkan dengan proses ini yang diulang banyak kali. 'Pendamaian,' dan 'darah' kerap disebutkan, sebab dalam darah terdapat kehidupan. Jika darah seseorang dikeluarkan, kehidupan mereka diambil. 'Korban-korban' juga kerap kali disebutkan. Korban bakaran bicara tentang penyerahan total yang dibutuhkan. Korban sajian bicara tentang pelayanan kita. Korban keselamatan bicara tentang kedamaian yang dapat kita miliki bersama Tuhan. Tiga hal inilah yang harus mencirikan kehidupan penuh syukur, kehidupan yang telah diselamatkan.

Namun kita perhatikan juga sisi Tuhan dari persamaan tersebut, pengorbanan-Nya. Korban satu-satunya yang mesti kita bawa kepada Tuhan adalah korban pujian dan syukur, dan ini harus disiapkan dengan layak dan dibawa di hadapan Dia. Tetapi korban-korban dalam Imamat juga bicara tentang korban yang Yesus telah buat. Korban karena dosa bicara tentang penggantian dari satu kehidupan tanpa salah untuk yang bersalah, dan korban pelanggaran mengingatkan kita bahwa kurban ini memuaskan keadilan ilahi, bahwa ada beberapa hukum yang dipenuhi olehnya. Semua ini menatap langsung ke depan ke Perjanjian Baru.

## 4. KESALEHAN HIDUP

Imamat memberitahu kita untuk kudus dalam setiap bagian kehidupan kita, bahkan sampai ke pengaturan toilet kita! Kekudusan adalah keutuhan, yang menjelaskan mengapa kita dapat membaca betapa terincinya Tuhan menerapkan kekudusan-Nya ke setiap bagian kehidupan umat-Nya. Ini memberitahu Anda bahwa kehidupan yang saleh adalah saleh sepenuhnya dan seluruhnya atau ia sama sekali bukan saleh.

Namun demikian, penting untuk diingat bahwa ada dua pergeseran besar antara kekudusan Perjanjian Lama dan kekudusan Perjanjian Baru. Dalam Imamat ada tiga rangkap pembedaan antara kudus, tahir dan najis. Ini masih berlaku dalam Perjanjian Baru, tetapi ada dua perubahan.

Pertama, kekudusan pindah dari perkara materiil ke perkara moral. Bani Israel masih tahap anak-anak dan mereka harus diajar seperti anak-anak. Mereka harus belajar perbedaan antara tahir dan najis dalam soal makanan, misalnya. Namun demikian, orang Kristen tidak memiliki peraturan sedemikian. Perlu penglihatan untuk mengajarkan hal ini kepada rasul Petrus. Yesus berkata bahwa bukan yang masuk ke dakam mulut Anda yang membuat Anda najis, tetapi apa yang ke luar dari mulut Anda. Soal tahir atau najis bukan lagi soal pakaian atau makanan, tetapi tahir dan najis moralitas. Itu telah beralih dari materiil ke moral. Memang kita tidak memiliki semua pengaturan tentang pakaian dan makanan itu, tetapi kita masih memiliki banyak ajaran tentang bagaimana menjadi kudus dalam masalah-masalah moral.

Kedua, pahala dan hukuman bergeser dari kehidupan ini ke kehidupan akan datang, dalam dunia ini orang kudus masih mungkin menderita dan tidak mendapatkan pahala, tetapi pergeseran ini terjadi sebab dalam Perjanjian Baru kita memiliki kerangka pandangan lebih jauh. Kehidupan ini bukan satu-satunya yang ada -- ini adalah persiapan untuk keberadaan lain yang jauh lebih panjang. Maka dalam Perjanjian Baru kita baca "besarlah pahalamu di surga," -- bukan di bumi.

Dengan adanya dua pergeseran besar ini, Imamat adalah kitab paling bermanfaat untuk orang Kristen baca. Di atas segalanya, ia memberi kita wawasan ke dalam empat perkara penting tersebut: kekudusan Tuhan, keberdosaan manusia, kepenuhan Kristus, dan kesalehan hidup.

# 5. BILANGAN

## Pendahuluan

Bilangan bukan kitab yang terkenal, tidak juga dikutip secara luas. Barangkali hanya dua atau tiga nasnya yang dikenal baik, Samuel Morse mengutip satu sesudah ia mengirimkan pesan telegram pertama dalam kode Morse ke Washington DC pada 24 Mei 1844. Ia mengungkapkan ketakjuban tentang apa yang telah terjadi dengan ayat, "What hath God wrought?" (tejemahan Alkitab Indonesia: "keajaiban yang diperbuat Tuhan.") Penemuan komunikasi elektronik dikaitkan dengan Tuhan yang telah memberikan kuasa.

Ayat kedua yang dikenal banyak orang: "kamu akan mengalami, bahwa dosamu itu akan menimpa kamu." Asalnya Musa yang mengatakan ini sebagai peringatan kepada umat ketika ia memberitahu mereka bahwa mereka harus menyeberangi Yordan dan memerangi musuh mereka.

Umumnya kedua ayat itu tidak diketahui bahwa berasal dari Bilangan. Hanya sedikit orang dapat mengutip ayat-ayat dari kitab ini dan saya temukan sedikit orang tahu apa isi salah satu pasalnya. Kita perlu memperbaiki situasi ini, sebab Bilangan adalah satu lagi bagian Alkitab sangat penting.

'Bilangan' adalah nama yang janggal untuk sebuah kitab. Dalam Ibraninya judul ini diambil dari kata pertama pada gulungan kitab, "TUHAN berfirman." Ketika Alkitab Ibrani diterjemahkan ke dalam bahasa Yunani, para penerjemahnya memberi judul baru, *Arithmoi* (dari kata ini kita mendapatkan kata 'aritmetika'). Versi Latin (Vulgata) menerjemahkan ini menjadi *numeri*. Dalam terjemahan Indonesia menjadi Bilangan.

Bilangan mulai dan berakhir dengan dua sensus. Yang pertama diadakan ketika Israel meninggalkan Sinai sebulan sesudah kemah sembahyang didirikan. Jumlah keseluruhan umat yang dihitung adalah 603,550. Yang kedua diambil ketika mereka tiba di Moab menjelang masuk ke tanah Kanaan hampir 40 tahun kemudian. Jumlah umat telah berkurang dengan 1,820 menjadi 601,730 -- bukan perbedaan sangat besar. Ini adalah sensus laki-laki yang digunakan untuk wajib militer.

Kitab Bilangan memberitahu kita tidak ada salahnya menghitung. Raja Daud dihukum oleh Tuhan karena menghitung orang-orangnya, tetapi ini karena ia dimotivasi oleh kesombongan. Bagian Alkitab lainnya memasukkan contoh tentang menghitung -- misalnya, kita diberitahu tentang 3,000 orang yang ditambahkan kepada Gereja pada hari Pentakosta. Yesus mendorong para pengikut-Nya untuk menghitung biaya mengikuti Dia dengan merenungkan tentang bagaimana pemimpin pasukan tentara menilai kemungkinannya terkait kekuatan pasukannya.

Tiga hal dapat disebutkan tentang angka-angka dalam Bilangan.

## 1. Alangkah banyaknya!

Banyak penafsir Alkitab mempertanyakan ukuran bilangan-

bilangannya. Sesungguhnya jumlah itu mewakili wajib militer -- orang laki-laki di atas 20 tahun yang sanggup berperang. Telah kita lihat dalam studi kita tentang Keluaran bahwa ada lebih dari 2 juta orang keseluruhannya, maka jumlah 'besar' 603,550 sesungguhnya adalah bagian kecil dari keseluruhan populasi. Ada beberapa pokok yang perlu dipertimbangkan yang menunjukkan bahwa bilangan yang diberikan, sesungguhnya mungkin dan beralasan.

- Dalam 2 Samuel kita diberitahu bahwa pasukan Daud berjumlah 1,300,000, maka jumlah sekitar 600,000 itu kecil jika dibandingkan.
- Jumlah itu juga kecil dibandingkan dengan orang Kanaan. Bani Israel perlu memiliki cukup kekuatan dalam rangka untuk dapat berperang (meski dengan mengingat bahwa Tuhan menyertai mereka).
- Mereka yang mengajukan anggapan bahwa tidak mungkin untuk 70 keluarga yang datang ke Mesir menghasilkan sekian banyak orang lupa bahwa mereka berada di Mesir selama 400 tahun. Jika setiap generasi memiliki empat anak (jumlah yang kecil untuk masa itu), jumlah tadi adalah mungkin.
- Sebagian mengatakan bahwa jumlah itu terlalu besar untuk dapat ditampung dalam padang gurun Sinai. Namun demikian, itu adalah mungkin: ada cukup banyak ruang. Jika mereka berbaris berlima-lima, kolom tersebut akan sepanjang 170 kilometer dan butuh 10 hari untuk melintas!
- Sebagian lagi mengatakan bahwa jumlah itu berarti ada terlalu banyak orang untuk dapat diberi makan di padang gurun. Memang demikian halnya, jika Tuhan tidak memberikan penyediaan supernatural.

## 2. Alangkah sama jumlahnya!

Dengan besarnya jumlah yang terlibat, perbedaan 1,820 antara sensus pertama dan kedua menunjukkan perubahan yang kecil saja. Suku Simeon kehilangan 37,000 dan Manasye bertambah 20,500 tetapi yang lainnya kira-kira sama. Karena pertumbuhan jumlah menunjukkan berkat Tuhan, sejak awal dapat kita perhatikan bahwa ini bukan periode Tuhan berkenan dengan umat-Nya. Dengan mempertimbangkan lingkungan yang tidak ramah dan panjangnya waktu, boleh mempertahankan jumlah sekian itu sungguh luar biasa.

## 3. Alangkah beda jumlahnya!

Ada selang waktu lebih dari 38 tahun antara dua sensus itu, maka satu generasi penuh musnah di padang gurun. (Jarang orang dapat mencapai usia 60; Musa yang hidup sampai 120 adalah perkecualian.) Maka meski bilangannya sama, orangnya tidak. Hanya Yosua dan Kaleb (2 dari 2 juta) yang bertahan hidup dari mereka yang meninggalkan Mesir untuk masuk ke Tanah Perjanjian. Dalam arti tertentu ini adalah tragedi terbesar dalam keseluruhan Alkitab. Bilangan adalah sebuah kitab sangat *menyedihkan*. Dua per tiga dari kitab ini seharusnya tidak perlu dituliskan. Seharusnya hanya butuh 11 hari untuk berjalan dari Mesir ke Tanah Perjanjian, tetapi kenyataannya mengambil waktu 13,780 hari! Hanya dua dari mereka yang pergi itu yang sungguh mencapai kediaman mereka. Sisanya tertahan dalam keberadaan tanpa tujuan, 'membunuh waktu' sampai hukuman Tuhan lengkap. Selewat waktu, mereka semua mati di padang gurun, dan satu angkatan baru meneruskan perjalanan itu.

Kebanyakan pelajaran yang dapat kita petik dari Bilangan bersifat negatif. *Jangan* seperti ini kita menjadi umat Tuhan! Paulus memberitahu bagaimana kita harus memandangnya dalam 1 Korintus 10: "Semuanya ini telah terjadi sebagai contoh bagi kita untuk memperingatkan kita, supaya jangan kita menginginkan hal-hal yang jahat seperti yang telah mereka perbuat... Semuanya ini telah menimpa mereka sebagai contoh dan dituliskan untuk menjadi peringatan bagi kita yang hidup pada waktu, di mana zaman akhir telah tiba." Bilangan penuh dengan 'teladan' buruk.

## Konteks

Apakah konteks kitab ini? Perjalanan dari Gunung Sinai ke Kadesy Barnea (oasis terakhir di Gurun Negeb) dan permulaan Tanah Perjanjian di Kanaan perlu 11 hari dengan berjalan kaki. Rute yang diambil oleh bani Israel adalah menjauhi Kadesy dan pergi menyeberangi Lembah Retakan, ke pegunungan Edom. Mereka berakhir di Moab di sisi yang salah dari Sungai Yordan. Perlu 38 tahun dan beberapa bulan, bukan karena daerah itu bagian yang sukar tetapi karena Tuhan hanya bergerak sedikit setiap kalinya. Ia tinggal sangat lama di satu tempat dan memberitahu mereka Ia akan menunggu sampai setiap orang dari mereka mati, kecuali Yosua dan Kaleb.

Apa yang terjadi sampai membuat hukuman Tuhan jatuh atas umat itu? Di Kadesy umat tersebut menolak masuk ke tanah tersebut ketika Tuhan menyuruh mereka untuk masuk. Masa kini banyak orang Kristen telah dikeluarkan dari dosa tetapi tidak menikmati berkat yang telah Tuhan sediakan untuk mereka. Mereka berakhir di padang gurun yang menyengsarakan.

Dua per tiga kitab Bilangan adalah tentang perjalanan yang berlarut-larut. Alkitab adalah kitab yang sangat jujur, memberitahu kita tentang kegagalan dan kejahatan serta juga keberhasilan besar dan kebajikan. Ketika Paulus memberitahu orang Korintus bahwa Bilangan dituliskan sebagai sebuah contoh dan peringatan bagi kita, ia memaksudkan ini sebagai pernyataan jelas tentang tujuan kitab ini. Ini mungkin bukan sebuah kitab yang populer, tetapi jika Anda belajar dari sejarah Anda tidak akan dihukum untuk mengulanginya.

Bahkan Musa tidak diizinkan masuk ke dalam Tanah Perjanjian, meski beberapa abad kemudian ia sungguh memasukinya ketika ia bicara dengan Yesus. Ia pun gagal secara menyedihkan pada satu saat yang menentukan, sebagaimana akan kita lihat.

## Isi dan struktur

Sebagai salah satu kitab dari Musa, Bilangan adalah campuran peraturan dan narasi. Pengarang hukum Taurat bukan Musa melainkan Tuhan. Dalam buku ini 80 kali kita diberitahu, "Tuhan berkata kepada Musa..." Tuhan memberi kepada Musa hukum-hukum dan peraturan umum, dan juga pengaturan atas upacara dan perayaan keagamaan.

Tentang narasi dalam buku ini, kita diberitahu bahwa Musa membuat catatan tentang perjalanan mereka sebagai perintah Tuhan. Ia juga menyimpan buku lain yang disebut 'kitab Perang TUHAN,' yang mencatat kisah-kisah peperangan mereka. Bilangan ditulis oleh Musa dengan menggunakan berbagai catatan ini, namun Musa sendiri dirujuk dalam kata ganti orang ketiga.

Campuran narasi dan peraturan membuat kitab ini agak mirip Keluaran, tetapi sementara paruh pertama

Keluaran adalah narasi dan kedua adalah hukum, dalam Bilangan semua itu bercampur. Karena itu lebih sukar mencari benang penghubungnya.

Sebuah pola muncul dengan mudah apabila kita mempertimbangkan narasi dan peraturan dalam konteksnya. Struktur kitab ini adalah *kronologis* ketimbang topik. Kita dapat melihat ini paling baik dengan menempatkan isi Bilangan berdampingan dengan Keluaran, Imamat dan Ulangan.

| Konteks kronologis | Isi | Durasi |
|---|---|---|
| Keluaran 1--8 *Mesir ke Sinai* | Narasi | 50 hari |
| Keluaran 19-40 *di Sinai* | Peraturan | ? |
| Imamat 1-27 *di Sinai* | Peraturan | 30 hari |
| Bilangan 1:1-10:10 *di Sinai* | Peraturan | 19 hari |
| Bilangan 10:11-12:16 *Sinai ke Kadesy* | Narasi | 11 hari |
| Bilangan 13:1-20:21 *Kadesy* | Peraturan | ? |
| Bilangan 20:22-21:35 *Kadesy ke Moab* | Narasi | 38 tahun |
| Bilangan 22:1-36:13 *Moab* | Peraturan | 3 bulan, 10 hari |
| Ulangan 1-34 *Moab* | Peraturan | 5 bulan |

Menarik sekali untuk diperhatikan bahwa semua hukum itu diberikan kepada bani Israel sementara mereka berkemah. Kisah-kisah perjalanan mereka memperlihatkan bagaimana mereka melanggar hukum-hukum ini. Sementara berkemah dan berdiam Tuhan memberitahu mereka apa yang *harus* mereka lakukan, tetapi sementara mereka berjalan kita dengar kisah tentang apa yang mereka *lakukan*. Mereka belajar pelajaran dengan dua cara, melalui pengajaran dari Musa dan melalui pengalaman perjalanan (mirip seperti Yesus mengajar para murid-Nya dalam 'khotbah,' seperti Khotbah di Bukit, dan sementara mereka berjalan 'sepanjang jalan.').

Bagan di atas mirip seperti kue banyak lapisan. Dalam Keluaran 1-11 bani Israel tertahan di Mesir lalu dalam Pasal 12-18 mereka begerak ke Sinai. Semua ini adalah narasi. Namun demikian, dalam Keluaran 19-40, Imamat 1-27 dan Bilangan 1-10 mereka masih di Sinai. Tiga bagian berurutan ini sepenuhnya adalah peraturan.

Dalam Bilangan 10-12 mereka bergerak lagi, dari Sinai ke Kadesy, sebuah perjalanan 11 hari. Tinggalnya mereka di Kadesy meliput krisis ketika umat itu berontak. Tuhan bicara kepada mereka di Kadesy dari Pasal 13 sampai 20, kembali dengan peraturan.

Bilangan 20-21 meliput perjalanan dari Kadesy ke Moab, keseluruhan perjalanan selama 38 tahun hanya diliput dalam dua pasal. Bilangan 22-36 meliput apa yang Tuhan katakan kepada bani Israel sementara mereka menunggu untuk pergi ke Tanah Perjanjian. Keseluruhan Ulangan 1-34 adalah tentang periode diam yang sama itu.

Di dalam Bilangan terdapat banyak pergerakan, Ulangan tidak ada, dan Keluaran memiliki pergerakan hanya dalam paruh pertamanya.

## Peraturan

Sebagaimana disebutkan di atas, pada 80 kesempatan kita diberitahu dalam Bilangan bahwa Tuhan berbicara kepada Musa 'muka dengan muka.' Hal ini unik: orang lain menerima Firman Tuhan melalui penglihatan ketika mereka bangun atau mimpi ketika mereka tidur. Umat akan bertanya kepada para imam melalui *urim* (setara dengan 'membuang undi' masa kini) ketika mereka ingin mengerti pikiran Tuhan tentang suatu situasi.

Musa pertama kali berjumpa dengan Tuhan di Gunung Sinai, agak jauh dari sisa Israel, tetapi dengan kemah sembahyang telah dibangun kini Tuhan berdiam bersama umat itu. Namun demikian, bahaya besar dengan Tuhan kini 'bersama mereka" adalah bahwa mereka menjadi terbiasa, kehilangan kepekaan mereka akan ketakjuban dan hormat, dan melupakan kekudusan-Nya. Hukum-hukum dalam Bilangan bukan hukum moral atau sosial, tetapi hukum yang diberikan untuk mencegah umat dari kehilangan hormat mereka kepada Tuhan, hukum-hukum itu dapat digolongkan di bawah tiga judul: teliti, bersih dan mahal.

## 1. Teliti

KETIKA BERKEMAH

Mereka harus sangat hati-hati untuk berkemah di tempat yang tepat (Pasal 2). Masing-masing suku ditetapkan pada satu tempat tertentu dalam relasi dengan suku lainnya dan kemah sembahyang di pusat. Perkemahan itu dari atas tampak seperti 'rongga persegi panjang' (lihat bagan di bawah). Satu-satunya bangsa lain yang tahu berkemah dalam cara ini adalah orang Mesir -- ini merupakan pengaturan yang disukai oleh Ramses II (Firaun yang mungkin sedang bertakhta pada masa itu).

Kemah sembahyang di pusat dikelilingi dengan pagar dan hanya ada satu jalan masuk. Dua orang berkemah di luar jalan masuk itu -- Musa dan Harun. Orang Lewi berkemah di sekeliling tiga sisi lainnya, dan ketiga klan mereka memiliki tanggungjawab khusus -- Merari, Gerson dan Kehat. Tidak ada orang lain bahkan dapat

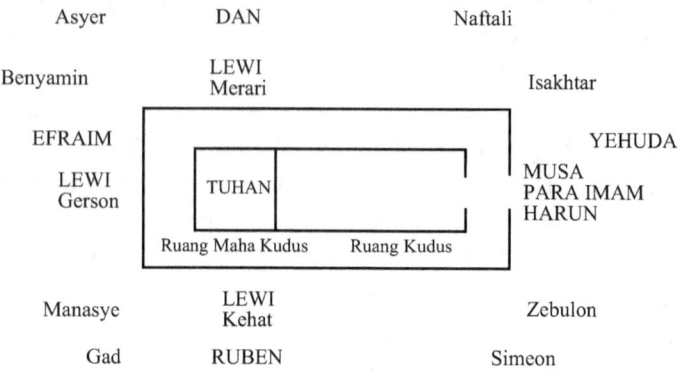

menyentuh pagar itu dan ada perintah untuk membunuh siapa pun yang mendekat. Tuhan kudus dan tidak dapat didekati seenaknya.

Suku-suku lain diatur di sekeliling kemah sembahyang, tiap suku dengan tempat spesifik yang telah ditetapkan dalam hubungan dengan kemah Tuhan dan pintu masuknya. Tempat yang paling penting ada persis di hadapan pintu masuk, dan ini ditempati oleh suku Yehuda. Dari suku Yehuda inilah kelak Yesus akan datang.

### KETIKA BERJALAN

Ketika kemah dalam perjalanan, setiap orang bergerak menurut pola yang mengagumkan. Ada petunjuk spesifik untuk cara menggulung dan mengangkut kemah sembahyang. Para imam akan menggulung peralatan kudus, kemudian orang Lewi mengangkatnya. Setiap orang tahu siapa harus mengangkut peralatan mana dari kemah sembahyang, siapa harus mengangkut tirai, dan bagaimana harusnya urutan mereka waktu mengangkutnya. Beberapa suku harus berangkat sebelum bagian-bagian kemah sembahyang diangkut. Ketika suku-suku lain bergerak mereka seperti 'mengupas' jeruk. Mereka berbaris dalam urutan yang sama setiap kali, sehingga ketika mereka tiba di tempat perkemahan berikut. Mudah untuk tiap suku mendapatkan tempat mereka dan mendirikan kemah mereka. Keseluruhannya dirinci secara hati-hati. Trompet perak akan dibunyikan untuk mencanangkan kepergian dari kemah, dan suku Yehuda akan memimpin prosesi itu dengan pujian.

Mereka selalu tahu kapan saat untuk bergerak sebab tiang awan (atau api pada waktu malam) di atas kemah sembahyang akan bergerak. Gambarannya jelas: ketika Tuhan bergerak, umat-Nya bergerak. Mengapa Tuhan begitu rewel tentang semua rincian ini? Tidak saja hal itu adalah cara sangat efisien untuk memindahkan kumpulan orang sebesar itu, tetapi itu juga cara paling efisien untuk berkemah. Ia berkata, "Telitilah." Sikap tidak teliti tidak mendapat tempat dalam kemah Tuhan: ketidaktelitian adalah hal yang bahaya. Kata modern untuk ini adalah 'santai,' sikap yang menganggap 'hal lama apa pun akan diterima oleh Tuhan.'

Dalam pengarahan terinci ini Tuhan memberitahu umat-Nya untuk hati-hati, sebab Ia ada dalam kemah bersama mereka. Ia juga memberikan garis besar tentang wilayah lainnya yang mereka harus teliti juga. Ada beberapa dosa yang disebut dalam Bilangan yang merupakan dosa 'ketidaktelitian.' Ketidaktelitian tentang Sabat akan dihukum mati. Mereka harus memakai jumbai pada pakaian mereka untuk mengingatkan mereka berdoa. Kaul harus dilakukan dengan serius. Jika sebuah kaul dibuat untuk Tuhan itu harus dipenuhi. (Dalam Hakim-hakim kita memiliki kisah tentang seorang yang berkaul untuk mengorbankan makhluk hidup pertama yang ditemuinya ketika ia ke luar, dan ia berjumpa dengan putrinya!) Jika seorang istri membuat kaul kepada Tuhan, maka suaminya memiliki 24 jam untuk setuju atau tidak dengan itu.

## 2. Bersih

Seperti halnya mereka diatur dengan teliti, perkemahan itu harus bersih tak bernoda, sebab mereka adalah 'umat Tuhan.' Bahkan pengaturan limbah dengan teliti dirinci. Mereka diperintahkan menggunakan sekop ketika mereka buang air supaya mereka menjaga keadaan kemah bersih untuk Tuhan. Ia tidak hanya memerhatikan tentang kuman, Tuhan memerhatikan 'kebersihan' kemah sebab Ia adalah Tuhan yang 'bersih.' Prinsip itu masih berlaku masa kini. Gedung gereja yang kotor, tidak dirawat adalah penghinaan kepada Tuhan.

Tidak saja *kemah* harus bersih, kita juga diberitahu tentang pembersihan umat sebelum mereka meninggalkan Sinai.

Ada rincian lanjut tentang upacara penyucian dalam Pasal 19. Kematian adalah hal yang tidak bersih. Tuhan adalah Tuhan kehidupan, maka tidak boleh ada noda kematian dalam kemah itu. Bahkan ada 'ujian kecemburuan" untuk istri yang berzinah. Bahkan jika tidak terdapat para saksi, Tuhan melihat apa yang terjadi dan akan menghukum pelaku kejahatan. Ini adalah kemah-*Nya*. Ungkapan 'kebersihan mengikuti Kesalehan' memiliki dukungan berarti dari kitab Bilangan!

## 3. Mahal

KORBAN DAN PERSEMBAHAN

Mahal biayanya bagi orang berdosa untuk dapat hidup dekat kepada Tuhan yang kudus. Korban-korban harian, mingguan dan bulanan dipersembahkan mewakili umat. Secara harfiah ratusan jumlahnya. Setiap korban harus mahal -- hanya binatang terbaik yang boleh dipersembahkan.

Korban harian, mingguan dan khususnya bulanan menjadikan jelas bahwa menerima pengampunan dari Tuhan adalah perkara yang mahal. Darah harus dicurahkan.

## KEIMAMATAN

Selanjutnya, keimamatan harus didukung oleh berbagai persembahan. Orang Lewi harus dikhususkan untuk pelayanan sebelum mereka meninggalkan Sinai. Ada 8,580 (dari 22,000 dalam suku itu) yang melayani dan baik para imam maupun orang Lewi bergantung pada dukungan suku-suku lainnya untuk kebutuhan finansial mereka.

Karena itu, pemeliharaan keimamatan itu, tambah korban-korban teratur merupakan 'biaya mahal' untuk umat tersebut.

Ini mengajar bahwa masa kini kita masih harus sangat hati-hati tentang bagaimana kita mendatangi Tuhan. Kita tidak perlu membawa domba jantan, punai atau merpati untuk dipersembahkan ketika datang kepada Tuhan, tetapi itu tidak berarti bahwa saya tidak perlu membawa persembahan apa pun. Dalam Perjanjian Baru juga ada persembahan sebanyak dalam Perjanjian Lama. Kita membaca tentang korban *pujian* dan korban syukur, misalnya. Kita perlu bertanya sendiri apakah kita sungguh memberikan korban persembahan kepada Tuhan. Kita juga harus *mempersiapkan* diri untuk penyembahan.

Bilangan juga memberitahu kita tentang nazar, yaitu suatu kaul sukarela pembaktian dan peyerahan diri kepada Tuhan, meski bukan bagian dari keimamatan. Orang yang bernazar membuat kaul untuk tidak memotong rambut mereka, tidak menyentuh alkohol (keduanya ini bertentangan dengan kebiasaan sosial zaman itu) dan tidak menyentuh mayat. Sebagian kaul ini bersifat sementara, yang lain seumur hidup, Samuel dan Samson adalah para nazir terkenal dalam Alkitab. Tiba di masa Amos kebiasaan itu diejek.

## APA YANG DAPAT KITA PELAJARI?

Masa kini terdapat kecenderungan pendekatan penyembahan yang anti-upacara, dan santai, dengan melupakan bahwa Tuhan tetap sama masa kini sebagaimana Ia dulu. Kita pun harus mendatangi Dia dengan takjub dan hormat. Ibrani mengingatkan kita bahwa Ia adalah api yang menghanguskan.

Dalam Perjanjian Baru kita membaca bagaimana mereka yang berkumpul untuk menyembah boleh mempersembahkan lagu, perkataan, nubuatan, bahasa lidah, tafsiran bahasa lidah. Ini adalah perbandingan setara dalam Perjanjian Baru tentang bagaimana mendatangi Tuhan dengan kerangka sikap budi yang siap dan benar.

Bilangan juga mengingatkan kita bahwa kita harus menyembah Tuhan sesuai selera-*Nya* dan bukan selera kita. Penyembahan modern cenderung berfokus pada kesukaan perorangan, entah yang menyukai himne atau lagu pujian singkat, misalnya. Kita bisa lupa bahwa kesukaan kita tidak relevan dibandingkan pentingnya memastikan bahwa penyembahan kita sesuai dengan apa yang Tuhan inginkan.

Korban pujian dan pemberian kita juga disebutkan dalam Perjanjian Baru: "Pemberianmu adalah persembahan yang harum, korban yang berkenan, menyukakan Tuhan." Dalam Imamat dan Bilangan Tuhan menyukai harum domba bakaran. Dalam cara yang sama, persembahan pujian kita dapat menyukakan Tuhan masa kini.

## Narasi

Beralih ke bagian narasi Bilangan, kita pindah dari firman ilahi ke perbuatan manusia -- dari apa yang umat *harus* lakukan kepada apa yang *sesungguhnya* mereka buat. Ini adalah kisah yang sedih dan suram. Padang gurun menjadi tempat ujian untuk mereka, mereka telah keluar dari Mesir tetapi belum di Tanah Perjanjian, dan keberadaan tidak pasti ini sukar sekali untuk mereka tanggung.

Perlu kita ingat bahwa umat itu kini dalam hubungan perjanjian dengan Tuhan. Ia telah mengikatkan diri-Nya kepada mereka. Ia akan memberkati ketaatan mereka dan menghukum ketidaktaatan mereka. Perbuatan dosa yang sama dilakukan di Keluaran 16-19 dan Bilangan 10-14, tetapi hanya dalam Bilangan hukum dilanggar, maka hanya dalam Bilangan sanksi diberlakukan.

Hukum Tuhan dapat menolong Anda melihat apa yang benar (dan salah), tetapi ia tidak dapat menolong Anda *melakukan* apa yang benar. Hukum tidak mengubah perilaku mereka: ia membawa kebersalahan, penghakiman dan hukuman. Inilah sebab hukum yang diberikan pada hari Pentakosta pertama tidak memadai dan kemudian hari membutuhkan pemberian Roh di hari yang sama itu. Tanpa pertolongan supernatural kita tidak akan pernah sanggup memelihara hukum.

## Pemimpin

Pertama kita akan melihat ke para pemimpin bangsa dan

bagaimana mereka berusaha dan gagal untuk hidup sesuai hukum Taurat. Mereka semua dari satu keluarga, saudara dan saudari -- Musa, Harun dan Miriam (nama Ibrani untuk Maria). Kita diberitahu kebaikan dan kekuatan karakter mereka juga kelemahan mereka.

KEKUATAN

**Musa**
Musa adalah tokoh menonjol sepanjang kitab ini. Dalam banyak hal ia adalah nabi, imam dan raja.

Telah kita lihat bagaimana para nabi lain diberikan penglihatan dan mimpi, tetapi Musa berbicara berhadapan muka dengan Tuhan dalam kemah sembahyang. Ia bahkan diizinkan melihat sebagian dari Tuhan -- ia melihat 'belakang'-Nya.

Ia juga bertindak dalam peran imam. Ada lima kesempatan ketika ia bersyafaat dengan Tuhan. Sesungguhnya, terkadang ia cukup berani dalam caranya berdoa untuk umat dan mendorong Tuhan untuk setia kepada diri-Nya.

Ia tidak pernah disebut 'raja,' dan tentu saja masa itu beberapa abad sebelum kerajaan didirikan, tetapi ia memimpin umat itu ke dalam peperangan dan memerintah atas mereka, dengan demikian ia berfungsi sebagai seorang raja, meski gelar itu tidak digunakan.

Salah satu hal paling penting tentang Musa adalah ketika ia dikritik, diperlakukan buruk atau dikhianati, ia tidak pernah berusaha membela dirinya. Tentang dirinya ia menulis bahwa ia adalah yang paling lembut dari semua orang di bumi -- hal yang sukar untuk dikatakan jika Anda ingin tetap benar! Tentu saja, Musa tidak mengatakan melebihi Yesus ketika Ia berkata kita harus belajar dari Dia untuk kelemah-lembutan dan kerendah-hatian. Musa mengizinkan Tuhan membela dia. Kelemah-lembutan bukan kelemahan, tetapi itu berarti tidak berusaha membela diri sendiri.

**Harun**
Harun adalah saudara Musa, ditetapkan menjadi 'juru bicara' Musa ketika Musa harus menghadap Firaun di Mesir. Ia pun adalah nabi. Ia juga ditetapkan menjadi imam, imam kepala. Keimamatan Harun menjadi inti dari penyembahan dan upacara umat Tuhan purba.

**Miriam**
Miriam adalah saudari Musa dan Harun. Ia dikenal sebagai nabiah. Ia menyanyi dan menari dengan sukacita ketika orang Mesir tenggelam dalam laut.

Maka kita memiliki Musa sebagai nabi, imam dan raja, Harun sebagai nabi dan imam, serta Miriam sebagai nabiah. Perhatikan bahwa karunia-karunia diberbagikan dan bahwa nubuatan adalah pelayanan untuk perempuan juga di samping untuk laki-laki. Karunia nubuatan khusus pada Miriam diungkapkan dalam nyanyian. Ada hubungan sangat langsung antara nubuatan dan musik. Dalam tahun-tahun kemudian Raja Daud memilih pemimpin pujian yang juga adalah para nabi, dan Elisa kerap meminta musik sebagai persiapan untuk dia bernubuat. Agaknya ada sesuatu tentang jenis musik yang tepat yang melepas roh nubuatan.

Kendati kekuatan dan karunia mereka, masing-masing dari para pemimpin ini gagal dalam beberapa hal. Memeriksa kegagalan mereka secara rinci akan memberikan pelajaran bagi kita.

KELEMAHAN
## Miriam
Masalah Miriam ialah iri hati: ia menginginkan kehormatan untuk dirinya sendiri, ia ingin bicara dengan Tuhan sebagaimana yang Musa lakukan. Tambahan ia kritis tentang pilihan Musa akan istrinya. Miriam dihukum dengan 'kusta,' selama tujuh hari sampai ia bertobat. Ia termasuk dalam mereka yang mati di Kadesy.

## Harun
Gambaran kepemimpinan berikutnya yang memiliki kekurangan adalah Harun. Sekali lagi masalahnya adalah iri hati dan ingin kehormatan. Miriam dan Harun mengritik Musa bersama. Alasan mereka ialah Musa telah menikahi seorang yang tidak mereka setujui (Musa menikahi perempuan Kush yang ke luar dari Mesir bersama mereka dan yang bukan orang Ibrani). Tuhan tidak mengritik Musa tentang hal itu, tetapi Miriam dan Harun melakukannya.

Harun lalu meninggal di Gunung Hor, agak jauh dari Kadesy, sesudah ia mencapai usia 100 tahun lebih. Segera sesudah mereka menyatakan iri hati dan keinginan dihormati, Harun dan Miriam mati.

## Musa
Bahkan Musa gagal. Ia menjadi tidak sabar dengan umat itu. Perjanjian Baru memberitahu kita bahwa ia menanggung umat itu selama 40 tahun di padang gurun. Tugas kepemimpinan mengurusi 2 juta orang lebih yang senantiasa menggerutu, mengeluh dan membantah yang perlu diselesaikan itu sungguh mengagumkan.

Kesalahannya yang besar terjadi ketika ia tidak menaati perintah Tuhan mengenai penyediaan air. Musa telah menyediakan air untuk umat itu dengan memukul batu karang dengan tongkatnya. Batu kapur di Gurun Sinai memiliki ciri khas menyimpan cadangan air di dalamnya. Ada cadangan air yang melimpah di Gurun Sinai, tetapi biasanya dikitari oleh batu karang dan ditampung di dalam batu karang. Musa telah mengeluarkan kandungan air tersebut hanya dengan menyentuh batu karang dengan tongkatnya.

Pada kejadian kedua ini ketika mereka kekurangan air Tuhan memerintahkan Musa tidak memukul batu karang tetapi hanya bicara kepadanya. Satu kata saja cukup untuk melepas air dari dalam batu karang itu, tetapi Musa begitu tidak sabar dengan umat tersebut sampai ia tidak mendengarkan Tuhan dengan teliti dan memukul batu karang dua kali. Tuhan memberitahu Musa bahwa karena ia tidak taat, ia tidak akan menjejakkan kakinya di Tanah Perjanjian. Ini merupakan peringatan keras tentang betapa pentingnya bagi pemimpin mendengarkan Tuhan dengan teliti. Musa mati di Gunung Nebo dengan pemandangan ke Tanah Perjanjian, tetapi tidak boleh memasukinya.

Bilangan memberitahu kita bahwa memimpin umat Tuhan adalah sebuah tanggungjawab yang besar. Itu harus dilakukan dengan tepat dan mesti dilakukan menurut cara Tuhan.

## Perorangan

Ada sejumlah orang yang mengecewakan Tuhan sepanjang kitab Bilangan. Yang paling terkenal adalah seorang bernama Korah. Kita temukan Korah memimpin pemberontakan sebab ia marah bahwa keimamatan harus secara eksklusif merupakan hak Harun dan keluarganya. Yang lain ikut dia dalam subversi ini, dan segera terkumpul 250 orang, menantang otoritas Musa dan keimamatan

Harun. Para pemberontak itu berkata mereka tidak dapat percaya bahwa Tuhan telah memilih Musa dan Harun serta mengritik kegagalan mereka memimpin bani Israel masuk Tanah Perjanjian.

Lalu datang drama besar, Musa memberitahu umat untuk menjauhi kemah para pemberontak itu. Api turun dari langit, menghantam kemah mereka dan membinasakan mereka semua. Korah yang melihat datangnya bencana itu lari bersama sebagian para pengikutnya, tetapi mereka ditelan oleh lumpur datar. (Di Gurun Sinai terdapat lumpur datar yang permukaannya keras tetapi di bawahnya terdapat lumpur sangat lembut, seperti halnya danau berlapis es. Lumpur datar itu mirip pasir isap.)

Kendati semua ini, beberapa mazmur ditulis oleh anak-anak Korah. Keluarga orang ini tidak mengikuti dia dalam pemberontakannya, dan anak-anaknya kelak menjadi para penyanyi di Bait Tuhan. Kita tidak perlu mengikuti para orangtua kita apabila mereka berbuat kejahatan.

Korah disebut dalam kitab Yudas dalam Perjanjian Baru sebagai peringatan untuk orang Kristen untuk tidak mempertanyakan ketetapan Tuhan dan menjadi iri hati.

Musa lalu mencanangkan bahwa mereka perlu menguji apakah Tuhan telah memilih dia dan saudaranya untuk posisi ini. Ia memberitahu para pemimpin kedua belas suku itu untuk memegang ranting kayu dari semak belukar di padang gurun itu. Mereka harus meletakkan ranting-ranting ini dalam ruang kudus di hadapan Tuhan sepanjang malam. Pada pagi harinya tongkat Harun bertunas dengan daun, bunga dan tunas buah. Ranting-ranting lainnya mati. Sejak saat itu mereka menaruh tongkat Harun dalam tabut perjanjian sebagai bukti Tuhan bahwa Harun adalah pilihan-Nya dan bukan pilihan diri sendiri.

## Umat

Umat itu bermasalah, secara keseluruhan maupun beberapa orangnya. Kisah Rasul memberitahu kita bahwa Tuhan *menanggung* perilaku mereka selama 40 tahun di padang gurun. Bilangan mengatakan bahwa seluruh umat gagal kecuali dua orang -- dua dari 2 juta lebih, bukan proporsi yang tinggi. Umat itu memiliki satu masalah umum dan gagal pada tiga kejadian dengan catatan khusus.

### MENGGERUTU

Masalah umum dengan umat itu adalah 'menggerutu.' Anda tidak perlu bakat untuk menggerutu, Anda tidak perlu otak untuk menggerutu, Anda tidak perlu karakter untuk menggerutu, Anda tidak perlu penyangkalan diri untuk melakukan kesibukan menggerutu. Ini adalah hal termudah untuk dilakukan dalam dunia.

Umat itu berpikir bahwa karena Tuhan ada dalam kemah sembahyang, Ia tidak tahu apa yang mereka katakan ketika mereka di dalam kemah mereka sendiri. Salah besar! Mereka menggerutu tentang kurang air, mereka menggerutu tentang makanan yang selalu sama. Dikatakan bahwa mereka menggerutu karena mereka tidak dapat makan bawang putih, bawang, ikan, timun, melon dan daun bawang sebagaimana di Mesir. Tuhan mendengar gerutu mereka dan merespons sesuai. Segera Ia mengirim burung puyuh untuk melengkapi diet manna mereka -- sedemikian banyak sampai bertumpuk setinggi 1,5 meter, meliputi wilayah seluas 31 kilometer persegi! Umat itu ke luar untuk mengumpulkan puyuh, tetapi sementara mereka memakan dagingnya, Tuhan menghajar mereka dengan wabah sebab mereka telah menolak Dia.

Menggerutu barangkali lebih menyebabkan dampak buruk kepada umat Tuhan daripada dosa lainnya.

## OASIS KADESH

Peristiwa khusus pertama ketika mereka gagal ialah waktu mereka tiba di oasis terakhir, 100 kilometer sebelah barat daya Laut Mati (sekarang disebut Ain Qudeis) di Gurun Negeb. Mereka disuruh mengirim 12 mata-mata, masing-masing seorang dari tiap suku, untuk mengintai tanah itu dan kembali memberitahu seluruh kemah seperti apa tanah itu. Mereka memakai 40 hari di selatan mengitari Hebron dan juga berjalan jauh ke utara, dan mereka menemukan itu sebagai tanah yang sangat subur. Tetapi kesimpulan dari laporan mereka adalah negatif. Mereka menyebarkan desas-desus bahwa tanah itu akan menelan mereka. Mereka lebih baik kembali ke Mesir.

Dua dari para mata-mata itu, Yosua dan Kaleb, berkata bahwa Tuhan bersama mereka dan tidak ada hal yang perlu ditakuti. Mereka setuju bahwa tanah itu berbenteng kokoh dan dihuni oleh orang yang berukuran badan lebih besar. Kita tahu dari arkeologi bahwa ukuran rata-rata para budak Ibrani lebih kecil ketimbang orang Kanaan. Mereka setuju juga bahwa tembok-tembok sekeliling kota-kota itu merupakan perintang. Tetapi mereka mengajukan anggapan bahwa Tuhan yang telah membawa mereka sejauh ini tidak akan membiarkan mereka di padang gurun. Mereka memberitahu umat bahwa Tuhan akan mendukung mereka di bahu-Nya (seperti anak kecil yang di bahu ayahnya merasa dirinya raksasa).

Namun demikian, argumen pesimistis dari 10 mata-mata lain itu lebih meyakinkan. Malah umat ingin melempari Musa dan Harun dengan batu karena membawa mereka sejauh ini. Itu baru sekitar tiga bulan sejak mereka meninggalkan Mesir, tetapi mereka telah siap membunuh Musa dan Harun karena mengeluarkan mereka dari perbudakan! Mereka bersedia memercayai apa yang 10 mata-mata itu lihat dan katakan. Mereka mengambil keputusan mayoritas, yang dalam kasus ini bertentangan dengan maksud Tuhan.

Perbedaan antara dua laporan itu sangat besar. Yang dikatakan 10 orang itu ialah mereka tidak sanggup menduduki tanah tersebut dan itu saja; Yosua dan Kaleb berkata, "Kita tidak dapat, tetapi Tuhan sanggup." Ini bukan sekadar pemikiran positif tetapi kesediaan melihat masalah sebagai kesempatan untuk Tuhan.

Sebagai akibat dari cara pandang mayoritas yang tidak beriman itu, Tuhan bersumpah tidak satu pun dari generasi itu yang akan memasuki Tanah Perjanjian -- kecuali Yosua dan Kaleb. Kita diberitahu bahwa Ia bersumpah atas diri-Nya sendiri, sebab tidak ada yang lain yang lebih tinggi yang olehnya Ia dapat bersumpah.

Mereka telah memata-matai tanah itu selama 40 hari, maka Tuhan berkata untuk setiap hari mereka mengintai tanah itu dan menarik kesimpulan salah, mereka harus memakai satu tahun di padang gurun. Ia membuat hukuman itu sesuai kejahatannya. Peristiwa ini menjadi engsel bagi kitab Bilangan, hanya sepertiga dari keseluruhan kitab. Andai mereka menaati Tuhan, peristiwa selanjutnya dalam kitab Bilangan tidak perlu terjadi.

LEMBAH KALAJENGKING

Kali berikut umat mencobai Tuhan dan gagal terjadi sesudah kemenangan besar atas raja Kanaan Arad.

Mereka berjalan balik menurun ke kedalaman lembah Arovar, yang juga dikenal sebagai 'lembah kalajengking.' Itu terletak di bawah Gunung Hor dan terkenal karena kalajengking dan ularnya. Sekali lagi bani Israel menggerutu terhadap Tuhan, mengulang tema tentang diet yang kurang, dengan mengatakan bahwa lebih baik mereka kembali ke Mesir daripada tetap di padang gurun itu.

Kali ini Tuhan menghukum mereka dengan mengirim ular sampai banyak dari mereka digigit dan mati. Menyadari dosa mereka, mereka memohon Musa menaikkan syafaat. Tuhan tidak menghentikan ular-ular tersebut, tetapi Ia mengirimkan penyembuhan bagi gigitan ular. Musa membuat ular tembaga dan menggantungnya di atas sebuah tiang di gunung yang menghadap ke lembah itu. Jika siapa pun yang telah digigit ular, melihat ke ular tembaga di tiang itu mereka tidak akan mati. Yang mereka perlu hanyalah iman yang percaya bahwa itu akan terjadi.

## DATARAN MOAB

Krisis ketiga dan terakhir terjadi ketika mereka tiba di dataran Moab. Mereka telah mencapai sejumlah kemenangan sepanjang jalan. Mereka ingin mengambil rute utama melalui Edom. Permintaan mereka ditolak, kendati adanya hubungan historis (Edom adalah keturunan Esau, saudara Yakub). Perang pecah dan Tuhan memberi mereka kemenangan atas Edom dan Moab, maka mereka merasa yakin. Mereka berkemah di tepi Yordan menatap langsung ke arah Tanah Perjanjian.

Tetapi ada tentangan terhadap kemajuan mereka di Kanaan. Orang Amon dan Moab, yang memiliki perbatasan Tanah Perjanjian itu, memutuskan untuk mengganggu rencana mereka dan menyewa tukang tenung dari Siria untuk mencapai maksud mereka.

Petenung dari Damaskus ini bernama Bileam. Ia telah membangun reputasi menghasilkan kekalahan pasukan-pasukan yang dikutuknya. Tetapi ia tidak pernah diminta mengutuki Israel, sebab seperti yang ia sendiri jelaskan kepada mereka yang menyewa dia, ia hanya dapat mengatakan apa yang Tuhan berikan untuk ia katakan! Adalah kebiasaan bagi seorang petenung untuk mengutuk lawan sebelum perang dan Bileam juga diminta untuk mengucapkan kata-kata kutukan atas bani Israel. Motifnya murni soal bayaran yang akan dibayarkan kepadanya. Namun demikian, terbukti ia tidak sanggup mengucapkan kutuk terhadap Israel dan akhirnya malah memberkati mereka. Ia tidak sanggup mengendalikan dirinya sendiri!

Bileam mencanangkan bahwa Tuhan akan memberkati dan melipatgandakan Israel -- sebuah ramalan tentang Raja Daud dan anak Daud. Maka kita memiliki catatan mengherankan tentang seorang tidak beriman menubuatkan berkat atas Israel.

Catatan tersebut juga menceritakan kisah luar biasa tentang keledai yang bicara dan menolak untuk maju ketika ia melihat malaikat menghadang di jalannya. Sesudah Bileam memukul keledai yang menolak untuk bergerak itu, keledai itu akhirnya memberitahu dia mengapa ia tidak maju! (Mereka yang mempertanyakan kesungguhan kisah ini lupa bahwa binatang dapat dirasuk oleh roh jahat dan roh baik. Ular di Taman Firdaus dan Yesus yang mengusir roh-roh jahat ke dalam babi adalah dua contoh Alkitab tentang itu.) Pesannya jelas: binatang lebih memiliki kepekaan daripada Bileam!

Kelanjutannya membuat kisah ini menyedihkan. Bileam akhirnya menyadari bagaimana memperoleh uang dari raja Amon dan Moab. Ia mendorong mereka untuk melupakan tentang mengirim kutukan tetapi sebaliknya mengirim beberapa gadis cantik mereka ke kemah untuk menggoda bani Israel. Sebab dilarang oleh hukum Taurat, kebanyakan dari hubungan seks terlarang dilakukan di luar perkemahan. Tetapi seorang, Zimri, melakukan penghinaan dengan membawa seorang gadis ke pintu kemah sembahyang itu sendiri.

Melihat tindakan keji itu, seorang bernama Pinehas menikam keduanya ke tanah dengan tombak. Sesudah itu ia dan keluarganya dikaruniai keimamatan abadi. Ia satu-satunya orang yang membela rumah Tuhan terhadap apa yang terjadi di hadapan Tuhan. Hukuman itu mungkin terasa kejam, tetapi ingat bahwa bani Israel sedang menuju ke Tanah Perjanjian. Satu ciri terburuk yang mungkin akan mereka temukan di sana adalah immoralitas. Di sana ada dewi kesuburan, patung okultis dan lambang phalus, dan segala macam perilaku tidak bermoral. Mereka perlu menyadari bahwa hal sedemikian adalah kekejian di hadapan Tuhan.

## Apa yang dapat kita pelajari dari Bilangan?

Bilangan dituliskan untuk orang Yahudi dalam rangka agar generasi-generasi kemudiannya boleh belajar takut akan Tuhan. Karena itu, ia ditulis untuk orang Kristen juga, supaya kita pun boleh belajar dari kegagalan mereka. Kita telah melihat bagaimana Paulus memberitahu orang Korintus bahwa peristiwa-peristiwa ini dicatat sebagai 'contoh,' yang memperingatkan kita untuk tidak hidup sebagaimana bani Israel itu. Menurut Yakobus, Alkitab adalah cermin, yang di dalamnya kita melihat diri kita sendiri. Kita dapat hidup dan mati di padang gurun; kita dapat menengok balik ke 'kesenangan dosa' tetapi tidak sanggup melihat ke depan ke 'perhentian Tuhan' dalam Tanah Perjanjian.

Kita dapat belajar lebih banyak tentang karakter Tuhan dari Bilangan, dan tema kembar kebaikan dan ketegasan banyak kali diambil kembali dalam Perjanjian Baru, dalam Roma, Ibrani, Yudas dan 2 Petrus.

Yudas juga menyebutkan tentang Korah dan Bileam. Menggerutu adalah masalah besar dalam Gereja awal sebagaimana dalam Israel. Ketika orang menggerutu dan menggugat itu disebut 'akar pahit' yang dapat tumbuh di dalam sebuah persekutuan dan menyebabkan masalah.

Dalam Perjanjian Baru kita diingatkan bahwa kita adalah nama-nama, bukan bilangan-bilangan. Bahkan jumlah rambut di kepala kita dihitung. Nama kita ada dalam 'kitab hayat,' tetapi ada juga bukti petunjuk bahwa nama kita dapat dihapus.

## Apa yang Bilangan katakan tentang Tuhan

Dalam Bilangan kita diberitahu dengan sangat jelas bahwa ada dua sisi pada karakter Tuhan. Rasul Paulus mengangkat keduanya ketika berkata, "Pertimbangkanlah kebaikan dan ketegasan Tuhan..."

1. Di satu pihak kita melihat persediaan-Nya akan makanan, minuman, pakaian dan kasut. Kita melihat Tuhan menyediakan umat-Nya perlindungan dari para musuh mereka, yang lebih besar ukuran dan jumlahnya dari mereka. Kita melihat Ia mempertahankan mereka sebagai bangsa kendati keberdosaan mereka.
2. Di pihak lain kita melihat keadilan-Nya. Ia setia kepada janji-janji perjanjian-Nya, menghukum umat itu ketika mereka berdosa, ini melibatkan disiplin, dan pada puncaknya tidak memberikan warisan jika mereka menolak untuk maju dan mengikuti kehendak-Nya.

Kita berurusan dengan Tuhan yang sama. Ia kudus dan kita harus takut Dia.

## Apa yang Bilangan katakan tentang Yesus

1. Sebagaimana Israel melintasi padang gurun, juga Yesus mengalami 40 hari di padang gurun untuk dicobai.
2. Yohanes 3:16 terkenal, tetapi ayat sebelumnya kurang begitu dikenal: "... sama seperti Musa meninggikan ular di padang gurun, demikian juga Anak Manusia harus ditinggikan."
3. Yohanes juga menegaskan bahwa Yesus adalah 'manna,' 'roti dari surga.'
4. Secara mengherankan, rasul Paulus bicara tentang air yang dipukul ke luar dari batu karang di padang gurun, mengusulkan bahwa batu karang itu tidak lain adalah Kristus.
5. Ibrani berkata bahwa jika percikan abu lembu muda dapat membawa pengampunan, betapa lebih lagi darah Kristus dapat menghasilkan hal yang sama.
6. Barangkali perkara yang paling menakjubkan ialah bahwa Bileam, sang nabi palsu, sungguh membuat nubuatan benar tentang Yesus! "Aku melihat dia, tetapi bukan sekarang; aku memandang dia, tetapi bukan dari dekat; bintang terbit dari Yakub, tongkat kerajaan timbul dari Israel." Sejak saat itu seterusnya, setiap orang Yahudi yang berbakti menatap ke bintang raja yang akan datang, dan itulah yang memimpin para majus ke Betlehem.

## Berkat dari persekutuan dengan Tuhan

Barangkali ayat paling terkenal dalam Bilangan adalah 6:24: "TUHAN memberkati engkau dan melindungi engkau;

TUHAN menyinari engkau dengan cahaya wajah-Nya dan memberi engkau kasih karunia; TUHAN menghadapkan wajah-Nya kepadamu dan memberi engkau damai sejahtera."

Ini adalah berkat yang Tuhan berikan untuk Harun sampaikan kepada umat ketika mereka meninggalkan kemah pada bagian berikut dari perjalanan mereka. Berkat ini mengandung tanda penuh inspirasi langsung dari Tuhan sebab secara matematis ia sempurna. Kapan pun Tuhan bicara, bahasa-Nya sempurna secara matematis. Dalam bahasa Ibrani ada tiga garis dalam berkat ini:

> TUHAN memberkati engkau dan melindungi engkau
> TUHAN menyinari engkau dengan cahaya wajah-Nya dan memberi engkau kasih karunia.
> TUHAN menghadapkan wajah-Nya kepadamu dan memberi engkau damai sejahtera.

Dalam bahasa Ibrani ada 3 kata dalam kalimat pertama, 5 dalam yang kedua, dan 7 dalam yang ketiga. Ada 15 huruf dalam yang pertama, 20 dalam yang kedua, dan 25 dalam yang ketiga. Ada 12 suku kata dalam yang pertama, 14 yang kedua, dan 16 yang ketiga. Jika Anda ambil kata 'TUHAN' darinya, Anda memiliki sisa 12 kata Ibrani. Jadinya, kita memiliki TUHAN dan 12 suku Israel! Itu sempurna secara matematis. Bahkan dalam terjemahannya ucapan berkat ini meningkat -- ada sejenis kresendo sepanjang baris-baris itu. Setiap baris memiliki dua kata kerja, dan yang kedua meluaskan yang pertama.

Berkat ini berlaku untuk orang Kristen masa kini, karena dua hal yang diberikan oleh berkat ini adalah **kasih karunia** dan **damai sejahtera**. Inilah berkat Kristen yang diberikan dalam surat-surat kiriman Perjanjian Baru:

"Kasih karunia dan damai sejahtera dari Tuhan Bapa kita dan Tuhan Yesus Kristus." Kita pun dapat menerima berkat dari persekutuan dengan Tuhan yang dinikmati oleh orang Israel -- jika kita dengar-dengaran akan pelajaran dari Bilangan.

# 6. ULANGAN

## Pendahuluan

Setiap sinagoge Yahudi memiliki sebuah lemari besar, biasanya ditutup dengan sebuah tirai atau gorden. Di dalam lemari itu ada beberapa gulungan kitab yang dibungkus dalam kain berenda yang indah. Gulungan itu adalah hukum Taurat Musa. Mereka menyebutnya Torah, yang berarti 'pengajaran,' dan dianggap sebagai bersifat mendasari seluruh Perjanjian Lama. Mereka dibacakan dengan suara kuat sekali setahun.

Ketika gulungan kitab diambil dari lemari, bagian pertamanya akan dibuka untuk menyingkapkan kata-kata pembukanya. Kitab yang bersangkutan menjadi dikenal oleh kata-kata pertama ini. Kitab Ulangan semata disebut 'Kata-kata,' sebab frasa dalam bahasa Ibraninya adalah 'Inilah perkataan-perkataan.' Ketika Perjanjian Lama bahasa Ibrani diterjemahan ke dalam bahasa Yunani, mereka harus memikirkan sebuah istilah yang dianggap lebih memadai. *Deuteronomy* datang dari dua kata *deutero*, yang berarti 'kedua,' dan *nomos*, yang berarti 'hukum.'

Nama tersebut memberi kita petunjuk tentang isinya, sebab dalam Ulangan kita temukan bahwa Sepuluh Perintah kembali muncul, seperti dalam kitab Keluaran.

## Pembacaan kedua

Mengapakah Sepuluh Perintah harus diulang untuk kedua kalinya? Tambahan, ada 613 hukum Musa secara keseluruhannya dan banyak darinya yang diulang di sini. Mengapa?

Petunjuknya terdapat dalam kitab Bilangan. Ulangan ditulis 40 tahun sesudah kitab Keluaran. Semasa 40 tahun tersebut seluruh angkatan mati. Ini terdiri dari semua orang dewasa yang ke luar dari Mesir, menyeberangi Laut Merah, berkemah di Sinai dan mendengar Sepuluh Perintah pertama kalinya. Setibanya di masa Ulangan, mereka semua telah mati (kecuali Musa, Yosua dan Kaleb). Mereka telah melanggar hukum Taurat sedemikian cepatnya sampai Tuhan berkata mereka tidak akan pernah masuk ke dalam Tanah Perjanjian. Hukuman mereka adalah mengembara di padang gurun selama 40 tahun sampai seluruh angkatan lenyap.

Angkatan yang baru itu adalah mereka yang ketika menyeberangi Laut Merah masih anak-anak dan berkemah di Sinai. Kebanyakan dari mereka, karena itu, hampir tidak mengingat apa yang telah terjadi ketika para ayah mereka ke luar dari Mesir, dan pasti tidak akan ingat tentang pembacaan hukum Taurat di Sinai. Maka Musa membacakan dan menjelaskan hukum Taurat untuk kedua kalinya. Setiap angkatan harus memperbarui kembali perjanjian dengan Tuhan.

Ada alasan lain untuk pembacaan kedua itu. Ini menyangkut soal waktu. Mereka menjelang masuk ke Tanah

Perjanjian. Sebelumnya mereka sendiri saja di padang gurun dan kini mereka menghadapi tanah yang sudah dihuni oleh para musuh. Maka hukum Taurat dibacakan dan dijelaskan ketika umat itu masih ada di sisi timur Sungai Yordan supaya mereka boleh mengetahui apa yang Tuhan tuntut dari mereka.

Tambahan, pemimpin mereka Musa tidak akan masuk bersama mereka. Ia telah kehilangan hak untuk masuk karena ia tidak menaati Firman Tuhan tentang penyediaan air dari batu karang. Tuhan telah memberitahu dia bahwa ia akan mati hanya dalam waktu tujuh hari. Maka Musa ingin memastikan bahwa angkatan baru ini diberitahu tentang masa lalu dan siap menghadapi masa depan. Sesungguhnya, mereka akan melihat mukjizat pembelahan air sekali lagi, kali ini dengan Sungai Yordan. Tuhan ingin mereka tahu kuasa ajaib-Nya, sebagaimana yang pernah dialami angkatan yang dulu.

Penting untuk kita ketahui dengan jelas tentang konteks dari pemberian hukum Taurat untuk kedua kali ini. Tuhan pertama membawa bani Israel melalui Laut Merah dan kemudian membuat perjanjian di Sinai. Ia tidak memberitahu mereka bagaimana harus hidup sebelum Ia menyelamatkan mereka. Ini adalah pola di keseluruhan Alkitab: Tuhan pertama sekali memperlihatkan anugerah-Nya kepada kita dengan menyelamatkan kita, dan kemudian Ia menjelaskan bagaimana kita harus hidup.

Angkatan yang baru ini akan melihat Tuhan meluputkan mereka dan membawa mereka menyeberangi Yordan, yang pada musim itu airnya sedang tinggi dan tidak dapat diseberangi. Dengan melihat mukjizat tersebut, mereka akan pergi ke tempat yang bagi mereka setara dengan Gunung Sinai (Gunung Ebal dan Gerizim) dan mendengat pengulangan berkat dan kutuk dari Tuhan. Itu merupakan perbuatan ulangan di akhir 40 tahun untuk satu angkatan yang sepenuhnya baru.

Karena itu, Ulangan adalah kitab terakhir Musa, ditulis dan dibacakan dalam perkemahan bani Israel di tepi timur Sungai Yordan, ketika Musa masih hidup dan masih memimpin mereka.

## Tanah

Ada beberapa ungkapan khusus dalam kitab Ulangan. Salah satunya muncul hampir 40 kali. Ungkapan itu ialah **'inilah tanah yang telah diberikan TUHAN kepadamu.'** Bani Israel diingatkan bahwa tanah ini adalah pemberian, pemberian yang tidak layak mereka terima. Mazmur 24 menyatakan bahwa "Bumi adalah milik TUHAN, dan segala sesuatu di dalamnya." Apabila kita menimbang tentang argumen kepemilikan tanah itu, kita harus ingat bahwa pada hakikatnya Tuhan memiliki keseluruhannya. Ia memberikan itu kepada siapa saja yang Ia inginkan. Dalam Kisah Rasul 17 Paulus, berbicara kepada orang Atena di Bukit Mars, menjelaskan bahwa Tuhanlah yang memutuskan seluas apa ruang dan sepanjang apa waktu yang dimiliki oleh satu bangsa di bumi ini.

Ungkapan kedua yang muncul dalam jumlah yang sama ialah **"masuklah dan dudukilah tanah itu."** Segala sesuatu yang kita terima dari Tuhan adalah pemberian, tetapi kita harus mengambilnya. Keselamatan adalah pemberian cuma-cuma dari Tuhan, tetapi kita mesti "masuk dan memilikinya" agar itu menjadi keselamatan kita. Tuhan tidak memaksakannya kepada kita. Memiliki tanah akan menuntut biaya besar untuk bani Israel; mereka harus berperang untuknya; mereka harus berjuang untuk itu. Bahkan meski Tuhan memberikan segala sesuatu untuk kita, kita harus berusaha untuk mengambilnya.

Pertanyaan penting muncul dari Ulangan mengenai kepemilikan tanah itu. Apakah tanah itu akan menjadi milik mereka untuk selamanya, atau apakah itu milik yang harus mereka jaga atau dapat hilang? Ada dua kesimpulan yang dapat kita tarik.

## 1. KEPEMILIKAN TANPA SYARAT

Tuhan berkata Ia memberikan tanah itu untuk mereka *selamanya*. Namun demikian, ini tidak berarti mereka dapat dengan sendirinya *menduduki* tanah itu untuk selamanya.

## 2. PENDUDUKAN BERSYARAT

Pendudukan tanah itu bersyarat. *Entah* mereka hidup di dalamnya dan menikmatinya bergantung pada *bagaimana* mereka hidup di dalamnya.

Pesan Ulangan sangat sederhana. Kamu dapat memelihara tanah itu sejauh kamu memelihara hukum-Ku. Jika kamu tidak memelihara hukum-Ku, bahkan meski kamu memiliki tanah itu dan Aku telah memberikannya kepadamu, kamu tidak akan bebas hidup di dalamnya dan menikmatinya.

Ada perbedaan antara 'kepemilikan tanpa syarat' dan 'penghunian bersyarat.' Pembedaan ini salah satu yang para nabi Perjanjian Lama perlu ingatkan kepada umat itu. Para nabi dapat melihat bahwa perilaku umat itu akan menyebabkan hilangnya hak mereka untuk mempertahankan tanah itu.

Sampai hari ini janji-janji Tuhan bersyarat adanya. Mereka adalah pemberian, tetapi bagaimana kita hidup dalam janji-janji itu menentukan entah kita dapat menikmatinya.

## Kerangka perjanjian

Kerangka perjanjian yang dipaparkan dalam Ulangan dipakai di sepanjang Timur Dekat purba. Kapan saja seorang raja meluaskan kerajaannya dan menaklukkan negara lain ia akan membuat apa yang dikenal sebagai 'kesepakatan penguasa' (*suzerain treaty* = perjanjian antara raja penakluk dan pihak tertakluk). Ini adalah persetujuan yang pada dasarnya menyebutkan bahwa jika yang ditaklukkan berlaku sesuai syarat, raja yang menaklukkan akan melindungi mereka dan menyediakan kebutuhan mereka, tetapi jika mereka melanggar, raja akan menghukum mereka. Banyak sekali contoh tentang perjanjian sedemikian dari dunia purba telah ditemukan oleh arkeolog, khususnya di Mesir. Pola persetujuan itu persis secara garis besar persis sama dengan kitab Ulangan.

Dapat diandaikan bahwa Musa melihat dan mempelajari kesepakatan sedemikian ketika ia dididik di Mesir. Musa menyampaikan perjanjian kepada umat Israel dalam bentuk persetujuan itu sebab Tuhan adalah raja mereka, dan mereka takluk kepada-Nya. Pola dari kesepakatan penguasa ini adalah seperti berikut:

- **Mukadimah**: 'Inilah perjanjian antara Firaun dan orang Het...'
- **Pendahuluan historis** menyimpulkan bagaimana raja dan taklukannya yang baru sampai berhubungan satu sama lain.
- **Deklarasi tentang prinsip dasar** yang di atasnya kesepakatan akan didasari.
- **Rincian hukum-hukum** yang harus dilakukan oleh pihak tertakluk.
- **Sanksi-sanksi** (yi. berbagai pahala atau hukuman): apa yang akan raja lakukan jika mereka bertindak sesuai,

dan apa yang akan ia buat jika mereka tidak sesuai.
- **Tanda tangan saksi**, biasanya dengan memanggil 'para tuhan' untuk menjadi saksi dari kesepakatan itu.
- **Ketentuan untuk kelanjutan**: apa yang akan terjadi jika raja mati dan menyebut nama penerus yang kepadanya umat itu akan tetap tunduk.

Semuanya akan disahkan dalam suatu upacara ketika kesepakatan tersebut dituliskan, ditandatangani dan disetujui oleh raja dan pihak baru yang takluk.

Mudah melihat paralel antara bentuk ini dan bentuk serta isi hukum yang diberikan dalam Ulangan.

- **Mukadimah**     1:1-5
- **Pendahuluan historis**     1:6-4:49
- **Deklarasi prinsip-prinsip dasar**     5-11
- **Hukum-hukum rinci**     12-26
- **Sanksi-sanksi**     27-28
- **Pemanggilan para saksi ilahi**     30:19; 31:19; 32
- **Ketentuan untuk kelanjutan**     31-34

Sanksi adalah bagian kunci dari kitab ini dan menyangkut pengertian kita tentang peristiwa-peristiwa berikut dalam sejarah alkitabiah. Ada dua hal yang akan Tuhan lakukan dalam rangka sanksi jika bani Israel tidak hidup secara yang Ia katakan kepada mereka.

SANKSI ALAMI

Sanksi alami yang dapat Ia berlakukan adalah ketiadaan hujan. Tanah yang akan mereka masuki itu terdapat antara Laut Mediteranea dan padang gurun Arabia. Ketika angin bertiup dari barat ia akan mengambil hujan dari Mediteranea dan menjatuhkannya di Tanah Perjanjian. Tetapi jika angin datang dari timur, itu akan merupakan angin gurun yang panas, yang akan mengeringkan segala sesuatu dan mengubah tanah itu menjadi wilayah yang tandus. Karena itu, pada masa Elia, Tuhan menghukum penyembahan berhala umat dengan kekeringan selama tiga setengah tahun. Inilah cara sederhana Tuhan memberikan pahala atau menghukum umat itu.

SANKSI MILITER

Jika sanksi alami gagal, Ia akan beralih ke sesuatu yang agak lebih sengit. Ia akan memakai agen manusia untuk menyerang mereka. Amos 9 memberitahu kita tentang sesuatu yang sangat berarti menyangkut hal ini. Kita baca bahwa ketika Israel menyeberangi Yordan, pada saat yang sama Tuhan membawa bangsa lain dari barat ke tanah itu juga. Bangsa ini disebut bangsa Filistin. Maka Tuhan membawa suatu bangsa yang ternyata adalah musuh terbesar Israel ke tanah yang sama itu pada saat yang sama juga. Israel tinggal di bukit-bukit dan orang Filistin di dataran pesisir (kini Jalur Gaza). Jika Israel setia memelihara hukum mereka akan menikmati kedamaian. Jika mereka berperilaku salah Tuhan akan mengirim orang Filistin untuk berurusan dengan mereka. Sesederhana itu.

## Kerusakan moral

Tanah Kanaan tadinya dihuni oleh campuran orang Amori dan orang Kanaan. Tuhan memberitahu bani Israel untuk mengusir bangsa-bangsa ini dan memiliki tanah tersebut. Pokok ini telah membangkitkan keberatan umum terhadap Alkitab. Hal yang terkesan genosida itu terkesan barbarik untuk pikiran orang modern. Bagaimana kita dapat menyerasikan Tuhan yang kasih adanya dengan Tuhan yang memerintahkan orang Yahudi untuk membunuh semua orang yang hidup di Tanah Perjanjian? Itu terkesan immoral dan tidak adil.

Jawabannya terdapat di Kejadian. Tuhan memberitahu Abraham bahwa Ia akan memelihara keluarganya dan keturunan mereka di negeri asing selama 400 tahun sampai kejahatan orang Amori menjadi penuh. Tuhan sungguh menanti 400 tahun sampai orang itu menjadi sedemikian jahat sampai mereka tidak lagi layak tinggal di Kanaan -- sebab mereka tidak layak tinggal di mana pun di bumi-Nya. Tuhan tidak mengizinkan umat-Nya untuk maju menduduki bumi-Nya tanpa memandang apa perbuatan mereka. Ia sangat sabar dengan mereka, tetapi akhirnya Ia akan bertindak dalam penghukuman. Arkeologi telah memperlihatkan bukti petunjuk tentang betapa jahatnya orang Amori. Contohnya, penyakit-penyakit menular seksual umum di antara mereka. Jika bani Israel bercampur dengan orang ini akan seperti tinggal di tempat di mana setiap orang menderita AIDS, terlepas dari pengaruh tidak sehat yang umumnya datang dari gaya hidup mereka yang cemar.

Dalam Ulangan Tuhan berkata, "Bukan karena jasa-jasamu atau karena kebenaran hatimu engkau masuk menduduki negeri mereka, tetapi karena kefasikan bangsa-bangsa itulah, TUHAN, Elohimmu, menghalau mereka dari hadapanmu, dan supaya TUHAN menepati janji yang diikrarkan-Nya dengan sumpah kepada nenek moyangmu, yakni Abraham, Ishak dan Yakub."

Beberapa orang bertanya mengapa *bani Israel* perlu membunuh mereka. Tidak dapatkah Tuhan sendiri menghancurkan mereka? Jawabannya sangat jelas. Ia perlu mengajarkan bani Israel pentingnya menghidupi jalan yang Ia katakan. Jika mereka berperilaku seperti orang

Amori, mereka akan mengalami persis hal yang sama.

Ketika kita membaca Ulangan kita mesti menyadari bahwa kita sedang membaca *gambaran cermin* tentang kehidupan di Kanaan. Kita dapat membuat gambaran tentang apa yang terjadi di Tanah Perjanjian sebelum mereka masuk ke dalamnya. Ini dapat disimpulkan dalam tiga kata.

### 1. IMMORALITAS

Telah kita perhatikan bahwa ada penyakit-penyakit menular seksual di tanah itu. Ada percabulan, perzinahan, inses, homoseksualitas, *transvestisme* (mengganti jenis/peran seks) dan menyetubuhi anus laki-laki, perempuan atau binatang. Juga terdapat perceraian dan pernikahan ulang secara meluas. Ulangan memberikan garis besar bagaimana semua perilaku itu sangat dilarang.

### 2. KETIDAKADILAN

Ulangan juga menyoroti ketidakadilan. "Yang kaya makin kaya dan yang miskin menjadi lebih miskin lagi." Dosa-dosa lama kesombongan, keserakahan dan pementingan diri sendiri terbukti membawa ke penghisapan orang miskin. Mereka yang memiliki keterbatasan, buta, tuli, tidak diperhatikan. Banyak orang tidak sanggup menghancurkan belenggu kemiskinan karena riba. Tuhan memberitahu bani Israel untuk tidak mementingkan diri sendiri. Mereka harus merawat orang tuli, buta, kaum janda dan anak yatim. Manusia berharga.

### 3. PENYEMBAHAN BERHALA

Kanaan penuh dengan penyembahan berhala. Ada okultisme, takhyul, astrologi, spiritisme, menghubungi roh-roh orang mati (*necromancy*), dan penyembahan kesuburan.

Mereka menyembah 'Ibu Bumi,' dengan memercayai bahwa tindakan seksual memiliki kaitan dengan kesuburan tanah. Dalam kuil-kuil kafir terdapat para pelacur bakti laki-laki dan perempuan, dan penyembahan mencakup seks. Praktik ini dicerminkan dalam monumen-monumen yang tersebar di tanah itu: *tiang asyera* (simbol phalus) kerap terlihat di bukit-bukit sebagai saksi tentang upacara kafir yang berpengaruh luas. Ulangan membuat jelas bagaimana Tuhan memandang perilaku sedemikian. Tanah itu milik-Nya dan kini sepenuhnya rusak, cemar, hina. Itu hal yang menghina dan Tuhan tidak dapat membiarkannya terus. Apakah masa kini situasinya berbeda?

## Karya terakhir Musa

Ulangan adalah yang terakhir dari lima kitab Musa, Pentateukh. Telah kita lihat bahwa kitab ini ditulis pada saat yang genting bagi orang Israel. Mereka menjelang masuk ke Tanah Perjanjian, tetapi Musa tidak akan memimpin mereka. Ia saat itu sudah menjadi seorang tua berusia 120, dan memasuki minggu terakhir kehidupannya (kitab ini berakhir dengan kematiannya). Dengan melihat kelemahan para orangtua generasi itu, ia takut bahwa mereka mungkin mengikuti jalan yang sama. Ia melihat jauh ke depan ke peperangan yang harus mereka lakukan, baik jasmani maupun rohani.

Di minggu terakhir kehidupannya ia bicara tiga kali kepada mereka. Seluruh Ulangan terbentuk oleh tiga khotbah panjang, masing-masingnya perlu mengambil waktu terbaik untuk menyampaikannya. Gaya bicara lisan tampil melintas. Ini sebuah kitab yang sangat pribadi dan emosional. Musa mengimbau umat itu, seperti seorang ayah yang sedang sekarat kepada anak-anaknya.

Sangat mungkin bahwa Musa bicara dan menulis secara bergantian di sepanjang enam hari dari minggu terakhir kehidupannya. Pada hari 1, 3 dan 5 ia menyampaikan bicaranya, kemudian di hari 2, 4 dan 6 ia menuliskan apa yang telah ia sampaikan di hari sebelumnya. Ia menyerahkan apa yang telah ia tulis kepada para imam, yang menempatkan itu berdampingan dengan tabut perjanjian, supaya umat tidak akan pernah melupakannya. Inilah 'surat wasiat dan testamennya,' nabi terbesar Perjanjian Lama yang membawa Firman Tuhan kepada umat-Nya.

Kitab ini dapat dengan tepat dibagi ke dalam tiga bagian.

**1. Masa lalu: Kenangan (1:1-4:43)**
a. ketiadaan iman dihukum (1:6-3:29)
b. kesetiaan dinasihati (4:1-43)

**2. Masa kini: Peraturan (4:44-26:19)**
a. kasih diungkapkan (4:44-11:32)
b. hukum diperluas (12:1-26:19)

**3. Masa Depan: Pembalasan (27:1-34:12)**
a. perjanjian dikukuhkan (27:1-30:20)
b. keberlanjutan dijaminkan (31:1-34:12)

# Wacana Pertama (1:1–4:43) Masa lalu

Dalam wacana pertama, Musa melihat balik ke hari-hari sesudah Sinai ketika Tuhan membuat perjanjian-Nya dengan para orangtua pendengarnya. Ia mengingatkan mereka bahwa meskipun hanya mengambil 11 hari untuk berjalan dari Sinai ke Tanah Perjanjian, para orangtua mereka mengambil 13,780 hari. Ketika mereka tiba di Kadesy Barnea di perbatasan, mereka berhenti dan atas perintah Tuhan mengutus satu orang dari masing-masing suku untuk mengintai tanah itu. Para pengintai memberikan laporan positif tentang mutu makanan di tanah tersebut, tetapi tidak tentang kemungkinan mereka menaklukkannya. Orang-orangnya terlalu besar dan kota-kotanya tidak terkalahkan, kata mereka. Hanya dua orang, Yosua dan Kaleb, mendorong umat untuk memercayai Tuhan dan maju terus.

Israel memiliki segala sesuatu di depan mereka namun moril mereka gagal. Meskipun Tuhan telah setia kepada mereka, mereka tidak beriman. Pesan Pasal 4 semata adalah ini: "Jangan seperti orangtuamu. Mereka kehilangan iman dan kehilangan tanah itu. Jika kamu memelihara imanmu, kamu sanggup mendapatkan tanah itu."

# Wacana Kedua (4:44–26:19) Masa kini

Peraturan dalam bagian kedua tidak mudah dibaca. Sejauh itu bagian ini adalah bagian paling panjang, barangkali diberikan pada hari ketiga dari minggu terakhir kehidupan Musa. Ini memberikan garis besar bani Israel harus hidup jika mereka ingin tetap dalam tanah yang Tuhan berikan kepada mereka.

## Kesimpulan

**Pasal 5** Musa mulai dengan prinsip-prinsip dasar Tuhan tentang cara hidup yang benar, jalan hidup yang adil, yaitu Sepuluh Perintah-Nya. Semua ini adalah tentang satu hal, *hormat*. Hormati Tuhan, hormati nama-Nya, hormati hari-Nya, hormati orangtua, hormati hidup, hormati pernikahan, hormati kemilikan, hormati nama baik orang lain. Cara paling cepat untuk menghancurkan masyarakat adalah dengan menghancurkan kehormatan.

Sangat menarik membuat perbandingan antara hukum Musa dan hukum-hukum masyarakat bangsa lain. Jika Anda membandingkan standar hukum Musa dengan praktik terburuk masyarakat bangsa lainnya, sebagaimana telah kami buat dengan orang Amori di Kanaan, jelas betapa murni, kudus adanya hukum yang diberikan dalam Sepuluh Perintah.

**Pasal 6** Hukum perjanjian diuraikan dan diluaskan. Kita diberitahu tentang *tujuan* hukum: yaitu supaya kasih dapat diteruskan dari satu generasi ke generasi berikutnya.

**Pasal 7** Mereka diperintahkan untuk melenyapkan semua penyembahan berhala (yi. sesuai Perintah Pertama) dan melenyapkan orang Kanaan, supaya mereka tidak disesatkan olehnya.

**Pasal 8** Mereka didorong untuk mengingat dengan bersyukur perlakuan Tuhan dengan umat-Nya. Mereka diperingatkan agar tidak lupa, khususnya ketika kemakmuran datang.

**Pasal 9:1–10:11** Musa meninjau dosa dan pemberontakan umat itu. Mereka diperingatkan untuk tidak membenarkan diri sendiri.

**Pasal 10:12–11:33** Tema dalam bagian ini adalah ketaatan. Jika mereka taat mereka akan diberkati; jika mereka tidak taat mereka akan dikutuk -- pilihannya ada pada mereka.

Ini adalah tekanan sepanjang kitab ini. Kata 'dengarlah' datang 50 kali dan kata 'lakukanlah,' 'peliharalah,' dan 'rayakanlah,' 177 kali.

Bersama ini, penting mengetahui bahwa satu lagi kata umum dalam uraian Musa adalah 'kasih.' Ini dipakai 31 kali. Jika Anda mengasihi Tuhan Anda melakukan hukum-hukum-Nya. Dalam Perjanjian Baru Paulus berkata bahwa kasih adalah kegenapan hukum Taurat. Ini bukan masalah legalisme, tetapi masalah kasih. Mengasihi berarti menaati, sebab dalam pemandangan Tuhan kasih adalah kesetiaan. Ini berarti tetap benar kepada seseorang. Kasih dan hukum tidak saling bertentangan -- mereka berdiri bersama.

**Pasal 12–26** Bagian besar sekali diliput dalam pasal-pasal ini, terkadang dalam rincian yang menakjubkan. Dalam bagian wacananya ini Musa meneruskan dari hal umum ke khusus, dari vertikal (hubungan kita dengan Tuhan) ke horisontal (hubungan kita dengan orang lain).

## Standar yang bertentangan

Paling baiknya kita mengamati hukum-hukum ini terhadap latarbelakang yang berbeda. Apa yang amat berbeda, amat khusus, tentang hukum Musa dibanding dengan masyarakat lain di wilayah tersebut?

### 1. BERBAGAI STANDAR DI TANAH PERJANJIAN

Kita telah melihat bagaimana hukum-hukum dalam Ulangan adalah *gambaran cermin* dari apa yang terjadi di tanah tersebut waktu itu. Beberapa dari hukum yang lebih membangkitkan pertanyaan terhubung dengan berbagai praktik mereka yang telah menghuni tanah itu.

## 2. STANDAR DI TANAH TETANGGA

Ada juga perbandingan menarik yang harus dibuat antara hukum Musa dan hukum lain yang telah ditemukan dari dunia purba, yaitu perundangan Hammurabi, seorang Raja Amori dari Babilonia (Babel). Hukum-hukum ini ditulis 300 tahun sebelum Musa. Di dalamnya tercakup larangan membunuh, berzinah, mencuri dan bersaksi dusta. Lebih lanjut, hukum *lex talionis* yang termasyhur, atau hukum pembalasan ('mata ganti mata dan gigi ganti gigi'), juga dimasukkan. Semua ini tidak perlu membuat kita heran. Dalam surat Roma rasul Paulus berkata bahwa Tuhan 'telah menuliskan hukum-Nya di hati' orang bukan Yahudi. Ia tidak saja menuliskan di batu -- Ia menuliskannya juga di dalam hati manusia supaya setiap orang tahu bahwa hal-hal tertentu adalah salah. Sebagai contoh, setiap masyarakat dalam dunia selalu menganggap inses salah.

Namun demikian, ada beberapa perbedaan besar antara hukum Hammurabi dan hukum Musa. Hanya ada satu hukuman untuk perbuatan salah apa pun, dan itu adalah kematian. Dalam hukum Musa hukum mati agak jarang. Hanya ada 15 hal dalam hukum Musa yang patut menerima hukuman kematian. Dibandingkan dengan hukum Hammurabi, hukum Musa tidak begitu keras. Satu lagi perbedaan besar ialah dalam hukum Musa para budak dan perempuan diperlakukan sebagai manusia, sementara dalam hukum Hammurabi mereka diperlakukan sebagai milik. Kaum perempuan tidak memiliki hak dan hormat apa pun seperti yang mereka miliki dalam hukum Musa.

Hukum Hammurabi juga memasukkan pembedaan kelas. Ada kaum bangsawan dan orang kebanyakan, dan hukum yang berbeda diberlakukan bergantung pada kelasnya. Dalam hukum Musa tidak ada hal sedemikian. Hukum yang sama berlaku untuk setiap orang.

Pokok terakhir untuk diperhatikan ialah bahwa hukum Hammurabi adalah hukum *kasuistik* -- mereka diajukan dalam bentuk kondisi-kondisi. '*Jika* kamu melakukan ini, *maka* kamu akan mati.' Hukum Musa disajikan dalam apa yang disebut sebagai cara *apodeiktik* -- bukan sebagai kondisi, tetapi sebagai perintah. "Kamu *tidak boleh* melakukan ini." Hukum Musa mencerminkan hak Tuhan sebagai raja untuk mengatakan apa yang harus menjadi kenyataan. Ia memberi perintah sebab Ia menetapkan standarnya.

Perintah dan peraturan terbagi ke dalam sejumlah kategori berbeda, dirinci dalam bagian berikut ini.*

## 1. Upacara keagamaan

### PENYEMBAHAN BERHALA/KEKAFIRAN

- Israel dilarang mengikuti tuhan-tuhan lain, atau patung pahatan sesembahan. Kita diberitahu bahwa Tuhan adalah Tuhan yang cemburuan. Cemburu adalah emosi yang tepat untuk Tuhan, bahkan jika pada awalnya mungkin kita berpikir tidak. Kita cemburu ketika kita menginginkan apa yang adalah milik kita. Iri hati adalah ketika kita menginginkan apa yang *bukan* milik kita. Maka seperti halnya jika seorang laki-laki menjadi cemburu jika seorang laki-laki lain mengambil istrinya, demikian juga bahwa Tuhan cemburu untuk umat-Nya

---

* Untuk klasifikasi berikut tentang hukum Musa saya berutang kepada sahabat saya F. LaGard Smith, mantan Profesor Hukum di Universitas Pepperdine, Malibu, California, yang telah menerbitkan Alkitab New International Version tanpa penomoran pasal dan ayat, dengan kitab-kitabnya dalam urutan kronologis dan dengan hukum-hukum diatur dalam kategori yang nyaman, seperti di sini. Edisi *hardback* diberi judul *The Narrated Bible* dan edisi *paperback* diberi judul *The Daily Bible* (keduanya diterbitkan Harvest House, 1978).

ketika mereka mengikuti para tuhan lain adalah hal yang benar.

- Sebagai konsekuensi dari Perintah Pertama, secara khusus patung *asyera* dilarang. Ada hukum tentang memotong ikan dan mencukur kepala ketika meratap.
- Jika seorang kerabat membujuk keluarga mereka meninggalkan penyembahan akan Tuhan, mereka harus dihukum mati -- tidak akan ada rahmat.
- Ketika menyerang kota-kota di mana terdapat penyembahan berhala, bani Israel diberitahu untuk membunuh semua orang dan membakar kota itu supaya tidak akan pernah dapat dibangun kembali.
- Para penyembah berhala harus dirajam atas dasar kesaksian dua atau tiga orang saksi, salah seorang dari mereka bertanggungjawab untuk melemparkan batu pertama.
- Hanya ada satu tempat penyembahan. Semua 'bukit-bukit' di mana orang Kanaan menyembah harus dihancurkan.
- Bani Israel tidak boleh mencari tahu tentangnya atau tertarik kepada agama-agama lain. Mereka harus menghindari pengorbanan anak-anak, yang merupakan kekejian.

ROHANIWAN PALSU

- Semua nabi palsu, pemimpi, dan mereka yang 'mengikuti para tuhan lain' harus dimatikan.
- Semua bentuk spiritualisme harus dihukum mati: bertanya kepada orang mati, pedukunan, pertanda (*omen*), mantra, medium.
- Kita diberitahu bahwa seorang nabi sejati seperti Musa akan datang kelak (rujukan kepada Yesus).

- Ketika nabi palsu bicara atas nama tuhan-tuhan lain, atau apabila mereka bicara tetapi nubuatannya tidak terjadi, mereka harus dihukum mati.

## HUJATAN

- Jika nama Tuhan disalahgunakan, orang durjana itu harus dimatikan.

## DEDIKASI

- Semua binatang yang lahir pertama harus dibaktikan kepada Tuhan.

## PERSEPULUHAN

- Sepersepuluh dari semua hasil harus disisihkan. Hasil setiap tiga tahun harus diserahkan kepada orang Lewi, orang asing, para yatim dan janda.

## PENAKLUKAN

- Keranjang buah pertama harus dipersembahkan dari tanah mana saja yang bani Israel taklukkan.
- Mereka harus menceritakan sejarah mereka ketika mereka tiba di tanah itu, mengingat-ingat keluputan mereka dari Mesir.
- Doa ucapan syukur harus juga dinaikkan.

## SABAT

- Sampai masa Musa, tidak ada yang memiliki Sabat. Ini sebuah ketentuan baru untuk para budak yang sebelumnya telah bekerja tujuh hari seminggu, tetapi yang kini diberikan satu hari setiap minggu bebas dari kerja.

## HARI-HARI RAYA (SEMUA PERISTIWA PENGEMBARAAN)

- Paskah.
- Minggu-minggu (Pentakosta).
- Kemah sembahyang.

## KORBAN DAN PERSEMBAHAN

- Jika terjadi pembunuhan, dan pelakunya tidak dapat ditemukan, seekor sapi harus dikorbankan untuk menyatakan ketidakbersalahan komunitas itu.

## PENGUCILAN DARI JEMAAT

- Mereka yang dipotong atau dikebiri alat kelaminnya dikucilkan dari jemaat Tuhan.
- Anak-anak dari persatuan terlarang (sampai ke generasi ke sepuluh) juga dilarang masuk.
- Orang Amon dan Moab jelas dilarang.
- Orang Edom (dari generasi ke tiga) dilarang masuk.

## KAUL

- Kaul apa pun yang kita buat harus dilakukan. Kaul dibuat secara bebas, maka harus diikuti sepenuhnya. Jika Anda membuat kaul kepada Tuhan Anda harus melakukannya.

## PEMISAHAN

- Tidak ada pencampuran benih yang diizinkan.
- Keledai dan sapi tidak boleh dikenakan kuk bersama.
- Pakaian dari wol dan lenan tidak boleh dicampur.

Hukum pemisahan ini mungkin terkesan sangat janggal, tetapi ini dihubungkan dengan penyembahan purba kepada kesuburan yang meluas di tanah itu. Bangsa-bangsa kafir percaya bahwa dengan mencampur bahan-bahan tersebut mereka menghasilkan kesuburan. Tuhan menekankan bahwa Ia yang memberikan kesuburan: mereka tidak perlu mempraktikkan takhyul semacam itu.

## 2. Pemerintahan

### RAJA

Ada hukum-hukum untuk seorang raja, meski selama beberapa abad mereka tidak memiliki raja.

- Tuhan adalah raja mereka -- pe-raja-an adalah konsesi, bukan bagian dari rencana-Nya.
- Ketika seorang raja datang ke takhta ia harus menuliskan hukum-hukum Musa dalam tulisan tangannya sendiri dan membacanya secara teratur.
- Raja diperintahkan untuk tidak memiliki banyak istri, banyak kuda, atau banyak uang.

### HAKIM-HAKIM

- Berbagai peraturan tentang menjalankan pengadilan hukum diberikan, termasuk ketentuan untuk pengadilan banding. Yang menariknya, hukuman untuk penghinaan terhadap pengadilan di sini diberikan yaitu kematian.
- Juga ada peraturan untuk keadilan: tidak boleh menyogok dan menunjukkan pilih kasih. Seorang asing, yatim dan janda harus mendapatkan perlakuan yang persis sama seperti para pedagang kaya.
- Paling tidak harus ada dua atau tiga saksi yang sepenuhnya setuju tentang apa yang mereka lihat atau dengar. Jika mereka memberikan kesaksian palsu mereka harus menanggung persis sama seperti yang

harus ditanggung jika orang itu sungguh kedapatan bersalah. Jika kesaksian palsu saya di pengadilan menyebabkan orang didenda Rp. 10 juta maka ketika saya kedapatan telah memberikan kesaksian dusta saya didenda Rp 10 juta. "Mata ganti mata, gigi ganti gigi."
- Ada peraturan yang mencakup administrasi hukuman. Hukuman dera maksimum 40 kali pukulan (biasanya mereka membuatnya 39 untuk memastikan bahwa mereka tidak melanggar hukum itu). Deraan yang berlebihan dianggap merendahkan manusia -- penjahat dianggap seperti gundukan daging. Apabila seseorang dihukum, tubuhnya tidak boleh dibiarkan tergantung di pohon sesudah matahari tenggelam. (Rasul Paulus menerapkan itu kepada Yesus di salib dalam surat Galatia.) Tidak ada hukuman pemenjaraan.

## 3. Kejahatan khusus

TERHADAP MANUSIA

- Pembunuh selalu menerima hukuman mati, kecuali itu adalah pembunuhan tidak disengaja. Enam kota perlindungan, tiga di masing-masing sisi Yordan, harus dibuat di mana orang yang telah membunuh karena kecelakaan dapat luput dari hukuman mati.
- Penculikan juga menerima hukuman mati.
- Kematian adalah hukuman untuk pemerkosa jika serangan terjadi di daerah sepi, tetapi kedua pihak dihukum mati jika kejadiannya berlangsung dalam kota, sebab korban dapat berteriak.

TERHADAP HARTA MILIK

- Ada hukum terhadap pencurian dan pemindahan tanda perbatasan di sekitar tanah itu.

## 4. Hak dan tanggungjawab pribadi

- Cedera dan kerugian
- Majikan dan hamba: para budak punya hak; pekerja harus dibayar pada waktunya.
- Utang, bunga dan jaminan. Sesudah tujuh tahun utang harus dibatalkan oleh setiap pemberi utang dengan membatalkan pinjaman yang diberikan kepada sesama orang Israel. Bunga tidak boleh dikenakan.
- Timbangan dan ukuran. Timbangan benar harus dipakai kapan saja.
- Warisan. Adalah tanggungjawab kerabat berikutnya untuk meneruskan garis keluarga.

## 5. Hubungan seksual

- Pernikahan. Peraturan tegas menyangkut ikatan pernikahan, untuk mereka yang menikah, mereka yang berjanji akan menikah, dan mereka yang diperkosa.
- Perceraian. Perceraian karena alasan suami 'tidak suka' istrinya dilarang. Pernikahan ulang dengan suami semula sesudah terjadi perceraian dilarang untuk melindungi perempuan yang tidak bersalah.
- Perzinahan. Kedua pihak harus dihukum mati.
- *Transvestisme*. Memakai pakaian jenis kelamin lain adalah kejijikan bagi Tuhan.

## 6. Kesehatan

- Untuk penderita kusta ada prosedur teliti untuk diikuti jika seseorang diduga memiliki sakit itu, termasuk pemeriksaan oleh imam.
- Ada hukum yang melarang makan binatang yang kedapatan telah mati.

- Peraturan ketat mengatur 'makanan halal dan makanan tidak halal.' Unta, kelinci, babi dan burung-burung tertentu tidak boleh tampil di hidangan makanan.
- Daging dan susu tidak boleh dimasak bersama.

Pokok terakhir ini adalah hukum yang telah disalahmengerti oleh hampir semua orang Yahudi: "Janganlah kamu memasak kambing dalam susu induknya." Atas dasar satu ayat ini orang Yahudi telah membangun sistem diet 'kosyer' di mana mereka memiliki dua dapur dengan dua perangkat poci dan panci berbeda beserta tempat pencuciannya -- dalam rangka memisah produk susu dari produk daging, hal yang tidak pernah dilakukan oleh Abraham, menyajikan daging sapi muda dan mentega kepada para pelawatnya. Mereka sama sekali telah salah mengerti tujuan hukum ini, yang sekali lagi menyangkut upacara penyembahan kesuburan kafir. Orang Kanaan percaya bahwa memasak anak kambing dalam susu induknya menyebabkan terjadinya inses dengan induknya, yang mendorong terjadinya kesuburan.

## 7. Kesejahteraan

- Tindakan kebajikan tidak saja dianjurkan, ini diperintahkan. Berkas gandum ditinggal di sudut ladang untuk diambil oleh orang miskin.
- Orangtua harus mengharapkan hormat dan dukungan dari anak-anak mereka: anak laki-laki yang bandel dan memberontak harus dihukum mati.
- Tetangga yang binatang peliharaannya tersesat harus dikembalikan.
- Binatang diperlakukan dengan baik: tidak boleh ada orang memberangus lembu yang sedang menggiling

bulir gandum; dibolehkan mengambil telur burung dari sarangnya, tetapi induknya tidak boleh dipindahkan -- induk harus dibiarkan agar ia dapat menghasilkan telur lebih banyak.

## 8. Peperangan

- Persiapan penting. Perang bukan untuk yang hatinya lemah. Yang takut boleh pulang.
- Semasa pengepungan para tentara tidak boleh memotong pohon di sekeliling kota.
- Wilayah untuk toilet harus dibuat di luar perkemahan dan semua sampah harus ditutupi.
- Seorang tentara yang baru saja menikah dapat tinggal di rumah selama setahun sebelum ia pergi berperang kembali. Tidak seorang pun boleh maju berperang dengan mengorbankan pernikahan di rumah.

## Apa yang dapat kita lakukan dari semua ini?

1. LINGKUP

Tuhan tertarik akan seluruh kehidupan kita. Hidup benar bukan saja tentang apa yang Anda lakukan di gereja pada hari Minggu tetapi menyangkut keseluruhan hidup. Ada cara untuk berbuat yang benar untuk setiap hal. Tuhan ingin agar orang hidup benar dalam setiap wilayah kehidupan mereka.

2. INTEGRASI

Hukum-hukum ini memperlihatkan suatu integrasi yang menakjubkan. Kita bergerak, katakanlah, dari hukum tentang memakan unta ke hukum tentang merayakan hari perayaan. Ini tidak nyaman bagi pikiran modern. Kita merasa, entah bagaimana kita harus mengklasifikasikan semua hukum ini. Tetapi Tuhan berkata bahwa tidak ada pembagian dalam kehidupan -- tidak ada pembagian sakral/sekuler; seluruh kehidupan adalah untuk Tuhan.

### 3. TUJUAN

Ada tujuan yang jelas untuk semua hukum ini. Itu bukan untuk merusakkan kegembiraan orang, atau untuk memagari mereka dengan berbagai pembatasan. Ungkapan yang muncul berulang di sepanjang kitab ini ialah "**supaya baik keadaanmu dan lanjut umurmu di tanah itu.**" Tuhan ingin kita sehat dan bahagia, maka Ia memberikan kita hukum-hukum. Sebagian orang menggambarkan Tuhan duduk di surga mengatakan 'jangan' dan 'tidak boleh.' Tetapi tujuan-Nya dengan larangan selalu adalah untuk kebaikan kita. Ia peduli tentang 'kesejahteraan' kita.

# Wacana Ketiga (27:1-34:12)
# Masa Depan

Wacana yang ketiga dan terakhir diberikan oleh Musa dalam dua bagian.

## 1. Perjanjian dikukuhkan (27:1-30:20)

Dalam bagian pertama ia memberitahu bani Israel bahwa mereka sendiri mesti mengesahkan hukum itu. Sesudah menyeberangi Yordan mereka harus berdiri di bawah Gunung Ebal dan Gunung Gerizim. Gunung-gunung ini langsung saling bersebelahan dan membentuk ampiteater dengan lembah di antaranya. Para pemimpin harus menyorakkan berkat dari Gunung Gerizim dan kutuk dari Gunung Ebal. Sesudah setiap kalimat diucapkan mereka harus merespons dengan 'amin' -- yi. 'ini pasti!' Kutuk dan berkat ini semuanya dimasukkan dalam Ulangan 28 (dan secara kebetulan, dalam Buku Doa Bersama Gereja Anglikan, untuk diucapkan pada setiap masa praPaskah).

Kata-kata besar kuasanya. Sisa sejarah Perjanjian Lama berputar di sekitar respons Israel kepada berkat dan kutuk ini. Apabila kita membaca Ulangan 28, ini seperti membaca keseluruhan sejarah Israel selama 4,000 tahun terakhir.

## 2. Keberlanjutan dijaminkan (31:1-34:12)

Yosua ditetapkan sebagai pengganti Musa di usia 80. Musa lalu memberikan hukum tertulis itu kepada para imam, yang menempatkannya di dalam tabut perjanjian. Ia memerintahkan agar seluruh hukum dibacakan setiap tujuh tahun.

Musa menyelesaikan pesannya dengan sebuah lagu. Seperti halnya dengan banyak nabi ia juga seorang pemusik. Saudarinya Miriam menyanyi sesudah menyeberangi Laut Buluh, dan kini Musa mengucapkan nyanyian sebelum kematiannya. Nyanyian itu merinci kesetiaan Tuhan dan keadilan perlakuannya dengan Israel. Ia adalah batu karang, sepenuhnya dapat diandalkan. Sesudah lagu itu selesai, Musa memberkati 12 suku itu dan meliput beberapa kilasan nubuatan ke masa depan.

Akhirnya tiba kematian dan penguburan Musa -- satu-satunya bagian dari lima kitab Musa yang tidak ia tulis sendiri! Diduga, Yosua yang menambahkan rinciannya. Musa mati sendiri, dengan punggungnya menghadap batu karang di puncak Gunung Nebo, sambil menatap melintasi Yordan ke tanah yang telah dijanjikan tersebut, tetapi yang tidak pernah akan ia injak.

Beberapa abad kemudian, kita baca dalam Injil-injil bahwa Musa berbicara dengan Yesus di puncak salah satu gunung itu, tetapi ia tidak pernah memasuki Kanaan dalam masa kehidupan bumiahnya. Ia juga dikuburkan di Gunung Nebo, meski bukan oleh sesamanya manusia. Dalam Perjanjian Baru Yudas memberitahu kita bahwa seorang malaikat datang untuk menguburkan dia. Ketika malaikat itu datang kepada Musa, iblis berdiri di sisi lainnya. Si iblis mengatakan bahwa orang ini adalah miliknya sebab ia telah membunuh seorang Mesir. Tetapi penghulu malaikat Mikhael berkata kepada si iblis, "Tuhan menghardik kamu!" dan demikianlah Musa dikuburkan oleh malaikat itu. Itu akhir menakjubkan untuk sebuah kehidupan yang menakjubkan. Umat itu meratapi dia sebulan lamanya sebelum menyeberangi Sungai Yordan.

## Kepentingan Ulangan

Ulangan adalah kunci ke keseluruhan sejarah Israel. Karena tidak sanggup dan tidak ingin mengusir orang Kanaan dari tanah itu ketika bani Israel pertama tiba, segera saja mereka berkawin campur dan terlibat dalam kebiasaan jahat sebagaimana orang kafir. Bahkan perlu waktu seribu tahun, dari masa Abaham ke masa Daud, untuk akhirnya mereka menduduki tanah perjanjian itu. Dalam 500 tahun berikutnya mereka kehilangan itu sama sekali, sebagaimana akan kita lihat dalam kitab Raja-raja. Keseluruhan sejarah Israel dapat disimpulkan hanya dalam dua kalimat. Ketaatan dan perilaku benar membawa berkat bagi mereka. Ketidaktaatan dan kejahatan membawa kutuk bagi mereka. Semua ini melimpah jelas dalam kitab Ulangan.

Ulangan berperan besar dalam Perjanjian Baru juga. Ia dikutip 80 kali dalam 27 kitab.

## Yesus

- Yesus adalah *sang* nabi yang dinubuatkan oleh Musa dalam Ulangan.
- Yesus sangat mengetahui Ulangan dengan baik. Ketika Ia dicobai di padang gurun Ia memakai Alkitab untuk mempertahankan diri, dan tiap kali Ia mengutip dari Ulangan.
- Dalam Khotbah di Bukit kita diberitahu bahwa "tidak satu titik atau iota pun" akan lenyap dari hukum Taurat.
- Ketika Yesus diminta untuk menyimpulkan hukum Musa, Ia menyimpulkannya dalam kata-kata Ulangan: "Kasihilah TUHAN Elohimmu dengan segenap hatimu dan segenap jiwamu dan segenap akal budimu dan segenap kekuatanmu," dan Imamat: "Kasihilah sesamamu manusia seperti dirimu sendiri."

## Paulus

- Paulus memakai Ulangan ketika ia menulis tentang pentingnya hati kita diubahkan.
- Ia memakai kematian Yesus sebagai contoh tentang seorang yang menanggung kutuk.
- Ia mengutip hukum Taurat tentang memberangus lembu sebagai prinsip yang diterapkan kepada dukungan kebutuhan para pengkhotbah.

## Orang Kristen dan hukum Musa

Jadi, bagaimanakah orang Kristen masa kini harus membaca hukum Musa?

### Peraturan khusus

Kita tidak di bawah hukum Musa, tetapi di bawah hukum Kristus. Karena itu, kita perlu mencari tahu, apakah setiap hukum Perjanjian Lama diulang atau ditafsirkan ulang dalam Perjanjian Baru.

Sebagai contoh, dari Sepuluh Perintah, hanya yang Keempat mengenai Sabat yang tidak diulang dalam Perjanjian Baru. Dan persepuluhan pun tidak diberlakukan paksa dalam Perjanjian Baru meski kita didorong untuk memberi dengan murah hati, gembira dan sukarela. Hukum tentang makanan halal dan haram ditiadakan.

### Prinsip umum

Kita diselamatkan *untuk* melakukan kebenaran bukan *oleh* perilaku benar. Ini adalah konsep penting untuk dipahami. Perlunya 'berbuat' adalah sama umumnya di Perjanjian Baru sebagaimana di Perjanjian Lama, tetapi motivasinya pun sangat penting sekali masa kini. Perbuatan benar kita harus 'melampaui perbuatan benar orang Farisi dan para ahli Taurat,' tetapi kini perilaku benar kita adalah *di dalam* sebagaimana juga tampak ke luar. Kini kita memiliki Roh yang menyanggupkan kita. Maka kita dibenarkan oleh iman, tetapi dihakimi oleh perbuatan kita.

Penting juga diperhatikan, bahwa Ulangan adalah peringatan terhadap sinkretisme. Kita dapat dengan mudah memasukkan praktik-praktik kekafiran ke dalam kehidupan kita tanpa menyadarinya. Halloween dan Natal, misalnya, asalnya adalah perayaan kafir, yang diusahakan oleh Gereja 'menjadi Kristen' ketika seharusnya mereka sama sekali menghindarinya.

## Kesimpulan

Ulangan adalah sebuah kitab menentukan dalam sejarah Israel, dan tidak semata karena ia adalah salah satu dari lima kitab Misa. Kitab ini mengingatkan umat masa lampau, mengajarkan mereka bagaimana harus hidup dalam masa kini, dan mendorong mereka untuk menatap ke masa depan. Ia mencerminkan keprihatinan Musa bahwa umatnya jangan sampai menyimpang. Pada saat yang sama ia menyatakan hasrat Tuhan bahwa umat-Nya, dengan menghargai dan menghormati Dia, dapat menjadi layak menempati tanah yang Ia berikan untuk mereka.

# TANAH DAN KERAJAAN

7. Yosua
8. Hakim-hakim dan Rut
9. 1 & 2 Samuel
10. 1 & 2 Raja-raja

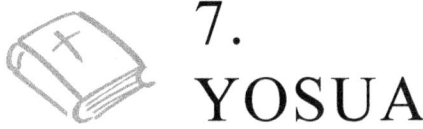

# 7.
# YOSUA

## Pendahuluan

Seorang guru menanyai anak-anak murid kelasnya: "Siapa yang merobohkan tembok Yerikho?" Hening lama sebelum seorang anak kecil berkata, "Sungguh, bukan saya pak!"

Berikutnya hari itu di ruang pengajar, guru tersebut menceritakan kejadian itu kepada kepala sekolah, "Tahukah Anda apa yang terjadi di kelas saya hari ini? Saya bertanya siapa yang merobohkan tembok Yerikho dan si Smith anak kecil itu menjawab, 'Sungguh bukan saya, pak.'"

Kepala sekolah menjawab, "Yah, aku kenal Smith cukup lama dan kenal keluarganya -- mereka keluarga baik-baik. Jika ia berkata bukan dia yang melakukan, aku yakin ia tidak melakukan itu."

Kemudian hari kepala sekolah melaporkan jawaban anak itu kepada penilik sekolah yang sedang berkunjung, yang responsnya adalah: "Barangkali sudah terlalu lambat untuk menemukan siapa yang melakukan itu; perbaiki saja itu dan kirimkan tagihannya kepada kami."

Tentu saja maksud lelucon ini, seharusnya semua orang tahu siapa yang merobohkan tembok Yerikho. Itu salah satu kisah Alkitab yang dikenal baik. Jika mereka tidak tahu kisah Alkitab, maka mereka mestinya pernah mendengar lagu Negro spiritual *'Joshua fit the battle of Jericho'* (Yosua memerangi perang Yerikho). Tetapi itu hanya satu bagian dari kitab tersebut yang diketahui oleh banyak orang. Yosua bukan kitab yang dikenal baik dan pengetahuan tentang perang itu tidak berarti bahwa setiap orang percaya itu sungguh terjadi. Sebab bahkan kisah ini membangkitkan pertanyaan: Bagaimana tembok tersebut dirobohkan? Apakah sungguh, tembok itu roboh?

Jelaslah bahwa ada sejumlah pertanyaan pendahuluan untuk kita pertimbangkan sementara kita melihat ke kitab Yosua. Pertama sekali kita perlu bertanya apa jenis kitab ini dan bagaimana kita harus membaca kisah-kisah mencengangkan di dalamnya. Kemudian kita akan melihat ke isi dan struktur kitab ini, dan bagaimana orang Kristen mendapatkan manfaat maksimum dari membacanya.

## Apa jenis kitab Yosua?

Yosua adalah kitab ke enam dalam Perjanjian Lama. Dalam Alkitab kita kitab ini terletak sesudah Ulangan, yang tampaknya mengalir logis dari kematian Musa di akhir Ulangan ke pengangkatan Yosua pengganti Musa di awal kitab berikut ini. Namun demikian, untuk orang Yahudi makna posisi kitab ini agak berbeda. Akhir Ulangan menandai akhir Torah, hukum Musa. Kelima kitab ini dibacakan tiap tahun di sinagoge, dengan Kejadian 1:1 memulai Tahun Baru dan Ulangan 34:12 dibacakan di akhir tahun. Masing-masing dari kelima kitab ini dinamakan menurut kata-kata awalnya, sebab inilah yang akan terlihat pertama di permulaan gulungan kitab ketika kitab-kitab dipilih untuk pembacaan. Yosua adalah kitab pertama yang dikenal dengan nama penulisnya.

Jenis sastra Yosua pun sama sekali baru. Kelima kitab pertama dari Alkitab menggelar undang-undang dasar umat Israel dan menjadi fondasi bagi semua kitab berikutnya. Berbeda dari itu, tidak ada satu hukum pun dalam Yosua, atau dalam kitab-kitab berikutnya itu. Dalam Yosua kita mulai melihat bagaimana hukum Taurat dilakukan secara praktis.

Yosua cenderung dianggap sebagai kitab sejarah sebab ia datang dalam bagian Alkitab kita yang dianggap sebagai sejarah. Tetapi kitab ini lebih dari sekadar kitab sejarah. Sebagaimana yang kita lihat dalam Pandangan Menyeluruh Perjanjian Lama (halaman 21-33), orang Yahudi membagi Perjanjian Lam ke dalam tiga bagian, ketimbang seperti suatu kepustakaan dengan kitab-kitab yang dikumpulkan di bawah tiga kategori (lihat halaman 32). Lima yang pertama adalah 'kitab-kitab hukum,' yang juga disebut Torah atau Pentateukh. 'Kitab-kitab para nabi' datang berikutnya. Yosua adalah kitab pertama dari 'para nabi terdahulu,' diikuti oleh Hakim-hakim, 1 dan 2 Samuel dan 1 dan 2 Raja-raja. Kitab Yesaya sampai Maleakhi terdiri dari 'para nabi yang kemudian' dengan sedikit perkecualian. Bagian ketiga adalah 'Tulisan-tulisan,' yang meliputi Mazmur, Ayub, Amsal, Rut, Kidung Agung, Pengkhotbah, Ratapan, Ester, Daniel, Ezra, Nehemia, dan 1 dan 2 Tawarikh. Maka dua kitab yang dalam Alkitab kita sebagai nabi-nabi -- Daniel dan Ratapan -- adalah bagian dari 'Tulisan-tulisan' dalam penataan Perjanjian Lama orang Yahudi. Tawarikh adalah kitab terakhir dalam tulisan-tulisan, meski Alkitab kita memasukkannya ke dalam bagian sejarah.

Pemasukan Yosua sebagai kitab nubuatan dalam penataan Yahudi mengherankan banyak orang, sebab kebanyakan isinya berbentuk narasi dan dibaca lebih menyerupai sejarah langsung daripada puisi nubuatan kitab-kitab sesudahnya. Namun demikian, ada beberapa alasan mengapa kita perlu menyetujui dilabelkannya kitab ini sebagai 'nubuatan.'

Pertama, Yosua dikenal luas sebagai seorang nabi. Memang ia lebih dikenal sebagai seorang komandan militer, tetapi ia adalah nabi sama seperti Musa dalam hal ia mendengar dari Tuhan dan bicara untuk Tuhan. Sesungguhnya, pasal terakhir kitab ini mencatat Yosua, dalam kata ganti orang pertama tunggal, menyampaikan pesan Tuhan untuk umat itu.

Kedua, sejarah alkitabiah bagaimana pun adalah jenis sejarah khusus. Ada dua prinsip yang harus diikuti ketika menulis sejarah apa pun:

- **Pemilihan** -- adalah mustahil mengikutkan segalanya, bahkan ketika meliput periode waktu yang singkat. Sejarah Alkitab sangat selektif, utamanya berfokus pada satu bangsa dan hanya pada peristiwa-peristiwa tertentu dalam kehidupan bangsa itu.
- **Koneksi** -- seorang sejarawan yang baik mengambil berbagai peristiwa yang terkesan terpisah dan memperlihatkan bagaimana mereka berkaitan bersama, sampai tersusun satu tema umum.

Dengan memakai dua prinsip ini, kita dapat melihat mengapa sejarah dalam Yosua dan kitab-kitab 'sejarah' lain dalam Alkitab sesungguhnya bersifat *nubuatan*. Sang penulis memilih peristiwa-peristiwa yang berarti untuk Tuhan atau yang dijelaskan oleh kegiatan Tuhan. Hanya seorang nabi dapat menulis sejarah semacam ini, sebab hanya nabi yang memiliki wawasan tentang apa yang harus dicakup dan mengapa. Melihat kitab ini sebagai nubuatan mengingatkan kita bahwa pahlawan sejati kitab ini bukan Yosua tetapi Tuhan (dan ini berlaku kepada kitab mana saja dari Alkitab). Kita melihat kegiatan Tuhan dalam dunia ini, apa yang Ia katakan dan lakukan. Karena itu, meski ini murni sejarah, dalam hal Yosua memaparkan apa yang terjadi, kita mesti melihatnya sebagai sejarah bersifat *nubuatan*, sebab ia menyatakan realitas Tuhan dan karya-Nya dalam dunia.

Bagan di halaman berikut memperlihatkan perbedaan antara kitab-kitab 'para nabi terdahulu' dan kitab-kitab hukum.

| LIMA KITAB PERTAMA | ENAM KITAB BERIKUTNYA |
|---|---|
| Kejadian | Yosua |
| Keluaran | Hakim-hakim |
| Imamat | 1 dan 2 Samuel |
| Bilangan | 1 dan 2 Raja-raja |
| Ulangan | |
| HUKUM (TORAH) | NABI-NABI (TERDAHULU) |
| JANJI | PENGGENAPAN |
| ANUGERAH | SYUKUR |
| PENEBUSAN | PERILAKU BENAR |
| PERATURAN | PENERAPAN |
| BERKAT | KETAATAN (TANAH DIBERIKAN) |
| KUTUK | KETIDAKTAATAN (TANAH DIAMBIL) |
| PERJANJIAN DIDIRIKAN | PERJANJIAN DIUNGKAPKAN |
| SEBAB | AKIBAT |

Ada sejumlah hal untuk diperhatikan dari bagan ini.

1. Hukum melingkupi **janji-janji Tuhan kepada Israel,** para nabi terdahulu memaparkan **bagaimana janji-janji ini digenapi.**
2. Hukum adalah **anugerah Tuhan** yang diungkapkan kepada umat itu. Para nabi terdahulu memperlihatkan **bagaimana umat merespons itu dengan sikap syukur** kepada apa yang mereka dengar (meski, sebagaimana akan kita lihat, sedihnya syukur ini kerap kali tidak memadai).
3. Kitab-kitab hukum memaparkan **penebusan Tuhan akan umat-Nya** dari Mesir (Keluaran). Para nabi terdahulu menjelaskan **bagaimana umat merespons** prakarsa Tuhan dengan hidup dalam kebenaran.
4. Kitab-kitab hukum memberitahu bagaimana **Tuhan akan memberkati ketaatan dan menghukum ketidaktaatan.** Dalam Yosua kita melihat **bagaimana satu respons ketaatan membawa kepada kemenangan,** seperti dalam perang Yerikho.

Para nabi terdahulu memberitahu kisah tragis tentang bagaimana umat memenangi Tanah Perjanjian melalui ketaatan kepada hukum, tetapi kemudian kehilangan itu karena ketidaktaatan. Dengan kata lain: lima kitab pertama adalah sebab dan kitab-kitab berikutnya adalah akibat.

## Bagaimana harusnya kita membaca Yosua?

Sebelum berfokus pada kitab Yosua sendiri kita perlu memerhatikan debat akademis yang dapat melemahkan pembacaan kita akan banyak sekali sejarah alkitabiah. Banyak sarjana beranggapan bahwa kebenaran alkitabiah bukan historis atau ilmiah tetapi moral dan keagamaan. Mereka cukup senang menerima bahwa peristiwa-peristiwa ajaib adalah bagian yang membentuk Alkitab -- sejauh orang tidak diharapkan memercayai bahwa hal-hal itu sungguh pernah terjadi! Mereka mengusulkan bahwa sejarah alkitabiah adalah 'mitos' atau 'legenda,' yang mengajarkan kebenaran atau nilai spiritual tetapi tidak memaparkan peristiwa-peristiwa yang sungguh terjadi.

Kita tidak perlu menyangkal bahwa ada bagian-bagian Alkitab yang bersifat fiksi. Perumpamaan Yesus secara teknis adalah 'mitos.' Tidak masalah entah anak yang hilang itu sungguh ada atau tidak, sebab tujuan dari kisah itu adalah menyampaikan kebenaran penting kepada para pendengar. Namun demikian, mengakui bahwa Alkitab mengandung kisah-kisah berbeda jauh dari menyetujui bahwa semua peristiwa yang dicakup dalam Alkitab adalah fiksi.

Sikap mempertanyakan kebenaran Alkitab ini mulai di abad sembilan belas, ketika para sarjana mengajukan anggapan bahwa Adam dan Hawa bukan manusia sungguhan tetapi tokoh-tokoh mitologis yang kegiatannya menjelaskan kebenaran universal. Mereka berkata bahwa Kejatuhan bukan masuknya dosa ke dalam dunia, dengan Adam dan Hawa benar-benar memakan buah yang dilarang Tuhan, tetapi adalah kisah yang memperlihatkan kebenaran universal bahwa jika Anda memberitahu seseorang tidak menyentuh sesuatu, mereka akan berkeinginan menyentuh itu!

Pendekatan ini tidak berhenti pada kisah Adam dan Hawa. Bahtera Nuh adalah berikutnya dan akhirnya hanya sedikit peristiwa alkitabiah yang luput dari pemeriksaan semacam ini. Sesudah ini tampaknya kita hanya memiliki sejenis versi alkitabiah dari *Dongeng Aesop*, yang menyampaikan kebenaran spiritual tetapi sedikit memiliki dasar historis.

Proses membaca Alkitab dari sudut pandang ini diberikan nama panjang: *demitologisasi*. Secara sederhana, ini berarti bahwa dalam rangka mendapatkan kebenaran, orang harus membuang kisahnya (mitosnya), dan dengannya semua usulan bahwa kisah bersangkutan didasari atas fakta sejarah. Unsur-unsur mukjizat atau supernatural karena itu dapat dibuang sebagai bagian dari mitos.

Demitologisasi ini tidak berhenti dengan Perjanjian Lama: Perjanjian Baru pun diserang. Kelahiran dari perawan, mukjizat-mukjizat dan kebangkitan dianggap sebagai sasaran empuk. Debat akademis ini memengaruhi pelatihan teologis, dan tidak lama terdapat para pemimpin gereja yang mengajarkan bahwa tidak penting entah kebangkitan sungguh terjadi, asalkan orang *percaya* bahwa itu benar. Menurut mereka jika tulang-belulang Yesus masih terletak membusuk di Israel, itu tidak berpengaruh kepada 'iman' kita.

Dengan mengingat latarbelakang ini, tidak perlu heran mendapatkan munculnya keprihatinan terhadap unsur-unsur dalam kitab Yosua, termasuk tentang kisah runtuhnya tembok Yerikho. Para sarjana berpikir bahwa mukjizat-mukjizat dalam kisah tesebut tidak dapat diterima sebagai kenyataan oleh pembaca dalam zaman ilmiah mutakhir. Sebaliknya mereka melihat itu hanya sebagai dongeng yang mengajarkan kita bahwa Tuhan ingin kita memenangkan peperangan kita.

Namun demikian, mendemitologisasi Yosua berarti harus memenggal ke luar sebagian besar kitab itu, sebab ada banyak yang terkesan mitos dalam kitab ini: pengeringan Yordan, runtuhnya tembok Yerikho, hujan es yang membantu memenangkan satu peperangan, dan matahari serta bulan yang diam sepanjang hari.

Bagaimana kita merespons kepada usaha melemahkan nilai historis Yosua semacam itu?

1. Jika kita menerima bahwa mukjizat tidak terjadi, hanya akan tersisa sejarah manusia murni saja untuk kita, dengan sedikit atau sama sekali tanpa manfaat rohani. **Bagian Tuhan akan sepenuhnya disingkirkan.** 'Nilai' atau 'kebenaran' akan tidak lebih ketimbang sejenis pelajaran yang dapat ditimba, misalnya, dari sejarah sekuler Tiongkok.
2. Tulisan mitis menciptakan tempat dan orang yang membedakan ia dari jenis sastra sejarah sendiri, tetapi sejarah Alkitab sama sekali berbeda. **Yosua memasukkan tempat-tempat riil** yang dapat kita kunjungi masa kini: Sungai Yordan, Yerikho dan Yerusalem. **Ia juga mencakup kelompok orang-orang riil,** yang oleh para sejarawan sekuler diakui ada pada masa ini: bani Kanaan dan bani Israel.
3. Kitab Yosua mengklaim bahwa **ia ditulis oleh para saksi mata sezamannya.** Kata ganti orang pertama majemuk 'kami' dipakai, karena para penulis merenungkan kejadian-kejadian yang telah mereka saksikan. Lebih lagi, ungkapan umum dalam teks ialah 'sampai hari ini.' Orang-orang sezaman penulis itu dapat memeriksa kebenaran rinciannya. Ini bukan dongeng tentang para tokoh mitis, tetapi rangkaian peristiwa sejarah yang dipaparkan oleh orang yang sungguh ada di sana.
4. **Arkeolog mengukuhkan banyak informasi yang diberikan dalam Yosua.** Mereka menemukan bahwa keseluruhan kebudayaan dari beberapa kota yang dicakup dalam kitab ini mengalami perubahan selewat

periode 50 tahun. Ada bukti petunjuk bahwa kota-kota seperti Hazor, Betel dan Lakhis dihancurkan antara 1250 dan 1200 SM dan penduduknya berbalik ke gaya hidup lebih sederhana. Penanggalan tentang perubahan ini cocok dengan catatan Yosua tentang bagaimana kota-kota ini telah ditaklukkan.

5. Mereka yang mempertanyakan peristiwa-peristiwa mukjizat dalam Yosua mengabaikan fakta bahwa peristiwa itu sendiri dalam dirinya tidak harus merupakan mukjizat. Tidak ada masalah untuk kita menerima hal ajaib, tetapi menarik untuk dicatat bahwa gejala sedemikian dapat dijelaskan. Misalnya, Sungai Yordan sampai sekarang mengering semasa banjir. Sungai tersebut berkelak-kelok melalui Lembah Yordan dan karena kondisi banjir, memotong bagian-bagian tepinya yang berkelok. Tepian sungai ini bisa terpotong sedemikian sampai anjlok, menyebabkan sungai itu terbendung sendirinya, terkadang sampai lima jam. Seperti itu, dalam zaman modern kita tahu bahwa bangunan besar runtuh. Katedral dan pencakar langit ada yang runtuh seperti halnya yang dipaparkan tentang tembok-tembok di kitab Yosua. **Sebenarnya yang mukjizat bukan terutama peristiwa-peristiwanya ketimbang *saat* kejadiannya.** Sungai itu mengering dan tembok runtuh tepat ketika Tuhan berkata itu akan terjadi.

6. Telah kita perhatikan bahwa Alkitab bukan sejarah tentang apa adanya Israel, karena ada banyak hal yang disingkirkan. Yosua meliput sekitar 40 tahun, namun kebanyakan dari yang terjadi dalam 40 tahun itu tidak dicatat. Kejatuhan Yeriko memenuhi sekitar tiga pasal, hal yang melampaui proporsi jika ini adalah sejarah Israel. **Sesungguhnya ini adalah sejarah**

**tentang apa yang Tuhan Israel lakukan.** Penulisnya mencatat periode ketika Tuhan bekerja, sebab Ia adalah Tuhan yang hidup, aktif dalam waktu dan sejarah, berbicara dan melakukan banyak perkara. Jika Tuhan tidak mengintervensi untuk mereka, bani Israel tidak akan pernah mendapatkan Tanah Perjanjian. Adalah mustahil bagi sekelompok mantan budak yang tidak memiliki pelatihan militer untuk pergi memasuki dan merebut tanah yang memiliki pertahanan sangat baik dan menggantikan kebudayaan yang secara manusiawi jauh lebih unggul daripada mereka. Jika pokok kitab ini adalah kegiatan Tuhan, karena itu, tidak mengherankan apabila karya-Nya melampaui pengertian manusia. Jika kita berusaha menyingkirkan bagian ini dari kisah, atau 'mendemitologisasi'-kannya, kita melemahkan keseluruhan sifat dan maksud kitab ini.

Pertanyaan tentang apakah Alkitab mitos atau sejarah pada dasarnya adalah pertanyaan pribadi: Apakah kita percaya akan Tuhan yang *hidup*? Jika jawabannya adalah ya, lalu kita dapat melihat Alkitab sebagai catatan tentang apa yang Ia katakan dan lakukan dan bertanya mengapa Ia berkata dan berbuat hal-hal ini.

Alkitab bukan saja tentang Tuhan, atau bahkan hanya tentang Tuhan Israel, ini adalah tentang sejarah Tuhan *dan* Israel -- kisah tentang hubungan mereka -- dan seperti itulah kita perlu membaca setiap kitab Perjanjian Lama, termasuk Yosua. Tidak berlebihan melihat relasi Tuhan dengan Israel sebagai suatu pernikahan. Pertunangannya terjadi dengan Abraham ketika Tuhan berjanji menjadi Tuhan Abraham dan keturunannya. Pernikahannya terjadi di Sinai ketika umat itu mendengar kewajiban dan janji yang terikat dengan hukum dan menyetujui untuk memainkan peran mereka dalam persetujuan yang mengikat yang Tuhan perkenalkan. Masa bulan madu kira-kira berlangsung hanya tiga bulan, sementara umat itu berjalan ke Tanah Perjanjian. Pengantin perempuan itu ternyata tidak siap atau sedia memercayai suaminya, maka akhirnya 40 tahun kemudian baru mereka memasuki tanah itu. Dalam Yosua kita dapatkan awal dari kehidupan bersama mereka dalam tanah yang telah disiapkan itu, tempat tinggal mereka yang baru. Mereka diberikan akta kepemilikan tetapi masih harus memasuki dan merebut tanah itu. Sedihnya pernikahan itu tidak berjalan baik dan bahkan terjadi perceraian sementara, dengan kesalahan di pihak 'istri.' Namun demikian, karena Tuhan membenci perceraian, Ia tidak pernah meninggalkan mereka.

## Isi Kitab Yosua

Penting untuk kita mendapatkan pemandangan menyeluruh tentang isi Yosua sebelum melihat ke rinciannya. Ini akan menghindarkan kita dari menarik kesimpulan tidak tepat atau tidak berdasar tentang apa artinya, sama halnya kita akan menolak untuk menilai sebuah novel dengan memilih halaman-halaman tertentu tanpa melihat keseluruhannya. Setiap kalimat dalam sebuah buku mendapatkan artinya dari konteksnya, jadi kita perlu melihat kitab ini sebagai keseluruhan lebih dulu.

Kitab ini meliput kehidupan Yosua dari usia 80 sampai 110. Kepemimpinan Musa, antara usia 80 dan 120, diliput oleh Keluaran, Imamat, Bilangan dan Ulangan. Perbedaan antara keduanya ialah bahwa Musa seorang pemberi hukum dan pemimpin sedangkan Yosua hanya pemimpin, periode pemberian hukum telah lengkap.

## Struktur

Kitab ini terbagi seperti sebuah roti apit (*sandwich*). Ada tiga bagian : dua iris roti tipis dan banyak isian di tengahnya.

- 'Iris' atasnya adalah **Pasal 1,** prakata yang memaparkan pengangkatan **Yosua sebagai pemimpin.**
- 'Iris' bawahnya adalah **Pasal 23 dan 24, khotbah terakhir** Yosua dan **kematian serta penguburannya.**

Bagian utamanya di antara dua 'iris' luar itu adalah catatan tentang bagaimana Israel memiliki tanah yang Tuhan janjikan kepada mereka, kendati fakta bahwa tanah itu sudah diduduki. Bagian tengah ini dapat dibagi lebih lanjut:

- **Pasal 2-5** meliput **kemasukan** ke tanah Kanaan melalui Sungai Yordan.
- **Pasal 6-12** memerinci bagaimana mereka **menaklukkan** tanah itu, dengan daftar 24 raja yang Yosua kalahkan diberikan di Pasal 12.
- **Pasal 13–22** meliput **pembagian** tanah itu di antara suku-suku yang telah menaklukkannya.

## Pengangkatan Yosua

Yosua berusia 80 tahun ketika ia menerima panggilannya untuk melayani sebagai pemimpin. Adalah mungkin menunjuk dua bagian pada panggilan tersebut: penguatan ilahi dan semangat manusia.

### PENGUATAN ILAHI

Tuhan memberitahu Yosua bahwa ia adalah pilihan-Nya untuk menggantikan Musa sesudah kematian Musa. Musa telah memimpin Israel ke luar dari Mesir, dan kini Yosua akan memimpin mereka ke dalam Tanah Perjanjian. Tuhan berjanji bahwa sama seperti Ia telah menyertai Musa, demikian juga Ia akan bersama Yosua. Ia memberitahu dia untuk kuat, berani dan hati-hati menaati hukum taurat. Jika ia melakukan ini ia akan berhasil.

Itu suatu penguatan, untuk awal kepemimpinannya yang menantang. Kata 'berhasil/makmur' telah disalahmengerti. Itu bukan berarti 'kekayaan,' dan mereka yang mengklaim bahwa Alkitab menjanjikan pahala finansial keliru. Itu berarti bahwa Yosua akan mencapai apa yang telah Ia tetapkan untuk capai dalam nama Tuhan.

Kata-kata penguatan ini tidak sekadar untuk kesejahteraan Yosua. Tuhan tahu bahwa kepemimpinannya akan memengaruhi moril seluruh umat Israel. Dengan pentingnya kepemimpinan Yosua dalam menolong moril, ia juga harus dipastikan bahwa moralitasnya sendiri adalah standar tertinggi. Ia bukan saja harus memimpin sekelompok orang bersenjata yang membutuhkan kata-kata penyemangat untuk berperang, ia memimpin umat Tuhan. Standar moralitas mereka memengaruhi keberhasilan mereka dalam perang juga, dan Yosua harus memberikan teladan.

SEMANGAT MANUSIA

Ketika Yosua memberitahu umat tentang keputusan Tuhan mereka antusias -- bahkan, respons tepat mereka menggemakan perintah yang telah Tuhan berikan secara pribadi kepadanya, sebab mereka juga mendorong Yosua untuk "kuat dan berani." Tambahan, mereka berjanji menaati dia sepenuhnya seperti mereka telah menaati Musa. Ini terkesan aneh, sebab perilaku bani Israel di bawah kepemimpinan Musa hampir tidak bisa disebut sebagai ketaatan dan ini merupakan salah satu alasan mengapa mereka memakai waktu 40 tahun untuk berjalan ke Tanah Perjanjian. Tetapi generasi baru ini telah belajar dari ketidaktaatan orangtua mereka. Generasi ini telah menaati Musa sewaktu Musa masih hidup, ketika mereka menaklukkan Moab dan Amon, dan kini dengan nyaman mengukuhkan dukungan mereka untuk orang baru ini. Mereka secara khusus berjanji untuk melakukan apa yang Yosua katakan kepada mereka dan untuk pergi ke mana ia mengirim mereka. Mereka memohon Tuhan menyertai Yosua sebagaimana Ia menyertai Musa.

Aspek ganda dari panggilan Yosua ini mengandung pelajaran untuk panggilan pelayanan masa kini. Kedua aspek dituntut: kepekaan karunia Tuhan bahwa seseorang dipanggil untuk suatu pekerjaan, dan respons dari hati umat Tuhan bahwa halnya memang demikian.

## Perintah Yosua

Inti kitab ini mengurusi soal Yosua memimpin umat sementara mereka memasuki tanah Kanaan. Ada tiga bagian, semuanya secara mendasar berurusan dengan tanah.

### 1. MASUK

**(i) Sebelumnya**

Sebelum masuk, Yosua mengutus dua mata-mata ke tanah itu. Ketika 12 mata-mata telah diutus 40 tahun sebelumnya, laporan negatif dari 10 di antara mereka berkontribusi kepada penolakan tak beriman dari Israel untuk memasuki tanah itu. Kali ini hanya dua orang yang dikirim masuk, mencerminkan jumlah yang telah membawa laporan baik pada kesempatan pertama itu. Mengutus mata-mata mungkin terkesan tidak beriman -- pada akhirnya, bukankah

Tuhan telah menjanjikan tanah itu kepada mereka? Tetapi mereka mempraktikkan prinsip yang Yesus pakai dalam kisah ketika Ia ada di bumi: adalah penting duduk dan menghitung ongkos sebelum Anda pergi berperang. Akan bodoh untuk bani Israel masuk Kanaan tanpa lebih dulu mendapatkan informasi maksimum tentang apa yang mungkin akan mereka hadapi.

Tempat di mana mata-mata itu menginap memberitahu banyak hal kepada kita tentang keadaan moral Kanaan. Ujungnya mereka tinggal dalam rumah pelacuran dengan seorang pelacur bernama Rahab. Jelas dari percakapan mereka dengan Rahab bahwa berita tentang kemenangan-kemenangan bani Israel atas Mesir dan bangsa-bangsa sekitarnya telah membuat penduduk setempat takut tentang prospek mereka menolak serbuan. Bahkan, Rahab sedemikian yakin bahwa Tuhan akan memberikan tanah itu kepada Israel sampai ia ingin bergabung dengan mereka. Perjanjian Baru memuji iman menakjubkan ini, sebab Rahab diikutkan dalam para pahlawan iman besar yang disebutkan dalam Ibrani.

Cara keluputan Rahab mengingatkan tentang cara hidup anak-anak sulung Yahudi diluputkan ketika malaikat maut datang ke Mesir. Mereka mengoleskan darah dari domba Paskah pada rangka pintu rumah mereka. Rahab diperintahkan untuk menggantung benang merah dari jendelanya supaya ia dan keluarganya diselamatkan dari kehancuran yang akan datang ke kota Yerikho. Dengan cara itu seakan ia menandai jendelanya dengan darah, supaya kematian tidak menyentuh rumahnya. Bukan saja imannya dipuji, tetapi Injil Matius mencatat bagaimana pelacur ini dimasukkan dalam garis kerajaan yang mencapai ke Yesus sendiri. Ini sebuah kisah yang luar biasa dan sangat menyentuh.

## (ii) Semasa

Sungai Yordan beroperasi bagaikan parit di sisi timur Kanaan, khususnya pada masa panenan ketika banjir dapat mencapai ketinggian 6 meter, dengan tanpa jembatan atau jangkat (bagian dangkal di sungai tempat menyeberang) untuk memungkinkan penyeberangan menjadi mudah. Telah kita perhatikan bahwa bisa jadi bendungan alami temporer menghentikan aliran sungai untuk memungkinkan umat menyeberang. Saat kejadiannya sempurna: punggung sungai mengering tepat saat imam di depan barisan menginjak sungai.

Mukjizat itu memungkinkan penyeberangan tetapi juga mengandung tujuan tambahan. Banyak dari generasi baru umat itu yang masuk ke tanah tersebut bersama Yosua tidak pernah menyaksikan kuasa-Nya yang dahsyat dan memiliki keyakinan akan kepemimpinan Yosua sementara ia memimpin mereka melawan orang Kanaan dan ke dalam Tanah Perjanjian. Tuhan menyertai dia sebagaimana Ia telah menyertai Musa.

## (iii) Sesudahnya

Kemah pertama mereka di Tanah Perjanjian adalah di Gilgal, tempat terbuka dekat ke kota berbenteng Yerikho yang telah dibangun untuk menghalangi serbuan dari timur sampai ke bukit-bukit. Ketika bani Israel tiba mereka melakukan tiga hal:

1. Mereka **mengambil 12 batu dari dalam Sungai Yordan dan membuat sebuah tumpukan** sebagai pengingat untuk generasi masa depan tentang bagaimana Tuhan telah mengeringkan sungai itu. Peringatan adalah bagian penting dari kesalehan Perjanjian Lama. Israel memiliki banyak pengingat dalam kebudayaan

mereka tentang apa yang telah Tuhan lakukan untuk mereka di masa lalu. Tumpukan batu-batu adalah metode favorit untuk menandai sebuah tempat penting, dengan 12 batu mewakili 12 suku.
2. Mereka **menyunat semua laki-laki.** Generasi baru itu belum menjalani upacara perjanjian ini, yang pada mulanya diperkenalkan dengan Abraham. Yosua ingin mengikuti hukum sampai kepada hurufnya -- kondisi spiritual umat itu penting artinya.
3. Mereka **menamai tempat itu Gilgal, yang berarti 'menggulingkan,'** sebab Tuhan telah 'menghapuskan' aib atau cela dari Mesir.

Tuhan juga melakukan sesuatu ketika mereka memasuki tanah itu: Ia berhenti mengirimkan manna. Selama 40 tahun bani Israel telah makan persediaan keseharian ini, tetapi kini mereka mencapai tanah subur Kanaan, 'tanah yang melimpah susu dan madunya,' dan manna berlebihan. Bahkan masa kini ada buah-buah nikmat seperti jeruk dan jeruk besar (*grapefruit*) yang dijual di Yerikho.

**(iv) Panglima bala tentara TUHAN**
Yerikho adalah kota pertama yang harus diserang, tetapi sebelum perang Yosua mengalami sesuatu yang luar biasa. Ia mendatangi kota itu pada waktu malam untuk melihat sendiri perbentengan kota itu secara langsung dan ia ditemui oleh seseorang bersenjata. Yosua curiga orang ini adalah musuh dan bertanya apakah ia teman atau musuh. Ia terkejut menerima jawaban 'Bukan,' sebuah jawaban yang tidak masuk akal! Tetapi kemudian orang itu menambahkan bahwa ia bukan bagian dari orang Ibrani atau Kanaan, tetapi termasuk kekuatan Tuhan, terlibat dengan pasukan surgawi dan bukan bumiah. Praktis ia menanyai

Yosua ada di pihak mana! Pribadi tersebut tidak lain adalah komandan bala tentara Tuhan sendiri, yi. malaikat senior, malaikat kepala atau bahkan prainkarnasi sang Anak Tuhan sendiri. Yosua diingatkan bahwa ia bukan pemimpin tertinggi dalam pasukan Tuhan, melainkan hanya bawahan. Pengalaman itu juga membuat jelas baginya bahwa ia tidak berperang sendirian, juga ia bukan komandan sejati Israel -- ia adalah hamba dari Tuhan dan umat itu.

## 2. MENAKLUKKAN

Strategi militer untuk merebut tanah itu jelas -- mereka harus membagi dan menaklukkan. Yosua langsung membelah ke tengah Kanaan dan kemudian, sesudah membagi musuh ke dalam dua kelompok, ia menaklukkan yang selatan kemudian yang utara. Strategi ini mencegah kekuatan di Kanaan untuk bersatu, dan berarti bahwa Israel dapat mengatur jumlah yang diperangi, dengan tiap kali mengurusi satu wilayah tertentu bergantian.

Pandangan bahwa Yosua adalah sejarah nubuatan digarisbawahi oleh ruang yang diberikan untuk dua kota pertama yang diserang. Yerikho dan Ai diangap paling penting. Pelajaran moralnya, baik keberhasilan positif maupun kegagalan negatif, yang dipelajari dari dua serangan awal, akan diteguhkan dalam keterlibatan berikutnya; tetapi penafsiran nubuatannya tidak perlu diulang.

### (i) Pusatnya

*Yerikho*

Yerikho purba terletak satu mil menyusur jalan dari Yerikho modern. Reruntuhannya hari ini adalah Tel Es Sultan yang menyatakan bahwa Yerikho adalah kota tertua dalam dunia, dengan penanggalan dari 8000 SM dan mengandung bangunan tertua dalam dunia, menara bulat dengan tangga spiral di dalamnya. Peninggalan ini telah digali dan, tentu saja pertanyaan utamanya adalah apakah tembok-tembok yang runtuh pada masa Yosua dapat ditemukan. Pada 1920an arkeolog John Garstang berpikir ia telah menemukannya, hanya untuk ditentang oleh Kathleen Kenyon, yang menegaskan bahwa Yerikho bahkan tidak ditaklukkan di masa Yosua! Namun demikian, ahli tentang Mesir (Egyptologist) David Rohl memperbaiki penanggalan itu dan menemukan reruntuhan tembok dan bangunan terbakar di tingkat lainnya dalam penggalian (lihat bukunya yang penting *The Test of Time,* Century, 1995, menurut serial TV dengan judul sama, yang meliputi temuannya peninggalan dari masa Yusuf di Mesir, dan bahkan tulisannya yang lebih penting *Legend: The Genesis of Civilization,* Century, 1998, yang menentukan lokasi taman Eden, masih penuh dengan pohon-pohon buah -- dan ia sama sekali bukan orang percaya!)

Ketika Yerikho akhirnya jatuh, Yosua mengutuki setiap orang yang berusaha membangunnya kembali. Ia berkata bahwa anak sulung mereka akan mati ketika fondasinya diletakkan, dan anak termuda mereka akan mati ketika pintu gerbang dipasang. Kitab Raja-raja mencatat usaha untuk membangun ulang kota itu 500 tahun kemudian, ketika kutuk itu menjadi nyata persis seperti yang diucapkan sebelumnya. Karena itu, meski boleh saja ada yang berharap terjadinya pekerjaan pembangunan berlangsung di atas reruntuhan itu, kutuk itu sungguh suatu penghalang. Reruntuhan Yerikho, dibiarkan terbuka kepada cuaca dan memungkinkan orang mengambil batu-batunya untuk bangunan lainnya. Ketiadaan beberapa tembok dengan demikian menolong pengukuhan kebenaran catatan Alkitab.

Para arkeolog telah mengukuhkan ukuran tembok dari bangunan yang serupa. Mereka mengusulkan bahwa tembok Yerikho tingginya 11 meter, dengan ketebalan 2 meter dan 3,5-4,5 meter celah antara tembok luar itu dan tembok bagian dalam yang tebalnya 3,5 meter. Tembok-tembok itu menjadi penghalang sambil kota itu tumbuh, jadi rumah-rumah bertengger berdekatan satu sama lain di atas tembok. Mudah mengerti bagaimana getar bumi dapat meruntuhkan seluruh perumahan itu ke bawah. Teks mengatakan bahwa bunyi berkelanjutan dari trompet tanduk 40.000 orang adalah pemicunya, maka mungkin bunyi suara itu cukup -- mirip halnya penyanyi opera dapat memecahkan bola lampu jika ia menyanyi dengan intensitas dan tinggi nada tertentu. Satu-satunya rumah yang tetap berdiri adalah yang memiliki tali merah tergantung dari jendela -- rumah pelacur Rahab, dipertahankan karena imannya akan Tuhan Israel.

Kehancurannya sedemikian hebat sampai tidak perlu pertempuran -- bani Israel hanya berjalan masuk dan merebut kota itu. Tetapi perayaan kemenangan disertai syarat. Tuhan memberitahu mereka bahwa kota ini punya-Nya, seperti halnya 'buah sulung' dari panenan. Mereka harus sadar bahwa ini adalah kemenangan Tuhan, bukan mereka. Kota-kota yang ditaklukkan di masa depan boleh dijarah, tetapi Yerikho tidak. Namun begitu, satu orang tidak menaati perintah itu, dan fakta ini berkaitan dengan kisah berikutnya.

## *Ai*

Kota Ai yang berkembang itu terletak lebih jauh dari Yerikho ke atas bukit. Tetapi kali ini perang itu kalah. Israel membuat dua kesalahan. Pertama terlalu yakin: Yosua memakai lebih sedikit pasukan, karena percaya menaklukkan kota ini akan semudah seperti halnya dengan

Yerikho. Mereka belajar pelajaran penting, adalah fatal berpikir bahwa karena Tuhan sekali pernah memberkati, Ia akan melakukannya lagi dengan cara sama.

Orang yang mengambil beberapa jarahan dari Yerikho membuat kesalahan kedua. Akhan telah mengambil sebuah jubah Babilon, 200 uang syikal perak dan sebatang emas yang beratnya 50 syikal, dengan berpikir bahwa hilangnya barang-barang ini tidak akan diketahui. Ketika pasukan Yosua pertama menyerang Ai, mereka dikalahkan dan mereka kabur. Yosua putus asa dan bertanya kepada Tuhan mengapa Ia membiarkan ini terjadi, khususnya kini bahwa reputasi mereka sedang tumbuh. Tuhan menjelaskan bahwa Israel telah berdosa; seorang dari mereka telah mengambil sesuatu yang dikhususkan bagi Tuhan. Maka mereka membuang undi untuk menemukan suku, klan, lalu akhirnya keluarga Akhan.

Undian mungkin terkesan cara yang aneh untuk menentukan suatu isu yang sedemikian besar, tetapi bani Israel percaya bahwa Tuhan mengendalikan setiap situasi dan akan memungkinkan orang tersebut ditemukan melalui pengambilan undian, dan demikianlah itu terbukti. Metode yang sama dipakai sepanjang sejarah Israel. Imam menyandang sebuah batu hitam dan sebuah batu putih di dalam penutup dadanya, yang disebut Urim dan Tumim. Orang akan memakai ini untuk mengenali apa yang harus mereka buat. Apabila yang putih yang disebut Urim yang diambil jawabannya positif, dan bila yang hitam yang diambil itu berarti negatif. Praktik ini berlanjut di antara umat Tuhan sampai kedatangan Roh Kudus pada Pentakosta. Sejak saat itu Roh Kudus yang membimbing umat-Nya dan metode itu tidak lagi dipakai.

Akhan tahu ia bersalah. Andai ia mengakui lebih awal, ia mungkin telah diampuni, tetapi ia menolak untuk mengaku dengan jujur. Keluarganya pun terlibat dalam kejahatan itu sebab mereka tidak membukakan kesalahannya, dan mereka semua dirajam sampai mati. Sangat mengerikan bahwa dosa satu orang dapat menyebabkan seluruh umat menderita aib seperti itu.

Ketika dosa itu sudah diurus, bani Israel kembali memerangi Ai dan kali ini mereka menang.

## *Gunung Ebal dan Gunung Gerizim*

Sesudah kehancuran Ai, Yosua memimpin umat Israel ke dua gunung di bagian pusat tanah itu. Musa telah memberikan perintah jelas mengenal pembaruan perjanjian yang telah Tuhan buat dengan mereka di Sinai. Mereka harus menuliskan hukum-hukum yang telah ia berikan atas batu-batu yang tidak dipahat dan mereka kemudian dibagi ke dalam dua kelompok, yang satu berdiri di Gunung Gerizim meneriakkan berkat-berkat perjanjian dan yang lainnya di Gunung Ebal meneriakkan kutukan. Kedua bukit itu membentuk semacam ampiteater alami, sehingga masing-masing kelompok dapat mendengar yang lain dan merespons dengan 'amin' kepada apa yang diteriakkan.

**(ii) Selatan**

Kendati peneguhan perjanjian ini, umat itu masih saja rentan, dan dengan cepat membuat kesalahan besar dalam perlakuan kepada orang Gibeon. Orang Gibeon adalah kelompok suku di tanah Kanaan yang menyadari bahwa tidak mungkin mereka sanggup bertahan terhadap serangan bani Israel. Mereka malah memilih untuk menipu. Mereka mengunjungi Israel dengan memakai pakaian dan sepatu tua dan membawa kerbat anggur dan kantong usang, serta roti yang telah berjamur. Mereka mengklaim datang dari negeri jauh dan berkata mereka telah mendengar tentang Israel dan ingin mendapatkan perlindungan.

Teks berkata bahwa orang Israel menerima mereka begitu saja dan tidak bertanya kepada Tuhan. Sesudahnya baru mereka sadar akan kesalahan mereka, tetapi sudah terlambat, dan empat kota yang kepunyaan orang Gibeon tidak boleh disentuh sebab sumpah yang dibuat bani Israel untuk memelihara kehidupan mereka. Orang Gibeon dilindungi oleh perjanjian yang mereka dapat melalui akal bulus itu, dan melayani sebagai penebang pohon serta hamba orang Israel, jadi Israel tidak bisa mengusir orang-orang ini dari tanah itu.

Gibeon terus menjadi bagian dari kisah itu. Raja Yerusalem, Adoni-Zedek, mendengar tentang kesepakatan yang orang Gibeon buat dengan Israel dan mengajak empat raja Amori untuk bergabung dengannya dan menyerang Gibeon. Orang Gibeon meminta pertolongan Israel dan perang mulai. Tuhan menjamin kemenangan bani Israel, mengirimkan hujan es sedemikian besarnya sampai yang mati olehnya melebihi yang mati karena pedang. Pada saat itulah Yosua memohon mukjizat luar biasa. Ia tahu ia tidak mungkin dapat lanjut menaklukkan musuh apabila hari sudah gelap -- ketika matahari terbenam semua pertempuran berhenti, apa pun keadaan perangnya, sebab tidak mungkin membedakan siapa teman dan siapa lawan. Karena itu Yosua membuat permohonan doa yang belum pernah ada sebelumnya bahwa matahari berhenti dalam rangka supaya perang dapat lanjut! Peragaan iman mencengangkan ini dihargai, dan kita membaca bahwa sepanjang hari matahari berhenti di angkasa. Kemenangan pun lengkap.

Sebelum ini saya telah menyebutkan bahwa kisah-kisah semacam itu telah menyebabkan keraguan tentang kesungguhan peristiwa Yosua itu terjadi. Bukankah kedengarannya seperti dongeng? Mr Harold Hill, Presiden dari the Curtin Engine Company di Amerika Serikat, adalah konsultan untuk Program Angkasa Luar Amerika. Ia menulis artikel berikut ini dalam surat kabar Evening World di Spencer, Indiana, yang kemudian muncul di English Churchman pada 15 Januari 1971:

> Saya pikir salah satu hal paling ajaib yang Tuhan berikan untuk kita masa kini terjadi baru-baru ini pada para astronot dan saintis ruang angkasa kami di Green Belt, Indiana. Mereka sedang memeriksa posisi matahari, bulan dan planet-planet di angkasa luar di mana posisi mereka pada 100 sampai 1,000 tahun dari sekarang. Kami harus mengetahui ini supaya kami tidak mengirim satelit dan kemudian hari ia bertabrakan dengan sesuatu yang ada di orbitnya. Kami harus menata orbitnya dalam artian menata hidup satelit itu dan dimana planet-planet akan berada supaya tidak terjadi kesalahan.
> 
> Dengan komputer mereka menjalankan pengukuran mundur dan maju melintas abad-abad dan komputer lalu berhenti. Komputer itu berhenti lalu mengeluarkan sinyal merah yang berarti bahwa ada sesuatu yang salah dengan informasi yang diberikan kepadanya atau dengan hasilnya dibandingkan dengan standarnya. Mereka memanggil departemen layanan untuk memeriksa dan mereka berkata, "Ini sempurna." Kepala operasi berkata, "Ada salah apa?"
> 
> "Wah, kami telah menemukan ada satu hari hilang di angkasa dalam perjalanan waktu." Mereka bingung dan agaknya tidak ada jawaban. Lalu seorang di tim mengingat ia pernah diberitahu di sekolah Minggu

tentang matahari yang tetap diam. Mereka tidak percaya dia tetapi mengingat tidak ada alternatif lain mereka meminta Alkitab dari dia dan mendapatkan itu -- yang ia dapatkan di kitab Yosua 10:12-14 "Maka matahari berhenti dan bulan tidak berpindah... matahari berhenti di tengah-tengah langit dan lambat laun terbenam kira-kira sehari penuh." Sang angkasawan berkata, "Itu dia hari yang hilang itu."

Maka mereka mengecek komputer menelusur waktu balik ke waktu yang tertulis tersebut dan mendapatkan itu mendekati tetapi tidak cukup dekat. Selang waktu yang hilang di masa Yosua itu 23 jam dan 20 menit -- bukan sehari penuh. Mereka membaca ulang Alkitab dan dikatakan kira-kira satu hari! Kata-kata singkat dalam Alkitab itu penting. Tetapi mereka masih bertanya-tanya sebab jika Anda tidak dapat menghitung yang 40 menit Anda akan mengalami masalah 100 tahun dari sekarang. Empat puluh menit itu harus ditemukan sebab itu dapat dilipatgandakan banyak kali dalam orbit. Lalu orang yang sama itu kembali mengingat bahwa di satu tempat dalam Alkitab dikatakan bahwa matahari mundur. Para angkasawan berkata kepadanya bahwa pikirannya terganggu tetapi mereka ambil Alkitab lagi dan mendapatkan bagaimana Hizkia di ranjang kematiannya dikunjungi oleh nabi Yesaya yang memberitahu dia ia tidak akan mati dan Hizkia menanyakan apa tandanya. "Inilah yang akan menjadi tanda bagimu dari TUHAN, bahwa TUHAN akan melakukan apa yang telah dijanjikan-Nya: Akan majukah bayang-bayang itu sepuluh tapak atau akan mundur sepuluh tapak?" Hizkia berkata: "Itu perkara ringan bagi bayang-bayang itu untuk memanjang sepuluh tapak! Sebaliknya, biarlah bayang-bayang itu mundur ke belakang sepuluh tapak." Lalu berserulah nabi Yesaya kepada TUHAN, maka dibuat-Nyalah bayang-bayang itu mundur ke belakang sepuluh tapak, yang sudah dijalani bayang-bayang itu pada penunjuk matahari buatan Ahas." (2 Raja-raja 20)

Sepuluh derajat (langkah) itu tepat 40 menit. Maka 23 jam dan 20 menit di Yosua tambah 40 menit di 2 Raja-raja menjadi 24 jam yang hilang itu yang harus mereka masukkan ke dalam buku log sebagai hari yang hilang dalam alam semesta.

Orang-orang yang tidak memercayai Alkitab pasti akan mengalami kesulitan untuk menerima penjelasan ini!

Serangan dari selatan berlanjut dengan kemenangan atas Betel dan Lakhis (yang kita ketahui dari arkeologi telah dihancurkan antara 1250 dan 1200 SM). Seluruh wilayah itu ditaklukkan.

**(iii) Utara**
Sesudah menaklukkan selatan, umat itu beralih perhatian ke utara. Raja-raja utara sadar tentang keberhasilan yang dicapai bani Israel, kemudian mempersatukan kekuatan mereka untuk perang. Namun demikian, sekali lagi Tuhan meyakinkan bani Israel akan kemenangan: kereta perang musuh mereka dibakar dan kuda-kuda mereka dilumpuhkan.

Kota-kota di dataran tinggi satu-satunya yang tidak dihancurkan total, terlepas dari Hazor yang dibakar oleh Yosua. Arkeolog mengukuhkan bahwa kota itu hancur oleh api saat ini, antara 1250 dan 1200 SM.

Dengan selesainya penaklukan, kita diberikan kesimpulan menarik tentang kegiatan bani Israel, termasuk pernyataan bahwa Tuhan mengeraskan hati bangsa-bangsa itu supaya mereka maju memerangi Israel. Jelas dosa mereka sedemikian besar sampai pemusnahan menyeluruh adalah satu-satunya solusi.

## 3. PEMBAGIAN

Sebelum maju lebih jauh, kita harus membedakan antara *pendudukan* dan *penaklukan*. Pendudukan merujuk ke tempat-tempat; penaklukan merujuk ke manusia. Meski tanah itu milik mereka, karena orangnya telah ditaklukkan, bani Israel masih memiliki banyak tanah untuk diduduki. Kebanyakan dari sisa kitab ini diisi dengan proses tersebut.

Pembagian tanah ditentukan dengan undian nasional, yang membuat sebagian orang percaya bahwa Tuhan mengizinkan semacam undian yang masa kini berlangsung di banyak negara, termasuk Inggris. Namun demikian, ada satu perbedaan penting yang perlu dimengerti. Undian dirancang supaya manusia tidak dapat memengaruhi hasilnya. Israel memilih undian khususnya supaya Tuhan dapat memengaruhi hasilnya. Pada akhirnya, jika *Tuhan* dapat mengendalikan matahari, hal ini kecil bagi-Nya.

### (i) Tepi timur

Tanah itu sendiri menakjubkan, dan Yosua mencatat bagaimana tanah itu diteliti. Ukurannya kira-kira sama dengan Wales di Inggris atau Jawa Barat dan Banten, ini adalah satu-satunya wilayah yang hijau di Timur Tengah. Padang gurun Arabia terletak di sebelah timur, gurun Negeb di selatan. Hujan datang dari Mediteranea.

Musa telah berjanji bahwa kaum Ruben, Gad dan setengah suku Manasye akan diberikan tanah subur di sebelah timur Yordan, asalkan mereka menolong dalam perang untuk Kanaan. Yosua menghormati janji itu.

Sepanjang pembagian tanah itu, kata kuncinya adalah 'warisan.' Tanah tersebut adalah warisan untuk Israel, bukan hanya untuk seketika, bukan hanya untuk masa hidup para pemenang, tetapi sebagai tempat tinggal permanen yang diteruskan kepada keturnnan mereka.

**(ii) Tepi barat**

*Di Gilgal: 2 1/2 suku*

Kaleb adalah salah seorang dari mata-mata yang telah memberikan laporan positif tentang tanah itu ketika 12 mata-mata diutus 45 tahun sebelumnya. Kini di usia 85, kita baca bahwa ia masih sekuat ketika berusia 40. Ia mendatangi Yosua dan meminta izin untuk mengambil bukit negeri yang telah dijanjikan kepadanya banyak tahun sebelumnya itu. Yosua memberkati dia dan memberikan kota Hebron kepadanya.

Para putri Manasye mengingatkan Yosua tentang janji Musa memberikan tanah untuk mereka juga. Keluarga Yusuf mengklaim berjumlah terlalu banyak untuk tanah itu dan karenanya diberikan wilayah berhutan untuk dibersihkan.

Kitab ini memberikan garis besar cukup rinci tentang kota-kota dan desa-desa yang dibagikan ke masing-masing suku dengan sewaktu-waktu rujukan ke hal lain. Kita baca misalnya, kegagalan bani Israel mengalahkan musuh ketika Yehuda tidak dapat mengusir orang Yebus di Yerusalem.

*Di Silo: 8 1/2 suku*

Beberapa suku masih belum mendapatkan tanah, maka masing-masing suku memilih orang laki-laki untuk menyelidiki daerah perbatasan dalam rangka membagi tanah itu lebih lanjut.

### (iii) Kota-kota khusus

*Perlindungan*

Ada enam kota khusus untuk berlindung, tiga di masing-masing tepi Yordan, di mana mereka yang menyebabkan kematian orang lain dapat melarikan diri ketika mereka dikejar oleh orang yang berniat membalas. Dalam hukum Yahudi ada pembedaan antara menyebabkan kematian karena kecelakaan dan membunuh dengan sengaja. Kota-kota ini memungkinkan hukum itu dapat diterapkan.

*Orang Lewi*

Ketika tanah itu telah dibagikan, teks menjelaskan bahwa orang Lewi tidak mendapatkan tanah seperti suku-suku lainnya, tanpa tanah wilayah milik mereka. Kita diberitahu bahwa Tuhan adalah bagian warisan mereka -- melayani Tuhan cukup untuk mereka. Tentu saja, masing-masing orang Lewi harus hidup di tempat tertentu dan kota-kota dengan tanah penggembalaan di bagian untuk mereka, tersebar di antara suku-suku lainnya.

### (iv) Mezbah di tepi timur

Menjelang akhir kitab Yosua kita diberitahu bagaimana sesuatu yang bisa menjadi tragedi telah dihindari. Ketika dua setengah suku kembali menyeberangi Yordan ke perbatasan mereka di tepi timur, Yosua mendorong mereka untuk sungguh mengasihi Tuhan, hidup dalam jalan-Nya dan menaati perintah-Nya. Namun demikian, tidak lama setiba mereka kembali, mereka membangun sebuah mezbah di Peor, di dekat Yordan. Suku-suku lainnya menganggap ini sebagai penyembahan berhala dan langsung menyatakan perang. Untungnya, mereka memutuskan untuk bicara sebelum serangan pertama dilancarkan. Suku yang 'salah' itu mengklaim bahwa mezbah baru itu adalah cara mereka untuk mengingat bahwa mereka masih merupakan bagian dari umat Tuhan yang ada di tepi seberang sungai itu. Ini meredakan para pemimpin suku lain yang prihatin itu dan perang pun dapat dihindari.

## Komitmen Yosua

Dua pasal terakhir merupakan penutup mengharukan untuk kitab ini. Yosua sadar tentang usianya yang lanjut. Ia tahu ia segera akan mati dan karenanya ingin membuat persediaan untuk masa depan bangsa itu.

Penting diingat bahwa meski Musa mengangkat Yosua sebagai penggantinya, Yosua tidak menunjuk seorang pengganti untuk dirinya. Ini mungkin terkesan aneh, tetapi sejak itu tugas kepemimpinan tidak dapat diserahkan kepada satu orang saja. Kebutuhan kepemimpinan telah berbeda, umat itu tersebar di seluruh tanah itu, dan satu orang tidak dapat memimpin dengan tepat dengan begitu banyak wilayah untuk diliput. Maka Yosua menyerahkan tugas itu kepada mereka semua.

Pesan Yosua sangat tegas: Tuhan tidak saja telah menjanjikan akan memberkati mereka apabila mereka taat tetapi mengutuk mereka apabila mereka tidak taat. Tuhan telah membawa mereka masuk ke tanah itu sesuai yang Ia janjikan, tetapi mereka mesti menaati hukum taurat jika mereka ingin mengalami perkenan-Nya secara berkelanjutan.

Yosua mengembalikan semua pujian tentang keberhasilan memiliki tanah itu kepada Tuhan. Meski ia telah memimpin umat itu, ia menyadari bahwa Tuhan yang telah berperang untuk mereka dan mereka harus bersyukur kepada-Nya atas keberhasilan mereka. Ia menyimpulkan pidatonya dengan meminta bani Israel untuk bersumpah setia kepada Tuhan.

Pasalnya terakhir sama sekali dalam gaya yang berbeda. Di sini Yosua bicara dalam kata ganti orang pertama tunggal sebagaimana yang ia buat di pasal sebelumnya, tetapi kali ini 'Aku' berarti Tuhan. Pesan terakhirnya ini adalah nubuatan dan dimengerti demikian oleh umat tersebut.

### (i) Anugerah
Pertama Tuhan mengingatkan umat itu tentang semua yang telah Ia lakukan untuk mereka. Tidak ada disebutkan tentang peran Yosua.

### (ii) Syukur
Kini Yosua yang bicara, mendorong umat itu untuk takut Tuhan, melayani Dia, setia dan membuang dewa lain mana pun. Kemudian ia bicara untuk dirinya sendiri dan isi keluarganya, dengan berkata, "Kami akan melayani Tuhan."

Umat setuju untuk mengikuti Tuhan bersama Yosua, yang mendirikan batu sebagai saksi. Tiga kali umat menyatakan, "Kami akan melayani Tuhan."

Ayat terakhir kitab ini mencatat tiga penguburan: penguburan Yosua, penguburan tulang Yusuf dan penguburan Eleazar. Selama 40 tahun mereka telah membawa peti berisi tulang-tulang Yusuf, sebab pesannya menjelang mati agar ia dikuburkan di Tanah Perjanjian. Kini akhirnya tulang-tulang itu dapat diletakkan untuk beristirahat di tanah yang telah diharapkan oleh Yusuf.

Maka tiga penguburan mengakhiri kitab ini. Kita diberitahu bahwa selama Yosua dan generasi para pemimpinnya hidup, umat itu setia kepada Tuhan. Namun begitu, ketika generasi berikutnya tumbuh, hal-hal buruk terjadi. Kita dapat menyimpulkan pelajaran dari kitab Yosua dalam dua ungkapan sederhana:

- Tanpa Tuhan mereka tidak **dapat** melakukan itu.
- Tanpa mereka Tuhan tidak **akan** melakukan itu.

Inilah dua pelajaran sangat penting. Mudah untuk menyerahkan semua tanggungjawab pada Tuhan atau memikul semua itu pada diri kita sendiri. Alkitab memiliki keseimbangan: tanpa Tuhan kita tidak dapat melakukan itu, tetapi tanpa kita Ia tidak akan melakukan itu. Perubahan kata kerja itu sangat penting -- ini bukan berarti bahwa tanpa kita Ia tidak dapat, melainkan tanpa kita Ia tidak *akan*. Jika Yosua dan umat Israel tidak bekerja sama dengan Tuhan, kemasukan mereka ke Tanah Perjanjian tidak akan terjadi, namun tanpa Tuhan dan campur tangan-Nya, mereka tidak mungkin sanggup melakukan itu.

## Intervensi Ilahi

### 1. FIRMAN TUHAN

Firman Tuhan menonjol dalam kitab Yosua sambil kita mendengar perjanjian-Nya yang khidmat kepada Israel yang tidak akan Ia langgar. Ia telah bersumpah dengan diri-Nya sendiri bahwa Ia akan diam bersama mereka, dan tanah itu adalah karunia yang dijanjikan-Nya. Tuhan selalu memelihara Firman-Nya -- Ia tidak dapat berdusta. Maka Yosua memberitahu kita bahwa Tuhan memberi kepada Israel semua tanah yang dengan bersumpah Ia nyatakan akan Ia berikan kepada leluhur mereka.

## 2. PERBUATAN TUHAN

Perbuatan Tuhan berkaitan dengan firman-Nya. Kita diberitahu bahwa Tuhan akan berperang untuk Israel, ia akan mengusir bangsa-bangsa lain ke luar dari tanah itu.

Yosua penuh dengan mukjizat fisik: pembelahan Sungai Yordan, penghentian mendadak penyediaan manna, runtuhnya tembok Yerikho, hujan es yang menolong mengalahkan lima raja-raja, pemanjangan siang dengan membuat matahari 'tetap diam,' dan penarikan undian untuk menentikan bagaimana tanah itu harus dibagikan.

Kitab Yosua secara teliti memberikan kemuliaan kepada Tuhan karena peristiwa-peristiwa menakjubkan ini. Tuhan sungguh bersama Israel, Nama immanuel mengandung empat kemungkinan arti atau tekanan arti:

1. *Tuhan* ada beserta kita!
2. Tuhan *ada* beserta kita!
3. Tuhan ada *beserta* kita!
4. Tuhan ada beserta *kita!*

Empat versi menyampaikan arti teks alkitabiah ini. *Immanuel* berarti Tuhan ada di pihak *kita* -- tekanannya adalah bahwa Ia akan berperang untuk kita, bukan mereka. Kitab Yosua adalah kesaksian kepada kebenaran ini.

## Kerjasama manusia -- positif

Tuhan bekerja melalui kerjasama manusia. Ia tidak berperang sendiri: Bani Israel harus pergi ke medan perang dan menghadapi musuh untuk diri mereka sendiri. Tanpa mereka Tuhan tidak akan melakukan itu -- mereka harus masuk ke tanah itu, mereka harus mengambil tindakan.

Tuhan berkata bahwa setiap jengkal tanah itu yang sungguh mereka injak akan Ia berikan kepada mereka.

## 1. SIKAP MEREKA

**Tidak takut (negatif)**
Dalam mengambil tindakan dan memasuki tanah itu, bani Israel tidak boleh takut. Itulah perintah yang diberikan kepada Yosua pada awalnya. Ini telah menjadi sebab kegagalan umat itu 40 tahun sebelumnya ketika mereka menolak untuk memasuki Kanaan.

**Tetapi iman (positif)**
Jika mereka ingin memenangi setiap peperangan, sikap mereka haruslah yakin dan taat. Iman ini menyatakan dirinya dalam tindakan dengan mereka menaati perintah Tuhan untuk maju mengepung Yerikho tujuh kali dalam keheningan, ketika sesungguhnya mereka akan lebih memilih untuk maju dan langsung saja berperang. Mereka juga harus siap menerima risiko. Yosua menerima risiko ketika di depan orang banyak ia memohon Tuhan untuk menghentikan matahari.

## 2. TINDAKAN MEREKA

Keyakinan mereka menuntun kepada ketaatan. Mereka harus bertindak atas Firman Tuhan -- mereka harus melakukan apa yang Ia katakan. Ini mengingatkan kita bahwa karunia Tuhan harus diterima. Bani Israel diberikan setiap jengkal tanah yang atasnya mereka menjejakkan kaki mereka, tetapi ini berarti mereka harus melakukan sesuatu untuk membuat warisan itu milik mereka; itu tidak terjadi dengan sendirinya.

Ada keseimbangan yang rumit yang harus dicapai

antara iman dan tindakan, yang disimpulkan dengan cemerlang oleh Oliver Cromwell, yang suatu kali berkata kepada pasukannya, "Percayalah kepada Tuhan dan jaga mesiumu kering." Atau C. H. Spurgeon yang berkata, "Berdoalah seakan semuanya bergantung pada Tuhan dan bekerjalah seakan semuanya bergantung pada Anda."

Jika sikap bani Israel menjadi yakin pada diri sendiri dan tindakan mereka menjadi tidak taat, mereka akan kalah dalam setiap peperangan. Itulah sebab dua bagian utama Yosua meliput kisah Yerikho dan kisah Ai, satu serangan keberhasilan, satu lagi (awalnya) kegagalan. Jika kita belajar pelajaran dari dua kota itu maka kita siap untuk penaklukan tanah itu.

## Kerjasama manusia – negatif

Alkitab adalah buku yang sangat jujur. Ia menyoroti baik kelemahan maupun kekuatan. Kitab Yosua memberitahu kita tentang tiga kesalahan yang bani Israel buat ketika mereka mengambil tanah itu.

Kesalahan pertama adalah Ai. Mereka dikalahkan oleh pasukan yang lebih unggul sebab mereka terlalu percaya diri. Generasi pendahulu telah kurang percaya diri, dan kesalahan mereka karenanya adalah takut, tetapi generasi ini terlalu percaya diri dan karenanya kesalahan dalam kebodohan. Kedua sikap itu sama merusaknya.

Kesalahan kedua adalah ketika orang Gibeon mengakali mereka sampai membuat kesepakatan untuk melindungi mereka. Keengganan mereka untuk lebih dulu bertanya kepada Tuhan apa yang harus diberikan menjadi sebab kebodohan mereka pada kesempatan ini.

Kesalahan ketiga adalah ketika dua setengah suku membangun mezbah di tepi timur Yordan dan suku-

suku di sisi lain sungai menuduh mereka berkhianat dan berpaling dari Tuhan. Kesalahmengertian yang timbul nyaris menyebabkan perang sipil.

## Penerapan Kristen

Di 1 Korintus 10 dan Roma 15 kita diberitahu bahwa segala sesuatu di masa lampau dituliskan untuk pembelajaran kita. Bagaimanakah kitab Yosua dipakai di Perjanjian Baru, dan bagaimana kita menerapkan apa yang kita pelajari darinya masa kini?

### Iman

Dalam Ibrani 11 Yosua dan Rahab si pelacur dipakai sebagai contoh iman. Mereka adalah bagian dari "para saksi yang seperti awan banyaknya" yang mengelilingi kita.

Yakobus berkata bahwa iman tanpa tindakan mati, tidak dapat menyelamatkan kita. Kembali Rahab dipakai sebagai suatu contoh, tentang bagaimana ia menyembunyikan mata-mata itu dan meninggalkan masa lalu dalam rangka menyambut iman Israel.

### Dosa

Kitab ini juga memberikan kita gambaran pengingat tentang masalah yang dapat disebabkan oleh dosa di antara seluruh umat. Dalam Perjanjian Baru kejadian dengan Ananias dan Safira cocok sekali dengan dosa Akhan. Kisah Rasul menceritakan bagaimana pasangan itu berbohong tentang uang yang mereka tahan dari sumbangan umum untuk gereja, sementara Akhan menipu umat dengan memiliki barang-barang yang ia curi dari Yerikho. Akibat dari kedua kasus ini sama -- hukuman Tuhan. Ananias dan Safita langsung diserang kematian, sedangkan Akhan dirajam sampai mati oleh umat itu.

## Keselamatan

Kitab ini juga merupakan gambaran mulia tentang keselamatan. Nama Yosua yang aslinya adalah Hosea, berarti 'keselamatan,' tetapi diubah Musa menjadi Yeshua, yang berarti 'Tuhan menyelamatkan." Versi Yunani dari Perjanjian Lama menerjemahkan ini menjadi 'Yesus.'

Musa sendiri berarti 'diangkat keluar,' maka namanya bersama nama Yosua memaparkan kemajuan Israel menuju Tanah Perjanjian. Musa membawa mereka ke luar dari Mesir, tetapi Yosualah sang juruselamat yang membawa mereka masuk ke Tanah Perjanjian. Ke luar dari Mesir belum membentuk keselamatan, tetapi masuk ke Kanaan yang membentuk hal itu.

Ini menggambarkan sebuah kebenaran penting: Orang Kristen tidak saja diselamatkan *dari* sesuatu, mereka juga diselamatkan *untuk* sesuatu. Adalah sangat mungkin keluar dari Mesir tetapi masih di padang gurun; yaitu berhenti menghidupi gaya hidup orang tidak percaya tetapi tidak menikmati kemulian kehidupan Kristen.

## Menerapkan konsepnya

Akhirnya kita harus bertanya: Bagaimanakah orang Kristen harus menerapkan konsep Tanah Perjanjian?

SURGA

Sebagian orang membayangkan bahwa Tanah Perjanjian

menggambarkan 'surga.' Sebuah himne, misalnya, mengandung baris: "Ketika aku menapaki tepian Yordan, buatlah cemas dan takutku reda," seakan sungai itu menggambarkan kematian, dengan Kanaan (surga) di seberangnya.

## KEKUDUSAN

Namun sebenarnya, Tanah Perjanjian bukan surga tetapi kekudusan. Penulis Ibrani, mengomentari penaklukan tanah itu oleh Yosua, berkata bahwa bani Israel tidak pernah masuk 'perhentian' di bawah Yosua kendati mereka telah masuk Kanaan. Ia lanjut mengatakan bahwa masih tersedia 'perhentian' untuk umat Tuhan. 'Perhentian' berarti berhenti dari perang -- dan Tanah Perjanjian dicapai ketika kita menikmati apa yang Tuhan berikan untuk kita. Maka kapan pun kita mengalahkan pencobaan kita memiliki cicipan dari perhentian yang Tuhan janjikan. Kemenangan-kemenangan dalam kitab Yosua harus diperbanyak dalam kehidupan setiap orang percaya sementara ia hidup untuk Kristus dan berperang melawan dosa. 'Perhentian' adalah kelegaan ketika pergumulan melawan kuat kuasa musuh berhasil kita atasi dan upaya kita telah diberikan ganjaran.

# 8. HAKIM-HAKIM DAN RUT

## Pendahuluan

Hakim-hakim dan Rut saling melingkupi, maka kita akan mempertimbangkan keduanya bersamaan. Di antara tulisan-tulisan sakral Alkitab unik dalam hal kebanyakan isinya adalah sejarah. Quran, sebagai contoh, mengandung sedikit atau tidak ada sejarah, sedangkan Alkitab memeragakan dimensi historis sepanjang isinya. Tambahan, Alkitab melingkupi sejarah yang tidak dapat ditulis oleh manusia, sebab ia mencakup awal mula dari alam semesta kita dalam Kejadian dan paparan tentang akhirnya dalam Wahyu. Entah ini adalah khayalan manusia atau Tuhan sendiri telah menyatakannya -- tidak ada penjelasan lain.

Apabila kita melihat ke kitab Yosua, kita menyaksikan bagaimana sejarah nubuatan merupakan jenis sejarah khusus sebab ia mencatat kejadian-kejadian dalam kerangka apa yang Tuhan katakan dan lakukan dengan umat-Nya Israel. Yang kita miliki dalam Alkitab bukan kitab sejarah biasa, yang hanya mencatat apa yang sebuah bangsa lakukan dan alami -- ini adalah kisah Tuhan yang berurusan dengan umat-Nya.

Ada empat tingkatan kemungkinan ketika mempelajari sejarah:

1. **Studi tentang pribadi-pribadi:** Pendekatan ini melingkupi analisis rinci tentang perorangan yang membuat sejarah -- para raja, pemimpin militer, filsuf, pemikir. Kehidupan mereka memengaruhi apa yang dicakup; mereka menjadi pokok acuan untuk semua yang terjadi.
2. **Studi tentang umat:** Fokusnya di sini adalah pada seluruh bangsa atau kelompok manusia, kita dapatkan bagaimana bangsa tumbuh menguat dan melemah serta bagaimana ini memengaruhi keseimbangan kuasa dalam dunia.
3. **Studi tentang pola-pola:** Selain dari pribadi dan umat, pendekatan ini mencari pola-pola yang ada selintas kerangka waktu, seperti bagaimana peradaban bangkit dan runtuh. Ini kurang memerhatikan rincian dan lebih pada tema-tema.
4. **Studi tentang tujuan:** Sejarawan juga bertanya ke mana sejarah menuju. Mereka mencari arti dan tujuan. Sejarawan marxis percaya akan materialisme dialektis, yi. sejarah manusia mencakup konflik, khususnya antara kelas pekerja dan kelas penguasa. Para optimis evolusioner percaya akan pendakian manusia, yi. kemanusiaan mengalami kemajuan ke dunia yang lebih baik. Yang lain melihat ke peperangan sepanjang sejarah dan memprediksi bencana dan kekelaman.

Studi tentang tujuan dapat dibagi ke dalam dua untai: di satu pihak mereka yang melihat sejarah sebagai kemajuan linear -- segala sesuatunya bergerak maju dengan masa kini dibangun atas masa lalu; di pihak lain ada mereka yang melihat sejarah sebagai rangkaian lingkaran dengan segala sesuatu membentuk lingkaran penuh -- untuk mereka hanya sedikit gerak maju, yang ada hanya kegiatan tanpa sasaran dan sia-sia yang menandai ketiadaan.

Tidak heran bahwa pandangan ilahi tentang sejarah mencakup kepekaan akan tujuan. Ini bukan optimisme evolusioner, sebab tidak segala hal 'menjadi lebih baik,' tetapi sejarah alkitabiah memang mengandung tujuan, sebab Tuhan mengendali dan akan membawa segala sesuatu ke akhir yang Ia maksudkan. Sejarah adalah kisah-Nya (*History is his story*).

Dua aspek sejarah ini -- pandangan linear dan lingkaran -- akan menolong kita mengerti Hakim-hakim dan Rut. Sejarah dalam Hakim-hakim adalah kasus klasik tentang rangkaian lingkaran: lingkaran yang sama ditemukan pada tujuh kesempatan, dan meski ada garis waktu di sana, sebagian besarnya ada di latarbelakang. Kebalikannya, Rut adalah kisah garis waktu dengan permulaan, pertengahan dan akhir, dan memiliki kesan jelas adanya kemajuan.

Pola sejarah dalam kitab Yosua persis menggambarkan jenis kehidupan banyak orang apabila mereka tidak mengenal Tuhan. Mereka bangun, pergi bekerja, pulang ke rumah, menonton televisi dan tidur lagi, siap mengulang lingkaran yang sama hari berikutnya. Ini adalah kehidupan berputar-putar di jalan lingkar besar! Anda tidak sampai ke mana pun dan mencapai apa pun. Pola yang dilihat dalam Rut lebih sesuai dengan jalan yang Tuhan maksudkan untuk ditempuh oleh umat-Nya sepanjang hidup. Di sini ada tujuan dan arti, ada gerak menuju sasaran.

Hal paling penting untuk dibangun tentang kitab apa pun dalam Alkitab adalah alasan mengapa ia ditulis. Sebagian kitab menyatakan tujuan mereka dengan sangat mudah, tetapi Hakim-hakim dan Rut menuntut agak banyak penyelidikan. Kita perlu memeriksa masing-masing kitab secara rinci sebelum kita dapat tiba kepada kesimpulan apa pun tentang tujuan di balik kitab-kitab ini.

# Hakim-hakim

Kebanyakan orang memiliki pengetahuan tingkat Sekolah Minggu tentang kitab Hakim-hakim -- mereka hanya tahu versi yang telah dipangkas dari bagian-bagian buruknya. Thomas Bowdler tidak menyetujui bagian tertentu dari drama William Shakespeare, lalu ia merevisinya, dengan menghapus bagian yang dianggapnya 'cuplikan nakal,' dan kini namanya telah tercatat di dalam sejarah ('bowlderize' = memangkas naskah dari unsur-unsur yang dianggap tidak pantas). Dalam cara yang sama kisah-kisah Sekolah Minggu dari Hakim-hakim menghapus sebagian unsur kurang nyaman -- gundik, pelacur yang badannya dipotong-potong, perkosaan, pembunuhan, simbol phalus, dan sebagainya. Sebagai akibat, banyak orang akrab dengan pribadi khusus dalam kitab ini, seperti Simson, Delila, Debora dan Gideon, tetapi kurang pengetahuan tentang sisanya, apalagi tema keseluruhan dan tujuannya.

## Masing-masing Kisah

Kisah-kisah di dalam kitab ini pasti sangat menarik. Kata-katanya ekonomis, tetapi rincian menarik disediakan dalam paparan nyata yang membuat para tokohnya hidup untuk pembaca.

Herannya, jumlah ruang yang diberikan untuk setiap tokoh beragam. Simson memiliki empat pasal untuk dirinya sendiri, Gideon tiga, Debora dan Barak dua, tetapi beberapa lainnya hanya alinea singkat. Kesannya, semakin sensasional mereka, semakin banyak ruang diberikan untuk mereka. Jelas bahwa maksud pengarangnya bukanlah untuk memberikan catatan seimbang untuk setiap pahlawan. Namun demikian, mudah mendapatkan kesan bahwa kitab ini adalah tentang serangkaian pahlawan rakyat yang menyelamatkan zamannya dalam situasi apa saja yang mereka hadapi (dan kitab ini mengandung pilihan peristiwa-peristiwa cukup janggal), agak mirip halnya Nelson atau Wellington dalam sejarah Inggris.

Di awal kitab kita baca tentang keponakan Kaleb, **Otniel**. Hal yang kita diberitahu sesungguhnya adalah ia membawa damai untuk umat itu selama 40 tahun.

Kita baca tentang **Ehud,** pemimpin kidal yang menyembunyikan pedangnya yang 45 cm dengan mengikatkan itu di betis kaki kanannya. Karena kebanyakan orang terbiasa dengan tangan kanan, menjadi kebiasaan untuk mengecek senjata di kaki kiri. Dengan demikian ia sanggup membawa senjatanya ke pertemuan pribadi dengan Raja Moab dan menikamkannya ke perut sang Raja!

Kita baca tentang **Shamgar,** yang membunuh 600 orang Filistin dengan tongkat penghalau lembu.

Kita baca tentang **Debora** dan **Barak.** Debora seorang nabiah, yang menikah dengan Lapidot. Namanya berarti 'lebah sibuk' dan Lapidot berarti 'lidah api' dalam Ibrani! Debora menyelesaikan pertikaian dengan mendengarkan jawabannya dari Tuhan, dan pada satu kesempatan Hakim-hakim mencatat ia memberitahu Barak untuk memimpin umat berperang. Barak menolak maju berperang tanpa dia. Para pemimpin Israel, dulu dan kini, selalu memimpin pasukan ke dalam peperangan. Tuhan menjadi marah terhadap penolakan Barak dan memberitahu dia bahwa

Sisera sang musuh akan jatuh ke tangan seorang perempuan untuk menghina Barak. Dan demikianlah terbukti.

Kisah berikutnya menyangkut **Gideon,** salah seorang yang paling penakut dalam Alkitab. Ia menaruh daging di mezbah dan api dari langit membakar daging itu. Lalu ia memohon tanda dari langit, seakan api itu saja belum cukup! Dalam anugerah-Nya Tuhan menyediakan tanda lebih lanjut melalui guntingan bulu domba yang kering pada satu hari dan basah di hari berikutnya. Tuhan mengurangi pasukannya dari 30,000 ke 300 sehingga Gideon dapat belajar untuk tidak menaruh percaya pada sumber manusia.

Tokoh berikut yang kita baca ialah **Abimelekh** (akan dibahas nanti); lalu datang **Tola,** yang hanya menerima keterangan singkat bahwa ia memimpin Israel selama 23 tahun. Sesudah dia **Yair** memimpin Israel selama 22 tahun dan kita diberitahu, ia memiliki 30 orang anak laki-laki, menunggang keledai dan mengendalikan 30 kota. Suatu rincian yang lumayan menarik, tetapi tidak lebih dari itu!

Ada satu bagian lebih panjang tentang kisah **Yefta,** kepada orang Gilead. Ia membuat kaul tergesa akan mengorbankan kepada Tuhan apa saja yang ia temui ketika kembali dari perang dan berakhir harus mempersembahkan putrinya sendiri.

**Ibzan** dari Betlehem memiliki 30 orang anak perempuan dan 30 anak laki-laki yang semuanya menikah di luar klan Yehuda. **Elon** memimpin Israel selama 10 tahun. **Abdon,** yang datang sesudah dia, memiliki 40 orang anak laki-laki, 30 cucu dan 70 keledai! Lagi-lagi tidak ada rincian lainnya diberikan.

Namun demikian, apabila kita datang kepada **Simson,** kita belajar lebih banyak. Namanya secara harfiah berarti 'sinar matahari.' Ia dibesarkan sebagai seorang nazir, yang berarti ia tidak boleh meminum alkohol atau memotong rambutnya. Ia menikah, tetapi pernikahannya berantakan sebelum bulan madu. Ia pindah ke seorang pelacur tanpa nama sebelum akhirnya bergabung dengan seorang gundik bernama Delila. Meski memiliki kekuatan jasmani yang besar, sesungguhnya Simson seorang yang lemah. Kelemahannya terutama bukan hubungannya, tetapi lahir dari kelemahan karakter. Urapan karismatik yang ia miliki menyanggupkan dia menghasilkan banyak prestasi kekuatan yang menakjubkan, tetapi kemudian Roh Tuhan meninggalkan dia. Ia ditangkap oleh orang Filistin, dibutakan dan ditaruh di penggilingan gandum, menjadi bahan tertawaan orang Filistin.

Cukup lama yang lampau saya berkhotbah dengan judul 'Rambut Simson tumbuh kembali.' Itu menjadi terkenal dan seorang perempuan yang mendengarnya menulis puisi tentang Simson buta dituntun oleh seorang anak ke tiang kuil, di mana ia menarik seluruh kuil sampai runtuh.

## Anak yang menuntun tangannya

> Mereka mencungkil itu ke luar,
> Mulanya
> Aku tak sanggup melihat;
> > Hampa, kasar dan kejam.
> Aku tak ingin melihat:
> > Guncangan kehampaan,
> > Menyadari bahwa ia tidak mungkin melihat lagi.
> Aku melihat kepalanya yang digunduli terkulai
> > menunduk

> Bergoyang mengikuti irama batu penggiling,
> Berputar, putar, putar.
> Ku lihat belenggu yang tak perlu:
> Berat dan keras,
> Menggigit daging yang tak perlu diikat,
>
> Lalu
> Tidak penting matanya telah hilang;
> Aku menjadi matanya,
> Ia melihat melalui ku.
> Ia harus melihat melalui ku, tidak ada jalan lain.
> Dan aku menangisi tangisan yang tak dapat ia lakukan,
> Atas semua tahun-tahun yang sembrono.
> Dan aku telah belajar mengasihi orang yang hancur ini.
> Meski akhirnya ia belajar untuk takut kepada
> Tuhannya.
>
> Maka
> Aku tidak takut mati:
> Senang menjadi matanya di saat terakhir ini.
> Ku pegang tangannya,
> Menuntunnya dengan hati-hati,
> Selangkah demi selangkah
> Ke tempat di mana ia dapat berdoa,
> 'Tuhan,
> O Tuhan yang Berkuasa.'
> Dan sementara tiang-tiang berjatuhan, aku menjerit
> 'Amin.'

Dalam lima menitnya terakhir Simson melakukan lebih banyak untuk umatnya ketimbang yang ia buat dalam banyak tahun kehidupannya.

## KELEMAHAN MANUSIA

Alkitab selalu jujur tentang kegagalan dan kelemahan para individu yang dipaparkannya dan Hakim-hakim tidak terkecuali. Para tokoh dalam kitab ini menunjukkan sejumlah kecacatan. Barak tidak jantan; Gideon penakut, terus menerus meminta tanda, dan menjelang akhir kehidupannya membuat efod emas, yaitu 'penutup dada' imam yang kemudian hari terbukti menjadi 'jerat' bagi Israel, dijadikan pusaka sesembahan. Yefta adalah anak seorang pelacur yang membuat kaul nekad; Simson memperlakukan istrinya secara buruk, tidur dengan pelacur dan mengambil gundik. Mereka bukan karakter yang kuat, bukan juga umat yang kudus, namun Tuhan memakai mereka!

## KEKUATAN ILAHI

Bagaimanakah orang-orang yang jauh dari sempurna ini berhasil mencapai begitu banyak hal? Bukan melalui kekuatan mereka sendiri. Rahasia mereka adalah Roh Kudus datang atas mereka -- semua mereka adalah orang 'karismatik.'

Hakim-hakim memberi kita contoh gamblang tentang kekuatan ilahi bekerja melalui orang lemah, sambil kita membaca bagaimana orang-orang ini sanggup mengerjakan kekuatan supernatural. Barangkali Simson adalah contoh paling nyata tentang ini, tetapi ada banyak lagi kisah menakjubkan lainnya. Ini khususnya penting untuk dicatat, karena urapan Roh Kudus hanya datang atas sedikit orang dalam Perjanjian Lama. Dalam Hakim-hakim urapan itu hanya dialami oleh 12 orang dari 2 juta yang menghuni Israel waktu itu. Kita catat juga bahwa Roh Kudus datang atas mereka secara *temporer*, tidak permanen; contohnya, teks menyatakan bahwa Roh Kudus *meninggalkan* Simson. Dalam Perjanjian Lama urapan Rohlah yang menjamah mereka untuk satu kurun waktu ketimbang Roh berdiam bersama mereka.

## APAKAH JABATAN HAKIM ITU?

Pertimbangan kita akan masing-masing kisah para hakim telah meniadakan pertanyaan penting. Persisnya apakah jabatan hakim itu? Siapakah mereka dan apa pekerjaan mereka?

Dalam bahasa kita mereka disebut 'hakim-hakim,' tetapi ungkapan ini tidak sungguh menangkap hakikat kata yang aslinya dipakai untuk memaparkan mereka. Apabila kita membaca bahwa Simson 'menghakimi' Israel, atau Gideon 'menghakimi' Israel, ide di balik ungkapan Ibrani itu ialah mereka 'pemecah masalah' yang menyelamatkan umat Tuhan dari diri mereka sendiri dan pihak lain. Mereka tidak pernah diberikan julukan sedemikian, tetapi dipaparkan dalam ungkapan-ungkapan perbuatan mereka. Bahkan, satu-satunya pihak yang kepadanya dikenakan kata benda dalam kitab Hakim-hakim adalah Tuhan. Karena itu lebih tepatlah mengatakan bahwa Tuhan adalah sang pelepas atau pemecah masalah yang beroperasi melalui para pahlawan ini, oleh Roh-nya, untuk manfaat umat-Nya.

Mereka memerhatikan keadilan dalam bangsa itu, tetapi utamanya pada masalah-masalah eksternal, sebab umat itu dikelilingi oleh bangsa-bangsa yang bermusuhan yang menyerang mereka pada saat berbeda: orang Ammon (tiga kali), Amalek (dua kali), Moab (sekali), Midian (sekali) dan Filistin (tiga kali). Juga terdapat penyebutan spesifik tentang Raja-raja Yerikho, Moab dan Hazor. Umat Tuhan telah tiba di wilayah yang berpenduduk banyak, ke bangsa-bangsa yang sangat bermusuhan terhadap kehadiran mereka. Mereka dilihat sebagai penyerbu. Satu-satunya pembenaran untuk mereka berada di tanah itu ialah bahwa Tuhan telah memberikannya kepada mereka, dan mereka harus menjalankan hukuman atas penduduk penghuni dengan melenyapkan mereka. Jadi kitab ini bukan sekadar tentang para pahlawan perorangan -- atau studi tentang para pribadi, yaitu tingkat pertama dari sejarah yang dipaparkan di awal pasal ini -- tetapi tentang keseluruhan umat juga -- yaitu tingkat kedua dari sejarah.

## Sejarah nasional

Jika Anda menggabungkan semua tahun-tahun yang disebutkan di atas tentang 12 orang yang menghakimi Israel, jumlahnya adalah 400, tetapi kitab Hakim-hakim meliput hanya 200 tahun. Bagaimana bisa terjadi demikian?

### GEOGRAFIS

Masalah ini dengan mudah dipecahkan apabila kita menyadari apa yang para hakim sungguh lakukan. Apabila kita membaca tentang Gideon dan Simson kita cenderung berpikir bahwa mereka melepaskan seluruh bangsa, tetapi Israel kini telah dibagi ke dalam kelompok suku, menyebar meliputi wilayah luas yang kira-kira seluas Wales (atau seluas Jawa Barat dan Banten). Karena itu apabila kita membaca bahwa seorang hakim memerintah selama 40 tahun, itu mungkin hanya berlaku untuk suku-suku di utara. Seorang hakim lain mungkin telah menyelamatkan situasi di selatan pada saat yang sama. Simson, misalnya, membebaskan suku selatan dan Gideon suku-suku utara.

## POLITIK

Pada masa itu ada kekosongan kepemimpinan dalam Israel. Musa telah memimpin mereka ke luar dari Mesir, Yosua telah memimpin mereka masuk ke Tanah Perjanjian, tetapi dengan kedua orang besar itu meninggal, tidak ada lagi tokoh pemimpin untuk bangsa itu -- dengan mengingat bahwa masanya ini adalah sebelum zaman kerajaan. Maka para hakim adalah pemimpin setempat, yang memerintahkan kesetiaan kelompok suku-suku tetapi tidak menyatukan seluruh bangsa.

## MORAL

Ada alasan moral mengapa para suku itu terus saja menghadapi tentangan dari bangsa-bangsa lain dan kelompok orang, dan ini merupakan inti pesan kitab ini. Struktur kitab ini membuat jelas hal ini, sebagaimana akan kita lihat jika kita memerhatikan garis besarnya singkat. Kitab ini dengan jelas terbagi ke dalam tiga bagian.

1. **Kompromi yang tak dapat dimaafkan (1–2)**
   (i) Kelonggaran
   (ii) Persekutuan

2. **Perilaku tak dapat diperbaiki (3–16)**
   (i) Hasutan oleh umat
   (ii) Penundukan oleh musuh
   (iii) Permohonan kepada Tuhan
   (iv) Keselamatan oleh pelepas

3. **Kecemaran tak terhindarkan (17–21)**
   (i) Penyembahan berhala di utara -- Dan
   (ii) Immoralitas di selatan -- Benyamin

Pada bagian 2, empat tahapan daur yang diulang tujuh kali. Kitab ini berakhir dengan sebuah pernyataan yang sesungguhnya telah menjadi pengulangan sepanjangnya: "Pada zaman itu tidak ada raja di antara orang Israel, setiap orang melakukan apa yang benar dalam pemandangannya."

## 1. Kompromi yang tak dapat dimaafkan

(I) KELONGGARAN -- LEMBAH KERENTANAN

Tuhan mengutus Israel ke tanah itu untuk menghancurkan penduduknya secara total. Arkeologi mengukuhkan praktik jahat orang Kanaan -- ada banyak sekali penyakit seksual. Mereka yang mempertanyakan keadilan pemusnahan ini lupa Firman Tuhan kepada Abraham tentang masa depan keturunannya. Ia diberitahu bahwa orang Yahudi akan tetap di Mesir berabad-abad sampai kejahatan orang Amori mencapai 'takaran penuh.' Tuhan toleran tentang kejahatan mereka, tetapi akhirnya mereka melampaui batas dan Ia memakai Israel sebagai alat penghukuman-Nya atas masyarakat yang sangat bengkok itu.

Sebaliknya dari mengikuti perintah Tuhan, Israel memilih-milih dalam tindakan penghukuman mereka. Mereka menaklukkan bukit dan gunung tetapi membiarkan banyak orang tetap hidup, khususnya mereka yang hidup di lembah. Karenanya Israel menjadi tiga kelompok: utara, tengah dan selatan. Komunikasi antara suku-suku sukar dan mereka tidak dapat merespons dengan cepat dan bersatu ketika ancaman luar muncul. Tambahan, lembah menyediakan rute untuk para penyerang, yang sangat getol memanfaatkan kelemahan internal itu.

(II) PERSEKUTUAN -- PERNIKAHAN CAMPUR

Lemahnya standar di lembah juga merupakan pencobaan besar untuk banyak laki-laki Israel yang menikah di luar iman sehingga menyangkali hukum Tuhan yang jelas melarang 'pernikahan campur.' Ini berakibat pada kehidupan rohani Israel. Jika Anda menikahi anak si iblis Anda pasti akan memiliki masalah dengan ayah mertua Anda! Rancangan untuk kehidupan kudus apa pun hancur dan banyak bani Israel dengan pernikahan tidak sepadan berakhir menyembah para dewa Kanaan. Pengaruh spiritual dari orang tidak beriman cenderung lebih kuat dalam pernikahan campur, bahkan masa kini. Melayani para dewa Kanaan mau tidak mau membawa kepada immoralitas, sebab kepercayaan salah memimpin kepada perilaku salah.

## 2. Perilaku tak dapat diperbaiki

Isi kitab Hakim-hakim terdiri dari serangkaian siklus. Dengan keteraturan yang hampir monoton umat Tuhan mengulang pola yang sama.

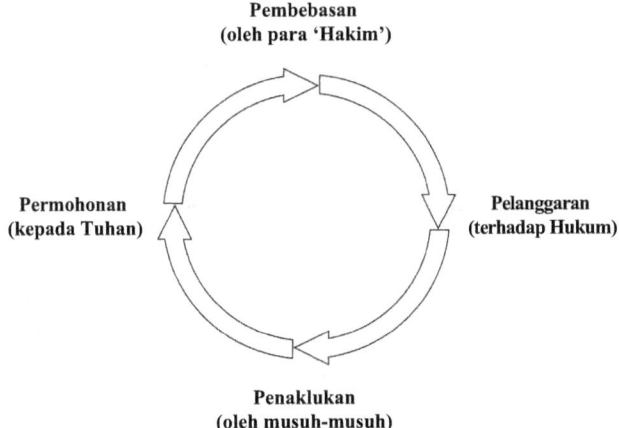

- **Permohonan:** Ini mulai dengan Israel berseru kepada Tuhan sebab mereka menghadapi sejenis penindasan tertentu.
- **Pembebasan:** Tuhan mengirimkan seorang pembebas (yi. Gideon, Simson) untuk meluputkan umat itu.
- **Pelanggaran:** Kendati pelepasan mereka, umat kembali lagi ke dalam dosa.
- **Pendudukan:** Karena itu Tuhan mengirimkan bangsa yang bermusuhan (yi. Orang Midian, Filistin) untuk menaklukkan Israel, Israel menjadi negara tertakluk di tanah yang seharusnya mereka miliki dengan bebas.
- **Doa permohonan:** Memandang kesukaran situasi itu, mereka berseru lagi kepada Tuhan dan lingkaran itu berlanjut. Sepertinya mereka hanya berdoa ketika mereka dalam masalah. Sukar memastikan apakah mereka sungguh bertobat atau sekadar menyesali konsekuensi perilaku mereka. Jelasnya banyak yang tidak menyadari bahwa penindasan itu adalah akibat kesalahan mereka.

Lingkaran itu tidak hanya berlaku kepada seluruh bangsa: perorangan pun hidup dalam rutin dosa dan pengampunan serta dosa berikut yang sama. Itu juga bukan semata lingkaran tanpa akhir, tetapi semacam spiral yang terus menerus menurun. Segalanya semakin memburuk terus.

### 3. Kecemaran tak terhindarkan

Bagian terakhir kitab Hakim-hakim tentang apa yang terjadi pada umat tersebut adalah catatan paling tidak membangun. Ada dua situasi, satu di utara di wilayah Dan dan satu di selatan di wilayah Benyamin. Pada kedua situasi itu, umat Tuhan disesatkan oleh seorang imam.

Itu merupakan penggambaran sempurna tentang pepatah yang disebutkan sebelum ini, bahwa penyembahan berhala (kepercayaan keliru) membimbing kepada immoralitas (perilaku salah).

(I) PENYEMBAHAN BERHALA DI UTARA -- DAN

Kisahnya mulai dengan seorang anak laki-laki, Mikha dari Efraim, mencuri 1,100 syikal dari ibunya sendiri. Ia mengembalikan uang itu kepadanya dan ibunya itu begitu gembira sampai ia memakainya untuk membuat berhala yang ia berikan kepada Mikha untuk kuil pribadi yang Mikha bangun di rumahnya.

Seorang pemuda Lewi datang ke rumah Mikha mencari penginapan dan ditawarkan kesempatan menjadi ayah dan imam dengan pendapatan teratur, pakaian dan makanan. Ia menerima. Kemudian suku Dan, yang gagal mengambil tanah yang Tuhan tetapkan bagi mereka di selatan, pindah ke utara. Ketika para pemimpin mereka menginap di rumah ini dengan berhala dan imam, mereka menawarkan kesempatan untuk meresmikan itu untuk keseluruhan suku, dengan jumlah uang lebih banyak, dan ia menerimanya.

Karena pelanggaran yang jelas itu terhadap hukum Tuhan, suku Dan tergelincir ke dalam penyembahan berhala. Seperti halnya Yudas Iskariot, salah seorang dari 12 murid, terhilang dengan dosa besarnya. Suku Dan hilang dalam kitab Wahyu. Dosa itu mulai dengan seorang yang mencuri uang dari ibunya, kemudian berlanjut ke seorang Lewi yang menjadi rohaniwan pribadi, pertama untuk satu keluarga dan kemudian untuk seluruh suku -- tanpa ada penetapan atau pengangkatan yang sepatutnya.

## (II) IMMORALITAS DI SELATAN -- BENYAMIN

Kisah ini bahkan lebih buruk lagi. Seorang Lewi lain dari suku Efraim mengambil seorang gundik dari Betlehem di Yudea. Perempuan itu meninggalkan dia dan kembali ke rumah keluarganya. Sesudah empat bulan orang Lewi itu tiba di Betlehem mengusahakan kembalinya. Sang ayah mendesak orang Lewi itu untuk tinggal di rumahnya sebelum akhirnya mengizinkan perempuan itu pergi. Mereka berangkat kesorean hari itu dan hanya mencapai sejauh Yerusalem, yang waktu itu adalah kota yang tidak kenal Tuhan. Orang Lewi itu menolak tinggal dengan 'orang kafir,' maka mereka pergi ke utara ke suku Benyamin, tiba di Gilgal sesudah petang tiba. Mereka ditawarkan penginapan oleh seorang tua yang menyambut mereka ke rumahnya. Namun demikian, sementara mereka makan, mereka didatangi oleh 'orang-orang jahat dari kota itu' yang meminta si pendatang untuk seks. Orang tua itu menolak, tetapi sebagai ganti menawarkan putrinya. Akhirnya orang Lewi memberikan gundiknya. Keesokan paginya gundik itu kedapatan mati di depan pintu, sesudah diperkosa beramai-ramai sepanjang malam.

Orang Lewi itu memenggal mayat gundiknya menjadi 12 potongan dan mengirimkan itu ke suku-suku Israel lainnya. Ketika orang Israel mendapatkan bahwa orang-orang suku Benyamin yang melakukan kejahatan itu, mereka mencari pembalasan atas pelakunya. Bani Benyamin tersinggung oleh tuduhan tersebut dan tidak bersedia menyerahkan orang-orang itu.

Akibatnya terjadilah perang sipil yang hampir melenyapkan suku itu -- hanya tersisa 600 orang. Kota-kota mereka dihancurkan dan semua perempuan serta anak-anak dibantai. Suku-suku lain telah bersumpah tidak memberikan putri-putri mereka menikah dengan orang suku Benyamin, tetapi kini suku itu di tepi kepunahan dan orang Israel berbelas kasihan kepada mereka dan mengambil tindakan untuk mencegah ini terjadi. Mereka menemukan 400 anak dara dari Yabes Gilead sebagai istri untuk orang Benyamin, tetapi mereka perlu lebih banyak. Mereka menyusun sebuah rencana cerdik. Mereka mengadakan perayaan di Silo dan mengizinkan orang Benyamin menculik putri-putri mereka -- jadi secara teknis dan semangatnya sebenarnya mereka 'menyerahkan' putri mereka meski secara harfiah masih menuruti sumpah mereka. Itu sebuah kisah mengerikan dalam semua aspeknya dan bersama dengan kisah suku Dan kisah itu menjadi akhir suram dari kitab Hakim-hakim.

## Teologis atau tujuan kekal

Sesudah kisah kelam itu kita beralih ke sebuah pokok yang menghibur: pertimbangan tentang tujuan teologis kitab ini. Pada puncaknya sejarah Alkitab bukan catatan manusia tetapi catatan tentang apa yang Tuhan katakan dan lakukan, untuk memperlihatkan siapa Dia kepada kita.

Telah kita catat sebelumnya bahwa Tuhan adalah hakim atau pelepas umat itu, sebab Ia adalah satu-satunya pribadi yang kepada-Nya kata 'hakim' berlaku dalam kitab ini. Ia adalah pahlawan sejatinya, dan keberhasilan dicapai ketika para pemimpin manusia bekerja sama dengan Dia.

Namun demikian, ketika kita bertanya, "Siapa yang mengusir orang Kanaan dari tanah itu, Israel atau Tuhan?" kita mesti menjawab, "Keduanya!" kita dapat menyimpulkan situasinya seperti ini: Tanpa Dia mereka tidak dapat; tanpa mereka Ia tidak akan. Di satu pihak Tuhan menyatakan bahwa Ia akan memberi mereka tanah itu dan mengusir penduduknya, tetapi di pihak lain Ia membutuhkan Israel merespons kepada arahan-Nya.

Selanjutnya, kita baca bahwa dalam beberapa kasus Tuhan tidak mengusir lawan, tetapi membiarkan mereka di tanah itu untuk menguji Israel dan mengajarkan mereka berperang. Kita belajar dari Amos bahwa seperti halnya Tuhan membawa Israel ke luar dari Mesir, Ia membawa orang Filistin dari Kreta sebagai tetangga, untuk menimbulkan cedera pada Israel,

Dalam kitab Hakim-hakim, karena itu, kita temukan bahwa Tuhan menghajar umat-Nya. Ia menyerahkan mereka *kepada* kejahatan, mendemonstrasikan keadilan-Nya, sambil juga melepaskan mereka *dari* kejahatan, memperlihatkan rahmat-Nya.

Prinsip ini juga terlihat dalam Perjanjian Baru. Yang jelas, ada baris dalam Doa Bapa kami: "Jangan membawa kami ke dalam pencobaan tetapi lepaskanlah kami dari yang jahat." Kuasa Roh Kudus dapat menyembuhkan yang sakit, tetapi Ia juga dapat menyebabkan penyakit; Ia dapat memberikan penglihatan kepada orang buta, tetapi Ia dapat juga mencegah mata yang baik dari melihat; Ia dapat membangkitkan orang mati, tetapi dapat membawa kematian juga, sebagaimana dengan Ananias dan Safira. Sanksi paling tinggi dalam disiplin gereja adalah menyerahkan anggota yang bersalah kepada Iblis, yang kuasa penghancurannya atas tubuh mungkin membuat mereka menjadi sadar dan menyelamatkan jiwa mereka pada hari penghakiman.

Namun di saat sama Tuhan mendengarkan doa-doa Israel dan merespons. Ia terluka oleh sengsara mereka, Ia sabar dan setia, kendati umat mengulangi ketidaktaatan mereka. Maka kita baca bagaimana Tuhan menjawab doa, mengirimkan para pemmpin yang diurapi dan mengarahkan operasi mereka, semisal Gideon dan Barak.

Kita melihat hubungan dinamis antara Tuhan dan manusia, masing-masing berakibat pada lainnya.

Namun begitu, memerhatikan dinamika penting ini masih belum menjelaskan tujuan kitab ini, tetapi ini tidak akan menjadi jelas sepenuhnya sampai kita melihat Rut juga. Pada tahap ini yang kita lihat adalah daur tidak membangun yang Israel alami masuk ke luar kesukaran. Kita belum lagi tahu ke mana ini menuju. Alasan untuk masalah-masalah dalam Israel ini dapat dijelaskan dalam dua cara:

## 1. ANGGOTA GENERASI KEDUA

Orang Israel yang kini menduduki Tanah Perjanjian tidak memiliki pengetahuan yang sama tentang Tuhan dan perbuatan-Nya untuk mereka sebagaimana generasi pendahulunya. Mereka tidak ingin mengenal Tuhan, sebaliknya mereka melakukan apa yang baik pada pemandangan mereka, tetapi salah dalam pemandangan-Nya. Setiap orang menjadi hukum bagi diri sendiri.

## 2. PARA PEMIMPIN GENERASI KEDUA

Tidak terdapat penerusan kepemimpinan secara mulus. Ketika seorang hakim meninggal, ada kesenjangan sebelum hakim lainnya muncul, dan semasa kesenjangan itu umat kembali ke jenis perilaku yang membawa kepada hukuman Tuhan. Pola lingkarannya ditandai oleh ungkapan seperti, "selama hakim hidup... tetapi ketika hakim mati..." Ini sangat beda dari penggatian dinamis yang berlangsung dalam bangsa-bangsa lain, memastikan keberlanjutan dan stabilitas -- dan para hakim itu juga hanya memerintah atas satu kelompok terbatas, bukan bangsa itu kseluruhannya.

Pertanyaan tentang perajaan ini muncul beberapa kali.

1. **Gideon** ditawari takhta oleh para pengikutnya sesudah kemenangannya atas orang Midian. Umat meminta dia memulai sebuah dinasti. Beberapa beranggapan bahwa ia harusnya menerima, tetapi jelas ini bukan saat Tuhan untuk pemilihan raja. Gideon memberitahu umat bahwa masalah mereka ialah tidak melihat kepada Tuhan sebagai raja mereka.
2. Sesudah Gideon kepemimpinan ada di tangan sejumlah orang. **Abimelekh** menanyai umat apakah mereka lebih menyukai kepemimpinan tunggalnya ketimbang 70 anak Gideon dalam kepemimpinan kelompok. Ia benar-benar diangkat dan lanjut membunuh para saudaranya. Segalanya makin memburuk karena kehausannya akan kuasa menyatakan ia tidak tertarik akan kesejahteraan umat dan akhirnya ia mati terbunuh dalam peperangan.
3. Sepanjang Hakim-hakim kita membaca pengulangan, **"Tidak ada raja masa itu..."** dan kesan usulannya ialah bahwa segalanya akan menjadi lebih baik jika ada raja. Kita akan kembali ke tema ini nanti. Untuk sekarang pokok penting untuk dicatat ialah bahwa Hakim-hakim memberitahu kita ada desakan kebutuhan akan seorang raja. Dengan beralih ke kitab Rut kita dihadapkan dengan pesan lebih positif bahwa seorang raja akan disediakan. Rut mulai dengan menyoroti pertanyaan: "Siapakah yang akan menjadi raja itu?"

# Rut

Kitab Rut ditulis pada saat sama seperti Hakim-hakim tetapi hampir tidak ada kontras lebih besar ketimbang kedua kitab ini.

- Hakim-hakim melingkupi kisah banyak orang. Rut hanya sedikit.
- Hakim-hakim relatif besar, sedangkan Rut adalah salah satu kitab Perjanjian Lama terkecil.
- Hakim-hakim melingkupi keseluruhan Israel, Rut hanya sebuah kota kecil.
- Hakim-hakim merentang 200 tahun, Rut hanya satu generasi

Rut mirip seperti novel Thomas Hardy, dengan sejenis romansa yang tidak akan terasa janggal dalam majalah cerita. Ini bagaikan helaan nafas segar sesudah Hakim-hakim. Dalam Hakim-hakim kita dapatkan pembunuhan masal, perkosaan, pelacur dipenggal berpotong-potong, perang sipil, imam jahat. Hanya sekitar 3 kilometer dari wilayah Benyamin ke Yudea di mana Rut tinggal, tetapi atmosfirnya jauh berbeda.

Rut hanya empat pasal panjangnya. Dua pasalnya pertama adalah tentang dua perempuan yang tak terpisahkan, dan dua pasalnya kemudian tentang dua laki-laki berpengaruh. Keempat manusia ini menjadi tokoh utama dalam drama tersebut.

1 Kehilangan sang Ibu mertua
2 Kesetiaan menantu perempuan
3 Kasih sang sanak penebus
4 Garis keturunan Kerajaan

## 1. Kehilangan sang Ibu mertua

Kisah ini mulai dengan kelaparan melanda Israel, yang menyebabkan dua orang pergi ke Moab. Dapat kita duga bahwa kelaparan itu adalah hukuman dari Tuhan, sebab ini merupakan tanda umum tentang ketidaksenangan Tuhan, dan menyediakan perbandingan dengan lokasi drama utamanya -- Betlehem yang berarti 'rumah roti' dalam bahasa Ibrani.

Jika keluarga itu belajar dari sejarah Israel, seharusnya mereka tahu bahwa mencari makan di luar Israel selalu membawa ke masalah, sebagaimana kisah Abraham, Ishak dan Yakub menyaksikannya, tetapi tidak ada catatan bahwa mereka berdoa kepada Tuhan meminta makanan. Jadi Naomi dan suaminya pergi ke timur melintasi bukit-bukit di sisi jauh Laut Mati ke Moab. Dengan berjalannya waktu dua putra mereka menikahi perempuan Moab. Situasi berubah dari buruk menjadi lebih buruk. Suami Naomi meninggal dan kedua putranya juga. Ketiga janda itu ditinggal sendiri. Dalam zaman itu masa depan janda gelap. Keseluruhan drama mulai dari orang yang menolak untuk mengandalkan Tuhan. Mereka mencari jalan keluar manusia untuk situasi mereka ketimbang bertanya kepada Tuhan tentang apa yang terjadi dan apa yang harus mereka lakukan.

Tuhan dapat memberitahu mereka bahwa kelaparan itu adalah bagian dari hukuman-Nya, dan jika saja mereka kembali kepada-Nya mereka pasti memiliki cukup makanan lagi. Tetapi mereka bahkan tidak menunggu untuk bertanya kepada-Nya, apalagi untuk mendengarkan jawaban-Nya.

Sebagai akibat krisis ini Naomi menjadi pahit. Namanya sesungguhnya berarti 'kesenangan,' tetapi ketika ia kembali ke Israel ia tidak dikenal oleh kerabat lamanya dan sebaliknya meminta disebut 'Mara,' yang berarti 'pahit.' Ia mendorong kedua menantunya untuk tetap di Moab, sebab mengetahui bahwa kembali ke Yudea akan berarti sedikit kemungkinan untuk dapat menikah kembali. Orang-orang di Yudea tidak akan menikah dengan orang dari luar klan mereka.

Orpa setuju dan kembali ke Moab dan tidak terdengar lagi. Atas dasar pilihannya ia tidak lagi memiliki tempat dalam maksud Tuhan. Namun demikian, Rut pergi bersama Naomi dan namanya telah diingat sepanjang sejarah sebagai nenek moyang Tuhan kita Yesus Kristus.

Kisah ini membawa peringatan bahwa banyak hal dapat bergantung pada satu keputusan saja. Pilihan kitalah yang membentuk karakter kita, dan Rut membuat pilihan benar pada saat yang tepat.

Pada akhirnya kita melihat seseorang yang tindakannya memecah lingkaran tanpa ujung. Kebalikannya Rut menjadi bagian dari garis Tuhan. Namanya disebutkan dalam silsilah Yesus di Matius, kendati fakta bahwa ia adalah seorang asal kafir dan perempuan.

## 2. Kesetiaan menantu perempuan

Rut seorang tokoh yang cantik, dalam dan luar. Ia penuh dengan kerendahhatian dan kendati begitu ia memiliki semacam keberanian yang membuat lak-laki merasa tertarik. Ia seorang yang setia, dengan semangat melayani, tetapi bagaimana pun ia tidak pasif atau cenderung mengalah.

Ia tidak saja memilih untuk bersama dengan Naomi, tetapi memilih bangsa Naomi dan Tuhan Naomi. Tuhan terbukti nyata baginya, meski ia telah melihat Tuhan menghukum umat-Nya. Dalam empat kesempatan ia berkata "Aku akan" kepada Naomi. Dalam kesetiaan yang demikian kepada Naomi ia memperlihatkan kasihnya kepadanya. Kata untuk 'Kesetiaan' dan 'kasih' dalam bahasa Ibrani hampir sama. Kasih yang tidak setia bukan kasih sejati. Serupa itu, kasih perjanjian Tuhan untuk umat-Nya berarti bahwa Ia melekat dengan mereka melalui suka dan duka.

Tambahan, kita baca bahwa Rut mendapatkan 'perkenan' di mata Tuhan. Dalam bahasa Ibrani kata 'perkenan' (*favor*) sama dengan 'kesayangan' (*favorite*) -- ia menjadi seorang kesayangan Tuhan. Jelas dari kisah ini bahwa Rut menjadi buah bibir penduduk kota Betlehem, sebab Tuhan tidak berhenti menunjukkan kebaikan-Nya kepada Rut.

## 3. Kasih sang sanak penebus

Paruh kedua kitab ini mencakup dua orang berpengaruh, Boas dan seorang yang akan menjadi raja.

Boas adalah seorang berkedudukan tinggi dan tinggi pula kemurahhatiannya. Umum bagi orang miskin untuk diizinkan mengambil sisa gandum di ladang sesudah panenan, tetapi Boas memerintahkan para pekerjanya untuk memastikan bahwa khususnya Rut mendapatkan banyak persediaan.

Ada dua kebiasaan lain dalam kitab Rut yang perlu kita hargai supaya mengerti drama yang disingkapkan itu. Pertama adalah pernikahan pengganti. Dalam tahun Yobel, setiap 50 tahun, semua harta milik dikembalikan kepada keluarga pemilik asalnya yang merupakan pemilik di tahun Yobel terdahulu. Adalah keharusan, karenanya bahwa ada seorang laki-laki dari pihak keluarga yang mengklaim harta milik sesudah 50 tahun. Hukum pernikahan pengganti menyatakan bahwa jika suami dari seorang perempuan mati sebelum perempuan itu memiliki seorang putra untuk meneruskan warisannya, saudara suaminya harus menikahi dia dan memberinya seorang putra, sehingga harta milik keluarganya terpelihara. Rut, tentu saja telah menikah kepada seorang yang berhak atas harta milik, tetapi ia tidak memiliki suami atau anak, maka sanak suaminya berkewajiban menikahi dia untuk menjaga nama suaminya dan garis keturunannya serta mewarisi kembali harta milik ketika itu tersedia pada tahun Yobel.

Hukum kedua yang perlu kita mengerti adalah kebiasaan sosial. Pada zaman itu seorang gadis tidak dapat mengusulkan pernikahan kepada seorang laki-laki, tetapi ia bebas menyatakan bahwa ia suka dinikahkan kepada seseorang dan dapat melakukan itu melalui berbagai cara. Salah satunya adalah menghangatkan kaki sang laki-laki! Maka ketika Rut berbaring di kaki Boas dan menutupi dia dengan jubahnya ia menunjukkan bahwa ia tidak berkeberatan menikah dengannya. Dua adat kebiasaan ini menjelaskan bagaimana Boas menikahi Rut.

Ketika Rut berbaring di kaki Boas, itu sebuah sinyal jelas bahwa Rut tertarik. Boas tersanjung bahwa Rut memilih dia, sebab ia bukan sanak yang tertua bukan juga yang termuda yang dapat ia pilih. Namun demikian, saudara tuanya adalah yang seharusnya memenuhi kewajiban legal itu, maka ia harus memberikan dulu kesempatan memilih itu kepada saudaranya! Dalam cara yang sesuai adat saudara tuanya memberikan dia persetujuan, dengan melepas kasutnya dan memberikan itu kepada Boas -- hal yang sepadan dengan jabat tangan ketika terjadi kesepakatan. Rut dan Boas bebas untuk menikah.

## 4. Garis keturunan Kerajaan

Kisah ini indah -- sebuah romans pedesaan yang indah. Tetapi kita mesti bertanya apa yang Tuhan lakukan di balik semua ini, sebab tidak mungkin kisah ini dimasukkan ke dalam Alkitab semata sebagai selingan ringan. Jelas bahwa Tuhan sedang menyiapkan satu garis keturunan kerajaan untuk raja Israel. Pilihan benar Rut bergabung dengan Naomi dan kembali menjadi bagian dari bangsanya adalah bagian dari pilihan benar Tuhan, sebab Ia telah memilihnya menjadi bagian dari garis keturunan kerajaan.

Sesungguhnya, meski Tuhan tidak secara langsung menunjukkan diri terlibat dalam drama itu, Ia kerap disebutkan dalam kitab ini, yaitu dengan para tokohnya meminta Dia memberkati orang lain. Naomi meminta Tuhan memberkati Rut karena sudah menyertai dia. Para pemanen meminta Tuhan memberkati Boas dan ia menujukan berkat kembali kepada mereka. Boaz meminta Tuhan memberkati Rut karena memilih dia. Ketika mereka bicara tentang Tuhan mereka memakai nama Tuhan, YAHWEH, sebuah nama yang bergungsi seperti 'selalu' dalam bahasa kita -- Tuhan 'selalu' adalah penyedia bagi kita, 'selalu' di sisi saya, 'selalu' penyembuh saya.

Menarik untuk diingat bahwa Boas adalah keturunan langsung Yehuda, salah seorang dari 12 putra Yakub. Ia juga keturunan dari Tamar, yang mendapatkan keturunannya dari ayah mertuanya, yang memperlihatkan Tuhan dapat memakai situasi paling mustahil sebagai bagian dari rencana-Nya. Yakub memberikan nubuatan kepada Yehuda saat kematiannya: "Tongkat kerajaan tidak akan beranjak dari Yehuda atau pun lambang kerajaan dari kakinya sampai dia yang berhak atasnya datang." Ini diucapkan beberapa abad sebelum mereka berpikir tentang memiliki raja, dan namun demikian Yakub menjanjikan Yehuda bahwa garis kerajaan akan datang dari rumahnya.

Kita belajar juga bahwa nenek Boas bukan seorang Yahudi. Rahab adalah pelacur dari bangsa kafir pertama di tanah Kanaan yang menyambut Tuhan Israel. Maka kita memiliki pohon keluarga bercampuran: Tamar memiliki putra dari ayah mertuanya, Rahab adalah seorang kafir dan pelacur, Rut seorang Moab. Namun semua mereka adalah leluhur dari Tuhan kita Yesus Kristus.

## Siapa yang menulis Hakim-hakim dan Rut?

Kini saat kita memeriksa mengapa Hakim-hakim dan Rut terhubung bersama, dan juga menjawab pertanyaan: Siapa yang menuliskan keduanya dan mengapa?

Akhir sebuah kitab dalam Alkitab kerap menyingkapkan maksudnya. Ungkapan, "Tidak ada raja di Israel *pada masa itu*" berarti bahwa kitab Hakim-hakim, dan karenanya juga Rut, ditulis *sesudah* mereka dipimpin oleh seorang raja. Juga jelas dari akhir Rut bahwa Daud bukan raja pada saat penulisan itu, sebab kita baca, "Isai adalah ayah Daud," bukan "Isai adalah ayah Raja Daud."

Kedua fakta ini dengan kuat mengusulkan bahwa kitab ini ditulis ketika ada raja, tetapi sebelum masa Daud. Satu-satunya periode ketika kasusnya demikian ialah ketika Saul raja, sebab Daud adalah raja langsung sesudah Saul, maka kitab ini dituliskan ketika Saul, raja pertama Israel, sedang bertakhta, sebagai pilihan rakyat. Ia dipilih karena tinggi dan penampilan fisiknya -- bukan karena karakter atau kesanggupannya.

Jika kita tahu kapan kitab ini dituliskan, kita dapat juga bertanya siapa yang menulisnya. Ucapan-ucapan nabi Samuel di kitab pertama Samuel telah ditemukan identik dengan bahasa kitab Hakim-hakim dan Rut. Dan adalah gayanya mengajar dari sejarah umatnya. Karena itu kemungkinan besar Samuel yang menuliskan Hakim-hakim dan Rut sebagai satu kitab, ketika Saul raja.

Tentang maksud penulisan, lebih banyak dapat kita kenali ketika kita bertanya dari suku manakah Raja Saul berasal. Jawabannya ialah Benyamin. Seluruh pesan ke dua kitab ini ialah Benyamin adalah cadangan buruk, dibandingkan dengan Yehuda dan mereka di Betlehem. Dengan kata lain karya dua jilid ini ditulis untuk menyiapkan umat menerima dia sebagai raja ketimbang Saul pilihan mereka sendiri.

Ia meminta pembacanya untuk membandingkan orang-orang Benyamin yang mengalami degradasi itu dengan orang Betlehem yang menyukakan. Di bagian paling akhir Samuel menyebutkan bahwa Isai adalah ayah Daud, karena tahu bahwa ia adalah raja yang diurapi Tuhan dan akan mengubah seluruh situasi itu.

Teori ini didukung oleh rincian yang dimasukkan dalam pasal pertama Hakim-hakim. Ketika suku Yehuda memasuki Tanah Perjanjian kota Yerusalem diserahkan untuk suku Benyamin. Tetapi bagian awal Hakim-hakim menceritakan bahwa kota itu ada di tangan orang Yebus "sampai hari ini," yang menyiratkan bahwa Benyamin tidak pernah menaklukkannya. Salah satu tindakan pertama Daud sebagai raja, dicatat dalam 1 Samuel, adalah menaklukkan kota itu. Ini menyediakan penjelasan lebih lanjut untuk tanggal penulisan kitab ini dan mengukuhkan kemungkinan bahwa maksudnya adalah untuk menguatkan umat agar menjadi pro-Daud. Posisi kitab Rut bersanding dengan Hakim-hakim membawa dua kota ke dalam pemandangan: Betleham, 'rumah roti,' kota asal Daud, dan Yerusalem yang dikuasai orang Yebus tetapi segera akan menjadi ibu kota bangsa itu.

## Bagimana kita dapat memakai Hakim-hakim dan Rut masa kini?

Dalam Perjanjian Baru rasul Paulus memberitahu Timotius bahwa seluruh Alkitab dihembusi nafas Tuhan dan sanggup membuat kita 'berhikmat untuk keselamatan.' Yesus berkata bahwa Alkitab memberikan kesaksian kepada-Nya, maka kita harus bertanya bagaimana orang Kristen harus membaca Hakim-hakim dan Rut.

### Hakim-hakim

Orang Kristen perseorangan dapat belajar banyak dari para tokoh kitab Hakim-hakim. Kita dapat belajar dari kesalahan yang dibuat para hakim sambil juga dari pilihan tepat mereka. Masing-masing kisah memiliki nilai untuk orang percaya mana saja. Tetapi kita tidak melihat kepada para hakim untuk menyediakan model peran. Bahkan, Perjanjian Baru tidak menganjurkan usaha itu. Dalam Ibrani 12 kita diberitahu bahwa mereka yang telah meninggal sebelumnya, yang dipaparkan dalam pasal 11 dan mencakup beberapa orang hakim, mengamati untuk melihat bagaimana kita berlari dalam perlombaan, sambil menatap kepada model sejati kita dalam Yesus, pencipta dan penyempurna iman kita, yang karya penyelamatannya bertahan sepanjang masa.

Gereja perlu mempelajari Hakim-hakim sebab ia dapat jatuh ke dalam spiral anarki yang sama masa kini, yaitu melakukan apa yang dirasa benar dalam pemandangannya sendiri. Ia dapat jatuh ke dalam kesalahan melihat ke 'monarki' yang kelihatan, seorang manusia yang cara pandang atau kepemimpinannya sangat dihargai melebihi Kristus. Pemerintahan demokrasi, oligarki atau otokrasi bergantung pada paa pemimpin manusia, tetapi Alkitab mengajarkan bahwa kita harus dipimpin oleh teokrasi. Pemimpin kita adalah manusiawi dan ilahi; Ia pernah hidup di bumi dan kini di surga.

Kita juga harus mengingat bahwa Tuhan tetap memiliki karakter yang sama hari ini sebagaimana pada masa peristiwa-peristiwa yang dipaparkan dalam Hakim-hakim dan Rut. Ia mengasihi umat-Nya, dan memperlihatkan ini dengan mendisiplin mereka yang menyimpang dari jalan-Nya. Pada saat yang sama ia mengerjakan rencana-Nya untuk kebaikan kita. Kita tidak boleh menjadi bagian dari lingkar keputusasaan. Kita dapat mengetahui arah yang benar dan mengikuti tujuan Tuhan.

## Rut

Rut adalah salah seorang asal kafir terdini yang menyambut Tuhan Israel. Ia adalah gambaran tentang semua orang percaya yang ada dalam garis keturunan kerajaan, para saudara-saudari Yesus melalui iman akan Dia.

Kitab ini mengingatkan kita tentang Yesus, sebab jika Gereja seperti Rut, Boas adalah seperti Kristus -- sang sanak Penebus. Gereja telah dimasukkan ke dalam garis umat Tuhan Perjanjian Lama. Kita adalah pengantin perempuan dan Ia adalah pengantin laki-laki. Rut bukan sebuah kitab tersendiri dalam Perjanjian Lama, tetapi melingkupi tema yang mengalir sepanjang Alkitab. Seluruh Alkitab adalah sebuah romansa, yang diakhiri dengan pesta nikah Domba Tuhan dalam kitab Wahyu. Romans Rut-Boas adalah gambaran sempurna tentang Kristus dan pengantim perempuan-Nya yang asal kafir.

# 9.
# 1 DAN 2 SAMUEL

## Pendahuluan

Kitab-kitab yang membentuk 1 dan 2 Samuel dalam Alkitab kita hanya satu kitab dalam Alkitab Yahudi, dan dimasukkan sebagai bagian dari bagian 'para nabi terdahulu.' Samuel melingkupi sejarah selama 150 tahun, yang diceritakan dari sudut pandang nubuatan untuk mencatat bagaimana Tuhan melihat segala sesuatunya dan apa yang Ia anggap sebagai penting. Kitab itu dinamai sesudah nabi yang menguasai kisahnya, dan yang kemungkinan menulis sebagian besar isinya. Ini melingkupi perubahan-perubahan besar dalam sejarah Israel dan kemunculan Raja Daud yang agung, yang kemasyhurannya diingat sampai hari ini.

## Konteks

Abraham, bapa orang Yahudi, hidup sekitar 2000 SM; Raja Daud naik takhta sekitar 1000 SM. Karena itu, janji Tuhan kepada Abraham bahwa ia akan memiliki keturunan dan tanah telah 1000 tahun usianya ketika kita mencapai kitab Samuel dan ketibaan Daud. Menurut peta waktu Perjanjian Lama yang diberikan sebelumnya dalam bagian Pemandangan Menyeluruh (hlm. 27), kitab Samuel mencatat perubahan ke tiga dalam pola kepemimpinan semasa sejarah umat Israel.

1. **Dari 2000 sampai 1500 SM** Israel dipimpin oleh *bapa-bapa leluhur:* Abraham, Ishak, Yakub dan Yusuf (meski pada situasi itu belum terbentuk sebuah bangsa).
2. **Dari 1500 sampai 1000 SM** mereka dipimpin oleh *para* nabi: Musa sampai Samuel.
3. **Dari 1000 sampai 500 BC** mereka dipimpin oleh para *pangeran* (atau *raja-*raja): Saul sampai ke Zedekia.
4. **Dalam 500 tahun menuju ke masa Kristus** mereka dipimpin oleh *para imam:* Yosua sampai ke Hanas dan Kayafas.

Penanggalan itu adalah perkiraan, tetapi ini memberikan ringkasan yang menolong. Samuel memaparkan perubahan dari nabi-nabi ke raja-raja, 150 tahun pendakian kebangkitan kerajaan Daud.

Ini merupakan periode sejarah Israel yang sangat penting. Orang Yahudi bicara tentang pemerintahan Daud sebagai era keemasan yang damai dan makmur ketika mereka menaklukkan sebagian besar tanah yang Tuhan telah janjikan kepada mereka. Bahkan masa kini, orang Yahudi rindu akan kembalinya hari-hari ketika seorang raja memerintah atas bangsa yang bersatu dan berkemenangan. Tetapi kitab ini juga tidak sepenuhnya kabar baik, dan dalam Samuel kita lihat awal dari kemunduran yang berlanjut sampai 1 dan 2 Raja-raja, sampai Israel kehilangan segala sesuatu yang telah mereka capai 1,000 tahun sebelumnya.

Sebelum memeriksa bagaimana kita harus menafsirkannya, kita akan melihat ke rincian kisah-kisah utama dalam kitab-kitab Samuel ini, mulai dengan pemandangan menyeluruh tentang isi dan strukturnya.

## Struktur

1. **Samuel – hakim terakhir**
   (i) Hana – istri yang gelisah
   (ii) Eli – imam yang sakit
   (iii) Israel – pasukan yang sombong
   (iv) Saul – raja yang diurapi

2. **Saul – raja pertama**
   (i) Yonatan – putra yang bertualang
   (ii) Samuel – nabi yang marah
   (iii) Daud – saingan jelas
   *MASUK*
   (a) Gembala sederhana
   (b) Pemusik trampil
   (c) Pejuang hebat
   *KELUAR*
   (a) Pegawai istana yang dicurigai
   (b) Penjahat yang buron
   (c) Pejuang di pengasingan
   (iv) Filistin – musuh yang agresif

3. **Daud – raja terbaik**
   (i) Pendakian kemenangan
   *NAIK*
   (a) Suku tunggal
   (b) Bangsa yang mapan
   (c) Kerajaan yang besar

(ii) Penurunan tragis
    *TURUN*
    (a) Manusia aib
    (b) Keluarga yang pecah
    (c) Umat yang tidak puas

**4. Penutup**
Dalam bagan struktural ini, kehidupan Samuel dan Saul masing-masingnya dipaparkan dalam kerangka hubungan mereka dengan tiga orang dan satu kelompok orang: Samuel dengan Hana, Eli, Saul dan Israel; Saul dengan Yonatan, Samuel, Daud dan orang Filistin.

Keluarga Daud dapat diringkaskan dengan sangat sederhana dalam empat kata arahan, sebagaimana yang diperlihatkan dalam bagan: masuk, keluar, naik, turun. 'Masuk' dan 'keluar' merujuk ke perubahan perkenanan-Nya terhadap Raja Saul, 'naik' merujuk ke gerakan menuju puncak kuasa sebagai raja, dan 'turun' merujuk ke perjalanannya ke tubir kesusahan.

# Isi

## 1. Samuel – hakim terakhir

(I) HANA – ISTRI YANG GELISAH

Kitab ini mulai dengan kisah ibu Samuel, Hana. Suaminya, Elkana, memiliki dua istri dan Hana, yang tidak punya anak harus menanggung ejekan dari istri satunya, Penina yang memiliki anak-anak. Tahun demi tahun berlalu dan kedukaan Hana tentang kemandulannya makin mendalam. Ia datang ke Bait di Silo (di mana Israel menyimpan tabut perjanjian) dan berdoa bahwa jika Tuhan akhirnya mengaruniai dia seorang anak, ia akan mempersembahkan anak itu untuk pelayanan Tuhan. Eli sang imam memerhatikan suara keluh kesah Hana yang kuat itu dan curiga bahwa ia mabuk. Hana menjelaskan bahwa ia sangat sedih dan Eli menyuruhnya pulang dengan berkat Tuhan. Kelak Hana mengandung dan melahirkan seorang anak laki-laki, yang ia namai Samuel.

Dalam rasa syukur ia memenuhi kaulnya kepada Tuhan dan membawa Samuel kepada Eli untuk melayani di Bait. Hana berdoa lagi, mencerminkan keyakinannya dan kesukaannya dalam Tuhan. Doa ini dengan jelas diingat lagi oleh Maria 1000 tahun kemudian, ketika malaikat memberitahu dia akan melahirkan Yesus. Kesukaan dan pujiannya kini dikenal dengan 'Magnifikat' (Nyanyian Pujian Maria -- Jiwaku Memuliakan Tuhan) mengandung gema pujian Hana.

(II) ELI – IMAN YANG SAKIT

Samuel melayani di bawah imam Eli. Suatu malam ia mendengar sebuah suara dan lari ke Eli, karena menduga bahwa ia yang memanggilnya, tetapi Eli mengatakan bahwa bukan ia. Ini terjadi tiga kali sebelum imam itu menyadari bahwa Tuhan sendirilah yang ingin bicara kepada Samuel. Itu merupakan saat penting, sebab penyataan nubuatan, baik lisan dan penglihatan, langka waktu itu.

Jadi Samuel, dalam usia 12, diberikan tanggung jawab memberitahu Eli bahwa Tuhan akan bertindak dalam penghukuman atas keluarga Eli sebab kedua anak laki-lakinya telah berperilaku sangat buruk dan mata Eli telah menjadi buta. Anak-anaknya menyalahgunakan posisi tanggungjawab mereka, memakan daging persembahan dan meniduri beberapa orang perempuan yang membawa persembahan. Sejk itu, Tuhan berkata, tidak akan ada lagi dari garis keturunan Eli yang berusia lanjut.

Perjumpaan ini merupakan permulaan dari pelayanan nubuatan Samuel, dan itu bukan terakhir kalinya perkataan yang ia sampaikan akan sukar untuk diterima.

## (III) ISRAEL – PASUKAN YANG SOMBONG

Kisah berikut menyangkut kekalahan Israel di tangan orang Filistin, bangsa yang gemar perang yang tinggal di pesisir barat. Bani Israel mengira bahwa mereka kalah perang karena meninggalkan tabut perjanjian di dalam Bait. Karenanya, kali berikutnya mereka membawa tabut ke peperangan, tetapi lagi-lagi kalah berat, dengan 30,000 pasukan jalan kaki terbunuh, termasuk anak-anak Eli (sehingga nubuatan tentang kematian muda mereka digenapi). Tabut ditawan oleh orang Filistin dan dibawa ke kuil Dagon, dewa orang Filistin.

Mendengar kabar ini, Eli -- yang sudah berusia lanjut dan lemah -- jatuh ke belakang dari kursinya dan patah leher. Namun demikian, tabut itu, membawa masalah bagi orang Filistin. Tuhan mengirimkan penyakit parah kepada mereka dan akhirnya mereka mengirim balik kepada bani Israel dengan kereta yang ditarik oleh dua lembu. Orang Filistin mengikuti kereta itu untuk melihat ke mana perginya, dan mereka melihat kereta menuju ke bukit ke arah Yerusalem.

Samuel mengumpulkan bani Israel di Mizpah dan memberitahu mereka bahwa kekalahan sebelumnya tidak bersangkut paut dengan tabut itu dan penyebabnya adalah mereka menyembah para dewa kafir. Israel membakar berhala-berhala dan kali ini menang dalam peperangan melawan orang Filistin. Ini menunjukkan satu prinsip yang dipaparkan dalam Hakim-hakim: kapan saja bani

Israel tidak menaati Tuhan musuh datang untuk mengalahkan mereka, tetapi ketika mereka bertobat dan memperbaiki segalanya mereka akan mengalahkan musuh-musuh mereka.

Sejak itu seterusnya kemasyhuran Samuel meningkat, dan pekerjaannya sebagai hakim dan nabi menjadi sangat dihargai.

(IV) SAUL – RAJA YANG DIURAPI

Hal umum terakhir yang Samuel lakukan sebagai nabi ialah mengurapi Saul sebagai raja. Umat menanyakan Samuel apakah mereka dapat memiliki seorang raja seperti bangsa-bangsa di sekitar mereka. Mereka tahu bahwa Tuhan adalah raja mereka, tetapi mereka ingin raja yang kelihatan. Awalnya Samuel terluka oleh permintaan mereka, sampai Tuhan mengingatkan dia bahwa ia tidak perlu tersinggung, sebab Tuhan sendirilah yang mereka tolak.

Tuhan memberitahu Samuel bahwa jika bangsa itu memiliki raja, mereka perlu bersiap menerima konsekuensinya. Raja akan menginginkan istana dan tentara, maka pajak dan wajib militer akan cepat mengikuti pemahkotaan. Kendati peringatan ini, bani Israel masih mendesak ingin raja dan mereka memilih Saul, seorang yang lebih tinggi dan lebih tampan ketimbang semua orang lain.

## 2. Saul – raja pertama

Pemilihan Saul tidak biasa. Tuhan memberitahu Saul bahwa orang yang akan diurapi sebagai raja adalah orang yang sedang mencari keledai! Maka ketika Saul datang ke rumahnya meminta tolong Samuel tahu harus melakukan apa. Saul diberikan karunia nubuatan sebagai tanda bahwa ia adalah pewaris itu -- meski kita hanya memiliki sedikit rincian tentang bagaimana bentuk hal tersebut. Umat mengukuhkan Saul sebagai raja, dalam usia 30, dan Samuel sang hakim terakhir menyerahkan kepemimpinan kepadanya.

Saul membuat permulaan baik. Umat senang dengan pengangkatannya dan ia mengalami keberhasilan awal mengalahkan orang Ammon. Tetapi dalam hubungan-hubungannya segera terjadi kesalahan.

(I) YONATAN – PUTRA YANG BERTUALANG

Putra Saul, Yonatan merupakan instrumen dalam kekalahan orang Filistin dan Saul awalnya sangat bangga akan dia. Namun begitu, Yonatan membuat kesalahan pergi ke perang berikutnya tanpa memberitahu ayahnya. Ia menang, tetapi Saul cemburu akan keberhasilannya dan hubungannya dengan Yonatan menjadi tegang.

Dalam kisah selanjutnya, mereka berperang lagi dan Saul membuat kaul tergesa bahwa siapa pun kedapatan makan hari itu, sebelum ia membuat pembalasan pada musuhnya, akan dihukum mati. Yonatan yang tidak mengetahui tentang kaul itu, makan madu. Jadi kita dapatkan situasi janggal Saul mengancam akan membunuh anaknya sendiri karena tidak menaati beberapa perintah yang tidak didengar oleh Yonatan. Andai bawahannya tidak campur tangan, Yonatan telah kehilangan hidupnya.

(II) SAMUEL – NABI YANG MARAH

Hubungan Saul dengan Samuel juga memburuk. Sebagai nabi, tugas Samuel adalah menyampaikan kepada Saul firman yang Tuhan berikan kepadanya. Pada suatu kesempatan Saul diperintahkan untuk menunggu ketibaan Samuel sebelum memberikan persembahan sesudah perang. Ketika Samuel terlambat tiba di medan perang, Saul bertindak memberikan persembahan itu sendiri. Marah terhadap tindakan angkuh itu, Samuel memberitahu Saul bahwa kerajaannya akan diserahkan ke seorang lain.

Kesalahan besar Saul yang kedua menyangkut ketidaktaatan kepada firman Tuhan. Kali ini ia diperintahkan untuk memusnahkan orang Amalek dan semua ternak mereka, tetapi Saul mengecualikan raja Agag, dan ternak terbaiknya. Sekali lagi Samuel tiba di tempat kejadian dan mendapatkan Saul telah gagal menaati semua yang Tuhan katakan. Samuel menjadi sangat marah, membunuh Agag di depan mezbah Tuhan, dan memberitahu Saul bahwa menaati adalah lebih baik ketimbang memberikan persembahan. Lebih lanjut Samuel memberitahu Saul bahwa karena ia telah menolak firman Tuhan, Tuhan menolak dia sebagai raja. Sejak hari itu sampai kematian Samuel, Saul tidak pernah lagi mendengar dari Samuel. Kisah ini merupakan pengingat penting bahwa upacara bukan pengganti perilaku benar. Itu pastinya merupakan awal dari berakhirnya sang raja Israel pertama itu.

Tanpa nasihat Samuel, Saul tidak memiliki cara untuk mendapatkan kehendak Tuhan dan karenanya tidak tahu apakah perang Israel akan berhasil atau tidak. Meski di awal pemerintahannya ia menyukakan Tuhan dengan melarang setiap medium dari tanah Israel, di akhir pemerintahannya, tidak lama sesudah kematian Samuel, ia berusaha mendapatkan seorang medium di Endor yang masih menjalankan praktiknya. Saul pergi kepadanya dan memanggil roh Samuel untuk percakapan terakhir. Ia diberitahu bahwa perang yang segera terjadi melawan Filistim akan menjadi perang terakhirnya.

(III) DAUD – SAINGAN JELAS

Kisah Saul menyelinap ke latarbelakang dengan ketibaan Daud. Daud muda memasuki pelayanan Saul, dan kita diberitahu bahwa Saul sangat menyukai dia, tetapi sesudah permulaan baik hubungan Saul dengan Daud menjadi seperti hubungannya dengan Yonatan dan dengan Samuel.

# MASUK

*(a) Gembala sederhana*

Ketibaan Daud di pemandangan terjadi sesudah penolakan Tuhan atas Saul sebagai raja -- meski Saul masih raja untuk beberapa saat. Samuel diutus kepada keluarga Daud untuk mengurapi seorang dari anak-anak Isai sebagai raja, tetapi mendapatkan bahwa tidak seorang pun menerima perkenan Tuhan. Hanya ketika anak ke delapan yaitu yang termuda dipanggil dari ladang Tuhan menyatakan bahwa inilah yang akan menjadi raja berikutnya. Daud diurapi diam-diam, menunda waktu banyak tahun lagi ketika ia akhirnya akan dimahkotai.

*(b) Pemusik trampil*

Ketika itu Saul sedang mengalami kemunduran mental dan moral juga. Kita baca bahwa Roh Kudus meninggalkan dia dan roh najis mengambil alih. Saul menjadi tak terduga, yang bisa tiba-tiba mengamuk di luar dugaan. Para penasihatnya mendapatkan bahwa satu hal yang dapat menenangkan dia adalah musik, maka Daud, dikenal sebagai pemain kecapi trampil, dibawa ke istana dan musiknya menenangkan roh Saul.

*(c) Pejuang hebat*

Kisah Daud dan Goliat adalah salah satu yang paling

terkenal dalam Alkitab. Itu adalah kisah tanpa tandingan abad itu, jenis kisah yang disukai orang Yahudi: Goliat dari Gat yang tingginya hampir 3 meter, dan Daud yang hanya seorang anak penggembala cilik. Merupakan kebiasaan untuk para pasukan yang berperang masing-masing memilih seorang jawara, yang akan saling bertempur. Siapa yang menang memenangkan pihaknya, yang menghindari banyak penumpahan darah.

Sampai pada adegan kisah ini Saul melepaskan perannya sebagai 'jawara' untuk bangsa itu dan sesudah melalui pembahasan, ia akhirnya mengizinkan Daud melawan Goliat mewakili Israel. Kendati kejanggalan yang ada, Daud yakin bahwa Tuhan akan memberinya kemenangan. Ia percaya perang itu adalah perang Tuhan dan bahwa kemenangannya akan memperlihatkan kuasa-Nya kepada seluruh dunia. Ia memakai ketapil, sama seperti yang ia pakai dalam pekerjaan penggembalaannya, dan hanya dengan satu batu dari lima yang ia ambil, Goliat mati dan orang Filistin dikalahkan.

## KELUAR

*(a) Pegawai istana yang dicurigai*

Jika Saul dapat cemburu kepada anaknya sendiri, akan bagaimanakah ia terhadap pahlawan baru ini? Ia mendengar umat menyanyi tentang bagaimana Saul membunuh ribuan orang, tetapi Daud puluhan ribu orang. Daud menjadi pahlawan nasional besar dan Saul mulai membencinya. Sejak itu seterusnya kehidupan Daud ada dalam bahaya. Daud masih lanjut bermain musik untuk meredakan pikiran kalut Saul, tetapi ada masa ketika Saul sedemikian gusar sampai ia melemparkan tombak ke arah Daud.

Kelak Saul berencana membunuh dia, pertama dengan menawarkan putrinya Merab untuk dinikahi sebagai ganjaran Daud mengalahkan orang Filistin. Daud menolak untuk menerima putrinya itu dan rencana Saul digagalkan ketika Daud mengalahkan orang Filistin tanpa cedera. Berikutnya memang Daud menikahi Mikhal, seorang putri Saul lainnya.

Saul lalu meminta Yonatan untuk terlibat dalam kematian Daud, tetapi Yonatan dan Mikhal ada di pihak Daud, dan dalam beberapa rencana pembunuhan itu memperingatkan Daud tentang maksud Saul.

*(b) Penjahat yang buron*

Jadinya jelas bahwa Daud harus meninggalkan istana, maka ia melarikan diri dan bersembunyi di rumah Samuel di Rama. Kemudian datang peristiwa luar biasa ketika Saul dan pasukannya berusaha menangkap Daud, tetapi Roh Tuhan datang atas mereka dan mereka bernubuat, tidak sanggup melaksanakan rencana tersebut.

Yonatan lanjut menolong Daud dan mereka membuat sebuah perjanjian di mana Yonatan berjanji tunduk kepada Daud, kendati ia putra Saul. Ia pangeran yang menundukkan diri karena mendukung penggembala muda itu. Alkitab menceritakan suatu persahabatan yang luar biasa. Kita diberitahu bahwa tidak pernah ada kasih yang terjadi antara dua orang laki-laki seperti antara Daud dan Yonatan.

Imam Ahimelekh di Nob menyediakan makanan untuk Daud dengan roti persembahan dan memberikan kepadanya pedang Goliat. Ia lari ke Gat di barat, di mana ia dikenali oleh raja Filistin sebagai pewaris jelas dan harus berpura-pura gila agar dapat meluputkan hidupnya.

Di Adulam sekitar 400 orang yang sakit hati bergabung dengan Daud. Ia mengirim orangtuanya ke Moab, rumah nenek buyutnya untuk berlindung, dan diberitahu oleh seorang nabi agar kembali ke Yudea.

Sementara mengejar Daud di gurun En-Gedi, Saul masuk ke gua untuk melepaskan lelahnya, tidak menyadari bahwa Daud ada di dalam. Daud memotong ujung jubahnya dan ketika Saul pergi ia berteriak memanggilnya. Saul terguncang ketika menyadari bahwa Daud dapat saja membunuh dia di dalam gua sampai ia bertobat sementara waktu. Tetapi tidak lama pengejaran mulai kembali.

Di gurun Maon Daud bertemu seorang perempuan yang kelak ia nikahi. Nabal menolak memberikan tumpangan kepada Daud dan pasukannya. Namun, istrinya Abigail, membawa makanan untuk mereka dan menyelamatkan keluarganya dari pembalasan Daud. Nabal segera mati sesudah ini dan Daud mengambil Abigail menjadi istrinya.

*(c) Serdadu di pengasingan*

Bagian kisah Daud yang paling dahsyat ialah yang justru tidak pernah diajarkan. Daud menjadi takut bahwa akhirnya Saul akan menangkap dia, maka ia menawarkan diri dan para pengikutnya menjadi tentara bayaran kepada orang Filistin, musuh terbesar Israel. Tidak lama kemudian mereka menjadi sekutu terpercaya.

(IV) FILISTIN – MUSUH AGRESIF

Akhir kehidupan Saul tiba ketika Israel memerangi orang Filistin. Meski Daud dan pasukannya adalah tentara bayaran dengan orang Filistin, para pemimpin Filistin tidak melibatkan mereka dalam perang tersebut, karena khawatir bahwa Daud dan pasukannya tidak akan tetap setia kepada mereka jika mereka dikirim ke dalam perang melawan bangsanya sendiri. Dalam peristiwa itu mereka memang tidak dibutuhkan. Bani Israel kalah hebat, dan Saul serta Yonatan terbunuh sebagaimana dinubuatkan oleh Samuel. Saul yang terluka menjatuhkan dirinya ke pedangnya ketika ia menyadari bahwa hidupnya akan segera berakhir. Maka kitab 1 Samuel berakhir dengan kematian salah seorang tokoh yang paling membingungkan dalam seluruh Alkitab.

## 3. Daud – raja terbaik

(I) PENDAKIAN KEMENANGAN

**NAIK**

*(a) Suku tunggal*
Kita lihat pendakian kemenangan Daud dalam sembilan pasal pertama 2 Samuel. Itu mulai dengan ratapan atas kematian Saul dan Yonatan, yang mencakup beberapa ucapan menyentuh yang mengingat kehangatan persahabatan yang Daud alami dengan Yonatan.

Namun demikian, bangkit perang antara keluarga Daud dan keluarga Saul, dengan melimpah kisah tentang pembunuhan dan pembalasan. Panglima kepala Saul, Abner pindah memihak Daud dan membawa suku Benyamin sertanya, tetapi bangsa itu tetap saja tercabik.

*(b) Bangsa yang mapan*
Suku Yehuda memahkotai Daud sebagai raja di Hebron di selatan, di mana ia menetap selama tujuh tahun. Akhirnya ia memantapkan bangsa itu menjadi satu kesatuan, menolong sebagiannya dengan menaklukkan Yerusalem dari tangan orang Yebus. Orang Yebus yakin bahwa Yerusalem aman dari serangan, tetapi Daud merebut kota itu dengan masuk ke dalamnya melalui tangga yang menghubungkan bagian dalam kota ke mata air di luar tembok kota.

Patut dicatat bahwa tidak saja Yerusalem memiliki perbentengan istimewa sebagai ibukota, dengan tebing di tiga dari empat sisinya, tetapi ia juga terletak di wilayah 'netral' antara Yehuda (suku yang mendukung Daud) dan Benyamin (suku Saul). Dengan demikian ia adalah sebuah ibukota politik, yang tidak dapat diklaim baik oleh Yehuda maupun Benyamin sebagai milik mereka.

*(c) Kerajaan yang besar*
Kitab ini lanjut menggambarkan operasi sukses Daud melawan orang Filistin, Ammon dan Edom, yang tanahnya menjadi bagian dari kerajaan yang luas. Untuk pertama (dan terakhir) kalinya, kebanyakan dari tanah yang telah Tuhan janjikan ada di tangan Israel, Israel berada di puncak sejarahnya.

Namun demikian, bahkan di saat sukses pribadi itu, Daud masih sangat mengingat keluarga Saul, dan ia memberikan penghargaan kepada Mefiboset, anak Yonatan yang lumpuh kedua kakinya.

(II) PENURUNAN TRAGIS

**TURUN**

*(a) Manusia aib*
Pemudaran Daud mulai di suatu sore naas. Pasukannya sedang berperang melawan Ammon dan Daud, yang seharusnya memimpin mereka, di rumah melihat-lihat ke luar jendela istana. Ia melihat Batsyeba, istri tetangganya, sedang mandi di sotoh rumah dan menikmati pemandangan itu. Ia meluncur melanggar lima dari Sepuluh Perintah. Ia menginginkan istri tetangga, ia memberikan kesaksian palsu terhadap sang suami, ia mencuri istrinya, ia melakukan perzinahan dengannya, dan akhirnya ia merancang pembunuhan sang suami. Ini sebuah kisah

mengerikan dan sejak sore itu bangsa tersebut menurun. Lebih dari 500 tahun berikutnya mereka kehilangan segala sesuatu yang telah Tuhan berikan kepada mereka.

Batsyeba menjadi hamil, Daud berupaya menutupinya dan akhirnya mengatur untuk Uria suaminya terbunuh di medan perang. Bayinya mati dan Daud mengambil Batsyeba ke istana menjadi istrinya. Ia hamil kembali, tetapi kali ini bayi itu hidup dan diberi nama Salomo (berarti 'damai'). Tetapi Daud tidak memiliki damai. Setahun kemudian Tuhan mengutus nabi Natan kepada Daud untuk memberitahu dosanya melalui sebuah perumpamaan dan Daud sadar beratnya dosanya. Mazmur 51 adalah sebuah doa pengakuan dosa yang lahir sesudah penyingkapan ini.

*(b) Keluarga yang berantakan*
Agaknya perilaku immoral Daud menjadi katalis untuk ketidaknyamanan di seluruh keluarganya. Putra tertuanya Amnon memperkosa Tamar, salah seorang saudarinya. Putra kedua Daud Absalom mendengar apa yang terjadi dan dua tahun kemudian melakukan pembalasan.

Absalom menjadi sangat populer dengan umat itu sampai Daud terpaksa meninggalkan Yerusalem. Sekali lagi ia kedapatan ada dalam pelarian.

Sesuai nubuatan yang dibuat oleh Natan, Absalom membariskan para istri Daud di atap istana dan melakukan seks dengan mereka di mata publik. Perang sesudah itu menyebabkan kematian Absalom, tetapi Daud amat berduka sampai berharap bahwa sebaliknya ia saja yang mati.

*(c) Umat yang tidak puas*
Dendam dalam keluarga Daud memengaruhi umat itu secara keseluruhan. Kendati kerajaan luas yang kini mereka

kendalikan, mereka tidak senang dengan kepemimpinan Daud. Ibukota terletak di selatan dan umat yang di utara merasa terabaikan. Keprihatinan itu menjadi matang oleh seorang Benyamin, yang menolak mengakui Daud sebagai raja dan memulai pemberontakan. Daud menumpas pemberontakan itu, tetapi perasaan marah menetap.

## 4. Penutup

Pasal-pasal terakhir disusun memakai perangkat sastra, dengan isi penutupnya dibentangkan sesuai dengan tema-tema yang berhubungan. Strukturnya dapat dipecah ke dalam enam bagian, dilabelkan A1, B1, C1, C2, B2, A2, dan bagian A1 dan A2, B1 dan B2, serta C1 dan C2 mencakup tema-tema yang sama.

### A1 PUSAKA MASA LALU

Seluruh Israel menghadapi kelaparan selama tiga tahun. Tuhan memberitahu Daud bahwa kelaparan itu adalah hukuman atas Israel karena pembunuhan oleh Saul sebelumnya atas orang Gibeon, kelompok yang kepadanya bani Isrel telah berjanji untuk tidak menjamah. Orang Gibeon menuntut kematian tujuh keturunan Saul sebagai pembalasan untuk rasa sakit hati ini dan Daud menyerahkan mereka.

### B1 PASUKAN DAUD

Ada catatan singkat tentang 'para pembunuh raksasa' dalam pasukan Daud -- yaitu orang-orang yang bertempur bersamanya dan memberikan dia kemenangan atas orang Filistin dalam serangkaian peperangan

## C1 MAZMUR DAUD

Salah satu mazmur teragung Daud mencatat bagaimana Tuhan melepaskan dia dari semua musuh-musuhnya. Ia menulis tentang Tuhan sebagai batu karangnya, bentengnya dan pelepasnya -- itulah kata-kata orang yang dapat melihat balik pada penyediaan Tuhan yang luar biasa sepanjang kehidupannya dan mensyukuri itu.

## C2 PERKATAAN TERAKHIR DAUD

Perkataan ini terbaca seperti mazmur Daud merenung tentang Roh Tuhan, yang menginspirasi ia menuliskan lagu-lagu yang telah dinyanyikan sepanjang zaman dan barangkali merupakan warisan Daud terbesar.

## B2 KUTIPAN TAMBAHAN UNTUK KEBERANIAN

Daud mengakui, mencatat dan menghormati orang-orang yang berperang bersamanya, termasuk tiga yang menyelinap balik ke Betlehem untuk membawakan air kepada Daud ketika ia sedang dalam pelarian.

## A2 HUKUMAN ILAHI JATUH KEMBALI ATAS ISRAEL

Di akhir kehidupannya, Daud dicobai Iblis untuk melaksanakan sensus atas tentara orang Israel. Motivasinya adalah kesombongan dan Tuhan menghukum tindakannya. Gad sang nabi diutus untuk menyampaikan ketidaksenangan Tuhan dan Daud diberikan tiga pilihan: tujuh tahun kelaparan, tiga bulan lari dari musuh, atau tiga hari penyakit sampar. Ia memilih yang ketiga dan 70,000 orang mati karena sampar.

Daud berseru kepada Tuhan agar menghentikan sampar itu dan ia diberitahu untuk memberikan persembahan di tempat pengirikan Arauna orang Yebus, sebuah dataran tinggi di atas Yerusalem. Ia memberikan kurban dan sampar itu berhenti. Daud melihat tempat pengirikan itu ideal untuk membangun bait untuk Tuhan. Ia ditawari tanah itu dengan cuma-cuma, tetapi Daud berkata persembahannya untuk Tuhan akan tidak bernilai jika ia tidak harus membayar harga dan mendesak untuk membeli tanah itu. Kitab Raja-raja memaparkan pembangunan bait tepat di tempat itu.

Daud tidak diizinkan membangun bait oleh dirinya sendiri sebab Tuhan berkata ia telah "banyak menumpahkan darah dengan tangannya." Bait itu harus dibangun oleh seorang yang damai. Maka bait di Yerusalem, yang berarti 'kota damai,' dibangun oleh Salomo (yang berarti 'damai') putra Daud. Meski Daud yang menyusun rencana itu, mengatur para pekerja dan mengumpulkan bahan-bahannya, putranya Salomo yang melaksanakan seluruh projek itu.

## Bagaimana kita harus membaca Samuel?

Pemandangan menyeluruh yang telah kita lakukan sejauh ini belum menyebutkan bagaimana kita harus membaca kitab ini. Semua pembaca mendatangi teks dengan pengharapan tertentu, tetapi penting membaca Alkitab sebagaimana ia dimaksudkan untuk dibaca jika kita ingin mengerti dan menafsirkannya dengan tepat. Samuel tidak terkecuali. Ada enam tingkatan berbeda di mana kita dapat membaca rangkaian kisah-kisah Alkitab dan penting untuk kita memilih satu yang tepat.

1. **Anekdotal (kisah menarik)**
   (i) Anak-anak
   (ii) Orang dewasa

2. **Eksistensial (pesan pribadi)**
   (i) Bimbingan
   (ii) Penghiburan

3. **Biografis (studi tokoh)**
   (i) Perseorangan
   (ii) Sosial

4. **Historis (perkembangan nasional)**
   (i) Kepemimpinan
   (ii) Struktur

5. **Kritis (kemungkinan kesalahan)**
   (i) Studi kritis 'rendah'
   (ii) Studi kritis 'tinggi'

6. **Teologis (kendali persediaan)**
   (i) Keadilan – pembalasan
   (ii) Rahmat – penebusan

# 1. Anekdotal

(I) ANAK-ANAK

Cara paling sederhana adalah berfokus pada kisah-kisah yang paling menarik. Guru Sekolah Minggu memilih peristiwa yang paling baik berkomunikasi dengan anak-anak, kisah Daud dan Goliat misalnya, sebagai favorit khusus.

Maria Matilda Penstone menyatakannya seperti ini:

> Tuhan telah memberi kita sebuah buku penuh cerita
> Yang dibuat oleh orang zaman dulu.
> Ia mulai dengan cerita tentang sebuah kebun
> Dan berakhir dengan kota emas
> Itulah cerita-cerita untuk para orangtua dan anak-anak,
> Untuk yang lanjut usia yang siap beristirahat,
> Tetapi untuk semua yang dapat membacanya atau mendengarnya
> Cerita tentang Yesus adalah yang terindah.

Ada beberapa keuntungan dengan memakai kisah-kisah ini sedemikian, tetapi cara ini selektif. Para guru dengan mudah dapat menyimpangkan arti sejati dari sebuah kejadian karena mengutamakan kata-kata yang diulang-ulang yang mereka merasa penting dan di tingkat yang mereka pikir dimengerti oleh anak-anak.

(II) ORANG DEWASA

Kisah-kisah dalam Samuel diceritakan dengan luar biasa, dengan perhitungan jumlah kata dan gaya bahasa yang indah. Karena orang dewasa juga menyukai kisah yang baik, banyak yang membaca Alkitab semata untuk nilai anekdotalnya. Para direktur film telah menikmati pembuatan kisah-kisah seperti Daud dan Batsyeba untuk layar lebar.

Meski baik bahwa paling tidak kisah-kisah itu dibaca, pendekatan ini mengabaikan satu pokok fundamental. Di tingkatan anekdot, tidak penting apakah kisah itu benar atau tidak. Kisah itu bisa fakta atau dongeng -- apa pun adanya, kisah-kisah itu masih dapat dinikmati dan pesan moralnya masih dapat ditemukan. Namun demikian, masalah besarnya ialah benar terjadi atau tidaknya kisah-kisah itu *sungguh* penting, sebab kisah-kisah kecil tersebut adalah bagian dari kisah besar kitab Samuel, yang berikutnya memiliki tempat menentukan dalam keseluruhan kisah penebusan dalam Alkitab. Jika kita meragukan apakah orang tertentu sungguh melakukan hal-hal yang dikenakan kepadanya, bagaimana kita dapat yakin bahwa Tuhan sungguh melakukan hal-hal yang dikenakan kepada-Nya di halaman-halaman ini? Tindakan manusia dan ilahi berdiri atau jatuh bersama.

## 2. Eksistensial

### (I) BIMBINGAN

Saya tergoda menyebut pembacaan kisah-kisah Alkitab untuk mendapatkan bimbingan sebagai 'metode horoskop,' sebab sebagian orang membaca Alkitab setiap hari dengan mengharapkan bahwa sesuatu boleh lompat ke luar dan cocok dengan kebutuhan mereka! Terkadang memang terjadi ketika orang memberikan kesaksian bahwa ayat atau nas tertentu memainkan peran penting dalam kehidupan mereka, tetapi ini bicara tentang kesanggupan Tuhan memakai cara apa saja yang Ia pilih untuk membimbing kita ketimbang tentang keabsahan metode tersebut. Metode itu sepenuhnya mengabaikan fakta bahwa kebanyakan ayat-ayat tidak akan berarti apa pun bagi situasi khusus seseorang. Ada sebuah cerita klasik tentang seorang yang membuka-tunjuk Alkitabnya mencari ayat yang cocok dan mendapatkan, "Lalu Yudas pun pergi menggantung diri." Tidak puas, ia mencari ayat lainnya dan mendapatkan, "Pergi dan lakukanlah segera!"

Jika kita membaca Alkitab untuk mendapatkan pesan pribadi, apa yang akan kita lakukan dengan ayat dalam 1 Samuel ketika Samuel berkata kepada Eli, "Dalam garis keluargamu tidak akan pernah ada orang berusia panjang"? berabad-abad kemudian ayat itu memadai bagi seorang keturunan Eli, nabi Yeremia, yang memulai pelayanan nubuatannya ketika ia berusia 17 karena ia tidak akan hidup sampai usia tua. Tetapi tidak ada penerapan untuk kita. Atau ambillah satu ayat lain "...dan Samuel "mencincang Agag di hadapan Tuhan." Bagaimana semua ini diterapkannya?"

Saya mengejek metode ini sebab saya yakin bahwa ini tidak boleh menjadi alasan untuk pembacaan kisah-kisah ini. Kitab Samuel akan menyingkapkan relatif sedikit hal jika ini cara kita membacanya. Kita perlu membaca teks ini dalam konteks ia dituliskan jika kita ingin menarik artinya yang tepat. Jika kita hanya mencari teks yang relevan kepada situasi kita, kita akan kehilangan sangat banyak hal.

(II) PENGHIBURAN

Pada masa lalu 'Kotak Janji' dipakai oleh orang percaya untuk mendapatkan penguatan menghadapi hidup. Masing-masing 'janji' alkitabiah ditulis di kertas yang kemudian digulung dan tiap orang mengambil secara acak dengan sepasang penjepit. Tidak perlu dikatakan, masing-masing janji itu juga diangkat ke luar dari konteks alkitabiahnya dan karena itu kerap terpisah dari persyaratan yang terkait dengannya. Misalnya, "Lihat, Aku senantiasa menyertaimu" ditempatkan dalam konteks "Pergilah dan jadikan semua bangsa murid-Ku," dan kita tidak boleh mengklaim janji itu jika tidak memenuhi perintah tersebut. Bahkan tanpa kotak semacam itu, kita dapat membaca Alkitab dengan cara sangat mirip, mencari satu ayat yang kita pilih bagi diri kita. Kita hanya dapat menemukan sedikit dengan cara ini dari kitab-kitab sejarah dalam Alkitab, seperti Samuel dan Raja-raja. Kitab-kitab ini menyerahkan sumber-sumber mereka kepada orang yang membaca keseluruhannya, yang berusaha mengetahui seperti apakah Tuhan adanya, bagaimana Ia merasa tentang kita ketimbang bagaimana kita merasa tentang diri kita sendiri, atau bahkan tentang Dia.

## 3. Biografis

(I) PERORANGAN

Metode ketiga adalah yang paling umum di antara para pengkhotbah. Salah satu fitur besar Alkitab adalah kejujurannya mencatat kegagalan dan keberhasilan para tokoh utamanya. Yakobus berkata dalam Perjanjian Baru bahwa Alkitab seperti cermin yang dapat menunjukkan seperti apa kita melalui orang-orang yang kita baca tentangnya. Kita dapat membandingkan diri kita dengan para tokoh Alkitab dan bertanya apakah kita akan berkelakuan sama seperti itu.

Dengan mengingat ini, kita dapat mencatat bagaimana dua raja pertama Israel mulai dengan baik dan mengakhiri dengan buruk, namun Saul dilihat sebagai raja yang terburuk dan Daud yang terbaik.

Kita baca tentang karakter Saul, seorang yang secara harfiah jauh mengungguli semua lainnya, dengan banyak kelebihan pribadi. Kita baca bagaimana Roh Tuhan datang ke atasnya dan ia berubah menjadi orang yang berbeda. Tetapi kita baca juga, tentang kecacatan fatal dalam karakternya, dan bagaimana ketidakamanan dirinya menyebabkan hubungan buruk dan kecemburuan terhadap orang bertalenta di sekitarnya.

Kita dapat membandingkan Saul dengan Daud, yang oleh Alkitab disebut sebagai 'seorang yang berkenan di hati Tuhan.' Ketika Samuel memilih Daud kita baca, "Tuhan tidak melihat pada hal yang dilihat manusia. Manusia melihat pada apa yang dilihat mata, tetapi Tuhan melihat hati."

Alkitab memaparkan Daud sebagai seorang pengelana, terlibat dalam pekerjaan tangan, tampan dan berani. Ia membangun hubungannya dengan Tuhan semasa hari dan malam sepi sebagai seorang gembala, membaca Taurat, berdoa dan memuji Tuhan atas ciptaan dan juga penebusan. Masa itu adalah persiapan untuk dia menjadi pribadi paling penting di tanah itu.

Kita dapat mencatat ketrampilannya sebagai seorang pemimpin, memohon pendapat Tuhan sebelum mengambil keputusan apa pun. Bahkan meski ia sudah diurapi sebagai raja, ia menolak mengambil takhtanya terlalu cepat, tetapi menanti saatnya Tuhan. Ia seorang yang murah hati bahkan dalam kemenangan, tidak senang apabila musuhnya terbunuh dan marah sebab salah seorang putra Saul yang hidup terbunuh, bahkan meski Saul memusuhinya. Ia seorang yang sangat pengampun, dan yang menghormati orang berani -- dalam kitab Samuel kita dapatkan daftar mereka yang Daud hormati.

Karena itu Daud bertentangan sifat dari Saul: hatinya mengasihi Tuhan dan ia suka menghormati orang lain. Saul tidak mengasihi Tuhan dan tidak suka ada orang lain yang berhasil ada di dekatnya.

Ada lagi perbandingan lainnya: Samuel dan Eli berbagi ketidaksanggupan mendisiplin anak-anak mereka. Yonatan dan Absalom keduanya adalah putra raja tetapi kelakuan mereka sangat berbeda. Yonatan seorang yang tidak mementingkan diri sendiri, anak dari raja yang buruk (Saul) yang bersedia tunduk kepada kepemimpinan

Daud. Absalom adalah anak yang mementingkan diri sendiri dari raja yang baik (Daud) yang ingin merebut takhta dari ayahnya.

Perempuan dalam Samuel juga menjadi studi tokoh yang menarik. Hana dan Abigail sama menyatakan pembawaan yang menarik. Kita baca tentang bakti Hana kepada Tuhan dan kegembiraannya ketika ia menjadi hamil. Abigail dengan berani mencegah krisis dengan membuat makanan untuk pasukan Daud ketika suaminya menolak memberikan mereka tumpangan. Ia sedemikian membuat Daud terkesan sampai dinikahi Daud tidak lama sesudah kematian suaminya.

(II) SOSIAL

Kita juga dapat mempelajari hubungan antara individu. Persahabatan Yonatan dan Daud adalah yang paling murni dan saleh di halaman Alkitab.

Interaksi yang membuat frustrasi bahkan mengancam antara Saul dan Daud adalah contoh klasik tentang kemungkinan kesukaran yang dapat terjadi pada hubungan pribadi dengan temperamen yang tak dapat diandalkan, yang berubah-ubah antara suasana hati menyambut dan menolak, khususnya ketika ada kerumitan tambahan karena pengaruh roh-roh jahat.

Keseluruhan kisah tentang Daud dan berbagai perempuan dalam kehidupannya penuh dengan wawasan tentang hubungan antar gender. Ketidaksanggupannya mendapatkan kasih sayang dan pengabdian beragam laki-laki dalam kehidupannya pun bukannya tidak relevan bagi masyarakat masa kini.

Penegasan pilihan umat tentang raja pertama mereka dan alasan mereka untuk itu berbicara tentang pengaruh citra pada pemilihan politis masa kini.

Jadi kisah-kisah ini memiliki implikasi sosial selain juga individual, yang dari semuanya kita dapat belajar banyak pelajaran. Tetapi ini masih pesan yang kurang memadai dengan yang dimaksudkan oleh teks.

## 4. Historis

(I) KEPEMIMPINAN

Cara ke empat mempertimbangkan Samuel ialah melihatnya sebagai studi sejarah tentang Israel. Israel berkembang dari satu keluarga, ke suku, ke bangsa, dan akhirnya menjadi sebuah kerajaan. Garis besar perkembangan menjadi kerajaan sepanjang 150 tahun inilah yang diliput oleh kitab-kitab Samuel.

Permintaan akan seorang raja datang dari umat, karena cemburu tentang kepemimpinan yang menyatu dan kasat mata yang disediakan oleh berbagai kerajaan dalam bangsa-bangsa sekitar mereka, dan muak dengan hubungan federal dari 12 suku mandiri yang berlangsung pada saat itu.

Samuel memperingatkan umat itu bahwa akan ada biaya tinggi terkait dengan gerakan menuju pemerintahan terpusat melalui seorang raja. Umat tetap saja maju dengan permintaan mereka dan perjalanan sejarah membentang. Raja Israel harus menuliskan hukum taurat dan membacanya tiap hari, dan menyediakan kepemimpinan rohani untuk umat (bahwa Ulangan mengatur ini memperlihatkan bahwa Tuhan telah mengantisipasi perkembangan ini). Sesudah itu karakter bangsa itu akan terikat kepada sang raja.

(II) STRUKTUR

Gerak dari pola federal ke struktur terpusat untuk bangsa

itu bukannya tanpa kesukaran. Kita dapat mempelajari kitab ini dari sudut pandang itu, dengan memerhatikan gumulan yang Daud hadapi dan ketrampilannya mengatasi. Kita dapat mencatat betapa kecerdasannya sebagai seorang pengatur dan ketrampilannya sebagai seorang panglima di bawah Tuhan memimpin bangsa itu mencapai puncak kedamaian dan kemakmuran di bawah pemerintahannya. Pilihannya akan Yerusalem sebagai ibukota merupakan salah satu dari sejumlah sapuan unggul yang cemerlang. Kota itu ditaklukkan dari orang Yebus dan jadinya tidak dianggap sebagai milik salah satu suku tertentu.

Kerajaan tumbuh di bawah Daud, para musuh terdahulu menjadi wilayah-wilayah satelit dan seluruh tanah yang telah dijanjikan itu ditaklukkan untuk pertama dan terakhir kali. Orang Filistin tidak lagi mengganggu mereka. Tetapi pemerintahan yang terpusat terbukti menyebabkan penurunan bani Israel juga, sebab ketika kuasa ada dalam tangan makin sedikit orang, karakter orang-orang yang memiliki tangan itu tidak bisa tidak menentukan apa yang terjadi.

## 5. Kritis

(I) STUDI KRITIS 'RENDAH'

Studi kritis rendah (*lower criticism*) adalah studi tentang Alkitab oleh para sarjana untuk melihat jika ada kesalahan dalam teks. Mereka mempelajari dan membandingkan naskah-naskah dalam bahasa aslinya, dan mencatat adanya ketidaksesuaian yang mungkin terjadi melalui kesalahan transmisi oleh para penyalin. Karya ini memberikan kita keyakinan kuat sekali bahwa naskah yang dipakai oleh para penerjemah sangat dekat dengan aslinya dan dipercaya bahwa Perjanjian Baru 98 persennya akurat.

Naskah tertua dari keseluruhan Perjanjian Lama adalah teks Masoretik yang berasal dari tahun 900. Ada salinan lengkap Yesaya, sebuah Gulungan Laut Mati, dari 100 SM yang 1,000 tahun lebih tua daripada semua salinan lain yang tersedia. Ini ditemukan ketika Alkitab Inggris *Revised Standard Version* sedang diterjemahkan, sehingga mereka menunda penerbitannya sampai teksnya telah diperiksa terhadap naskah lebih tua itu. Sesungguhnya, teks yang menjadi dasar pekerjaan mereka sangat akurat dan hanya sedikit saja yang perlu diubah.

Meski teks Perjanjian Lama tidak memiliki keakuratan sama seperti Perjanjian Baru, kita masih dapat diyakinkan bahwa sedikit saja yang berbeda dari teks asalnya. Lagi pula, penting diperhatikan bahwa dilema apa pun menyangkut penerjemahan adalah menyangkut rincian kecil dan bukan kebenaran iman sentral. Dalam Samuel misalnya, ada dua catatan tentang kematian Goliat, tetapi hanya satu yang dikaitkan dengan Daud. Jika hanya satu huruf disesuaikan, ketidaksesuaian itu dapat diselesaikan. Jelas penyalin telah melakukan kesalahan dalam transmisi.

### (II) STUDI KRITIS 'TINGGI'

Studi kritis rendah adalah disiplin ilmu yang perlu dan diterima, tetapi studi kritis tinggi (*higher criticism*) menyebabkan banyak kerusakan. Studi ini asalnya dari Jerman di abad sembilan belas dan diterima di banyak perguruan teologis semasa abad dua puluh.

Anggapan dasar dari studi kritis tinggi ialah bahwa bahkan jika teks asalnya secara akurat menyampaikan apa yang penulisnya artikan, kita masih dapat keliru tentang apa yang harus kita percayai. Studi kritis tinggi mendatangi teks dengan praanggapan mereka sendiri yang didasarkan atas apa yang mereka anggap masuk akal. Mereka yang menganggap sains telah menyangkal kebenaran mukjizat menghapuskan semua peristiwa ajaib dari teks, sedangkan yang tidak memercayai prapengetahuan supernatural meniadakan semua nubuatan yang secara akurat meramalkan masa depan.

Para sarjana ini bekerja di tingkatan yang murni akademis dan intelektual, dengan sedikit perhatian untuk atau pengertian tentang iman pribadi. Pendekatan mereka tidak terhindarkan membuat teks Alkitab terpenggal-penggal, tidak lagi dapat dikenali kaitan dengan aslinya.

## 6. Teologis

Pembacaan kitab-kitab Alkitab dengan pendekatan teologis membuat setiap halaman dan kalimatnya menjadi sangat bernilai. Tingkat pembacaan yang sejauh ini telah kita pertimbangkan hanya memerhatikan sisi manusia dari studi Alkitab, tetapi utamanya Alkitab adalah kitab tentang Tuhan, dengan ketertarikan sekunder pada umat Tuhan. Jenis studi ini bertanya bagaimana kita dapat membaca teks supaya mengenal Tuhan.

Kita telah melihat bagaimana Samuel adalah kitab nubuatan. Sejarah yang dicatat adalah sejarah dari perspektif Tuhan, mencatat apa yang penting bagi Tuhan.

Dengan mengambil pendekatan teologis, karenanya kita dapat melihat ke suatu kisah dan bertanya bagaimana kejadian itu berhubungan dengan Tuhan. Bagaimana perasaan-Nya tentang itu? Mengapa peristiwa itu sangat penting untuk Tuhan sampai dimasukkan untuk kita baca sebagai bagian dari Kitab Suci? Kita mulai membaca kitab itu dari sudut pandang Tuhan dan menarik kesimpulan tentang siapa Dia dan seperti apa Dia. Yakin bahwa Tuhan tidak berubah, kita lalu dapat menerapkan kebenaran tanpa batas waktu ini ke masa dan generasi kita kini.

KEADILAN DAN RAHMAT

Ini adalah cara terbaik dan paling mengasyikkan untuk membaca Samuel. Kitab ini memaparkan campur tangan Tuhan dalam kehidupan Israel, sebab Ia adalah aktor sejati dalam kisah-kisah ini, bukan Saul, Daud atau Samuel. Kita telah melihat bagaimana Hana mandul, ia berdoa, dan Tuhan memberinya seorang anak. Kita melihat bagaimana Daud, dalam nama Tuhan, membunuh Goliat dengan batu pertamanya. Kita lihat bagaimana Daud, dengan pertolongan Tuhan luput dari cengkeraman ribuan orang dari tentara Saul. Tuhan menolong sebagian orang dan merintangi lainnya. Ia adil dalam menghukum kejahatan dan kadang penuh rahmat sampai tidak menghukum ketika hukuman adalah yang hal patut.

Ia memberikan Israel tanah itu, tetapi ketika mereka tidak menaati Dia Ia mengutus penindas. Ketika mereka bertobat Ia mengirimkan pelepas. Ia mengizinkan umat memilih raja, tetapi ketika raja itu gagal Ia memberi lainnya, seorang yang berkenan di hati-Nya.

Kita dapat mempelajari kisah-kisah tentang Samuel, belajar pelajaran dari sejarah dan membandingkan diri kita dengan Saul atau Daud, tetapi alasan sejati kita membaca kitab ini ialah belajar tentang karakter Tuhan.

Kegiatan Tuhan khususnya dilihat sebagai inti kitab ini. Ia membuat perjanjian dengan Daud, meneguhkan komitmennya kepada Israel yang pertama telah diungkapkan dalam perjanjian dengan Abraham dan Musa berabad-abad sebelumnya. Ini merupakan saat paling penting dalam 1 dan 2 Samuel. Hal ini bangkit ketika Daud meminta

Tuhan jika ia dapat membangun rumah untuk-Nya. Ia merasa malu telah membangun sebuah istana demikian megah bagi dirinya sendiri dan bahwa Tuhan tinggal dalam kemah di sebelahnya.

Ketika Daud memberitahu Tuhan ia ingin membangunkan bagi-Nya sebuah rumah, tiga pesan datang dari nabi Natan. Pesan pertama ialah, "Lakukan itu.' Pesan kedua ialah, "Jangan lakukan itu." Tuhan menjelaskan bahwa kemah cukup baik untuk-Nya karena Ia tidak pernah meminta istana dari batu. Pesan ketiga ialah bahwa Daud tidak boleh membangun bait sebab ia seorang 'penumpah darah,' tetapi anaknya dapat membangun itu.

Dalam perjanjian Tuhan memberitahu Daud bagaimana Ia akan memperlakukan anaknya. Ia akan mendisiplin dia tetapi tidak akan pernah berhenti mengasihi dia. Keturunan Daud dan kerajaan akan berlangsung di hadapan-Nya selamanya. Takhtanya akan ditegakkan selamanya; akan selalu ada keturunan Daud di takhta itu.

Dari saat itu seterusnya, keturunan Daud selalu menyimpan catatan teliti tentang pohon keluarga mereka, sambil bertanya-tanya jika anak mereka yang mungkin adalah 'anak Daud' yang disebut dalam peranjian itu. Janji itu menjadi fokus pengharapan nasional selama 3,000 tahun berikutnya dengan orang Yahudi menantikan sang Mesias.

Perjanjian ini merupakan tema krusial di sepanjang bagian Alkitab berikutnya. Seribu tahun sesudah itu janji itu digenapi ketika Yesus dilahirkan kepada pasangan sederhana yang termasuk dalam garis keturunan kerajaan. Yesus adalah anak Daud yang sah melalui Yusuf ayahnya, tetapi juga adalah anak jasmani dari Daud melalui ibu-Nya Maria. Jadi Ia dua kali anak Daud. Sepanjang kehidupannya ia dikenal sebagai 'anak Daud.' Para murid mengenali hak-Nya dikenal sebagai 'Mesias' (yang diurapi), dan tema ini berlanjut dalam tulisan-tulisan berikutnya tentang Dia dan Gereja-Nya. Kitab Kisah Para Rasul, Roma, 2 Timotius dan Wahyu semuanya memakai julukan ini untuk merujuk kepada Yesus. Mereka mencanangkan bahwa segala kuasa di langit dan di bumi telah diberikan kepada anak Daud dan akan selalu ada dalam tangan-Nya. Mereka bersukacita bahwa Tuhan memegang perjanjian dengan Daud dalam anak-Nya Yesus.

Dalam penggenapan perjanjian itu kita melihat bahwa janji Tuhan memiliki implikasi lebih luas, sebagai raja atas takhta Daud memerintah atas orang Yahudi dan bukan Yahudi yang membentuk Gereja-Nya.

Hanya ketika kita membaca Samuel dari sudut pandang teologis kita dapat menghargai kekayaan kitab ini dalam artian pesannya dan bagian perannya dalam tema-tema yang berkembang dalam seluruh Alkitab.

# Kesimpulan

Samuel adalah sebuah kitab sejarah dengan kekhasan. Ini adalah sejarah bersifat nubuatan penuh dengan kisah-kisah menarik, janggal, romantis dan kejam yang ketika dipersatukan, menyingkapkan maksud-maksud Tuhan yang terus berlangsung untuk umat-Nya. Tuhan ingin kita diperintah oleh satu orang -- bukan Raja Daud I, tetapi Raja Daud II. Kitab 1 dan 2 Samuel adalah bagian dari sejarah Kristen. Yesus adalah raja orang Yahudi di masa lalu, Ia adalah raja Gereja masa kini, dan Ia akan menjadi raja atas dunia ini di masa depan, ketika Ia akan memerintah dalam keadilan dan kebenaran, dan kerajaan itu akhirnya akan dipulihkan kepada Israel. Maka makna sejati dari kitab ini menjadi jelas dengan kita mengerti bagaimana Tuhan terlibat, bertindak di balik pemandangan, membentuk sejarah dan menjamin umat-Nya bahwa kerajaan-Nya akan tumbuh dan satu hari Anak-Nya sendiri, juga anak Daud, akan menjadi raja.

# 10.
# 1 DAN 2 RAJA-RAJA

## Pendahuluan

Guru sejarah saya di sekolah mengajarkan pokok itu dengan sangat membosankan. Yaitu tentang tahun, raja dan ratu dan terkesan rumit serta tidak relevan. Ketertarikan saya diperbaiki dengan membaca buku sejarah lelucon *1066 and All That* (1066 dan Semuanya Itu), yang jelas menyenangkan ketimbang pelajaran sejarah sekolah saya, dan ketika peristiwa sejarah disimpulkan entah sebagai 'hal baik' atau 'hal buruk.'-- tidak ada hal lain di antaranya.

Kitab Raja-raja agak mirip seperti *1066 and All That* (meski tanpa leluconnya). Kitab ini memaparkan raja-raja Israel atau Yehuda entah sebagai baik atau buruk, bergantung pada bagaimana mereka memerintah. Namun demikian, tidak seperti pelajaran sejarah di sekolah yag banyak dari kita masih ingat, sejarah alkitab teramat menarik. Ini bukan tentang tanggal dan perang yang tidak menarik, tetapi merupakan catatan tentang umat Tuhan dari sudut pandang Tuhan. Ini bukan sekadar untuk perhatian akademis juga: ini mutlak penting untuk keseluruhan umat manusia.

## Konteks

Kitab Raja-raja berfokus pada tiga dari empat tahap dalam perkembangan kepemimpinan nasional Israel. Sebagaimana dijelaskan dalam Pemandangan Menyeluruh Perjanjian Lama (halaman 27), para pemimpin nasional pertamanya adalah para bapa leluhur, Abraham sampai Yusuf, kemudian datang para nabi, dari Musa sampai Samuel. Ketiga datang para raja, dari Saul sampai Zedekia, dan akhirnya para imam, dari Yosua sampai ke Kayafas.

Periode raja-raja dicakup oleh empat kitab dalam Alkitab kita:

**1 Samuel:** Samuel sampai Saul
**2 Samuel:** Daud
**1 Raja-raja:** Salomo sampai Ahab
**2 Raja-raja:** Ahab sampai Zedekia

Dalam Alkitab Ibrani tahap kepemimpinan ini dicakup hanya oleh dua kitab, Samuel dan Raja-raja, dengan sela antara 1 dan 2 Raja-raja terjadi di akhir pemerintahan Ahab dan memisahkan kehidupan dan kematian nabi Elia. Ketika Perjanjian Lama diterjemahkan ke dalam bahasa Yunani tahun 200 SM, kitab-kitab itu menjadi terlalu panjang untuk satu gulungan kitab. Kata-kata Ibrani hanya memiliki huruf mati, maka penambahan huruf hidup dalam bahasa Yunani membuat kitab itu menjadi dua kali lebih panjang. Maka sela antara1 dan 2 Samuel serta 1 dan 2 Raja-raja ditetapkan lebih oleh terjemahan ketimbang oleh rancangan.

## Kerajaan

Dalam bahasa Ibrani kitab ini disebut 'Kerajaan-kerajaan'

Israel, bukan 'Raja-raja.' Kata 'kerajaan' memiliki arti lain dalam Ibrani. Dalam bahasa Inggris itu merujuk ke sebuah wilayah yang di atasnya seorang yang berdaulat memerintah. Maka Inggris adalah bagian dari *United Kingdom* di bawah pemerintahan Ratu. Namun demikian, dalam bahasa Ibrani kata 'kerajaan' merujuk kepada pemerintahan dari seorang raja, maka didefinisikan dalam kerangka otoritas bukan wilayah, pemerintahan ketimbang lingkup.

Lebih jauh, konsep 'pemerintahan' dalam Alkitab sangat berbeda dari dalam Kerajaan Bersatu (*United Kingdom*), yang di bawah monarki konstitusional, Ratu memegang kekuasaan (*reigns*) tetapi tidak memerintah (*rule*), kuasa terdapat dalam pemerintah yang dipilih. Manfaatnya yang besar ialah bahwa kekuatan bersenjata dan pengadilan hukum tidak berada langsung di bawah pemerintah, tetapi bertanggungjawab kepada Ratu. Monarki dihargai bukan terutama karena kuasa yang ia jalankan ketimbang karena kuasa yang ia simpan dari lainnya.

Para raja Israel, sebaliknya, memiliki kuasa mutlak. Mereka membuat peraturan dan memerintah kekuatan bersenjata. Tidak ada parlemen, tidak ada pemungutan suara dan partai oposisi. Raja memerintah melalui keputusan dan bukan melalui debat. Pengaruhnya atas bawahannya total, dan karena itu karakter dan perilakunya membentuk masyarakat semasa pemerintahannya. Ia berdiri sebagai wakil bangsa di hadapan Tuhan, tetapi juga sebagai wakil Tuhan di hadapan bangsa.

Ini berarti perubahan besar dalam cara bangsa itu dinilai. Semasa yang dipaparkan dalam Yosua, Hakim-hakim dan Rut, terdapat suatu federasi yang longgar dan umat dinilai menurut tindakan mereka. Namun demikian, dalam Samuel dan Raja-raja, karakter dan perilaku raja memutuskan nasib bangsa.

## Sejarah yang dipilih

Meski kitab ini tentang raja-raja Israel, ia tidak secara adil membagi ruang untuk masing-masing raja. Misalnya, Omri adalah raja di utara yang kita ketahui dari sumber historis lain memiliki pemerintahan yang terkenal, mencipta kemajuan ekonomi luar biasa untuk bangsa itu. Namun kitab Raja-raja mengabaikan dia dalam delapan ayat, sebab ia tidak memadai dalam satu aspek yang penting: ia melakukan kejahatan dalam pemandangan Tuhan. Sama halnya, Yerobeam II memiliki zaman keemasan mini di utara, namun ia hanya diberikan tujuh ayat karena alasan yang sama. Di pihak lain, Hizkia, yang secara luas adalah seorang raja yang baik, diberi tiga pasal, satu doa dari Salomo mencakup 38 ayat, dan kisah Elia serta Elisa, yang sama sekali bukan raja, mendapat sepertiga bagian dari kedua kitab Raja-raja.

Perlakuan yang terkesan tidak adil ini terjadi sebab penulisnya tidak didorong oleh pendekatan historis yang lazim. Kita catat dalam studi tentang Yosua bahwa sejarawan mana pun harus memilih apa yang penting, membuat kaitan antara peristiwa-peristiwa atau orang yang ia pilih, dan kemudian memberikan penjelasan tentang mengapa peristiwa-peristiwa itu berkembang dari satu sama lainnya. Penulis Raja-raja tidak tertarik untuk berfokus pada sejarah politik, ekonomi atau militer, meski ia mungkin menyebut semuanya ini sambil lalu. Melainkan, ia memerhatikan dua aspek dari masing-masing pemerintahan raja atau kerajaan:

1. Kualitas **spiritual** -- penyembahan, entah Tuhan Israel atau berhala.
2. Kualitas **moral** -- keadilan dan moralitas, atau lawannya.

## Sejarah nubuatan

Raja-raja adalah koleksi terakhir dari kitab-kitab yang dikenal sebagai 'nabi-nabi terdahulu' dalam Alkitab Ibrani dan mengikuti Yosua, Hakim-hakim dan Samuel. Ini adalah sejarah dari sudut pandang Tuhan. Perorangan dan peristiwa disebutkan karena Tuhan menganggapnya sebagai penting dan perlu untuk generasi masa depan. Seorang boleh jadi politikus atau ekonom cemerlang, tetapi Tuhan utamanya tertarik pada kepercayaan dan perilakunya.

Kita dapat dengan tepat menyebut kitab-kitab ini 'sejarah suci,' sebab mereka adalah catatan dengan pesan menetap dan kisah dengan moral kekal. Mereka menawarkan kepada kita bukan saja pelajaran *dari* sejarah, tetapi pelajaran *tentang* sejarah. Mereka yang tidak mempelajarinya terkutuk untuk mengulanginya lagi.

## Kebenaran universal

Ada pola-pola dalam sejarah Israel yang dapat diterapkan secara universal. Ambillah contoh, panjangnya pemerintahan setiap raja yang disebut di dalam kitab ini. Seorang raja yang baik rata-rata memerintah 33 tahun dan raja yang buruk rata-rata 11 tahun. Dari sini kita dapat menarik prinsip umum bahwa para pemimpin baik berlangsung lebih lama daripada yang buruk, karena Tuhan berada sebagai pengendali tertinggi sejarah dan dapat memelihara raja-raja baik atas takhta.

Ada perkecualian -- tidak setiap raja baik memiliki pemerintahan yang lama dan tidak setiap raja buruk masa pemerintahannya singkat -- tetapi secara umum prinsip ini benar dan sungguh dapat tetap dilihat dalam lamanya jangka waktu para pemimpin modern.

## Kebangkitan dan kejatuhan bangsa

Raja-raja melingkupi beberapa peristiwa menentukan dalam sejarah umat Tuhan yang perlu kita catat jika kita ingin meraih pesan kitab tersebut dan mengerti kitab-kitab yang sesudahnya. Kitab 2 Samuel dan bagian awal 1 Raja-raja memaparkan posisi Israel di panggung dunia, tetapi kebanyakannya dari kitab Raja-raja memerhatikan kejatuhan bangsa itu. Di bawah Daud dan Salomo bangsa itu akhirnya bersatu, dan kerajaan itu terbentang dari Mesir sampai Efrat. Akhirnya bani Israel menduduki sebagian besar tanah yang dijanjikan kepada Abraham 1,000 tahun sebelumnya, dan bahkan mengendali lebih lagi. Tetapi dari masa Salomo seterusnya mereka mengalami penurunan, melalui perang sipil dan kerajaan yang terbagi sampai ke pembuangan di tanah asing.

Perpecahan nasional berarti bahwa nama Israel tidak lagi merujuk ke keseluruhan bangsa itu, tetapi hanya ke 10 suku di utara. Suku-suku di selatan yaitu Yehuda dan Benyamin dikenal dengan nama suku yang lebih besar yaitu Yehuda. Pembedaan ini berlanjut sepanjang Perjanjian Lama berikutnya.

Suku-suku selatan Yehuda dan Benyamin dikenal sebagai 'Yahudi,' diambil dari nama suku Yehuda. Sebelum ini umat itu dikenal secara kolektif sebagai 'Ibrani' atau 'bani Israel.' Ini adalah pembedaan yang penting untuk diingat. Dalam Perjanjian Baru Injil Yohanes membedakan antara Yahudi di selatan dan orang Galilea di utara. Yang terutama bertanggungjawab atas penyaliban Yesus adalah orang Yahudi di selatan, bukan semua orang Israel itu sendiri.

KISAH DUA BANGSA

Raja-raja melingkupi sejarah kedua 'bangsa-bangsa' itu.

Standar spiritual dan moral dari 10 suku di utara secara tetap merosot, sampai Asyur mengirim mereka ke pembuangan. Di selatan laju kemunduran kurang ditandai. Ada raja-raja baik seperti Hizkia dan Yosia, tetapi mereka menempuh jalan yang sama seperti utara dan dibawa pergi ke Babilonia. Bapa leluhur mereka Abraham dipanggil ke luar dari Ur -- kini mereka berakhir di mana Abaham mulai, meski kali ini sebagai orang-orang buangan.

Itu pelajaran bermanfaat tentang betapa mudahnya kehilangan hal yang telah dicapai. Kerap jangka waktu jauh lebih singkat ketimbang waktu yang dibutuhkan untuk mencapai puncak.

## Kerajaan Israel

Kerajaan Israel melalui tiga tahapan, sebagaimana disimpulkan dalam tabel di bawah.

1. **Kerajaan bersatu**
   Saul 40 tahun
   Daud 40 tahun
   Salomo 40 tahun

2. **Kerajaan terbagi**
   10 suku di utara – 'Israel'
   2 suku di selatan – 'Yehuda'

   | Perang | 80 tahun | Elia |
   |--------|----------|------|
   | Damai  | 80 tahun | Elisa |
   | Perang | 50 tahun | Israel ke Asyur, 721 SM |

3. **Kerajaan tunggal**
   
   | | 140 tahun | Yehuda ke Babel, 587 SM |
   |---|---|---|

## KESATUAN

Tahap pertama adalah 'Kerajaan Bersatu,' ketika tiga raja-raja memerintah bergantian atas seluruh Israel. Raja pertama Saul, yang sangat buruk; kedua adalah Daud, yang utamanya baik; dan ketiga adalah Salomo, yang keadaannya baik dan buruk.

Masing-masing pemerintahan berlangsung tepat 40 tahun. Angka 40 kerap menjadi penunjuk tentang waktu Tuhan menguji umat. Yesus dicobai selama 40 hari di padang gurun; bani Israel ada di padang gurun selama 40 tahun. Itu merupakan periode pengujian pada pemandangan Tuhan, dan semua tiga raja itu gagal dalam ujian. Mereka mulai dengan baik, tetapi mengakhiri dengan buruk. Daud menerima pujian sebagai 'seorang yang berkenan di hati Tuhan,' tetapi bahkan dia memiliki akhir yang mengecewakan.

Kitab 1 Samuel mencakup 40 tahun masa Saul, 2 Samuel mencakup 40 tahun masa Daud dan 11 pasal pertama 1 Raja-raja mencakup 40 tahun masa Salomo.

## PERANG

Segera sesudah Salomo meninggal, utara dan selatan terjerat dalam perang sipil yang menghancurkan 'Kerajaan Bersatu.' Benih keresahan telah ditabur ketika Salomo membebani bangsa itu dengan pajak yang berat dan mengutamakan kepentingan selatan, membuat utara menjadi tidak puas. Kematian Salomo menjadi katalis untuk keresahan yang bergolak menjadi konflik bersenjata.

Kedua suku selatan mempertahankan ibukota Yerusalem dan garis kerajaan Daud. 10 suku utara kehilangan keduanya dan mendirikan pusat penyembahan mereka sendiri, di Betel dan Dan, lengkap dengan dua lembu emas sebagai fokus penyembahan mereka. Karena garis kerajaan ada di selatan, mereka juga memilih raja mereka sendiri, Yerobeam.

Peralihan kekuasaan di utara terbukti jarang berlangsung mulus. Terjadi pembunuhan-pembunuhan, kudeta, perebutan. Raja-raja sering memilih diri sendiri.

Selama 80 tahun sesudah perpecahan, terjadi perang antara utara dan selatan di tengah permusuhan, yang memuncak dengan suku-suku di utara membuat perjanjian dengan Siria dan Damaskus untuk berusaha melenyapkan kedua suku di selatan. Yesaya memberikan rinciannya dalam nubuatannya.

DAMAI

Perang 80 tahun antara utara dan selatan diikuti oleh 80 tahun masa damai, semasa tersebut Tuhan mengutus dua nabi yang memainkan peran besar dalam kitab Raja-raja. Pelayanan Elia dicatat dalam 1 Raja-raja dan dua pasal pertama 2 Raja-raja, serta Elisa sesudahnya adalah tokoh kunci dalam bagian awal 2 Raja-raja.

Namu ndemikian masa tenang itu tidak menghentikan kemerosotan, dan pada 721 SM Asyur mengalahkan suku-suku Israel utara dan mengangkut mereka ke luar dari tanah mereka. Mereka menjadi '10 suku yang hilang,' tidak pernah lagi kembali ke tanah itu sebagai bangsa.

Sesudah pembuangan kerajaan utara Israel, kitab itu berfokus secara khusus pada Yehuda dan Benyamin di selatan. Kerajaan itu sangat kecil, dengan Yerusalem sebagai ibukotanya dan sejumlah kecil tanah yang mengelilinginya, tetapi raja-rajanya diturunkan dari garis kerajaan dan mereka tahu tentang janji Tuhan kepada Daud bahwa akan selalu ada seorang dari keturunannya di atas takhta.

Ketika suku-suku utara dibuang, Tuhan mengirimkan nubuatan peringatan dari Yesaya dan Mikha bahwa hal yang sama akan terjadi kepada selatan, tetapi sedikit atau tidak berdampak. Kejadian terakhir yang dicatat dalam kitab Raja-raja ialah bahwa Yehuda dibawa ke pembuangan oleh orang Babilonia hanya 140 tahun kemudian.

# Tujuan

Kini kita tiba ke fokus pertanyaan dasar yang semestinya memberi informasi pada pembacaan kita tentang kitab Alkitab mana pun: Siapa yang menulis kitab ini? Bagaimana mereka menuliskannya? Kapan mereka menulisnya? Mengapa mereka menulis itu?

### Siapa menulis Raja-raja?

Penulis kitab ini tidak dapat diketahui dengan pasti. Kebanyakan orang Yahudi berpikir penulisnya Yeremia dan ada beberapa alasan mengapa dukungan untuk ini kuat.

1. Bagian-bagian dalam Raja-raja identik dengan nubuatan Yeremia -- bahkan pemilihan katanya persis sama.
2. Yeremia tidak disebutkan dalam kitab ini, kendati ia sezaman dengan Yosia dan ada di inti dari berbagai peristiwa yang dipaparkan. Agaknya tidak mungkin siapa pun mencakup periode ini tanpa menyebutkan Yeremia, tetapi jika Yeremia adalah pengarangnya, akan senada dengan para penulis Alkitab lainnya untuk ia tidak menonjolkan dirinya.
3. Kita tahu bahwa para nabi sering menulis tentang raja-raja. Yesaya menulis tentang Uzia dan Hizkia, dan

Tuhan secara khusus memerintahkan Yeremia dalam nubuatannya untuk menulis tentang Israel.
4. Tambahan, ada masa dalam pelayanan Yeremia ketika secara khusus sangat berkaitan dengan hal mengingat sejarah bangsa itu. Nubuatannya memberitahukan tentang masa ketika umat Tuhan menolak peringatan-Nya yang berapi-api bahwa mereka harus taat kepada perjanjian dan ia harus mencanangkan kutukan atas bangsa itu. Ini akan merupakan titik temu yang tepat untuk menulis kitab Raja-raja.

Masalah dengan hipotesis ini ialah bahwa Yeremia telah dibawa ke Mesir pada 586 SM, dan ia meninggal di sana, namun bagian terakhir 2 Raja-raja memperlihatkan pengetahuan berarti tentang kejadian-kejadian di Babel. Akan sukar melihat bagaimana rincian ini dapat cocok dengan anggapan bahwa ia yang menulis seluruh kitab ini. Barangkali solusi terbaiknya ialah Yeremia menulis bagian-bagian dari Raja-raja, dengan seorang lain menyelesaikannya. Ini mungkin menjelaskan ketidakhadirannya dari narasi itu.

Sebagian orang mengusulkan Yehezkiel sebagai calon lainnya. Ia dikenal mengandalkan Yeremia dan memiliki gaya tulisan yang sama. Namun demikian, penanggalan dari nubuatan terakhirnya adalah 571 SM, yang berarti menentang anggapan bahwa ia penulisnya. Yeremia adalah calon terkuat, tetapi tanpa bukti lebih lanjut, kita harus membiarkan hal ini sebagai pertanyaan terbuka.

## Bagaimana Raja-raja ditulis?

Kitab Raja-raja melingkupi beberapa rujukan kepada fakta bahwa informasi lanjut dapat ditemukan dalam sumber-sumber lain: Kisah perbuatan Salomo, kitab Tawarikh Raja-raja Israel (disebutkan 17 kali) dan kitab Tawarikh Raja-raja Yehuda (disebutkan 15 kali). Kitab-kitab ini bukan kitab Tawarikh yang dicakup dalam Alkitab. Penulisnya memakai catatan nasional yang dijalin bersama untuk menyampaikan pelajaran tentang sejarah.

Bagian-bagian dari Yesaya identik dalam susunan katanya dengan Raja-raja, ini mengusulkan bahwa entah mereka memakai sumber yang sama atau yang satu meminjam dari yang lain pada beberapa pokok tertentu.

Penulisnya meliput kejadian-kejadian dalam kerajaan Yehuda dan Israel secara bersamaan. Membaca tentang raja Yehuda, langsung diikuti dengan bagian tentang raja Israel dapat membingungkan, tetapi urutan ini disengaja. Penulisnya ingin kita mengerti bagaimana masing-masing kerajaan berlangsung dalam hubungan dengan pendampingnya. Hal ini vital untuk narasi sepanjang masa-masa itu ketika dua kerajaan tersebut berperang, atau ketika kawin campur membawa ke masa damai.

Karena itu penulisnya memakai jenis metode historis yang sama yang dipakai masa kini, mengambil bahan dari sumber-sumber lain, mengumpulkan informasi dari perpustakaan, dan seterusnya. Perbedaannya ialah bahwa pemilihan ini diilhamkan secara ilahi, maka apa yang kita miliki dalam Raja-raja bukan sekadar sejarah, tetapi Firman Tuhan.

## Kapan Raja-raja ditulis?

Sebuah petunjuk vital kepada penanggalan kitab ini diberikan oleh ungkapan-ungkapan yang mengusulkan bait di Yerusalem masih berdiri, 'dan masih ada sampai hari ini.'

Ini mengusulkan penanggalan sebelum pembuangan ke Babel di 586 SM, yaitu ketika bait dihancurkan.

Namun demikian, satu bagian lain dari kitab ini mengusulkan tanggal penulisan sesudahnya. Babilonia membunuh Zedekia, raja terakhir Yehuda, dengan mengikatnya dengan rantai dan membuat ia menyaksikan pembunuhan anak-anaknya sebelum matanya dicungkil. Raja sebelumnya, Yoyakin, telah menyerah kepada Babel dan dipenjara. Hal terakhir yang kita baca dalam kitab raja-raja ialah bahwa Nebukadnezar, raja Babel melepaskan Yoyakin dari penjara dan mengundang ia makan satu meja dengannya. Ini mengusulkan bahwa kitab ini telah diselesaikan setengahnya sampai di pembuangan, khususnya karena tidak ada penyebutan tentang kembalinya umat itu. Ini juga berarti bahwa seseorang dari garis kerajaan Daud makan semeja dengan raja di Babel, dan dengan demikian Nebukadnezar secara tidak sadar telah menolong mengamankan garis kerajaan tersebut.

Dengan mengambil dua rincian ini bersama, maka agaknya kitab ini kebanyakannya ditulis sebelum kejatuhan Yerusalem, tetapi diselesaikan semasa pembuangan.

## Mengapa Raja-raja ditulis?

Motivasi penulisnya mengalir wajar dari jawaban kepada pertanyaan kapan kitab ini dituliskan.

Inilah bangsa yang telah kehilangan tanah dan ibukotanya, dan yang dibawa pergi ke suatu tanah lain. Seluruh generasi tidak akan melihat lagi tempat asal mereka. Mereka sekali lagi menjadi budak, bait mereka hancur berantakan, maka tidak terelakkan mereka memiliki berbagai pertanyaan tentang relasi mereka dengan Tuhan.

Dimanakah Ia? Mengapa Ia mengizinkan semua ini terjadi? Bagaimana tentang janji-jaji-Nya?

Kitab Raja-raja menyediakan jawaban untuk pertanyaan ini. Ia menjelaskan bahwa kesalahan yang menyebabkan pembuangan tepatnya terletak pada umat itu sendiri. Tuhan memelihara janji-janji-Nya: Ia berjanji bahwa jika bangsa itu berkelakuan salah mereka akan kehilangan tanah itu, tetapi kendati peringatan bertubi-tubi mereka tidak mendengarkan. Sejarah Raja-raja dengan demikian adalah pelajaran yang dalam untuk umat di pembuangan ini.

Namun bahkan dalam gelap kitab ini mengandung harapan, sebab Tuhan berjanji tidak pernah mengingkari bagian-Nya dalam perjanjian itu. Tuhan berkata bahwa meski umat mungkin melanggar perjanjian itu, Ia tidak akan pernah. Ia berjanji membawa balik anak-anak-Nya dari pembuangan. Penghukuman itu hanya untuk satu masa terbatas saja.

Kenyataannya, umat itu tetap di tanah Babel selama 70 tahun. Bilangan itu tidak sembarangan. Tuhan telah memberitahu mereka untuk mengistirahatkan tanah setiap tujuh puluh tahun, tetapi mereka mengabaikan hukum ini sampai 500 tahun, dari masa Salomo seterusnya. Sepanjang masa itu, karenanya tanah kehilangan saat istirahat tiap 70 tahun, maka dapat diartikan bahwa 70 tahun pembuangan itu adalah kesempatan untuk mengejar masa-masa istirahat itu!

Kitab Raja-raja mengatakan bahwa pembuangan adalah masa bencana, tetapi tidak tanpa harapan. Tuhan telah berjanji menjaga garis kerajaan dari Daud berlangsung terus dan Ia akan melakukan itu.

## Isi

### Salomo

Ketika kita melihat ke kitab ini secara lebih terinci kita mulai dengan raja yang menguasai pasal-pasal awal. Nama Salomo berarti 'damai' dan memang tepat sebab pemerintahannya mendapatkan manfaat dari damai yang telah dimantapkan oleh Daud ketika membangun kerajaan itu. Ia adalah seorang raja yang baik yang mulai dengan baik.

Di awal pemerintahannya Tuhan menampakkan diri kepadanya dalam mimpi dan menawarkan untuk memberikan dia apa saja yang ia minta. Salomo, mengetahui bahwa ia kurang pengalaman, meminta hikmat. Tuhan menjanjikan tidak saja hikmat kepada Salomo, tetapi banyak hal lain yang tidak ia minta: kekayaan, kemasyhuran dan kuasa.

Karunia hikmat Salomo didemonstrasikan dalam kisah terkenal tentang dua pelacur yang bertengkar tentang seorang bayi. Keduanya punya bayi, tetapi pada malam salah seorang bayi meninggal, lalu ibunya mencuri bayi satunya dan menukar dengan menempatkan bayinya yang mati. Salomo harus mengadili situasi sangat janggal itu. Milik siapakah bayi yang hidup itu? Salomo memohon hikmat dari Tuhan, dan kemudian memberitahu kedua perempuan itu untuk membelah dua bayi yang hidup itu dan masing-masing mengambil setengah bagiannya. Secepat Salomo berkata demikian, ibu sesungguhnya dari bayi itu mengizinkan bayi itu hidup dan diberikan ke perempuan yang satunya. Dengan demikian Salomo tahu siapa ibu sebenarnya.

Barangkali tindakan Salomo yang paling dikenang adalah pembangunan bait yang ia lakukan dengan bahan-bahan dan rencana yang telah disiapkan oleh Daud ayahnya. Tuhan menjanjikan Daud bahwa ia akan mengizinkan anaknya membangun tempat permanen pertama untuk penyembahan terpusat, hal itu diprediksi dalam Ulangan berabad-abad sebelumnya. Itu sebuah bait yang agung, dan perlu tujuh tahun membangunnya (namun, perlu 12 tahun untuk membangun istana Salomo sendiri).

Kita baca bahwa meski bait dibangun dari batu pahatan, suara palu dan pahat tidak pernah terdengar. Ini menjadi misteri cukup lama sampai seseorang menemukan sebuah gua raksasa berukuran teater besar di Gunung Moria dekat Kalvari di luar Yerusalem. Lantainya dilapisi dengan jutaan kepingan kecil tempat batu karang dipotong. Batu karang itu sedemikian lembut sampai dapat dipotong dengan pisau kecil, tetapi apabila dibawa ke luar ia mengalami oksidasi dan menjadi cukup keras. Semua batu untuk bait itu berasal dari gua ini, di mana mereka memotong blok-bloknya untuk dicocokkan dengan bait yang di permukaan.

Salomo juga bertanggungjawab untuk penyerahan bait itu. Doa dedikasi bait olehnya itu, didasarkan atas Imamat 26 dan Ulangan 28, dicatat panjang di Raja-raja. Doa itu menyebutkan janji Tuhan untuk membawa kembali umat-Nya dari pembuangan jika mereka berpaling kepada-Nya, sebuah janji yang khususnya bermakna bagi mereka di Babilon ketika kitab ini keluar.

Pemerintahannya membawa kemakmuran besar bagi umat Israel. Kerajaan itu merentang dari Mesir sampai Efrat dan melingkupi kebanyakan wilayah yang telah dijanjikan kepada mereka. Kemasyhuran Salomo tersebar jauh dan luas, bahkan mencapai Ratu Syeba, yang berkunjung kepadanya dan terkesan oleh kemegahan istananya.

Masa damai berarti kesempatan untuk bersantai dan belajar. Salomo mengoleksi 3,000 amsal dan menulis

1,005 lagu. Tuhan memilih menerbitkan hanya enam dari lagu-lagu itu masuk dalam Alkitab. Teori saya ialah Salomo menulis sebuah lagu untuk masing-masing dari 700 istrinya dan 300 gundiknya, tetapi Tuhan memilih sedikit saja, termasuk satu yang dalam Kidung Agung. Secara kebetulan, menyangkut saat itulah kita seharusnya bertanya entahkah hikmat Salomo dinyatakan dalam mengambil begitu banyak istri. Itu berarti 700 ibu mertua! Seperti halnya banyak orang lain, ia memiliki hikmat ntuk semua orang lain, tetapi tidak untuk dirinya sendiri.

Kidung Agung ditulis oleh seorang pemuda, yang sedemikian mabuk asmara sampai Tuhan tidak disebutkan secara langsung. Kitab Amsal kebanyakannya adalah karya Salomo, ditulis ketika ia berusia pertengahan. Pengkhotbah dituliskan di akhir kehidupannya, dan di sana ia berbagi falsafah dari seorang usia lanjut dengan orang muda. Dalam kitab itu kita lihat keseluruhan kehidupan Salomo, dengan waktu untuk filsafat, musik, pertanian dan arsitektur. Meski ia mengembangkan banyak minat, tidak satu pun memberinya kepuasan dan Pengkhotbah adalah salah satu kitab paling sedih dalam Alkitab.

## BURUK

Kelemahan utama Salomo telah diisyaratkan tadi -- yaitu ia memiliki terlalu banyak istri. Ini bukan sekadar untuk kenikmatan sensual, tetapi juga menyatakan nafsu untuk kuasa. Banyak pernikahan dimotivasi secara politik, sebagai contoh pernikahannya dengan putri Firaun. Sebagai seorang Mesir perempuan itu tidak boleh tinggal di kota suci Yerusalem, maka Salomo membangunkan baginya istana tepat di sebelah utara bait, di luar tembok kota.

Penggalian baru-baru ini di sana menemukan satu-satunya peninggalan orang Mesir di seluruh Israel.

Karena itu kita disuguhi dengan sebuah penjajaran menarik: di satu pihak ada bait yang megah, yang dibangun untuk menolong penyembahan Israel kepada Tuhan esa sejati; di pihak lain ada Raja Salomo dengan banyak istri orang asing, yang semuanya membawa dewa mereka sendiri dan menyeret bangsa itu menjauh dari penyembahan kepada Tuhan Israel. Salomo bukan satu-satunya raja yang menikahi perempuan bangsa asing, tetapi tidak ada raja dapat menandinginya dalam artian jumlah.

Pembangunan bait juga menuntut ongkos besar. Salomo memakai para pekerja paksa dan pemajakan berat yang membuat marah suku-suku utara, yang tidak senang harus membiayai bangunan di selatan, yang begitu jauh dari wilayah mereka. Karena itu, kendati keberhasilan bait itu. Salomo meletakkan dasar untuk bencana nasional. Salomo adalah raja dengan hati berbagi yang meninggalkan kerajaan terbagi. Segera kerajaan itu akan pecah. Bahkan pada masa Salomo, Hadal orang Edom berontak, dan banyak lagi menyusul.

## Kerajaan terbagi

Pemerintahan para raja Yehuda dan Israel dicatat secara berbeda.

Raja-raja utara semuanya dibandingkan dengan raja pertama utara, Yerobeam, yang merupakan raja yang buruk. Maka kita baca berulang kali tentang para raja seterusnya: "... dan ia melakukan apa yang jahat di mata pemandangan Tuhan, menuruti dosa Yerobeam."

| UTARA | SELATAN |
|---|---|
| Tanggal pencapaian | Tanggal pencapaian |
| Lama pemerintahan | Usia ketika pencapaian |
| Dihukum resmi | Lama pemerintahan |
| Nama ayah | Nama ibu |
|  | Ringkasan karakter |
| Rujukan ke sumber | Rujukan ke sumber |
| Kematian | Kematian dan penguburan |
| Putra atau perampas kuasa | Putra sebagai penerus |

Dalam catatan para raja Yehuda di selatan, penulis memakai catatan lain dan mengubah susunan dan rinciannya. Ia mulai dengan tanggal ketika mereka mulai memerintah, tetapi diikuti dengan usia sang raja -- Yosia, misalnya, baru berusia delapan. Lama pemerintahannya diberikan sesudahnya, tetapi kemudian datang nama ibu, tanpa nama ayah, karena alasan yang tidak jelas. (Masa kini seorang memenuhi syarat sebagai orang Yahudi jika ibunya adalah Yahudi, tetapi dalam Alkitab ayah yang menentukan kebangsaan.) Kemudian datang penilaian apakah mereka baik atau jahat. Sementara semua raja utara adalah jahat, selatan memiliki campuran baik dan jahat, dengan Daud sebagai tolok ukur.

## Raja-raja

Utara memiliki 20 raja dan selatan juga jumlah yang sama, tetapi selatan bertahan 140 tahun lebih lama daripada utara sebab, sebagaimana sudah kita catat raja yang baik memerintah lebih lama. Sebagian dari raja buruk hanya bertahan beberapa bulan sebelum akhirnya dibunuh.

Seperti disebutkan di atas, raja-raja utara semuanya buruk, meski sebagian tidak seburuk lainnya.

# 1 DAN 2 RAJA-RAJA

| UTARA | | SELATAN | |
|---|---|---|---|
| 'ISRAEL' (10) (suku) | | 'YEHUDA' (2) (suku) | |
| Nabi-Nabi | Raja-Raja | Raja-Raja | Nabi-Nabi |
| AHIA | **Yerobeam** | **Rehabeam** | SEMAYA |
|  | Nadab | Abiam |  |
| YEHU | **Baesa** | *Asa* |  |
|  | **Ela** |  |  |
|  | **Zimri** |  |  |
|  | **Omri** |  |  |
| ELIA | **Ahab** | *Yosafat* | OBAJA |
| MIKHA | **Ahazia** | Yoram |  |
|  | Yoram | **Ahazia** |  |
| ELISA | Yehu | ATALIA | YOEL |
|  | **Yoahas** | *Yoas* |  |
|  | **Yoas** | *Amazia* |  |
| YUNUS | **Yerobeam II** | *Uzia* |  |
| AMOS | **Zakharia** |  |  |
|  | Salum | *Yotam* |  |
|  | **Pekah** |  | YESAYA |
| HOSEA | **Menahem** |  | MIKHA |
|  | **Pekahya** | **Ahas** |  |
|  | Hosea | *Hizkia* |  |
|  | 721 SM | **Manasye** |  |
|  |  | **Amon** | NAHUM |
|  |  | *Yosia* | YEREMIA |
| *Sangat baik* |  | **Yoahas** | ZEFANYA |
| *Baik* |  | **Yoyakim** | HABAKUK |
| Buruk |  | **Yoyakin** | DANIEL |
| **Sangat buruk** |  | **Zedekia** |  |
| RATU |  | 587 SM | YEHEZKIEL |

Selatan memiliki enam raja yang baik dan dua raja sangat baik (Hizkia dan Yosia), tetapi juga memiliki satu yang paling buruk dari semuanya. Yang satu ini adalah perkecualian tentang pemerintahan para raja buruk dan pemerintahan singkat mereka, karena Manasye memerintah selama 55 tahun.

Selatan hanya memiliki satu dinasti, sedangkan utara memiliki sembilan, dengan penerusan berganti tangan karena pembunuhan terjadi sebanyak enam kali.

Ada seorang ratu. Tuhan telah memberitahu Daud selalu akan ada seorang *laki-laki* di atas takhta -- perempuan tidak diizinkan memerintah sebagai penguasa. Atalia memiliki ide lain. Ia adalah putri Izebel dan menikah dengan raja Yehuda di selatan. Ia ingin menjadi ratu pertama Israel, maka secara sistematis ia membunuh semua anak dari garis kerajaan Daud, supaya terbuka jalan baginya untuk menjadi ratu. Namun demikian, seorang bibi mengambil putra termuda, Yoas, dan menyembunyikannya sampai siap mengambil takhta ketika Atalia mati, sehingga garis kerajaan terpelihara.

Dua raja terbaik Yehuda adalah Hizkia dan Yosia. Hizkia sezaman dengan Yesaya dan kisahnya dicakup dalam nubuatan Yesaya. Hizkia adalah raja yang baik dalam banyak hal. Ialah orangnya yang memerintahkan untuk menggali saluran air masuk ke Yerusalem dan membuatnya aman dari musuh. Kesalahannya yang besar terjadi ketika ia sakit dan menyambut ke istananya orang dari kota kecil tak dikenal di Babel. Mereka membawa 'kartu ucapan cepat sembuh' dan Hizkia tersanjung bahwa seseorang dari tempat jauh mengetahui dan peduli tentang sakitnya. Ia mengajak orang itu berkeliling memperlihatkan istana dan bait. Yesayalah yang menunjukkan kesalahan itu. Ia memberitahu Hizkia bahwa Babilon akan mengangkut semua yang ia perlihatkan kepada mereka. Beberapa tahun kemudian mereka sungguh melakukan itu.

Seorang lagi raja baik datang ke takhta Yehuda pada usia masih delapan tahun. Yosia lahir pada tahun yang sama seperti nabi Yeremia. Sementara mereka membersihkan bait pegawainya menemukan gulungan kitab Ulangan, yang sekian lama tidak pernah lagi dibaca. Ketika Raja Yosia membaca kutukan yang Tuhan telah janjikan jika umat-Nya menyimpang dari hukum-hukum-Nya, ia tekejut dan langsung mulai memperbaiki segala sesuatunya. Ia memerintahkan reformasi nasional, menghancurkan semua bukit-bukit penyembahan serta menghentikan penyembahan berhala yang telah menginfeksi tanah itu, dengan harapan bahwa ini akan membawa pembaruan. Tetapi umat tetap jauh dari Tuhan. Tidak mungkin membuat orang menjadi baik dengan mengeluarkan hukum-hukum yang baik.

Yosia juga membuat kesalahan besar: ia maju berperang melawan Mesir ketika itu tidak perlu dan ia terbunuh di Megido. Ketika ia mati bangsa itu kembali ke praktik-praktik jahat yang telah ia buang.

Hizkia diikuti oleh Manasye, seorang raja sangat buruk yang membawa kejahatan lebih dalam lagi. Ia menyembah dewa Molokh, dan ini mencakup penyembahan bayi-bayi lelaki di lembah Hinon, atau 'Gehena.' Ia juga membunuh nabi Yesaya karena khotbahnya, memerintahkan ia untuk diikat dan ditaruh di dalam rongga batang pohon, sesudahnya dua tukang kayu dengan gergaji besar memotong pohon itu jadi dua.

Sesudah ditawan ke Babilon, dengan kail di hidung dan belenggu tembaga di tangan dan kakinya, ia akhirnya merendahkan diri dan bertobat dari kejahatannya. Ia diizinkan kembali ke Israel, lalu menghancurkan berhala-

berhala dan kuil-kuil yang telah ia bangun. Umat berhenti menyembah berhala dan kembali kepada Tuhan tetapi mereka tidak dapat menghentikan kebiasaan menyembah di 'bukit-bukit' yang telah didirikan oleh Manasye. Maka, meski ia telah bertobat, pengaruh buruknya tidak dapat dihapus.

Salah seorang raja terjahat adalah Ahab, yang menikah dengan pangeran putri Fenisia dari Tirus. Namanya dalam bahasa Fenisia berarti 'primula' (sejenis bunga, *primrose*), tetapi dalam bahasa Ibrani, nama sama itu berarti 'sampah,' dan dengan arti inilah ia dikenal. Jelas bahwa ia memperalat Ahab untuk mencapai maksud-maksud jahatnya sendiri dan bahwa Ahab perlu sedikit dorongan. Sebagai contoh, rancangannyalah yang mengatur kematian seorang tetangga, Nabot. Supaya Ahab dapat memiliki kebun anggurnya.

## Elia

Peristiwa inilah yang menandai awal pelayanan nabi Elia. Ia seorang Tisbe dari Gilead, di wilayah Trans Yordan, dan dianggap sebagai salah seorang nabi Israel terbaik. Meski tidak ada kitab yang ditulis dalam namanya, kitab Raja-raja melingkupi lebih banyak tentang kehidupannya ketimbang para raja itu sendiri.

Ia paling dikenal karena konfrontasinya dengan para nabi Baal di Gunung Karmel. Gunung Karmel sekitar 19 kilometer panjangnya dan menjorok sampai ke laut di utara Israel. Di ujung timur (pedalaman) terdapat cekungan besar tepat di bawah puncak di mana 30,000 orang dapat berkumpul. Ini mestinya tempat dimana Elia menantang para nabi Baal, yang telah diperkenalkan ke istana oleh Izebel. Ada mata air yang tidak pernah kering, bahkan di musim kering. Teks menceritakan kita bahwa Elia menyiram kurban dengan air, bahkan meski tidak turun hujan selama tiga setengah tahun.

Kisahnya terkenal. Elia mendirikan sebuah mezbah dan menantang para nabi Baal untuk membangun mezbah mereka sendiri di sebelah mezbahnya dan memanggil dewa mereka untuk mengirimkan api membakar korban.

Itu suatu tantangan sangat cerdik. Kini kita tahu bahwa mezbah-mezbah Baal memiliki lorong di bawahnya dimana imam bersembunyi untuk menyalakan api ke kayu ketika orang berseru kepada dewa. Elia dengan cerdik meminta mereka membangun mezbah di ruang terbuka dan berjanji membangun mezbahnya dalam cara yang persis sama, hanya ia akan menuangkan air untuk membuat tantangannya lebih besar. Keberaniannya menyebabkan dia mengejek para imam sedemikian rupa sampai jika eksperimennya gagal ia pasti akan dibunuh. Ia menganjurkan mereka untuk berteriak lebih kuat, mengusulkan bahwa dewa mereka sedang libur atau bersantai. Itu merupakan saat kunci dalam sejarah suku-suku utara. Tuhan mengirimkan api, korban persembahan Elia terbakar dan Israel tahu siapa yang sungguh berkuasa. Para nabi Baal lalu dibunuh.

Kisah menakjubkan ini memiliki kelanjutan yang tidak terduga. Ketika Izebel mendengar tentang kemenangan Elia dan kematian para nabinya, ia mengancam Elia. Kendati kemenangannya atas 400 nabi Baal, Elia lari menyelamatkan hidupnya ke Horeb. Nabi itu mengalami lelah emosional dan spiritual, sehingga Tuhan dengan penuh anugerah mengutus malaikat untuk memberinya makanan, dan kemudian menjamin dia rentang kehadiran dan persediaan-Nya untuk masa depan Israel. Tuhan telah juga menyediakan seorang rekan untuk Elia agar dapat melanjutkan pekerjaan itu.

## Elisa

Elisa, si pembajak, meneruskan peran nubuatan Elia. Ia meminta dari Eli 'dua bagian dari rohnya' -- sebuah ungkapan yang kerap disalahmengerti. Itu tidak berarti ia ingin menjadi dua kali Elia. Sesungguhnya itu adalah ungkapan yang diambil dari adat pewarisan. Jika seorang memiliki empat putra, hartanya dibagi menjadi lima bagian ketika ia mati dan bagian gandanya menjadi milik anak tertua, yang menjadi pewaris dari bisnis keluarga itu, dengan uang ekstra untuk menolong dia dengan tanggungjawab tersebut. Dengan meminta dua bagian roh Elia, Elisa meminta menjadi pewarisnya dan pengganti agar mendapat izin 'mengambil alih bisnis' Elia.

Elia memberitahu Elisa bahwa jika ia melihat Elia meninggalkan bumi, ia dapat menjadi pewarisnya. Elia adalah sedikit orang dalam Alkitab yang tidak pernah meninggal (Henoh adalah seorang lainnya). Teks itu memberitahu kita bahwa ia menunggangi angin masuk ke surga, dan Elisa melihat ia pergi. Jubah Elia jatuh ke tanah, Elisa memungutnya dan berjalan ke Sungai Yordan. Pelayanan Elisa diberikan suatu awal yang luar biasa, dengan Tuhan membelah sungai itu baginya, meyakinkan Elisa bahwa Ia menyertai dia sebagaimana Ia telah menyertai Elia.

## Pekerjaan Elia dan Elisa

Kedua nabi tersebut sangat berbeda. Elia seorang petempur, pengkhotbah, seorang yang menantang umat. Pelayanan Elisa lebih bersifat pastoral.

Pada satu kesempatan ia membangkitkan anak seorang janda, di desa Sunem, kira-kira 800 meter dari desa Nain di mana Yesus juga akan melakukan hal yang sama. Elisa juga memberi makan 4,000 orang dengan sedikit roti jelai. Pelayanan Elia terkesan mirip pelayanan Yohanes Pembaptis dan Elisa dengan pelayanan Yesus.

Elia dan Elisa adalah dua dari sejumlah nabi yang Tuhan utus kepada suku-suku utara: Yunus adalah nabi untuk Israel sebelum ia diutus ke Niniwe, dan ia muncul di kitab Raja-raja. Amps dan akhirnya Hosea juga diutus. Nubuatan Hosea mengandung beberapa emosi terdalam dari antara semua nabi lain, sebab ia memeragakan dalam kehidupannya sendiri kedalaman kasih Tuhan untuk umat-Nya.

Jumlah ruang yang diberikan kepada Elia dan Elisa dalam Raja-raja mengingatkan kita bahwa Tuhan memberikan peringatan-peringatdan kepada umat-Nya tentang apa yang akan terjadi jika mereka tidak berkelakuan menurut hukum taurat-Nya.

## Peringatan Tuhan

FIRMAN

Sepanjang kemunduran rohani bangsa itu, para imam harus memperingatkan tentang tanggung jawab mereka. Tetapi mereka terlalu lekat dengan penguasa untuk sanggup menyediakan suara objektif, maka Tuhan mengutus para nabi sebagai gantinya.

Ada enam nabi untuk utara: Ahia, Yehu, Elia, Elisa, Amos dan Hosea. Juga ada jumlah yang melayani untuk selatan. Sebelum dan semasa pembuangan: Semaya, Obaja, Yoel, Ynus, Mikha, Nahum, Zefanya, Habakuk, Daniel dan Yehezkiel.

Penting diperhatikan bahwa Tuhan selalu memberi umat-Nya peringatan tentang hukuman-Nya jika mereka lanjut berbuat dosa. Seluruh prinsip tentang Alkitab ialah Tuhan menghakimi umat karena melakukan apa yang mereka tahu adalah salah. Orang yang tidak pernah mendengar tentang Yesus tidak akan dikirim ke neraka karena mereka tidak mendengar tentang Yesus, tetapi karena mereka melakukan kesalahan terhadap hati nurani mereka sendiri.

Israel dan Yehuda mengabaikan pesan yang mereka terima, lebih mendengarkan para nabi palsu yang memberitahu mereka bahwa segala sesuatunya baik dan memberi mereka alasan paksu untuk bencana yang telah menimpa mereka. Para nabi sejati tetap bersedia memberitahu kebenaran dan menanggung harga dalam bentuk ejekan, pukulan, hukuman dan terkadang kematian.

## PERBUATAN

Peringatan yang Tuhan kirim tidak hanya lisan, tetapi juga penglihatan. Umat itu harusnya telah melihat bahwa berkat-berkat Tuhan diambil dari mereka. Perhatikan bagaimana peringatan itu meningkat semakin berat:

1. Mereka kehilangan wilayah mereka ketika Hadad membawa Edom ke luar dari 'persemakmuran.'
2. Mereka kehilangan kemerdekaan ketika suku-suku Trans-Yordan tunduk ke bawah kendali Siria dan satu suku, Naftali, hilang sepenuhnya ke Asyur.
3. Yehuda melihat sembilan suku lainnya dibuang ke Asyur.
4, Akhirnya mereka pun menghadapi pembuangan ke Babilon, dalam tiga tahapan.

Karena itu, terlepas dari pesan-pesan nubuatan yang diucapkan, ada sejumlah tanda-tanda peringatan dari berbagai peristiwa yang dengan jelas menunjuk ke bencana, tetapi umat itu mengabaikannya juga dan tidak mengubah jalan mereka.

# Mengapa membaca Raja-raja?

Orang Kristen dapat meyakini bahwa semua bagian Perjanjian Lama juga ditujukan untuk mereka. Di 1 Korintus kita diberitahu bahwa berbagai peristiwa dalam Perjanjian Lama "terjadi sebagai contoh untuk memperingatkan kita, supaya jangan kita menginginkan hal-hal yang jahat seperti yang telah mereka perbuat." Di 2 Timotius kita baca bahwa "semua tulisan yang diilhamkan Tuhan bermanfaat untuk mengajar, menyatakan kesalahan, memperbaiki kelakuan dan mendidik orang dalam kebenaran."

## Penerapan untuk perseorangan

MASA KINI

*Ada*nya kita kini mungkin bukan sebagai raja, tetapi kita juga adalah contoh untuk orang lain, di pekerjaan, dalam keluarga, dalam komunitas. Seperti para raja, kita perlu menetapkan nada spiritual untuk kelompok-kelompok di mana kita terlibat, khususnya jika kita memiliki peran kepemimpinan.

Kita dapat dicobai untuk memiliki hubungan dengan orang yang memiliki dewa-dewa 'asing.' Kita mesti berhati-hati tentang bahaya menikah dengan orang dari luar keluarga Tuhan.

Raja-raja memberikan contoh negatif tentang ratu Atalia, yang berusaha merebut kepemimpinan melawan kehendak Tuhan. Semua orang Kristen dapat dicobai untuk mencari kepemimpinan karena alasan yang salah, atau yang tidak tepat untuk mereka secara pribadi.

Pemerintahan Yosia memperingatkan kita bahwa kita harus menjadi pembaca Alkitab secara teratur. Kita dapat lalai atau abai akan kebenaran Alkitab dan menghadapi konsekuensi yang sama.

Kitab ini juga menyediakan pelajaran kunci untuk para pemimpin Kristen, sebab raja memiliki peran pastoral untuk bangsanya, peran yang kerap disalahgunakan.

## MASA DEPAN

Kita akan *menjadi* raja: kita juga adalah bagian dari keluarga kerajaan, sedang disiapkan untuk memerintah bersama Kristus. Kita dapat menatap ke muka ke masa depan yang cemerlang. Bahkan jika kehidupan kita sedikit memiliki kesempatan kepemimpinan kini, akan datang hari ketika itu akan berbeda.

## Penerapan bersama

### GEREJA

Seperti halnya Israel menaruh berhala-berhala di bukit-bukit tanah itu, banyak bangsa dan negara dunia (termasuk Indonesia) juga memiliki tradisi mendirikan tempat-tempat pemujaan, kuburan kramat, yang terletak di bukit atau gunung. Di banyak situs demikian kerap kini berdiri gereja-gereja Kristen, tetapi bahaya kompromi dengan kekafiran masih ada. Sinkretisme, penyatuan satu kepercayaan dengan kepercayaan lainnya, masih saja berlangsung dan populer.

Ketika Elia menantang umat Israel, ia bertanya berapa lama lagi mereka akan ragu antara dua pandangan. Pertanyaan yang sama dapat ditanyakan kepada Gereja masa kini, sebab di mana-mana termasuk Indonesia terdapat orang yang mengaku Kristen yang tidak menganggap mencampurkan iman mereka dengan materialistik modern serta filsafat zaman baru sebagai hal yang salah. Pangeran Charles pernah mengatakan bahwa ia lebih suka disebut Pembela, bukan Pembela Iman Kristen (saja). Kita sedang dalam zaman ketika mengatakan bahwa semua agama memimpin kepada Tuhan merupakan mode.

Tambahan, Gereja memberkati perayaan-perayaan kafir, kerap tanpa menyadarinya. Natal adalah contohnya paling jelas: itu asalnya adalah perayaan tengah musim dingin yang sepenuhnya merayakan 'kelahiran kembali' matahari. Orang-orang membakar kayu pohon (*taxus baccata*), menyanyikan lagu-lagu, dan makan serta minum terlalu banyak. Ketika misionaris pertama, Agustinus, datang ke Inggris ia mengirim kabar ke Roma mengatakan bahwa ia tidak dapat menjauhkan orang dari perayaan kafir itu. Paus Gregorius berkata bahwa polesi terbaik adalah mengubahnya menjadi perayaan Kristen, dan itulah yang terjadi, dengan hasil yang patut dipertanyakan. Masa kini Gereja secara universal merayakan perayaan kafir ini, kendati fakta hal itu tidak diperintahkan atau dianjurkan dalam Alkitab.

Kitab Raja-raja juga mendemonstrasikan prinsip bahwa perpecahan menyebabkan kemunduran. Banyak persekutuan gereja masa kini dapat menyaksikan kebenaran sedih ini. Bangsa itu mencapai puncaknya dalam kesatuan yang mereka nikmati di bawah Daud dan Salomo, dan kemudian kehilangan segala sesuatu hanya dalam setengah waktu yang mereka perlukan untuk mencapai itu, begitu kesatuan dihancurkan. Kita mesti waspada jika tidak ingin hal yang sama terjadi pada kita dalam Gereja.

## DUNIA

Kitab ini mengandung pesan kuat tentang kedaulatan Tuhan dalam sejarah manusia. Israel adalah fokus spesifik tentang perlakuan-Nya sementara Ia campur tangan dalam kehidupan para raja, melepaskan berkat dan hukuman, terbuka kepada seruan mereka mohon pertolongan. Kita melihat bagaimana, keseluruhannya, para raja baik bertahan lebih lama dari yang buruk. Dalam cara sama, Tuhan memerintah atas *semua* bangsa. Ia memilih pemimpin dan penguasa dan memutuskan seberapa banyak waktu dan ruang masing-masingnya miliki. Ia dapat bertindak dalam keadilan memberikan pemimpin yang setimpal bagi mereka, atau dalam rahmat memberikan pemimpin yang mereka butuhkan. Ia masih berperan atas suara menentukan dalam pemilihan demokratis.

Kesanggupan-Nya mengendali sama sekali tidak mengurangi tanggungjawab manusia. Ia bahkan dapat memakai mereka yang tidak memiliki pengetahuan tentang Dia -- penguasa buruk seperti Nebukadnezar untuk mengambil umat-Nya ke pembuangan di Babel serta pemimpin baik seperti Koresh raja Persia untuk memulihkan mereka kembali ke tanah mereka lagi.

Agen-agen berita hanya melihat sejarah dari sisi manusia. Para nabi mengenali kegiatan ilahi di atas dan melampaui itu. Itu sebab Alkitab umumnya dan kitab 1 dan 2 Raja-raja khususnya sangat berbeda dari catatan sejarah lainnya. Mereka memberi kita kisah menyeluruh, menceritakan keseluruhan kebenaran tentang apa yang terjadi dalam peristiwa-peristiwa dalam saga umat Israel.

## KRISTUS

Di atas semuanya, kita perlu membaca Raja-raja karena apa yang ia ceritakan tentang Yesus. Sejumlah orang yang menjadi tokoh dalam Raja-raja mengingatkan kita tentang Yesus.

- **Salomo:** Matius memberitahu kita dalam Injilnya bahwa Yesus lebih besar daripada Salomo. Paulus menulis bahwa Kristus adalah hikmat kita. Injil Yohanes memberitahu kita bahwa Yesus menyamakan tubuh-Nya dengan bait. Ketika Yesus mati tirai bait terbelah dari atas ke bawah.
- **Yunus:** Nabi ini disebut dalam Raja-raja. Seperti halnya Yunus ada dalam perut ikan selama tiga hari tiga malam, demikian juga Yesus akan dibangkitkan sesudah tiga hari tiga malam dalam perut bumi -- dalam kedua kasus ada kebangkitan dari kematian.
- **Elia:** Yesus berjumpa dan bicara dengannya di Gunung Pemuliaan. Elia diserupakan dengan sepupu Yesus, Yohanes Pembaptis, yang memiliki makanan dan pakaian yang sama.
- **Elisa:** Yesus secara tidak langsung mengaitkan diri-Nya dengan Elisa melalui sifat mukjizat-mukjizat yang Ia buat. Yesus membangkitkan seorang anak laki-laki dari kematian di desa Nain, dekat Sumen di mana Elisa telah melakukan mukjizat yang sama. Ia memberi makan 5,000 orang dengan roti dan ikan, mencerminkan mukjizat Elisa memberi makan 4,000 orang dengan roti. Ketika Yesus mati, orang mati ke luar dari kubur mereka, seperti halnya orang mati bangkit lagi sesudah bersentuhan dengan jenazah Elisa.

Juga ada jalan-jalan di mana kehidupan dan pelayanan Yesus memenuhi pengharapan akan perajaan. Ia adalah raja yang dinanti-nantikan oleh umat Perjanjian Lama. Ia adalah garis kerajaan Daud, dan suatu hari akan memulihkan kerajaan kepada Israel. Ia adalah yang menggenapi semua janji yang dibuat tentang keturunan Daud. Inilah raja yang tidak akan mengecewakan, yang bahkan lebih besar daripada Daud.

## Kesimpulan

Kitab raja-raja memiliki pesan vital untuk dunia. Tuhan adalah Tuhan atas segala sesuatu, dan umat-Nya harus belajar pesan tentang kitab ini jika mereka tidak ingin mencerminkan kemunduran yang dicatat di sana, yaitu disintegrasi umat Israel yang tidak lagi mendengarkan Tuhan dan mengikuti hukum-hukum-Nya. Kita, namun demikian, dapat dikuatkan oleh kuasa dan kesanggupan Tuhan untuk mengurus umat-Nya dalam cara-cara yang adil dan penuh rahmat. Tak seorang pun dapat membuyarkan rancangan-Nya. Kerajaan-Nya akan berjaya sepanjang waktu, dan kitab Raja-raja (atau Kerajaan-kerajaan) memberikan orang Kristen kerinduan akan hari ketika Yesus akan dilihat oleh semua orang sebagai sang raja terakhir.

# PUISI PENYEMBAHAN DAN HIKMAT

11. Pendahuluan kepada Puisi Ibrani
12. Mazmur
13. Kidung Agung
14. Amsal
15. Pengkhotbah
16. Ayub

# 11.
# PENDAHULUAN KEPADA PUISI IBRANI

Puisi adalah salah satu bentuk sastra yang dipakai dalam Perjanjian Lama. Itu ditemukan dalam nabi-nabi dan 'tulisan-tulisan' atau 'sastra hikmat,' paling jelasnya dalam Mazmur, Kitab Ayub dan Kidung Agung. Tetapi karena puisi Ibrani berbeda dari puisi umumnya (Inggris atau Indonesia), kita perlu mempertimbangkannya secara agak rinci jika kita ingin menerima manfaat penuh dari bagian Firman Tuhan ini.

Dalam Alkitab modern, relatif mudah mengenali puisi, sebab bagian tersebut biasanya dicetak dalam aturan yang berbeda dari bagian prosa. Prosa memiliki kalimat-kalimat panjang dan kolomnya penuh, sedangkan puisi dalam kalimat-kalimat pendek dengan ruang lebih luas untuk mengkhususkannya. Dilihat secara sepintas terlihat bahwa ada lebih banyak puisi dalam Perjanjian Lama daripada Perjanjian Baru.

Prosa lebih alami dan spontan dalam cara komunikasi. Orang bicara dan menulis dalam prosa dengan menggunakan beragam panjang kalimat untuk mengkomunikasikan pikiran mereka. Puisi adalah cara menulis yang tidak biasa dan artifisial. Puisi harus disiapkan sebelumnya, ia menuntut pemikiran cukup dalam dan pilihan kata-kata yang dipakai harus menuruti aturan gaya puitis. Kita mungkin bertanya mengapa perlu puisi apabila prosa jauh lebih mudah.

Sebagai contoh, bayangkan saya pulang ke rumah dan berkata kepada Enid, istri saya,

> Aku siap makan malam, sayang.
> Oh, bagus, makan pai dan sop kacang.
> Kau beri aku sendok kotor --
> Tolong, aku ingin yang tidak kotor!
> Dan karena tidak ada makanan tambahan,
> Aku makan saja buah-buahan!

Jika saya bicara seperti itu berarti saya harus memikirkan kata-katanya sebelumnya. Tetapi bicara secara artifisial dalam puisi dalam keadaan sedemikian itu akan menghambat kejelasan komunikasi!

## Dampak lebih dalam

Mengapa repot menyusun puisi?
    Puisi memiliki kemungkinan dampak lebih dalam pada manusia ketimbang prosa. Puisi dapat menerobos bagian-bagian kepribadian yang tidak dapat disentuh oleh prosa.

### Lebih dalam memasuki pikiran

Puisi lebih mudah diingat ketimbang prosa, khususnya ketika disusun untuk musik. Ia menyentuh intuisi dan bagian artistik otak kita, yang dapat tidak tersentuh oleh penataan argumen dalam prosa.

Maka puisi dari masa sekolah kita mungkin masih teringat sampai berpuluh tahun kemudian, sementara ceramah dilupakan minggu mendatang. Karena alasan ini umumnya kita belajar teologi dari himne dan lagu pujian, dan itu yang menjadi sebab mengapa penting memastikan bahwa lagu-lagu penyembahan kita memiliki isi yang sumbernya adalah Alkitab.

## Lebih dalam masuk ke hati

Puisi dipakai dalam kartu ucapan selamat sebab itu merupakan cara lebih efektif untuk menyentuh hati penerimanya. Itu dapat menghangatkan emosi, sementara tujuan sama yang diungkapkan dalam prosa akan membiarkan pembaca tak tersentuh.

Pertimbangkan puisi berikut ini:

> Mereka berjalan menyusur lorong itu bersama,
> Langit penuh bintang berkelipan,
> Bersama mereka mencapai pintu perkebunan,
> Ia membukakan pintu itu untuknya,
> Ia tidak tersenyum tak juga berterima kasih,
> Sebab, ia juga tidak tahu melakukannya,
> Pemuda itu hanyalah anak sang petani,
> Dan ia adalah lembu peliharaannya!

Kapan pun saya mengutip ini dalam ceramah, jemaat tertawa. Mereka mengharapkan romans tetapi ternyata menerima sesuatu yang menggoda, yang menggelitik rasa humor mereka. Jika isi yang sama diungkapkan dalam prosa, saya ragu jika itu bahkan sanggup menimbulkan senyuman.

## Lebih dalam masuk ke kehendak

Puisi juga memengaruhi kekuatan kemauan kita. Ia menggerakkan kita ke keadaan di mana kita ditentukan untuk bertindak menurut cara tertentu. Di sekolah puisi telah dipakai untuk menanamkan nilai-nilai kepada para murid. Lagu-lagu perang telah dipakai sepanjang sejarah untuk mematangkan para serdadu untuk bertindak.

Pertimbangkanlah puisi ini, berjudul 'Tak peduli', oleh Studdert Kennedy, seorang rohaniwan tentara dalam Perang Dunia I:

> Waktu Yesus tiba di Golgota, mereka menggantung-Nya
>     ke sebuah batang kayu,
> Mereka menancapkan paku-paku besar ke tangan dan
>     kaki dan membuat Kalvari;
> Mereka memahkotai Dia dengan mahkota duri,
>     Merah luka-luka-Nya dan dalam,
> Sebab itulah hari kasar dan kejam,
>     dan daging manusia murah.
>
> Ketika Yesus datang ke Birmingham,
>     mereka berlalu begitu saja melewati-Nya,
> Mereka tak menjambak rambut-Nya, hanya membiarkan
>     Ia mati begitu saja.
> Sebab manusia telah menjadi lebih sopan
>     dan mereka tidak ingin menyakiti-Nya,
> Mereka hanya melalui Dia di jalan
>     dan membiarkan Ia kuyup kehujanan.
>
> Tetap Yesus berteriak 'Ampunilah mereka,
>     sebab mereka tidak tahu apa yang mereka lakukan'
> Dan tetap hujan musim dingin turun
>     membuatnya kuyup menggigil kedinginan,

Orang banyak pulang dan meninggalkan jalan
   tanpa ada satu jiwa pun melihat,
Bahwa Yesus merunduk ke tembok, dan berseru untuk
   Kalvari.

Ada sesuatu dengan irama dan pilihan kata yang hati-hati dalam puisi yang mendorong kita untuk memeriksa kehidupan kita.

# Keindahan

Puisi menyentuh hati, pikiran dan kemauan melalui kata-katanya yang *indah* dan juga penuh arti. Kita ditarik kepada puisi karena kata-katanya ditata sedemikian rupa sampai mereka menyentuh ke kepekaan kita akan keindahan, keseimbangan, simetri dan poporsi.

Sebagaimana halnya seorang yang cantik memiliki fitur-fitur yang seimbang benar, demikian juga keseimbangan ini yang membuat kita tertarik akan puisi.

Ada tiga fitur dasar dari puisi yang membuat kata-katanya indah untuk kita: *sajak, irama* dan *pengulangan*.

## Sajak

Sajak merupakan fitur umum dalam puisi modern, tetapi ini tidak umum ditemukan dalam puisi Ibrani. Sajak anak-anak klasik berikut ini memperlihat keseimbangan kata-kata bersanjaknya dengan baik:

   Jack and Jill went up the hill,
   To fetch a pail of water.
   Jack fell down and broke his crown

And Jill came tumbling after.
(Jack dan Jill mendaki bukit,
'tuk menimba seember air,
Jack jatuh dan mahkotanya pecah
Dan Jill ikut terguling sesudahnya.)

Puisi ini memiliki struktur sajak sederhana yang lazim untuk kebanyakan sajak-sajak anak-anak, dan anak-anak tidak sukar mempelajarinya.

## Irama

Fitur kedua dari puisi yang membuat kata-katanya indah ialah irama atau metrik, di mana tekanan pada suku kata harus jatuh pada kata yang tepat. Contohnya:

The boy stood on the burning deck
Whence all but he had fled.
*Mrs. Hemans*

(Anak itu berdiri di atas geladak membara
Ketika semuanya kecuali ia telah lari.)

Puisi itu memiliki irama 4/3, favorit baik dalam puisi Ibrani maupun Inggris, dan kerap dipakai dalam Mazmur-mazmuir metrikal Skotlandia. Ambillah sebuah contoh:

The *Lord's* my *shepherd*, I'll not *want* – (4)
He *makes* me *down* to *lie* (3)
in pastures *green* he leadeth *me* – (4)
the *quiet* waters *by* – (3).
*Francis Rous*

# PENDAHULUAN KEPADA PUISI IBRANI

(Tuhan Gembalaku, tak 'kan kekurangan aku -- (4)
Ia meletakkan ku berbaring (3)
Di padang rumput hijau Ia memimpin ku -- (4)
Ke tepi mata air tenang -- (3)

Irama yang baik bergantung pada jatuhnya tekanan pada suku kata yang tepat. Ketika himne atau pujian gagal tentang ini akibatnya tidak nyaman. Ambillah contoh, dua baris berikut dari sebuah himne:

For all the *good* our *Father* does,
God *and* king *of* us *all*.

Atas semua yang baik yang Bapa buat,
Tuhan dan raja dari kita s'mua.

Tekanannya jatuh di suku kata yang salah dan akibatnya menekankan kata yang salah. Keindahan himne itu hilang.
Irama juga dapat dipakai untuk mengejutkan pembaca:

Thirty days hath September,
April, June and November;
All the rest have thirty-one,
Is that fair?!

(Tiga puluh hari ada di September
April, Juni dan November;
Semua lainnya punya tiga puluh satu,
Adilkah itu?!)

Baris terakhirnya mengejutkan sebab memecah iramanya dan mengangkat Anda dengan dorongan.

## Pengulangan

Aspek ketiga dari puisi yang membuat kata-kata menjadi indah ialah pengulangan. Pengulangan sebuah kata atau baris membuatnya menjadi puitis. Ada sebuah pidato terkenal dalam drama karya Shakespeare *Julius Caesar* yang mengulang barisnya, "Dan Brutus seorang terhormat." Atau ambil lagi sajak anak-anak terkenal yang memakai pengulangan:

> 'Baa, baa, black sheep, have you any wool?'
> 'Yes sir, yes sir, three bags full.'
> ('Be, be, domba hitam, kau punya wul?'
> 'Ya pak, ya pak, tiga kantong ful.')

Pengulangannya bisa baris, ungkapan atau bahkan huruf. Mungkin Anda perhatikan bagaimana Studdert Kennedy memakai kata-kata yang berawal dengan 'c' dalam puisinya his poem 'Indifference' (Tidak peduli): *'crude'*, *'cruel'*, *'crouched'* and *'cried'*. Mereka berfungsi untuk menekankan dua 'c' yang menjadi kunci temanya: *cross* dan *crucify*.

Dalam kasus lainnya pengulangan dipakai untuk menekankan sebuah pokok. Misalnya, Mazmur 136 mengulang ungkapan: "Bahwasanya untuk selama-lamanya kasih setia-Nya."

Puisi lainnya memakai aliterasi. Dalam 'The Siege of Belgrade,' baris pertama tiap ayat adalah urutan abjad bergantian, tetapi abjad sama itu dipakai menjadi kata utama dalam tiap ayat. Mazmur 119 juga demikian.

# Takjub

Karena puisi sebagiannya tentang mengkomunikasikan bunyi-bunyi menyenangkan, dampak puisi kerap hilang atau sirna jika ia hanya dibaca tanpa suara. Puisi dimaksudkan untuk dibaca dengan suara kuat. Ada sesuatu yang sangat memuaskan tentang bunyi puisi. Ia membawa kesan takjub yang tidak umum terdapat dalam prosa. Tidak heran, karena itu, bahwa puisi dipakai dalam penyembahan akan Tuhan. Mazmur (kitab himne orang Yahudi), seluruhnya dalam puisi. Prosa umumnya sangat sukar dinyanyikan, sedangkan puisi membuat dirinya lebih siap untuk iringan musik.

Selanjutnya, puisi menolong kita untuk menghargai dan mengungkapkan kesan takjub yang kita rasakan sementara kita menyembah. Saya akan memperlihatkan apa yang saya maksudkan dengan memakai puisi terkenal ini:

> Twinkle, twinkle little star,
> How I wonder what you are.
> Up above the world so high,
> Like a diamond in the sky.
> *Jane Taylor*

> (Kelap, kelip bintang kecil,
> Ku heran apakah kau.
> Di atas dunia setinggi itu,
> Seperti berlian di langit.)

Adalah mungkin mematikan ketakjuban anak kecil bila puisi ini dikerdilkan ke dalam ungkapan ilmiah:

> Twinkle, twinkle little star,
> I don't wonder what you are.
> You're the cooling down of gasses,
> Forming into solid masses.
>
> (Kelap, kelip bintang kecil,
> Ku tak heran apakah engkau.
> Kau adalah gas yang mendingin,
> Membentuk menjadi masa padat.)

Mari maju selangkah lebih jauh:

> Scintillate, scintillate, globule prolific,
> Fain would I fathom thy nature specific.
> Loftily poised in ether capacious,
> Closely resembling a gem carbonaceous.
>
> (Berkelip, berkelip, titik produktif,
> Senang ku selami sifatmu spesifik.
> Megah tersimpan dalam eter luas,
> Mendekati permata kaya karbon.)

Perhatikan kontras antara bahasa sains dan bahasa puisi. Yang ilmiah tepat dan dingin, sedangkan yang sesudahnya kurang persis tetapi membangkitkan heran dan takjub. Ini yang membuat puisi sedemikian baik sebagai medium untuk penyembahan. Himne, lagu, mazmur dan pujian menolong kita mengungkapkan sesuatu tentang keajaiban dan kemuliaan Tuhan dalam cara yang tidak dapat dilakukan oleh bentuk ungkapan ilmiah.

Puisi juga visual selain verbal. Ia melukiskan gambaran-gambaran dalam pikiran. Imajinasi sangat perlu untuk menuliskan puisi. Ia memakai metafora, simile dan imaji.

Sebagai contoh, "Kelap, kelip bintang kecil,,, bagaikan permata di angkasa" menolong mencipta gambaran tentang bintang yang bersinar.

Mari kita tinjau Mazmur 42 sebagai contoh:

> Seperti rusa yang merindukan sungai yang berair,
> Demikianlah jiwaku merindukan Engkau ya Tuhan.

Kita membayangkan seekor binatang kehausan, dengan lidahnya menjulur ke luar, dan itu membuat kita memikirkan tentang kehausan kita akan Tuhan.

# Bunyi dan kesan

Puisi Inggris didasarkan atas puisi Yunani dan Roma, di mana penekanannya ada pada bunyi. Meski ada jenis dan gaya lainnya, puisi Inggris (juga Indonesia) umumnya adalah sajak, sedangkan dalam puisi Ibrani, tekanannya pada kesan.

Pembedaan ini khususnya jelas dalam tradisi Inggris tentang 'syair tidak masuk akal' (*nonsense verse*) yang ahlinya adalah Edward Lear dan Lewis Carroll. Karya Carroll, 'The Jabberwocky' adalah contoh utama tentang jenis puisi ini:

> 'Twas brillig, and the slithy toves
> Did gyre and gimble in the wabe;
> All mimsy were the borogroves,
> And the mome raths outgrabe.

Membaca puisi semacam ini bagaikan menikmati Pavarotti menyanyikan opera Italia tanpa mengetahui bahasa itu, atau menikmati musik pop ketika perkataannya tidak terdengar atau tak bermakna. Kita tidak memiliki petunjuk tentang apa ini tetapi kita menyukainya juga.

Puisi semacam itu boleh jadi 'menggerakkan' kita tetapi tidak membawa kita ke mana pun. Membacanya mungkin menolong kita untuk santai dan menghargai hidup, tetapi mereka tidak memengaruhi cara kita hidup.

Puisi Ibrani sangat berbeda dari gaya Inggris. Bahkan dalam bahasa aslinya, penekanannya ada pada kesan kata-kata ketimbang pada bunyinya, yang menjadi alasan mengapa ada sedikit saja sajak dalam puisi Ibrani.

## Paralelisme

Meski sajak tidak dikenal (khususnya sajak 4/3 dan 3/3), puisi Ibrani didasarkan atas bentuk pengulangan yang disebut *paralelisme*. Kata itu merujuk kepada kesesuaian yang terjadi antara ungkapan-ungkapan dari baris puitis. Paralelisme adalah 'blok bangunan' dasar dari puisi Ibrani. Ini dipakai untuk:

- *Penekanan*. Jika sesuatu dikatakan dua kali, kita tahu itu penting.
- *Respons*. Kuplet memungkinkan untuk dinyanyikan bersahutan (*antiphonal*), di mana dua paduan suara saling menyanyi satu kepada yang lain. Paduan suara yang satu menyanyikan baris pertama dan yang lain menggemakannya.
- *Keseimbangan*. Seperti halnya ada keseimbangan dalam tubuh manusia -- dua tangan, dua mata, dua lengan, dua kaki -- maka kuplet menolong kita untuk mengerti keindahan suatu pemikiran.

Biasanya pengulangan dalam bentuk kuplet tetapi Mazmur juga mengandung beberapa triplet dan sedikit kwadruplet. Berikut contoh kuplet dari Mazmur 6:

> Ya TUHAN, janganlah menghardik aku dalam amarah-Mu,
> dan janganlah menghajar aku dalam panas murka -Mu.
> (Mengikuti terjemahan yang dipakai penulis.)

"Menghardik" adalah memberitahu seseorang bahwa ia salah, sedangkan "menghajar" adalah menghukum. Jadi baris kedua mengembangkan pemikiran baris pertama maju lebih lanjut. Atau ambillah lagi ayat mazmur berikut:

> Kasihanilah aku, TUHAN, karena aku merana;
> Sembuhkanlah aku, TUHAN; karena tulang-tulangku gemetar.

Di baris pertama pemazmur merasa lemah, tetapi di baris kedua ia merintih dan membutuhkan penyembuhan. Jadi sekali lagi baris kedua membawa baris pertama maju lebih jauh. Tetapi perhatikan bahwa yang diulang adalah *kesan artinya,* bukan bunyinya.

Saya berhati-hati tentang kenyataan bahwa menganalisis puisi adalah seperti membelah-belah sebuah bunga dan memeriksa bagian-bagiannya. Analisis menghancurkan keindahannya. Namun demikian, saya ingin menolong Anda mengerti apa yang terjadi ketika Anda membaca puisi alkitabiah -- mengapa ia ditulis dan bagaimana ia dituliskannya.

Ada tiga jenis paralelisme:

## Sinonim

Dalam paralelisme sinonim pemikiran yang sama diungkapkan dua kali dalam perkataan yang berbeda. Ambillah Mazmur 2 sebagai contoh:

> Mengapa *rusuh bangsa-bangsa*,
> mengapa suku-suku *bangsa mereka*-reka perkara yang sia-sia?
> *Raja-raja* dunia bersiap-siap dan para *pembesar* bermufakat
> bersama-sama melawan *TUHAN* dan *yang diurapi-Nya*:
> "Marilah kita memutuskan *belenggu-belenggu* mereka dan membuang *tali-tali* mereka dari pada kita!"
> Dia, yang bersemayam di sorga, *tertawa*;
> Tuhan *mengolok-olok* mereka.
> Maka berkatalah Ia kepada mereka dalam *murka-Nya*
> dan mengejutkan mereka dalam kehangatan
> *amarah-Nya*:

Perhatikan bagaimana kata-kata yang dicetak miring dalam tiap kuplet mengandung arti yang sama, tetapi umumnya kata kedua 'lebih kuat' atau 'lebih keras daripada yang pertama.

## Antitetis

Paralelisme antitetis bergungsi seperti paralelisme sinonim, tetapi baris kedua kontras dengan baris pertama. Maka, dalam contoh berikut ini dari Mazmur 126:

> Orang-orang yang *menabur* dengan mencucurkan air mata,
> akan *menuai* dengan bersorak-sorai.

Dua pasang dikontraskan: 'menabur' dan 'menuai,' 'air mata' dan 'sorak-sorai.'
Ayat berikutnya memperluas tema tersebut:

> Orang yang berjalan maju dengan *menangis*
> sambil *menabur* benih,
> pasti pulang dengan *sorak-sorai*
> sambil membawa *berkas-berkasnya*.

Dua baris ini menambahkan rincian kepada kontras tadi. Kini kita memiliki orang yang pergi dengan benih dan pulang dengan membawa berkas-berkas panenan.

## Sintetis

Dalam paralelisme sintetis ungkapan kedua melengkapi atau menambahkan yang pertama. Itu tidak mengucapkan hal yang sama atau yang bertentangan, tetapi sesuatu yang mengikuti ungkapan pertama. Sebagai contoh:

> Ketika TUHAN memulihkan keadaan Sion,
> Keadaan kita seperti orang-orang yang bermimpi.
> Dari Mazmur 126

> TUHAN adalah gembalaku, takkan kekurangan aku.
> Dari Mazmur 23

Dalam dua contoh ini ungkapan kedua adalah akibat dari yang pertama. Mazmur 23 dibangun menurut pola sintetis:

> Ia membaringkan aku di padang yang berumput hijau.
> Ia membimbing aku ke air yang tenang.

Sang gembala harus tahu di mana terdapat padang berumput hijau dan air yang tenang. Tetapi kedua hal itu menciptakan sebuah gambaran tentang gembala yang sungguh mengetahui pekerjaannya dan memerhatikan domba-dombanya.

* * *

Jadi kita memiliki tiga bentuk puisi Ibrani tetapi ada banyak ragam di dalam tiga bentuk ini. Paralelisme bukan hanya dalam pemikiran dan kata, tetapi juga dalam tata bahasa. Sebagai contoh, dalam baris-baris dari Mazmur 2 urutan kata-kata dalam bahasa Ibrani ialah:

> Lalu Ia menghardik mereka dalam amarah-Nya
> Dan dalam murka-Nya Ia menggentarkan mereka.

Urutan kata kerja, objek dan ungkapan proposisinya beragam dalam baris ke dua.

## Trikolon

Tiga jenis paralelisme ini kerap diinterupsi oleh ketidakteraturan. Kadang irama dan pola diubah. Kadang, bukan dua baris tetapi tiga baris yang diberikan bersama. Ini disebut sebagai trikolon atau triplet.

Ambillah tiga baris dari Mazmur 29 ini:

> Kepada TUHAN, hai penghuni sorgawi,
> kepada TUHAN sajalah kemuliaan dan kekuatan!
> Berilah kepada TUHAN kemuliaan nama-Nya

Di sini baris-barisnya membangun kresendo -- 'Kepada TUHAN' menjadi pengulangannya -- dan kemudian kata-kata berbeda ditambahkan dalam tiga baris.

Atau pertimbangkan Mazmur 3:

> Ya TUHAN, betapa banyaknya lawanku!
> Banyak orang yang bangkit menyerang aku;
> banyak orang yang berkata tentang aku: "Baginya tidak ada pertolongan dari pada Tuhan."

Di sini kita memiliki pengulangan kata 'banyak.' Dan tiap baris membangun atas baris sebelumnya: tentang siapa ia mengeluh, apa yang ia keluhkan, lalu apa yang mereka katakan. Terkadang terjadi penghapusan dan satu kata tidak dimasukkan atau satu ungkapan disingkirkan.

# Fitur lain puisi Ibrani
## Simile

Puisi Ibrani penuh dengan simile -- yaitu, penggambaran yang memperlihatkan kita bagaimana sesuatu menyerupai sesuatu lainnya. Contohnya:

> Seperti bapa sayang kepada anak-anaknya,
> Demikian TUHAN sayang kepada orang-orang yang takut akan Dia.
> *Dari Mazmur 103*

Di sini perhatian lembut seorang ayah kepada anak-anaknya disamakan dengan perhatian Tuhan kepada anak-anak-Nya.

## Kiasme

Di sini bagian kedua dari baris pertama menjadi bagian pertama dari baris kedua. Sebagai contoh:

> sebab TUHAN mengenal jalan orang benar,
> tetapi jalan orang fasik menuju kebinasaan.
> *dari Mazmur 1*

Baris kedua membalik baris pertama -- 'jalan' telah bertukar tempat.

## Omisi

Dalam omisi (penghapusan atau ellipsis), bagian dari baris kedua dihapuskan. Contohnya:

> Telah Kautaruh aku dalam liang kubur yang paling bawah, dalam kegelapan, dalam tempat yang dalam
> *Dari Mazmur 88*

Kita dimaksudkan membaca ini seakan ungkapan 'Engkau telah menaruh aku' berulang di baris kedua.

## Tangga

Kadang baris-baris suatu mazmur menyamai sebuah tangga:

> Suara TUHAN mematahkan pohon aras, bahkan,
> TUHAN menumbangkan pohon aras Libanon.
> *Dari Mazmur 29*

Baris kedua meluaskan apa yang baris pertama telah diberitahukan kepada kita. Kita telah mengetahui bahwa

'TUHAN mematahkan pohon aras,' kini kita diberitahu bahwa Ia 'menumbangkan' pohon 'aras Libanon.'

**Akrostik**

Di sini puisi didasarkan atas abjad. Dalam Mazmur 119 -- mazmur terpanjang dari semua mazmur, dengan 176 ayat -- tiap bagiannya (dan tiap ayat dalam masing-masing bagian itu) mulai dengan abjad berurutan dari abjad Ibrani.

**Pengulangan**

Di sini baris kedua menyediakan pengulangan untuk seluruhnya. Sebagai contoh, dalam Mazmur 136 kata 'bahwasanya untuk selama-lamanya kasih-setia-Nya' membentuk baris kedua dari setiap ayat.

## Puisi dalam Firman Tuhan

Studi kita tentang puisi Ibrani memperlihatkan betapa tepat memasukkan puisi ke dalam Firman Tuhan.

Para penulis lagu pujian modern menemukan banyak inspirasi dalam Mazmur-mazmur. Tetapi ketika mazmur dipakai kata demi kata (*verbatim*), jarang seluruh mazmur dapat dimasukkan. Maka kita tidak memiliki kata-kata dalam konteks asalnya. Ini dapat berarti bahwa keseimbangan mazmur itu hilang, dan dalam kasus tertentu artinya juga hilang.

Puisi Ibrani mudah diterjemahkan ke dalam bahasa-bahasa lain sebab penekanannya ada pada isinya ketimbang bunyi. Jika saya mengutip puisi Inggris ketika berkhotbah kepada jemaat yang tidak berbicara bahasa

Inggris melalui seorang penerjemah, terjemahannya mematikan puisi itu, sebab puisi Inggris kebanyakannya berdasarkan bunyi, dan bunyi-bunyi Inggris itu tidak akan menetap dalam proses penerjemahan. Tetapi puisi Ibrani dapat diterjemahkan ke dalam bahasa apa saja, sehingga mudah melihat mengapa Tuhan memilih medium demikian itu.

## Puisi dalam penyembahan

Banyak orang beranggapan bahwa kita harus spontan dalam pendekatan kita kepada Tuhan dan bahwa merencanakan apa yang akan kita katakan adalah sesuatu yang artifisial. Pendapat itu ada benarnya, tetapi memikirkan lebih dulu apa yang ingin kita katakan dapat sungguh mengandung nilai yang sangat besar. Mazmur memberikan kita model tentang bagaimana berbicara kepada Tuhan sehingga kita tidak menjadi terbiasa, dan mazmur secara kuat sekali menyatakan kepada kita kebesaran dan keagungan Tuhan. Di pihak lain, mazmur juga memaparkan hubungan mesra dengan Tuhan yang banyak orang mungkin belum menikmatinya, dan karena itu mazmur dapat memacu kita mencari pengalaman lebih besar akan kebaikan Tuhan.

Penyusunan kata-kata yang direncanakan yang kita temukan dalam puisi alkitabiah adalah bagian wajib dari penyembahan kita dalam kelompok. Jika kita sekadar menyanyikan apa yang kita ingini ketika kita datang ke penyembahan, itu bisa menyebabkan kekacauan -- belum lagi menyebut tentang kebisingan yang mengerikan! Penyembahan bersama dimungkinkan karena lagu pujian dan himne dirancang untuk dinyanyikan oleh jemaat.

Mereka yang beranggapan bahwa kita harus menyanyikan apa yang kita 'rasakan' saja, lupa bahwa ada nilai dalam menyuarakan respons yang mungkin *tidak* kita rasakan, sebagai penguatan untuk merespons secara murni dan juga untuk mengingat kebenaran untuk masa depan.

Ada satu tradisi keluarga dalam keluarga kami. Tiga anak kami biasa datang dan membangunkan saya pada saat kurang tepat di hari tertentu tiap tahun, dan kemudian berbaris di bagian kaki ranjang serta menyapa saya dengan cara paling artifisial dengan puisi. Mereka selesaikan dengan memberi saya sekantong gula-gula kesenangan mereka. Puisi (atau lagu)-nya ialah *"Happy birthday to you!"*

Tentu saja, sepintas ini sesuatu yang dibuat (artifisial) -- tiga anak berdiri berbaris, semuanya mengucapkan satu hal yang sama. Tidakkah akan lebih manis jika masing-masing datang terpisah dan memberitahu saya apa yang sungguh mereka rasakan? Tidak, sebab jika demikian maka mereka tidak melakukan itu sebagai keluarga saya. Fakta mereka datang bersama dan menyanyi bersama untuk saya -- dalam relasi satu dengan lain -- membuat tradisi kecil itu menjadi lebih spesial untuk saya.

Dalam cara serupa, ketika kita mengatakan sesuatu bersama, ini menyukakan Tuhan, meski kita harus memakai kata-kata yang telah dituliskan oleh orang lain. Tuhan senang melihat kita bersama. Kita mungkin berdiri berbaris, bernyanyi bagi Tuhan dalam cara yang agak artifisial, tetapi kita mengungkapkan secara bersama kasih kita kepada Tuhan. Puisi memungkinkan kita melakukan itu.

Kita perhatikan sebelum ini bahwa mazmur memungkinkan untuk dinyanyikan secara bersahutan, di mana paduan suara bernyanyi satu kepada lain. Ia juga mungkin untuk diteriakkan selain dinyanyikan. Mazmur 147 adalah contohnya.

Mazmur juga dapat menopang kesan kita akan jatidiri kebersamaan. Mazmur memakai kata 'aku' dan 'ku' adalah paling baik untuk penyembahan pribadi, tetapi memakai 'kami' mengingatkan bahwa kita sedang memuji bersama sebagai keluarga Tuhan.

Sebagaimana halnya puisi menyentuh hati manusia, ia juga menyentuh hati Tuhan. Telah kita lihat bahwa puisi dipakai dalam semua Mazmur dan juga dalam banyak bagian kitab-kitab nubuatan. Roh Kudus memilih bentuk ini sebagai cara mengkomunikasikan pemikiran Tuhan dan sebagai cara untuk kita merespons kepada-Nya. Mereka yang skeptis tentang ide bahwa puisi menyentuh hati Tuhan perlu ingat bahasa yang tegas yang Alkitab pakai untuk membicarakan perasaan Tuhan.

Sebagai contoh, Mazmur 2 berkata bahwa Tuhan 'tertawa' ketika Ia melihat usaha sia-sia dari manusia untuk menolak Dia. Zefanya 3 memberitahu kita bahwa Tuhan 'bergembira' atas kita 'dengan sorak sorai.' Jadi Tuhan itu musikal! Musik bukan sesuatu yang dicipta manusia modern tetapi adalah bagian dari arti manusia diciptakan sebagai gambar Tuhan.

Maka ketika Tuhan bicara kepada kita dengan puisi kita tahu bahwa ia mengkomunikasikan perasaan dari hati-Nya ke hati kita, dan kita dapat bertanya apa perasaan tentang Tuhan yang ingin disampaikan oleh nas sedemikian. Mengerti puisi Ibrani dapat menjadi kunci kita mengerti hati Tuhan sesungguhnya.

# 12. MAZMUR

## Pendahuluan

Kitab Mazmur adalah bagian Alkitab paling disukai dan paling dikenal baik. Masing-masing mazmur tertentu populer untuk orang yang bukan pembaca Alkitab secara teratur dan untuk mereka yang ingin memuji Tuhan yang mereka kenal dan kasihi. Mazmur memiliki daya tarik universal, menerjemahkannya ke dalam kebudayaan masa kini adalah mudah, kendati mereka berasal dari masa lampau. Meski kebanyakan Perjanjian Lama perlu dimengerti dalam terang Perjanjian Baru, kebanyakan mazmur dapat dipakai secara langsung. Di dalam mazmur terdapat kualitas tak terbatas waktu, dan mereka dapat diterapkan ke kehidupan Kristen. Tidak heran bahwa para penulis himne sepanjang sejarah telah menimba inspirasi darinya.

Mazmur telah dihargai sepanjang sejarah Gereja. Martin Luther berkata, "Dalam mazmur kita melihat ke dalam hati setiap orang kudus." John Calvin berkata bahwa dalam Mazmur "Kita melihat ke cermin dan melihat hati kita sendiri." Seorang penafsir modern menyatakan seperti ini: "Setiap mazmur agaknya memiliki nama dan alamat saya padanya." Ini adalah bagian Perjanjian Lama yang paling manusiawi, yang setiap orang siap dapat menemukan diri dengannya.

Kitab Mazmur adalah kitab himne dan kitab doa orang Israel dalam Perjanjian Lama. Ini adalah kitab terpanjang dalam Alkitab dan perlu waktu hampir 1,000 tahun untuk menuliskannya. Meski kebanyakan Mazmur ditulis pada zaman Daud (sekitar 1000 SM), sebagiannya ditulis pada masa Musa (sekitar 1300 SM) dan lainnya pada masa Pembuangan (500 SM).

Kata 'mazmur' secara harfiah berarti 'dentingan" atau 'petikan,' yang merujuk ke instrumen berdawai yang dipakai mengiringi dinyanyikannya mazmur-mazmur. Kitab Mazmur ditempatkan dalam Alkitab Ibrani di permulaan kitab-kitab Tulisan-tulisan -- yaitu bagian ketiga dari Alkitab, yang ada sesudah kitab-kitab Taurat dan Nabi-nabi. Dalam bahasa Ibrani kitab ini disebut *Tenillim*, yang berarti 'Lagu-lagu Pujian,' yang barangkali merupakan nama lebih tepat untuknya (teristimewa karena kata 'Yahudi' datang dari 'Yehuda,' yang berarti 'pujian'). Mazmur paling umum dibicarakan atau dinyanyikan, tetapi mereka juga dapat diteriakkan -- suatu bentuk yang tidak begitu biasa untuk beberapa kebudayaan!

Ada beragam jenis mazmur, seperti akan kita lihat nanti. Pembagian paling sederhana adalah antara mazmur pribadi, yang memakai kata ganti 'aku,' dan mazmur kolektif yang memakai 'kami.' Maka sebagian mazmur paling sesuai dipakai untuk penyembahan pribadi dan lainnya untuk penyembahan publik. Namun demikian, pembagian itu tidak boleh terlalu kaku, seperti Yesus mendorong para murid-Nya memakai kata 'Bapa kami,' menyiratkan bahwa mereka harus memiliki tanggung-jawab kebersamaan bahkan ketika mereka berdoa secara pribadi.

# Emosi

Sebagian mazmur mengungkapkan kesedihan mendalam. Saya khususnya tersentuh oleh Mazmur 56, yang berkata bahwa Tuhan 'menaruh air mata kita dalam kirbat-Nya.' Ketika orang Yahudi ingin mengungkapkan simpati mereka atas kematian seseorang yang mereka kasihi, mereka tidak mengirim bunga atau karangan bunga ke rumah duka, tetapi sebaliknya mereka memiliki botol gelas setinggi 10 sentimeter, yang akan mereka pegangi di bawah mata mereka dan mengucurkan air mata mereka ke dalamnya. Mereka lalu akan mengirim botol itu ke kerabat yang berduka sebagai ungkapan simpati mereka. Pemazmur memberitahu kita bahwa Tuhan sanggup melakukan hal yang sama, bahkan ketika air mata kita disebabkan oleh hal-hal yang tidak seserius kematian.

Mazmur melingkupi keseluruhan rentang emosi manusia. Mereka melingkupi apa yang kerap kita sebut sebagai emosi 'negatif' seperti kemarahan, frustrasi, cemburu, putus asa, takut dan iri. Pemazmur mengungkapkan dengan tepat bagaimana ia berpikir dan merasa, termasuk mengutuki manusia dan mengeluh tentang Tuhan. Mereka juga mencerminkan emosi yang lebih positif seperti kesukaan, kegembiraan, pengharapan dan damai.

Daud menulis kebanyakan mazmur-mazmur pribadi. Mereka melingkupi banyak hal yang ingin disampaikan oleh manusia kepada Tuhan. Nanti kita akan melihat pada tiga jenis mazmur tertentu, yang saya sebut 'mazmur senang,' 'mazmur terima kasih,' dan 'mazmur sedih.'

Kendati fokusnya yang kuat pada penyembahan, Mazmur tidak dimaksudkan untuk dipakai hanya oleh para imam. Hampir seluruh mazmur tidak mengandung penyebutan tentang mezbah, imam, baju dada imam dan dupa. Mazmur dimaksudkan untuk orang kebanyakan menggunakannya dalam penyembahan mereka kepada Tuhan.

## Tema alkitabiah

Mazmur tidak saja melingkupi setiap emosi manusia; perlakuannya terhadap tema-tema alkitabiah juga komprehensif. Luther berkata bahwa Mazmur adalah 'Alkitab dalam Alkitab' -- Alkitab secara miniatur. Mereka melingkupi sejarah Israel, penciptaan, para bapa leluhur, Keluaran, kerajaan, Pembuangan dan kepulangan ke Yerusalem.

Mazmur adalah kitab Perjanjian Lama yang paling sering dikutip dalam Perjanjian Baru. Ayat yang paling sering dikutip dalam Perjanjian Baru adalah Mazmur 110:1: "Demikianlah firman TUHAN kepada tuanku: 'Duduklah di sebelah kanan-Ku, sampai Kubuat musuh-musuhmu menjadi tumpuan kakimu.'"

Tidak semua mazmur dalam Perjanjian Lama terdapat dalam Kitab Mazmur. Musa dan Miriam menulisnya (lihat Keluaran 15). Debora dan Hana juga menggubah mazmur (lihat Hakim-hakim 5 dan 1 Samuel 2). Karena kebanyakan dari isi Alkitab ditulis oleh laki-laki, menarik bahwa perempuan juga menulis mazmur, barangkali mencerminkan sisi intuitif alami sifat feminin. Ayub menulis tiga mazmur, sedangkan Yesaya dan raja Hizkia masing-masing satu.

Para tokoh Perjanjian Lama lainnya juga menggunakan mazmur. Doa Yunus ketika ia berada dalam perut ikan adalah contoh klasiknya. Ia berkata ia berdoa dari

Sheol, dunia roh-roh orang yang telah mati, dan mengutip lima mazmur berbeda dalam doanya itu. Habakuk mengutip dari mazmur tiga kali dalam nubuatannya. Semua Mazmur mengembangkan puisi sebagai cara tunggal pengungkapan. Demikian juga dengan Kidung Agung, Amsal dan Ratapan. Kitab-kitab Perjanjian Lama lainnya (yi. Pengkhotbah dan Nabi-nabi) adalah campuran puisi dan prosa. Bagian-bagian dari kitab-kitab sejarah juga dalam bentuk puisi (mis. Kejadian 49; Keluaran 15; Hakim-hakim 5; 2 Samuel 22).

## Lima kitab dalam satu

Sesungguhnya Kitab Mazmur adalah lima kitab himne yang digabungkan bersama. Sebagian penafsir melihat kesejajaran dengan lima kitab Taurat, tetapi alasan mengapa ada lima kitab mungkin lebih karena alasan biasa saja ketimbang tadi -- barangkali mazmur asalnya ditulis atas lima gulungan kitab karena keterbatasan panjang pada satu gulungan.

Panjang mazmur-mazmur itu sangat beragam. Yang paling pendek, Mazmur 117, hanya memiliki tiga ayat, sedangkan yang paling panjang, Mazmur 119 memiliki 176 ayat.

Karena semua mereka dituliskan dalam puisi Ibrani, paling baik dibacanya dengan suara kuat. Mereka tidak dapat dianalisis sebagaimana orang membaca surat-surat Paulus, dengan berfokus pada tiap ayat. Bahkan, analisis berlebihan atas Mazmur-mazmur dapat menghancurkan keindahan mereka. Adalah jauh lebih baik membaca keseluruhan Mazmur, merenungkannya, mengizinkannya meresap dalam dan jika perlu, mengulang-ulang proses itu.

Masing-masing dari lima kitab itu berakhir dengan doksologi (lihat Mazmur 41, 72, 89 dan 106). Kitab terakhir berakhir dengan Mazmur 150, yang merupakan sebuah doksologi yang menyimpulkan keseluruhan lima kitab mazmur. Ukuran kitab-kitab beragam sebab ukuran masing-masing mazmur di dalamnya juga beragam, tetapi kitab pertama dan kitab terakhir adalah yang paling besar.

## Nama-nama Ilahi

Banyak penafsir telah mencari fitur yang membedakan dalam tiap kitab. Ada pola menarik dalam bagaimana Tuhan disebutkan di dalam kelima kitab ini. Dua nama dipakai -- *Yahweh* dan *Elohim* -- yaitu nama-nama yang muncul di sepanjang Perjanjian Lama.

*Elohim* sekadar berarti 'Tuhan,' meski dalam bentuk jamak ia menampung ide sifat ketritunggalan Tuhan. *Yahweh* adalah nama pribadi untuk Tuhan yang Tuhan sendiri berikan kepada Israel untuk mereka pakai, dan ini berasal dari kata kerja 'ada.' Kata Indonesia 'selalu' menyampaikan artinya dengan sangat baik.

*Yahweh* adalah nama untuk Tuhan yang terutama dipakai dalam Kitab 1. Ini dipakai dalam 272 kesempatan dan Elohim dipakai hanya pada 15 ayat. Tetapi dalam Kitab 2 kebalikannya_ -- *Elohim* dipakai pada 217 kesempatan dan Yahweh hanya pada 74. Kitab 3 juga lebih menyukai *Elohim* (36 kesempatan) ketimbang *Yahweh* (13). Kitab 4 dan 5 berbalik mengutamakan *Yahweh* lagi, dengan 339 rujukan *Yahweh* dan hanya 7 untuk *Elohim*.

Tidak sukar menemukan mengapa demikian. Mazmur-mazmur Raja Daud paling banyak ada dalam Kitab 1 dan 2, dengan sedikit dalam Kitab 5. Kita akan melihat nanti bahwa mazmurnya lebih pribadi dan karena itu memakai anma pribadi Tuhan.

Nama *Elohim* mengkomunikasikan kepada kita sifat transenden Tuhan. Ia jauh mengatasi segalanya, sama sekali berbeda dari kita; Ia adalah Tuhan yang Maha Tinggi. Nama Yahweh lebih menyampaikan kesan keakraban dengan Tuhan. Tuhan baik transenden juga imanen, dan kita perlu menjaga kedua aspek sifat Tuhan ini dalam ketegangan.

Mazmur mencerminkan hal ini dalam nama-nama yang kita tujukan kepada Tuhan. Mereka mulai dan berakhir dengan nama yang akrab yang Ia nyatakan kepada umat-Nya.

## Kelompok-kelompok mazmur

Di samping nama-nama ilahi, para sarjana mencari tanpa hasil adanya suatu sistem pengklasifikasian dalam Kitab Mazmur. Ada mazmur-mazmur yang terkesan cocok bersama, tetapi tidak ada aturan logis dan alasan jelas mengapa mazmur tertentu diatur sebagaimana mereka ada dalam kitab tertentu.

- Kelompok-kelompok mazmur adalah sebagai berikut:
- Mazmur 22-24: Juruselamat, gembala dan berdaulat.
- Mazmur 42-49: oleh anak-anak Korah.
- Mazmur 73-83: oleh anak-anak Asaf
- Mazmur 96-99: Tuhan adalah raja

- Mazmur 113-118: 'mazmur halel' (dinyanyikan pada Paskah).
- Mazmur 120-134: 'lagu kenaikan' (sementara para peziarah 'naik' ke Yerusalem).
- Mazmur 146-150: 'mazmur haleluyah.'

Sebagian mazmur mengandung bagian yang diulang dalam mazmur lainnya (lihat, misalnya Mazmur 108 dan Mazmur 57:7-11).

## Siapa yang menulis Mazmur?

Daud menulis lebih dari separuh Mazmur: 73 di antaranya menyebutkan namanya, dan Perjanjian Baru juga menghubungkan Mazmur 2 dan 95 dengan dia. Kemungkinan bahwa ada mazmur lainnya juga yang datang dari penanya.

Ia memiliki banyak peran -- gembala, pejuang, raja dan pemusik -- tetapi perannya terakhir inilah yang paling berarti untuknya, sebab ketika ia meninggal ia mensyukuri Tuhan bahwa ia telah menjadi 'pemazmur yang disenangi' di Israel. Yang paling dekat ke hatinya adalah menggubah dan menyanyikan mazmur-mazmur. Pelayanan Daud ini telah dipakai dalam kehidupannya waktu muda untuk menenangkan pikiran Saul yang gelisah. Nabi Amos, menulis beberapa abad kemudian, memilih penggambaran tentang Daud ini tentang rasa puas diri Israel (lihat Amos 6:5).

Salomo juga menulis beberapa mazmur: Mazmur 72 dan Mazmur 127. Yang pertama digubah ketika Bait sedang dibangun. Ia menyadari bahwa kecuali Tuhan membangun rumah, para pekerjanya bekerja sia-sia. Tanpa kemuliaan Tuhan Bait itu tidak berarti.

Anak-anak Korah menulis 10 mazmur. Seorang bernama Korah tampil dalam sebuah kisah yang dicatat dalam Kitab Bilangan. Tuhan menghukumnya dengan kematian ketika ia memimpin pemberontakan melawan Musa dan Harun. Tetapi beberapa generasi kemudian, keturunannya terlibat dalam penyembahan di Bait. Mazmur mereka tampil dalam Kitab 2.

Anak-anak Asaf menulis 12 mazmur, terdapat dalam Kitab 3. Baik mereka dan anak-anak Korah adalah bagian dari paduan suara yang melayani dalam Bait. Karena para pemimpin paduan suara dianggap sebagai pelihat atau nabi, tidak heran bahwa mereka mengubah beberapa mazmur.

Cukup banyak dari Mazmur yang tak bernama, tetapi mereka semua ada dalam Kitab 4 dan 5. Ada anggapan bahwa imam Ezra mungkin yang bertanggungjawab untuk Mazmur 49 dan 50

## Pengalaman pribadi

Banyak dari Mazmur-mazmur yang diilhamkan oleh pengalaman pribadi, ketimbang cara lagu dan pujian ditulis masa kini. Daud telah belajar menyanyi dan bermain alat musik sementara bekerja sebagai penggembala di wilayah pedalaman, dan kemudian ia terbiasa mengubah pengalaman kesehariannya ke dalam lagu.

Bahkan, bagian utama kehidupan Daud dilukiskan dalam Kitab Mazmur. Mazmur 3, contohnya, ditulis sesudah pelariannya yang hina dari anaknya Absalom, yang merebut takhtanya dan memaksa Daud untuk lari dari istana. Mazmur 7 ditulis tentang seorang Benyamin bernama Kush. Mazmur 18 ditulis ketika Daud dilepaskan 'dari tangan semua musuhnya dan dari tangan Saul.'

Daud menulis dua mazmur pertobatan sesudah melakukan dosa spesifik. Salah satunya adalah Mazmur 51, ditulis sesudah ia merayu Batsyeba, istri orang lain, dengan melanggar lima dari Sepuluh Perintah dalam prosesnya. Yang satu lagi ditulis sesudah ia menghitung pasukannya, tindakan yang dirancang murni untuk mengangkat egonya. Ketika ia sadar dosa yang telah ia buat ia menulis Mazmur 30 yang sangat mengharukan.

Mazmur-mazmur lainnya dihubungkan dengan tempat-tempat tertentu. Misalnya, banyak yang ditulis oleh Daud ketika ia lari dari Saul di En-Gedi. Ia kerap memaparkan Tuhan sebagai 'batu karang' dan 'benteng pertahanan'-nya, barangkali karena ia bersembunyi di sela-sela sembulan batu karang besar yang dikenal sebagai Masada.

Empat belas mazmur memiliki judul historis yang dikaitkan dengan berbagai peristiwa dalam kehidupan Daud:

- Mazmur 3: Ketika Daud melarikan diri dari pasukan anaknya Absalom.
- Mazmur 30: Dosa Daud sebelum penyerahan wilayah Bait.
- Mazmur 51: Sesudah Natan menelanjangi dosa Daud dengan Batsyeba.
- Mazmur 56: Ketakutan Daud di Gat.
- Mazmur 57: di En-Gedi, ketika Saul terperangkap.
- Mazmur 59: Rekan-rekan Daud cemburu.
- Mazmur 60: Serangan bahaya di Edom.
- Mazmur 63: Daud lari ke timur.
- Mazmur 142: Daud di Adulam.

Tambahan, banyak Mazmur yang meski tidak melingkupi rincian tertentu, jelas datang dari beragam pengalaman Daud sebagai pemusik, penggembala, pejuang, pelarian dan raja. Sebagai contoh, Mazmur 23 didasarkan atas kehidupan kesehariannya sebagai seorang gembala. Mazmur 29 jelas diilhami oleh halilintar dahsyat, yang mengingatkan Daud tentang suara Tuhan.

Kejujuran Daud dalam menulis sangat menyegarkan kita. Daud mengutuk orang, mengeluh tentang Tuhan dan memohon pembalasan atas para musuhnya. Tetapi setiap komentar negatif dibuat kepada Tuhan. Ia memberitahu Tuhan bagaimana persisnya ia merasa dan apa yang ia pikirkan, betapa pun tidak pantasnya emosi itu terkesan. Tidak heran bahwa mazmurnya memiliki daya tarik universal, karena orang dari segala bangsa dan semua generasi dapat menempatkan diri dengan perkataannya.

## Untuk seluruh umat Tuhan

Tidak semua Mazmur bersifat pribadi; sebagian untuk seluruh umat Tuhan. Daud menulis Mazmur 2 untuk pemahkotaan Salomo. Itu mengungkapkan pengharapan Daud untuk anaknya, dan penggenapan janji yang telah Tuhan buat untuk Daud: "Engkaulah Anak-Ku; hari ini Aku telah menjadi Bapamu."

Mazmur-mazmur lainnya mengungkapkan bagaimana perasaan yang mungkin dialami oleh suatu kelompok atau bangsa. 'Nyanyian ziarah' *Mazmur 120-134) tepat untuk mereka yang berada dalam ziarah ke Yerusalem.

Banyak Mazmur yang dimaksudkan untuk menolong orang dalam perjalanan pribadi mereka dengan Tuhan.

Sebagai contoh, Mazmur 119 ditulis untuk mendorong kita membaca Alkitab. Dalam setiap ayat dari mazmur itu terdapat sinonim untuk Alkitab. Ia bicara tentang 'taurat Tuhan,' atau 'perintah Tuhan,' atau 'peraturan Tuhan,' atau 'ketetapan Tuhan,' atau 'titah Tuhan."

Mazmur 92 mendorong pelaksanaan Sabat. Ia mengajarkan para penyembah untuk mencanangkan "kasih Tuhan pada waktu pagi" dan "kesetiaan-Nya pada waktu malam," yang menjadi asal dari penyembahan pagi dan malam pada hari Minggu. (Kini, ini telah banyak lenyap -- kini satu setengah jam di pagi hari dan sisanya adalah milik Anda!)

Sesungguhnya, tentu kita tidak lagi di bawah hukum Sabat kini -- itu bagian dari hukum Musa. Untuk kita setiap hari adalah harinya Tuhan, meski kita bebas menjadikan satu hari 'spesial' jika kita ingin (lihar Roma 14).

## Mazmur 'apit'

Mazmur 22-24 merupakan kelompok yang sangat penting. Mereka seperti roti apit (*sandwich*), meski orang cenderung menghabisi isinya dan menyisakan rotinya! Izinkan saya menjelaskan. Mazmur-mazmur ini sebenarnya saling berbagian -- saya menyebutnya salib, lekuk, mahkota. Mereka membawa kita kepada Tuhan yang pertama-tama sekali adalah Juruselamat, lalu Gembala, dan kemudian Penguasa. Jika kita sekadar mengambil Mazmur 23 yang termasyhur itu dari tengah 'roti apit' itu dan mengklaim bahwa Yesus adakah gembala kita, kita kehilangan pelajaran dari dua mazmur yang mengapit di sisi-sisinya.

Mazmur 22 mulai dengan teriakan yang nanti akan dikutip oleh Yesus dari salib: "Tuhan-Ku, Tuhan-Ku, mengapa Engkau meninggalkan Aku?" sementara Mazmur 23 mulai dengan: "Tuhan adalah gembalaku." Urutan kedua mazmur ini menyiratkan bahwa sampai kita telah datang ke salib dan menemukan Tuhan sebagai Juruselamat kita, kita tidak sanggup menghargai Dia sebagai Gembala kita.

Mazmur 24 kemudian berkata: "Siapakah itu Raja kemuliaan? Tuhan jaya dan perkasa, Tuhan perkasa dalam peperangan. Angkatlah kepalamu, hai pintu-pintu gerbang, dan terangkatlah kamu hai pintu-pintu yang berabad-abad, supaya masuk Raja kemuliaan" (ayat 8-9). Atau dengan pengalimatan sendiri: "Bukalah pintu-pintu gerbang -- Tuhan datang sebagai Penguasa kita, sebagai Raja atas segala raja, Tuhan atas segala tuan." Maka kita hanya memiliki Yesus sebagai Gembala yang Baik sebab pertama Ia adalah Juruselamat kita dan Raja kita yang akan datang kembali.

Ketiga mazmur itu cocok dengan indahnya satu sama lain. Dalam sebuah buku yang saya terbitkan berjudul *Loose Leaves from the Bible* (Halaman-halaman lepas dari Alkitab) saya menerjemahkannya ke dalam bahasa modern:

Tuhanku, Tuhanku, mengapa?
Mengapa Engkau meninggalkan aku sendirian, aku di antara semua orang?
Mengapa Engkau terkesan begitu jauh?
    terlalu jauh untuk menolong ku,
        atau bahkan untuk mendengarkan eranganku?
O Tuhanku, aku berseru di terang siang,
    tetapi tidak ada jawaban dari Mu,

Aku melolong dalam gelap,
>    tetapi tidak datang pertolongan.
Ini tidak masuk akal,
>    Sebab Kau teramat baik,
>        dipuji ke angkasa oleh bangsa ini.
Moyang kami percaya Engkau sepenuh hati;
>    dan ketika mereka demikian,
>        Engkau mengeluarkan mereka dari kesukaran.
Mereka berseru kepada Mu --
>    dan mendapat keamanan;
Apabila mereka mengandalkan Mu
>    Mereka tak pernah dikecewakan.
Tetapi aku diperlakukan lebih seperti cacing ketimbang manusia,
>    tanpa perhatian dari manusia
>    hanya ejekan dari orang banyak.
Semua yang melihat ku menjadikan ku ejekan;
>    Mereka menjulurkan lidah mereka,
>        mengangkat bahu mereka dan mencemooh:
"Ia bilang Tuhan akan membenarkan dia;
>    lihat jika ia dapat ke luar dari semua ini!
Jika Tuhan sangat menyukai dia,
>    kiranya Ia melepaskan dia."
Jika saja mereka tahu --
>    Engkau adalah yang membawa ku selamat melalui
>        Kelahiran
>    dan Engkau menjaga ku selamat sementara aku
>        masih menyusu.
>    Aku harus mengandalkan-Mu
>    Sejak hidupku mulai;
Dan Engkau telah menjadi Tuhan ku sendiri
>    sejak ibuku melahirkan ku ke dalam dunia.
>    Jangan tinggalkanku ketika aku dalam bahaya.

Sebab tiada yang lain yang mungkin dapat
  menolong.
Aku dalam gelanggang lembu aduan,
  dikitari oleh binatang-binatang amat buas di seluruh
    negeri;
  Mereka merentangkan gigi-gigi mereka, bagaikan
    singa buas lapar
Kekuatanku meleleh habis,
  sendi-sendiku bergoyang,
  denyut jantungku lemah di dadaku,
  tubuhku kering bagaikan terbakar
  lidahku kelu melekat ke langit-langit mulutku.
Engkau membiarkanku hancur ke dalam debu kematian.
Gerombolan penjahat mengelilingiku seperti kawanan
  serigala,
Mereka telah mencabik tangan dan kakiku
Tulang-tulangku menyembul terlihat jelas;
  tetapi mereka hanya menatap dan menertawakan.
Mereka merampas pakaianku
  dan mereka berjudi demi bajuku.
Apa yang Kau kerjakan ini, Tuhan?
  Jangan diam saja!
  Engkau satu-satunya dukunganku!
  Bergegaslah membelaku!
Selamatkan hidupku dari akhir yang kejam ini --
  dari taring anjing-anjing,
  dari rahang singa-singa ini,
  dari tanduk lembu-lembu ini...
Engkau telah menjawab aku!

Aku akan memberitahu saudaraku, Engkau telah kembali
  menegakkan nama-Mu;
Aku akan di antara mereka dan berbagi kesaksianku

ketika mereka berkumpul.
Masing-masing kamu yang takut akan Tuhan Yehovah ini,
    Katakan kepada-Nya betapa kamu memikirkan Dia.
Setiap orang yang mengaku keturunan dari Yakub
    berikan seluruh pujian kepada-Nya.
Semua yang termasuk bangsa Israel,
    yang menjunjung Dia dengan penuh hormat.
Sebab Ia tidak terlalu agung atau terlalu terkejut
    untuk terlibat dengan penderitaan orang tertindas;
Ia tidak membelakangi dia,
    tetapi mendengar tangisannya minta tolong.
Engkau akan memberikan pujian-Mu untukku
    dalam kumpulan besar umat;
dan aku akan memenuhi janji ku kepada-Mu,
    dilihat orang yang terhormat,
Mereka yang menderita akan dipuaskan;
    mereka yang mencari akan menyanyi;
Semoga pengalaman mendebarkan ini bertahan selamanya.
Di tiap sudut dunia,
    orang akan berpikir kembali tentang Tuhan
    dan kembali kepada-Nya.
Beragam ras dan bangsa
    akan sungguh bersatu
    menyembah Dia.
Sebab Tuhan mengendalikan dunia ini
    dan berkuasa atas semua peristiwa internasional.
Ya, bahkan orang hebat akan bersujud kepada
    keunggulan-Nya,
    sebab mereka hanya makhluk fana yang menuju
        ke kuburan,
    dan tak seorang pun dapat mempertahankan
        hidupnya selamanya.
Angkatan masa depan akan mengambil alih pekerjaannya,

Karena manusia akan bicara tentang Tuhan yang
 sungguh ada ini
kepada anak-anak mereka sesudah mereka.
Pembebasan dari-Nya akan dicanangkan
 kepada mereka yang bahkan belum lagi memulai
 hidup;
Mereka akan diberitahu bahwa Tuhan mengerjakan
semua ini
 dan itu telah selesai!

*Mazmur 22*

Mazmur ini jelas ada di pikiran Yesus sementara Ia mati di salib.

Satu-satunya Tuhan yang sungguh ada,
 Tuhan orang Yahudi
Memerhatikan ku sebagai seorang manusia,
 seperti penggembala atas domba-dombanya;
Supaya aku takkan kekurangan apa pun
 yang ku butuhkan,
Ia mendesakku untuk beristirahat,
 di mana terdapat penyegar melimpah;
Lalu Ia mengajak ku maju terus,
 memastikan aku teetap mendapatkan penyegar
 yang kubutuhkan.
Ia menaruh hidup baru ke dalam ku
 ketika aku kelelahan.
Ia menjaga ku tetap dalam arah yang benar,
 untuk memelihara nama baik-Nya.
Bahkan jika aku berjalan melalui jurang gelap, dalam,
 di mana bahaya mengintai dalam bayang gelap,
Aku tak takut datangnya bahaya apa pun,
 sebab Engkau ada di samping ku.

Dengan pentung-Mu menjaga dan tongkat-Mu
membimbing.
Aku merasa aman.
Engkau menyediakan meja untuk ku,
    di pemandangan para musuhku yang tak berdaya;
Engkau memperlakukan ku bagaikan tamu terhormat
    dan menyiapkan santapan nikmat.
Sepanjang sisa hari-hariku tiada yang lain yang
    mengejarku --
    kecuali kemurahan dan kebaikan-Mu yang tak
        layak ku terima,
dan aku akan sampai di tempat Tuhan ini,
    sepanjang hidupku selamanya.

*Mazmur 23*

Tuhan orang Yahudi memiliki planet ini,
    dengan segala sesuatu di dalamnya
    dan semua orang di atasnya;
Sebab Ia membangun tanah di atas dasar lautan
    dan mengirim air yang mengalir dalam sungai-sungai.
Tetapi siapakah dapat mengukur ketinggian
    kekudusan-Nya?
    dan siapakah dapat tinggal dalam hadirat
        sempurna-Nya?
Hanya orang yang kelakuannya tanpa salah
    dan yang karakternya tak becela;
yang tidak mendasari kehidupannya atas hal-hal yang
    tidak benar.
    dan yang tidak pernah memutar balik perkataannya.
Orang semacam itu akan diberikan perhatian dan perkenan
    dari Tuhan yang menyelamatkannya.
Karena orang semacam ini sungguh ingin mendapatkan
    Tuhan

dan berjumpa muka dengan muka, sebagaimana
halnya Yakub.
(Hening sejenak dan renungkan tentang diri Anda sendiri.)
Buka lebar-lebar gerbang kota!
Bukakan pintu-pintu benteng tua kota!
Yang Mulia Maha Dahsyat akan masuk!
Siapakah Raja yang menakjubkan ini?
Tuhan Maha Perkasa orang Yahudi,
yang tak terkalahkan, Tuhan Israel!
Bentangkan lebar gerbang-gerbang kota!
Bukakan pintu-pintu benteng tua itu!
Sang Maha Agung akan masuk!
Siapakah Raja yang mengherankan ini?
Tuhan yang memerintah semua kuat-kuasa alam semesta -- Itulah Dia sang Raja ajaib!

(Hening sejenak dan pikirkan tentang Dia.)

*Mazmur 24*

## Tuhan adalah Raja

Kita dapat mengelompokkan mazmur-mazmur lainnya secara lebih singkat.

Mazmur 96-99 memiliki tema sama: Tuhan adalah Raja. Ini adalah yang terdekat yang kita dapatkan dalam Perjanjian Lama tentang konsep kerajaan Tuhan.

Mazmur 113-118 dikenal dalam bahasa Ibrani sebagai 'mazmur halel' dan dinyanyikan bersama pada hari Paskah.

Mazmur 118 menyediakan inspirasi untuk lagu pujian modern terkenal: "Hari ini, Harinya Tuhan, Mari kita bersukacita, bersukaria." Namun demikian, 'Hari ini' sesungguhnya merujuk kepada hari Paskah dalam Perjanjian Lama, bukan kepada sabat, apalagi Minggu.

Juga dalam Mazmur 118 ada tangisan, "O TUHAN, selamatkan kami," atau secara harfiah, "bebaskan kami." Bahasa Ibrani untuk "bebaskan kami" adalah *ho shanah*, yang darinya kita dapatkan kata "hosanna."

Sayangnya, kini kita berpikir tentang kata itu sebagai sejenis ucapan "halo" surgawi! Sesungguhnya itu adalah tuntutan akan kemerdekaan. Ketika Yesus mengendara keledai memasuki Yerusalem orang banyak berseru "Hosana!" yang sesungguhnya meminta Dia untuk membebaskan mereka dari Romawi. Orang banyak terdiam sebab Ia mengambil cambuk dan mengusir para pedagang Yahudi di Bait ketimbang menyerang orang Roma.

Mazmur 120-134 disebut sebagai 'nyanyian ziarah,' berarti 'nyanyian pendakian.' Memang, Yerusalem terletak tepat di puncak bukit-bukit (sesungguhnya, ia ada di bagian cekungan kecil di puncak), sehingga semua peziarah harus mendaki untuk pergi ke Yerusalem.

Mazmur 121 sangat berarti untuk istri saya dan saya, karena beberapa tahun yang lalu ia menderita kanker di matanya dan terancam kehilangan hidupnya. Ahli bedah berjuang untuk hidupnya, dan saya bingung harus berkhotbah apa hari minggu itu sementara ia terbaring di rumah sakit. Tuhan membimbing saya ke Mazmur 121, dan saya dapatkan bahwa setiap ayatnya adalah tentang mata. Baris pertamanya adalah "aku melayangkan mataku ke gunung-gunung." Ketika berjalan mendaki ke Yerusalem adalah sangat bahaya tidak menjaga mata Anda melihat ke kaki, tetapi pemazmur berkata, "Aku akan mengarahkan mataku ke gunung-gunung." Maka saya mengkhotbahkan mazmur itu dan membawa pita rekamannya ke rumah sakit untuk istri saya dengar. Namun demikian, seorang perawat muda, yang baru dua bulan menjadi Kristen, telah mendahului saya. Ia mengunjungi istri saya dan menyampaikan perkataan dari Tuhan untuknya: "Anda akan mengangkat mata Anda melihat ke gunung-gunung." Beberapa minggu kemudian kami di Kanada dan bersama mendaki Gunung *Rockies*. Ia tidak lagi memiliki jejak kanker sejak itu.

Kelompok terakhir adalah Mazmur 146-150. Semuanya adalah nyanyian 'Haleluyah!' *Halleluyah* adalah bahasa Ibrani untuk 'Puji Tuhan' (*hallel* berarti 'puji' dan *yah* adalah bentuk singkat dari Yahweh).

# Jenis-jenis mazmur

Meskipun mustahil untuk mengklasifikasi kitab-kitab mazmur, ada sejumlah jenis mazmur yang dapat kita tentukan.

## Mazmur ratapan

Pertama, ada mazmur ratapan, atau 'mazmur tolonglah.' Mereka merupakan lagu-lagu sedih yang dituliskan dari ketidakbahagiaan pribadi pemazmur. Dalam beberapa ia sakit; dalam lainnya ia menderita ketidakadilan; dalam sebagian kecilnya ia merasakan kebersalahannya. Banyak orang heran mendapatkan itu, dengan 42 mazmur ratapan, kategori ini adalah yang lebih besar dibandingkan lainnya.

Ada banyak rasa sayang diri dalam mazmur-mazmur ini, tetapi perasaan tersebut disampaikan kepada Tuhan, dan penyembuhan pun didapatkan.

Mereka semua memiliki bentuk yang sama dan akan dapat dinyanyikan untuk musik penguburan yang lambat.

Masing-masing memiliki lima bagian:

1. Teriakan kepada Tuhan.
2. Keluhan tentang hal yang salah.
3. Pengakuan kepercayaan bahwa Tuhan akan melepaskan.
4. Permohonan meminta Tuhan mengintervensi.
5. Janji untuk memuji Tuhan ketika kelepasan datang.

Semua mazmur ratapan mengikuti pola lima-rangkap ini. Inilah mengapa penting membaca keseluruhan mazmur -- hanya beberapa ayat dari mazmur tidak memberikan keseluruhan bentuknya.

Jika Anda hanya mengambil bagian awalnya, maka Anda akan berkubang dalam rasa sayang diri. Tetapi pemazmur selalu mengakhiri dengan janji untuk memuji Tuhan ketika ia ke luar dari situasi itu.

Meski kebanyakannya adalah mazmur perorangan, sebagian ditulis mewakili bangsa itu (lihat Mazmur 44, 74, 79, 80, 83, 85 dan 90). Menariknya, tak satu pun dari semua ini yang ditulis oleh Daud.

## Mazmur ucapan syukur

Kedua, ada mazmur ucapan syukur. 'Mazmur-mazmur terima kasih' ini adalah kelompok terbesar kedua sesudah mazmur ratapan. Mereka memiliki bentuk tertentu dan hmpir semuanya tidak menjelaskan nama penulisnya. Empat hal dikatakan dalam masing-0masingnya:

1. Pernyataan: "Aku akan memuji..."
2. Pernyataan tentang apa yang membuatnya ingin memuji Tuhan:
3. Kesaksian tentang kelepasan.

4. Niat memuji: ia berlanjut memuji Tuhan karena hal yang telah terjadi.

Mazmur-mazmur ini bicara banyak tentang sifat dan tindakan Tuhan. Mereka mengandung ucapan terima kasih karena pemerintahan Tuhan sebagai raja, karena penciptaan, karena Keluaran, karena Yerusalem, karena Bait, dan karena kesempatan terlibat dalam ziarah. Juga ada ucapan syukur untuk Firman Tuhan, terutama dilihat dalam 176 ayat dari Mazmur 119.

## Mazmur pertobatan

Ketiga, ada mazmur pertobatan atau 'mazmur penyesalan.' Hanya sedikit jumlahnya tetapi mencerminkan penyesalan yang dalam yang dirasakan ketika pemazmur insyaf akan dosanya. Perhatikan khususnya Mazmur 6, 32, 38, 51, 130 dan 143.

# Mazmur khusus

Juga ada beberapa kategori mazmur khusus lain.

## Mazmur kerajaan

Seperti halnya Daud menulis tentang pengalamannya sebagai gembala, ia juga menulis dari pengalamannya sebagai raja. Mazmur 2, 18, 20, 21, 45, 72, 89, 101, 110, 132 dan 144 cocok dengan kategori ini.

Lagu kebangsaan Inggris didasari atas sejumlah mazmur ini. Mazmur 68 berfokus pada kemenangan raja dalam peperangan, yang menjadi latarbelakang dari baris

'Berikan kepadanya kemenangan" dalam lagu kebangsaan itu. Perbedaan besarnya, tentulah, bahwa monarki Inggris bukan pemerintah atas umat Tuhan, begitu banyak pernyataannya tidak tepat. Hanya ada satu bangsa yang Tuhan pilih menjadi umat-Nya, dan itu adalah Israel, kita tidak boleh lupa bahwa bangsa mana pun yang bukan Yahudi adalah bangsa kafir, dan karena itu tidak bisa menjadi spesial sebagaimana Israel.

Namun demikian, ada sebuah mazmur indah tentang seorang ratu. Mazmur 45 merenungkan tentang bagaimana rasa ratu sebagai istri raja. Ini sebuah gambaran baik tentang bagaimana kita harus merasa sebagai pengantin perempuan Kristus. Kita akan duduk bertakhta bersama Yesus, dan hidup seperti bangsawan.

Banyak bangsa berpikir mereka adalah bangsa pilihan, dan karenanya memakai Mazmur secara salah. Singa dan *unicorn* (kuda bertanduk satu) di lambang jubah Inggris datang dari Mazmur 22. Salah satu terjemahan tertua Alkitab Inggris mencakup *unicorn*, meskipun kata tersebut tidak terdapat dalam naskah aslinya.

Kanada adalah satu-satunya bangsa dalam dunia yang memakai istilah *Dominion* untuk namanya. Nama *Dominion of Canada* (Pemerintahan / Kekuasaan Kanada) didasari atas Mazmur 72: "Ia akan berkuasa ... dari laut ke laut." Kanada merentang dari Laut Pasifik sampai ke Laut Atlantik dan karenanya disebut Kekuasaan Kanada (*Dominion of Canada*) oleh para pendirinya.

## Mazmur mesianis

Sebagian dari mazmur kerajaan adalah juga mazmur mesianis atau nubuatan. Daud adalah model tentang raja ideal, dan mazmur-mazmur ini mencerminkan kerinduan akan seorang raja yang sungguh layak akan kehormatan Tuhan.

Kata 'Mesias' berarti 'diurapi.' Setiap raja Israel diurapi dengan minyak pada pemahkotaannya sebagai lambang dari Roh Kudus. Bahkan para raja dan ratu Inggris memiliki yang disebut sebagai 'peminyakan' (unction); yaitu pengurapan dengan minyak (yang khusus dibuat dari 24 macam rempah-rempah dan minyak).

Kata 'Mesias' (berarti 'yang diurapi,' sebagaimana dengan 'Kristus' dalam bahasa Yunani) muncul hanya sekali di seluruh Perjanjian Lama, yaitu dalam Mazmur 2. Tetapi jika Mazmur-mazmur diperiksa tentang unsur nubuatannya, kita temukan bahwa 20 di antaranya dikutip dalam Perjanjian Baru. Betapa menakjubkan memerhatikan apa yang dinubuatkan tentang Yesus, Anak Daud, dalam mazmur-mzmur ini:

- Tuhan akan menyatakan Dia adalah Anak-Nya.
- Tuhan akan menaruh segala sesuatu di bawah kaki-Nya.
- Tuhan akan membiarkan Dia mengalami kehancuran dalam kubur.
- Ia akan ditolak oleh Tuhan dan diejek serta diolok oleh manusia; tangan dan kaki-Nya akan dipaku; pakaian-Nya akan diundi; tetapi tidak satu pun tulang-Nya akan dipatahkan.
- Kesaksian palsu akan dituduhkan kepada-Nya.
- Ia akan dibenci tanpa sebab.
- Seorang sahabat akan mengkhianati Dia.
- Ia akan diberikan cuka dan empedu untuk diminum.
- Ia akan berdoa untuk para musuh-Nya.
- Kedudukan pengkhianat-Nya akan diberikan kepada seorang lain.

- Musuh-musuh-Nya akan menjadi tumpuan kaki-Nya.
- Ia akan menjadi imam menurut imamat Melkisedek.
- Ia akan menjadi batu penjuru dan akan datang dalam nama Tuhan.

Daud menyebut dirinya sendiri sebagai nabi sebab ia dapat melihat seorang lain sementara ia menulis. Sangat menakjubkan bagaimana Daud sanggup masuk ke dalam penderitaan Yesus di salib, tanpa pernah mengalami semua itu sendiri.

Mazmur 22 mulai dengan, "Tuhanku, Tuhanku, mengapa Engkau meninggalkan aku?" (Perkataan yang Yesus teriakkan dari salib).

Mazmur itu bicara tentang tangan dan kaki yang ditusuk berabad-abad sebelum serdadu Romawi memakai penyaliban sebagai metode hukuman mati. Salah satu pernyataan "Aku adalah" yang agung dari Yesus terjadi dalam Mazmur ini, dan sangat tidak diharapkan -- "Aku adalah cacing dan bukan manusia."

## Mazmur hikmat

Mazmur 'hikmat' adalah akibat dari perenungan dan meditasi tenang. Mereka menyerupai Kitab Amsal, dan penuh dengan kebijaksanaan praktis untuk kehidupan.

Hikmat dalam Alkitab utamanya mengurus dua hal: -- kelakuan hidup dan kontradiksi hidup.

Kitab Mazmur mulai dengan mazmur hikmat tentang kelakuan hidup. Ada dua kemungkinan kita dapat menjalani hidup: 'jalan orang jahat,' atau 'jalan orang benar.' Menjelang akhir Khotbah di Bukit dalam Matius, Yesus memakai perkataan yang sama: "Karena lebar dan luas jalan menuju kebinasaan, dan banyak oang masuk melaluinya.

Tetapi kecil dan sempit jalan yang membawa kepada hidup, dan hanya sedikit orang menemukannya." Maka Mazmur 1 menyiratkan bahwa Kitab Mazmur adalah untuk mereka yang berjalan di jalan yang benar. Ini bukan untuk mereka yang duduk, berjalan dan berdiri bersama pembuat kejahatan. Jika kita berjalan dengan seseorang, kita mengambil sesuatu dari mereka. Jika kita berdiri di dekat mereka, hubungan menjadi lebih dalam. Jika kita duduk bersama mereka kita menjadi bersahabat. Kita baca bahwa kita tidak boleh berjalan, berdiri atau duduk dalam jalan pembuat dosa, sebab sahabat yang kita miliki barangkali akan menjadi pengaruh terbesar dalam kehidupan kita.

Mazmur hikmat juga berfokus pada kontradiksi hidup. Kontradiksi terbesar ialah orang jahat kerap dapat luput dengan kelakuan jahat mereka sedangkan orang baik menderita.

Mazmur 73 menangani masalah ini secara langsung. Pemazmur merasa seakan ia telah sia-sia membersihkan hatinya, bahwa berusaha menghidupi kehidupan baik hanya menyia-nyiakan waktu, sebab orang jahat mati di ranjang mereka dalam damai, dan memiliki banyak uang.

Pemazmur berkata ia merana sepanjang hari dan tidak dapat tidur pada malam hari. Jakan keluarnya ialah pergi ke Bait dan merenungkan kemuliaan Tuhan serta akhir yang harus dihadapi orang jahat. Ini salah satu mazmur yang menyebutkan tentang kehidupan sesudah kematian. Konsep tentang kehidupan sesudah kematian tidak dijelaskan secara menyeluruh dalam Perjanjian Lama sebagaimana dalam Perjanjian Baru.

## Mazmur kutukan

Dalam mazmur-mazmur ini pemazmur memohon Tuhan mengunjungi musuh mereka dengan hukuman.
Sebagai contoh:

> Ya TUHAN, jangan penuhi keinginan orang fasik,
> jangan luluskan tipu rencananya! Sela
> Orang-orang yang mengelilingi aku meninggikan kepala;
> biarlah bencana yang diucapkan mereka menimpa mereka!
> Biarlah Ia menghujani mereka dengan bara api!
> Biarlah Ia menjatuhkan mereka ke dalam jurang sehingga tidak bangkit lagi!
>
> *Dari Mazmur 140*

Salah satu mazmur kutukan paling terkenal adalah Mazmur 137, yang digubah di Babilon:

> Di tepi sungai-sungai Babel kami duduk dan menangis
> bila teringat Sion.
> Pada pohon-pohon gandarusa di negeri itu
> kami gantungkan kecapi kami.
> Orang-orang yang menawan kami menyuruh kami
> menyanyi untuk mereka.
> Orang-orang yang menindas kami menyuruh kami
> menyanyikan lagu-lagu gembira,
> "Nyanyikanlah bagi kami lagu-lagu dari Sion!"
>
> Mungkinkah di negeri asing kami menyanyi bagi TUHAN?
> Biarlah aku tak bisa lagi menyanyi
> jika aku melupakan engkau, Yerusalem!

Biarlah aku tak bisa lagi menyanyi
jika aku melupakan engkau dan tidak menjadikan
engkau kesukaanku!

Ya TUHAN, ingatlah perbuatan orang Edom
pada waktu Yerusalem dimusnahkan.
Mereka berkata, "Robohkanlah, robohkanlah sampai
ke dasar-dasarnya!"

Hai Babel, engkau akan dibinasakan!
Berbahagialah orang yang membalas kepadamu
kejahatan yang kaulakukan terhadap kami.
Berbahagialah orang yang mengambil bayi-bayimu
dan mencampakkannya ke bukit batu!

Ini tidak menyenangkan. Tidak ada pengampunan untuk musuh dan pasti tidak ada kesadaran bahwa apa yang dikatakan mungkin tidak patut. Dapat dimengerti bahwa sebagian orang akan bertanya apakah orang Kristen boleh memakai mazmur ini.

Dapatkah orang Kristen memakai mazmur kutukan?

Pertama, kita harus ingat bahwa orang Yahudi hanya memiliki Perjanjian Lama. Karenanya, kita tidak perlu berharap Perjanjian Lama dapat merasa penuh seperti orang Kristen. Mereka tidak memiliki pengetahuan tentang Yesus, yang berkata, "Bapa, ampuni mereka, sebab mereka tidak tahu apa yang mereka buat."

Kedua, mazmur ini adalah model baik tentang kejujuran dalam doa. Jika kita memiliki suatu perasaan tertentu, maka adalah tepat memberitahu Tuhan bagaimana perasaan kita itu. Merasa seperti yang pemazmur rasakan tetapi tidak mengatakannya adalah sama buruknya seperti mengatakannya. Bahkan, lebih buruk, sebab kita berusaha menyembunyikan itu dari Tuhan.

Saya teringat seorang ibu Kristen yang mengalami kecelakaan mobil mengerikan. Selama 20 tahun selanjutnya ia menjadi cacat berat; ia hanya dapat berjalan sempoyongan dengan alat bantu dan terus menerus merasa kesakitan. Suatu malam, sementara ia pergi ke kamar tidurnya, ia mengutuki Tuhan karena penderitaannya. Tetapi kemudian kakinya tersandung karpet dan ia terjatuh, sampai pingsan. Ia pingsan beberapa jam, dan ketika bangun sudah pagi, cahaya matahari masuk melalui jendela dan menyorot langsung ke matanya. Ia yakin ia telah mati dan kini sedang berhadapan dengan Tuhan, dan dengan gentar ia ingat bahwa hal terakhir yang ia lakukan ketika masih hidup adalah ia mengutuki Tuhan. Ia mengira ia akan pergi ke neraka karena hal itu. Tetapi kemudian ia sadar bahwa terang cahaya itu sesungguhnya adalah sinar matahari dan ia masih ada di kamar tidurnya. Rasa leganya luar biasa. Lalu tiba-tiba ia rasakan bahwa tidak lagi ada rasa sakit. Ia bangun dan mendapatkan bahwa ia telah sembuh total. Ia dapat menggerakkan setiap anggota tubuhnya! Ia lari ke luar ke jalan dan memberitahu setiap orang yang ia jumpai bahwa ia telah mengutuki Tuhan tetapi Ia telah menyembuhkannya! Tentu saja, ini bukan contoh baik untuk ditiru, tetapi pelajarannya ialah bahwa karena ia jujur dengan Tuhan, perempuan ini menerima penyembuhan dari-Nya. Betapa penuh anugerah Tuhan itu!

Ketiga, musuh-musuh Israel adalah musuh Tuhan juga. Mazmur kutukan tidak hanya meminta pembalasan atas para musuh pribadi pemazmur; mereka juga mengingatkan Tuhan bahwa para musuh pemazmur adalah musuh-musuh-Nya. Untuk orang Kristen masa kini, musuh Tuhan bukan darah dan daging, tetapi penguasa dan kuasa di udara. Jika kita sungguh mengasihi Tuhan, kita akan membenci iblis dan semua kejahatan. Para orang kudus Perjanjian Lama tidak memiliki pengetahuan tentang Hari Penghakiman dan surga serta neraka, maka mereka berdoa agar orang jahat dihukum dalam dunia kini. Mereka percaya bahwa sesudah kematian semua orang pergi ke sebuah tempat dinamakan Sheol-- semacam ruang tunggu di stasion kereta api di mana tidak ada kereta yang datang. Mereka harus berdoa untuk Tuhan melakukan pembalasan dalam kehidupan kini. Mereka berseru memohon Tuhan yang baik menegakkan keadilan.

Keempat, dalam setiap kasus pemazmur menolak untuk melakukan pembalasan sendiri, tetapi menyerahkan kepada Tuhan. Ini adalah prinsip yang Paulus ajarkan dalam Roma 12: "Jangan membalas, sahabatku, tetapi berikan kesempatan untuk murka Tuhan." Ia akan melakukan pembalasan atas orang jahat.

Akhirnya, penting diingat bahwa dalam hal ini Perjanjian Baru tidak berbeda dari Perjanjian Lama. Dalam Perjanjian Baru juga terdapat doa-doa kutukan. Dalam Wahyu 6 jiwa-jiwa para martir di surga berdoa, "Berapa lama lagi, Tuhan yang Berkuasa, kudus dan benar, sampai Engkau menghukum penduduk bumi dan membalaskan darah kami?" Doa ini tidak beda dari mazmur-mazmur kutukan, bahkan meski itu dibuat "di surga." Para martir Kristen memohon Tuhan untuk membela dirinya dan mendatangkan keadilan.

Maka jika kita melakukannya dalam sikap yang benar, tidak masalah kita memakai mazmur-mazmur ini masa kini. Suatu hari semua dosa akan dihukum, orang benar akan dibela dan para martir akan duduk langsung di takhta yang pernah menghukum mereka sampai mati.

## Pandangan mazmur tentang Tuhan

Mazmur luar biasa seimbang dalam pandangan mereka tentang Tuhan. Telah kita lihat bagaimana sifat transendens-Nya (Elohim) diimbangi dengan sifat imanen-Nya (Yahweh).

Mazmur mendorong kita untuk membesarkan Tuhan, bukan karena kita dapat membuat Dia menjadi lebih besar, tetapi agar pandangan kita tentang Dia dapat mengalami pembesaran.

Mazmur memberitahu kita tentang *sifat* Tuhan -- yaitu, apa adanya Dia. Mazmur 8, 9, 29, 103, 104, 139, 148 dan 150 adalah contoh baik tentang ini. Mazmur 139 memaparkan kemahakuasaan-Nya (yi. Ia adalah yang Mahakuasa), kemahatahuan-Nya (Ia Mahatahu) dan kemahahadiran-Nya (Ia ada di mana-mana).

Mazmur juga memberitahu kita tentang *tindakan* Tuhan -- yaitu, apa yang Ia lakukan. Mazmur 33, 36, 105, 111, 113, 117, 136, 146 dan 147 adalah contoh baik tentang hal ini. Khususnya kita belajar tentang dua tindakan besar:

> *penciptaan* (yi. Mazmur 8 dan 19) serta
> *penebusan* (yi. Mazmur 78, yang menceritakan kisah tentang Keluaran).

Mazmur memberitahu kita bahwa Tuhan adalah Gembala, Pejuang, Hakim, Bapa dan, di atas semuanya, Raja.

Dalam pandangan tentang sifat dan tindakan Tuhan ini, tidak heran bahwa dalam Mazmur teologi cepat menjadi doksologi. Kebenaran tidak bisa tidak membawa ke pujian.

## Menggunakan Mazmur masa kini

Jelas dari penggunaan Perjanjian Baru akan Mazmur bahwa pemakaiannya oleh orang Kristen adalah sah dan diinginkan. Nyanyian dalam Perjanjian Baru dibentuk menurut model Mazmur-mazmur (mis. Lukas pasal 1 dan 2). Para rasul melihat ke Mazmur ketika mereka berada di bawah tekanan (mis. Kisah Rasul 4), dan mereka kerap memakai Mazmur-mazmur ketika mereka berkhotbah (yi. Kisah Rasul 13).

Penulis surat Ibrani mengutip Mazmur secara luas. Masing-masing dari lima pasal pertama Ibrani memasukkan rujukan ke satu atau lebih mazmur.

Yesus mengutip dari Mazmur dalam pengajaran-Nya kepada orang banyak (yi. Khotbah di Bukit) dalam menjawab orang Yahudi, sementara mentahirkan Bait dan pada Perjamuan Terakhir.

Jadi bagaimana harusnya Mazmur digunakan masa kini?

Yang paling baik ialah jika mazmur-mazmur dibacakan kuat atau dinyanyikan. Beberapa di antaranya jelas mendorong teriakan! Dampak dan nilainya sangat berkurang jika dibaca secara diam. Banyak mazmur juga mendorong gerakan tubuh seperti mengangkat tangan, bertepuk tangan, menari, dan menengadah ke atas.

Dalam Perjanjian Baru kita diperintahkan memakai Mazmur dalam penyembahan bersama (yi. Efesus 5). Mazmur dapat dinyanyikan atau dibacakan kuat kepada sidang jemaat oleh penyanyi atau pembaca, atau seluruh jemaat dapat membaca, menyanyi (atau bahkan meneriakkan!) mazmur-mazmur bersama.

Jelas Mazmur dimaksudkan untuk dinyanyikan dengan iringan musik. Sebagaimana sudah kita lihat, kata

Ibrani yang kita terjemahkan sebagai 'mazmur' secara harfiah berarti 'dentingan' atau 'petikan,' yang menyiratkan bahwa wajarnya iringan alat musik dawai yang mengiringi mazmur yang dinyanyikan (meski instrumen musik lainnya juga disebutkan dalam Kitab Mazmur). Dalam banyak mazmur ada kata *Sela*. Itu barangkali adalah arahan musik kepada pemimpin paduan suara yang berarti "berhenti" atau "mengubah kunci" atau "mainkan lebih kuat" atau bahkan "angkat suara Anda di bagian ini."

Bagaimana kita sebaiknya menyanyikan mazmur masa kini? Saya pikir kita harus menyanyikannya secara 'utuh.' Terlalu banyak nyanyian, pujian dan himne memakai hanya sebagian dari sebuah mazmur dan dengan berbuat itu mereka merusakkan kesan konteks aslinya.

Sebagian mazmur dapat dinyanyikan dalam bait metrikal (sebagaimana kerap dilakukan di berbagai gereja di Skotlandia dan lainnya). Sebagian mazmur cocok dinyanyikan oleh paduan suara. Mazmur tepat dipakai untuk pribadi. Berikut adalah pedomannya:

Membaca satu mazmur tiap hari adalah kebiasaan baik.

Beberapa mazmur ideal untuk pembacaan menjelang tidur. Mereka dapat menolong melawan emosi negatif atau mimpi buruk.

- Bacalah mazmur bahkan ketika mereka terkesan tidak relevan dengan keadaan Anda, sebab akan ada waktu ketika mereka akan menjadi relevan.
- Coba berikan judul kepada mazmur -- ini akan menolong Anda berkonsentrasi tentang isinya.
- Terjemahkan mazmur itu ke dalam kata-kata Anda sendiri. (Lihat contoh yang saya buat di bagian terdahulu pasal ini.)

- Beberapa mazmur adalah penghiburan besar ketika Anda sakit -- atau bahkan ketika Anda hampir meninggal.

Meski ada nilai besar dalam mempelajari mazmur, kita menarik manfaat terbesar dari mereka dengan kita *menggunakan*nya dalam kehidupan kita. Kita mendapatkan keindahan sejati dan kuasa mereka ketika kita membacanya dengan suara kuat, menyanyikannya dan menyorakkannya. Mazmur dimaksudkan untuk memimpin kita ke dalam pujian penuh gairah yang memuliakan Tuhan.

# 13. KIDUNG AGUNG

## Pendahuluan

Banyak orang heran mendapatkan Kidung Agung dimasukkan ke dalam Alkitab. Ini satu dari hanya dua kitab dalam Alkitab di mana satu kali pun Tuhan tidak disebutkan (Ester adalah kitab satunya). Tidak ada sebutan apa pun yang jelas spiritual di dalamnya dari awal sampai akhir, dan kitab ini adalah pemaparan grafis tentang seksualitas manusia yang berarti ini adalah salah satu kitab Alkitab yang umumnya dihindari semasa sekolah Minggu!

Judulnya sendiri 'Kidung Agung' terdengar aneh. Tulisan Ibrani tidak memasukkan kata sifat apa pun, maka ungkapan 'nyanyian fantastis' atau 'nyanyian cemerlang' adalah tidak mungkin. Maka sebagai ganti dari 'Nyanyian Terhebat,' ungkapan 'Kidung Agung' (Inggris: Kidung atas segala kidung) dipakai, sebagaimana halnya 'Raja Tertinggi" disebut "Raja atas segala raja' dan 'Tuhan Terbesar' disebut 'Tuhan atas segala tuan.'

Tetapi menerima bahwa ini adalah nyanyian yang indah tidak membuat kita mengerti dengan jelas mengapa ia ada dalam Alkitab, sebab tidak saja ini tidak spiritual, tetapi ini juga sensual. Ini menyentuh kelima indra kita -- penciuman, penglihatan, sentuhan, cicipan dan pendengaran -- dan memberi kita paparan erotis tentang tubuh dari lelaki muda dan perempuan muda dalam drama. Jadi meski tidak diajarkan di sekolah Minggu, kidung ini sesuatu yang menjadi kesenangan orang muda.

Cukup lama saya tidak berkhotbah dari kitab ini sebab saya tidak tahu bagaimana menanganinya. Tetapi saya mendapatkan bahwa para Rabi Yahudi memperlakukannya sebagai sebuah kitab sangat suci.

Mereka menyebutnya "Yang Kudus dari para Kudus" dan mereka bahkan melepas kasut ketika membacanya. Lebih jauh, saya belajar bahwa beberapa penulis devosional Kristen membicarakannya. Saya memutuskan untuk mengertinya untuk diri saya sendiri, maka saya membeli berbagai tafsiran dan eksposisi devosional tentang kitab ini dalam rangka mendapatkan pengertian tentangnya. Tetapi ini hanya meningkatkan rasa bersalah saya tentangnya. Saya diberitahu bahwa kitab ini ditulis dalam sandi rahasia dan tidak satu pun kata-kata yang dipakai dimaksud sama seperti yang saya pikir merupakan artinya. Saya sampai di dasar terendah ketika membaca di sebuah tafsiran tentang ayat di pasal 1 di mana sang perempuan dalam drama itu bicara tentang kekasihnya merebahkan kepalanya di antara buah dadanya, dan penafsir berkata bahwa ini berarti antara Perjanjian Lama dan Perjanjian Baru. Saya akui bahwa tafsir demikian adalah yang terakhir yang bisa saya pikirkan ketika membaca ayat itu, dan saya menyimpulkan bahwa Tuhan pasti menaruh kitab ini sebagai semacam dilema untuk mendapatkan apakah Anda spiritual atau karnal. Perlu banyak tahun sebelum akhirnya saya sanggup menjelajahi kitab ini secara mendalam.

## Apa jenis sastranya?

### Alegori?

Alegori adalah kisah fiksi yang dimaksud untuk mengkomunikasikan pesan tersembunyi. Sebagai contoh, Kisah Seorang Musafir (*The Pilgrim's Progress*), tulisan klasik abad tujuh belas oleh John Bunyan, adalah sebuah alegori di mana setiap bagian kisah itu dimaksudkan untuk melukiskan kebenaran spiritual. Banyak yang menafsirkan Kidung Agung sebagai alegori, tetapi masing-masing penafsir sepertinya mencipta sandinya sendiri, kerap dengan sedikit saja rujukan kepada teksnya sendiri. Kesannya para penafsir melihat apa yang mereka ingin lihat dan enggan menerima arti jelas dari teks, sebab mereka tidak percaya bahwa kitab itu, dengan paparan grafis tentang seksualitas, dapat diterima sebagaimana adanya.

Satu alasannya ialah bahwa orang Kristen secara umum telah dipengaruhi oleh pemikiran Yunani ketimbang pemikiran Ibrani. Yunani percaya bahwa hidup dibagi antara apa yang mereka sebut sebagai 'jasmani' dan 'rohani,' dengan yang rohani dianggap lebih penting. Sebaliknya, Ibrani percaya akan Tuhan yang esa yang membuat baik yang jasmani dan yang rohani, dan mereka melihat tidak ada perbedaan nilai antara keduanya itu. Jika Tuhan yang baik membuat dunia materiil ini, maka hal-hal materiil baik adanya; dan jika Tuhan yang sama ini membuat laki-laki dan perempuan, dengan kapasitas untuk jatuh cinta dan menjadi suami istri, ini pun baik adanya.

### Penegasan

Jalan berpikir Ibrani ini dapat menolong kita dalam

penafsiran kita akan kitab ini, karena, ketimbang melihatnya sebagai alegori, sebaliknya kita harus melihatnya sebagai penegasan. Di sini di tengah-tengah Alkitab, Tuhan menegaskan kasih antara laki-laki dan perempuan. Bahwa Ia memasukkan Kidung Agung ke dalam Alkitab mengingatkan kita bahwa seksualitas adalah ide Tuhan. Ia yang mengangkat pemikiran itu. Sungguh, salah satu dusta terbesar yang disebarluaskan Iblis di seluruh dunia ialah bahwa Tuhan melawan seks dan Iblis menyukainya. Kebenarannya justru berlawanan. Tuhan berkata bahwa seks bersih dan bagian sah dari kasih pasangan nikah satu kepada lainnya. Bahkan, ketika melayankan kebaktian pernikahan, saya selalu membaca bagian dari Kidung Agung dan memberitahu pasangan itu untuk membaca seterusnya pada bulan madu mereka.

## Analogi

Tetapi Kidung Agung lebih daripada penegasan -- ia juga sebuah analogi. Ini jelas berbeda dari penafsiran alegoris yang penuh khayalan yang telah kita tolak. Alegori adalah karya fiksi dengan arti tersembunyi, sementara analogi adalah fakta yang menyerupai fakta lainnya. Yesus menggunakan banyak analogi dalam pengajaran-Nya. Semisal, Ia memaparkan Kerajaan Surga dalam kerangka ungkapan yang dapat ditangkap oleh pendengar-Nya. Kidung Agung berfungsi mirip itu. Kasih antara seorang laki-laki dan seorang perempuan mirip dengan kasih antara Tuhan dan manusia. Keduanya riil, dan yang terdahulu menjelaskan yang terkemudian. Kita harusnya dapat berkata, "Kekasihku adalah kepunyaan ku dan aku kepunyaan-Nya," dalam cara yang sama seperti yang diucapkan oleh para kekasih yang bicara sama sendiri mereka.

## Penulis kitab

Kitab ini ditulis oleh Raja Salomo, yang memiliki karunia menulis lirik. Dalam 1 Raja-raja kita belajar bahwa ia menulis sejumlah 1,005 nyanyian, meski hanya enam yang dimasukkan dalam Alkitab. Teori saya ialah Salomo menulis sebuah lagu untuk masing-masing dari 700 istri dan 300 gundiknya, tetapi dari 1,000 orang perempuan ini, hanya satu yang merupakan pilihan Tuhan untuknya, dan karena itu lagu yang ia tulis untuknya adalah satu-satunya yang diterbitkan sebagai bagian dari Alkitab. Kidung Agung memberitahu kita bahwa ketika ia menulis lagu ini ia telah memiliki 60 istri.

## Tiga atau dua orang?

Para sarjana terbagi tentang plot kitab ini. Sebagian beranggapan bahwa ini melibatkan tiga orang -- terjadi semacam tarik tambang segi tiga yaitu antara pemuda penggembala, raja dan sang gadis yang terbagi antara dua orang itu. Itu membuat cerita menarik dan khotbah yang bagus, sebab Anda dapat menyelesaikannya dengan sebuah tantangan menyentuh: "*Anda* adalah gadis itu! Akankah Anda memilih penguasa dunia ini atau sang Gembala yang Baik?" Tetapi sayangnya plot ini tidak cocok dengan teks -- mengapa Salomo sampai menggubah lagu yang menggaambarkan raja (dirinya sendiri) sebagai orang jahat? Lagi pula, suasananya murni, bukan kesalahan. Ini bukan raja jahat yang merayu gadis sederhana. Ini murni lagu cinta seluruhnya.

Jadi lebih mungkin plotnya menampilkan dua orang saja, yang berarti sang raja dan penggembala adalah orang yang sama. Ini mungkin terkesan tidak mungkin sampai kita ingat bahwa sebagian raja-raja Israel tadinya adalah para gembala -- Daud adalah contoh jelasnya. Musa juga seorang gembala sebelum ia menjadi pemimpin umat Tuhan. Jadi ini bukan kombinasi yang tidak lazim.

Tetapi bahkan mengandaikan bahwa raja dan gembala adalah satu orang yang sama, tetap tidak mudah mengerti dengan tepat bagaimana kesesuaian jalan kisahnya bersama. Ini agak mirip dengan membuka kotak jigsaw dan melihat semua keping beragam warna bercampuran di dalamnya. Kita mengalami kesulitan menyusunnya menjadi sebuah gambar yang jelas kecuali kita melihat ke gambar di tutup kotak agar mendapatkan pertolongan.

Maka izinkan saya membentangkan gambar di tutup tersebut supaya ketika Anda membaca kisahnya sendiri, seluruh kepingan kecil ini akan dapat Anda lihat hubungannya bersama.

# Kisahnya

Salomo memiliki tanah di pedalaman di lereng Gunung Hermon. Ia memakainya untuk retret dari tekanan yang ia alami sebagai Raja di Yerusalem. Ia dapat bersantai, pergi berburu dan melupakan sejenak bahwa ia adalah Raja. Sewaktu-waktu ia akan memimpin domba-domba untuk mendapatkan padang rumput hijau dan air segar di tengah medan berbatu-batu. Ia mungkin berjalan sekitar 25 kilometer pada hari ia menggembala itu.

Di tanah pedalaman milik Salomo itu seorang petani penyewa telah meninggal. Pertanian itu diteruskan kepada anak-anak lelakinya, meski kita tidak tahu persis ada berapa jumlah mereka. Mungkin ada tiga atau empat orang anak laki-laki dan dua anak perempuan. Salah seorang anak perempuan itu masih anak-anak, seorang lainnya telah gadis dewasa dan menjadi tokoh nyanyian ini. Hidup si gadis itu kurang menyenangkan. Ayahnya membagi pertanian itu, memberikan kebun anggur kepada para putra dan putrinya, tetapi yang laki-laki menyuruh si gadis yang melakukan semua pekerjaan rumah dan banyak pekerjaan di pertanian. Ia mengeluh bahwa ia harus mengurus kebun anggur mereka sampai miliknya sendiri terabaikan. Tambahan, karena banyak bekerja di alam terbuka kulitnya menjadi gelap. Meski di kebudayaan tertentu kulit warna tembaga dianggap menarik, kebalikannya yang ia rasakan -- bahkan, seorang pengantin perempuan akan dijauhkan dari sorot matahari selama 12 bulan sebelum pernikahannya. Maka ia menjadi prihatin bahwa kulitnya yang gelap bisa berarti bahwa ia akan tetap menjadi pelayan saudara-saudaranya sepanjang sisa kehidupannya.

Suatu hari gadis itu sedang bekerja di ladang dan bertemu seorang pemuda. Mereka menikmati perckapan itu dan mengatur untuk bertemu kembali esok harinya. Sesudah bebeapa kali pertemuan, mereka setuju bertemu tiap hari. Pertemuan itu menjadi hal terpenting tiap harinya, dan sesudah dua minggu mereka saling mencintai secara mendalam. Satu hal yang mengganggu pikiran gadis itu ialah ia tidak tahu siapa sebenarnya pemuda itu. Ia terus menanyai dia, dari pertanian mana ia berasal dan di mana ia menaruh domba-dombanya pada siang hari. Tetapi ia mengelak dan tidak memberitahu siapa dirinya.

Gadis itu benar-benar cinta pemuda tersebut dan demikian juga sebaliknya, dan akhirnya ia bertanya kesediaan gadis itu menikahinya. Gadis itu sudah menantikan itu sekian lama! Ia meluap dengan suka cita dan langsung menjawab "Ya." Pemuda itu memberitahu bahwa ia harus pergi keesokannya untuk kembali bekerja di selatan di kota besar. Ia meninggalkan gadis itu untuk menyiapkan pernikahan dan berjanji akan kembali.

Beberapa bulan sesudahnya adalah masa paling mengasyikkan dari kehidupannya. Ia tidak pernah berpikir itu akan terjadi, tetapi kini akhirnya ia akan menikah. Tetapi ia mulai mengalami mimpi buruk. Tidak perlu banyak pengetahuan psikologi untuk menafsirkan mimpinya. Semuanya berpusat pada satu tema: "Aku telah kehilangan dia dan aku mencarinya."

Suatu malam ia bermimpi ia menyusuri jalan-jalan, mencari kekasihnya. Ia berjumpa penjaga dan bertanya apakah ia melihat pemuda itu. Tetapi penjaga itu tidak melihat. Ia berlari mengitari jalan-jalan, panik mencarinya. Ketika ia bertemu pemuda itu, ia memegangi, menariknya ke kamar tidur ibunya dan memberitahu bahwa ia tidak akan lagi melepas dia pergi. Ketika terbangun, gadis itu mendapatkan ia sedang memegangi bantal.

Kali lain ia bermimpi bahwa kekasihnya di depan pintu dan memasukkan tangan ke lubang pintu untuk mengangkat palang di dalam. Tetapi ia tidak bisa membuka sebab palang itu masuk cukup dalam. Gadis itu tak sanggup bergerak. Ia tidak dapat bangkit dari tempat tidur, dan pemuda itu berusaha membuka pintu, dan gadis itu menjadi frustrasi. Lalu tangan pemuda itu lenyap dan gadis itu sanggup bangkit. Ia berlari ke pintu dan -- ia telah pergi!

Mimpi buruk tadi dapat dijelaskan secara sederhana: ia takut bahwa pemuda itu tidak akan kembali untuk menikahinya. Ia berpikir ini hanya cumbuan iseng masa liburan, dan kekasihnya tidak akan menepati janjinya.

Lalu suatu hari, ia sedang di kebun dan melihat kereta dan debu membubung datang mendekat. Ia bertanya kepada saudaranya siapa itu.

Saudaranya menjawab itu adalah tuan tanah, Raja Salomo dari Yerusalem, yang datang mengunjungi tanah miliknya. Mereka bersiap untuk menunduk ke hadapan Raja. Ia belum pernah melihatnya, maka ia melihat -- hanya mendapatkan bahwa Raja di kereta besar tersebut adalah pemudanya!

Karena setiap orang tahu bahwa ia telah memiliki 60 istri, gadis itu jadi sadar bahwa ia pasti jadi nomor 61!

Maka ia meninggalkan pertanian dan pergi ke selatan untuk tinggal dalam istana. Mereka menikah, dan ia tampil di pesta pertama yang dibuat untuk menghormatinya. Ia duduk di kepala meja bersebelahan dengan Raja, dan merasa jelas lebih rendah dibanding 60 orang ratu cantik, berkulit indah dalam jubah mereka duduk di sekelilingnya.

Apabila seorang laki-laki memiliki lebih dari seorang perempuan. Tiap perempuan mulai merasa tidak aman dan bertanya apakah ia mengasihi dia lebih dari yang lainnya. Jadi ia pun bertanya jadi ia meminta Salomo jika mereka dapat kembali ke utara. "Tidak bisakah kita hanya berbaring di bawah pepohonan? Tidak dapatkah kita pergi dan tinggal di tanah milikmu di sana?" Ia menjelaskan bahwa karena ia adalah Raja ia harus tinggal dan memerintah di Yerusalem. Akhirnya ia bertanya tentang para wanita cantik di sekelilingnya. Dengan nada rendah ia bertanya, "Aku hanya mawar dari Syaron, aku hanya bunga bakung di lembah."

Kita menduga semua ini bunga-bunga cantik, tetapi di Israel itu semua adalah bunga-bunga kecil yang dapat Anda injak seperti halnya dengan bunga-bunga rumput di padang. Bunga bakung dari lembah tumbuh di keteduhan, dan bunga mawar Syaron adalah jenis bunga kecil yang tumbuh di dataran dekat ke Laut Mediteranea.

Jawaban Raja bahwa ia adalah bunga bakung di antara duri-duri, menyukakan hatinya, sebab bunga bakung di antara duri-duri, justru adalah bunga paling indah di Israel. Bakung tersebut putih dengan bentuknya yang anggun, dan seperti itulah kekasihnya memandang dia. Maka ia menyanyikan sebuah lagu singkat, dan lagunya ialah: "Ia membawaku ke ruang pestanya dan panjinya di ataskku ialah cinta."

Jadi, beginilah garis besar kisah itu -- gambaran menyeluruh dari *jigsaw* di kotak.

## Mengapa kita harus membaca kitab ini?

Ada dua alasan mengapa kita harus membaca dan mempelajarinya. Pertama, inti Kekristenan adalah hubungan sangat pribadi. Menjadi Kristen bukan soal pergi ke gereja, membaca Alkitab atau mendukung misionaris; menjadi Kristen adalah ada dalam hubungan kasih dengan Tuhan. Satu-satunya alasan kita menyanyikan himne ialah kita menyanyikan lagu-lagu cinta. Jika kehilangan ini, kita kehilangan segalanya.

Maka, di bagian tengah isi Alkitab terdapat hubungan kasih sangat intim, hubungan kasih antara Salomo dan seorang gadis desa.

Kitab ini berjasa memperluas penggambaran hubungan antara Tuhan dan umat-Nya. Kadang dalam Alkitab, Tuhan bicara tentang diri-Nya sebagai seorang suami dan Israel sebagai istri. Ia bertunangan dengannya dan menikahi dia di Sinai ketika perjanjian didirikan. Ketika Israel pergi kepada dewa-dewa lain, ia dipaparkan sebagai pezinah.

Tema ini mendasari nubuatan Hosea. Tuhan meminta sang nabi untuk mengambil seorang pelacur di jalan. Ia keberatan dan menanyai Tuhan mengapa. Ia diberitahu agar menikahi pelacur, dan ia akan memiliki tiga orang anak. Ia akan mengasihi anak pertama, tetapi tidak yang kedua, dan yang ketiga yang bahkan bukan dari Hosea, akan disebut "Bukan Milik-Ku." Tuhan memberi tahu Hosea bahwa perempuan itu akan kembali ke kehidupan jalanan dengan profesi lamanya, meninggalkan ketiga anak itu dengan Hosea. Ia harus mencarinya, menebusnya balik dari germo yang mengendalikan dia dan membawa balik ke rumah, lalu Hosea harus mengasihinya kembali. Akhirnya, Tuhan memberitahu dia untuk bicara kepada Israel bahwa beginilah perasaan Tuhan tentang mereka.

Sesungguhnya, seluruh hubungan antara Tuhan dan Israel dalam Pejanjian Lama ialah tentang suami yang istrinya berperilaku mengecewakan itu. Ia membujuk dia, mendapatkan dia, kehilangan dia, tetap mengasihi dia, dan ingin dia balik kembali dengannya.

Apabila kita pindah ke Perjanjian Baru, tema yang sama ini berlanjut. Yesus dipaparkan sebagai pengantin laki-laki yang mencari istri. Di halaman terakhir Alkitab pengantin perempuan itu merindukan pernikahan tersebut dan berkata "Datanglah!" Ia telah menyiapkan dirinya dengan kain lenin putih, yaitu perilaku benar. Maka keseluruhan Alkitab adalah kisah kasih dari awal sampai akhir.

Kidung Agung mengungkapkan hubungan ini. Ucapan sang pemuda kepada pengantinnya adalah kata-kata Tuhan kepada kita. Jawabannya adalah jenis respons yang dapat kita buat. Maka ini bukan alegori, juga bukan dipenuhi dengan artian tersembunyi. "Delima" berarti "delima dan "buah dada" berarti "buah dada." Tuhan memaksudkan apa yang Ia katakan, tetapi ini adalah analogi dari relasi yang dapat kita miliki dengan Tuhan.

Kita harus berhati-hati dalam penafsiran kita. Hubungan kita dengan Tuhan tidak erotis, tetapi emosional. Meskipun kidung ini mencakup bahasa seksual eksplisit, ada penahanan diri yang tepat. Kidung ini tidak masuk ke dalam rincian jasmani seperti yang mungkin dilakukan oleh sastra modern.

Namun demikian, hubungan ini emosional adanya. Kisah ini mengingatkan kita tentang percakapan antara Yesus dan Petrus di Galilea sesudah kebangkitan Yesus. Petrus telah menyangkali Yesus di dekat perapian di ruang sidang, dan satu-satunya perapian lain yang disebut dalam Perjanjian Baru adalah yang di Galilea, beberapa minggu kemudian. Maka Petrus melihat api itu dan ia teringat saat-saat celaka itu. Namun Yesus tidak mengatakan betapa kecewanya Dia terhadap Petrus, tidak juga mengucilkan dia dari pelayanan masa depan. Tidak, Ia memberitahu Petrus Ia dapat menanggung itu, asalkan Ia yakin tentang satu hal -- bahwa Perus mengasihi Dia.

Dalam cara yang sama, Tuhan tidak menanyakan berapa kali kita telah pergi ke gereja atau berapa banyak bagian Alkitab telah kita baca minggu ini. Ia menanyai kita: "Apakah kamu mengasihi-Ku?" Yesus berkata bahwa hukum taurat dapat disimpulkan sebagai: "Kasihilah Tuhan Tuhanmu dengan segenap hatimu dan segenap pikiranmu dan segenap kekuatanmu, dan kasihilah sesamamu seperti dirimu sendiri." Kasih sungguh sepenting ini.

Kedua, tidak saja hubungan Anda dengan Tuhan sangat pribadi, hubungan ini juga sangat bersifat publik. Kebanyakan orang jatuh cinta dengan Tuhan karena mereka melihat Dia sebagai Gembala mereka, Yang akan menyertai mereka di lembah bayang-bayang kematian,

Ia yang akan memimpin ke tepi air tenang dan padang berumput hijau. Tetapi pada tahap tertentu sesudah kita jatuh cinta dengan Yesus sebagai Gembala kita, kita temukan bahwa Ia juga adalah Raja! Ia Raja atas segala raja, dan kita adalah pengantin perempuan-Nya. Kita akan memerintah bersama Dia dan menjadi ratu-Nya. Maka kita ada dalam pandangan publik, yang menaruh tanggungjawab tambahan pada kita. Akan nyaman jika kita dapat menyimpannya untuk pribadi dan kembali ke hutan-hutan Hermon, menyimpan hubungan kita dengan Tuhan secara rahasia. Itu bisa menyingkirkan banyak ketidaknyamanan, kritikan dan paparan. Tetapi Ia ingin kita tetap ada dalam sorotan, selamanya menunjuk kepada Dia sebagai sumber hidup kita dan berbagi dengan-Nya tanggungjawab memerintah atas bumi ini.

# 14.
# AMSAL

## Pendahuluan*

Kesan pertama tentang Amsal adalah aneh bahwa kitab ini dimasukkan dalam Alkitab. Amsal mengandung pengamatan jenaka dan ucapan bernas yang terkesan tidak lebih dari nasihat akal sehat.

Kitab ini tidak terkesan sangat rohani. Hanya sedikit dikatakan tentang bakti pribadi atau publik, dan sebagian dari temanya terkesan sangat keseharian.

Sebagian dari amsal menegaskan pokok yang jelas untuk setiap orang. Misalnya: "Yang menjadi kebinasaan untuk orang melarat ialah kemiskinannya;" "Hati yang bahagia membuat muka bergembira;" "Lebih baik tinggal di pojokan atap rumah daripada dengan istri yang suka bertengkar."

Sebagian dari amsal terkesan lebih menghibur ketimbang mendidik, dan lainnya terkesan benar-benar immoral.

* Untuk Amsal (dan Pengkhotbah) saya sangat berutang kepada tafsiran-tafsiran istimewa oleh Derek Kidner dalam seri 'Tyndale' terbitan IVP. Para pembaca yang ingin mempelajari kitab-kitab ini dengan lebih teliti sangat dianjurkan untuk mendapatkan model semacam yang ada di buku-buku tersebut

Sebagai contoh: "Hadiah suapan adalah seperti mestika di mata yang memberinya, ke mana juga ia memalingkan muka, ia beruntung.

Banyak dari amsal-amsal ini telah masuk ke dalam percakapan sehari-hari:

> "Siapa tidak memakai rotan merusak anaknya;"
> "Harapan yang tertunda menyedihkan hati;"
> "Kesombongan mendahului kehancuran;"
> "Makanan curian sedap rasanya;"
> "Besi menajamkan besi."

Kitab Amsal memaparkan hidup sebagamana adanya -- bukan kehidupan dalam gereja, tetapi kehidupan di jalan, kantor, toko, rumah. Kitab ini melingkupi semua aspek kehidupan -- tidak hanya apa yang Anda lakukan di hari Minggu di gereja. Ia mempertimbangkan bagaimana Anda harus hidup sepanjang minggu dalam berbagai situasi.

Maka tokoh-tokoh yang terdapat dalam kitab Amsal dapat dengan mudah dikenali dalam semua kebudayaan. Ada perempuan yang bicara terlalu banyak, istri yang selalu mengomel, pemuda yang tanpa tujuan mengelilingi persimpangan jalan, tetangga yang selalu mampir dan ngobrol kelamaan, teman yang selalu tertawa-tawa menjengkelkan di pagi hari.

Memang, 900 amsal ini mencakup hampir kebanyakan pokok penting dalam kehidupan, kerap memaparkannya sebagai kontras: bijak dan bodoh, sombong dan rendah hati, kasih dan nafsu, kaya dan miskin, kerja dan santai, tuan dan hamba, suami dan istri, sahabat dan kerabat, hidup dan mati. Tetapi terdapat juga penghapusan penting dan mengherankan. Hanya sedikit yang bersifat 'keagamaan,' tidak ada penyebutan tentang imam dan nabi, dan sangat sedikit tentang raja -- semua yang merupakan tokoh terkemuka di bagian lain dari Perjanjian Lama.

Penting bahwa sejak dari awalnya kita jelas tentang cara kita harus memandang pokok-pokok yang dibahas. Sebagian orang akan membuat kesalahan dengan mengklaim bahwa Amsal berfokus pada kehidupan 'sekuler,' tetapi hal yang lazim disebut pembagian 'sakral/sekuler,' bukan yang Alkitab anjurkan. Bahkan sejauh menyangkut Tuhan, satu-satunya hal yang dapat disebut 'sekuler' adalah dosa itu sendiri.

Ide bahwa hanya 'keagamaan' yang 'sakral' datang dari para filsuf Yunani dan diterima ke dalam kebanyakan pemikiran modern, bahkan di antara orang Kristen. Alkitab tidak mengenal pembagian semacam itu. Kegiatan apa pun bisa sakral jika itu dapat dibaktikan kepada Tuhan. Ia lebih suka memiliki sopir taksi yang baik daripada misionaris yang tidak baik. Semua pekerjaan yang sah ada di tingkatan yang sama.

Maka Amsal tertarik akan wilayah di mana kebanyakan hidup keseharian kita berlangsung. Kitab ini memberitahu kita bagaimana kita dapat memiliki hidup paling berarti dan memperingatkan banyak orang yang menyianyiakan hidup. Ini menyangkut "Hidup Baik." Hikmatnya menyanggupkan kita untuk tiba di akhir hari-hari kita dalam keadaan puas akan semua yang telah kita capai.

Bagaimanakah Amsal berhubungan dengan pesan dari bagian Alkitab lainnya? Rasul Paulus dalam surat kedua untuk Timotius, berkata bahwa Kitab Suci sanggup membuat dia "bijak untuk keselamatan melalui iman dalam Kristus Yesus." Tetapi membaca Amsal membuat kita bertanya-tanya di mana 'keselamatan' tampil, sebab tema penebusan yang umum dalam kitab-kitab alkitabiah anehnya absen di sini.

Tetapi sebenarnya tema itu ada di sana. Kata 'keselamatan' sangat dekat artinya dengan kata-kata seperti 'keluputan' atau 'daur ulang.' Tuhan ada dalam bisnis mendaur ulang manusia supaya mereka dapat menjadi berguna. Orang Kristen diubahkan dari orang berdosa menjadi orang kudus, tetapi juga dari keadaan *bodoh* ke keadaan *bijak*. Pesan Alkitab ialah bahwa sebab sesungguhnya dari pencemaran atas planet ini adalah manusia. Yesus sendiri menyamakan neraka sebagai tempat pembuangan sampah di lembah Gehena di luar Yerusalem, di mana semua sampah dilemparkan. Ia bicara tentang orang 'dilempar' ke neraka seakan mereka tidak berguna apa pun. Tuhan mendaur ulang manusia yang sedang menuju neraka, mengubah orang bodoh menjadi bijak.

Jadi dalam artian demikian Amsal penuh dengan 'keselamatan,' sebab ia memberitahu kita tentang jenis kehidupan yang *untuk*nya kita diselamatkan dan mengingatkan kita tentang jenis kehidupan yang *dari*nya kita telah diselamatkan. Karena itu kitab ini mengoreksi ketidakseimbangan yang umum terjadi dalam khotbah di banyak gereja. Terlalu banyak perhatian diberikan kepada apa yang *dari*nya kita diselamatkan dan tidak cukup pada apa yang *kepada* dan *untuk*nya kita diselamatkan.

Bagaimana dengan hikmat di luar Alkitab? Banyak yang akan mengajukan anggapan bahwa ada banyak hikmat yang tidak dicakup dalam Alkitab. Bagaimana halnya dengan hikmat dari Plato, Sokrates, Aristoteles dan Kong Hu Cu? Tidak perlu kita heran bahwa ada hikmat di luar Alkitab, sebab semua laki-laki dan perempuan diciptakan dalam gambar Tuhan, dan karenanya mereka sanggup mendapatkan arti bagi kehidupan. Tetapi ini tidak berarti mengatakan bahwa mereka memiliki cukup pengertian untuk membuat hidup menjadi *penuh* arti. Hanya apabila

Kristus menebus kita baru kita dapat meraih arti hidup dan hidup sebagaimana Tuhan maksudkan. Maka dalam artian ini 'hikmat' dunia akan selalu merupakan kebodohan, sebab ia kekurangan pespektif kekal.

Maka Amsal mengukuhkan kebenaran bahwa Tuhan adalah 'Tuhan yang Maha Bijak,' sumber segala kebijaksanaan, dan bahwa hikmat-Nyalah yang menciptakan seluruh alam semesta, dengan segala kerumitannya.

## Mengapa Amsal dituliskan?

Amsal tidak biasa di antara kitab-kitab Alkitab dalam hal ia memberitahu kita mengapa ia dituliskan. Pendahuluannya berkata bahwa mempelajari amsal akan memimpin kepada hikmat, dan ia memberitahu kita bahwa langkah pertama untuk menjadi berhikmat itu adalah 'takut akan Tuhan' (yaitu, Yahweh, Tuhan orang Yahudi). Jika kita mengerti bahwa Ia membenci kejahatan dan bahwa, sebagai Hakim yang melihat segala sesuatu, tidak ada hal dapat luput dari perhatian-Nya, maka kita akan menyadari kebodohan kita dan kebutuhan kita untuk pertolongan supaya dapat menghidupi kehidupan yang Ia inginkan. Hikmat datang dari takut akan Dia, meminta dari-Nya hikmat dan belajar bagaimana menangani urusan dunia ini dalam cara yang cerdas dan waras.

Kitab ini juga memberitahu kita bahwa hikmat datang dari Tuhan melalui orang lain. Tuhan telah memilih untuk meneruskan hikmat-Nya khususnya melalui para orangtua, kakek dan orang lain yang lebih berpengalaman daripada kita. Maka Amsal mengandung banyak rujukan kepada hubungan keluarga yang membentuk konteks yang di dalamnya hikmat diteruskan.

## Penulisnya

Orang yang paling sering dihubungkan dengan hikmat dalam Alkitab adalah yang menulis Kitab Amsal, yaitu Raja Salomo. Pada saat pentakhtaan Salomo Tuhan bersedia mengaruniakan dia segala sesuatu yang ia minta, dan ia meminta hikmat untuk memerintah orang lain. Tuhan memberinya hikmat, bersama dengan hal-hal lainnya yang tidak ia minta, seperti kemasyhuran, kuasa dan kekayaan. Perkataannya yang bijak melegenda, meski agaknya ia lebih memiliki hikmat untuk orang lain ketimbang untuk dirinya sendiri. Pada akhirnya, dengan mengoleksi 700 istri (dan pastinya 700 ibu mertua!) sangatlah tidak bijak, belum lagi tentang 300 gundiknya.

Tetapi ada satu persyaratan penting yang dilampirkan kepada janji Tuhan akan hikmat itu. Ia memberitahu Salomo dalam 1 Raja-raja: "Aku akan memberi kepadamu hati yang bijak dan mengerti ... jika kamu berjalan dalam jalan-jalan-Ku dan menaati keterapan dan perintah-Ku." Maka kita harus menyimpulkan bahwa kenyataan kebodohannya di kehidupannya berikutnya adalah akibat ia mengabaikan persyaratan ini.

Dalam masa kejayaannya, Salomo menjadi masyhur karena hikmatnya sampai Ratu Syeba melakukan perjalanan jauh tidak saja untuk melihat kekayaannya tetapi juga untuk mendengar hikmatnya. Para filsuf modern melihat balik ke orang-orang bijak dari Yunani seperti Plato, Sokrates dan Aristoteles, yang hidup sekitar 400 tahun sebelum Kristus, tetapi mereka lupa bahwa dulu di Zaman Tembaga, sekitar 1,000 tahun sebelum Kristus, ada seorang bijak yang sama masyhurnya. Salomo menulis banyak amsal dalam kitab Amsal, dan ia mengumpulkan lebih banyak lagi lainnya. Ia juga menulis Kidung Agung dan Pengkhotbah.

Ia menulis Kidung Agung ketika ia masih pemuda, ia sedang jatuh cinta hebat sampai sama sekali lupa tentang Tuhan. Itu adalah kitab tentang hati. Ia menulis Amsal ketika berusia pertengahan. Itu adalah kitab tentang kehendak. Kitabnya terakhir, Pengkhotbah ditulis di usia lanjut. Itu kitab tentang akal budi, dengan ia merenungkan kehidupannya dan bertanya-tanya apakah ia sudah melakukan pencapaian berarti dengan hidupnya. Maka kita memiliki Salomo sang pemuda pencinta, seorang ayah usia pertengahan dan seorang filsuf lanjut usia, yang menulis ketiga kitab hikmat ini.

Salah satu hal menggelitik tentang Kitab Amsal ialah bahwa beberapa dari amsal di dalamnya datang dari luar Israel. Di sana ada beberapa amsal dari filsuf Arab, dan satu pasal dari Mesir, barangkali dikumpulkan melalui salah seorang istrinya, yang adalah putri Firaun. Salomo menyadari bahwa Tuhan telah memberikan hikmat kepada bangsa di luar tanah Israel, dan ia bahagia dapat memasukkan itu ke dalam karyanya. Ujaran itu dibawa masuk ke dalam kerangka kehidupan yang dihidupi di bawah Tuhan.

Tetapi itu tidak berarti mengatakan bahwa Kitab Amsal tidak memiliki rujukan kuat untuk Tuhan. Tuhan disebutkan 90 kali dalam kitab itu sebagai Yahweh, Tuhan Israel -- bukan dewa yang bangsa-bangsa lain percayai. Jelas tidak ada usulan bahwa dewa Arab atau Mesir memiliki nilai apa pun.

Sebagian dari koleksi ini dilengkapi oleh Raja Hizkia sekitar 250 tahun kemudian, yang mengumpulkan banyak amsal Salomo yang tidak ditulis, dan ini pun dimasukkan ke dalam kitab ini. Maka Amsal yang kita miliki kini tidak selesai sampai sekitar 550 SM.

## Gaya kitab ini

Sebelum memeriksa isi kitab ini, kita perlu mempertimbangkan beberapa latarbelakang tentang gayanya dan maksudnya.

### Amsal, bukan janji

Pertama, penting sekali menyadari bahwa ini adalah kitab amsal, bukan kitab janji. Kita tidak boleh mengutip amsal seakan ia adalah janji ilahi.

Kata 'amsal' dalam bahasa Inggris *proverbs* datang dari bahasa Latin *proverba*. Pro berarti 'untuk' dan *verba* berarti 'kata.' Keduanya digabung berarti 'kata untuk situasi.' Suatu amsal adalah kata tepat yang sesuai situasi. jadinya ia adalah kebenaran abadi yang dapat dipakai dalam situasi-situasi berbeda dalam kehidupan.

Kata Ibrani yang kita terjemahkan menjadi 'amsal' adalah mashal, yang berarti 'mirip atau menyerupai sesuatu.' Yesus memulai sejumlah perumpamaan-Nya dengan ungkapan, 'Kerajaan Surga adalah seperti ...'

Maka amsal adalah pengamatan umum tentang hidup, sedangkan janji adalah kewajiban tertentu.

Izinkan saya memberikan gambaran. Ini adalah sebuah amsal: "Pawson sangat suka tepat waktu." Bagaimana menerapkan amsal itu? Itu berarti bahwa Pawson suka tiba tepat waktu, tetapi itu tidak sama dengan mengatakan bahwa Pawson berjanji untuk ada di suatu tempat pada suatu waktu tertentu. Saya tidak bisa disalahkan secara moral jika amsal itu tidak dipenuhi, tetapi saya bisa disalahkan jika janji saya gagal. Jadi amsal hanya secara *umum* benar. Kita tidak boleh menerapkan amsal ke semua situasi dan mengharapkan itu berlaku. Kita tidak boleh mengandaikan bahwa Tuhan membuat janji kepada kita ketika kita membaca amsal.

Menganggap amsal adalah janji menyebabkan masalah kepada banyak orang. Misalnya, "jujur adalah kebijakan terbaik." Ini umumnya benar, tetapi tidak selalu demikian. Saya kenal yang mengalami kemalangan karena berusaha jujur!

Tambahan, amsal dapat saling bertentangan -- misalnya, "lebih bergegas, kurangi kecepatan: dan "ia yang ragu tersesat."

Beralih ke Kitab Amsal, kita temukan ciri yang sama. Dalam pasal 26 kita baca, "Jangan menjawab seorang bebal menurut kebodohannya!; tetapi di ayat berikutnya dikatakan. "Jawablah orang bebal menurut kebodohannya!"

Dua amsal yang kerap dipakai sebagai janji telah menyebabkan kebingungan besar pada orang Kristen. Satunya berkata "Serahkan kepada Tuhan apa pun yang kamu lakukan, dan rencanamu akan berhasil." Orang Kristen memulai segala jenis usaha bisnis atas dasar ayat ini. Meski umumnya ini benar, tetapi itu tidak berarti bahwa setiap usaha bisnis yang diserahkan kepada Tuhan pasti akan berhasil.

Amsal kedua yang menyebabkan masalah ialah ini: "Ajarlah seorang anak jalan yang harus ia lalui, dan ketika ia tua ia tidak akan berpaling darinya." Banyak orangtua yang anak-anaknya bukan orang percaya memiliki masalah dengan ayat ini. Mereka berkata mereka telah mengajar anak-anak mereka dalam jalan yang mereka harus jalani, tetapi kecewa bahwa sepertinya anak-anak itu menyimpang darinya.

Sekali lagi, amsal bukan janji -- ia hanya benar secara umum. Anak-anak bukan boneka, dan kita tidak dapat memaksa mereka mengikuti jalan kita. Mereka akan mencapai usia ketika mereka akan membuat keputusan mereka sendiri, dan mereka bebas berbuat demikian. Kedua amsal ini adalah pedoman, bukan jaminan. Jika pengguna amsal menyadari ini, banyak sakit hati dapat dihindari.

## Puisi

Hal kedua yang harus kita sadari ialah amsal adalah puisi. Mereka disajikan dalam bentuk yang mudah diingat.

Izinkan saya menerjemahkan amsal yang dikenal baik untuk Anda:

> Sebelum melibatkan diri Anda kepada serangkaian tindakan, pertimbangkan dengan hati-hati keadaan dan pilihan Anda.

Atau, dengan pengalimatan kembali:

> Ada derajat perbaikan pasti untuk masalah kecil yang apabila diambil sebelumnya dalam rangkaian tindakan, akan mencegah terjadinya masalah besar.

Kedua kalimat itu adalah terjemahan dari "Lihat sebelum meloncat!" Yang mana lebih mudah diingat?!

Kita perhatikan dalam Bagian I bahwa puisi Ibrani bentuknya unik. Puisi Ibrani didasari atas sajak, sedangkan kebanyakan puisi yang kita kenal adalah irama. Irama bukan semata soal tekanan atau metrik; ia juga soal irama pemikiran. Maka puisi Ibrani kerap terdiri dari pasangan baris (disebut parallelisme) di mana satu baris berhubungan dengan lainnya dalam satu dari tiga kemungkinan cara. Dalam *parallelisme* sinonim pemikiran di baris pertama diulang di baris kedua. Contohnya:

Kecongkakan mendahului kehancuran,
*dan* tinggi hati mendahului kejatuhan.

Dalam *parallelisme antitetik* baris kedua dikontraskan dengan baris pertama:

Siapa menghina orang lemah menghina Penciptanya,
*tetapi* siapa menaruh belas kasihan kepada orang miskin, memuliakan Tuhan.

Dalam *parallelisme sintetik* pemikiran di baris pertama dikembangkan oleh yang kedua:

Jauhilah orang bodoh,
*karena* pengetahuan tidak kau dapati dari bibirnya.

Dalam contoh-contoh di atas, kata *dan, tetapi* dan *karena* memberikan petunjuk tentang jenis parallelisme mana yang dipakai.

Semua amsal cocok ke dalam jenis pola ini, tetapi mereka tidak mudah diingat dalam bahasa Indonesia sebab iramanya hilang dalam terjemahan. Tetapi para orangtua Yahudi meneruskan nilai-nilai kepada anak-anak mereka dengan cara ini, dan kita masih dapat melakukannya juga kini.

Ada lagi alat lain yang dipakai dalam Amsal. Pasal 31 disusun sebagai akrostik -- yaitu, tiap baris mulai dengan satu abjad baru dari abjad Ibrani. Pada kesempatan lain strukturnya numerik: "ada tiga hal... dan empat hal..." atau "ada enam hal yang Tuhan benci..." dan seterusnya. Bentuk-bentuk ini memungkinkan pembaca/pendengar menyimpan amsal itu ke ingatannya.

### Patriarkal

Hal ketiga yang perlu kita ingat ialah bahwa kitab ini bersifat patriarkal. Ia disajikan sebagai nasihat ayah kepada seorang muda. Ia sama sekali tidak memberikan nasihat kepada perempuan! Pendekatan semacam itu lazim di sepanjang Alkitab. Sebagai contoh, surat-surat Perjanjian Baru tidak ditujukan kepada "saudara dan saudari" tetapi kepada "saudara-saudara." Kesan nyata *chauvinisme* ini adalah akibat dari pengandaian dasar dalam Alkitab -- yaitu, bahwa jika laki-laki benar, perempuan dan anak-anak akan benar juga. Alkitab dengan sengaja ditujukan kepada laki-laki -- tepatnya karena tanggungjawab merekalah untuk memimpin keluarga mereka, dengan mengajar dan meneladankan.

## Hikmat dan kebodohan

Maka dalam Amsal kita memiliki Salomo, ayah usia pertengahan, yang mati-matian berusaha mencegah pemuda dari melakukan kesalahan yang sama yang telah ia buat sendiri. Ia mengajukan pilihan kepada putranya, dan pembacanya, yang harus mereka buat tentang bagaimana mereka akan menghidupi kehidupan mereka. Apakah mereka ingin Hikmat atau Kebodohan sebagai teman sepanjang hidup mereka? Ia secara simbolis menggambarkan kedua pilihan ini sebagai perempuan.

### Hikmat di-'manusia'-kan

Pasal 8 dan 9 memaparkan Hikmat sebagai seorang perempuan yang mengagumkan. Sang putra dinasihati untuk mencintai dia seperti kekasih, menjadikan dia anggota yang dikasihi, pergi kepadanya, bertunangan dengannya. Perempuan itu berkata, "Aku mengasihi mereka yang mengasihi aku, dan mereka yang mencari aku."

## Hikmat dipribadikan

Di pasal 31 (pasal akrostik) ibu menasihati putranya apa yang harus dicari dalam seorang perempuan baik. Ia harus menjadi istri, ibu, tetangga dan pedagang yang baik. Perempuan seperti itu vital untuk kehidupan keluarga yang baik, stabil. Ia lebih berharga daripada permata."

## Kebodohan di-'manusia'-kan

Pola yang sama dipakai dengan Kebodohan, yang dipribadikan dalam pasal 9. Kebodohan merayu laki-laki dengan ucapan lembutnya, menarik mangsanya dengan tawaran godaan. Tetapi semua yang jatuh karena pesonanya akan berakhir dalam kematian. "Ia akan menghancurkan engkau, merampok kelelakian mu."

## Kebodohan dipribadikan

Di pasal 6 Kebebalan dilukiskan sebagai seorang pelacur yang memeras korbannya menjadi 'sepotong roti.' Baginya laki-laki itu tidak lebih dari tiket untuk mendapat makanan.

# Tema alkitabiah

Penggunaan perempuan sebagai simbol tidak unik Amsal. Dalam Kitab Wahyu ada dua perempuan -- seorang pelacur najis dan seorang pengantin perempuan murni. Si pelacur disebut Babel dan pengantin perempuan itu disebut Yerusalem. Maka tema ini mengalir melalui seluruh Alkitab. Perempuan yang mana akan menjadi teman dan rekan Anda -- kebodohan atau hikmat?

Alkitab kerap memperhadapkan kita dengan pilihan-pilihan, dan demikianlah kasusnya dengan Amsal. Akankah kita memilih kehidupan atau kematian, terang atau gelap, surga atau neraka?

## Moral atau mental?

Selanjutnya, Amsal menyajikan hikmat dan kebodohan dalam cara lain: ia memberitahu kita bahwa kedua hal itu adalah *moral* ketimbang *mental*. Ketika dunia bicara tentang orang bodoh, itu berarti orang yang IQ-nya tidak tinggi. Tetapi dalam Alkitab seorang yang berintelijensi sangat tinggi dapat sangat bodoh. Seorang boleh jadi cerdas secara mental dan bodoh secara moral.

Suatu kali saya mendengar lelucon tentang seorang desa di Somerset banyak tahun yang lalu yang memiliki reputasi aneh. Jika Anda menawarkan dia uang logam enam peni atau uang lembar £5, selalu ia mengambil yang enam peni. Ribuan pelancong mendengar tentang orang ini dan berusaha mengelabui dia. Orang miskin dan bodoh itu selalu mengambil uang logam, tidak pernah yang uang lembaran. Tetapi sesungguhnya ia tidak bodoh -- ia menghasilkan keberuntungannya melalui itu!

Kebodohan dan hikmat tidak ada hubungannya dengan kualifikasi. Dalam Mazmur 14 pemazmur berkata, "Orang bebal berkata dalam hatinya, 'Tidak ada Tuhan.'" Iblis memberitahu Hawa bahwa memakan buah itu akan membawa kepada hikmat, tetapi kenyataannya itu membawa ia beralih dari kebergantungan kepada Tuhan, sumber segala hikmat. Hikmat duniawi berusaha mendapatkan pilihan paling menguntungkan, tetapi hikmat alkitabiah mencari apa yang paling baik untuk karakter Anda. Ini bukan didasarkan atas pengetahuan tentang dunia, tetapi pengetahuan akan Tuhan.

Ide ini didukung oleh satu ayat dari pasal 29 yang kerap disalahmengerti: "Jika tidak ada wahyu (visi) menjadi liarlah (binasalah) rakyat." Ini dipakai ketika para pemimpin gereja ingin meyakinkan jemaat bahwa rancangan mereka harus diikuti. Tetapi dalam terjemahan yang lebih modern kata Ibrani yang diterjemahkan sebagai 'visi' (terjemahan AV Inggris) lebih tepat diterjemahkan sebagai wahyu (penyataan), dan kata *perish* (binasa, dalam AV Inggris) sebagai 'menjadi liar' atau 'lepas kendali.' Maka ayat ini sesungguhnya berkata, "Jika Tuhan tidak menyatakan segala sesuatunya kepada Anda, Anda akan menjadi bodoh." Maka hikmat adalah mempraktikkan kehadiran Tuhan dalam semua wilayah kehidupan. Kita membutuhkan bantuan Roh jika kita ingin memiliki akal budi yang mengerti.

## Struktur kitab

Kini kita beralih untuk mempertimbangkan struktur Kitab Amsal. Kitab ini memiliki simetri menakjubkan. Bahkan, satu-satunya nas yang tidak cocok benar adalah bagian pendahuluan di awal hikmat Arab dalam pasal 30. Berikut adalah garis besar struktur kitab ini:

PENDAHULUAN (1:1–7)
NASIHAT UNTUK ORANG MUDA (1:8 – 9:18)
AMSAL-AMSAL SALOMO (10:1 – 22:16)
KATA-KATA HIKMAT (22:17 – 23:14)
NASIHAT UNTUK ORANG MUDA (23:15 – 24:22)
KATA-KATA HIKMAT (24:23–34)
AMSAL SALOMO (25:1 – 29:27)
(AGUR [30:1–33])
NASIHAT UNTUK ORANG MUDA (31:1–31)

Kitab ini ditata seperti roti apit dengan banyak lapisan. Maka 'Nasihat untuk Orang Muda' menyediakan dua lapis bagian luarnya, kemudian 'Amsal Salomo' adalah dua lapis berikutnya, dan kemudian 'Kata-kata Hikmat' mengapit 'Nasihat kepada Orang Muda' di tengah.

Sesudah melihat struktur kitab ini, mari kita tinjau beberapa rinciannya:

PENDAHULUAN
Mengapa Amsal-amsal dikumpulkan
NASIHAT KEPADA ORANG MUDA (1:8 – 9:18)
Dari ayah tentang para perempuan buruk

1. LAKUKAN:
   Taati orangtuamu
   Cari dan dapatkan hikmat
   Jaga hatimu
   Setialah kepada pasangan hidupmu

2. *JANGAN:*
   Menjadi bagian dalam pertemanan buruk
   Melakukan perzinahan
   Mengambil utang

Bermalas-malasan
Berteman dengan perempuan bodoh

## AMSAL-AMSAL SALOMO (10:1 – 22:16)
Dikumpulkan olehnya sendiri

1. *KONTRAS:* kehidupan saleh dan jahat
2. *PUAS:* kehidupan saleh

## KATA-KATA HIKMAT (22:17 – 23:14)
MESIR (pangeran putri?)

## NASIHAT UNTUK ORANG MUDA (23:15 – 24:22)
Tambahan *LAKUKAN* ('berhikmatlah) dan *JANGAN* ('menjadi mabuk)

## KATA-KATA HIKMAT (24:23–34)
Arab (numerikal)

## AMSAL SALOMO (25:1 – 29:27)
Dikutip oleh Hizkia
1. *HUBUNGAN-HUBUNGAN*
Dengan raja-raja
sesama
musuh
diri sendiri
orang bodoh
pemalas
gosip

2. *PERILAKU BENAR (27:1 – 29:27)*
kerendahhatian diri
keadilan untuk orang lain
takut akan Tuhan

## NASIHAT UNTUK ORANG MUDA (31:1–31)
Dari ibu tentang perempuan baik

*1. RAJA SEBUAH BANGSA*
*2. RATU SEBUAH RUMAH TANGGA* (31:10–31)

Struktur dan isi kitab ini membuat beberapa hal menjadi jelas:

1. Ini adalah satu dari sedikit kitab Alkitab yang menyatakan maksudnya dengan jelas -- lihat pendahuluan.
2. Amsal-amsal ini khususnya menyangkut keluarga kerajaan. Ada 10 nasihat yang ditujukan kepada 'anakku.' Ini khususnya berlaku untuk anak Salomo sendiri, memberitahu dia tentang jenis perkawanan yang harus ia pelihara dan jenis perempuan yang harus ia nikahi.
3. Kebanyakan dari amsal-amsal di pasal 10-15 memakai parallelisme antitetis, sementara pasal 16-22 memakai parallelisme sinonim.
4. Meski kita dapat membedakan struktur kitab secara keseluruhan, masing-masing amsalnya sendiri tidak didaftarkan menurut urutan topikal. Amsal-amsal itu lebih dibaca seperti nasihat yang orangtua berikan ketika anaknya akan pergi meninggalkan rumah. Mereka tidak berkaitan dan tidak beraturan, tetapi mencakup wilayah yang luas. Tidak ada orangtua yang akan menyusun lebih dulu nasihat mereka ke dalam bagian-bagian dengan kesimpulan tertata rapi!

Maka untuk maksud analisis kita akan menyusun ulang amsal-amsal ini dan mempertimbangkan beberapa tema tertentu.

# Orang berhikmat

Dalam Amsal sejumlah sinonim dipakai untuk memaparkan hikmat: 'pandai,' 'bijak,' 'adil,' 'layak,' 'hati-hati untuk menghindari akibat yang tidak diinginkan.' Seorang berhikmat dipertentangkan dengan si bodoh, yang nekad, tergesa, sembrono dan sia-sia.

Seorang berhikmat sanggup membedakan antara baik dan jahat, dan ia tahu bagaimana merespons kepada dan mengurusi suatu situasi. Ia hati-hati dan realistik, dengan kesanggupan untuk membuat rencana. Ia mengisi kehidupan sepenuhnya.

Orang bijak terbuka akan koreksi dan teguran, suka meninggalkan kemandirian dan pengandalan dirinya ke terang kebenaran Tuhan. Sebaliknya dari takut akan manusia, mereka takut akan Tuhan. Orang berhikmat menghargai kebenaran entah tentang dirinya sendiri, orang lain atau Tuhan, berapa pun biayanya.

# Si bodoh

Ada lebih dari 70 amsal tentang seperti apakah orang bodoh itu. Orang bodoh (selalu dalam kata ganti laki-laki) dipaparkan sebagai tidak berpengetahuan, keras kepala, sombong, menyimpang, pembosan, tak bertujuan, tak berpengalaman, tak bertanggungjawab, mudah tertipu, ceroboh, teledor, biadab, sembrono, pemurung, tidak sopan, suka berbantah. Ia rakus; ia tidak berpikir; ia lebih berkhayal ketimbang fakta, lamunan ketimbang kebenaran. Paling baik ia mengganggu, paling buruk ia berbahaya. Ia mendukakan orangtuanya, namun ia menghina mereka sebagai orang kuno.

Ada dua orang bodoh khusus dalam galeri oang-orang bodoh ini. Yang pertama adalah *pengejek,* penepis sinis dan kritis terhadap semua orang kecuali dirinya sendiri. Yang lainnya ialah *pemalas,* yaitu orang malas yang tidak jauh-jauh dari tempat tidurnya. Ia disebut sebagai menyia-nyiakan hidupnya ke pembuangan.

## Kata-kata

Satu lagi pokok penting dalam Amsal adalah lidah. Pasal 6 mencatat tujuh kekejian kepada Tuhan: bual, dusta, pembunuhan, persekongkolan, kerusakan, kebohongan dan gosip. Lidah digambarkan dalam empat hal jahat tadi. Maka dosa dalam bicara merupakan topik besar sepanjang kitab ini, sebab apa yang ada dalam hati ke luar melalui mulut.

### Kata-kata berpengaruh hebat

Kata-kata menembus dalam. Mereka bisa kejam, seenaknya dan tidak hati-hati. Penilaian diri bisa dihancurkan oleh kata-kata -- bisa dibuat terlalu tinggi atau terlalu rendah. Bahkan kesehatan jasmani dapat terpengaruh. Keperca-yaan dan keyakinan kita dapat dibentuk oleh kata-kata. Perkataan yang tepat waktu dapat berpengaruh besar.

Kata-kata dapat menyebar bagaikan api di padang rumput, menyebabkan ketegangan, ketidakserasian dan perpecahan. Kata-kata mungkin bisa berbentuk isyarat licin, usulan dan sindiran. Tetapi kata-kata yang baik dapat mencapai banyak orang sambil manfaatnya me-nyebar ke seluruh komunitas.

## Kata-kata terbatas

Kata-kata bukan pengganti perbuatan. Lidah tidak bisa mengubah kenyataan. Penyangkalan gigih dan alasan terkuat tidak akan bertahan. gigih

Kata-kata tidak dapat mendorong orang untuk merespons. Bahkan guru terbaik tidak dapat mengubah murid yang masa bodoh, dan bahkan gosip terburuk tidak akan melukai orang yang tidak bersalah. Hanya orang yang niatnya memang jahat yang akan memberikan perhatian.

## Bicara yang Sehat

Ada empat kategori kata-kata yang harus ada di bibir kita:

- Perkataan jujur -- 'ya' atau 'tidak' terus terang.
- Sedikit perkataan -- kurang banyak bicara, lebih baik. Sikap hati-hati dalam bicara adalah kebajikan.
- Perkataan tenang -- kata-kata harus diucapkan dengan semangat dingin. Temperamen panas jarang memberikan manfaat.
- Perkataan yang tepat -- kata yang sesuai dengan kesempatan yang ada, yang dibentuk untuk kemanfaatan pendengar atau pembacanya, dapat membawa sukacita besar.

Kata-kata semacam itu butuh waktu perenungan sebelumnya. Kita perlu tahu apa yang kita katakan dan memikirkan implikasinya secara menyeluruh sebelum kita bicara.

Ucapan sedemikian mengalir dari seorang yang berkarakter, sebab apa yang orang ucapkan datang dari apa adanya mereka. Kata-kata seseorang senilai kenyataan diri pengucapnya.

Dalam Perjanjian Baru, Yakobus berkata bahwa jika seseorang tidak berdosa dengan lidahnya, ia seorang yang sempurna.

# Keluarga

Amsal penuh nasihat tentang hubungan-hubungan -- baik hubungan keluarga dan persahabatan. Unit keluarga adalah poros masyarakat. Tiga dari sepuluh perintah yang Tuhan berikan kepada Musa berhubungan dengan keluarga, termasuk satu-satunya perintah dengan janji -- "Hormatilah ayahmu dan ibumu, supaya kamu boleh berumur panjang di tanah yang Tuhan Tuhanmu berikan kepadamu." Amsal memegang di hadapan pembacanya ideal berikut ini tentang keluarga:

### Suami dan istri: orangtua yang bersatu bahagia

Amsal mengajarkan monogami, kendati fakta bahwa ini ditulis oleh Salomo! Orangtua harus memikul bersama kewajiban melatih anak-anak mereka dan harus bicara dengan satu suara. Suami harus setia, tetapi istri dapat membentuk atau menghancurkan suaminya, membawa berkat atau menggerogoti tulang suaminya.

Kitab ini mengajarkan pandangan sangat mulia tentang nikah dan memandang serius dosa apa pun yang menghancurkan pernikahan, khususnya ketidaksetiaan seksual. Seorang yang menyimpang dari ranjang pernikahan kehilangan kehormatan dan kebebasan, membuang kehidupan mereka, berpacaran dengan aib sosial serta bahaya jasmani, singkatnya, mereka melakukan bunuh diri moral.

## Orangtua dan anak-anak: anak-anak diajar dengan setia

Kita diberitahu bahwa orangtua bodoh adanya jika tidak mendisiplin anak-anak mereka. "Sayangkan rotan dan hancurkan anak" adalah salah satu amsal yang dikenal baik. Kitab ini juga berkata bahwa disiplin adalah tindakan mengasihi. Tidak ada usulan bahwa disiplin adalah obat untuk segala masalah untuk orangtua. Kita juga belajar bahwa kebodohan terikat dengan hati anak. Mereka bebas menyambut atau menolak ajaran yang diberikan kepada mereka. Amsal mengajarkan bahwa anak-anak secara alami bodoh dan butuh dorongan untuk menjadi bijak. Hal ini bertentangan langsung dengan filsafat humanistik masa kini yang berkata bahwa anak pada dasarnya baik dan akan menjadi baik jika diberikan lingkungan yang baik. Alkitab sedemikian tegas mengatakan bahwa jika Anda tidak menghukum anak-anak begitu mereka melakukan kesalahan, Anda tidak mengasihi mereka.

Ada pengajaran tentang butuhnya mendidik anak-anak dalam perilaku benar sejak dini, berusaha mendorong kebiasaan bijak, supaya mereka berpikir dan bertindak dalam cara yang akan membawa kesukaan serta kebanggaan dan bukan malu dan aib. Bahkan ajaran terbaik tidak dapat memaksakan ketaatan, itu hanya dapat mendorong pengambilan pilihan bijak. Bahkan anak-anak orangtua terbaik masih mungkin melawan, malas, mencari kesenangan atau angkuh untuk menerima nasihat. Mereka dapat menghabiskan harta keluarga dan mengabaikan orangtua yang lanjut usia.

## Saudara (termasuk sepupu dan kerabat lainnya)

Tidak banyak dari amsal ini yang langsung memerhatikan

hubungan horizontal dalam keluarga. Kitab ini memaparkan jenis hubungan di mana saudara bersedia menolong dan setia, dan juga jenis yang menyebabkan ketidakserasian, luka dan kepahitan.

# Persahabatan

Kata Ibrani yang diterjemahkan 'sahabat' juga berarti 'tetangga.' Itu merujuk ke semua yang bukan kerabat yang hidup dalam lingkar hubungan langsung seseorang. Nasihat kitab ini bertentangan dengan dunia masa kini yang mengalami kemerosotan pribadi di mana persahabatan sejati merupakan barang langka.

## Tetangga yang baik

Tetangga yang baik memajukan kedamaian dan keserasian, enggan bertengkar dan sunguh baik. Mereka bermurah hati dalam menilai dan selalu bersedia membantu ketika diperlukan. Mereka lebih menyukai diam dan privasi. Mereka berkata 'Tidak' kepada persetujuan yang tidak bijak.

## Sahabat baik

Amsal mengajarkan bahwa sedikit sahabat baik adalah lebih baik ketimbang banyak kenalan. Seorang sahabat yang baik dapat lebih akrab ketimbang kerabat.

Sahabat baik memiliki empat kualitas:

- *Kesetiaan* – akan melekat dengan Anda, apa pun yang terjadi

- *Kejujuran* – akan terus terang dengan Anda dan mengatakan kebenaran.
- *Menyuluh* – akan memberi Anda nasihat. Titik pandang yang berbeda mungkin adalah hal yang dibutuhkan.
- *Kesantunan* – akan selalu menghargai perasaan Anda dan menolak untuk memanfaatkan afeksi Anda.

## Kesimpulan

Apa yang harus kita buat dari Kitab Amsal? Mari kita mulai dengan bertanya apakah kitab ini mencapai sasarannya. Israel kini ada di posisi damai dan makmur. Salomo menyadari bahwa mereka dapat kehilangan semua ini dengan sangat mudah (meski ia tidak menyadari bahwa ia sendiri yang akan menjadi penyebab kehilangan itu).

Dalam pasal 14 kita diberitahu bahwa "Perilaku benar meninggikan sebuah bangsa, tetapi dosa adalah aib bagi siapa pun." Salomo mengumpulkan amsal-amsal ke dalam satu buku karena ia tahu bahwa tanpa hikmat mustahil bagi Israel untuk tetap damai dan makmur. Tetapi Israel mengabaikan sebagian besar hikmat yang telah mereka terima; mereka makin menjauhi Tuhan. Bahkan, Salomo sendiri tidak menghidupi hikmatnya itu sendiri.

Ada banyak bagian dalam Perjanjian Baru yang dibangun atas Kitab Amsal dan berfokus pada tema hikmat. Kitab ini dikutip langsung 14 kali, dan ada banyak kesempatan lainnya ketika ia disinggung.

Dalam Lukas 1 kita baca bahwa Yohanes Pembaptis datang "untuk membalikkan... orang yang tidak taat kepada hikmat orang benar." Yesus bicara dengan hikmat luar biasa sampai para pendengar-Nya bertanya-tanya dari mana Ia mendapatkan hikmat itu.

Kebanyakan orang akrab dengan Orang Majus (orang berhikmat) yang mengikuti bintang ke Betlehem. Meski umumnya mereka dianggap sebagai orang kafir, kemungkinan besar mereka adalah keturunan orang Yahudi yang tertinggal di Babilon sesudah Pembuangan. Mereka mengingat nubuatan Bileam, bahwa sebuah bintang akan bangkit dari Israel untuk menjadi Raja atas Bangsa-bangsa (Bilangan 24), maka ketika mereka melihatnya mereka mengikuti bintang itu. Kehadiran mereka dalam narasi kelahiran oleh Matius memperlihatkan pentingnya inkarnasi Kristus.

Dikatakan bahwa Yesus "penuh dengan hikmat" (Lukas 2). Dalam pelayanan publik-Nya Ia berkata bahwa Ratu Syeba datang dari ujung bumi untuk mendengar hikmat Salomo, tetapi kini Seorang yang lebih besar dari Salomo telah tiba (Lukas 11). Ketika Yesus dikritik karena makan dan minum, Ia menjawab bahwa "hikmat dibenarkan melalui semua orang yang menerimanya" (Lukas 7).

Sewaktu merenungkan kehidupan Yesus, rasul Paulus menulis dalam 1 Korintus 1 bahwa "Kristus adalah hikmat kita. Ia telah menjadi bagi kita hikmat dari Tuhan."

Hikmat Tuhan terutama dilihat di salib. Dunia berkata bahwa mati di salib adalah kebodohan semata. Tetapi Paulus berkata bahwa apa yang merupakan kebodohan bagi dunia adalah hikmat Tuhan.

Dalam surat-surat Perjanjian Baru ada banyak kutipan langsung dari Kitab Amsal. Paulus menulis dalam Roma 12: "Jika musuhmu lapar, beri ia makan; jika ia haus, beri sesuatu untuk diminum. Dengan berbuat ini, kamu menaruh bara api di atas kepalanya."

Petrus kerap mengutip dari Amsal. Misalnya, dalam 2 Petrus 2 ia mengutip dari Amsal 26: "Seperti anjing yang balik menjilat muntahnya, demikian orang bodoh mengulangi kebodohannya." Nasihat Petrus kepada pembacanya adalah "takutlah Tuhan dan hormati sang Raja" langsung diambil dari Amsal 24.

Di Ibrani penulisnya mengutip dari Amsa 3 dengan menghargai disiplin Tuhan atas anak-anak-Nya: "Anakku, jangan pandang ringan hajaran Tuhan, dan jangan tawar hati ketika Ia menegurmu, sebab Tuhan mendisiplin semua yang Ia kasihi, dan Ia menghukum setiap orang yang Ia terima sebagai anak-Nya."

Dalam Amsal 30, Agur bertanya, "Siapa yang telah naik ke surga dan turun ke bawah?" Yesus menjawab pertanyaan ini dalam Yohanes 3, ketika Ia bicara tentang perjalanan-Nya sendiri dari surga ke bumi.

Tetapi Surat Yakobus khususnya tempat di mana Amsal paling banyak dipakai. Surat ini disebut Amsal versi Perjanjian Baru, sebab sedemikian mirip gayanya. Surat ini berpindah dari satu ke lain topik dengan mulus tanpa banyak kesan urutan, persis seperti rekannya di Perjanjian Lama. Sebagian dari tema-tema dalam Yakobus datang dari Amsal, belum lagi analisis menghancurkan tentang kejahatan dari lidah dan paparan tentang manfaat hikmat.

Amsal mungkin terkesan semacam buku asing dalam Alkitab, tetapi pemeriksaan lebih teliti memperlihatkan tempatnya yang sepenuhnya dapat dibenarkan. Ia mengurus beberapa tema besar Alkitab, ia dikutip dan disinggung oleh bagian-bagian lain dari Alkitab dan merupakan sumber persenjataan penting bagi orang Kristen dalam peperangannya melawan kehidupan bodoh. Tetapi memang kitab ini bukan kitab mudah. Perlu ketelitian dalam membacanya, dan banyak dari pelajarannya yang akan menyingkapkan siapa kita sesungguhnya.

# 15. PENGKHOTBAH

## Pendahuluan

Kitab Pengkhotbah melingkupi beberapa pernyataan yang mungkin dianggap dapat diperdebatkan. Pertimbangkan yang mana dari yang berikut ini Anda akan setuju:

- Angkatan datang dan angkatan pergi, tetapi dunia tetap sama saja.
- Manusia tidak lebih baik daripada binatang, sebab bagi keduanya hidup tidak berarti.
- Lebih baik puas dengan apa yang ada padamu daripada selalu menginginkan yang lain.
- Seorang pekerja mungkin memiliki cukup atau tidak untuk dimakan, tetapi paling tidak ia bisa tidur nyenyak malam hari. Seorang kaya memiliki sangat banyak sampai harus berjaga terus karena khawatir!
- Jangan terlalu baik atau terlalu bijak. Mengapa membunuh dirimu sendiri? Tetapi jangan juga terlalu jahat atau terlalu bodoh. Mengapa mati sebelum waktunya?
- Aku temukan satu di antara seribu laki-laki terhormat, tetapi tidak satu perempuan pun!

- Pelari cepat tidak selamanya memenangkan perlombaan, dan pemberani tidak selalu memenangkan perang.
- Taruhlah investasi mu di beberapa tempat -- di banyak tempat, bahkan -- sebab kamu tidak pernah tahu nasib buruk apa akan terjadi dalam dunia ini!

Ada sebuah ujaran yang khususnya benar untuk studi kita tentang kitab ini: "Suatu teks di luar konteks menjadi prateks." Dengan kata lain, kita harus melihat bagaimana suatu teks berfungsi di tempat ia ditemukan dalam kitab ini sebelum kita mengutipnya. Pernyataan-pernyataan di atas adalah perenungan penulis, tetapi mereka tidak boleh dilepaskan dari konteks diambil dari konteks kitab keseluruhannya.

Pengkhotbah barangkali adalah kitab terasing dalam Alkitab. Meski tidak mudah mengertinya, kitab ini mengatakan hal-hal paling konyol. Beberapa bagiannya seperti membaca moto yang kadang diselipkan di makanan kecil pada waktu Natal. Bagian lainnya mengandung kualitas puitis. Baris karya pujangga Inggris, Alfred Lord Tennyson, berikut ini dapat dengan mudah ditulis oleh pengarang kitab Pengkhotbah:

'Lebih baik dikasihi dan sesat
Ketimbang tidak pernah dikasihi sama sekali.
*In Memoriam*

Kaum pria kebanyakannya berbeda seperti langit dan bumi, tetapi wanita, antara yang terburuk atau terbaik, bagaikan surga dan neraka.
*Pelleas and Ettare*

Otoritas melupakan raja yang sekarat.
*Morte' d'Arthur*

Sistem kecil kita memiliki masanya,
Mereka memiliki hari mereka dan tidak ada lagi.
*In the Valley of Cauteretz*

Karena benar adalah benar, mengikuti benar
Adalah hikmat dalam cemoohan konsekuensi.
*The Revenge*

Tetapi kendati kejanggalannya, Pengkhotbah mengandung gema kontemporer di dalamnya dan mencirikan banyak ide filosofis dari masa kini kita:

- *Fatalisme*: apa yang akan terjadi, terjadilah.
- *Eksistentialisme*: Hidup untuk saat ini -- siapa yang tahu apa yang akan dibawa masa depan?
- *Chauvinisme*: laki-laki lebih baik daripada perempuan.
- *Hedonisme*: hidup untuk kenikmatan.
- *Sinisisme*: bahkan hal baik tidak sebagaimana yang dikesankannya.
- *Pesimisme*: segala sesuatu harus menjadi lebih buruk.

# Pengarang kitab

Kitab spekulasi filsafat ini datang dari Raja Salomo, yang telah mencapai akhir kehidupannya dan mengalami kegalauan, kekecewaan dan keputusasaan. Ketika kita membaca ketiga kitab Salomo, mudah mengira berapa usianya ketika menulis kitab-kitab ini. Kidung Agung ditulis ketika ia seorang pemuda, dalam asmara mendalam. Amsal adalah kitab dari seorang berusia pertengahan yang berusaha menahan putranya dari jatuh ke kesalahan sama yang ia sendiri jatuh ke dalamnya. Tetapi dalam Pengkhotbah kita memiliki tulisan dari seorang yang sudah lebih tua. Peneguhan tentang ini didapatkan di ayat menjelang akhir kitab ini, di pasal 12: "Ingatlah Penciptamu pada masa mudamu, sebelum hari-hari yang malang dan mendekat tahun-tahun ketika engkau akan berkata, 'Tidak ada kesenangan kudapatkan di dalamnya.'"

Sebagai seorang lanjut usia, ia telah merenungkan secara mendalam tentang kehidupan. Ia senang dengan ungkapan, "Aku melihat... " Wawasan dalam kitab ini adalah hasil dari pengamatannya.

## Gaya tulisan kitab ini

Salomo memberikan julukan Ibrani *Qohelet* untuk dirinya sendiri, kata yang diterjemahkan dalam banyak cara: 'pengkhotbah,' atau 'filsuf,' atau 'pengajar. Tetapi terjemahan terbaik adalah 'pembicara,' khususnya karena julukan itu juga dipakai untuk orang yang mengetuai atas perdebatan dalam sistem parlemen di Inggris (*House of Commons*), dan dengan sangat baik menyatakan cara kitab ini ditulis. Sebab kitab ini ditulis menurut gaya seorang tua yang memimpin perdebatan -- debat yang berlangsung di dalam pikirannya. Seperti semua pembicara yang baik, ia mengizinkan pro dan kontra mendapatkan kesempatan yang sama. Maka mosi bahwa hidup tidak layak dihidupi diikuti oleh mosi yang mencanangkan bahwa hidup layak adanya.

Dalam keadaannya demikian, kitab ini bersifat kontemporer sepanjang abad-abad, karena orang juga selalu terlibat dalam perdebatan yang sama, khususnya ketika mencapai usia empat-puluhan dan bertanya, "Apakah arti semua ini?" Sebagian orang membuat perubahan radikal dalam gaya hidup mereka sebab mereka merasa telah gagal tentang hidup mereka.

Dalam Pengkhotbah, Salomo menanyakan beberapa pertanyaan besar. Apakah arti hidup sesungguhnya? Apakah hidup layak dihidupi? Bagaimana kita dapat membuat hidup berarti? Ia menanyakan pertanyaan tepat bahkan jika ia tidak memiliki jawaban yang benar. Keprihatinan dan jawabannya silih berganti sepanjang kitab ini. *Pesan*nya terkadang optimistik, terkadang pesimistik. *Suasana* hatinya terkadang naik, terkadang tertekan. *Jasa* kitab ini berpindahan dari kedalaman ke kedangkalan dan kembali lagi.

## Pernyataan negatif

Pernyataan pembuka dari Salomo sangat negatif: "Kesia-siaan! Kesia-siaan!... Segala sesuatu sia-sia!" Kata yang diterjemahkan "sia-sia" dapat diartikan sebagai "kehampaan." Inilah seorang yang sampai di akhir kehidupannya dan berkata bahwa semuanya tidak berarti dan tidak berguna.

Penting diingat bahwa Salomo adalah raja yang memiliki kuasa untuk melakukan apa saja yang ia inginkan dan kekayaan untuk memanjakan semua hasratnya. Kitab ini menyebutkan rentang luas kegiatan di mana Salomo pernah terlibat dalam usaha menemukan kebahagiaan yang menghindari dia.

Ia mencoba sains dan pertanian, bahkan mengembangbiakkan ternaknya. Lalu ia pindah ke seni. Tidak ragu ia mewarisi cinta musik dari ayahnya. Ia membangun beberapa gedung megah. Ia mengumpulkan gambar-gambar dari dunia sekitar dan menempatkannya dalam galeri. Lalu ia pindah ke hiburan, dengan pelawak istana mengunjungi dia di istana. Tetapi tidak satu pun yang memuaskan dia. Ia terlibat dalam bisnis, dan menghimpun peruntungan dalam dunia komersial. Ia mencoba kenikmatan -- makanan, anggur dan perempuan. Masih tidak puas, ia beralih ke filsafat dan membeli banyak kitab, termasuk beberapa dari Mesir. Semua itu merangsang dia tetapi gagal memenuhi kebutuhannya terdalam.

Semua ketertarikan itu tidak sedikit pun salah dalam dirinya, tetapi mereka gagal menyediakan apa yang ia cari. Kehidupannya diisi tetapi tidak dipenuhi, dan sewaktu-waktu ia berharap ia adalah orang biasa.

Kita dapat menjelaskan kegagalannya untuk menemukan arti hidup ini. Inti masalahnya ialah bahwa ia telah *mengamati* sedemikian banyak tetapi *mencerap* sangat sedikit. Ia mengalami pemandangan terowongan -- ia melihat ke kehidupan melalui satu mata, seperti dengan teleskop, tetapi tidak memiliki kedalaman dan tanpa perspektif.

Khususnya ada dua keterbatasan:

## 1. Ruang

Pada 28 kesempatan ia menggunakan sebuah ungkapan untuk memaparkan tempat ia melihat segala sesuatu: itu adalah "di bawah matahari," suatu ungkapan yang tidak dipakai di bagian lain di seluruh Alkitab. Jika penglihatan kita terbatas pada bumi ini dan kehidupan ini, kita tidak akan pernah mengerti apa sesungguhnya arti hidup dan mengapa itu layak dihidupi. Kita akan harus bergantung pada mendapatkan pemenuhan dalam kenikmatan yang cepat berlalu yang dapat ditawarkan dunia.

## 2. Waktu

Salomo memakai ungkapan "sementara kita masih hidup." Ia mengandaikan bahwa kematian adalah akhir dari keberadaan yang berarti dan disadari. Ia tidak memiliki pemikiran tentang kehidupan sesudah kematian, yang dapat memberikan perspektif dan arti kepada tahun-tahun yang ditentukan bagi kita.

Zaman modern kita kini sama memiliki penglihatan terowongan seperti Salomo. Ia sering mengamati dunia dalam kerangka ilmiah yang mengandaikan tidak ada Tuhan dan kehidupan yang akan datang. Sains dapat memberitahu kita bagaimana dunia jadi, tetapi tidak tentang mengapanya. Salomo butuh melihat kehidupan dari sudut berbeda, tetapi itu hanya terjadi jika ia melihat dari sudut pandang Tuhan.

# Pernyataan positif

Pertanyaan-pertanyaan yang belum terselesaikan dalam kitab ini kadang memberi jalan bagi optimisme. Ketidaktahuan kita tidak harus menyebabkan keputusasaan; boleh jadi kita tidak tahu karena memang tidak ada seorang pun yang tahu, atau karena Tuhan tahu tetapi kita tidak melihatnya sendiri. Apabila Salomo membawa Tuhan masuk ke dalam pemikirannya, ia menjadi lebih positif. Khususnya ada dua nas dalam Pengkhotbah di mana demikian halnya.

Yang pertama dalam pasal 3. Ini bagian paling dikenal dan paling sering dikutip dari kitab ini. Ayat-ayatnya sering dipakai sebagai judul novel dan film.

Ini sebuah puisi dengan irama yang indah, mengingatkan kita tentang waktu dan tempat untuk segala sesuatu.

Tuhan berdaulat,
Menetapkan musim-musim,
Hari kelahiran,
Hari kematian,
Waktu untuk menanam.
Waktu untuk menuai,
Waktu untuk membunuh,
Waktu untuk sembuh,
Waktu untuk menghancurkan,
Waktu untuk membangun,
Waktu untuk bersedih,
Waktu untuk bersukacita,
Waktu untuk meratap,
Waktu untuk menari,
Waktu untuk mencium,
Waktu untuk berhenti!

Waktu untuk mendapatkan,
Waktu untuk kehilangan,
Waktu untuk menyimpan,
Waktu untuk menyia-nyiakan,
Waktu untuk mencabik,
Waktu untuk menambal;
Waktu untuk berdiam.
Waktu untuk bicara,

Waktu untuk mengasihi,
Waktu untuk membenci,
Waktu untuk berperang,

Waktu untuk damai,
Jadi, bersenang-senanglah,
Tetapi ingat...
Tuhan berdaulat;
IA menentukan.\*

Kebanyakan pembaca kehilangan ayat kuncinya ketika puisi ini berakhir dan teksnya balik ke prosa. Kita baca bahwa Tuhan sendiri "telah membuat segala sesuatu indah pada waktunya." Maka tekanan menyeluruhnya bukan pada keputusan manusia tetapi ketetapan ilahi. Alkitab Bahasa Sehari-hari menerjemahkan seperti ini: "Ia menentukan waktu yang tepat untuk segala sesuatu."

Perspektif inilah yang memberi terang kepada pesimisme kita tentang kehidupan. Apabila kita percaya bahwa kehidupan kita ada dalam tangan Tuhan dan bahwa Ia tahu waktu yang tepat untuk kita menari dan menangis, maka kita melihat bahwa segala yang terjadi kepada kita bukan kebetulan, tetapi bagian dari pilihan Tuhan untuk kita. Ia sedang merenda untuk menghasilkan suatu pola dari kehidupan kita.

Sebagian percaya bahwa pendekatan ini fatalistik, bahwa itu mengusulkan nasib yang impersonal yang tidak ada orang dapat memengaruhinya. Tetapi ini berbeda dari anggapan tentang Tuhan yang dengan bebas memilih apa yang Ia izinkan terjadi pada kita. Kehendak bebas kita tidak pernah mengesampingkan kehendak Tuhan. Ia akan bekerja dalam segala sesuatu untuk mencapai maksud-maksud-Nya. Ia memanggil kita untuk memilih jalan-Nya, menyerahkan kehendak kita kepada pengendalian-Nya yang berdaulat. Kita harus memberikan perhitungan dan pertanggungjawaban untuk kehidupan yang kita hidupi.

\* Ini bisa dinyanyikan dengan iringan musik lagu populer, 'I am sailing'.

Pendekatan ke kehidupan semacam ini dicerminkan dalam bagian Alkitab lainnya. Kita dianjurkan untuk melihat semua rencana yang kita buat dalam terang kehendak Tuhan yang berdaulat. Semua rencana dibuat 'sesuai kehendak Tuhan.' Ayah saya punya sebuah ujaran kesenangannya: "Hidup cukup panjang untuk menghidupi maksud Tuhan, tetapi terlalu singkat untuk saat yang sia-sia." Inilah pesan pasal 3. Waktu kita di tangan Tuhan, dan Ia akan memutuskan apa yang terbaik untuk kita di masa depan.

Nas lain yang mengandung kesan kuat tentang kehadiran Tuhan ada di pasal 11 dan 12. Terjemahan dari Alkitab Inggris Living Bible, seperti ini:

> O indahnya boleh hidup! Jika seorang hidup sampai sangat lanjut usia, kiranya ia bersukacita setiap hari kehidupannya, tetapi baiklah ia ingat juga bahwa kekekalan jauh lebih lama, dan segala sesuatu di bumi ini sia-sia bila diperbandingkan.
>
> Anak muda, alangkah indahnya menjadi orang muda! Nikmati setiap menitnya! Lakukan semua yang kau inginkan; ambil segala sesuatu, tetapi sadarlah bahwa kamu harus membuat perhitungan kepada Tuhan atas segala yang kau lakukan.
>
> Maka buanglah duka dan susah, tetapi ingat bahwa orang muda, dengan kepenuhan hidup di hadapannya, dapat membuat kesalahan. Jangan izinkan keasyikan kemudaanmu membuatmu lupa tentang Penciptamu.
>
> Hormati Dia dalam kemudaanmu sebelum tahun-tahun jahat datang -- ketika kamu tidak lagi dapat menikmati hidup. Akan terlalu terlambat ketika itu engkau berusaha mengingat Dia, ketika matahari dan sinar dan bulan dan bintang-bintang meredup untuk mata tuamu, dan tidak ada lagi garis perak di antara awan-awanmu.

Akan datang masa ketika tangan-kakimu gemetar karena usia, dan kekuatanmu menjadi lemah, serta gigimu terlalu sedikit untuk melakukan tugasnya, bahkan akan terjadi kebutaan juga. Ketika itu katupkan bibirmu ketika makan, ketika gigimu telah tiada! Dan kau akan terbangun di waktu fajar dengan kicau awal burung-burung, tetapi kamu sendiri telah tuli dan tanpa nada, dengan suara gemetar. Kau akan takut akan ketinggian dan akan terjatuh -- berambut putih, seorang lanjut usia yang melayu, jalan tertatih-tatih, tanpa hasrat seksual, berdiri di ambang pintu kematian, dan mendekat ke tempat akhir kekalnya sementara para peratap berjalan di jalan.

Ya, ingatlah Penciptamu sekarang sementara engkau muda, sebelum tali perak kehidupan putus, dan bejana emas kehidupan pecah, dan tempayan di mata air pecah, serta roda timba pecah di sumur; dan debu kembali ke bumi asalnya, dan roh kembali kepada Tuhan yang memberikannya. Semuanya sia-sia, ujar Pengkhotbah; amat sangat sia-sia.

Tetapi lalu, karena Pengkhotbah bijak, ia lanjut memberitahu orang semua yang ia ketahui; dan ia mengumpulkan amsal serta menggolongkannya. Karena Pengkhotbah tidak saja bijak, tetapi juga pengajar yang baik; ia tidak saja mengajar yang ia ketahui kepada orang, tetapi mengajar mereka dengan cara menarik.

Perkataan orang bijak seperti tongkat gembala yang mendorong tindakan. Mereka memantekkan kebenaran-kebenaran penting. Para pelajar yang menguasai apa yang guru mereka beritahukan adalah bijak.

Tetapi, anakku, hati-hati: pandangan yang orang ungkapkan tiada akhirnya. Mempelajarinya bisa berlangsung selamanya, dan menjadi sangat melelahkan!

Inilah kesimpulan akhirku: takutlah Tuhan dan taati perintah-perintah-Nya, sebab ini adalah tugas menyeluruh manusia. Karena Tuhan akan menghakimi kita untuk segala sesuatu yang kita lakukan, termasuk setiap hal tersembunyi, baik atau jahat.

Ada beberapa pokok berguna dalam bagian terakhir kitab ini:

## Ingatlah

Salomo mendorong para pendengarnya, khususnya mereka yang muda, untuk mengingat Tuhan. Nasihat ini barangkali datang dari pengalamannya sendiri -- contohnya, Kidung Agung tidak menyebutkan tentang Tuhan. Ia berkata ia tidak harus menghadapi trauma kebingungan tentang arti hidup andai ia mengingat Tuhan dalam kehidupannya terdahulu.

## Takutlah

Ia mendorong pembacanya untuk takut Tuhan. Sastra hikmat dalam Alkitab terus menerus memeberitahu kita bahwa takut akan Tuhan adalah permulaan hikmat. Jika kita sungguh takut Tuhan, kita tidak takut siapa pun dan apa pun. Kita harus takut Tuhan, sebab Ia akan meminta perhitungan tentang kehidupan yang telah Ia berikan kepada kita.

Yesus memberitahu para pengikut-Nya untuk tidak takut mereka yang dapat membunuh tubuh tetapi lebih untuk "Takutlah Dia yang sesudah membunuh tubuh, memiliki kuasa untuk membuang kamu ke dalam neraka" (Lukas 12). Jika orang di luar Gereja tidak takut Tuhan, itu karena orang yang di dalamnya tidak takut Dia juga.

**Taat**

Salomo tahu bahwa ia tidak menaati Tuhan sebagaimana seharusnya. Namun demikian ia memberitahu para pembacanya untuk berhati-hati menaati Tuhan. Kini ia tahu bahwa hukum Tuhan diberikan untuk kebaikan kita, bukan untuk merusak melainkan untuk menolong kita mengalami arti hidup sepenuhnya. Ia bicara tentang ini sebagai "keseluruhan tugas manusia" (pasal 12). Tanggungjawab kita lebih penting daripada hak kita.

# Kesimpulan

Salomo telah mengumpulkan dan menyusun amsal-amsal, tetapi ia telah menyelam ke dalam terlalu banyak filsafat juga. Inilah seorang yang telah membaca terlalu banyak dan menjadi bingung dalam prosesnya. Begitu banyak tentang kehampaan dalam Kitab Pengkhotbah yang berasal dari filsafat-filsafat lain. Kitab ini memperlihatkan keterbatasan hikmat manusia dan merupakan pengingat penting tentang akan menjadi jenis manusia bagaimana kita jika kita tidak menemukan jalan Tuhan untuk dihidupi.

Tuhan telah memasukkan kitab aneh ini dalam Alkitab sebab kitab ini mengizinkan kita memeriksa ide-ide salah yang berjalan berdampingan dengan ide-ide baik dan benar. Ini memperhadapkan kita dengan pandangan hidup pesimistik dan fatalistik, dengan memperlihatkan yang terbaik yang dapat disediakan oleh pemikiran manusia.

Ini memberitahu kita bahwa jika kita tidak mengerti arti hidup dari sudut pandang surga dan dari sudut pandang dunia yang akan datang, kita berakhir dalam keadaan bingung, kecewa, tertekan.

Tentu saja, Alkitab tidak membiarkan kita dengan pesimisme kitab ini. Perjanjian Baru memberitahu kita bahwa Kristus adalah hikmat kita. Melalui dia kita temukan baik mengapa dan juga *bagaimana* kita harus menghidupi kehidupan.

Yohanes 17 memberitahu kita bahwa kehidupan sejati adalah mengenal Dia. Ia adalah Alfa dan Omega yang memastikan bahwa kehidupan sungguh memiliki arti dan tujuan.

# 16.
# AYUB

## Pendahuluan

Banyak ungkapan umum dalam bahasa Inggris berasal dari Kitab Ayub. Orang yang menunjukkan ketabahan dalam menghadapi penderitaan besar disebut memiliki 'kesabaran Ayub.' Orang yang membuat penderita merasa lebih buruk disebut 'penghibur Ayub.'

Liturgi Gereja Anglikan untuk penguburan menggunakan sebaris dari bagian awal kitab ini: "Tuhan memberi, dan Tuhan mengambil kembali; terpujilah nama Tuhan." Pecinta musik pasti akrab dengan refrain lagu: "Ku tahu yang Penebusku hidup," yang dipakai oleh Handel dalam *Messiah*. Tetapi kendati akrabnya orang pada beberapa ayat dari Ayub, kitab ini secara keseluruhan tidak dikenal. Kebanyakan orang gagal mengerti tujuan kitab ini, dan karena itu tidak sanggup menempatkan bagian-bagian yang mereka kenal ke dalam konteksnya yang tepat.

Kitab Ayub mungkin adalah salah satu kitab yang tertua yang kita miliki hari ini, meski tidak mudah menentukan penanggalannya. Kita tahu kitab ini datang dari zaman Abraham, sebab banyak rincian dalam kitab ini hanya dapat cocok dengan periode itu. Penulisnya memakai nama 'Yahweh' untuk merujuk ke Tuhan, sebagaimana yang Musa lakukan, tetapi tidak ada jejak Keluaran, Perjanjian Sinai atau Hukum Musa, yang sedemikian fundamental untuk Perjanjian Lama

Para pembaca Ayub langsung berhadapan dengan pertanyaan yang menentukan cara mereka membaca kitab ini. Ini fakta, fiksi atau campuran keduanya -- 'faksi'?

## Fakta?

Mereka yang percaya bahwa kitab ini fakta menekankan bahwa para penulis alkitabiah lainnya memperlakukan Ayub sebagai pribadi nyata. Yehezkiel mendaftarkan dia bersama Nuh dan Daniel sebagai tiga orang paling benar yang pernah hidup. Dalam Perjanjian Baru, Yakobus merujuk ketekunan Ayub sebagai contoh untuk para pembacanya.

Tambahan, pasal pembukaannya memberitahu kita bahwa Ayub hidup "di tanah Uz." Meski di mana persisnya Uz tidak pasti, kita dapat meyakini bahwa Ayub hidup di Periuk Mesopotamia, di sekitar Sungai Tigris dan Efrat sesudah Damaskus.

Lagi pula, garis ceritanya mengusulkan seorang yang nyata. Reaksinya kepada bencana-bencana yang ia hadapi dan paparan tentang perasaan pribadinya terkesan otentik. Diskusinya dengan istrinya adalah yang khas akan kita harapkan terjadi, dan komentar sahabat-sahabatnya serta argumen yang mengikuti terkesan benar untuk kehidupan. Jumlah ternak miliknya yang sedemikian besar adalah wajar bagi petani kaya.

## Fiksi?

Banyak yang tidak yakin tentang argumen tadi. Kendati begitu banyak hal yang dapat dipercaya dari kitab ini, pembaca merasa ada sesuatu yang terkesan tidak sesuai dengan kehidupan nyata.

Misalnya, ambillah kejadian-kejadian di pasal pertama. Ada empat bencana berurutan, dengan masing-masing menyisakan satu yang selamat yang kembali kepada Ayub untuk menceritakan kecelakaan yang terjadi. Kecenderungan kita untuk percaya perlu direntangkan untuk berpikir bahwa empat bencana itu hanya menyisakan seorang saja yang selamat dan masing-masing memilih ucapan yang sama: "Aku satu-satunya orang yang luput untuk memberitahu hal ini kepada tuan!"

Juga akhirannya yang bahagia terkesan dipaksakan. Ayub kehilangan semua anaknya di pemandangan pertama, namun di akhir ia memiliki anak-anak baru tepat dalam jumlah yang sama -- tujuh anak lelaki dan tiga gadis. Kita jelas diharapkan bersukacita di akhir bahagia itu, hampir-hampir kehilangan anak-anaknya terdahulu itu seakan tidak berarti baginya. Itu membuat kita bertanya, "Apakah ini tidak terlalu rapi untuk kenyataan? Apakah kita harus menganggapnya sebagai fakta?"

Pertanyaan tentang dasar faktual kitab ini juga dibangkitkan ketika kita mempertimbangkan tentang pidato di dalamnya, karena masing-masing dituliskan dalam puisi Ibrani. Telah kita perhatikan di Bagian I bahwa puisi adalah bentuk ucapan artifisial. Itu tidak akan dipakai dalam percakapan biasa atau untuk mendiskusikan isu-isu berat yang dipertimbangkan oleh Ayub dan teman-temannya. Namun semua 'penghibur' Ayub bicara dalam puisi yang diciptakan dengan sangat baik, yang menuntut pertanyaan, "Siapa yang memasukkan puisi ini ke lembaran ini?" Entah semua sahabatnya adalah pujangga cemerlang dengan ingatan luar biasa, atau kita akan memikirkan penjelasan alternatif.

## 'Faksi?

Satu-satunya solusi yang masuk akal adalah mengatakan bahwa Kitab Ayub adalah *faksi* -- yaitu, ia didasarkan atas fakta, tetapi fakta-fakta itu telah dibesarkan dan disulam. Maka Ayub adalah seorang sungguhan yang harus mendapatkan jawaban untuk bencana dan penderitaan yang berkelanjutan, sambil ia memegang kepercayaan akan Tuhan Alkitab.

Maka Kitab Ayub serupa dengan beberapa drama karya William Shakespeare, yang mengambil fakta-fakta dasar historis tentang orang semacam Henry V dan menciptakan drama yang menekankan motivasi batin dari para tokohnya. Contoh yang lebih modern adalah drama karya Robert Bolt, *A Man for All Seasons*, berdasarkan kehidupan Sir Thomas More. Bolt menangkap hakikat isu-isu yang dihadapi orang tersebut, tetapi penonton tahu bahwa hasil akhirnya tidak sama dengan peristiwa nyatanya.

# Sastra

Kitab Ayub ditulis dalam puisi Ibrani yang mengandalkan kesan dan pengulangan dan bukan suara untuk keindahannya. Ini sebuah karya sastra agung dan menolak klasifikasi kaku. Ia menggabungkan puisi epik, drama dan debat dengan plot menggelitik dan dialog yang mendalam. Tidak heran, kitab ini banyak dikagumi oleh beberapa pemikir terbesar. Thomas Carlyle berkata, "Ini kitab yang agung," Alfred Lord Tennyson menyebutnya sebagai "puisi teragung dari zaman purba atau modern" dan Martin Luther berkata, "Ini sangat megah, sangat agung, yang tidak ada pada kitab Alkitab lainnya." Kitab ini telah disandingkan bersama karya-karya Homer, Virgil, Dante, Milton dan Shakespeare sebagai karya sastra teragung segala zaman.

## Filsafat

Tetapi Ayub lebih dari sekadar karya sastra agung -- ia juga sebuah karya filsafat. Ia mengajukan pertanyaan yang dipikirkan mendalam oleh para filsuf sepanjang sejarah manusia: Mengapa kita ada di sini? Apakah hidup sebenarnya? Dari mana kejahatan berasal? Mengapa orang baik menderita? Apakah keterlibatan Tuhan dalam dunia? Apakah Ia sungguh memerhatikan dan peduli?

Ayub melingkupi semua tema ini, tetapi khususnya pertanyaan, Mengapa orang baik menderita? Ayub jelas seorang yang baik, tetapi mengalami tragedi yang sangat mengerikan. Kitab ini menyoroti isu mengapa ini harus terjadi.

## Teologi

Ayub juga sebuah kitab teologi. Filsafat dapat mengurusi pertanyaan-pertanyaan besar secara abstrak, tetapi teologi menghubungkannya dengan Tuhan. Penting sejak awalnya diperhatikan bahwa hanya mereka yang memiliki pandangan khusus tentang Tuhan yang mengalami kesukaran dengan fakta adanya penderitaan. Jika Anda percaya bahwa Tuhan tidak baik, maka tidak ada masalah tentang penderitaan, sebab Anda akan berharap Tuhan yang jahat membuat Anda menderita. Hanya jika Anda percaya Tuhan baik adanya maka Anda mengalami masalah itu. Lagi pula Anda mungkin percaya bahwa Tuhan baik tetapi lemah, dan karena itu Ia tidak sanggup berbuat apa pun untuk menolong Anda. Juga, atas dasar logika, ini pun akan membuat Anda tidak bermasalah dengan penderitaan, karena Tuhan yang lemah dapat bersimpati tetapi tidak dapat menolong. Hanya apabila kita percaya bahwa Tuhan *sanggup* menolong dan *baik* sifat-Nya maka kita memiliki masalah dengan penderitaan.

Banyak 'teolog modern' berusaha menghindari masalah penderitaan dengan menyangkali salah satu dari dua hal itu: mereka memberikan alasan entah Tuhan tidak baik dan mempermainkan kita, atau Ia terlalu lemah untuk dapat memengaruhi sesuatu apa pun. Tetapi jelas bahwa penulis Kitab Ayub percaya:

1. Bahwa ada satu Tuhan.
2. Bahwa Ia berhubungan dengan ciptaan-Nya.
3. Bahwa Ia Pencipta yang mahakuasa, mahakuat.
4. Bahwa Ia baik, peduli dan berbelas kasihan.

Namun pada saat yang sama kitab ini memaparkan situasi Ayub, yang bertentangan dengan kepercayaan demikian. Pembaca disilakan melihat bagaimana Ayub mengatasi konflik ini dan bagaimana Tuhan membuat diri-Nya dikenal di tengah situasi itu.

## Sastra hikmat

Penting untuk kita mengerti juga bahwa Kitab Ayub adalah bagian dari 'sastra hikmat' dalam Alkitab kita, bersama Amsal, Mazmur, Pengkhotbah dan Kidung Agung. Dalam Alkitab Ibrani kitab-kitab ini disebut "Tulisan-tulisan," sebuah koleksi bermacam koleksi teks yang berasal dari periode nubuatan yang tidak dianggap sebagai nubuatan. Mengerti Kitab Ayub dengan cara ini dapat menolong kita menafsirkannya dengan tepat, sebab beberapa pernyataan dalam sastra hikmat dapat menyesatkan. Izinkan saya menjelaskan lebih rinci.

Pertama, bukan semua hal dalam sastra hikmat benar adanya. Ia melingkupi nas-nas di mana orang bergumul dengan berbagai pertanyaan. Pernyataan mereka tidak selalu mencerminkan pikiran Tuhan, tetapi itu dimasukkan untuk memperlihatkan argumen yang dibuat, dan asalkan kita melihat maksudnya, kita dapat menafsirkan dengan tanpa masalah. Para sahabat Ayub membuat banyak pernyataan yang didasari atas pengertian terbatas. Mereka diberikan untuk memperlihatkan bagi kita contoh bagaimana orang menyelesaikan pertanyaan tentang penderitaan, tetapi mengambil pernyataan mana pun yang mereka buat itu ke luar dari konteks, seakan itu mengungkapkan pikiran Tuhan tentang hal itu, akan menjadi puncak kebodohan. Setiap pernyataan dalam Alkitab harus dilihat dalam konteks dimana ia muncul dalam kitabnya. Pesan keseluruhan kitab tersebut menentukan arti dari pernyataan mana pun di dalamnya.

Kedua, penting memerhatikan bahwa sastra hikmat adalah umum bukan khusus. Ini berarti bahwa kata-kata hikmat tidak selalu benar dalam setiap situasi. Kitab Amsal, misalnya, bukan daftar janji-janji tetapi melingkupi ucapan-ucapan yang pada umumnya benar pada kebanyakan waktu.

Jika Anda berusaha mengklaim bahwa mereka benar dalam tiap situasi, Anda akan kecewa. Ini memberi petunjuk bagi masalah yang Ayub dan para sahabatnya hadapi. Mereka sadar tentang amsal-amsal yang menunjukkan bahwa jika Anda hidup tidak baik Anda akan menderita katenanya. Ini kerap memang benar, tetapi tidak selalu, dan Ayub adalah bagian dari 'tetapi tidak selalu' itu. Kitab Ayub berusaha mengurus perkecualian dari aturan itu.

## Perspektif Yahudi

Harus kita ingat satu perbedaan runcing antara pengertian Yahudi tentang kitab ini dan yang Kristen. Orang Yahudi zaman Perjanjian Lama tidak sanggup melihat masalah-masalah kehidupan sementara dalam terang kekekalan. Ia merasa bahwa keadilan Tuhan harus dilihat dalam kehidupan ini, karena orang baik dan jahat sama menuju ke destinasi yang sama -- Sheol, tempat keberadaan yang seperti bayang-bayang di mana para roh orang meninggal tidur.

Orang Kristen, tentunya memiliki perspektif yang total berbeda tentang penderitaan masa kini. Dalam terang karya Kristus, mereka melihat gambaran lebih besar tentang surga. Penderitaan dalam dunia ini kecil saja dibandingkan dengan kehidupan yang akan kita nikmati di surga.

Maka sepanjang Kitab Ayub hanya ada isyarat tentang kehidupan sesudah kematian. Di satu tahap Ayub mendeklarasikan bahwa ia akan melihat Tuhan ketika ia mati, tetapi ini bukan sebuah tema umum, dan yang pasti ia tidak mengerti bagaimana hal ini akan terjadinya.

## Struktur kitab

Bagian pendahuluannya mencipta ketegangan dahsyat yang menopang keseluruhan kerangka kitab ini. Tuhan membuat taruhan dengan Iblis, dan taruhan itu ditetapkan adalah tubuh Ayub. Tetapi Ayub sendiri tidak pernah menyadari bahwa telah terjadi taruhan. Maka rahasia ini, diketahui oleh pembaca, menolong membuat kita terus menduga-duga sambil Ayub menghadapi dilema situasinya.

Plot sedemikian itu luar biasa berisiko, sebab ia membuat usulan tentang sifat dan tindakan Tuhan, khususnya, dalam hubungan-Nya dengan Iblis, yang akan berpuncak pada hujatan jika itu tidak benar -- yaitu bahwa Tuhan sendiri bertanggungjawab tentang serangan Iblis atas orang baik ini.

Mari kita pertimbangkan bagaimana kitab ini distrukturkan.

PENDAHULUAN (**pasal 1–2**) (prosa)
Dua ronde: Tuhan versus Iblis.

PERCAKAPAN (**3:1–42:6**) (puisi)
1. *Manusia* (**3–37**)
   (a) Elifas, Bildad, Zofar (**3–31**)
   (i) Ronde Satu (**3–14**)
   (ii) Ronde Dua (**15–21**)
   (iii) Ronde Tiga (**22–31**)
   (b) Elihu (**32–37**) –monolog

2. *Ilahi* (**38:1–42:6**)
   (i) Ronde Satu (**38–39**)
   (ii) Ronde Dua (**40:1–42:6**)
   PENUTUP (**42:7–17**) (prosa)
   Ronde terakhir: Tuhan versus Ayub.

Kitab Ayub disusun seperti roti apit. Prosanya adalah 'rotinya' yang menyediakan kisah dan latarbelakang di awal dan akhir, sedangkan puisinya adalah 'isi' di tengahnya, terdiri dari perdebatan antara Ayub dan ketiga sahabatnya serta seorang pemuda yang tampil ketika para sahabatnya pergi.

Penutupnya menyediakan penyelesaian kepada apa yang berlangsung sebelumnya. Ini merupakan akhir bahagia, dengan perubahan.

# Dua plot

Ada dua plot yang dengan ahli ditenun bersama -- plot surgawi dan plot bumiah. Peristiwa-peristiwa yang terjadi di bumi adalah akibat dari sesuatu yang telah terjadi di surga -- sebagaimana halnya dalam Kitab Wahyu berlangsung perang di bumi yang langsung terjadi sesudah perang di surga.

## Plot ilahi

Kitab ini mulai dengan plot surgawi -- Rapat Tuhan di surga dengan Iblis. Iblis adalah malaikat yang tugasnya melaporkan dosa. Ia yang memberi masukan kepada Tuhan untuk penuntutan yang berjalan di muka bumi dengan melaporkan kepada Tuhan keadaan umat manusia. Ketika tiba saat tentang Ayub, Iblis sedemikian sinisnya sampai ia tidak dapat percaya bahwa ada orang akan mengasihi Tuhan karena kepentingan-Nya sendiri. Ia berpikir orang hanya mengasihi Tuhan karena apa yang mereka bisa dapatkan dari Dia.

Maka berlangsunglah debat antara Tuhan dan Iblis, dengan Iblis mengajukan anggapan tersebut. Tuhan menanyakan Iblis jika ia pernah bertemu Ayub waktu ia mengunjungi bumi. Tuhan mengajukan anggapan bahwa Ayub mencintai Dia, dan bukan karena berkat apa pun yang telah ia terima.

Iblis terus saja sinis dalam jawabannya, dengan mengklaim bahwa jika Tuhan mengambil berkat-berkat-Nya, Ayub akan mengutuki Tuhan sama seperti orang-orang lainnya. Maka taruhan surgawi pun terjadi.

Kunci dari semua drama yang baik adalah ketegangan. Sementara pembaca sadar tentang taruhan surgawi itu, Ayub tidak. Jika ia tahu, ujiannya akan tidak sah.

Interaksi ini mengajarkan kita pelajaran penting tentang Iblis. Pertama, ini menyiratkan bahwa ia tidak dapat berada di lebih dari satu tempat secara bersamaan. Ia tidak memiliki kemahahadiran Tuhan. Maka ketika orang berkata bahwa Iblis mengganggu mereka sebab sesuatu yang remeh telah berlangsung tidak benar, mereka keliru. Umumnya ia memiliki pekerjaan jauh lebih penting dengan orang lain! Apa yang sebagian orang sebut sebagai 'serangan satanik' lebih tepat disebut 'serangan demonik (roh jahat).' Kekuatan Iblis bekerja di seluruh dunia, tetapi tidak berarti bahwa Iblis sendiri secara pribadi terlibat.

Pemikiran salah tentang Iblis ini sebagian muncul karena kita mengikuti kekeliruan orang Yunani purba dan membagi dunia ke dalam 'natural dan 'supernatural.' Kita mengandaikan Iblis harus supernatural, maka kita menempatkan dia di samping Tuhan, seakan ia memiliki kuasa dan otoritas setara dengan-Nya. Sebaliknya kita harus membagi dunia sebagai yang Alkitab buat, dengan Pencipta di satu sisi dan ciptaan-Nya (termasuk iblis) di sisi lain. Iblis tidak mahakuasa, mahatahu atau mahahadir; ia hanya makhluk saja.

Kedua, Iblis perlu izin Tuhan untuk menyerang Ayub. Iblis tidak dapat menyentuh seorang milik Tuhan kecuali

Tuhan memberinya izin. Dalam Perjanjian Baru, Tuhan menjanjikan semua orang percaya bahwa mereka tidak akan pernah dicobai melampaui apa yang dapat mereka tanggung, sebab Ia mengendali si pencoba.

## Plot manusia

Bagian lebih besar dari kitab ini memaparkan perdebatan antara Ayub dan teman-temannya. Pertanyaan kunci yang disoroti ialah, "Mengapa Ayub menderita lebih dari orang lain?"
Ada dua sudut pandang:

a. para sahabatnya yakin bahwa penderitaan itu datang karena Ayub berdosa;
b. Ayub cukup yakin bahwa ia tidak berdosa dan memprotes ketidakbersalahannya.

Karena pembaca mengetahui bahwa Ayub tepat, percakapannya menjadi hidup dan tegang.

Struktur dua plot kitab ini mengingatkan kita bahwa tak seorang pun yang tahu gambaran menyeluruhnya apabila menyangkut alasan tentang penderitaan. Lebih penting dari mencari alasan, setiap orang diperhadapkan dengan pertanyaan lebih besar: Dapatkah saya melanjutkan percaya akan Tuhan yang baik apabila segala sesuatu berjalan salah? Kitab Ayub memberi sebuah jawaban untuk pertanyaan ini.

Pentingnya isu ini dijernihkan dengan bertanya, "Apakah penderitaan terbesar Ayub?" apakah itu:

■ jasmani? Ia menderita luka-luka dari kepala ke telapak kaki, ia lelah tak berdaya, serta menanggung kesakitan jasmani luar biasa.

- sosial? Penampilan jasmaninya dan pengetahuan komunitas lokal tentang tragedi ini membuat ia menjadi seorang yang dibuang. Ia duduk di tumpukan abu di pinggir desa, dan orang berjalan menghindar di sisi lainnya ketimbang bicara kepadanya. Bahkan para remaja menertawakan dia.
- mental? Ia menghadapi penderitaan mental karena tidak mengetahui mengapa hal-hal yang menekannya ini terjadi kepadanya, khususnya karena tidak ada sesuatu di masa lalunya yang dapat ditunjuk.
- spiritual? Penderitaan spiritualnya jauh lebih besar ketimbang yang lainnya, sebab ia merasa ia telah kehilangan hubungan dengan Tuhan. Ia berseru, memohon agar boleh menemukan Dia, bicara kepada-Nya, bahkan berbantah dengan-Nya! Ini sungguh penderitaannya yang nyata, dan paling dalam! Sakitnya penderitaan iu menjadi makin parah jika kita merasa bahwa Tuhan jauh dan tidak lagi peduli. (Namun demikian, ketika Ayub akhirnya sanggup bicara dengan Tuhan, itu di luar dari yang ia dapat bayangkan sebelumnya.)

## Pendahuluan

Bagian pendahuluan memperkenalkan kita kepada para tokoh dalam kisah ini:

### Tuhan

Tuhan (yang disebut dengan *Yahweh*) memprakarsai keseluruhan rangkaian peristiwa dengan menantang Iblis.

## Iblis

Iblis adalah penasihat untuk sidang penuntutan. Dalam teks Ibrani *Iblis,* yang berarti *'si penuduh';* 'iblis' bukan nama yang tepat.

## Ayub

Ayub dipaparkan sebagai "tidak bercacat dan benar; ia takut akan Tuhan dan menjauhi kejahatan." Dua hal itu saling berhubungan: takut akan Tuhan memimpin kepada menghindari kejahatan. Jika Anda kurang takut akan Tuhan, maka Anda tidak khawatir tentang dosa. Tuhan jelas berkenan dengan kesalehan Ayub dan memberkati dia dengan anak-anak, kemilikan dan kesehatan.

## Istri Ayub

Sukar menulis tentang istri Ayub tanpa terkesan negatif! Teks memaparkan dia sebagai 'perempuan bodoh,' yang artinya ia tidak peka akan penderitaan Ayub. Ia mendesak Ayub untuk "Kutuki Tuhan dan matilah!" Tepat pada saat Ayub membutuhkan penguatan dan pertolongan, ia yang pertama yang menambahkan penderitaan kepadanya. Ia memberitahu Ayub bahwa Tuhan telah meninggalkan dia dan sebaiknya Ayub pun melakukan yang sama.

## Sahabat Ayub

Tiga sahabat Ayub lebih tua daripada dia. Mereka mulai dengan duduk bersamanya dan tidak mengucapkan kata-kata selama tujuh hari.

## Percakapan manusia

Akhirnya Ayub memecah kesunyian dengan mengutuki hari kelahirannya. Ia berharap ia lahir dalam keadaan mati dan telah pergi ke *Sheol*, yaitu keadaan sesudah kehidupan yang tanpa kesadaran bagaikan bayang-bayang yang dipercaya oleh orang masa Perjanjian Lama. Paling tidak ia tidak berada dalam keadaan kesakitan terus menerus. Ucapannya muram, sayang diri, meski tidak pernah satu kali pun ia berpikir akan membunuh diri.

Masing-masing dari tiga sahabat itu bicara tiga kali, tetapi untuk tujuan analisis kita akan menggabungkan ucapan mereka bersama.

### Elifas

Pidato Elifas mengusulkan bahwa ia seorang negarawan lebih tua -- seorang yang saleh, mistikal. Tidak seperti sahabat Ayub lainnya, ia lembut dalam pendekatannya. Ia percaya bahwa Ayub dihukum sebab telah berdosa. Ia mendasari pandangannya atas doktrin ortodoks tentang pahala dan hukuman, tentang sejarah sendiri, dan atas hikmat zaman secara kumulatif. Singkatnya, jika Ayub tidak berdosa, lalu mengapa ia dihukum?

Lebih lanjut, ia merujuk ke satu penglihatan yang pernah ia dapat, yang mendukung dirinya bahwa hukuman Ayub seluruhnya adalah akibat perbuatan dan tingkah lakunya. Ia menjelaskan bahwa karena sifat pembawaan manusia jahat adanya, tidak seorang pun dapat berkata bahwa mereka tidak bersalah di hadapan Tuhan. Karena semua kita orang berdosa, Ayub seharusnya mengakui saja bahwa dosa adalah alasan untuk penderitaannya. Ketika Ayub bertanya mengapa ia menderita lebih dari orang lain, Elifas memberitahu dia bahwa penderitaan adalah cara Tuhan untuk membuatnya menjadi orang yang lebih baik. Meski nasihat itu sangat lembut, Ayub tidak menerimanya, maka Elifas menjadi tidak sabar dalam argumennya, ia mengklaim bahwa Ayub keras kepala karena menegaskan dirinya tidak bersalah, dan juga bahwa ia tidak hormat dan tekun menentang kepercayaan keagamaan. Elifas jelas menyesali antipati Ayub terhadap pandangannya, dan akhirnya simpatinya berubah menjadi sarkasme. Ia beranggapan bahwa karena kita semua cemar secara menyeluruh, kita tidak dapat menggerutu tentang penderitaan. Orang jahat tidak akan berhasil, dan andai mereka berhasil, mereka tidak akan bahagia -- hanya kelihatannya saja mereka bahagia.

Akhirnya, ketika Ayub masih tidak merespons, Elifas bicara tentang sifat transendens Tuhan. Ia mengklaim bahwa Tuhan terlalu besar untuk memberi perhatian, maka Ayub tidak perlu mengharapkan itu dari Tuhan. Tuhan yang transendens tidak dapat diganggu dengan kehidupan tiap orang.

## Bildad

Nama Bildad sesungguhnya berarti 'kekasih Tuhan,' tetapi perkataannya gagal menyamai namanya. Secara tradisional, orang yang lebih tua akan bicara pertama dalam situasi sedemikian, dan Bildad jelas sedikit lebih muda daripada Elifas -- ia barangkali sekitar 50 tahun.

Bildad adalah 'teolog' di antara tiga orang itu dan seorang tradisionalis *par excellence*. Ia penuh dengan klise, jargon dan formula, dan sangat sedikit memiliki kesabaran atau belas kasihan untuk Ayub. Ia memberitahu bahwa Ayub kehilangan anak-anaknya karena mereka orang berdosa yang pantas dimurkai Tuhan. Ia percaya akan alam semesta yang moral, dengan hukum sebab dan akibat berlaku pada kehidupan moral kita dan juga pada kehidupan materiil kita.

Sejauh menyangkut Bildad, jika Anda berdosa, Anda menderita, maka Ayub pasti seorang berdosa yang cukup jahat. Tidak heran bahwa dalam kelangsungan percakapan itu hubungannya dengan Ayub menjadi makin tegang.

Akhirnya ia memberitahu Ayub bahwa ia bicara omong kosong. Ia berlindung dalam kemahakuasaan Tuhan, sambil bertanya jika Ayub telah melupakan bahwa Tuhan bersifat maha kuasa. Karena Tuhan lebih besar dari kita, kita tidak bisa berbantah dengan-Nya, jadi mengapa tidak menerima saja?

Kesimpulannya sama dengan argumen yang Elifas buat: kemahakuasaan Tuhan adalah jawabannya.

## Zofar

Orang berikut yang bicara dengan Ayub adalah yang paling dogmatik dari ketiganya, Ia lebih muda daripada dua yang pertama, tetapi masih usia pertengahan. Ia menuduh Ayub menutup-nutupi kesalahannya. Ia mengklaim bahwa bahkan jika Ayub tidak berdosa secara sadar, ia mestinya berdosa secara tidak sadar. Ia mempermalukan Ayub dan memberitahu dia untuk memilih antara jalan lebar dan jalan sempit -- yaitu, jalan jahat dan jalan benar. Ia mengaku heran tentang kemakmuran orang jahat, tetapi mengklaim itu hanya berusia singkat. Karena kekayaan Ayub telah lenyap, ia pasti juga jahat. Zofar mengingatkan Ayub bahwa Tuhan mahatahu, maka Ia tahu dosa yang tidak Ayub sadari itu.

\*\*\*

Argumen dari ketiga sahabat Ayub banyak memiliki kesamaan. Semua mereka mengandaikan bahwa kita hidup dalam alam semesta bersifat sebab-akibat moral, dan mereka berusaha memaksakan fakta-fakta cocok dengan kepercayaan mereka. Mereka berlindung dalam doktrin dan berusaha memaksakannya kepada Ayub tanpa memiliki kepekaan. Bahkan, argumen-argumen mereka adalah contoh tentang *bagaimana* untuk tidak menerapkan doktrin alkitabiah! Kita perlu memegang dengan teguh doktrin yang jelas, tetapi perlu juga berhati-hati tentang bagaimana kita menerapkannya kepada kasus-kasus individual. Sebagai contoh, kadang memang benar mengatakan bahwa seseorang tidak disembuhkan karena mereka tidak memiliki iman, tetapi orang harus memiliki cukup hikmat untuk mengetahui kapan prinsip ini harus diterapkan ke orang tertentu. Bisa terjadi dampak sangat merusak jika kita tidak bijak.

Sesudah memerhatikan semua ini, pidato ketiga sahabat ini bukannya buruk sama sekali, dan mereka mengandung petunjuk tentang jawaban mutlak yang akan Tuhan berikan.

## Ayub

Ayub membuat sembilan pidato: tiga untuk Elifas, tiga untuk Bildad dan tiga untuk Zofar. Dalam pidato ini pada dasarnya Ayub berkata bahwa Tuhan bertanggungjawab atas penderitaannya. Ia menjelaskan bahwa ia tidak dapat bertobat sebab ia tidak menyadari adanya dosa apa pun. Ia telah berusaha hidup benar di pemandangan Tuhan.

Agaknya ada gerak *maju* atau perkembangan yang jelas dalam pidatonya. Kita dapat menemukan peningkatan keberanian, baik dalam apa yang ia katakan kepada teman-temannya dan dalam apa yang ingin ia katakan kepada Tuhan.

Ada *perubahan* pasti antara perasaan berat dan keputusasaan di satu pihak dan keyakinan serta pengharapan di lain pihak. Peralihan suasana hati sedemikian kerap mencirikan orang yang sakit. Terkadang ia berharap akan membaik, dan pada kali lain ia takut bahwa mereka akan menjadi lebih buruk. Ia memohon Tuhan meninggalkannya sendiri, namun ia bicara terus terang dan jujur dengan-Nya. Ia ingin menempatkan Tuhan di kursi terdakwa dan mengklaim ia akan sanggup memenangkan tuduhannya terhadap Tuhan. Ia mengisyaratkan kepercayaan akan kehidupan sesudah kematian, tetapi sukar mengatakan apakah ini bagian dari suasana hati yang berubah-ubah atau kepercayaan yang kokoh.

Ada dua pasal menonjol dalam pidato Ayub. Yang pertama pasal 24, merupakan sebuah lagu tentang *hikmat*. Hikmat dipaparkan sebagai seorang perempuan yang dirindukan, mirip seperti yang Salomo katakan tentang hikmat dalam Kitab Amsal. Ayub bicara mengenang tentang hari-hari ketika ia dihormati dan perkataannya dihargai.

Nas lain yang luar biasa adalah pasal 31, sebuah protes tentang *ketidak-bersalahan* Ayub. ia menceritakan tentang wilayah perilakunya yang tidak bercela. Ia menyetujui bahwa jika ia telah melanggar standar ini, hukuman akan adil untuknya; tetapi ia memprotes bahwa tidak demikian halnya. Ia mengklaim hukuman atasnya tidak beralasan.

Pidato terakhir ini menumbulkan kebuntuan. Elifas, Bildad dan Zofar meninggalkan dia, untuk digantikan oleh seorang pemuda bernama Elihu, yang telah mendengarkan argumen-argumen Ayub.

## Elihu

Elihu memiliki keangkuhan orang muda. Ia mengklaim dirinya segan bicara, tetapi sepertinya tidak sanggup menahan diri. Ia memberikan Ayub apa yang diklaimnya sebagai ide terkini, tetapi pada akhirnya tidak ada hal baru yang ia sampaikan. Ia menyangkal argumen Ayub, tetapi pendekatannya sama seperti ketiga pembicara terdahulu -- ia berusaha meyakinkan Ayub tentang dosanya.

Menurutnya Tuhan memakai berbagai jalan untuk menyelamatkan orang dari diri mereka sendiri -- penglihatan, mimpi di malam hari, dan kadang penyakit. Penderitaan yang Ayub tanggung adalah metode yang Tuhan pilih untuknya. Ia menolong dia memperbaiki jalannya sebelum ia mati. Ayub tidak menghargai pidatonya dengan jawaban, maka akhirnya Elihu pun pergi.

Telah kita perhatikan sebelumnya bahwa sastra hikmat harus ditafsirkan dengan hati-hati. Sebagian pernyataan yang dibuat oleh empat 'penghibur' ini jelas tidak benar, sebab mereka bicara tentang hal-hal yang tidak mereka mengerti sepenuhnya. Tetapi dari sisi lain apa yang mereka katakan benar: kesalahan mereka adalah dalam cara mereka menerapkan hikmat mereka. Mereka mengambil pepatah, "Apa yang orang tabur, ia akan menuainya," dan mereka mengandaikan bahwa itu harus berlaku untuk situasi Ayub.

Tambahan, bahwa mereka membanding kepada karakter Tuhan adalah hal yang tidak tepat. Mereka keliru memahami bagaimana itu berlakunya kepada Ayub. Elifas membanding kepada sifat transendens Tuhan, dengan mengatakan bahwa Ia lebih besar daripada kita dan terlalu jauh untuk memerhatikan tentang kita. Bildad membanding kepada kuasa Tuhan dan Zofar kepada pengetahuan Tuhan akan segala sesuatu.

Maka para sahabat tersebut hanya setengah benar, seperti yang Ayub akan temukan, tetapi secara keseluruhan, jawaban-jawaban yang mereka ajukan tidaklah memadai.

## Percakapan ilahi

### Ronde satu: – sang Pencipta

Sepanjang ucapannya, 36 kali Ayub meminta Tuhan untuk bicara dengannya. Kini ia menerima apa yang ia harapkan. Pada kedua kesempatan ketika Tuhan bicara kepada Ayub, itu adalah dari dalam badai. Ada banyak kejenakaan dalam cara Tuhan menyapa Ayub. Tuhan mengingatkan Ayub bahwa Ia adalah Pencipta segala sesuatu. Ia membentangkan kegiatan-Nya yang menakjubkan dari mencipta sampai menopang dunia, lalu menanyakan Ayub entah ia dapat menyamai pekerjaan-Nya itu. Ia mengakhiri dengan menanyakan apakah Ayub di posisi menghakimi, sambil memberitahu dia bahwa tidak pantas untuk Ayub menganggap bahwa Tuhan harus menjelaskan diri-Nya kepada dia. Ayub dibuat merasa sangat kecil.

Akhirnya Ayub menjawab, "Aku tidak layak -- bagaimana aku dapat menjawab-Mu? Aku menutup mulutku dengan tanganku. Sekali aku telah bicara, tetapi aku tidak memiliki jawaban -- kedua kali, tetapi aku tidak akan berkata lebih lagi."

### Ronde kedua: ciptaan

Pada ronde kedua Tuhan tidak bicara tentang diri-Nya sebagai Pencipta, tetapi tentang dua ciptaan-Nya. Sekali lagi percakapan itu penuh humor. Ia menanyakan Ayub pikirannya tentang kuda Nil (hippopotamus -- 'behemoth') dan buaya ('lewiatan'), seakan jawaban kepada pertanyaan penting tentang kehidupan dapat ditemukan dalam makhluk luar biasa ini!

Ayub diingatkan bahwa ia tidak dapat mengerti Tuhan. Ia tidak dapat mengerti dunia binatang, apalagi dunia moral. Jadi maksud bicara Tuhan adalah, "Mengapa engkau berusaha berbantahan dengan Aku?"

Ayub menjawab bahwa Tuhan mengetahui segala sesuatu, bahwa tidak ada rencana-Nya dapat digagalkan. Kini ia menyadari bahwa sikapnya mempertanyakan Tuhan sama sekali tidak benar, dan ia merendahkan dirinya dan bertobat dalam debu dan abu.

Meski perjumpaan dengan Tuhan itu merendahkan bagi Ayub, inti masalahnya telah diurus, karena ia kembali berhubungan dengan Tuhan lagi. Percakapan itu menyediakan bagi kitab ini suatu klimaks yang agung, jika bukan klimaks yang di luar dugaan.

# Penutup

Ketika Ayub telah menerima bahwa ia tidak harus menyalahkan Tuhan untuk perlakuan-Nya dengan dia, teks nya berubah dari puisi ke prosa. Tuhan mengembalikan anak-anak kepadanya (tujuh putra dan tiga putri), harta dan ternak unta dan domba, sehingga Ayub menjadi lebih kaya dan bahagia ketimbang sebelumnya. Ia dibenarkan sebagai hamba Tuhan.

Namun demikian, Tuhan sangat kritis terhadap tiga sahabat Ayub. Ia berkata bahwa perkataan mereka tentang Ayub tidak benar, yang memberitahu bahwa kita tidak boleh mengutip ucapan mereka seakan itu kebenaran.

Hal yang menarik tentang 'dua ronde' dengan Tuhan itu ialah Tuhan masih tidak memberikan jawaban apa pun kepada pertanyaan Ayub, dan tidak juga memberitahu Ayub tentang taruhannya dengan Iblis. Tuhan memiliki alasan-Nya sendiri tentang Ia mengizinkan Ayub menderita, dan tidak baik untuk Ayub mengetahui apa yang telah Ia lakukan di surga.

# Kesimpulan

Ada gunanya untuk kita mengambil beragam kesimpulan yang dapat ditarik dari Kitab Ayub.

## Kesimpulan Yahudi

Pembaca Yahudi akan menarik kesimpulan berikut dari kitab ini:

1. Tidak ada korelasi ketat antara dosa dan penderitaan dalam kehidupan ini.
2. Tuhan mengizinkan semua penderitaan.
3. Kita tidak akan pernah tahu alasan mengapanya. Sebagian penderitaan dapat dikirim kepada kita sebagai hukuman. Tetapi jika bukan, ia dapat mengandung maksud bahkan jika alasannya tersembunyi dari kita.
4. Jika dosa dan penderitaan berkaitan langsung, kita akan dipaksa untuk saleh karena alasan murni pementingan diri sendiri. Jadinya, kasih untuk Tuhan dan manusia tidak bersifat sukarela.

## Kesimpulan Kristen

Untuk orang Kristen Kitab Ayub dapat dilihat dalam konteks Perjanjian Baru::

1. Ayub tahu Tuhan dari alam, tidak Tuhan dari anugerah. Salib Yesus memberi nilai berbeda atas penderitaan manusia. Ayub adalah 'bayang-bayang' Kristus, yang membayangkan Dia yang menderita tanpa salah berabad-abad sesudahnya. Yesus seorang benar, namun Ia menderita seakan Ia seorang yang bersalah. Melalui salib kita mulai melihat bahwa Tuhan dapat memakai situasi apa saja untuk kebaikan. Semua penderitaan manusia harus dilihat dengan latarbelakang penderitaan salib.
2. Tuhan mengizinkan iblis menyebabkan kematian Yesus di salib, dengan Putra-Nya sendiri bertanya, "Tuhanku, mengapa?" Sebagaimana dengan Ayub, Tuhan tidak menjelaskan mengapa. Ini menjelaskan bahwa di bawah tekanan penderitaan penyaliban, bahkan Anak Tuhan tidak mengerti alasan untuk penderitaan-Nya.
3. Orang Kristen tahu bahwa ada kehidupan sesudah kematian. Masalah penderitaan tidak harus diselesaikan dalam kehidupan kini. Menarik untuk diperhatikan bahwa dalam versi Yunani Kitab Ayub satu ayat ditambahkan "dan ada tertulis bahwa ia [Ayub] akan bangkit kembali dengan mereka yang Tuhan bangkitkan."
4. Pengharapan akan kebangkitan ini mengingatkan kita bahwa akan ada pembelaan akhir atas Ayub. Orang Kristen percaya bahwa Yesus akan datang kembali untuk menghakimi yang hidup dan yang mati. Suatu hari kelak akan ada pemandangan ruang pengadilan dengan Yesus akan menjadi hakimnya dan semua orang

jahat dan orang baik yang pernah hidup akan berdiri di hadapan takhta-Nya untuk menerima sesuai apa yang telah mereka lakukan dalam tubuh ini. Jadi apa yang Ayub rindukan sesungguhnya akan menjadi kenyataan. Akan ada pembelaan keadilan secara publik, dengan kebenaran Tuhan diberlakukan kepada seluruh umat manusia.

# KEMEROSOTAN DAN KEJATUHAN SEBUAH KERAJAAN

17. Pendahuluan ke Nabi-nabi
18. Yunus
19. Yoel
20. Amos dan Hosea
21. Yesaya
22. Mikha
23. Nahum
24. Zefanya
25. Habakuk
26. Yeremia dan Ratapan
27. Obaja

# 17.
# PENDAHULUAN KE NABI-NABI

Bagian ini berfokus pada para nabi pra-pembuangan -- yaitu, para nabi yang pelayanannya terjadi sebelum dua pembuangan umat Tuhan. Umat dari kerajaan utara (Israel) dibuang ke Asyur tahun 722 SM dan mereka yang di kerajaan selatan diangkut ke Babel tahun 587 SM. Kebanyakan nubuatan dalam bagian ini menyangkut peringatan kepada umat bahwa Tuhan akan mengirim mereka ke pembuangan jika mereka tidak kembali kepada perjanjian. Bencana sedemikian terkesan tidak terbayangkan, karena umat itu tidak dapat membayangkan bahwa Tuhan akan membiarkan Bait dihancurkan dan umat-Nya dipindahkan dari tanah yang telah Ia janjikan untuk mereka.

Ini bukan satu-satunya fokus pesan nabi. Beberapa juga menyampaikan pesan kepada bangsa-bangsa sekitar Israel dan Yehuda, dan beberapa menyampaikan pesan langsung secara eksklusif kepada satu bangsa lain.

Ada banyak kebingungan tentang sifat nubuatan baik dalam Alkitab maupun masa kini, maka dibutuhkan sedikit penjelasan sebelum kita memeriksa kitab-kitabnya sendiri.

Nubuatan telah menjadi bagian dari kehidupan umat Tuhan sejak dari awal mereka menjadi bangsa. Musa disebut sebagai nabi, dan kitab-kitab Perjanjian Lama yang kita sebut sejarah dalam Alkitab kita disebut kitab-kitab nubuatan dalam Alkitab Yahudi. Para nabi pra-pembuangan memulai apa yang kita kenal sebagai 'kitab para nabi' (yi. Keseluruhan kitab-kitab dalam Alkitab yang sepenuhnya terdiri dari pesan seorang nabi, sedangkan 'para nabi yang lebih awal' tertanam dalam narasi sejarah, kerap lebih dari satu dalam masing-masingnya), meski urutan mereka dalam Alkitab tidak mencerminkan urutan dalam penulisan mereka.

Mereka adalah orang-orang biasa, tetapi mereka memiliki fungsi luar biasa yaitu berbicara untuk Tuhan. Mereka menerima pesan mereka dari Tuhan baik dalam kata dan dalam gambaran. Firman yang mereka terima menjadi 'beban di dalam mereka,' sehingga mereka merasa beratnya yang hanya berkurang ketika mereka menyampaikannya.

'Gambaran' itu disebut penglihatan ketika itu terjadi sementara sang nabi dalam keadaan bangun, dan mimpi jika itu sementara mereka tidur. Penting untuk disadari ketika kita membaca nubuatan bahwa ketika para nabi memaparkan penglihatan mereka biasanya mereka melakukan itu dalam bentuk waktu lampau, seakan hal yang mereka lihat telah terjadi. Kita biasanya akan memakai bentuk waktu akan datang dan berkata, "Saya telah melihat apa yang akan terjadi," tetapi nabi entah menyebutkan dalam bentuk waktu kini atau lampau -- "Saya melihat ini terjadi" -- atau dalam masa lampau -- "Saya telah melihat ini terjadi." Dalam kedua kasus itu, nubuatan tersebut meramalkan masa depan. Paparannya sangat terinci. Nahum, contohnya, benar-benar melihat seragam merah para serdadu yang akan menghancurkan Babel. Tidak ada musuh yang di zaman Nahum diketahui berseragam merah, tetapi tentara Persia, yang baru saja tampil, menghancurkan Babel mengenakan jubah merah.

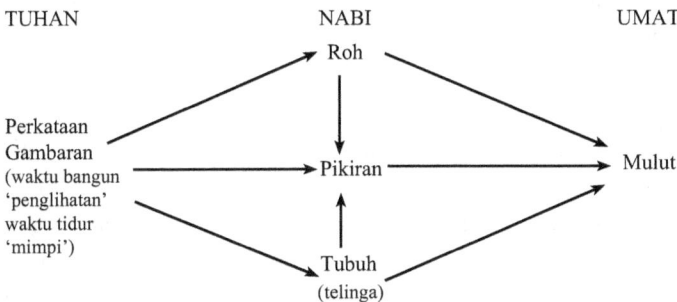

Karunia nubuatan memiliki dua sisi. Kesanggupan bicara untuk Tuhan bergantung pada kesanggupan mendengarkan dari Tuhan. Pesannya harus diterima sebelum dapat disampaikan. Hal itu datang kepada sang nabi melalui saluran berbeda, fisik, mental atau spiritual.

Tuhan bisa berbicara dengan suara terdengar. Alkitab tidak sering mencatat hal ini tentang Tuhan -- ketika Ia melakukannya, banyak orang berpikir itu adalah halilintar -- sebagaimana, contohnya, ketika Ia bicara kepada Yesus pada baptisan-Nya, "Engkau adalah Anak-Ku yang kekasih."

Tuhan juga dapat menaruh perkataan dalam pikiran sehingga sang nabi mengetahui bahwa ia sedang mendengar suara Tuhan. Dengan berjalannya waktu nabi akan belajar membedakan pemikiran yang ditanamkan Tuhan dari yang merupakan pemikirannya sendiri.

Juga, Tuhan dapat bicara kepada roh nabi dan menanamkan perkataan atau kesan yang ia sendiri tidak mengertinya. Sebagai contoh, ketika seseorang berdoa dalam bahasa lidah, Tuhan bicara kepada roh manusia itu dan menaruh perkataan ke dalam mulut mereka, meski pikiran mereka tidak mengerti apa yang terjadi.

Tentu saja, Tuhan dapat juga bicara kepada tubuh dan kemudian langsung kepada mulut, dengan sama sekali memintas pikiran dan roh -- sebagaimana yang Ia buat dengan keledai Bileam di Kitab Bilangan. Tetapi ini sangat jarang.

Terlepas dari cara penerimaannya, perkataan Tuhan pada akhirnya harus keluar dari mulut nabi dan disampaikan kepada umat.

Lazimnya ada dua kategori pesan: pesan tantangan ketika umat berdosa, dan pesan penghiburan ketika umat melakukan hal yang benar. Jika pesan umumnya terkesan negatif, maka ini karena Tuhan biasanya perlu berbicara apabila terdapat masalah. Maka banyak dari pesan nubuatan adalah tantangan ketimbang penghiburan. Dalam Kitab Yesaya paruh pertamanya adalah tantangan dan paruh keduanya adalah penghiburan.

Nabi palsu hanya akan memberikan penghiburan sebab yang ia pikirkan ialah bagaimana menyenangkan orang dan bukan tentang menyampaikan firman Tuhan. Maka Yeremia menjadi sindiran untuk bencana dan kekelaman karena ia bicara pada masa ketika umat telah hanyut jauh dari Tuhan (tetapi masih ada beberapa perkataan penghiburan dari dia).

Jadi mengapa kita perlu belajar para nabi?

Kita bukan orang Yahudi, jadi mengapa kita harus belajar sejarah mereka?

Jawabannya sangat sederhana. Kita harus mempelajari para nabi supaya kita boleh mengenal Tuhan lebih baik, sebab Tuhan tidak berubah. Para nabi menyatakan Tuhan -- Tuhan yang telah menyatakan diri-Nya sebagai "Aku adalah" atau "Selalu" yang Agung.

Ada tiga hal besar yang merupakan fokus pelayanan para nabi, sebagaimana diperlihatkan dalam bagan berikut ini:

*1. Kegiatan Tuhan -- penuh kuasa*
Sifat: mukjizat
Sejarah: pergerakan

*2. Integritas Tuhan -- teramalkan*
Keadilan: penghukuman
Rahmat: pengampunan

*3. Kelenturan Tuhan -- pribadi*
Manusia: bertobat
Tuhan: menyesal

1. Para nabi berfokus pada kegiatan Tuhan -- apa yang telah Ia buat, apa yang sedang Ia lakukan. Ketika di gereja kita mengikrarkan Pengakuan Iman Rasuli, kita mulai dengan perkataan, "Aku percaya kepada Tuhan Bapa yang Mahakuasa, Khalik langit dan bumi." Demikianlah para nabi menampilkan Dia -- sebagai Tuhan yang sedemikian berkuasa yang mengendali penuh baik alam maupun sejarah. Karena itu Ia dapat membuat mukjizat terjadi dalam alam dan Ia dapat menyebabkan kegerakan terjadi dalam sejarah. Ini adalah konsep tentang Tuhan yang harus kita pegang dalam zaman kita yang modern, dan ilmiah, di mana kebanyakan orang menganggap alam sebagai sistem yang tertutup dan sejarah sebagai akibat dari kekuatan-kekuatan ekonomi. Tidak mudah mengingat bahwa Tuhan mengendali penuh baik alam maupun sejarah. Membaca para nabi secara teratur membuat kita menyimpan dalam pikiran kita gambaran tentang Tuhan yang mahakuasa yang dapat melakukan apa pun bisa terjadi dalam alam dan sejarah.

2. Para nabi berfokus pada integritas Tuhan -- mereka memperlihatkan kepada kita bahwa Tuhan konsisten adanya. Ia selalu sama; Ia tidak berubah dalam karakter-Nya. Ia adalah kombinasi unik antara keadilan dan kemurahan. Jika Anda menekankan yang satu lebih daripada yang lain, Anda akan mendapatkan pandangan yang tidak seimbang tentang Tuhan. Jika Anda hanya memikirkan tentang keadilan Tuhan, Anda mendapatkan gambaran terlalu keras tentang Tuhan. Jika Anda hanya memikirkan tentang kemurahan-Nya, Anda mendapatkan gambaran Dia yang terlalu lemah. Pada yang satu hanya ada takut tetapi tidak ada kasih, dan di lainnya ada kasih tetapi tanpa takut. Para nabi menyediakan keseimbangan yang indah. Keadilan Tuhan berarti Ia harus menghukum dosa, dan kemurahan-Nya berarti Ia rindu memaafkan dan mengampuni. Ketegangan untuk Tuhan ini hanya diselesaikan di salib, sebab di saliblah keadilan dan kemurahan bertemu. Dosa secara bersamaan dihukum dan diampuni di tempat dan waktu yang sama -- Yesus mengambil hukuman itu dan kita memperoleh pengampunan. Integritas karakter Tuhan berarti bahwa Anda dapat meramalkan bagaimana Tuhan akan berkelakuan. Ia akan menjalankan kemurahan sepanjang Ia bisa, tetapi apabila secara terus menerus ditolak Ia harus menjalankan keadilan. Itulah pesan dari Yunus dan Nahum, misalnya.
3. Para nabi menekankan kelenturan Tuhan. Saya percaya ini adalah wawasan terpenting tentang karakter Tuhan. Ia dapat mengubah rencana-Nya -- rencana-Nya tidak terpaku kekal, tetapi dapat berubah bergantung pada bagaimana orang merespons kepada-Nya. Khususnya ini terlihat dalam bagian nubuatan Yeremia, di mana nabi itu pergi ke rumah tukang periuk dan melihat

sang penjunan berusaha membuat tanah liat menjadi pot indah. Tetapi tanah itu dapat menjadi tidak sesuai dalam bentukan tangan tukang periuk untuk membentuk pot ini, maka ia mengembalikannya ke gundukan tanah dan darinya membuat sebuah periuk tebal dan kasar. Tuhan berkata kepada Yeremia, "Apakah yang kau pelajari dari tukang periuk dan tanah liat itu?" Kebanyakan pengkhotbah yang pernah saya dengar tentang nas ini salah mengertinya. Mereka berkata bahwa sang tukang periuk memutuskan akan bagaimana bentuk tanah liat itu dan ini menyiratkan predestinasi -- jika Tuhan memutuskan destini Anda, Anda terikat dengan itu. Sesungguhnya tanah liat itu memutuskan bagaimana ia berespons kepada tangan-tangan sang penjunan. Tuhan berkata Ia ingin membuat Israel menjadi saluran kemurahan-Nya, tetapi mereka tidak menyambut itu, maka Ia membuat mereka menjadi periuk yang penuh dengan keadilan-Nya.

Maka para nabi berbicara tentang Tuhan yang adalah pribadi, yang hidup dan memanggil kita masuk ke dalam hubungan yang hidup dengan Dia. Kejadian-kejadian tidak terpaku -- itu adalah fatalisme. Tuhan bersifat lentur -- Ia menyesuaikan diri dengan umat-Nya. Apabila umat-Nya berespons dengan benar, Ia membuat kita menjadi pot yang indah. Tetapi apabila kita merespons salah, Ia masih akan membuat kita suatu perkakas, tetapi itu akan merupakan perkakas penuh keadilan-Nya, dan kita akan menjadi demonstrasi tentang keadilan Tuhan kepada dunia ini. Pilihannya ada pada kita. Ingin menjadi jenis tanah liat apa kita? Kita ingin mendemonstrasikan kemurahan-Nya kepada dunia atau keadilan-Nya?

Kelenturan Tuhan adalah suatu kebenaran mulia untuk saya, tetapi sayangnya, gambaran tentang Tuhan ini tidak tertangkap oleh kebanyakan orang Kristen. Masa depan tidak terpaku mati; itu tidak ditentukan sebelumnya; hal itu terbuka, sebab Tuhan pribadi adanya. Satu hal yang tidak dapat Tuhan ubah adalah masa lalu, tetapi Ia dapat dan akan mengubah masa depan. Alkitab bahkan berani berkata bahwa Tuhan 'bertobat' (berubah) ketika kita bertobat. Ini tidak perlu membuat kita terkejut. Kata 'bertobat' semata berarti 'berubah pikiran.' Maka ketika kita mengubah pikiran kita, Tuhan mengubah pikiran-Nya! Tetapi karakter-Nya tidak berubah, maka kita selalu dapat bersandar kepada-Nya. Maka membaca kitab para nabi adalah baik agar kita dapat mengenal Tuhan lebih baik. Ia adalah Tuhan yang penuh kuasa dan dapat melakukan apa saja dalam alam dan sejarah. Ia adalah Tuhan yang dapat teramalkan -- Ia akan bertindak sesuai integritas karakter-Nya -- dan karena itu kita dapat mengetahui bagaimana Ia akan berespons. Tetapi Ia juga Tuhan pribadi yang menginginkan hubungan yang hidup dengan kita supaya Ia dapat merespons kepada kita dan kita dapat merespons kepada-Nya. Itulah adanya Tuhan yang kita sembah. Para nabi pra-pembuangan mencakup beberapa dari para nabi paling dikenal dan paling tidak dikenal, tetapi bersama mereka memberi kita cukup lingkup gaya dan fokus pelayanan nubuatan.

# 18.
# YUNUS

## Pendahuluan

Pendahuluan kepada Yunus ini mencakup Nahum juga, sebab ada kesamaan berarti antara kedua nabi ini. Yunus dan Nahum, keduanya memiliki jenis pesan yang sama.

Yunus dilahirkan dekat Nazaret. Ia adalah pahlawan setempat untuk orang Nazaret, dan Yesus mesti pernah mendengar tentang dia ketika Ia masih anak kecil, dari semua nabi, Yesus membandingkan diri-Nya dengan Yunus.

Nahum datang dari Kapernaum. Kaper berarti 'desa,' jadi *Kaper-Na(h)um* dinamai menurut nabi itu. Desa tersebut adalah basis utama Yesus di Laut Galilea, maka Ia memiliki koneksi sangat dekat dengan kedua nabi ini.

Khususnya sangat berarti bahwa mereka berasal dari utara, sebab ini adalah bagian internasionalnya Israel. Wilayah itu disebut 'Galilea bangsa-bangsa' sebab Galilea adalah jalan simpang dunia. Sebuah jalan dari Eropa turun ke pesisir dan menyeberang melalui wilayah itu sebelum maju ke timur ke Arabia. Jalan dari Afrika datang dari Mesir dan melintas melalui Galilea dan ke utara ke Damaskus. Maka setiap orang yang dari Asia ke Afrika atau dari Eropa ke Arabia datang melalui jalan simpang ini.

Di jalan simpang itu terdapat sebuah bukit kecil bernama Megido. "Bukit Megido' dalam bahasa Ibrani adalah 'Armagedon,' di mana perang terakhir dalam sejarah akan berlangsung. Maka Nazaret ada di bukit menatap ke jalan simpang tersebut. Sewaktu masih seorang anak Yesus mestinya telah melihat banyak yang datang dan pergi, bagaikan para pelancong yang lalu lalang di ruang tunggu bandara.

Galilea sangat internasional, sedangkan di bukit-bukit Yudea di selatan orang-orangnya nasionalistik, terisolir dan tidak berada langsung di jalur lintasan utama.

Maka ada dua lokasi di dalam bangsa itu yang memengaruhi pelayanan Yesus. Ia sangat populer di tempat internasional di utara, tetapi sangat tidak populer di pusat nasionalis di selatan, di mana akhirnya Ia disalibkan.

Yunus dan Nahum adalah orang utara dan karena itu sangat sadar akan hubungan internasional, dan kedua mereka diutus oleh Tuhan ke Asyur.

Ancaman kepada Tanah Suci datang dari kekuatan besar di barat dan timur. Israel terus menerus dijepit di antara dua blok kekuatan ini sementara mereka berusaha untuk saling menaklukkan. Seseorang berkata tentang Israel bahwa jika Anda tinggal di tengah suatu persimpangan jalan Anda akan dilindas, dan itulah persisnya yang terjadi. Dalam zaman Yunus dan Nahum, Asyur, dengan ibukotanya Niniwe, adalah masalah.

Yunus pergi menantang Asyur tahun 770 SM dan Nahum tahun 620 SM, maka mereka terpisah 150 tahun. Keduanya diutus sebab kejahatan nyata orang Asyur. Kerajaan Asyur berlangsung sekitar 750 tahun dan di suatu tahap bahkan berhasil merebut Mesir. Ia mulai dari kekuatan kecil di sekitar tahun 1354 SM dan berangsur meluas. Tetapi ia berkembang dengan cara sangat kejam.

Bahkan Asyur adalah salah satu bangsa paling kejam yang pernah dilihat dalam sejarah. Mereka memperkenalkan cara mengerikan menusuk musuh mereka dengan tiang pancang kayu sampai mereka mati. Mereka menghukum ribuan orang sekali waktu dengan cara itu. Mereka memerintah kerajaan mereka dengan cara teror.

Nahum menyebut ibukota Niniwe 'kota berdarah,' dan nama itu memang layak untuk mereka. Jika sebuah bangsa berpikir bahwa Asyur sedang mengamati negeri mereka, mereka takut bukan main tentang apa yang mungkin terjadi.

Zefanya juga bicara tentang Asyur, tetapi Nahum akhirnya pergi kepada mereka dan berkata, "Selesailah kalian! Tuhan akan memusnahkan kalian." Dan memang benar, Niniwe jatuh tahun 612 SM, dan seluruh kerajaan Asyur lenyap lima tahun kemudian, langsung sesudah peringatan Nahum itu.

## Fakta atau fiksi?

Beralih ke kisah Yunus sendiri, pertama kita harus merespon kepada perdebatan sengit tentang apakah ini fakta atau fiksi. Kebanyakan orang mengenal kitab ini karena kisah 'Yunus dalam perut ikan paus' dan kebanyakan kesan orang tentang kitab ini bergantung pada entah mereka percaya atau tidak tentang kebenaran kisah ini.

Sementara orang berkata bahwa peristiwa di mana ikan paus (atau ikan besar) menelan Yunus adalah seperti cerita Pinokio, yang juga hidup dalam perut ikan paus. Mereka mengajukan anggapan bahwa tidak ada orang dapat diharapkan menerima kisah fantastis itu secara serius. Karenanya mereka menerima itu sebagai perumpamaan dengan pelajaran dan mengajukan berbagai pilihan tentang artinya.

Sementara orang berkata bahwa ini diceritakan untuk menantang para pendengarnya memasuki pekerjaan misionaris yang lebih besar -- itu mengingatkan Israel bahwa mereka memiliki tanggungjawab misionaris kepada seisi dunia. Larinya Yunus dari misinya adalah suatu pelajaran untuk dipelajari oleh Israel.

Tetapi apabila ada perumpamaan dalam Alkitab, biasanya hal itu dinyatakan dengan sangat jelas. Namun demikian, Yunus diperlakukan sebagai sejarah. Juga, ketika Yesus menceritakan perumpamaan, itu tidak mengandung mukjizat, padahal ada delapan mukjizat dalam kisah ini.

Para sarjana lainnya percaya bahwa Kitab Yunus adalah alegori, dengan setiap kejadiannya merujuk ke kehidupan nyata. Maka Yunus adalah personifikasi Israel, mirip halnya *John Bull* adalah Inggris atau *Uncle Sam* adalah Amerika Serikat. Mereka berkata bahwa ditelannya Yunus oleh ikan paus adalah gambaran metaforis dari Israel ditelan dalam pembuangan.

Tetapi ada beberapa keberatan serius terhadap sikap memperlakukan Yunus sebagai fiksi.

1. Gaya kitab ini persis sama dengan semua kitab sejarah. Pemilihan kata, gaya dan tata bahasanya identik dengan 1 dan 2 Raja-raja.
2. Kitab ini bicara tentang tempat dan manusia yang sungguh ada yang disebutkan di bagian lain dalam Alkitab. Yunus disebutkan dalam 2 Raja-raja, maka kita tahu bahwa ia adalah nabi semasa pemerintahan Yerobeam II. Ayahnya Amitai dan ia diperlakukan sebagai pribadi nyata dalam kitab-kitab sejarah dalam Alkitab.

3. Yang lebih penting, Yesus memperlakukan Yunus sebagai seorang yang nyata. Ia percaya tentang Yunus dan ikan besar itu. Yesus bicara tentang diri-Nya bahwa 'seorang yang lebih besar daripada Yunus kini ada di sini," dan Ia menyamakan periode kematian-Nya dengan masa Yunus ada dalam ikan itu.
4. Tetapi di atas semuanya, teori-teori yang mengklaim Yunus adalah perumpamaan atau alegori tidak berlaku adil kepada pasal 4. Pertanyaan utama yang membuka pesan kitab ini ialah 'Lalu, mengapa orang sedemikian bersemangat memperlakukan Yunus sebagai seorang yang tidak pernah ada? Mengapa mereka begitu enggan menerima kitab ini sebagai fakta?

Keberatan pertama ialah apa yang terjadi kepadanya mustahil secara jasmani. Kedua ialah kecil kemungkinannya secara psikologis bahwa seorang pengkhotbah Yahudi dapat menyebabkan pertobatan seisi kota kafir yang sedemikian besar. Dapatkah kita membayangkan seorang Yahudi tiba di tengah London, berkhotbah di *Trafalgar* Square dan membawa kota itu kembali kepada Tuhan? Agaknya sangat tidak mungkin bahwa seluruh kota London akan bertobat.

Mengenai kemustahilan jasmani. Kita lebih dulu perlu bertanya, "Dapatkah itu terjadi?" Kedua, kita harus bertanya, "Dapatkah Tuhan membuatnya terjadi?"

## Mungkinkah seseorang ditelan oleh ikan besar atau ikan paus?

Ketika saya pastor di desa Chalfont St. Peter, Buckinghamshire, seorang pandai besi setempat memiliki seorang putra yang bekerja dengan binatang laut di California. Ia melatih seekor ikan paus dan seekor ikan lumba-lumba yang bersahabat dan bermain bersama di sebuah kolam besar. Ketika ikan lumba-lumba itu mati ikan paus tidak mengizinkan pemiliknya menyentuh bangkai temannya itu, dan menyimpan badan lumba-lumba mati itu dalam mulutnya sampai tiga hari. Secara periodik ia mengangkat lumba-lumba itu ke atas air berusaha agar ia dapat bernafas lagi. Putra sang pandai besi memperlihatkan kami film yang ia ambil selama tiga hari itu, dan ukuran badan lumba-lumba sebesar ukuran manusia.

MATI ATAU HIDUP?

Pertanyaan intinya untuk saya ialah apakah Yunus mati atau hidup.

Saya tidak pernah memikirkan pertanyaan itu sampai saya melihat film tentang paus dengan lumba-lumba di mulutnya yang berusaha agar lumba-lumba itu bernafas lagi. Tetapi ketika saya membaca kembali Kitab Yunus, saya terkejut mendapatkan bahwa semua petunjuk yang ada mengarah ke fakta bahwa ikan paus itu mengambil badan yang telah mati.

Jika Anda membaca pasal 2 Anda temukan bahwa Yunus sesungguhnya tenggelam. Kita baca bahwa ketika para pelaut melemparkan dia ke dalam laut ia tenggelam ke dasar laut dan terbaring di sana di kaki gunung laut, dengan kepalanya dalam rumput laut. Hanya perlu satu setengah menit untuk tenggelam, dan perlu lebih lama untuk mencapai dasar laut! Bahan sekolah Minggu keliru menggambarkan ikan paus di permukaan laut dengan mulut terbuka ketika para pelaut melemparkan Yunus dari geladak kapal. Tidak satu pun menggambarkan seperti yang Alkitab katakan, ia tergeletak di rumput laut di dasar Laut Mediteranea.

Tambahan pula, doa yang ia ucapkan memberitahu kita bahwa ia ada di dalam Sheol, kediaman orang mati. Ia memaparkan saat terakhir ia sadar, ketika hidupnya surut pergi dan air melingkupinya. Ia berkata bahwa pada saat itu ia mengingat Tuhan.

Jadi semua bukti petunjuk ini menyatakan bahwa Yunus mati. Agaknya ikan paus itu tidak menyebabkan kematian Yunus melainkan kebangkitannya. Ketika ikan itu memuntahkannya, Tuhan mempersatukan kembali roh dan tubuhnya. Ini terkait dengan pernyataan Yesus bahwa, sama seperti Yunus dalam perut ikan, demikian juga Ia akan ada di perut bumi.

Para skeptik duniawi merasa lebih mudah percaya bahwa Yunus ditelan dan tetap hidup dalam ikan besar itu ketimbang ide bahwa ia mati dan dibangkitkan! Saya percaya bahwa Yunus adalah suatu contoh luar biasa tentang kebangkitan dalam Perjanjian Lama.

## MUKJIZAT

Penafsiran Kitab Yunus membawa kita ke pertanyaan lebih besar tentang kepercayaan kita akan Tuhan. Dalam kitab ini bukan saja ditelannya Yunus oleh seekor ikan paus yang harus kita hadapi, tetapi total delapan mukjizat fisik, termasuk sebuah mukjizat lebih besar daripada mukjizat yang biasanya orang hubungkan dengan kitab ini.

Sebab, dalam pasal terakhir Tuhan memerintahkan seekor cacing untuk melakukan sesuatu. Putra sang pandai besi di California dapat dengan cukup mudah melatih ikan paus -- mereka adalah binatang menyusui yang berintelijensi tinggi -- tetapi saya tidak pernah melihat ada orang melatih cacing! Tetapi Tuhan memerintahkan cacing apa yang harus ia lakukan. Jika ada orang berkata kepada saya,

"Anda tidak mungkin masih percaya kisah tentang Yunus dan ikan paus, bukan?" Saya menjawab, "Itu belum apa-apa -- saya percaya kisah tentang cacing juga!" biasanya mereka menatap kosong sebab mereka tidak mengerti apa yang sedang saya katakan.

Mari kita pertimbangkan secara singkat mukjizat-mukjizat dalam kitab ini:

1. Tuhan mengirim angin yang menyebabkan badai, dan kapal itu ada dalam bahaya.
2. Ketika para pelaut membuang undi mendapatkan siapa penyebab murka ilahi itu, mereka mengenali Yunus. Tuhan mengendali hasil dari sesuatu yang tampaknya adalah seleksi acak.
3. Ketika para pelaut melempar Yunus dari geladak, Tuhan meneduhkan laut.
4. Tuhan mengirim ikan besar untuk menelan tubuh Yunus.
5. Tuhan membuat ikan besar itu memuntahkan tubuh itu ke dataran kering.
6. Tuhan membuat sebuah pohon jarak (tanaman jarak, yang darinya kita membuat minyak jarak) tumbuh dalam semalam.
7. Tuhan mengirim cacing untuk memakan akar tanaman itu sehingga ia mati.
8. Akhirnya Tuhan mengirim angin gurun yang panas menyengat.

Maka pada delapan kesempatan ini Tuhan mengendalikan alam.

Bagaimana kita bereaksi kepada peristiwa-peristiwa ini mengungkapkan banyak hal tentang kita. Ada tiga filsafat yang secara luas dipegang di Inggris (dan di antara orang modern masa kini):

*1. Ateisme* berkata bahwa Tuhan tidak mencipta dunia dan karenanya Ia tidak mengendalikan dunia ini.

*2. Deisme* adalah filsafat yang lebih lazim yang meyakini bahwa Tuhan mencipta dunia tetapi Ia tidak mengendalikannya kini. Saya menduga banyak orang dalam gereja-gereja Inggris yang adalah Deist, artinya mereka tidak percaya akan mukjizat. Jadi mereka pergi ke gereja dan bersyukur bahwa Tuhan adalah Pencipta langit dan bumi, tetapi mereka tidak akan berdoa tentang cuaca!

*3. Teisme* adalah filsafat alkitabiah yang berkata bahwa Tuhan tidak saja mencipta dunia di masa lampau tetapi juga mengendalikannya masa kini.

Tentu saja, ada beberapa orang Kristen yang menggabungkan dua filsafat tersebut. Mereka percaya akan mukjizat dalam Alkitab tetapi mereka tidak percaya bahwa mukjizat-mukjizat terus berlangsung hari ini. Mereka adalah para deis praktis dan teis teoritis.

## Menobatkan Niniwe

Kini mari kita beralih ke ketidakmungkinan psikologis bahwa sebuah kota besar seperti Niniwe dapat bertobat. Berikut adalah beberapa argumen yang mendukung hal ini sebagai fakta sejarah:

1. Pertama, mereka religius dan bahkan percaya takhayul. Bahkan, sesungguhnya mereka percaya akan Tuhan.
2. Kedua, mereka bersalah. Rasa bersalah membuat semua kita menjadi penakut, maka ketika mereka dituduh tentang apa yang telah mereka buat, mereka tahu itu dan siap untuk menerimanya.

3. Ketiga, kebangunan itu mulai dari bawah di antara orang-orang biasa ke atas ke istana.
4. Keempat, mereka melihat tanda Yunus. Jika kulit Yunus putih sejak dari waktu ia ada dalam perut ikan, ia mesti menjadi pemandangan menarik. Jelas, penjelasan Yunus tentang apa yang telah terjadi kepadanya menimbulkan kesan dalam pada mereka.
5. Kelima, dan di atas semuanya, ketika Roh Kudus bekerja, terjadilah sesuatu.

Saya tidak ada kesulitan memercayai bahwa seluruh kota itu bertobat. Yang pasti Yesus percaya bahwa orang Niniwe akan dibangkitkan pada Hari Penghakiman, sebab mereka telah bertobat ketika mendengar tentang Tuhan sedangkan pendengar-Nya tidak.

## Mengapa Yunus melarikan diri?

Tetapi ada satu pertanyaan penting yang masih harus kita pertimbangkan secara rinci. Mengapa Yunus lari dari tugasnya? In adalah pokok pasal 4, yang jarang diajarkan, dikhotbahkan atau bahkan dibaca. Namun ini justru adalah inti utama kisah singkat ini. Mengapakah Yunus begitu enggan? Tentang siapakah ia berpikir?

Sebagian orang berkata bahwa ia terutama memikirkan dirinya sendiri. Ia merasa gentar pergi ke Niniwe -- ia takut disula sebagai musuh Asyur. Tetapi ini tidak menjelaskan mengapa ia mengusulkan agar para pelaut melempar dia ke dalam laut. Ia bukannya takut mati semata.

Kedua, orang berkata Yunus menganggap orang kafir tidak berhak mendengar tentang Tuhan Israel. Ini semacam kebalikan dari anti-Semitisme -- kita boleh menyebutnya sebagai 'anti-kafirisme.' Tetapi ini juga tidak menjelaskan mengapa ia lari ke wilayah kafir lain di Tarsus.

Yang lain berkata bahwa ia berpikir tentang orang Asyur, orang paling jahat di bumi ini. Namun, lebih dari itu, ia sesungguhnya berpikir tentang Israel, sebab Asyur adalah ancaman terbesar bagi Israel yang kecil, dan ia tidak ingin berurusan apa pun dengan pihak yang berpotensi menjadi penyerbu ini.

Tidak satu pun dari solusi ini memperhitungkan perkataan Yunus di pasal terakhir Ia telah memberitahu orang Niniwe bahwa dalam 40 hari Tuhan akan menghapus mereka dari kota itu. Akibat dari khotbahnya itu ialah penduduk kota itu semuanya bertobat. Malapetaka dihindari.

Seorang penginjil akan gembira sekali jika seisi kota bertobat, tetapi Yunus sangat kecewa. Ia duduk di bukit luar kota dan berkata kepada Tuhan, "Sudah kuduga ini akan terjadi! Aku tahu seperti apa Engkau. Aku tahu Engkau akan melepaskan mereka. Aku tahu Engkau hanya mengancam mereka dengan kehancuran, tetapi kemudian tidak melanjutkan itu!" Tidakkah Yunus ingin orang diselamatkan? Apakah ia sedemikian berpikiran sempit dan fanatik sampai tidak ingin orang bertobat?

Kuncinya adalah rujukannya kepada apa yang ia katakan kepada Tuhan di negerinya sendiri: "Ya TUHAN, bukankah telah kukatakan itu, ketika aku masih di negeriku? Itulah sebabnya, maka aku dahulu melarikan diri ke Tarsis, sebab aku tahu, bahwa Engkaulah Tuhan yang pengasih dan penyayang, yang panjang sabar dan berlimpah kasih setia serta yang menyesal karena malapetaka yang hendak didatangkan-Nya." (4:2)

Kita harus melihat ke 2 Raja-raja 14:23-25 untuk menemukan apa yang terjadi pada Yunus di negerinya sendiri.

Ketika ia dipanggil menjadi nabi ia diutus kepada Raja Yerobeam II dari Israel -- seorang raja yang terkenal tidak baik dan melakukan kejahatan dalam pemandangan Tuhan. Ketika Tuhan memerintahkan Yunus pergi kepada raja itu, awalnya Yunus merespons positif, dengan harapan akan sanggup mengurusi kejahatan raja itu. Tuhan berkata, "Pergi dan katakan kepada raja bahwa Aku ingin memberkati dia, bahwa Aku akan meluaskan batas-batas wilayahnya dan membuat ia menjadi besar." Yunus memprotes sebab ia raja yang jahat dan ini adalah pendekatan yang salah.

Dalam hatinya ia berkata kepada Tuhan, "Itu tidak akan berhasil, Tuhan, jika Engkau memberkati orang jahat mereka akan menjadi lebih jahat lagi."

Memang, raja itu menjadi makin jahat. Semakin Tuhan memberkati dia, semakin buruk ia. Maka Yunus mengambil kesimpulan bahwa rahmat tidak mengubah orang jahat. Yunus memberitahu Tuhan bahwa ia tahu urusan Tuhan lebih baik ketimbang yang Tuhan ketahui.

## Belas kasihan Tuhan

Jadi episode terakhir ini mewarnai sikap Yunus sementara ia pergi ke Niniwe. Ia berkata, "Coba kita lihat apa yang akan terjadi, Tuhan. Aku akan mengamati kota ini dan melihat entah tindakan-Mu melepaskan mereka akan memperbaiki mereka atau tidak, entah mereka akan menjadi lebih baik atau lebih jahat."

Mendasari semua ini ialah kecemburuan Yunus untuk sifat dan reputasi Tuhan. Ia tidak dapat menanggung adanya siapa pun yang memanfaatkan kemurahan ilahi. Ia percaya pertobatan mereka dangkal dan tidak akan menetap. Ia berpikir bahwa jika Tuhan terlalu lembek dengan mereka, mereka akan menyimpulkan bahwa Ia tidak akan pernah melaksanakan ancaman penghukuman-Nya. Peringatan Yunus akan diragukan, dan akhirnya dilupakan.

Ketika pohon itu tumbuh di sisinya. Ia sangat bersyukur karenanya, sebab pohon itu memberikan perteduhan dari matahari. Tetapi ketika cacing memakan akarnya pohon itu mati, dan Yunus kembali menjadi sangat marah. Ia menanyakan Tuhan mengapa Ia menyebabkan pohon itu mati. Tuhan memberitahu Yunus bahwa adalah sah ia marah tentang tanaman, tetapi berhakkah ia marah tentang Niniwe? Di sana terdapat 120,000 anak-anak dan banyak ternak juga. Tidakkah Tuhan berhak untuk mengasihani mereka?

Jadi meskipun Yunus cemburu untuk Tuhan dalam hal ia tidak ingin melihat orang Asyur luput dari hukuman, ia tidak mengerti belas kasih Tuhan, hasrat-Nya untuk menunda hukuman selama mungkin. Itulah alasan mengapa ia lari ke laut, dan itu sebab untuknya keberhasilan khotbahnya sedemikian hampa. Kita pun kadang melupakan betapa sabar Tuhan dan betapa penuh rahmat Ia adanya dan betapa banyak kesempatan yang Ia berikan untuk manusia boleh bertobat.

Tentu saja ada masanya ketika kesabaran Tuhan berakhir. Ini utamanya adalah pesan dari para nabi -- hanya Yunus memahami bahwa waktunya salah. Dalam zaman Yunus masih berlaku waktu rahmat dan sabar Tuhan dengan Niniwe. Tetapi kesabaran itu tidak akan berlangsung selamanya, seperti akan kita lihat ketika kita mempelajari nubuatan Nahum.

# 19.
# YOEL

## Pendahuluan

Kita tidak tahu sedikit pun tentang Yoel kecuali namanya dan nama ayahnya, Petuel. Karena kedua nama itu mengandung kata Ibrani 'el' (Sesembahan), kita boleh mengandaikan bahwa mereka dari keluarga yang saleh, tetapi kita tidak dapat bicara lebih detail tentang mereka secara pasti.

Nubuatan Yoel diberikan 10 tahun sesudah Obaja (lihat hlm. 737). Nubuatan Obaja hampir secara eksklusif diarahkan pada bangsa-bangsa lain dan menyimpan prospek yang baik untuk Israel. Yoel, sementara itu mengambil konsep 'Hari Tuhan,' yang telah dipakai oleh Obaja, tetapi berkata bahwa hukuman akan jatuh tidak saja atas 'bangsa-bangsa' tetapi atas Israel juga. Ini datang sebagai goncangan besar untuk orang Israel yang mengandaikan bahwa mereka akan aman di hadapan Tuhan.

Demikian juga, banyak orang Kristen masa kini dengan puas mengandaikan bahwa mereka akan tiba di surga dengan selamat, kenyataannya, dosa di antara umat Tuhan lebih serius daripada dosa di luar umat Tuhan. Dalam Roma 2 Paulus mengingatkan pembacanya bahwa jika mereka melakukan hal yang sama yang mereka kritik terhadap orang tidak beriman, mereka tidak akan luput dari murka Tuhan. Tuhan tidak pilih kasih. Anggapan bahwa sekali Anda milik Tuhan Anda dapat berdosa dengan bebas adalah hal yang sama sekali tidak alkitabiah. Ia tidak memberikan sebuah buku cek yang kosong untuk kita pergunakan kapan saja kita berdosa. Akan sangat tidak adil bagi Tuhan menghukum orang tidak percaya ke neraka tetapi dalam kasus orang beriman yang bersalah melakukan perilaku yang sama, mengatakan, "Ini tiketmu untuk ke surga."

Maka para nabi harus mengoreksi ide itu di Israel lebih dulu, sebab umat Israel berpikir mereka akan aman saja. Elia telah menantang mereka dengan kuat, tetapi Yoel adalah yang pertama mengatakan bahwa Hari Tuhan dapat membawa kegelapan, bukan terang.

Saya mendapatkan bahwa berguna menganalisis keseluruhan Kitab Yoel sebelum menafsirkannya. Ketiga pasalnya bersamaan dengan tiga bagian nubuatannya. Meski kita tidak diberitahu apakah nubuat tersebut disampaikan terpisah atau secara bersamaan.

## Garis besar Kitab Yoel

### Tulah belalang (pasal 1)
Kehancuran tanah itu (1:1–12)
Pertobatan umat (1:13–20)

### Hari Tuhan (pasal 2)
Pengulangan mengerikan (2:1–11)
Pertobatan sejati (2:12–17)

Perbaikan tak kenal waktu (2:18–27)
Pemulihan total (2:28–32)
(a) Roh, laki-laki dan perempuan (2:28–29)
(b) Tanda-tanda, matahari dan bulan (2:30–31)
(c) Keselamatan, panggilan dan dipanggil (2:32)

**Lembah Penentuan (pasal 3)**
Pembalasan atas bangsa-bangsa (3:1–16a)
Pembelaan Israel (3:16b–21)

# Bencana belalang (pasal 1)
## Kehancuran tanah itu (1:1–12)

Nubuatan Yoel dipicu oleh suatu bencana alami. Bencana belalang telah menghantam negeri itu. Itu pastinya merupakan sebuah pemandangan dahsyat. Belalang yang dimaksud adalah belalang ukuran besar. Dalam serangan kawanan belalang bisa sampai 600 juta serangga itu menutupi 1000 kilometer persegi. Mereka bisa melahap sampai 80,000 ton makanan sehari, maka ketika mereka hinggap di satu wilayah semua tanaman lenyap. Mereka dapat menempuh 3,000 kilometer per bulan, meliput antara 3 sampai 15 kilometer sehari selama 6 minggu dan meletakkan 5,000 telur per kaki persegi. Selera mereka sangat rakus dan kepala mereka terlihat seperti kepala kuda.

Satu-satunya pengalaman saya tentang belalang adalah ketika saya di Kano sebelah utara Nigeria. Meski sedang tengah hari, tiba-tiba menjadi gelap. Saya mengira terjadi gerhana matahari sampai saya melihat awan hitam besar datang dan menghalangi matahari, dan segera kami dalam kegelapan seperti di tengah malam. Saya menduga bahwa belalang itu bergerak 20 kilometer per jam, dan perlu sejam untuk mereka lewat. Sesudah mereka berlalu kami melihat kulit pohon-pohon terkupas dan daun-daunnya habis. Setiap tanaman hidup hancur. Saya tidak akan pernah melupakan itu. Itu suatu pengalaman mengerikan.

Meski lazim di Afrika, kawanan belalang relatif langka di Israel. Maka ketika mereka tiba, Yoel memberitahu umat bahwa ada Tuhan di balik serangan itu. Ia memberitahu mereka bahwa itu adalah peringatan pertama dari Tuhan, dan jika mereka terus hidup seperti yang mereka jalani, sesuatu yang lebih ngeri akan terjadi.

Sebagai akibat bencana belalang itu umat tidak memiliki cukup korban sajian di Bait. Penyembahan publik terhenti. Kebun anggur, kebun buah dan kebun zaitun semuanya rusak. Bangsa itu mengalami kekeringan, kebakaran semak dan kelaparan, serta ekonomi mandek total. Sebagian orang berspekulasi bahwa pesan Yoel disampaikan pada hari raya panenan Yahudi yang dikenal sebagai Hari Raya Kemah Sembahyang -- saat ketika mereka semestinya merayakan panen hasil bumi mereka.

Ada contoh alkitabiah untuk memahami bencana itu sebagai hukuman Tuhan. Dalam Keluaran 10 tulah ke delapan (serbuan belalang) di Mesir dikirim oleh Tuhan, dan di Ulangan 28 Tuhan berkata Ia akan mengirim tulah-tulah jika umat itu tidak taat.

Ini membangkitkan pertanyaan menarik bagi kita masa kini: Bagaimana dapat kita ketahui kapan suatu bencana berasal dari Tuhan?

Kita perlu melihat tiga hal:

1. Hal itu ditujukan terhadap umat-Nya;
2. Hal itu telah dinubuatkan sebelumnya;
3. Hal itu tidak lazim baik lingkup maupun rinciannya.

Maka, memakai satu contoh yang cukup baru terjadinya, dan bicara secara historis, saya percaya bahwa kebakaran di York Minster tahun 1984 adalah sebuah contoh Tuhan bekerja. Sifatnya yang tidak lazim yang khususnya meyakinkan saya. Kilat yang menghantam York Minster datang dari awan kecil di langit biru yang mengitari York Minster selama 20 menit. Awan itu tidak cukup besar untuk mendatangkan hujan, namun berisi kejutan kilat (tanpa suara guruh) yang membakar katedral itu dari atas ke bawah, pada saat sesudah mereka memperbaikinya dan memasang peralatan pendeteksi asap dan pemadam api terbaru. Paduan suara anak-anak lelaki yang melalui katedral itu melihat apa yang terjadi, tetapi mereka tidak mendengar suara apa pun sebab sama sekali tidak ada guruh. Saya mendapatkan peta awan itu dari Kantor Meteorologis dan 16 orang meteorolog bukan Kristen berkata bahwa itu pasti dari Tuhan. Itu hal yang sangat tidak lazim yang pernah mereka saksikan.

Orang bertanya kepada saya apakah itu hukuman Tuhan. Saya menjawab saya percaya itu adalah rahmat Tuhan. Ia menunggu sampai setiap orang meninggalkan katedral itu seusai konsekrasi degradasi uskup yang telah menyangkali iman itu. Ia dapat saja melakukan itu sementara mereka masih duduk di dalamnya. Maka saya percaya bahwa insiden itu mengungkapkan rahmat-Nya ketimbang hukuman-Nya, tetapi saya juga percaya bahwa itu adalah sebuah peringatan.

Jadi salah satu tanda bahwa peristiwa itu dari Tuhan adalah sifatnya yang luar biasa. Ketidaklaziman kerap mendemonstrasikan hal yang supernatural. Tanda lainnya ialah kepekaan umat Tuhan, dan ada banyak orang dengan karunia nubuatan yang melihat tangan Tuhan dalam bencana York Minster tersebut. Meski tak seorang pun menubuatkannya sebelumnya, banyak yang bertanya-tanya apa tindakan Tuhan jika uskup dengan kepercayaan salah demikian dikonsekrasikan.

Tetapi bencana, entah langsung dari Tuhan atau tidak, selalu merupakan pengingat tentang hukuman Tuhan. Penting menyadari ini, jika tidak kita dapat membuat penilaian tidak memadai tentang segala sesuatu yang terjadi. Dalam Lukas 13 Yesus diminta untuk mengomentari tentang kematian tragis beberapa pekerja ketika Menara Siloam rubuh. Ia ditanya apakah mereka berdosa lebih besar daripada orang lain. Yesus menjawab bahwa mereka tidak, tetapi kecuali mereka yang melihat bencana itu bertobat dari dosa mereka, mereka pun akan binasa. Setiap gempa bumi, topan dan tsunami adalah peringatan kepada kita tentang kerapuhan hidup dan kebutuhan untuk benar dengan Tuhan.

## Pertobatan umat (1:13–20)

Di paruh kedua pasal 1 Yoel memberitahu para tua-tua untuk menyerukan pertobatan nasional, sambil memperingatkan mereka bahwa jika mereka tidak bertobat akan ada penundaan hukuman ngeri dari Tuhan, meski ia tidak spesifik mengenai dosa apa yang darinya mereka harus bertobat. Kita perlu menyelidiki latarbelakang historisnya dalam 1 dan 2 Raja-raja untuk menemukan apa yang terjadi ketika bangsa itu perlu diberikan peringatan sedemikian.

Kita tidak dapat pasti tentang periode ketika Yoel bernubuat, tetapi itu barangkali pada abad sembilan SM, yang mungkin terkait dengan peristiwa tertentu dalam 1 dan 2 Raja-raja. Petunjuknya mungkin adalah fakta bahwa ada rujukan kepada para imam dalam Yoel, tetapi tidak ada rujukan kepada raja. Dalam kitab Raja-raja ada suatu masa ketika yang bertakhta adalah seorang ratu (841-835 SM) -- satu-satunya masa dalam sejarah umat Tuhan ketika itu terjadi. Tuhan telah menjanjikan Raja Daud bahwa selama para raja memelihara ketetapan dan peritah Tuhan, mereka tidak akan kekurangan putra untuk duduk di takhta Israel. Ia mengizinkan mereka menjadi raja, bukan ratu.

Selanjutnya, monarkhi perempuan yang dipertanyakan adalah Ratu Atalia, yang telah berkelakuan licik. Ia adalah ibu suri, dan ketika raja meninggal ia merebut takhta dan membunuh semua putranya, supaya ia dapat menjadi ratu. Ibunya adalah Izebel yang terkenal jahat, yang telah membawa kekacauan di kerajaan utara. Tetapi seorang putra dari raja diselamatkan oleh Imam Besar dan disembunyikan di Bait. Andai ia membunuh semua anak laki-laki, garis kerajaan Daud akan berakhir. Tetapi kendati kelakuannya yang tercela, umat menerima dia sebagai penguasa mereka. Bahkan Imam Besar tidak berkeberatan -- meski paling tidak ia telah berani menyembunyikan anak itu. Anak itu bernama Yoas, dan singkat sesudah Yoel menyampaikan khotbahnya, umat itu mendapatkan keberanian untuk menolak Atalia dan mentakhtakan Yoas, meski ia baru berusia tujuh tahun.

Jadi nubuatan Yoel mungkin diberikan terhadap latarbelakang ini. Dosa nasional telah dilakukan dan karena itu dituntut pertobatan nasional.

# Hari Tuhan (pasal 2)

## Pengulangan mengerikan (2:1–11)

Tetapi umat itu tidak bertobat. Mereka terus berdosa, maka di awal pasal 2 Yoel memaparkan apa yang pada pemandangan pertama merupakan pengulangan bencana belalang. Tetapi bila Anda melihat lebih teliti ke teks akan jelas bahwa kali ini bencana belalang itu sesungguhnya hanya gambaran tentang ribuan serdadu yang berbaris ke tanah itu dan menghancurkan segala sesuatu, ketimbang merupakan serangan belalang. Itu adalah gambaran yang lebih mengejutkan daripada yang pertama. Bahkan, dengan paparan tentang kehancuran menyeluruh itu, sangat mungkin bahwa Yoel sedang memaparkan Babel, yang di antara semua bangsa purba penakluk lainnya, memiliki kebijakan membumi-hanguskan wilayah yang diserbunya. Mereka tidak saja membunuh semua orang dan anak-anaknya, tetapi menghancurkan juga semua makhluk hidup, termasuk pohon, domba dan ternak. Tentara orang Babilon tidak menyisakan kehidupan, dan itu sangat mirip dengan bencana belalang. Ada kesejajaran di sini dengan Wahyu 9, di mana sekali lagi, bencana belalang dipaparkan akan diikuti oleh 200 juta serdadu dari Timur. Entah Yoel memaparkan serdadu atau bencana belalang, jelas bahwa Tuhan sanggup mengirimkan keduanya dan bahwa hukuman-Nya masih diperlukan.

## Pertobatan sejati (2:12–17)

Kembali Yoel mengulang pesan bahwa Tuhan mencari pertobatan sejati. Sesudah panggilan pertamanya tentang pertobatan kebanyakan umat itu hanya berlalu dan bermabuk-mabukan. Orang memiliki dua jenis reaksi terhadap bencana yang mendatang. Sebagiannya bersiap-siap dan bertobat, yang lainnya bermabuk-mabuk.

Maka Yoel mengeluarkan panggilan kedua untuk pertobatan sejati. Salah satu ungkapan terkenal dalam panggilan ke dua ini ialah "Cabikkanlah hatimu dan bukan jubahmu." Melihat seseorang mencabik-cabik pakaiannya bisa mengesankan, tetapi itu tidak cukup untuk Tuhan. Hati kitalah yang penting, bukan apa yang kita lakukan kepada pakaian kita. Menarik untuk diperhatikan bahwa Yoel tidak mendaftarkan dosa-dosa. Kita hanya dapat mengandaikan bahwa umat itu sangat menyadari apa yang membuat Tuhan prihatin itu.

Baik untuk kita ingat bahwa Tuhan berkata Ia bersedia mengubah pemikiran-Nya mengenai hukuman mereka. Mereka ada dalam hubungan dinamis dengan Tuhan -- Ia akan memberi respons kepada mereka. Jadi Tuhan memberitahu bagaimana mereka harus berdoa: mereka harus memohon rahmat dan menyeru kepada Tuhan untuk mendemonstrasikan kasih dan kesetiaan-Nya kepada mereka sebagai umat di tanah yang telah Ia berikan kepada mereka.

## Pemulihan tanpa batas waktu (2:18–27)

Sementara orang berspekulasi bahwa bagian nubuatan ini tidak diberikan pada saat sama seperti bagian sebelumnya. Di sini Yoel mendorong umat untuk bergembira ketimbang takut. Ia menjanjikan Israel bahwa jika mereka sungguh bertobat dari hati mereka, Tuhan akan memperbaiki tahun-tahun yang telah dimakan oleh belalang. Ini adalah prinsip yang berlaku masa kini. Banyak orang menyesali masa sia-sia dalam kehidupan mereka, tetapi Tuhan berkata Ia akan memperbaiki tahun-tahun tersebut kepada mereka. Tetapi Ia hanya akan memulihkan tahun-tahun yang telah dimakan belalang jika terjadi pertobatan sejati.

Akar pertobatan adalah kita "mengubah pikiran kita." Maka pada tempatnyalah mengatakan bahwa jika mereka bertobat, Tuhan akan mengubah pikiran-Nya. Tuhan meyakinkan mereka tiga kali bahwa Ia tidak akan pernah lagi bertindak seperti ini, dan bahwa mereka kemudian akan mengenal Dia.

## Pemulihan total (2:28–32)

Yoel lanjut ke beberapa janji ajaib. Tuhan berkata bahwa jika mereka sungguh bertobat, Ia tidak akan pernah lagi menghukum mereka dengan tindakan demikian. Sebaliknya, akan ada pemulihan total -- bukan saja pemulihan fisik tanaman yang telah dimakan belalang, tetapi juga pemulihan spiritual.

### (A) ROH, LAKI-LAKI DAN PEREMPUAN (2:28–29)

Salah satu janji terbesar yang diberikan dalam Kitab Yoel ialah bahwa Tuhan akan mencurahkan Roh-Nya atas semua jenis orang, tidak memandang jenis kelamin, kelas atau usia. Para teruna akan melihat penglihatan dan orang tua akan bermimpi. Juga, para hamba perempuan dan laki-laki akan bernubuat. Tuhan berjanji akan menaruh Roh nubuatan-Nya ke dalam semua jenis manusia. Janji ini dikutip oleh rasul Petrus pada Hari Pentakosta delapan abad kemudian. Ia menjelaskan bahwa nubuatan Yoel menjadi kenyataan sementara Roh datang ke atas 120 murid.

### (B) TANDA-TANDA, MATAHARI DAN BULAN (2:30–31)

Bagian kedua dari janji itu ialah matahari akan gelap dan bulan akan berubah menjadi darah. Sebagian orang mengatakan bahwa ini digenapi ketika Yesus mati dan matahari menjadi gelap selama tiga jam, tetapi tanda itu sesungguhnya masih akan digenapi di akhir zaman, sebab Yesus sendiri menyebut hal itu sebagai tanda dari kedatangan-Nya yang kedua dalam Matius 24:29.

Menarik bahwa akan ada tanda-tanda di langit, sebab langit merespons kepada peristiwa-peristiwa penting di bumi. Ada orang yang dengan bodoh berkata kepada saya bahwa fakta Orang Majus mengikuti bintang membuktikan bahwa astrologi benar. Tetapi saya beritahu bahwa mereka sama sekali salah. Astrologi percaya bahwa posisi bintang-bintang memengaruhi bayi pada saat kelahirannya, tetapi di Betlehem posisi bayi itu yang memengaruhi bintang-bintang! Alam semesta merespons kepada peristiwa-peristiwa penting di bawah sini. Ajaib, bukan? Kita tidak diatur oleh langit; mereka diperintah oleh Tuhan.

(C) KESELAMATAN, PANGGILAN DAN DIPANGGIL (2:32)

Yoel juga menjanjikan keselamatan untuk setiap orang yang Tuhan panggil dan yang merespons kepada Tuhan. Keselamatan tidak otomatis, seakan bangsa secara keseluruhan 'diselamatkan' melalui beberapa proses mistik. Ada panggilan ganda dalam keselamatan. Tuhan memanggil manusia untuk diselamatkan, melalui para pengkhotbah manusia, dan manusia pada gilirnya memanggil Tuhan.

Saya tidak suka menyuruh orang mengulang doa pertobatan orang berdosa -- saya hanya memberitahu agar mereka sendiri memanggil Tuhan. Kita diberitahukan bahwa "Barangsiapa memanggil nama Tuhan akan diselamatkan." Adalah penting sekali bahwa mereka sendiri memanggil Nama-Nya. Barang siapa melakukan itu akan diselamatkan. Petrus mengangkat itu pada Hari Pentakosta, dan 3,000 orang memanggil nama Tuhan dan diselamatkan hari itu.

Maka janji Yoel tentang pemulihan total tidak saja tentang tanaman, anggur dan gandum, tetapi tentang hati manusia.

Yoel berkata bahwa ini akan terjadi pada Hari Tuhan. Kita tidak perlu menganggap itu adalah hari 24 jam secara harfiah; kata 'hari' dipakai secara lentur di Alkitab. Kata Ibrani *yom* dapat berarti satu zaman secara keseluruhan. Jika saya berkata, "Hari kuda dan kereta telah berlalu;" saya tidak mengartikannya sebagai periode 24 jam. Saya maksudkan itu adalah era historis dan kita sedang berada di hari kendaraan bermotor. Itulah arti kata 'hari' dalam 'Hari Tuhan.' Maksudnya ialah: manusia telah memiliki harinya, dan iblis sudah memiliki harinya, tetapi suatu hari Tuhan akan memiliki hari-Nya. Sedang datang Hari Tuhan ketika Ia yang akan berkata, ketika Ia akan membawa dunia ke bawah pemerintahan-Nya.

Yoel menyebutkan Hari Tuhan lima kali dalam nubuatannya, selalu dengan merujuk sebagai waktu penghukuman. Ungkapan itu juga diangkat oleh para nabi yang belakangan seperti Yesaya, Yeremia, Yehezkiel, Amos, Zefanya dan Maleakhi. Hari Tuhan juga merupakan bagian yang menonjol dalam Perjanjian Baru (lihat 1 Korintus, 1 Tesalonika, 2 Tesalonika dan 2 Petrus). Akan datang suatu hari ketika Tuhan akan memiliki hari-Nya, dan itu akan merupakan hari yang terakhir.

Jadi urutan penghakiman adalah: pertama, umat Tuhan, dan kemudian para musuh-Nya. Kita memiliki pilihan: kita ingin hukuman kini atau kelak?

Kita kini ada dalam 'hari-hari terakhir,' yang mulai ketika nubuatan Yoel menjadi nyata dan Roh dicurahkan di Hari Pentakosta. Sejak hari itu kita telah hidup dalam hari-hari terakhir. Kejadian agung berikutnya ialah kedatangan kembali Yesus Kristus ke planet bumi.

# Lembah Penentuan (pasal 3)
## Pembalasan atas bangsa-bangsa (3:1–16a)

*Dimana?* Pasal terakhir mengandung penglihatan tentang Lembah Penentuan (Yosafat). Ini adalah Lembah Kidron di sisi timur Yerusalem, dan sampai hari ini ia disebut Lembah Penghakiman. Di situ penuh dengan kuburan orang Yahudi sebab dipercaya merupakan tempat kebangkitan ketika Tuhan akan membuat keputusan-Nya tentang destini kekal kita. Ia juga disebut Lembah Penentuan, tetapi saya pernah mendengar bahwa nama itu disalahgunakan oleh para pengkhotbah. Yoel berkata ada kumpulan besar orang di Lembah Penentuan, dan para pengkhotbah memakai ini untuk mendorong orang tidak percaya agar memutuskan sikap mereka tentang Tuhan. Sesungguhnya itu adalah lembah penentuan Tuhan, ketika Ia akan memberikan kata terakhir-Nya. Itu adalah keputusan Dia yang memutuskan destini kekal kita.

*Mengapa?* Keputusan Tuhan akan bergantung pada bagaimana manusia memperlakukan manusia, tujuannya dan apa yang telah ia lakukan di dunia. Bangsa-bangsa Tirus, Sidon dan Filistin dikhususkan sebagai telah matang untuk hukuman. Kata akhirnya ialah bahwa Tuhan akan membela umat-Nya dan memulihkan mereka ke tanah mereka.

*Bagaimana?* Bangsa-bangsa dipanggil untuk datang dan betempur, meski ada sejumlah sarkasme dalam panggilan itu. Sebab siapa yang dapat 'memerangi' Tuhan? Bangsa-bangsa diperintahkan untuk menempa mata bajak mereka menjadi pedang dan sabit mereka menjadi anak panah (perhatikan kebalikan dari ini dalam Yesaya 2:4 dan Mikha 4:3). Zefanya bicara tentang pertemuan para bangsa dalam nubuatannya.

## Pembelaan atas Israel (3:16b–21)

Bagian akhir berfokus pada pemulihan Israel. Ia akan dihuni dan subur tetapi, sebaliknya Mesir akan menjadi tandus dan Edom akan menjadi gurun, sebab kekejaman yang keduanya telah lakukan terhadap Yehuda.

Ini membangkitkan pertanyaan sangat besar yang menyebabkan pendapat terbagi dalam Gereja masa kini. Obaja, Yoel dan banyak para nabi lainnya mengakhiri nubuatan mreka dengan janji-janji untuk masa depan Israel. Karena banyak dari janji itu masih belum digenapi, kita perlu bertanya kapan akan digenapinya?

Dalam Gereja masa kini ada empat pendapat berbeda, dan meski pendapat saya bukan tergolong yang mayoritas, saya percaya ini adalah yang paling setia kepada Alkitab.

Pendapat terbagi antara apakah janji-janji ini harus diterima secara harfiah atau rohani. Apakah kita harus mengandaikan Israel akan secara harfiah mengalami pemulihan tanah yang telah Tuhan janjikan, atau apakah kita melihat tanah itu sebagai lambang berkat-berkat spiritual, yang kini diberlakukan kepada Gereja, sebagai Israel baru. Pandangan terakhir ini disebut 'teologi pengganti' dan barangkali merupakan pandangan mayoritas para rohaniwan di Inggris.

Masalah saya dengan pandangan ini ialah, meski mereka mengklaim semua berkat lama itu untuk Gereja, mereka tidak menerapkan kutukannya juga -- ini tetap dianggap berlaku atas Israel! Tuhan memberitahu Israel bahwa ia akan diberkati jika taat dan dikutuk jika tidak.

Berkat tersebut termasuk hidup, kesehatan, kemakmuran, kesuburan, kehormatan dan keamanan. Kutuknya termasuk penyakit, kekeringan, kematian, bahaya, kehancuran, kekalahan, kemelaratan dan kehinaan.

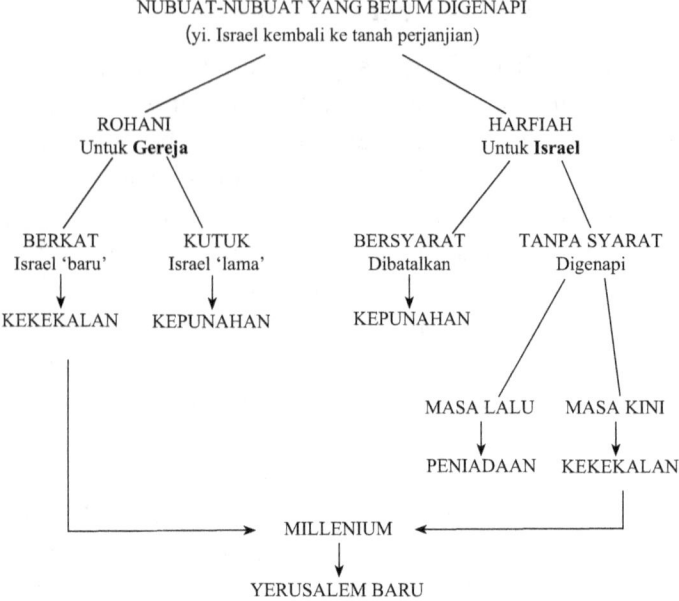

Dengan teologi pengganti, Israel purba telah kehilangan tanah sebab ia tidak taat. Tetapi berkat-berkat berlaku kepada Gereja, sang Israel baru, tanpa menyebut berlakunya kutuk jika Gereja tidak taat.

Mereka yang percaya bahwa janji-janji itu berlaku kepada Israel secara harfiah juga terbagi lagi ke dalam dua kelompok. Satu kelompok mengatakan bahwa janji itu bersyarat dan telah dihilangkan oleh Israel, maka tidak ada masa depan untuk Israel sebagai umat Tuhan. Kita dapat menginjili Israel, tetapi sama seperti kepada bangsa lainnya. Kini mereka hanya salah satu bangsa -- mereka bukan lagi umat Tuhan.

Tetapi anggapan ini tidak sesuai dengan Perjanjian Baru. Dari rujukan Perjanjian Lama kepada 'Israel,' tidak satu pun menunjuk kepada Gereja. Tambahan, ada rujukan kepada takhta Daud yang berkelanjutan, keluarga Yakub dan 12 suku Israel. Pengandaiannya ialah bahwa Israel sungguh hidup dan dalam keadaan baik apabila menyangkut janji-janji Tuhan, bahkan jika penolakan mereka terhadap Mesias berarti mendatangkan hukuman.

Janji-janji yang Tuhan buat untuk Israel tidak bersyarat. Ia menjanjikan tanah itu untuk mereka selamanya. Ia memberitahu mereka bahkan jika mereka sampai kehilangan itu, Ia akan selalu membawa mereka balik, sebab Ia telah bersumpah memberikannya kepada mereka. Maka ada masa depan untuk Israel. Saya percaya bahwa Paulus memegang pandangan ini ketika ia berkata dalam Roma 9-11 bahwa mereka boleh telah menolak Tuhannya, tetapi Tuhan tidak menolak mereka. Pada akhirnya sesudah bangsa-bangsa bukan Israel diselamatkan, kemudian 'semua Israel' akan diselamatkan. Tuhan tidak menceraikan umat itu, Ia tetap mempertahankan mereka. Tambahan, saya pecaya bahwa Yesus akan kembali memerintah atas bumi ini, dan kemudian orang Yahudi dan orang Kristen akan dipersatukan menjadi satu kawanan di bawah satu Gembala, dan Kerajaan akhirnya akan dipulihkan kepada Israel.

Pertanyaan terakhir yang para murid tanyakan kepada Yesus dicatat dalam Kisah Rasul 1: "Akankah Kerajaan dipulihkan kepada Israel? Sekarangkah?" Yesus tidak berkata itu pertanyaan bodoh; Ia berkata bahwa bukan urusan mereka mengetahui kapan saat yang telah ditetapkan Bapa. Mereka hanya memperkirakan waktunya keliru. Kerajaan itu akan dipulihkan, tetapi belum lagi. Lalu Ia memberitahu mereka untuk pergi dan mewartakan Injil kepada segala bangsa. Maka Anda harus menghadapi fakta bahwa ada beberapa pandangan berbeda ini dan semuanya bermuara dengan Israel purba ditiadakan -- meski yang saya pegang berbeda. Saya percaya bahwa janji-janji Tuhan tidak dapat dibatalkan. Sesungguhnya, jika Tuhan tidak memegang janji-Nya kepada Israel, Ia tidak juga akan memegang yang kepada kita.

## Kesimpulan

Nubuat Yoel mengajar kita hal-hal penting tentang karakter Tuhan dan sifat dari kegiatan-Nya dengan umat-Nya dan dalam dunia sekeliling kita. Nubuatan Yoel telah digenapi sebagiannya, tetapi kita masih menantikan penggenapan akhirnya ketika Tuhan akan mengakhiri sejarah dan membawa umat-Nya kepada diri-Nya sendiri, sebagaimana yang telah Ia janjikan.

# 20. AMOS DAN HOSEA

## Pendahuluan

Amos dan Hosea bernubuat pada abad delapan SM dan kedua kitab tersebut dinamakan menurut mereka adalah di antara yang terawal yang dimasukkan dalam Alkitab. Meski fokus mereka pada kerajaan utara (yi. Israel ketimbang Yehuda), ada gunanya menempatkan khotbah mereka dalam konteks kejadian di tempat lain dalam dunia, khususnya karena berbagai aspek masyarakat modern dapat diruntut balik ke era ini. Lalu kita akan melihat pada situasi di Israel sebelum memeriksa pekerjaan para nabi itu secara terpisah.

## Apa yang manusia lakukan

Sejarah mencatat bahwa Roma dan Kartago didirikan abad delapan SM. Persaingan hebat antara kedua kota itu menyebabkan Perang Punik, yang akhirnya dimenangkan oleh Roma. Dari kemenangan ini datang fondasi kerajaan Romawi. Hukum Romawi secara berangsur dibangun, segera diikuti oleh proyek raksasa pembangunan jalan yang menjadi ciri dari kekuasaan Romawi dan akan memungkinkan injil menyebar sekitar 700 tahun kemudiannya.

Juga semasa abad ini, *Olympic Games* dimulai di Yunani -- obsesi manusia dengan olahraga berakar di zaman purba ini! Tetapi yang lebih berarti ialah menyebarnya bahasa Yunani ke seluruh Mediteranea, dengan Homer sebagai salah seorang penulis Yunani terkenal. Orang Yunani mendirikan banyak kota dan membangun bentuk baru pemerintahan yang dikenal sebagai demokrasi (meski pendekatan itu dalam beberapa segi kekurangan emansipasi yang dengannya masa kini kita asosiasikan dengan kata tersebut).

Di Timur peradaban Tiongkok dan India juga sedang berkembang, sehingga ada kesan bahwa Israel dan Yehuda berada di pusat pertumbuhan peradaban, dengan kebudayaan sedang berkembang ke timur dan ke barat dan banyak penjelajah melintasi tanah itu.

## Apa yang sedang Tuhan lakukan

Hubungan Tuhan dengan umat-Nya telah mencapai tahap sukar. Niat-Nya adalah mereka harus menjadi model untuk dunia tentang seperti apa seharusnya hubungan dengan-Nya itu. Inilah sebab Ia menempatkan mereka di 'persimpangan jalan' dunia, perjanjian-Nya dengan mereka, yang dibuat di Sinai pada masa Musa, menyatakan bahwa jika mereka menaati Dia Ia akan memberkati mereka lebih daripada bangsa mana pun, dan jika mereka tidak menaati Dia mereka akan dikutuk melebihi bangsa mana pun. Maka mereka diperhadapkan dengan hak istimewa dan tangungjawab. Tetapi sejak abad delapan SM Tuhan diperhadapkan dengan dilema akan melakukan apa dengan umat yang jauh dari Dia.

## Dua kerajaan

Garis besar singkat tentang sejarah terakhir mereka akan menolong untuk menjelaskan keprihatinan Tuhan. Sejak abad delapan SM umat Tuhan terpecah menjadi dua. Mereka telah menjadi kerajaan dengan raja yang tampak, sebagaimana yang mereka inginkan sekitar 200 tahun sebelumnya, tetapi mereka harus menanggung segala yang berlangsung dengan perajaan itu -- pemajakan untuk mendanai gaya hidup foya-foya raja dan wajib militer untuk mempertahankan tanah itu.

Tetapi kerajaan ini hanya memiliki tiga orang raja sebelum terpecah. Yang pertama, Saul adalah 'pilihan umat' -- bertubuh elok, tampan dan tinggi, tetapi dengan beberapa kelemahan karakter serius.

Ketika ia gagal untuk hidup dalam ketaatan kepada firman Tuhan, Tuhan memberikan umat itu seorang dari pilihan-Nya sendiri -- Daud -- yang dalam 1 Samuel dipaparkan sebagai seorang yang sesuai hati Tuhan. Kendati permulaannya yang baik, ia pun jatuh ke dalam dosa. Satu tatapan bernafsu membuatnya melanggar lima perintah dari Sepuluh Perintah dan ia tidak pernah sama lagi sesudahnya. Kemunduran dalam kekuasaan Israel mulai di sore itu.

Raja ketiga adalah Salomo, putra Daud. Ia membawa kemuliaan besar kepada kerajaan itu -- semasa kekuasaannya kerajaan Israel ada di puncak kejayaan -- tetapi ia melakukan itu dengan pemajakan berat dan kerja paksa. Ia meninggalkan warisan Bait megah tetapi umat yang terpecah. Suku-suku di utara tidak senang tentang fakta bahwa sumber kerajaan dikonsentrasikan di Yerusalem di selatan.

Perang sipil meletus segera begitu Salomo meninggal. Utara berontak melawan selatan, dan akhirnya kerajaan itu terbagi, dengan sepuluh suku utara mengambil nama Israel dan dua suku di selatan yang tetap setia kepada Yerusalem dan garis kerajaan mengambil nama Yehuda.

Tentu saja, ini berarti bahwa yang utara tanpa bait dan tanpa garis kerajaan. Mereka mendirikan sendiri tempat kudus di Betel dan Samaria serta garis kerajaan mereka sendiri, yang tidak bergantung pada garis keturunan Daud yang telah dijanjikan berkat oleh Tuhan.

Sejarah Israel dalam 1 dan 2 Raja-raja menceritakan kisah penuh kesusahan dari pemerintahan para raja utara ini. Lama rata-rata pemerintahan mereka adalah tiga tahun. Banyak dari mereka yang dibunuh, dan terjadi sejumlah kudeta. Pemerintahan di sana tidak stabil, tetapi itu tidak mengherankan sebab itu bukan pemerintahan yang didasari atas garis kerajaan yang Tuhan pilih.

Selatan berjalan lebih baik, raja-rajanya memerintah rata-tata33 tahun. (Yang menarik, Yesus dipercaya berusia sama ketika ia meninggal.)

# Keadaan sosial

## Damai

Penting untuk kita mengerti keadaan sosial utara sementara kita berusaha mengerti pesan-pesan yang Amos dan Hosea ucapkan. Masa itu damai dan makmur. Asyur adalah adikuasa zaman itu, tetapi kunjungan Yunus ke Niniwe berhasil menunda ancaman mereka kepada Israel untuk beberapa waktu. Generasi Asyur itu telah bertobat dari kejahatan mereka, maka ketakutan akan serbuan Asyur telah berlalu, untuk sementara waktu.

## Kemakmuran

Akibatnya, Israel kini menikmati suatu masa kemakmuran, khususnya di bawah Raja Yerobeam II, yang pemerintahannya untuk satu masa menstabilkan bangsa itu. Ekonominya mendapatkan manfaat dari letaknya di jalur perdagangan antara Eropa dan Arabia, dan sejumlah pedagang dan bankir menjadi sangat kaya.

## 'Yang punya' dan 'yang tidak punya'

Meskipun standar hidup meningkat, masyarakat terbagi antara 'yang punya' dan 'yang tidak punya.' Banyak yang menikmati masyarakat konsumen dengan barang-barang mewahnya. Puncak gaya hidup adalah memiliki rumah kedua -- yang mereka sebut 'rumah musim panas' -- yang ke sana orang akan pergi di puncak panasnya musim panas, lazimnya di atas bukit. Suatu aristokrat baru berkembang -- yaitu orang muda 'cepat kaya.' Tetapi perumahan menjadi masalah, sebab semakin orang kaya makin kaya yang miskin makin miskin. Yang kaya memiliki rumah kedua tetapi banyak yang sama sekali tidak memiliki rumah.

## Dampak Moral

Dampak moral dari semua kemakmuran ini sangat jelas. Ada skandal finansial, penyuapan dan korupsi, bahkan dengan peradilan juga menjadi korup. Di pengadilan tidak terdapat keadilan tanpa menyogok para hakim. Segera mereka menjalankan perdagangan tujuh hari sepanjang minggu sebab dengan cara itu mereka bisa mendapat lebih banyak uang. Ketamakan menyebabkan ketidakadilan dan kemakmuran memimpin kepada sikap moral longgar. Kelonggaran seksual merupakan aturan masa itu dan penggunaan alkohol meningkat tajam. Meski ini 2,700 tahun lampau, kesejajarannya dengan kebudayaan modern sangat jelas terlihat.

## Kehidupan keagamaan

Hidup keagamaan juga mengalami *booming*, tetapi bukan agama Israel. Melainkan, umat itu menjadi tertarik akan iman bangsa-bangsa lain, dan khususnya mereka berpaling kepada agama orang asli Kanaan. Ini termasuk iman dari Timur dan Barat yang datang bersama para pedagang berkelana dan kultus orang Kanaan yang menyembah 'ibu alam.' Bahkan, para penyembah di bait Betel dan Samaria melakukan seks dengan pelacur baik laki-laki dan perempuan, karena percaya bahwa ini akan membujuk Tuhan memberkati hasil panen mereka. Mereka bahkan mendirikan lembu emas di Betel yang langsung bertentangan dengan hukum Tuhan tentang patung sesembahan. Maka umat kudus Tuhan, yang seharusnya menjadi bangsa rajawi yang imamat dan kudus, telah menjadi serupa dengan bangsa lainnya.

Tuhan akan dibenarkan andai mencuci tangan-Nya tentang mereka dan berusaha memulai lagi dengan sebuah umat lain. Tetapi Tuhan tidak seperti itu. Ia telah menikah dengan umat Israel, dan Ia membenci perceraian. Sesudah membuat perjanjian dengan mereka, Ia berketetapan hati untuk bertahan dengannya. Namun demikian, Ia tidak dapat menutup mata terhadap perilaku mereka. Dalam pemberian Hukum di zaman Musa Ia telah berjanji bahwa

Ia akan terpaksa mengutuk mereka jika mereka tidak taat, dan Kitab Amos serta Hosea menghubungkan cara Ia membawa disiplin kepada umat-Nya.

## Disiplin Tuhan

### Kekurangan makanan

Karena umat itu menerima kultus kesuburan, pada tempatnya bahwa Tuhan harus memperlihatkan bahwa penyimpangan seksual mereka tidak membawa dampak positif pada panenan. Sebaliknya sejumlah panenan gagal. Tuhan berkata, 'Sadarlah! Kalian bergantung pada-Ku, bukan pada dewi-dewi kesuburan.' Tetapi sesudah bencana itu, seperti halnya dengan yang lain, datang lagi pengulangan, "Namun kamu tidak kembali kepada-Ku.' Kendati kekurangan makanan tersebut, mereka terus saja dengan upacara kafir mereka.

### Kekurangan air

Berikut, Tuhan mengirimkan kekurangan air minum segar, yang tentunya merupakan bencana besar di tanah yang sangat bergantung pada hujan yang teratur.

### Hama dan tanaman rusak

Serangan hama dan belalang menghancurkan gandum, yang membuat kekurangan makanan untuk binatang. Mungkin jelas bahwa umat yang ada dalam hubungan perjanjian dengan Tuhan akan berbalik kepada-Nya menanyakan apa yang salah, tetapi Israel menolak melakukan itu.

## Tulah dan serangan

Tanaman dan binatang telah menderita. Tuhan mengirimkan tulah atas umat itu, dan serangan musuh merampas ternak mereka. Dapat kita lihat bahwa setiap disiplin semakin berat melebihi sebelumnya. Kini orang yang langsung mengalami akibatnya. Tetapi masih saja mereka tidak berbalik kepada Tuhan.

## Badai mendatangkan kebakaran

Tuhan juga mengizinkan kilat menghantam beberapa kota mereka, menyebabkan kerusakan luas atas perumahan. Tetapi tidak satu pun dari hal ini yang menghasilkan akibat. Selama mereka masih bisa menyimpan uang dan menikmati rumah liburan mereka, mereka tidak peduli. Di puncak dari peringatan Tuhan itu datang dua bencana lanjutan. Kesannya Tuhan ingin sekali mendapatkan perhatian mereka.

## Gempa bumi

Ini lebih dari sekadar getaran bumi kecil. Sekitar 250 tahun sesudahnya disebutkan dalam Zakharia sebagai *gempa* bumi. Ini memperlihatkan kuasa Tuhan atas tatanan alami dan mengingatkan umat tentang kerapuhan hidup manusia. Namun lagi-lagi umat menolak untuk kembali kepada Tuhan.

## Pembuangan

Akhirnya sanksi terakhir Tuhan untuk mereka ialah mereka diserbu dan dibuang ke Asyur, tanpa pernah kembali lagi. Ini terjadi pada 721 SM, 30 tahun sesudah Amos dan

10 tahun sesudah Hosea. Ini mungkin terkesan harga yang mahal untuk dibayar karena ketidaktaatan, tetapi Tuhan telah memperingatkan Israel tentang ini berulang kali, tidak hanya melalui disiplin tetapi juga melalui pelayanan kedua nabi ini, yang menegaskan dan menjelaskan apa yang Tuhan sedang lakukan dan apa yang dengan terpaksa akan Ia lakukan.

Bahkan, Amos 3:7 berkata, "Sungguh, TUHAN Tuhan tidak akan berbuat sesuatu tanpa menyatakan keputusan-Nya kepada hamba-hamba-Nya, para nabi." Kemurahan Tuhan sedemikian menakjubkan sampai Ia tidak pernah menghukum tanpa mengutus nabinya lebih dulu untuk menjelaskan kepada umat itu apa yang akan terjadi jika mereka terus melakukan kelakuan mereka. Dalam Perjanjian Baru Kitab Wahyu adalah peringatan tentang apa yang akan Tuhan buat dengan seluruh dunia, tetapi manusia tetap saja tidak berpaling kepada-Nya. Apalagi yang dapat dibuat?

## Para nabi 'kesempatan terakhir'

Maka Amos dan Hosea adalah para nabi 'kesempatan terakhir' yang diutus ke Israel, memperingatkan mereka tentang apa yang terpaksa akan Tuhan lakukan jika mereka gagal untuk balik kepada Dia. Kedua nabi ini sangat berbeda. Amos keras; Hosea lembut. Amos datang dengan tuduhan keras tentang apa kesalahan yang telah mereka buat. Hosea datang dengan imbauan kuat agar mereka balik kepada Tuhan. Jika Amos bicara ke akal mereka, Hosea bicara ke hati mereka. Amos mengutamakan keadilan Tuhan, Hosea kemurahan-Nya. Amos menyampaikan pikiran Tuhan kepada bangsa itu, tetapi Hosea menyampaikan perasaan Tuhan. Ada beberapa tumpang tindih antara kedua nabi ini, tetapi karakteristik luas ini memancar melalui pesan-pesan mereka. Menarik bahwa perkataan terakhir Tuhan dalam Hosea sangat lembut, imbauan emosional, berharap Israel akan bertobat dan mengizinkan Dia menahan diri dari hukuman yang harus Ia jatuhkan.

| AMOS | HOSEA |
|---|---|
| Orang desa selatan | Orang kota utara |
| Peringatan | Merayu |
| Tuduhan keras | Ajakan lembut |
| Keadilan Tuhan | Kemurahan Tuhan |
| Murka ilahi | Kasih ilahi |
| Kemurnian-Nya | Belas kasihan-Nya |
| Dosa sosial | Dosa rohani |
| Ketidakadilan | Penyembahan berhala |
| Internasional | Nasional |
| 'Carilah Tuhan' | 'Kenali Tuhan' |

## Kitab Amos

Pada tahun 750 SM tampillah seorang di Betel, berdiri di anak tangga Bait dan berkhotbah. Aksennya membuat ia ditolak sebagai orang dari selatan, maka dijamin ia menerima reaksi penolakan sebab keberadaannya itu dan apa yang ia katakan.

Dari pekerjaannya, Amos adalah seorang petani sangat miskin. Ia adalah penggembala dan juga petani pohon ara, yang dianggap sebagai jenis pekerjaan paling rendah karena pohon ara cenderung menjadi makanan orang miskin. Demikian, ia pun tanpa pendidikan keagamaan dan jelas bukan merupakan calon untuk berkhotbah, tetapi di bawah tangan Tuhan dan oleh anugerah-Nya ia justru orang yang tepat untuk tugas tersebut.

Tempat asalnya adalah Tekoa, 20 kilometer sebelah selatan Yerusalem, di pusat kerajaan selatan, di perbatasan gurun. Tuhan bicara kepada orang dari anak tangga terbawah tangga sosial ini, dan berkata: "Kamulah orangnya untuk pergi dan memberitahu orang-orang utara itu apa yang akan mendatangi mereka."

Pasal 7 Kitab Amos memberi kita wawasan penting tentang kehidupan pribadi dan reaksinya kepada apa yang ia jumpai. Pasal ini memperlihatkan kepada kita dua hal penting:

1. Doanya memengaruhi Tuhan;
2. Khotbahnya membuat marah manusia.

## Doanya memengaruhi Tuhan

Pada satu kesempatan Tuhan memperlihatkan dia dua gambaran: pertama adalah belalang melahap segala sesuatu di pedesaan, dan yang kedua adalah kebakaran memusnahkan segala sesuatu di perkotaan. Ia sangat terguncang oleh penglihatan itu maka ia berkata kepada Tuhan, "Tuhan yang Maha tinggi, aku mohon janganlah Kau lakukan itu!" Ia memohon Tuhan, bagaimana mungkin Yakub (yi. Umat Tuhan) dapat bertahan pada serangan itu. Ia memohon Tuhan tidak melakukan itu, dan karena itu Tuhan membatalkan apa yang Ia katakan akan Ia lakukan.

Ada dua hal penting dalam percakapan tersebut. Pertama ialah doa dapat memengaruhi Tuhan dalam cara tadi. Agaknya Tuhan mengubah tindakan-Nya sesuai permohonan Amos. Musa juga memiliki pengalaman yang sama, dan tentunya Yesus di salib yang berdoa, "Bapa, ampunilah mereka. Mereka tidak tahu apa yang mereka lakukan."

Pelajaran dari percakapan antara Amos dan Tuhan, jelas. Doa kita tidak akan pernah mengubah karakter Tuhan tetapi dapat mengubah rencana-Nya. Ia bukan Tuhan yang impersonal yang menetapkan segala sesuatu secara membatu, tetapi adalah Tuhan yang mendengarkan kita, Tuhan yang bersedia dimohonkan sesuatu dengan sungguh-sungguh dari-Nya.

Hal kedua ialah Amos bicara tentang bangsa itu sebagai 'Yakub' ketimbang sebagai 'Israel.' Dengan berbuat demikian ia merujuk kepada sang penyiasat cemar, orang yang menipu ayahnya sendiri untuk mendapatkan berkat, yang diubah namanya menjadi Israel. Itu seakan Amos secara sengaja mengingatkan Tuhan tentang masa lampau rancu dari orang yang darinya memberikan bangsa itu memperoleh namanya. Itu cara sempurna mengatakan secara singkat bahwa Israel telah undur ke keberadaan ketika Yakub belum berjumpa Tuhan dan bergumul dengan malaikat.

Juga dalam pasal 7 Amos memiliki penglihatan tentang Tuhan berciri di sisi tembok dengan tali pengukur kelurusan di tangan-Nya. Tuhan memperlihatkan Amos bahwa Ia sedang mengukur Israel dengan standar-Nya, bukan standar mereka, dan hukuman harus mengikuti.

## Khotbahnya membuat manusia marah

Dapat diduga, khotbah Amos membuat marah para pemimpin agama. Para nabi tidak populer bagi para imam atau pastor. Nabi secara khas menentang status quo dan karenanya merupakan ancaman. Amazia sang imam secara khusus prihatin tentang dampak yang Amos bawa dan akhirnya ia menentang dia. Tetapi, tidak gentar, Amos memberitakan terus, meramalkan kejatuhan Yerobeam, istrinya dan keluarganya.

Tuhan memberi Amos pesan-pesan-Nya dalam dua cara. Ia mendapatkan penglihatan sementara ia terjaga dan mimpi sementara ia tidur. Para nabi Perjanjian Lama dikenal sebagai 'pelihat' sebab melihat hal-hal yang orang lain tidak dapat lihat. Ia dapat melihat apa yang sesungguhnya terjadi; ia dapat melihat ke masa depan.

Teks alkitabiah kerap memberitahu kita tentang apa yang Amos lihat. Salah satu gambaran yang paling jelas, yang membentuk klimaks nubuatannya, ialah tentang sebuah keranjang berisi buah yang sudah sangat masak sampai mendekati busuk. Pesannya jelas: Israel sudah matang untuk kebusukan.

Ia juga menggambarkan Tuhan sendiri, selalu sebagai singa. Pada zaman itu masih ada singa di tanah Israel. Mereka hidup di hutan rimba sepanjang Sungai Yordan dan datang ke bukit-bukit mencari domba, maka singa adalah gambaran akrab bagi umat itu.

Amos berkata, "Tuhan sang singa mengaum. Siapakah yang tidak akan gentar?" ia memberikan gambaran grafis tentang apa yang akan terjadi pada Israel. Ia berkata bahwa itu akan seperti seekor domba yang ditangkap oleh singa. Gembala mungkin dapat meluputkan telinga atau kaki domba dari mulut singa. Hanya itu yang akan tersisa dari Israel -- sepasang telinga dan sepasang kaki. Ini merupakan bahasa gambaran yang gamblang yang menangkap perhatian dan imajinasi umat itu. Tuhan dikenal sebagai gembala Israel, maka pasti mereka terkejut mendengar Ia digambarkan sebagai singa.

## Tema dalam Amos

Nubuatan Amos adalah koleksi khotbah-khotbah, tanpa struktur yang jelas. Karena alasan ini sukar menganalisis kitab ini secara keseluruhan. Kesannya seakan kitab ini menanamkan bom-bom waktu dalam hati orang-orang Israel, siap untuk meledak pada waktu yang tepat di masa depan.

Ada sejumlah tema yang dapat ditentukan:

### Delapan kalimat (pasal 1:1–2:16)

1. Damaskus
2. Gaza
3. Tirus
4. Edom
5. Amon
6. Moab
7. Yehuda
8. Israel

### Tiga khotbah (pasal 3–6)

'Namun kamu tidak berbalik'
'Carilah Aku maka kamu akan hidup'
'Celaka …'

## Lima simbol (pasal 7–8)

Bencana belalang
Api melahap samudera raya
Tali pengukur
Keranjang penuh buah ranum
Buah yang ranum menjadi busuk

## Tiga kejutan (pasal 9)

Pembangunan kembali rumah Daud
Kepulangan umat
Kesuburan tanah itu

# Kitab puisi

Meski terdapat struktur kecil, pilihan jenis sastranya cukup disengaja. Sepanjang Alkitab dapat dibedakan antara puisi dan prosa. Puisi memberi kita perasaan Tuhan tentang suatu situasi, yang prosa tentang pemikiran Tuhan. Banyak orang tidak menyadari bahwa Alkitab penuh dengan emosi Tuhan. Kita perlu mengerti apa yang membuat Dia marah, apa yang menyebabkan Dia sedih, apa membuat Dia muak, apa yang membuat Ia merasa bahagia. Orang terobsesi dengan perasaan mereka tentang Tuhan, tetapi sesungguhnya masa depan kita bergantung pada perasaan-Nya tentang kita.

Beberapa puisi sangat ringan dan menghibur Anda, tetapi sebagian sangat berat dan menuntut lagu perkabungan. Puisi dalam Amos masuk ke dalam kategori terakhir ini.

## Pengulangan

Amos juga memakai pengulangan, yang sangat efektif dalam pembicaraan. Ia ingin para pendengarnya mengingat pesan bahwa meski Tuhan mengirimkan kesukaran, mereka tetap tidak kembali kepada-Nya. Maka ia menyebutkan pengulangan itu: "Kamu tidak bertobat kepada-Ku."

Tetapi mari kita lihat pasal 1 dan melihat bagaimana dengan ahlinya ia menyusun perkataannya. Pengulangannya dalam bagian ini ialah "Karena tiga perbuatan jahat bahkan empat."

### Ketidak-manusiawian tetangga Israel

Ia mulai dengan menyalahkan para tetangga Israel. Ia berfokus pada Damaskus dan bagaimana mereka pantas menerima hukuman Tuhan. Damaskus bukan bagian dari umat Tuhan, maka ia diurus khususnya karena ketidakmanusiawian dan kekejamannya. Lalu ia pindah ke Gaza, yang diperhatikan karena kebrutalannya, lalu terus ke Tirus karena kecurangannya. Tidak perlu diragukan sejauh ini pendengar Amos setuju dengan pesan ini.

### Keburukan para sepupu Israel

Lalu ia pindah ke para sepupu etnis Israel -- Edom, Amon dan Moab. Ia berkata bahwa Tuhan akan mengurus Edom karena kekejamannya, dengan Amon karena kebiadabannya, dan dengan Moab karena menghina perkara sakral. Sampai di sini pendengarnya pasti masih bersama dia dengan pidatonya.

## Ketidaksetiaan saudari Israel

Berikut ia pindah lebih dekat lagi ke rumah, menyalahkan saudari Israel yaitu Yehuda. Tuhan akan mengurus Yehuda karena menolak hukum Tuhan dan menerima dusta manusia.

## Ketidakpekaan anak-anak Israel

Lalu datanglah hal yang mengagetkan itu. Tepat sesudah ia berterima dengan pendengarnya, ia memberitahu mereka bahwa Tuhan akan mengurus mereka juga. Ia memberitahu mereka bahwa mereka telah menjadi demikian terbiasa dengan dosa sampai tidak lagi merasa malu. Yang lebih celaka, mereka sepertinya tidak menyadari itu. Pesan utama untuk Israel ialah penebusan masa lalu berarti pembalasan masa depan. Karena Tuhan memilih mereka ke luar dari semua keluarga di bumi, Ia harus menghukum mereka lebih keras. Syarat-syarat perjanjian Sinai ialah berkat ilahi atas ketaatan dan kutuk ilahi atas ketidaktaatan, yang dengan sukarela bahkan dengan sungguh telah diterima oleh umat itu. Israel dapat diberkati lebih dari bangsa-bangsa lain -- atau dikutuk lebih berat. Ini merupakan prinsip ilahi yaitu kepada yang diberikan banyak, dituntut banyak. Hak istimewa lebih besar membawa tanggungjawab lebih berat.

Prinsip ini mengalir bahkan sampai ke Perjanjian Baru. Orang Kristen adalah mereka yang telah mendengar injil, yang tahu perintah Tuhan, dan karena itu Tuhan akan memperlakukan mereka dengan lebih keras.

Khotbah lainnya yang memakai pengulangan, penuh dengan kata 'celaka.' Itu adalah serangkaian kutukan atas mereka yang tidak taat. Amos memberitahu mereka bahwa banyak dari mereka yang merindukan Hari Tuhan keliru tentang apa arti Hari Tuhan itu. Mereka menganggap bahwa segalanya akan baik. Mereka terlena dalam gaya hidup yang dekaden. Tetapi mereka harus sadar bahwa ritual bukan pengganti perilaku benar dan korban tidak menggantikan pengudusan.

Tema 'carilah Aku dan hiduplah' adalah dasar untuk khotbah lainnya. Mereka diberitahu untuk berhenti mencari kenyamanan di tanah itu dan sebaliknya mencari Tuhan. Mereka harus mengusahakan kebenaran. Jika mereka lakukan itu, Tuhan akan mendengar mereka dan mengampuni.

## Pesan akhir Amos

Khususnya pesan terakhir Amos terdengar menusuk Penglihatan tentang buah mengusulkan bahwa Israel 'masak untuk hukuman.' Tuhan berkata Ia tidak akan melupakan mereka -- Ia mencatat segala sesuatunya. Ia hanya melupakan apa yang telah Ia ampuni, tetapi sisanya tidak pernah Ia lupakan. Amos memberitahu mereka bahwa 10 suku Israel akan disebar di antara bangsa-bangsa dan tidak akan pernah bangkit lagi. Tetapi di tengah-tengah kalimat permanen mengerikan ini, seakan sinar matahari mereka menembusi awan-awan, sebab Tuhan berkata, "Tetapi tidak semua kamu. Hanya yang berdosa di Israel yang akan lenyap. Akan ada sisa bangsa. Aku akan membangun kembali tabernakel Daud dan membawa orang-orang kafir masuk mengambil tempatmu menjadi umat Tuhan." Maka satu sisa bangsa yang akan tetap setia kepada Tuhan akan bertahan dan menjadi bagian dari satu umat Tuhan yang diperluas yang akan mencakup orang bukan Israel.

Sungguh, perkataan nubuatan ini dikutip 800 tahun kemudian dalam Kisah Rasul 15, ketika Sidang di

Yerusalem berkumpul untuk mempertimbangkan dasar bagi penerimaan atas orang asal kafir ke dalam Gereja. Pemimpin gereja di Yerusalem ingat nasihat nubuat dari Amos, di mana Tuhan berjanji bahwa Ia akan memulihkan bait Daud dan membawa masuk orang-orang asal kafir.

# Kitab Hosea

Sepuluh tahun sesudah Amos berkhotbah di Betel, seorang nabi lain tampil. Ia akan menjadi nabi terakhir Tuhan untuk 10 suku utara Israel. Telah kita perhatikan bahwa pelayanan Hosea nyata berbeda dari Amos. Kali ini rasa sayang ketimbang tuduhan, bujukan ketimbang peringatan, lembut ketimbang keras, kemurahan ketimbang keadilan. Itu ajakan terakhir dari Tuhan sebelum 10 suku itu lenyap.

Satu kata kunci membuka keseluruhan nubuatan. Itu adalah kata Ibrani *chesed* (*ch* disuarakan seperti 'kh' dalam 'khidmat'). Kata itu tidak ada padanannya dalam bahasa Inggris atau Indonesia. Pada hakikatnya ini adalah kata perjanjian, yang digunakan untuk memaparkan mereka yang dengannya Anda memiliki hubungan perjanjian. Kata ini memang mengandung arti 'kasih,' tetapi juga terkandung sarat di dalamnya artian 'kesetiaan.' Kasih sejati bukanlah kasih sejati kecuali ia setia.

*Chesed* kerap diterjemahkan sebagai 'kasih setia' atau 'kesetiaan.' Ini berarti kasih yang tidak berubah-ubah dan pengabdian yang tak pernah padam -- artinya, kita sedemikian berkomitmen kepada seseorang sampai kita mengasihinya terus, apa pun yang terjadi.

Kata 'kebenaran' cukup dekat dengan istilah itu. Mungkin sangat berarti untuk diperhatikan bahwa dalam bahasa Inggris kata 'kebenaran' sendiri makin kurang dipakai sebab jenis kesetiaan ini pun makin surut juga. Kasih sering kali dikenal tanpa kesetiaan. Orang menikmati kasih dengan seseorang untuk sesaat, lalu menggantinya dengan seorang lain.

## Kasih perjanjian

Keseluruhan hubungan antara Tuhan dan Israel adalah kasih perjanjian dan karenanya adalah kasih *chesed*, kasih yang tetap bersama. Sesungguhnya, Kitab Hosea mengungkapkan kasih perjanjian Tuhan untuk pengantinNya, Israel.

### Bagian Tuhan

Tuhan memberikan perjanjian bahwa Ia akan memelihara, melindungi dan mencukupkan mereka. Ia telah meluputkan mereka dari Mesir dan di Sinai menawarkan kesempatan untuk mereka menjadi umat-Nya, mereka telah menerima itu. Ia menginginkan ketaatan yang gembira, penuh hasrat -- untuk pengantin perempuan yang ingin hidup menurut apa yang Ia ingin untuk mereka hidupi.

### Bagian Israel

Israel perlu merespons dengan sukacita tuntutan-tuntutan Tuhan, dengan menyadari bahwa karena hal itu diberikan demi kebaikan mereka, maka menaatinya adalah hal yang menyukakan. Mazmur Daud mngungkapkan kesukaannya akan Hukum Tuhan. Mazmur terpanjang dalam Alkitab (pasal 119) keseluruhannya adalah tentang manfaat Hukum Taurat. Tetapi sebagai keseluruhan, umat Tuhan tidak taat dan sampai masa Hosea, kegagalan mereka itu sangat nyata.

Tuhan melalui pesan Hosea berkata, "Apa yang terjadi pada pernikahan kita?" Ia meyakinkan mereka tentang kasih-Nya yang setia tetapi sadar bahwa Ia akan menerima balik sedikit sekali.

Agar Hosea mengerti perasaan Tuhan. Tuhan membawanya ke pengalaman luar biasa. Tuhan sering menyiapkan nabi melalui apa yang terjadi atau kurang dalam hubungan mereka. Tuhan memberitahu Yeremia bahwa ia tidak boleh menikah, sebab ia harus memberitahu Yehuda bahwa Tuhan pun kini melajang. Dari kesepian tanpa istri itu Yeremia belajar bagaimana perasaan Tuhan tanpa Israel. Yehezkiel diberitahu bahwa istrinya akan meninggal tetapi ia tidak boleh menangisi kepergiannya, dalam rangka memperlihatkan kepada Yehuda bahwa Tuhan pun telah berduka. Dalam cara yang sama, Hosea diajar bagaimana yang Tuhan rasakan dengan menaati perintah yang tidak lazim mengenai situasi pernikahannya.

# Latarbelakang (pasal 1–3)

Pasal 1-3 memberikan latarbelakang kisah. Ini bersifat otobiografis dan memang, sedemikian fantastik keadaannya sampai para sarjana mempertanyakan entah itu fakta atau fiksi, atau urutan pasalnya berbeda dari urutan peristiwa. Tetapi saya percaya kita aman menerimanya dalam artiannya yang paling jelas, paling sederhana.

Ketiga pasalnya pertama memberikan kepada kita garis kisah dari nubuatan ini.

## Pasal 1: anak-anak

Hosea diperintahkan untuk menikahi seorang pelacur -- sesuatu yang mengejutkan waktu itu seperti juga sekarang, khususnya untuk seseorang yang Tuhan maksudkan menjadi juru bicara-Nya. Mereka memiliki tiga orang anak, paling tidak satu di antaranya bukan berasal dari Hosea. Hosea menemukan istrinya, membawanya pulang dan mendisiplinnya selama satu periode ketika ia tidak berhubungan dengannya sebagai istri. Kemudian ia merayunya lagi dan memulai dari awal lagi dengannya sebagai istrinya. Nama masing-masing anak menyandang pesannya sendiri. Yang pertama laki-laki disebut Yizreel, yang berarti 'Tuhan menaburnya.' Ia anak yang sangat pemberontak, tidak bisa diatur yang harus didisiplin.

Anak kedua seorang perempuan disebut Lo-Ruhama, yang berarti 'tidak disayangi.' Anak ini ditelantarkan dan tidak menerima kasih dari ibunya. Anak ketiga seorang laki-laki dinamai Lo-Ami, yang berarti 'bukan umat-Ku.' Ia adalah anak yang bukan berasal dari Hosea, maka anak itu ditolak. Maka kita memiliki: didisiplin, ditelantarkan dan ditolakkan. Anak-anak itu menyimpulkan bagaimana Tuhan memperlakukan umat-Nya Israel. Nama-nama anak tersebut penting untuk pesannya, meski saya belum pernah menjumpai ada orangtua Kristen yang memakai salah satu dari tiga nama itu.

## Pasal 2: sang istri

Pasal 2 memberitahu kita tiga hal tentang istri Hosea. Pertama, ia dicela oleh anak-anaknya sendiri tentang apa yang ia lakukan. Mereka tahu ia bersalah. Kedua, Hosea menghukum dia karena kelakuannya, dan akhirnya ia dipulihkan sebagai istrinya. Sekali lagi pesannya jelas: dicela, dibalas, dipulihkan.

### Pasal 3: sang suami

Pola tiga hal ini berlanjut dengan Hosea sendiri. Kita diberitahu tiga hal tentang dia di pasal 3.

Pertama, ia setia kepada istrinya bahkan ketika istrinya tidak setia kepada dia.

Kedua, ia tegas kepadanya, dan untuk satu periode ia tidak memperlakukan dia sebagai istrinya. Ia membawanya pulang tetapi tidak tidur dengannya -- menyatakan periode disiplin dalam pembuangan yang Tuhan akan lakukan untuk dialami oleh orang Yahudi.

Ketiga ia ditakuti. Istrinya memiliki takut yang sehat kepadanya, dan gentar ketika bersama dia. Itu berarti bahwa hormat dan kesetiaan secara perlahan dibawa balik ke dalam kehidupan istrinya..

## Pesannya (pasal 4–14)

Pasal 4-14 memberi kita pesan yang tumbuh dari hubungan ini. Seperti dengan Kitab Amos, Hosea adalah kumpulan khotbah-khotbah, yang disampaikan dalam urutan tertentu. Namun begitu, kita dapat mengumpulkannya di bawah berbagai judul, yang memberi kita tema utama dan menyanggupkan kita membacanya dengan pengertian.

Kita harus menyadari bahwa semua hal yang Hosea katakan berpusat di sekitar dua judul: *ketidaksetiaan Israel* dan *kesetiaan Tuhan*. Ini adalah kontras antara *chesed* yang datang dari Tuhan dan kurangnya respons dari umat yang membentuk keseluruhan tema nubuatannya.

Ini menyimpulkan argumen Tuhan dengan Israel, dan belas kasih-Nya untuk mereka dari dilema ini: Apa yang harus dilakukan dengan umat yang Anda kasihi tetapi yang tidak setia kepada Anda?

## Ketidaksetiaan Israel

Hosea menunjukkan tujuh dosa, yang akan kita sebut 'tujuh dosa maut Israel.' Catatan tentang dosa-dosa ini memperlihatkan pengetahuan Tuhan yang mendetail tentang apa yang terjadi.

1. **Ketidakseetiaan.** Umat itu telah menjadi tidak setia dalam pernikahan mereka sendiri sebagaimana mereka tidak setia kepada Tuhan.
2. **Kemandirian.** Pemerintahan yang dipilih Tuhan terdapat di Yerusalem, tetapi mereka telah mencipta garis kerajaan mereka sendiri dengan kerajaan mereka yang mandiri. Dan kemandirian ini, tentunya adalah hakikat dari dosa. Dengan efektif mereka berkata mereka menolak Tuhan dari memerintah atas mereka. Mereka lebih menyukai kerajaan mereka sendiri dan secara aktif memberontak melawan raja pilihan Tuhan di selatan.
3. **Intrik.** Kurangnya kesetiaan kepada Tuhan dicerminkan dalam ketidaksetiaan umat satu sama lain. Ini terlihat dalam kebiasaan orang bicara di belakang orang lain, persetujuan rahasia yang dirancang dan banyak orang menjadi kesal.
4. **Penyembahan berhala.** Lembu emas di Samaria menonjol dalam nubuatan Hosea. Umat tersebut menerima dengan terbuka dewa Kanaan dan terlibat dalam penyembahan kafir. Bukit-bukit penyembahan agama Kanaan dipuja.

5. **Immoralitas.** Lembu adalah lambang kesuburan, dan immoralitas seksual menjadi biasa. Hukum tentang praktik seksual dalam kitab Musa telah diremehkan karena lebih menyukai moralitas longgar bangsa-bangsa sekitar. Telah kita perhatikan bahwa immoralitas sedemikian bahkan dianggap 'religius', meski menentang Hukum kudus Tuhan.
6. **Ketidaktahuan.** Respons kepada nubuatan Hosea menjadikan jelas bahwa utamanya Israel tidak tahu bagaimana Hukum kudus Tuhan telah diabaikan. Tetapi itu bukan hanya karena mereka tidak tahu tentang Tuhan -- mereka tidak ingin tahu tentang Tuhan.
7. **Tidak bersyukur.** Tuhan menggarisbawahi sikap tidak bersyukur dalam perilaku mereka dengan memberi Hosea serangkaian gambaran yang akan melekat dalam pikiran mereka.

Di pasal 7 Hosea memakai beragam gambaran untuk memaparkan karakter Israel, dan tidak satu pun yang bersifat terpuji. Ia berkata bahwa hawa nafsu jahat mereka bagaikan tungku panas yang siap untuk memanggang adonan. Ia juga membandingkan mereka dengan roti yang hangus satu sisinya tetapi mentah di sisi lainnya. Roti semacam itu sama sekali tidak dapat dimakan -- suatu gambaran tentang kompromi bangsa itu. Sikap setengah hati mereka membuatnya sungguh tidak berguna.

Hosea melanjutkan dengan gambaran tentang merpati yang terbang masuk dalam jaring perangkap. Israel tidak beriman kepada siapa pun, apalagi kepada Tuhan. Satu saat ia berpaling kepada Mesir dan berikutnya kepada Asyur -- tetapi tidak pernah kepada Tuhan. Maka Ia harus menangkap dan mendisiplin dia.

## Pihak-pihak yang bersalah

Hosea mengikuti daftar dosa-dosa mautnya dengan menentukan empat kelompok manusia yang ia percaya bertanggungjawab atas kondisi ini.

1. **Para imam.** Seharusnya mereka mengenal Tuhan dan mengingatkan umat itu tentang Hukum Tuhan supaya jika mereka berdosa, korban tersedia untuk mereka. Tetapi mereka telah membatalkan tanggungjawab mereka. Mereka yang seharusnya menjadi teladan nyatanya sama buruknya dengan orang kebanyakan.
2. **Para nabi.** Israel bukan tanpa sejumlah besar nabi. Tetapi semua mereka adalah nabi palsu. Mereka memberitahu umat Tuhan untuk tidak khawatir tentang perilaku mereka, dengan mengklaim bahwa Tuhan tidak akan melakukan hal-hal menakutkan yang Ia peringatkan -- yang tentunya, tepat adalah hal yang ingin mereka dengar. Tetapi Tuhan membutuhkan orang yang bersedia menyampaikan hal yang tidak ingin mereka dengar, bahkan jika itu berkonsekuensi mahal.
3. **Para pangeran (atau raja).** Meskipun Tuhan tidak memilih garis kerajaan utara, mereka tetap bertanggungjawab. Dalam arti tertentu para raja adalah gembala bagi umatnya, bertanggungjawab memastikan mereka taat kepada Hukum Tuhan. Namun demikian, sedikit saja raja yang sungguh memerhatikan bagaimana bangsa itu merespons. Banyak orang yang mengambil arah kehidupan mereka dari para raja. Ketika mereka melihat immoralitas pada para pemimpin bangsa, mereka menganggap itu OK untuk mereka lakukan juga.
4. **Para pencari keuntungan.** Banyak yang menyedot dana besar dari pasar perumahan, dan orang yang

miskin selalu kalah. Hukum Tuhan jelas tentang kejahatan menarik riba dan memeras orang miskin. Hosea mengkhususkan para pencari keuntungan sebagai perusak masyarakat.
5. **Penghukuman** Hosea memberitahu mereka bahwa penderitaan datang dalam tiga bidang.
6. **Kemandulan.** Ia berkata akan terjadi keguguran, dan sebagian perempuan bahkan tidak sanggup untuk hamil. Yang lain akan kehilangan bayi-bayi mereka saat kelahiran.
7. **Penumpahan darah.** Kemudian Tuhan memberitahu bahwa musuh akan menyerang dan membunuh banyak dari mereka. Ia tidak akan membela mereka.
8. **Pembuangan.** Puncaknya musuh ini akan menang dan akan mengusir mereka dari tanah itu.

## Kesetiaan Tuhan

Penghukuman ini adalah sisi parah dari nubuatan Hosea. Meski ia lebih lembut dibanding Amos, ia bukan tanpa tantangan yang menghantam keras. Tetapi itu bukan desakannya yang utama. Tema utamanya ialah, kendati ketidaktaatan mereka yang menyebar luas, Tuhan tetap setia.

Ada satu pernyataan dalam 2 Timotius tentang hubungan kita dengan Yesus. Ayat itu mengatakan bahwa jika kita tidak setia kepada-Nya, Ia tetap setia. Ayat itu pasti diangkat langsung dari Hosea.

Karena kabar baik ialah bahwa Tuhan memiliki belas kasih atas umat Israel. Inilah inti dari perkataan Hosea.

Kita dapat memakai kata G-O-D dalam bahasa Inggris sebagai alat bantu ingat tentang bagaimana Tuhan tidak dapat membiarkan mereka Lepas (*Off*), Ia tidak dapat membiarkan mereka Pergi (*Go*) dan Ia tidak dapat membiarkan mereka Kecewa (*Down*), meskipun urutannya tidak persis tepat.

Karena kasih-Nya kepada mereka Tuhan tidak dapat membiarkan mereka *Lepas*; Ia tidak dapat membiarkan mereka *Sedih*.

## TUHAN TIDAK DAPAT MEMBIARKAN MEREKA LEPAS (5:10–6:6)

Nas ini melukiskan kebencian Tuhan tentang pengakuan pertobatan mereka. Ia berkata, "Aku akan mencabik-cabik Efraim dan Yehuda seperti singa mencabik-cabik korbannya. Aku akan menyeretnya keluar dan mengejar semua yang lari ke tempat jauh. Aku akan menelantarkan mereka dan pulang ke rumah-Ku sampai mereka mengakui kesalahan mereka dan mencari Aku untuk kembali menolong." Ia berkata bahwa secepat datangnya masalah, lazimnya mereka bicara tentang kembali kepada Tuhan yang akan menolong mereka, tanpa ada niat nyata untuk mengubah hati mereka. Maka Tuhan harus berkata, "Apa yang harus Ku lakukan denganmu? Sebab kasihmu menghilang seperti awan pagi, lenyap seperti embun. Aku mengutus nabi-nabi-Ku untuk mengingatkan engkau tentang kehancuranmu. Aku telah membantaimu dengan perkataan dalam mulut-Ku, mengancam engkau dengan kematian. Aku tidak menginginkan korban-korbanmu -- Aku ingin kasihmu. Aku tidak menginginkan persembahan-persembahanmu -- Aku ingin engkau mengenal Aku."

## TUHAN TIDAK DAPAT MEMBIARKAN MEREKA PERGI (11:1–11)

Tuhan menyampaikan imbauan-Nya kepada mereka, mengingatkan mereka tentang waktu ketika Israel masih anak kecil. Tuhan mengasihi dia sebagai putra-Nya dan membawanya ke luar dari Mesir. Tetapi semakin Tuhan memanggil dia, semakin ia memberontak, memberikan persembahan kepada Baal dan membakar ukupan kepada berhala-berhala. Meski Tuhan telah melatih dia sejak bayi, mengajar bagaimana berjalan dan memegang tangan-Nya, Israel memperlakukan Tuhan dengan cemoohan.

Tetapi Tuhan berseru, "Bagaimana mungkin Aku membiarkanmu, Efraim-Ku? Bagaimana dapat Aku membiarkan kau pergi? Hati-Ku menjerit di dalam-Ku! Betapa ingin Aku menolongmu! Tidak, Aku tidak akan menghukummu sekuat nyala amarah-Ku. Sebab Aku ini Tuhan dan bukan manusia, Aku Yang Kudus hidup di antaramu, dan Aku tidak datang untuk menghabisimu."

Di sini kita melihat ungkapan kuat perasaan Tuhan. Apa pun yang terjadi, Ia tahu Ia tidak dapat membiarkan mereka pergi.

## TUHAN TIDAK DAPAT MEMBIARKAN MEREKA KECEWA (14:1–9)

Nas ini adalah imbauan Tuhan yang berapi-api untuk umat tersebut agar kembali kepada-Nya dan mengizinkan Dia menyembuhkan mereka dari perilaku penyimpangan berhalanya. Bukan berarti Israel telah berdosa secara tidak sengaja -- ia telah menekuni kejahatannya dengan sikap berontak. Tetapi Tuhan memberitahu bahwa jika mereka bertobat, Ia akan mengampuni mereka. Ia tidak akan pernah membuat mereka kecewa.

Nas itu diakhiri dengan satu pernyataan: "Barangsiapa berhikmat, biarlah ia mengerti hal-hal ini, dan barangsiapa cerdas hendaklah ia mendengarkan. Sebab jalan-jalan Tuhan benar dan tepat, dan orang baik berjalan padanya, tetapi orang berdosa yang mencobanya akan gagal." Ini salah satu imbauan terkuat dalam keseluruhan Alkitab kepada umat yang tidak ingin mengenal kasih Tuhan, dan ini diakhiri dengan nubuatan. Israel diberikan pilihan terakhir -- mengikuti jalan-jalan Tuhan atau lanjut dalam kesesatan mereka.

## Bagaimana kita menerapkan Amos dan Hosea masa kini?

Pertama, perlu kita akui bahwa baik Amos maupun Hosea tidak berhasil membawa balik Israel kepada Tuhan. Pesan mereka tidak diperhatikan, dan Tuhan terpaksa menghakimi umat itu seturut cara yang telah Ia nyatakan. Pada tahun 721 SM, Asyur mengalahkan mereka dan membawa mereka ke pembuangan, dan tidak pernah lagi kembali.

Kemudian, kita harus mencatat bahwa ada perbedaan besar antara situasi kita dan situasi di mana Amos dan Hosea bicara dan bernubuat. Di Israel terdapat pemerintahan teokratis; Gereja dan Negara adalah satu dan sama. Tetapi ini tidak berlaku dalam Perjanjian Baru, di mana Gereja dan negara jelas terpisah. Situasi Perjanjian Baru disimpulkan dalam perkataan Yesus, "Berikanlah kepada Kaisar apa yang Kaisar punya dan kepada Tuhan apa yang Tuhan punya." Maka orang Kristen masa kini tinggal dalam dua kerajaan. Saya adalah warganegara Kerajaan Inggris, menurut paspor saya. Saya juga warganegara Kerajaan Tuhan. Jadi kita harus berhati-hati ketika menerapkan nubuat-nubuat Perjanjian Lama ke situasi modern kita.

Kita menanggung kerumitan yang dibawa oleh Kaisar Konstantin di abad ke empat AD. Eropa mencoba menggabungkan Gereja dan Negara. Konstantin berusaha menciptakan suatu Kerajaan Kristen (*christendom*) dimana Kerajaan Tuhan dan kerajaan manusia adalah satu dan sama, dan warisan tersebut masih tersisa dalam banyak bangsa Eropa. Maka dilahirkan di Inggris berarti dilahirkan ke dalam Gereja, dan kami memiliki beberapa abad Kekristenan mapan di belakang kami. Tetapi sejauh menyangkut Tuhan. Gereja dan Negara terpisah adanya. Kita dapat membuat penerapan dari nubuatan Perjanjian Lama, tetapi kita mesti ingat bahwa dua situasi tersebut tidak bisa langsung dibandingkan.

Jadi kita tidak dapat mengambil sebuah pesan dari Amos atau Hosea dan berkata bahwa bangsa-bangsa harus menaati sesuai yang Tuhan harapkan untuk Israel taati. Tetapi di mana nubuatan ditujukan ke orang di luar Israel, penerapan yang dibuat dapat dianggap sah. Tuduhan Tuhan kepada para bangsa lain didasarkan atas hati nurani, bukan atas Hukum Tuhan. Dalam cara yang sama, suatu bangsa sekuler akan dihakimi atas dasar apakah mereka hidup menurut apa yang secara intrinsik mereka ketahui sebagai hal yang benar.

Maka beberapa dosa yang Amos dan Hosea persalahkan dalam bangsa-bangsa bukan Israel memang berlaku. Ini mencakup ketidak-manusiawian, menginjak-injak hak manusia, dan peraturan yang membuat si kaya makin kaya dan si miskin makin miskin. Ke dalam semua wilayah ini dapat kita terapkan nubuatan itu secara sah. Namun demikian, ini tidak berarti bahwa nubuatan lainnya kepada Israel tidak relevan. Mereka juga membawa pesan kuat kepada Gereja masa kini. Sebab Gereja terlalu sering berkelakuan menurut gaya yang sama dengan yang dilakukan oleh orang Israel. Ada banyak sekali nas Perjanjian Baru yang menegaskan pesan-pesan dari Hosea dan Amos. Kita juga harus kembali kepada Tuhan, jika tidak ingin masuk ke bawah penghakiman-Nya. Maka ketika kita membaca nubuatan ini, kita mesti menerapkannya kepada umat Tuhan lebih dulu, dan kemudian kita berada dalam posisi layak memberitahu masyarakat apa yang Tuhan katakan kepada mereka tentang cara hidup mereka.

# 21.
# YESAYA

## Pendahuluan

Yesaya adalah kitab yang sangat menarik untuk dipelajari. Untuk memulai, dokumen nubuatan Yesaya ada di antara yang paling teruji dari semua kitab dalam Perjanjian Lama. Naskah Laut Mati, yang ditemukan tahun 1948, termasuk satu salinan kitab yang bertanggal dari 100 SM, kira-kira seribu tahun lebih tua dari salinan tertua berikutnya, yang dari 900 AD. Pada saat karya penerjemahan Alkitab RSV dalam bahasa Inggris selesai, pekerjaan tersebut dihentikan sementara dokumen-dokumen ini diperiksa. Tetapi hanya sedikit saja yang perlu pengubahan.

Yesaya juga sangat menarik karena cara kitab ini disusun dalam Alkitab kita. Judul-judul pasal dalam Alkitab tidak diilhamkan. (Saya berharap kita memiliki Alkitab tanpa angka-angka pasal dan ayat, sebab dengan demikian kita dapat mengetahui Alkitab kita menurut alur pemikiran, dan bukan dalam cara buatan menurut 'teks,' sebagaimana yang kita lakukan masa kini. Sebab paling tidak 1,100 tahun Gereja Kristen memiliki Alkitab tanpa angka-angka pasal dan ayat.)

Tetapi siapa pun yang membagi Yesaya ke dalam pasal melakukan hal yang sangat menarik, meski saya ragu apakah itu disengaja. Mereka membagi kitab ini ke dalam 66 pasal, jumlah yang sama dengan kitab dalam Alkitab. Tambahan, mereka membagi Yesaya ke dalam dua bagian yaitu 39 pasal dan 27 pasal. Itu tepat dengan jumlah kitab Perjanjian Lama dan Perjanjian Baru, 39 dan 27.

Juga, pesan dari 39 pasal pertama menyimpulkan pesan dari Perjanjian Lama, dan pesan dari 27 pasal terakhir menyimpulkan dengan tepat pesan Perjanjian Baru! Bagian kedua dari Yesaya (yi. Pasal 40) mulai dengan suara yang berseru-seru di padang gurun, "Persiapkanlah jalan untuk Tuhan" -- kata-kata yang kelak dipakai oleh Yohanes Pembaptis. Dari sini maju ke seorang hamba Tuhan yang diurapi oleh Roh Kudus, mati karena dosa-dosa umatnya, dan dibangkitkan serta dimuliakan sesudah kematiannya. Lalu maju lagi ke pencanangan bahwa "Engkau akan menjadi saksi-saksi-Ku (sampai ke ujung-ujung bumi)," dan berakhir dengan Tuhan berkata, "Aku menjadikan segalanya baru ("Aku menciptakan langit baru dan bumi baru"). Maka kita dapat menghubungkan dengan sempurna pesan Yesaya dengan pesan Perjanjian Baru.

Dengan kata lain, jika seseorang mengambil seluruh Alkitab dan memerasnya menjadi satu kitab, Anda akan berakhir dengan nubuatan Yesaya. Ia merupakan Alkitab miniatur. Bahkan lebih berarti adalah fakta bahwa pasal 40-66 dengan sangat jelas terbagi ke dalam tiga bagian, masing-masingnya sembilan pasal. Jadi dalam pasal 40-48 temanya adalah menghibur umat Tuhan; pasal 49-57 temanya adalah Hamba Tuhan yang mati dan bangkit kembali; dan pasal 58-66 adalah tentang kemuliaan yang akan datang.

Lebih lanjut, masing-masing dari sembilan pasal bagian ini terbagi ke dalam tiga pasal. Jika Anda ambil tiga yang di tengah ada tiga bagian sangat jelas: 49-51, 52-54, 55-57. Jika Anda ambil bagian tengah (pasal 52-54), dan ayat yang di tengah dari pasal yang di tengah dari bagian tengah itu, Anda tiba di ayat kunci kitab ini: "Ia ditikam karena pelanggaran kita, Ia diremukkan karena kejahatan kita; ganjaran yang mendatangkan keselamatan kita ditimpakan kepada-Nya, dan oleh bilur-bilur-Nya kita disembuhkan" (53:5). Tidak satu pun dari semua ini yang diilhami, tetapi sangat berarti bahwa bahkan ayat pusat dari bagian ke dua dapat menyimpulkan tema sentral Perjanjian Baru.

Kitab Yesaya sangat dikenal dalam bagian-bagiannya. Saya ingat komentar seseorang sesudah membaca salah satu drama Shakespeare. Ia berkata bahwa ia tidak menyukainya karena terlalu banyak ungkapan kutipan dan ia yakin bahwa Shakespeare telah mengambil banyak bahan dari tempat lain, tanpa ia menyadari bahwa Shakespeare yang telah memulai kutipan-kutipan tersebut! Sama halnya dengan Kitab Yesaya. Ada banyak teks darinya yang terkenal untuk mereka yang telah dididik dalam lingkungan gerejawi. Misalnya:

*Sekalipun dosamu merah seperti kirmizi, akan menjadi putih seperti salju.* *(1:18)*

Jika benang wool telah diwarnai mustahil membuatnya menjadi putih kembali, tetapi itulah yang Tuhan katakan tentang dosa-dosa kita.

*Mereka akan menempa pedang-pedangnya menjadi mata bajak, dan tombak-tombaknya menjadi pisau pemangkas.* ***(2:4)***

Ayat ini tertera di balok granit di luar markas besar PBB di New York. Sayangnya mereka tidak mengutip keseluruhan ayatnya, yang mulai dengan, "Ia akan menjadi hakim di antara bangsa-bangsa..." Tanpa Tuhan menghakimi di antara bangsa-bangsa, tidak mungkin ada jalan bahwa akan ada orang yang dapat mengusahakan tercapainya bagian kedua ayat itu.

Kutipan terkenal lainnya termasuk:

Sesungguhnya, seorang perempuan muda mengandung dan akan melahirkan seorang anak laki-laki, dan ia akan menamakan Dia Imanuel. *(7:14)*

Sebab seorang anak telah lahir untuk kita, seorang putera telah diberikan untuk kita; lambang pemerintahan ada di atas bahunya, dan namanya disebutkan orang: Penasihat Ajaib, Tuhan yang Perkasa, Bapa yang Kekal, Raja Damai. *(9:4)*

Roh TUHAN akan ada padanya, roh hikmat dan pengertian, roh nasihat dan keperkasaan, roh pengenalan dan takut akan TUHAN *(11:2)*

Yang hatinya teguh Kaujagai dengan damai sejahtera, sebab kepada-Mulah ia percaya. *(26:3)*

Orang-orang yang menanti-nantikan TUHAN mendapat kekuatan baru: mereka seumpama rajawali yang naik terbang dengan kekuatan sayapnya; mereka berlari dan tidak menjadi lesu, mereka berjalan dan tidak menjadi lelah. *(40:31)*

Betapa indahnya kelihatan dari puncak bukit-bukit kedatangan pembawa berita, yang mengabarkan berita damai dan memberitakan kabar baik *(52:7)*

Sesungguhnya, tangan TUHAN tidak kurang panjang untuk menyelamatkan, dan pendengaran-Nya tidak kurang tajam untuk mendengar *(59:1)*

Sekiranya Engkau mengoyakkan langit dan Engkau turun, sehingga gunung-gunung goyang di hadapan-Mu *(64:1)*

Satu lagi bagian sangat terkenal ialah panggilan Yesaya di pasal 6, ketika ia melihat suatu penglihatan tentang Tuhan dalam Bait, meski misinya yang sukar yang dipaparkan di pasal yang sama, kurang dikenal. Pasal 35 memaparkan padang gurun bersemi bagaikan bunga mawar. Pasal 40 mulai dengan perkataan terkenal, "Hiburkanlah, hiburkanlah umat-Ku, demikian firman Tuhanmu." Kita telah menyebut tentang 53:5: "Ia ditikam karena pelanggaran kita, Ia ditikam karena kejahatan kita." Kebanyakan orang Kristen mengenal 53:1, "Ayo, hai semua orang yang haus, marilah dan minumlah air,... Terimalah gandum tanpa uang pembeli dan makanlah, juga anggur dan susu tanpa bayaran." Pasal 61 mencakup teks untuk khotbah pertama Kristus di Nazaret: "Roh TUHAN Tuhan ada pada-Ku; sebab Tuhan telah mengurapi Aku untuk memberitakan kabar baik kepada orang yang lembut hati."

Sesudah mengatakan bahwa orang mengenal bagian-bagian tertentu kitab Yesaya, jelas juga bahwa kitab ini secara keseluruhannya kurang dikenal baik. Ini memalukan, sebab inilah kitab yang baik Yesus maupun rasul Paulus kutip lebih banyak ketimbang bagian lain dari Perjanjian

Lama. Perjanjian Baru penuh dengan kutipan-kutipan dari kitab ini, khususnya dari bagiannya yang kedua.

Sedikit orang Kristen yang menyadari bahwa ungkapan seperti 'mendukakan Roh Kudus,' 'Tuhan akan menghapus semua air mata.' 'suara yang berseru-seru di padang gurun,' 'kamu akan menjadi saksi-saksi-Ku sampai ke ujung-ujung bumi,'dan 'semua lutut akan bertelut dan semua lidah mengaku' semuanya datang langsung dari bagian kedua Yesaya.

Jadi jelaslah bahwa jika Anda sungguh ingin mengetahui Alkitab, Anda perlu mengetahui Yesaya. Ia akan menyediakan bagi Anda wawasan ke dalam Perjanjian Baru dan juga Perjanjian Lama.

## Orang yang menulisnya

Seperti kebanyakan para penulis Alkitab, Yesaya adalah seorang yang sangat melupakan diri sendiri dan hidup berpusatkan Tuhan, maka ia enggan bicara tentang dirinya. Yang kita ketahui tentang dia datang dari tulisannya dan dari kitab-kitab sejarah lain, khususnya dari sejarawan Josephus, yang bicara banyak tentang Yesaya. Maka kita bisa menggabungkan keping-keping informasi itu menjadi satu gambaran. Ia pasti memiliki orangtua yang saleh, karena nama Ibraninya, *Yesa-Yahu* ('Yesaya' berasal dari kata itu), berarti 'Tuhan menyelamatkan.' Ini memiliki akar kata sama dengan nama Yesus dan Yosua. Nama itu sepenuhnya pantas, sebab ia disebut sebagai penginjil Perjanjian Lama. Ialah yang membawa injil, kabar baik, khususnya dalam bagian kedua kitab itu.kata 'baru' jarang muncul dalam Perjanjian Lama, tetapi kata itu sungguh sering muncul dalam bagian kedua Kitab Yesaya. Ia tumbuh menjadi nabi terbesar segala zaman, digolongkan oleh orang Yahudi dalam kategori sama dengan Musa dan Elia.

Dari sudut pandang manusia ia memiliki awal menguntungkan, karena dilahirkan dalam istana dan dididik dalam lingkungan istana. Ia adalah cucu dari Raja Yoas dan karena itu adalah sepupu Raja Uzia, yang menjadi alasan mengapa ia begitu terpukul oleh kematian Uzia. Yesaya memiliki kekayaan, kedudukan dan pendidikan. Ini memberinya beberapa keuntungan, tetapi juga membuatnya sukar menjadi seorang nabi. Tetapi ia mengalami perjumpaan luar biasa dengan Tuhan di Bait yang membuat jalan yang harus ia tempuh dibuat menjadi sejernih kristal.

Ia bergerak dengan bebas di lingkungan istana dan menasihati para raja, maka banyak dari nubuatannya yang berurusan dengan isu-isu politik, khususnya keamanan palsu dari bersekutu dengan kekuatan seperti Asyur atau Mesir.

Sejauh menyangkut kehidupan keluarganya, istrinya seorang nabiah, tetapi kita tidak memiliki satu pun nubuatan darinya. Ada kemungkinan bahwa Yesaya memeriksakan nubuatan-nubuatannya dengan istrinya sebelum menampaikannya.

Sedikitnya ia memiliki dua orang putra. Salah satunya dinamai *Maher-Syalal-Hash-Bas*, yang berarti 'cepatkan barang rampasan, percepat kerusakan' -- bukan jenis nama yang kebanyakan orangtua suka memberikannya kepada keturunan mereka! Tetapi itu adalah nama nubuatan yang menunjuk ke hari ketika Yerusalem sendiri akan dijarah oleh musuh dan semua hartanya akan diambil. Putra satunya disebut *Syear-Yasyub*, yang berarti 'suatu sisa akan kembali.' Jadi nama kedua putranya menyimpulkan dua pusat pesan Yesaya. Kabar buruknya (utamanya adalah paruh pertama kitabnya) ialah Yerusalem akan dikepung, dijarah dan dirusakkan. Kabar baiknya ialah bahwa suatu sisa akan kembali -- Israel masih memiliki masa depan, bahkan sesudah kehilangan segala sesuatunya.

Ada spekulasi bahwa ia memiliki anak ketiga dinamai Imanuel. Pastinya, ada seorang anak kecil sekitar waktu itu yang menjadi pokok nubuatan. Namun demikian, menurut saya, itu adalah nama anak orang lain, bukan anaknya. Imanuel, anak itu -- yang namanya berarti 'Tuhan beserta kita' -- adalah sebuah tanda untuk seorang raja. Bahkan, ia adalah tanda ganda, yang juga digenapi beberapa abad kemudian di dalam Yesus.

## Panggilannya

Panggilan Yesaya datang semasa kunjungannya ke Bait. Ia melihat suatu penglihatan dan dikuasai oleh kekudusan Tuhan. Usianya tidak disebutkan di teks itu, tetapi barang-kali ia di akhir usia remaja atau awal duapuluhan tahun. Sejak saat itu seterusnya Yesaya memakai nama yang tidak dipakai oleh orang lain untuk Tuhan -- 'Yang Kudus dari Israel.' Nama ini muncul hampir 50 kali sepnjang kitabnya dan di kedua bagiannya. Sesegera ia melihat kekudusan Tuhan, ia merasa najis dan ingin meninggalkan Bait. Menarik bahwa ia merasa bibirnya najis. Ia mengalami sesuatu yang luar biasa berarti, malaikat terbang dengan batu bara merah menyala untuk mentahirkan bibirnya. Sementara orang berpikir ini adalah penglihatan imajiner, tetapi ini sungguh terjadi. Sepanjang kehidupan-nya Yesaya akan memberitahu orang bahwa bekas luka di mulutnya adalah akibat Tuhan membakar bibirnya.

Panggilan Yesaya memberikan rujukan tak terduga kepada Tritunggal. Yesaya ditanyai oleh Tuhan, "Siapakah yang akan Ku utus? Dan siapakah yang akan pergi untuk kami?" Kata 'kami' majemuk menunjukkan bahwa kepenuhan KeTuhanan yang akan mengutus dia. Lalu datang berita yang menggentarkan, bahwa meski ia ditugasi untuk berkhotbah kepada umat itu, mereka tidak akan mendengarkan khotbahnya. Tuhan akan membuat mereka susah mendengar dan mereka tidak akan menerima firman atau merespons apa pun. Jadi Tuhan berkata kepada Yesaya di awal pelayanannya, "Jangan berpikir kamu akan menjadi pengkhotbah berhasil. Semakin kamu berkhotbah, semakin akan menjadi keras mereka! Bahkan, Aku akan memakai khotbahmu untuk membuat mereka tuli dan buta, supaya jangan mereka bertobat dan ditahirkan."

Itu merupakan pernyataan luar biasa, yang menggarisbawahi kebenaran dalam bagian lain dari Alkitab, bahwa firman Tuhan tidak saja membuka hati orang, tetapi dapat juga menutupnya. Ia dapat menjauhkan orang. Sesudah kita mendengar firman Tuhan, entah kita dikeraskan terhadapnya atau menjadi lebih lembut kepadanya. Tetapi, kita tidak dapat tetap netral.

Ayat-ayat yang memberikan garis besar pengalaman berkhotbah Yesaya lebih sering dikutip dalam Perjanjian Baru ketimbang ayat lainnya dalam Yesaya. Yesus memakainya tentang pelayanan-Nya sendiri. Ia berkata bahwa Ia bicara supaya "Mereka akan terus memperhatikan tetapi tidak tahu apa yang terjadi, mereka akan terus mendengar, tetapi tidak mengerti, ini terjadi supaya mereka jangan melihat dan mengerti dan jangan datang kepada Tuhan dan Tuhan mengampuni mereka" (Markus 4:12). Dengan kata lain, Ia berbicara dalam perumpamaan untuk menyembunyikan kebenaran dan mengeraskan mereka yang tidak sungguh tertarik. Paulus mengutip ayat yang sama ketika ia berkhotbah kepada orang Yahudi dan mereka tidak mendengarkan.

Maka dampak pengerasan dari firman Tuhan adalah tema kunci, dan tidak heran bahwa Yesaya bertanya: "Berapa lama aku harus terus berkhotbah dan mengeraskan mereka tanpa mendapat respons?" jawaban Tuhan datang: "Sampai tanah itu ditolakkan seluruhnya." Yesaya memiliki salah satu penugasan terberat di antara semua nabi. Tetapi, tentu saja, jika ia tidak pernah melaluinya, kita tidak akan pernah memiliki kitab hebat ini. Ia tidak tahu bahwa berabad-abad ke depan, kitab ini akan menjadi suatu inspirasi. Tetapi dalam kurun waktu hidupnya ia adalah kegagalan. Tak seorang pun mendengarkan -- mereka hanya menjadi makin keras saja selama 40 tahun lamanya.

## Lokasi Yehuda

Pengertian kita tentang kitab ini ditunjang oleh penghargaan bahwa Yehuda dikelilingi oleh sejumlah bangsa-bangsa -- yang lebih kecil dekat ke perbatasannya, yang lebih besar yaitu negara-negara adikuasa terletak lebih jauh. Dalam Yesaya kita dapatkan bahwa pertama Tuhan memakai bangsa-bangsa lebih kecil untuk mendisiplin umat-Nya, tetapi ketika mereka tidak bersedia mendengar, Ia memakai yang lebih besar. Bangsa-bangsa lebih kecil itu termasuk Siria di utara dan Amon, Moab serta Edom di timur dan selatan. Lalu ke barat ada Filistin, yang Tuhan bawa dari Kreta, dan turun ke padang gurun ada bangsa Arab. Kuasa lebih besar adalah, di timur Asyur dan kemudian Babilon, meski yang terakhir itu tidak mencapai puncak kekuasaannya sampai Yesaya meninggal. Rujukan nubuatannya kepada Babilon berbicara tentang kuasa dan keunggulan yang suatu hari kelak akan ia nikmati. Di barat ada Mesir.

Ada sejumlah sekutu yang menentang Yehuda yang 'kecil' itu pada zaman Yesaya. Barangkali yang paling mengherankan adalah antara 10 suku Israel (yi. Kerajaan utara) dan Siria. Ini merupakan saat serius dalam sejarah umat Tuhan. Pada masa itulah Yesaya meyakinkan raja Yehuda bahwa mereka akan menang. Kendati keberadaan mereka yang hanya terdiri dari suku kecil. Yesaya berkata, "Lihat, seorang anak dara akan mengandung dan melahirkan seorang anak laki-laki dan namanya disebut Imanuel." Ini akan menjadi tanda bahwa Tuhan akan memberikan kemenangan.

Imanuel berarti 'Tuhan ada beserta kita,' tetapi ada empat cara membaca ungkapan 'Tuhan ada beserta kita,' bergantung pada yang mana dari keempat kata tersebut yang ditekankan. Tekanannya semestinya ada pada kata 'kita.' Tuhan ada beserta 'kita' -- bukan beserta 'mereka!' Dengan kata lain, ini berarti Tuhan di pihak kita. Maka ketika anak laki-laki itu dikandung dan nama itu diberikan, raja tahu bahwa sekutu antara 10 suku dan Siria tidak akan menang.

Pada kesempatan lainnya orang Filistin bergabung dengan orang Arab. Sekali lagi, ini ancaman serius terhadap Yehuda yang kecil itu. Tetapi lagi-lagi Tuhan ada di pihak mereka.

Dalam zaman Yesaya, Asyur, dengan ibukotanya Niniwe di pesisir Tigris, adalah kekuatan besar di timur. Mesir adalah kuasa besar di barat-daya. Tetapi masih ada lagi kekuasaan baru yang sedang tumbuh disebut Babilon (di wilayah yang kini disebut Irak), yang bahkan akan menjadi kuasa lebih hebat lagi di masa depan.

Yesaya bernubuat semasa empat pemerintahan. Ia mulai di tahun ketika raja Uzia meninggal dan Yotam naik takhta. Ahaz, Hizkia, dan akhirnya Manasye juga di takhta semasa pelayanannya.

## Raja-raja Yehuda

Ketika memerhatikan bagaimana harusnya Yesaya berkhotbah, adalah baik memerhatikan pola yang berkembang ketika kita memeriksa keberhasilan para raja Yehuda. Kitab Raja-raja memberitahu kita apakah raja yang dimaksud baik atau jahat di mata Tuhan. Raja-raja yang baik memenangi perang dan yang jahat kalah. Jika mereka baik, Tuhan ada beserta mereka dan tak satu pun dapat mengalahkan mereka.

*Uzia* (792–740 SM) adalah sebuah contoh kasus. Ia awalnya seorang raja yang baik dan memerintah selama 52 tahun. Tetapi di tahun-tahun terakhirnya ia menjadi raja yang jahat -- ia melakukan hal yang jahat di pemandangan Tuhan dan mati karena kusta. Ini adalah hukumannya karena berubah dari raja baik menjadi raja jahat.

Di tahun-tahun awal Yesaya musuh pertama yang menyerang datang dari Filistin dan Arab dalam persekutuan yang tangguh. Tetapi Yehuda menang sebab raja mengikuti jalan Tuhan. Tetapi ketika raja menjadi tidak taat, Asyur mengalahkan Yehuda.

*Yotam* (750–740) adalah raja yang baik dan memerintah 19 tahun (10 darinya sebagai negara jajahan). Siapa pun yang menyerang Yehuda semasa dia memerintah dapat dikalahkan. Orang Amon dan juga persekutuan antara Israel dan Siria dikalahkan.

*Ahaz* (735–715) adalah raja yang jahat yang dikalahkan oleh Edom, Filistin dan Asyur.

*Hizkia* (715–686) adalah raja yang baik yang memerintah selama 29 tahun dan mengalahkan orang Filistin. Pada masa pemerintahannya Asyur mengepung Yerusalem dengan 185,000 pasukan, tetapi Tuhan mengirimkan malaikat untuk menyapu bersih mereka. Sampai beberapa waktu yang lalu banyak orang berpikir ini sebuah legenda, tetapi seorang arkeolog Inggris telah menemukan kerangka manusia tergeletak di kaki tembok kota, dan mereka percaya itu adalah peninggalan dari pasukan tersebut.

Pengepungan atas Yerusalem adalah alasan bagi karya rekayasa pembangunan kota itu yang masih menetap sampai hari ini. Karena perhatian tentang kebutuhan air semasa pengepungan, Hizkia menggali sebuah terowongan untuk mengalirkan air dari sumber di luar kota itu. Sampai kini orang masih dapat berjalan melalui terowongan yang sama ini.

Tetapi bukan semuanya adalah kabar baik, Hizkia membuat kesalahan besar menjelang akhir kehidupannya ketika ia jatuh sakit. Ia berseru kepada Tuhan dan diberikan 15 tahun lagi, tetapi ia tidak memakai waktu tersebut dengan baik. Pada satu kesempatan pembawa pesan tiba dengan kartu 'Semoga Cepat Sembuh' dari putra raja Babilon -- saat itu masih kekuatan kecil tetapi sedang bertumbuh. Hizkia senang bahwa seseorang dari tempat amat jauh peduli tentang dirinya, maka ia mengajak pengunjungnya berkeliling istananya agar mereka dapat menceritakan kepada raja mereka betapa hebatnya raja Hizkia. Tetapi ketika Yesaya mendengar apa yang terjadi, ia sangat kaget. Ia memberitahu Hizkia bahwa suatu hari raja Babilon akan mengambil segala sesuatu yang telah diperlihatkan kepada pengunjung Babilon itu. Itu merupakan narasi kecil yang tepat terletak di tengah Kitab Yesaya, dan sungguh terjadi seperti apa yang telah Yesaya katakan.

*Manasye* (697–642) adalah salah satu raja terburuk Yehuda. Ia terlibat dalam penyembahan iblis dan bahkan mempersembahkan putranya sendiri kepada Molokh yaitu dewa demonik, yang merupakan pusat penyembahan satanik di Yehuda. Kebanyakan raja jahat hanya berlangsung singkat, tetapi pemerintahannya, berlangsung 53 tahun, salah satu yang terlama yang dikenal di Yehuda.

Manasye sangat membenci Yesaya sampai ia bahkan melarangnya berbicara. Inilah alasan mengapa kita memiliki nubuatan Yesaya dituliskan. Tetapi akhirnya Manasye tidak tahan lagi dan memutuskan untuk membunuh sang nabi. Khususnya itu merupakan kematian yang mengerikan. Menurut sejarah orang Yahudi, Manasye memerintahkan agar mengambil batang pohon yang berlubang. Yesaya diikat, didorong ke dalam lubang batang pohon itu dan digergaji menjadi dua. Ia disebut dalam Ibrani 11 sebagai salah seorang 'pahlawan iman.' Ucapan 'digergaji menjadi dua' (terj. harfiah) menunjuk kepadanya.

Tabel berikut ini memberikan garis besar dari berbagai pemerintahan dalam masa Yesaya:

| RAJA | PEMERINTAHAN | KARAKTER | KEMENANGAN | KEKALAHAN |
|---|---|---|---|---|
| UZIA | 52 tahun | BAIK LALU JAHAT | ARAB, FILISTIN | ASYUR |
| YOTAM | 19 tahun | BAIK | AMON, SIRIA, ISRAEL | |
| AHAZ | 20 tahun | JAHAT | | Edom, Filistin, Asyur |
| HIZKIA | 29 tahun | BAIK | Filistin, Asyur | |
| MANASYE | 53 tahun | JAHAT | | Asyur |

# Kitab Yesaya

Hal pertama yang mengejutkan pembaca Kitab Yesaya ialah perbedaan antara kedua bagiannya. Seperti kitab nubuatan lainnya, kitab ini adalah kumpulan berbagai pesan yang diberikan pada saat berbeda. Kitab ini tidak dalam urutan kronologis; kadang tidak ada aturan sama sekali. Maka kitab ini semacam campuran, tetapi keseluruhannya satu jenis nubuatan menguasai bagian pertama kitab ini dan jenis lainnya menguasai bagian kedua.

Jelas bahwa 39 pasal pertamanya sangat berbeda dari 27 yang terakhir -- sedemikian jauhnya sampai banyak sarjana berpikir bahwa bagian kedua ditulis oleh seorang lain, dirujuk sebagai 'Deutero Yesaya' (Deutero berarti kedua). Perbedaan antara dua bagian ini dapat disimpulkan dalam daftar di bagian berikut.

| BAGIAN 1 | BAGIAN 2 |
|---|---|
| Lebih banyak kabar buruk daripada baik | Lebih banyak kabar baik ketimbang buruk |
| Kegiatan manusia | Kegiatan ilahi |
| Dosa dan pembalasan | Keselamatan dan penebusan |
| Keadilan | Rahmat |
| Menantang | Menghibur |
| Tuhan Israel | Pencipta alam semesta |
| Nasional | Internasional |
| Tuhan = api | Tuhan = bapa |
| Tangan Tuhan | Tangan Tuhan |
| Bangkit untuk menghantam | Mengulur untuk menyelamatkan |
| Kutukan (celaka) | Berkat |
| 'Karya aneh' | Kabar baik |
| Orang Yahudi | Orang kafir |
| Asyur | Babilon |
| Sebelum pembuangan | Sesudah pembuangan |
| Kini | Masa depan |

Karena sebagian besar dari bagian kedua berfokus pada periode pasca pembuangan, para skeptik merasa bahwa peristiwa-peristiwa yang diberikan sedemikian rinci ditulis oleh seorang lain. Mereka berkata bahwa Yesaya tidak dapat memprediksi bahwa Babilon akan dikalahkan oleh seorang bernama Koresy (Xerxes), sebab itu terjadi 100 tahun sesudah Yesaya meninggal.

Maka para sarjana mengusulkan bahwa 'Proto Yesaya' menulis pasal 1-39, kemudian 'Deutero Yesaya' menulis pasal 40-56, dan 'Trito Yesaya' nampaknya menulis 10 pasalnya yang terakhir. Maka kini kita memiliki tiga Yesaya! Ini diajarkan sebagai kebenaran dalam beberapa sekolah Alkitab. Alasan yang diberikan ialah adanya perbedaan besar dalam gaya, isi dan kosa kata sehingga penulis berbeda pasti bertanggungjawab atas setiap bagiannya.

## Kesatuan kitab ini

Ada anggapan bahwa entah ada tiga atau satu Yesaya bukan masalah penting. Tetapi mereka ini lupa bahwa Yesaya memberikan banyak pesan pada periode cukup lama, dan dengan sasaran berbeda -- entah untuk menantang atau menghibur. Maka seharusnya wajar ia memakai beragam gaya dan kosa kata berbeda. Tidak perlu kita melihat kitab ini dalam dua atau tiga karya berbeda.

Tambahan, ada sejumlah alasan untuk memercayai bahwa penulis yang sama menulis keseluruhan kitab Yesaya.

Pertama, kedua bagian itu memiliki banyak kesamaan. Deskripsi Yesaya tentang Tuhan sebagai 'Yang Kudus dari Israel' muncul 50 kali -- 25 kali di Bagian 1 dan 25 kali di Bagian 2. Meski ada beberapa tema yang diliput di satu bagian dan tidak di lainnya, semua tema besar mengendali kedua bagian tersebut.

Kedua, akan mengherankan jika penulis Bagian 2 kitab ini, yang memasukkan apa yang banyak orang anggap sebagai bagian nubuatan terbesar dalam seluruh Alkitab, sampai terlupakan. Jika nama para nabi alkitabiah lainnya -- termasuk para nabi kecil -- diketahui, kesannya sangat tidak mungkin bahwa nama penulis bagian kedua Yesaya sampai hilang.

Ketiga, baik Yesus dan Paulus mengutip dari Bagian 2 dan mengakui Yesaya sebagai sang nabi. Untuk saya ini cukup. Saya tidak bisa percaya bahwa Yesus atau Paulus berdusta tentang kepengarangan Yesaya jika mereka tidak pasti.

Terakhir, kunci argumennya menyangkut apakah Tuhan mengetahui masa depan atau tidak. Jika Ia tahu, maka Ia tidak memiliki kesulitan dalam mengkomunikasikan masa depan kepada Yesaya. Sekali kita telah membereskan isu sentral ini, banyak dari masalah kita terpecahkan.

# Bagian 1 (pasal 1–39)

Kitab Yesaya adalah kumpulan berbagai nubuatan yang dibuat selama 40 tahun, maka kitab ini tidak terlalu teratur. Tetapi ia memiliki lekuk luas yang dapat menolong pengertian kita ketika membacanya. Kami secara singkat akan memberikan pandangan menyeluruh tentang Bagian 1 sebelum melihat pada beberapa temanya secara lebih detail.

Pasal 1-10 adalah teguran untuk Yehuda dan khususnya untuk Yerusalem. Bangsa itu kaya, tetapi sebagaimana juga Amos berkhotbah melawan penggunaan kekayaan secara tidak tepat di kerajaan utara Israel, maka Yesaya melakukan yang sama di Yehuda. Ia mengkritik para perempuan Yerusalem karena uang yang mereka pakai untuk perhiasan dan pakaian, sambil menelantarkan orang miskin dan tertinggal.

Kemudian dalam pasal 13-23 terdapat bagian tentang penghakiman atas bangsa-bangsa. Tuhan memakai mereka untuk mendisiplin umat-Nya, tetapi mereka melangkahi izin Tuhan dalam tindakan mereka. Mereka jahat dan kejam dan berlaku lebih daripada yang Tuhan maksudkan untuk mereka lakukan kepada Israel.

Dalam pasal 24-34 ada campuran kabar baik dan buruk. Ada penghakiman untuk suku-suku utara dan Yehuda, tetapi kemuliaan yang akan datang dipaparkan dua kali. Maka ada teguran, tetapi umat juga mendapatkan sekilas kecil tentang masa depan yang lebih cerah.

Pasal 36-39 menceritakan kisah sakitnya Raja Hizkia, yang sudah kita lihat sebelum ini. Itu sesungguhnya sebuah kisah peralihan untuk memperlihatkan bagaimana Asyur memberi jalan kepada Babilon sebagai ancaman utama kepada Yehuda, melalui kebodohan Hizkia dalam menyambut utusan dari Babilon.

## Yehuda (pasal 1–12 dan 24–35)

KABAR BURUK

### Ketidaktaatan

Nubuat-nubuat Yesaya diberikan terhadap latarbelakang kedamaian dan kemakmuran. Bahkan, umat itu telah mengenal kekayaan besar sejak zaman Salomo, ketika negara itu berada di puncaknya. Tetapi bersama kemakmuran itu datang kesombongan dan pencarian kepuasan. Ada sikap 'tiap orang untuk diri sendiri.' Orang miskin ditindas dan ketidakadilan meluas.

Hidup keagamaan bangsa itu menjadi ritualistik. Umat itu menjalani rutin penyembahan, tetapi hati mereka tetap dingin kepada Tuhan. Akibatnya mereka menyimpang dari kesetiaan kepada Tuhan dan toleran kepada berhala-berhala kafir, menyembah dewa Baal dan Asyera orang Kanaan dalam kepercayaan takhayul bahwa melakukan itu akan membuat tanaman mereka tumbuh dan kehidupan mereka berkembang.

### Disiplin

Maka berkembanglah pola yang sama dengan yang dilihat dalam Kitab Hakim-hakim. Tuhan mengizinkan bangsa asing menyerang untuk mengajar Yehuda bahwa mereka tidak harus percaya kepada-Nya. Sebagaimana telah kita lihat, para penyerang ini termasuk Siria dan Israel, Arab dan Filistin, Edom, Amon dan Moab, dan adikuasa dari masa pelayanan awal Yesaya, yaitu Asyur (yang akhirnya akan dikalahkan oleh Babilon). Tetapi sebaliknya dari memercayai Tuhan, mereka membuat persekutuan dengan kekuatan mana pun yang terkesan sanggup menyediakan perlindungan paling besar saat itu. Tuhan tidak mereka lihat.

### Bencana

Dalam zaman Musa Tuhan telah menjanjikan bahwa jika umat itu tidak memelihara hukum-Nya dan memerhatikan peringatan-Nya mereka akan kehilangan tanah yang telah Ia berikan untuk mereka. Maka dengan peringatan Yesaya masuk ke telinga tuli, tahun 587 SM umat itu akhirnya mengikuti nasib tetangga utara Israel ke dalam pembuangan, meski kali ini ke tangan Babilon.

### Kemurungan

Yesaya memprediksi bahwa perjalanan dan penumpangan Israel di Babilon tidak akan menyenangkan. Tetapi ia berkata bahwa di pembuanganlah banyak yang akan kembali kepada Tuhan. Sebagai bangsa mereka tidak pernah lagi mengikuti para dewa asing. Sinkretisme dan penyembahan berhala akan dimusnahkan dari kehidupan nasional mereka.

## KABAR BAIK

### Sisa bangsa
Kabar baik dari bagian 1 ialah bahwa dari pembuangan akan kembali suatu sisa bangsa itu, dan akan ada seorang raja yang membawa damai kepada bangsa-bangsa. Dari sisa umat itu akan datang seorang raja seperti Daud yang akan menjadi Bapa yang Kekal, Penasihat, Raja Damai dengan pemerintahan di atas bahunya.

### Kembali
Juga jelas bahwa kendati ketidaktaatan Yehuda, Tuhan tidak akan pernah membatalkan perjanjian-Nya. Maka janji dalam keseluruhan kitab ialah bahwa mereka suatu hari kelak akan kembali ke tanah yang hilang itu. Mereka kembali 70 tahun kemudian, tepat seperti yang akan Yeremia ramalkan.

### Pemerintahan
Yesaya menubuatkan bahwa seorang raja akan datang yang akan memerintah tidak seperti para raja lainnya. Rinci pemerintahannya diberikan: kelahirannya; pelayanannya di 'Galilea tanah bangsa-bangsa lain'; keturunannya dari garis Isai; urapannya untuk melakukan pekerjaan Tuhan. Siapa pun yang meragukan keabsahan perajaan Kristus mesti melihat kepada ketepatan ramalan-ramalan Yesaya ini.

### Bersukacita
Sepanjang pasal-pasal kitab ini terdapat saat bersukacita karena kebaikan Tuhan di tengah kabar buruk yang ada. Lihat 2:1–5; 12; 14:1–3; 26; 27; 30:19–33; 32:15–20; 34:16–35. Dari semua kitab nubuatan, Yesaya adalah yang paling penuh dengan sukacita.

## BANGSA-BANGSA (PASAL 13–23)

Yesaya menyebutkan sejumlah bangsa yang ada hubungan dengan Yehuda: Asyur, Babilon, Fislistin, Moab, Siria (Damaskus), Kusy, Mesir, Edom, Arab dan Tirus. Ada tiga pokok yang perlu kita perhatikan:

1. Tuhan memakai mereka untuk mendisiplin umat-Nya.
2. Mereka melampaui batas dari-Nya. Mereka tidak manusiawi, tidak adil, dan mengejek Tuhan Israel.
3. Tuhan menghukum mereka dengan api dan akhirnya pelenyapan.

Tetapi kendati hukuman atas bangsa-bangsa ini, Yesaya memprediksikan bahwa seluruh bumi akan ambil bagian dalam berkat-berkat Yehuda (lihat pasal 23-25).

# Bagian 2 (pasal 40–66)

## Gambaran tentang Tuhan

Keseluruhan paruh kedua Yesaya memberi kita gambaran luar biasa tentang Tuhan.

### IA SATU-SATUNYA TUHAN YANG ADA

Tuhan berkata, "Tidak ada Tuhan lain di samping Aku." Kita diberitahu bahwa yang disebut 'Tuhan-Tuhan' itu sebenarnya tidak ada. Tuhan adalah satu-satunya Tuhan. Para 'Tuhan' lain diciptakan oleh bangsa-bangsa. Tuhan juga berkata, "Tidak ada Tuhan lain seperti Aku." Yesaya mengejek para Tuhan lain itu, dengan menunjuk bahwa mereka memiliki telinga tetapi tidak dapat mendengar, mereka memiliki mata tetapi tidak dapat melihat, mereka memiliki kaki tetapi tidak dapat berjalan."

Pandangan ini tentu saja merupakan pernyataan yang sangat ofensif dalam dunia modern kita kini, di mana kita diminta untuk menerima semua agama. Tetapi tidak ada Tuhan selain Tuhan Israel.

### PENCIPTA MAHAKUASA

Bangsa-bangsa bagaikan setetes air dalam ember atau debu pada timbangan. Tuhan yang menamai bintang-bintang. Manusia diperintahkan Tuhan untuk menamai binatang tetapi tidak pernah untuk menamai bintang, dan kita bijak untuk tidak memerhatikan tanda bintang saat kelahiran kita. Poll opini menyatakan bahwa enam dari sepuluh laki-laki dan sepuluh perempuan membaca horoskop mereka setiap hari. Manusia seharusnya melihat kepada Pencipta Mahakuasa untuk beroleh hikmat tentang masa depan.

### TUHAN ADALAH YANG KUDUS DARI ISRAEL

Sebutan ini untuk Tuhan muncul 25 kali dalam bagian kedua Kitab Yesaya. Amos berfokus pada kebenaran Tuhan, Hosea pada kesetiaan Tuhan dan Yesaya pada kekudusan Tuhan. Jelas bahwa ia tidak pernah lupa penglihatannya yang awal tentang Tuhan dalam kemuliaan-Nya, dan karena itu deskripsi ini menjadi motif kunci kitab ini.

### PENEBUS UMAT-NYA

Tuhan dipaparkan sebagai 'sanak penebus.' Sama seperti sanak penebus akan mengambil langkah untuk membantu keluarga, demikian juga Tuhan memiliki kuasa dan bersedia menolong sebab komitmen perjanjian-Nya kepada umat-Nya.

MEMBUKA ISI ALKITAB

JURUSELAMAT BANGSA-BANGSA

Julukan ini diterapkan kepada Tuhan dalam Kitab Yesaya sebelum itu diterapkan kepada Yesus dalam Perjanjian Baru. Yesaya yang menekankan perhatian Tuhan untuk bangsa-bangsa dan hasrat-Nya bahwa akan ada kumpulan internasional dalam langit dan bumi baru.

TUHAN ATAS SEJARAH

Yesaya berkata bahwa bangsa-bangsa hanyalah seperti setetes air dalam ember. Tuhan memulai, mengendali dan mengakhiri sejarah. Ia memberitahu sebelumnya apa yang akan terjadi dan mengendali masa depan. (Lihat 41:1–6, 21–29; 42:8–9, 10–17; 44:6–8, 24-27; 46:9–11; 48:3.)

SEMUA UNTUK KEMULIAAN-NYA

Fokus pada kemuliaan Tuhan di sepanjang kitab ini adalah dalam rangka supaya kemuliaan-Nya boleh dinyatakan. Kata 'mulia' adalah kata kunci kitab ini. Tuhan ingin semarak kemuliaan-Nya diperagakan agar dunia melihatnya.

## Hamba Tuhan

Serangkaian lagu di bagian kedua kitab ini khususnya sangat berarti dan merupakan pasal-pasal di antara pasal yang paling terkenal. Mereka disebut lagu sebab sangat puitis. Mereka menyebut 'hamba Tuhan' (20 kali), dan sampai hari ini orang Yahudi tidak mengetahui siapa sesungguhnya Dia.

Arti kata 'hamba' sepertinya telah berubah. Pada sembilan kesempatan sepertinya hamba adalah keseluruhan umat Israel (yi. 49:3), tetapi kemudian pada kesempatan lainnya menjadi jelas bahwa ia adalah seseorang. Lebih lanjut, julukan ini diberikan juga kepada umat tertentu dalam bagian lain Perjanjian Lama: Uzia, Yosia, Yeremia, Yehekiel, Ayub, Musa dan Zerubabil semua disebut dengan nama ini pada masa berlainan.

Tetapi ada empat hal dapat dikatakan tentang hamba Tuhan ini:

1. Karakternya yang tanpa cacat. Hamba ini sempurna; ia tidak memiliki kesalahan. Pernyataan ini tidak dapat diterapkan kepada siapa pun.
2. Ia seorang yang sangat tidak bahagia, seorang yang penuh kedukaan yang hidup dengan kesedihan.
3. Ia dihukum -- dibunuh sebagai seorang penjahat -- namun ia tanpa dosa. Ia dibunuh karena dosa-dosa orang lain, bukan dosanya. Ia dituduh palsu dan kuburannya ada di antara orang kaya.
4. Sesudah dibunuh karena dosa-dosa orang lain, ia dibangkitkan dari kematian dan dimuliakan ke posisi sangat tinggi.

Tidak ada petunjuk bahwa Yesaya atau nabi lain membuat hubungan antara sang hamba Tuhan dan motif raja yang akan datang di bagian sebelumnya dari kitab ini. Jelas ini bukan misteri untuk orang Kristen, tetapi untuk orang Yahudi ini misteri. Mereka tidak dapat mengintegrasikan hamba dalam paruh kedua Yesaya ini dengan raja yang dijanjikan di paruh pertamanya. Hal ini sama sekali tidak masuk akal bagi mereka.

Orang Yahudi pertama yang membuat hubungan antara kedua hal ini adalah Yesus, dan itu terjadi pada baptisan-Nya ketika Tuhan berkata, "Engkaulah Anak-Ku yang Ku kasihi; kepada-Mu Aku berkenan." Tuhan mempersatukan sesuatu dari yang telah dikatakan tentang raja

-- "Engkau adalah Anak-Ku" -- dan sesuatu yang dikatakan tentang sang hamba -- "Kepada-Mu Aku berkenan." Yesus tahu bahwa Ia harus menggabungkan kedua penggambaran ini menjadi satu.

Tidak saja Yesus sungguh membuat hubungan itu, tetapi Petrus sering menyatakan dalam khotbahnya. Dalam Kisah Rasul, Petrus membuat hubungan antara raja dan hamba. Banyak di antara para imam yang menjadi Kristen di masa awal itu sebab mereka tahu Kitab Yesaya dan melihat hubungan antara raja dan hamba tersebut.

Filipus juga membuat hubungan itu ketika ia bertemu sida-sida Etiopia dalam Kisah Rasul dan menemukan bahwa sida-sida iu sedang membaca Yesaya 53.

Paulus dengan agung membuat hubungan ini. Di Filipi ia bicara tentang Ia yang setara dengan Tuhan namun mengambil rupa hamba. Orang Yahudi tidak merasa bahwa raja dapat menderita seperti itu dan dihukum mati seperti lazimnya penjahat. Salib adalah sandungan bagi orang Yahudi -- raja yang terpaku di salib bukanlah jenis raja yang mereka inginkan. Yesus tidak terlihat seperti seorang raja dengan pemerintahan atas bahu-Nya. Mereka mencari seorang raja pemenang yang datang dan memerintah, bukan untuk mati.

## Roh Tuhan

Barangkali mengejutkan, Roh Kudus pun sangat menonjol dalam Yesaya. Ungkapan 'mendukakan Roh Kudus' datang dari Yesaya 63:10-11. Kita baca bahwa Roh mengurapi hamba ini untuk tugasnya (61:1-3). "Aku akan mencurahkan Roh-Ku ke atas keturunanmu" (44:3) -- tentunya, ini suatu rujukan kepada Pentakosta. Kita telah mencatat rujukan kepada 'kami' dalam Yesaya 6, seperti dalam "Siapa akan Ku utus? Siapa akan menjadi pembawa berita kita?" (BIS).

Maka Tritunggal ada dalam Perjanjian Lama untuk mereka dengan mata yang melihat tajam. Di sini ada Tuhan yang Mahakuasa yang menciptakan dunia, di sini ada hamba-Nya yang menderita dan di sini ada Roh Kudus -- semua ketiga Pribadi ada dalam bagian kedua Yesaya.

## Nubuatan

Penting untuk menangkap prinsip tentang mengerti nubuatan, khususnya karena nubuatan membentuk sepertiga dari Alkitab, mencakup 17 kitab dari Yesaya sampai Maleakhi. Ini khususnya penting dengan nubuatan yang relatif rumit seperti Yesaya.

Semua para nabi itu bicara kepada zaman mereka sendiri dan juga kepada masa depan.

1. **Kepada zaman mereka sendiri.** Itu seakan mereka memiliki mikroskop untuk masa kini mereka. Mereka melihat masa mereka sendiri dengan jelas melalui mata Tuhan dan bicara sesuai itu. Tetapi kata yang disampaikan tidak terbatas kepada zaman mereka sendiri. Prinsip-prinsip moral menetap dapat disampaikan kepada kebudayaan dalam zaman apa saja. Sebab karakter Tuhan tidak berubah dan standar moral-Nya tetap sama untuk segala waktu.
2. **Kepada masa depan.** Mereka juga memiliki teleskop ke masa depan. Mereka bicara tentang apa yang akan terjadi suatu hari. Tetapi ini yang membuatnya menjadi rumit, sebab tidak mungkin untuk nabi bersangkutan mengukur jarak waktu antara peristiwa-peristiwa yang ia lihat, sama saja halnya dengan seseorang yang

menatap ke puncak-puncak gunung dari kejauhan tidak sanggup menangkap seberapa besar jarak antara mereka. Maka apa yang banyak nabi Perjanjian Lama (dan kita para pembacanya) anggap merupakan satu gunung dengan dua puncak ternyata adalah dua gunung yang terpisah jauh. Maka dua peristiwa masa depan dipaparkan seakan mereka bersebelahan, padahal sesungguhnya ada ribuan tahun antara mereka.

Orang Kristen masa kini hidup antara dua puncak. Satu puncak di masa lampau dan satu puncak lagi di masa depan, sebab kita tahu sesuatu yang para nabi tidak tahu. Mereka menanti-nantikan kedatangan sang Raja, tetapi kita tahu bahwa sang Raja datang dua kali. Tidak ini saja kasusnya, tetapi kadang penggenapan nubuatan-nubuatan tidak berlangsung menurut urutan mereka diberikan. Maka kita tahu, misalnya, bahwa hamba yang menderita di bagian kedua Yesaya digenapi sebelum pemerintahan raja di dalam bagian pertama Yesaya. Kristus datang sebagai hamba yang pergi ke salib, tetapi masih belum sebagai raja yang memerintah atas semua.

Maka tidak heran bahwa orang Yahudi yang mengetahui benar Yesaya masih menunggu kedatangan pertama itu. Pengharapan orang Yahudi bahwa sang Mesias akan datang sekali sebagai raja menyebabkan mereka kecewa dengan Yesus, dan menolak kelayakan Dia sebagai Mesias mereka. Ketika Yesus menunggangi keledai masuk ke Yerusalem pada Minggu Palma, kesannya Ia akhirnya datang sebagai raja, dalam cara yang diharapkan oleh orang banyak. Mereka meluap dengan kegembiraan luar biasa, karena berpikir Ia siap untuk mengusir orang Romawi. Tetapi Ia menunggangi keledai, simbol dari fakta bahwa Ia tidak datang untuk melawan.

Wahyu memberitahu kita bahwa ketika Yesus datang kedua kali, Ia akan datang untuk berperang, sebab ketika itu Ia datang sebagai pahlawan perang atas kuda putih. Tetapi pada Minggu Palma misi-Nya adalah membawa damai, bukan untuk menggenapi nubuatan Yesaya tentang raja yang memerintah. Sampai semua orang terheran-heran, ketika Ia tiba di pintu gerbang, Ia berbelok ke kiri ketimbang ke kanan. Ke kanan ada benteng Romawi di mana kekuatan pendudukan bermarkas. Tetapi Yesus menuju ke Bait dan mengusir orang-orang Yahudi dengan cambuk. Prioritas-Nya berbeda dari orang Yahudi tersebut.

Maka kita barangkali dapat membayangkan mengapa beberapa hari sesudahnya, orang banyak yang sama berseru, "Salibkan Dia!" dan sebaliknya memilih untuk membebaskan Barnabas, sang pejuang gerilya. Mereka berpikir Ia datang untuk merebut takhta, tetapi yang Ia lakukan hanyalah mentahirkan Bait -- betapa mengecewakan! Maka ketika Pilatus menempatkan plakat di atas kepala-Nya tertulis "Inilah raja orang Yahudi" mereka tidak dapat memercayai itu. Satu-satunya orang yang percaya itu berkata, "Tuhan, ingatlah aku ketika Engkau mendapatkan kerajaan-Mu." Sebab pencuri yang sekarat itu melihat bahwa di dalam Ia manusia yang menderita dan akan mati ini, adalah sang raja yang akan datang itu.

## Masa depan akhir

INTERNASIONAL

Telah kita perhatikan bahwa pesan Yesaya, khususnya di bagian kedua, ialah bahwa seluruh bumi, bukan hanya orang Yahudi, akan mengenal berkat-berkat Tuhan. Ia menyebut bahwa 'pulau-pulau yang jauh' akan mengenal Tuhan. Mungkin sekali ini merujuk kepada Inggris, sebab tanah ini dirujuk oleh orang Funisia sebagai 'pulau jauh,' yang mengapalkan timah dari tambang di Cornwall, Inggris.

NASIONAL

Namun fokus sedunia luas ini tidak berarti bahwa Yehuda dilupakan. Yerusalem, Zion dan gunung-gunung Tuhan adalah lokasi kegiatan Tuhan juga. Kita tahu bahwa suatu hari Ia akan datang menunggang kuda dan mengambil alih para pemerintah dunia ini. Kerajaan dunia akan menjadi Kerajaan Tuhan kita dan Kristus-Nya. Maka Gereja masa kini sedang menyiapkan orang untuk siap bagi kedatangan dan pemerintahan sang raja. Kita kini sedang menyiapkan orang-orang yang taat di dalam bangsa-bangsa supaya Ia dapat datang kembali. Ketika kabar baik diwartakan kepada segala bangsa, maka akhir akan tiba, sebab Tuhan menginginkan semua kelompok etnis terwakili.

Dalam bagian kedua Yesaya terkesan seakan ia selalu berpindah dari masa depan Yerusalem ke masa depan bangsa-bangsa. Tetapi kita juga mendapatkan dalam Yesaya 2 bahwa rumah Tuhan akan didirikan di gunung-guung, dan semua bangsa akan datang kepadanya. Itulah masa depan untuk 'persatuan bangsa-bangsa,' tetapi akan berpusat di Yerusalem. Sama halnya unsur hamba yang menderita telah terjadi, demikian juga akan terjadi unsur raja yang memerintah.

## Jadi mengapa kita membaca Yesaya?

1. Ini adalah bagian dari firman Tuhan. Studi atas bagian mana pun Alkitab sanggup membuat kita 'berhikmat

yang menuntun kepada keselamatan.' Dalam Yesaya kata-kata kuncinya ialah 'menyelamatkan dan 'keselamatan' (nama Yesaya sendiri berarti 'Tuhan menyelamatkan').

2. Kitab ini adalah pengantar yang baik ke seluruh Alkitab. Ia adalah kesimpulan dari semua tema dalam kedua Perjanjian, dimasukkan ke dalam satu kitab oleh inspirasi Roh. Maka jika Anda berpikir Alkitab adalah buku terlalu besar untuk dibaca keseluruhannya, bacalah Yesaya sebagai permulaan, dan ia akan mengantar Anda ke semua tema Alkitab.
3. Ia juga pendahuluan yang sangat baik kepada nubuatan. Ia adalah satu dari tiga Nabi Besar, ditempatkan pertama dalam bagian para nabi dalam Alkitab. Adalah kekhasan kebanyakan nubuatan yang berciri gabungan antara protes tentang masa kini dan prediksi tentang masa depan. Mudah melihat cara-cara di mana bagian tertentu digenapi oleh kedatangan Kristus dalam Perjanjian Baru.
4. Yesaya menolong kita menghubungkan Perjanjian Lama dan Baru dengan memperlihatkan kita bagaimana mereka saling menerangi. Kita dapat lebih baik mengerti Perjanjian Baru jika mengetahui Yesaya.
5. Kita membacanya untuk mengenal Yesus. Yesus berkata, "Selidikilah Alkitab, sebab mereka memberi kesaksian kepada-Ku." Ia berbicara tentang Perjanjian Lama. Yesaya menolong pembaca untuk lebih mengerti Tuhan ketimbang kitab Perjanjian Lama lainnya. Jika Anda membaca seluruh Yesaya 53, Anda berada di kaki salib. "Oleh bilur-bilur-Nya kita disembuhkan."
6. Kita memperoleh pandangan lebih besar tentang Tuhan. "O agungkanlah Tuhan denganku" berarti "Perbesar pengertianmu tentang Tuhan sendiri." Bagian kedua

Yesaya memberi kita pandangan lebih besar tentang Tuhan, Yang Kudus Israel, Pencipta ujung-ujung bumi.

Jadi, meski Yesaya adalah kitab nubuatan terbesar, dan akan butuh waktu dan usaha untuk mengertinya, ada banyak alasan mengapa orang Kristen harus menjadikannya kitab nubuatan yang sungguh mereka baca.

Kitab ini adalah Alkitab secara miniatur. Ia akan menunjang pengertian mereka akan Perjanjian Lama, menerangi Perjanjian Baru dan paling penting, melebarkan penglihatan akan Tuhan.

# 22. MIKHA

## Pendahuluan

Kitab-kitab kenabian dari Hosea sampai Maleakhi dalam Alkitab kita disebut sebagai 'Nabi-nabi Kecil.' Tetapi penamaan ini salah, sebab mengusulkan bahwa satu kelompok lebih kecil daripada lainnya. Sesungguhnya, mereka disebut demikian untuk membedakan kitab-kitab yang lebih kecil dari tiga yang lebih besar -- yaitu Yesaya, Yeremia dan Yehezkiel. Penamaan salah ini lebih terasa halnya dengan nubuatan Mikha. Sebab ia memiliki pesan yang perlu diingat -- yang sampai sekarang masih bergema di seluruh dunia.

Mikha sezaman dengan Yesaya, dan satu bagian Kitab Mikha identik dengan satu bagian dalam Kitab Yesaya. Itu menyangkut penempaan pedang menjadi mata bajak dan tombak menjadi sabit, dan kedatangan pemerintahan yang damai ketika Kristus kembali. Siapa yang mengutip siapa, atau entah Roh Kudus memberi mereka pesan yang sama tidak jelas, tetapi mereka berdua bicara kepada situasi yang sama, maka jelas bahwa Tuhan ingin pesan yang sama disampaikan kembali.

Ada nas dari Mikha yang akan sering Anda dengar pada ibadah pujian Natal: "Tetapi engkau, hai Betlehem Efrata, hai yang terkecil dari antara kaum-kaum Yehuda, dari antaramu akan bangkit seorang bagi-Ku yang akan memerintah Israel" (5:2). Nubuatan itu dibuat 700 tahun sebelum Yesus lahir.

Ada sebuah ayat klasik: "Hai manusia, telah diberitahukan kepadamu apa yang baik. Dan apakah yang dituntut TUHAN dari padamu: selain berlaku adil, mencintai kesetiaan, dan hidup dengan rendah hati di hadapan Tuhanmu?" (6:8), dan ada pernyataan tepat di akhir kitab yang telah dijadikan sejumlah himne:"Siapakah Tuhan seperti Engkau yang mengampuni dosa?" (7:18).

Semua ayat ini mengesankan, tetapi biasanya ayat-ayat itu dilepaskan dari konteksnya dan dipakai sebagai dalih. Kita harus menempatkan seluruh kitab di dalam konteks waktu dan tempatnya. Tuhan selalu mengungkapkan firman-Nya pada waktu dan tempat tertentu. Itulah mengapa Alkitab penuh dengan sejarah dan geografi, tidak seperti kitab-kitab suci lainnya dalam dunia ini. Jika Anda membaca Quran atau Weda Hindu Anda akan menemukan mereka lebih sebagai kitab berisi pemikiran dan perkataan. Tetapi Alkitab adalah kitab sejarah dan geografi, sebab Tuhan menyingkapkan penyataan total-Nya pada waktu-waktu tertentu dan tempat-tempat tertentu, dan ini sangat penting untuk Mikha.

## Dimana?

Tanah perjanjian adalah jalur sangat sempit antara Mediterania di satu sisi dan Gurun Arabia di sisi lainnya. Ini semacam lorong yang melaluinya semua trafik dari Eropa,

Asia dan Afrika harus melaluinya. Biasanya itu menyusuri pesisir sepanjang jalan yang disebut Jalan Laut. Persimpangan jalan dunia adalah di bukit Megido (Armagedon dalam bahasa Ibrani). Semua trafik dunia melaluinya, dan terdapat sebuah desa kecil bernama Nazaret di bukit yang menghadap ke persimpangan jalan itu. Karena itu Galilea, bagian utara Israel, disebut 'Galilea Bangsa-bangsa,' sebab trafik internasional melaluinya. Bagian selatan lebih berbudaya Yahudi. Ia terletak di atas bukit dengan lebih sedikit pengunjung internasional.

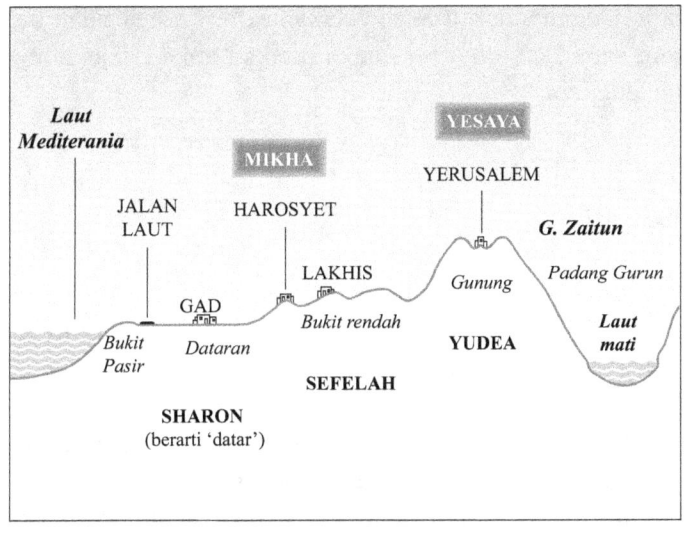

Jika Anda membuat penampang timur-barat di selatan, ada Laut Mediteranea di satu sisi dan Laut Mati di sisi lainnya. Laut Mati jauh lebih rendah daripada Mediteranea. Mikha datang dari *sefelah* (berarti 'tempat rendah' atau 'tanah rendah'), suatu wilayah dengan luas 20-25 kilometer di Yehuda antara gunung-gunung sentral Israel dan dataran pesisir. Ia tinggal antara Filistin dan Yahudi. Dengan demikian ia dapat melihat ke kota Yerusalem yang jahat dan terus ke Gaza.

Rincian penting yang perlu diperhatikan ialah bahwa Yesaya dan Mikha sezaman. Mereka berkhotbah pada saat sama, tetapi Yesaya dilahirkan dalam istana kerajaan. Ia adalah sepupu dari raja dan karenanya sangat nyaman bercengkerama dengan pemerintah. Mikha kebalikannya tinggal di Sefelah, sebuah wilayah miskin. Yesaya datang dari latar belakang kaya, kelas atas, tetapi Mikha hanya seorang sederhana dari pedalaman dengan hati yang peduli kepada orang biasa yang dimanfaatkan oleh pihak lain. Dengan alasan latar belakang ini, Yesaya tidak begitu sadar akan hal ini, maka mereka amat dekat saling melengkapi.

## Kapan?

Kemungkinan Mikha bernubuat sekitar 735 SM, ketika Raja Ahaz yang jahat bertakhta (735-715 SM), meski boleh jadi juga pekerjaannya mencakup raja sebelumnya, Yotam.

Pada saat itu, tentu saya Israel telah terbagi, akibat perang sipil yang pecah sesudah kematian Salomo. Sepuluh suku di utara telah berpisah, menyebut diri mereka Israel, dan dua suku di selatan dikenal sebagai Yehuda. Maka Yesaya dan Mikha bicara kepada suku-suku di utara, tepat sebelum mereka akhirnya dibuang oleh bangsa Asyur. Pada dasarnya baik Yesaya dan Hosea adalah orang kota, dari latarbelakang cukup baik, maka Mikha adalah kontras dari Hosea di utara dan Yesaya di selatan.

## Mengapa?

Raja Yotam (750-731 SM) dan Raja Ahaz telah membuat negara tersebut menyimpang. Yotam dianggap sebagai raja 'baik', tetapi ia gagal membuang 'bukit-bukit' penyembahan dari tanah itu. Dataran tinggi ini mendorong penyembahan dewa-dewa Kanaan. Raja seharusnya memegang Hukum Tuhan dan memastikan umat melakukan yang sama. Namun demikian, Ahaz adalah raja 'jahat' dan gagal menghentikan kebiasaan jahat yang menyebar dari sepuluh suku utara ke dua di selatan, dan dari kota-kota ke pedesaan. Dalam Alkitab, kota-kota selalu dilihat sebagai lingkungan yang berbahaya. Konsentrasi orang berdosa memperkuat penyebaran dosa. Maka kemerosotan dan kejahatan lazimnya memburuk dalam kota ketimbang di pedesaan sekelilingnya.

Tentang Yehuda, kecemaran di Yerusalem mulai menyentuh kota-kota di Sefelah. Mikha dapat melihat dampak buruk yang terjadi dan membuatnya sedih. Ia mengamati penyuapan di antara para hakim, nabi dan imam. Orang-orang yang seharusnya menjunjung Hukum Tuhan dibayar agar mengatakan hal yang orang ingin dengar. Terjadi pemerasan atas mereka yang tanpa daya. Keserakahan, penipuan, kekerasan dan kekejaman menjadi hal yang biasa. Kejahatan meningkat, para tuan tanah mencuri dari orang miskin, dengan mengusir para janda dan yatim dan menaruh mereka di jalan-jalan, para penjual dan pedagang memakai ukuran dan timbangan curang, sehingga bisnis cemar. Dosa menerobos ke setiap tingkatan masyarakat. Di atas semuanya, kaum kaya dan berkuasa menindas kaum miskin. Kuasa sosial dan politik diperalat untuk mendapatkan keuntungan tidak halal. Ini gambaran menyedihkan. -- kehancuran total dari penghormatan dan kepercayaan. Hubungan keluarga, yang merupakan andalan bangsa mana pun, mengalami keruntuhan. Tetapi Mikha memiliki kerinduan besar untuk keadilan sosial dan gelisah melihat perkara demikian terjadi di antara umat Tuhan -- umat yang dimaksudkan untuk menjadi terang bagi bangsa-bangsa.

Di tengah keprihatinannya tentang situasi itu, Mikha mendapatkan sebuah penglihatan dari Tuhan yang menyentuh Yehuda, utara dan bangsa-bangsa sekitar. Penglihatannya terkesan ke luar dalam riak-riak kecil. Penglihatannya pertama sesungguhnya untuk suku Yehuda, dan kemudian penglihatan selanjutnya maju lebih jauh dan ia mendapat penglihatan untuk keseluruhan bangsa itu -- bahkan mereka 10 suku di utara, meski mereka kini tidak lagi bersangkut paut dengan selatan. Hatinya meluas untuk memikul dunia yang terhilang ini, meski bermula pada beban untuk bangsanya sendiri.

Ia melihat Tuhan datang berurusan dengan Yehuda. Ia akan menghakimi mereka dan mengambil dari mereka bahkan tanah kecil mereka di selatan. Hal itu sesuatu yang menyedihkan untuk dilihat. Dan itu membawa dampak sangat dalam kepadanya.

Ada dua faktor yang membuat dia merasakan semua ini: pertama ialah Roh Kudus dan kedua ialah rohnya sendiri. Setiap nabi memiliki perjumpaan dinamis dengan Roh Kudus yang memimpinnya untuk berkhotbah. Tetapi kerap terjadi rohnya sendiri pun ikut merasakaan kesusahan. Mikha berkata bahwa ia melolong seperti serigala dan meraung seperti burung unta serta mencabikkan pakaiannya, sedemikian besar kesusahannya. Ia menyadari bahwa situasi yang ada tanpa harapan.

Khususnya ia prihatin tentang tiga masalah: penyembahan berhala, immoralitas dan ketidakadilan. Ketidakadilan adalah yang palung nyata menusuk hatinya. Ia tidak sanggup melihat apa yang umat Tuhan lakukan seorang kepada yang lain. Penyembahan berhala terjadi ketika orang menghina Tuhan dan menyembah sesuatu yang lain. Immoralitas ialah ketika orang memuaskan diri mereka sendiri. Tetapi ketidakadilan ialah ketika orang saling melukai, dan ini adalah beban paling besar dalam hatinya. Sebagai seorang dari umat itu, hatinya ke luar mendapatkan para janda dan yatim yang di jalan-jalan sebab mereka tidak dapat membayar uang sewa. Ada seruan kuat untuk keadilan sosial sepanjang nubuatannya.

Saya selalu mendapatkan manfaat melihat struktur dan lekuk sebuah kitab, khususnya jika kitab itu teratur dengan baik seperti Kitab Mikha. Kitab ini terbagi dalam tiga bagian khusus. Saya telah memberinya judul berbeda untuk menunjukkan tekanan utama tiap bagiannya.

Pasal 1-3 hanya bicara tentang kejahatan dan hukuman -- hal-hal buruk yang terjadi yang akan Tuhan hukum. Pasal 4-5 berfokus pada damai dan keamanan. Keadilan dan kemurahan adalah tema dari pasal 6-7.

# Kejahatan dan hukuman (pasal 1–3)

Dalam pasal-pasal ini Mikha mendesak umat untuk menyadari bahwa dosa kini telah menyebar ke desa-desa pedalaman dan kota-kota di Sefelah dari mana ia berasal. Isi dari pesannya jelas menangkap perhatian mereka. Ia mencanangkan hukuman ke atas mereka dengan memakai nama setiap desa dengan cara yang membuat mereka tidak akan dapat melupakan pesannya.

## Tempat

Jika Mikha berkhotbah di London, ia akan mengatakan sesuatu seperti ini: "Hackney akan diterjang (*hacked*) sampai berkeping-keping. Hammersmith akan dipalu (*hammered*) sampai rata. Battersea akan dihantam (*battered*) sampai semua orang melihatnya (*see*) dan Shoreditch akan dibuang ke selokan (*ditch*) dekat pantai (*shore*). Crouch End akan mendekam (*crouch*) ketakutan di ujungnya dan tidak akan ada penyembuhan (*healing*) untuk Ealing. Harrow akan mendapatkan dirinya di bawah garu dan Church End akan melihat akhir (*end*) gereja (*gereja*). Barking (gonggongan) akan dimulai oleh anjing-anjing liar dan domba akan mencari makan (*graze*) di sisa semak gembala (*Shepherd's Bush*). Burung bangkai (*vultures*) akan memakan mayat-mayat di Peckham."

Kedengarannya agak janggal menulis seperti itu, tetapi begitulah tepatnya cara Mikha bicara tentang tempat-tempat di sana. Ia mengambil nama setiap desa di Sefalah dan memelintir nama tersebut menjadi pesan penghukuman. Itu merupakan cuplikan khotbah cemerlang yang memperlihatkan bahwa Tuhan tidak akan membiarkan mereka pergi dengan perilaku mereka. Cepat atau lambat Ia akan melakukan sesuatu terhadapnya.

## Manusia

Jelas bahwa Tuhan memperlakukan para pemimpin yang memiliki pengaruh bertanggungjawab untuk situasi itu. Ia menunjukkan jarinya kepada raja, imam dan nabi palsu yang relah mengizinkan kemunduran spiritual berkembang tanpa hambatan. Tetapi khususnya Ia prihatin tentang pemanfaatan keji orang-orang lemah yang berarti si kaya makin kaya dan si miskin makin miskin.

## Damai dan keamanan (pasal 4–5)

Pasal 4-5 adalah kejutan, sebab mengandung paling banyak kabar baik. Pasal 3 berakhir dengan kehancuran Yerusalem. Mikha berkata bahwa sang penghasut dosa -- kota besar itu -- akan terbengkalai. Tetapi dalam pasal 4-5 kita memiliki gambaran berbeda. Ia berkata bahwa keadaan cemar itu bukan akhir dari kisahnya.

### Kerajaan

Suatu Kerajaan sedang datang yang akan menyebabkan pelucutan senjata multilateral -- semuanya akan diwujudkan oleh seorang Raja di Zion. Markas besar Persatuan Bangsa-Bangsa seharusnya tidak di New York, tetapi di Yerusalem, sebab di sanalah suatu hari nanti pertikaian akan diselesaikan. Ketika "Tuhan memerintah di Zion" Ia akan menyelesaikan semua pertikaian dunia ini. Kerajaan Tuhan akan ditegakkan di bumi. Ketika kita berdoa Doa Bapa Kami, kita berdoa agar hal ini terjadi: "Datanglah Kerajaan-Mu... di bumi seperti di surga." Tentu saja, itu tidak dapat terwujud sampai sang Raja datang dari desa kecil Betlehem. *Beth* berarti 'rumah' dan *lehem* berarti 'roti,' maka nama itu berarti harfiah 'rumah roti.' Desa kecil itulah yang memasok gandum untuk Yerusalem termasuk domba-domba untuk korban persembahan.

### Sang Raja

Mikha menatap ke depan, tidak saja ke kedatangan Yesus yang pertama, tetapi juga ke yang kedua. Paparannya adalah tentang kedatangan-Nya yang kedua, ketika Ia datang untuk memerintah di bumi atas bangsa-bangsa.

Pilihan katanya identik dengan Yesaya 2:1-4, menyebabkan munculnya pertanyaan tentang yang mana yang lebih dulu. Apakah yang satu menyalin yang lain, apakah mereka menyalin dari seseorang lain, atau mereka menerima pesan yang identik dari Tuhan? Mustahil menjawab ini dengan pasti.

Maka seluruh bagian kedua Mikha adalah kabar baik. Kota Daud akan menyediakan sang Raja yang akan memerintah dunia dan membawa damai dan kemakmuran.

## Keadilan dan kemurahan (pasal 6–7)

Bentuk bagian terakhir kitab Mikha adalah dari pemandangan ruang pengadilan. Tuhan adalah yang mendakwa dan Mikha adalah yang membela. Orang Yehuda yang kini telah dicemarkan oleh dosa, berdiri di tempat terdakwa dan Tuhan membela diri-Nya sendiri.

Tuhan bicara dengan kata ganti pribadi, "Aku," dan demikian juga Mikha. Mereka berargumen tentang siapa yang di kursi terdakwa. Tuhan menjelaskan bahwa apa yang sesungguhnya Ia inginkan dari mereka bukanlah korban-korban (darah dari ribuan domba), tetapi perilaku benar. Ia berkata Ia meminta dari mereka "bertindak adil, mengasihi kemurahan dan hidup rendah hati di hadapan Tuhan."

Keadilan berarti memberikan apa yang memang harus mereka terima, tetapi kemurahan adalah memberi mereka apa yang tidak pantas mereka terima. Seorang meminta pelukis melukis dirinya dan berkata kepada sang pelukis, "Saya harap Anda adil dengan saya." Sang pelukis berkata, "Bukan keadilan yang Anda butuhkan, kemurahan!"

Keadilan dan kemurahan tidak bertentangan; mereka menjalani jalan yang sama. Perbedaannya ialah keadilan hanya maju sejauh batas tertentu, tetapi kemurahan mengambil alih dan maju lebih jauh lagi, serta Tuhan adalah pengendali tertinggi dari keduanya. Tuhan akan selalu bertindak adil. Tidak ada seorang pun dapat berkata bahwa Tuhan tidak adil.

Tetapi semua yang Tuhan terima hanyalah darah ribuan domba. Yehuda memelihara upacara dan sisi keagamaan, tetapi Tuhan mencari lebih dari itu. Satu hal yang berarti ialah bagaimana hubungan orang dengan Tuhan, dan satu ujiannya ialah bagaimana mereka berhubungan dengan sesamanya. Jika Anda memiliki hubungan baik dengan Tuhan, maka Anda akan mendapatkan diri Anda bertindak adil dan menyatakan kemurahan, sebab demikianlah tepatnya Ia bertindak terhadap kita.

Mikha sengsara di persidangan itu, dan kemudian kesengsaraannya berganti sukacita ketika ia menyadari bahwa sang hakim di ruang sidang akan menunjukkan kemurahan juga. Maka kita dapatkan keseimbangan indah ini di akhir kitab itu, dengan perjanjian kemurahan yang Tuhan buat.

Ketika seorang anak nakal orangtua mengalami masalah. Akan menunjukkan keadilankah dan memberikan mereka apa yang layak mereka terima atau membiarkan mereka pergi begitu saja? Sangat sukar untuk adil dan bermurah hati, kecuali di bawah satu keadaan, dan itu adalah ketika seorang yang tanpa salah bersedia menderita menanggung keadilan di pihak yang bersalah. Maka dosa dapat dihukum dan diampuni pada saat yang sama. Itulah mengapa salib adalah keharusan. Sebagaimana himne 'Di bawah Salib Yesus' (Beneath the Cross of Jesus) menyatakannya:

> O naungan aman dan nyaman,
> O lindungan teruji dan manis,
> > tempat kesukaan
> Di mana kasih surga dan
> > Keadilan surga bertemu.
>
> Elizabeth Cecilia Clephane (1830-65)

Di salib kita melihat keadilan sempurna Tuhan (hukuman mati karena dosa dilaksanakan) dan juga kemurahan sempurna Tuhan (bahwa yang bersalah boleh dibebaskan), sebab yang tidak bersalah telah membayar harganya. Jika Tuhan mengampuni kita tanpa salib, maka Ia dapat bermurah hati tetapi tidak adil, jika Ia menolak untuk mengampuni dosa dan menghukumnya saja, Ia akan adil tetapi tidak murah hati. Ini alasan latar belakang Perjanjian Lama sangat penting. Kita belajar bahwa orang Israel mengenal pengampunan dosa melalui pengorbanan dari kehidupan yang tanpa salah. Tanpa penumpahan darah tidak mungkin ada pengampunan dosa, sebab tanpa penumpahan darah, maka Tuhan tidak dapat adil dan murah hati.

Mikha juga menulis tentang kebutuhan untuk "hidup dengan rendah hati." Tuntutan ketiga ini sama pentingnya dengan dua lainnya. Adalah mungkin melakukan hal pertama dan merasa sombong, tetapi Anda hanya melakukan itu sebab Tuhan terlebih dulu telah melakukannya untuk Anda, dan Anda hidup dengan rendah hati bersama Dia.

Dalam Perjanjian Baru Matius mengambil nubuatan tentang seorang pemerintah akan datang dari Betlehem. Sebuah keputusan yang dibuat oleh Kaisar Roma dalam istananya di Roma, membawa Yusuf dan Maria ke Betlehem untuk memenuhi pencatatan pajak perorangan mereka. Saatnya luar biasa tepat.

Tetapi Perjanjian Baru juga memberitahu kita bahwa ketika sang Raja datang, Ia akan mengambil alih pemerintahan dunia ini dan membawa damai ke seluruh bumi. Ini masih belum lagi digenapi, tetapi ini akan terjadi ketika Kristus datang kembali.

Penting untuk dicatat bahwa ada banyak nubuatan menjelaskan apa yang akan terjadi ketika sang Mesias datang yang belum digenapi ketika Yesus datang untuk pertama kalinya. Ini suatu ganjalan besar bagi orang Yahudi. Mereka percaya bahwa sang Mesias akan membawa damai ke seluruh dunia, dan karena Yesus gagal melakukan ini, Ia tidak mungkin Mesias. Tetapi rahasia yang tersembunyi dari semua nabi Perjanjian Lama dan hanya dinyatakan dalam Perjanjian Baru ialah bahwa sang Mesias akan datang dua kali -- pertama untuk mati bagi dosa-dosa kita dan kedua untuk memerintah dunia.

## Tema teologis

Sebelum meninggalkan Mikha baik untuk kita menyoroti beberapa tema teologis yang ada dalam kitab ini.

### Dua sisi karakter Tuhan

Kitab ini menggambarkan dua sisi karakter Tuhan: Ia adil dan karenanya harus menghukum, tetapi Ia bermurah hati dan karena itu dapat mengampuni. Ia membenci dosa, tetapi mengasihi pendosa. Tema ini meresapi kitab ini. Setiap bagian mulai dengan penghakiman dan berakhir dengan penghiburan. Maka keadilan datang mendahului kemurahan. Dosa harus dihukum sebelum diampuni.

Mikha mengingatkan kita bahwa kita harus menyerahkan pekerjaan itu kepada Tuhan. Kita harus mencerminkan Tuhan tetapi bukan menggantikan Dia. Tetapi kewajiban kita hari ini masih "bertindak adil, mengasihi kemurahan dan hidup dengan rendah hati di hadapan Tuhan." Tuntutan ini tidak akan pernah berubah.

## Di mana Kristus akan datang

Nubuatan tentang itu memberitahu dengan jelas bahwa sang Raja akan datang ke Betlehem, sebuah tempat yang sangat tidak sesuai perhitungan. Lepas dari ia yang menyediakan roti dan domba untuk pasar Yerusalem untuk korban-korban Bait, Betlehem adalah kota kecil dan tidak berarti,. Tetapi nubuatan itu telah digenapi, dan semata melalui perintah kewajiban pajak oleh Kaisar Augustus.

## Mengapa Kristus akan datang

Nubuatan itu juga menunjuk ke kedatangan Yesus kedua, ketika Ia akan memerintah atas seluruh dunia. Maka nubuatan-nubuatan yang belum digenapi akan digenapi ketika Ia datang kedua kali.

## Tindakan sosial

Nubuatan itu juga memberikan orang Kristen peraturan dasar untuk kehidupan kita dalam masyarakat. Gereja harus memiliki suara kenabian, menyadarkan orang terhadap kejahatan penindasan dimana itu terjadi dan menyediakan suara untuk kaum miskin dan yang dirugikan. Dengan berbuat demikian kita mempersiapkan untuk saat ketika kita akan memerintah bersama Kristus ketika Ia datang kembali.

## Penolakan sosial

Karena faktor ini, orang Kristen tidak perlu terkejut ketika orang-orang di sekeliling mereka, bahkan yang dekat mereka, tidak menyukai pendirian mereka. Mikha sendiri berkata bahwa "musuh seseorang adalah anggota keluarganya sendiri." Yesus memberitahu para murid-Nya bahwa seperti halnya sementara orang membenci Dia, maka mereka akan membenci para murid-Nya juga. Orang Kristen masa kini harus bersedia hidup sebagaimana Ia pernah hidup dan menghadapi konsekuensinya.

# 23. NAHUM

## Pendahuluan

Nabi Nahum terkait erat dengan rekannya Yunus yang lebih dikenal baik, maka apabila kita melihat ke Yunus kita temukan kesamaan antara mereka. Keduanya datang dari 10 suku di utara dan keduanya diutus ke Niniwe, ibukota Asyur, kekuatan besar dunia. Namun demikian, pesan Nahum tentang kehancuran datang 150 tahun sesudah masa Yunus, ketika keadaannya sudah sangat berbeda.

Sejarahnya adalah sebagai berikut: sesudah Yunus pergi ke Niniwe, kerajaan Asyur meluas. Mereka berusaha menyerbu sepuluh suku utara semasa pemerintahan Raja Ahab, tetapi mereka gagal. Mereka datang kembali semasa pemerintahan raja Asyur Asyurbanipal III di bawah Salmaneser untuk mengangkut suku-suku lain ke pembuangan. Sejak dari saat itu, satu-satunya yang tersisa di tanah itu adalah Yehuda yang kecil di selatan. Itu adalah masa bencana bagi umat Tuhan.

Semasa pemerintahan Hizkia, Sanherib datang dan menyerbu Yerusalem, tetapi dipukul mundur ketika malaikat membunuh 185,000 orang Asyur. Tetapi mereka tidak terhalang dan melanjutkan ekspansi mereka. Mereka menaklukkan Thebes di Dataran Tinggi Mesir dan menjadi sebuah kerajaan yang kuat.

Mengikuti Yunus, kedua nabi itu diberikan pesan untuk Asyur. Pertama Zefanya, sebagai bagian dari pesannya untuk Yehuda, meramalkan bahwa Tuhan akan menghancurkan Asyur dan membuat Niniwe ibukotanya yang besar menjadi tanah tandus. Kota yang tadinya angkuh akan menjadi tanah tempat penggembalaan domba dan berbagai binatang buas akan tinggal di sana. Istana-istananya yang megah akan menjadi reruntuhan, terbuka bagi anasir-anasir.

Tetapi Zefanya bicara tentang kehancuran ini tanpa menjelaskan kapan itu akan terjadi. Nahumlah yang akhirnya memberitahu orang Asyur bahwa mereka akan punah. Dalam nubuatannya ia memberikan peringatan terakhir untuk mereka. Satu perbedaan besar antara Yunus dan Nahum ialah bahwa tentang kejadian ini, Tuhan tidak membiarkan mereka lepas. Menarik bahwa kedua mereka memaparkan Tuhan sebagai lambat untuk marah, tetapi beda dengan Nahum ialah bahwa waktu telah habis. Sekali kemarahan Tuhan bangkit, Anda tidak dapat meredakannya. Sementara murka-Nya masih bergejolak itu dapat diredakan, tetapi ketika sudah mendidih tidak ada apa pun yang dapat menghentikannya. Tentu saja, akan ada hari ketika seluruh dunia akan menghadapi murka Tuhan. Kita baca di Wahyu tentang hari ketika manusia akan berharap ditelan dalam gempa bumi ketimbang melihat kemarahan wajah Tuhan.

Raja Niniwe kembali berdoa dan berpuasa, seperti pada masa Yunus, tetapi Tuhan tidak menerimanya. Sudah terlalu lambat untuk berubah. Ayat terakhir Nahum mengandung perkataan keras: "Tiada pengobatan untuk cederamu, lukamu tidak tersembuhkan."

Herannya, ini disebut sebagai kabar baik -- meski tentunya bukan untuk orang Asyur. Ini adalah kabar baik untuk Israel dan untuk Nahum, yang lahir di bawah pemerintah Asyur di Tanah Suci. Nahum memberitahu orang Asyur bahwa setiap orang yang mendengar kabar tentang kejatuhan mereka akan bertepuk tangan, "sebab siapakah tidak tertimpa perbuatan jahatmu terus menerus?" Nubuatan itu sangat jelas.

Mengenai nubuatan Yunus, ada satu pertanyaan yang menggarisbawahi Kitab Nahum yang mengganggu orang Kristen sepanjang beberapa generasi. Nubuatan Yunus bertanya, "Apakah Tuhan mengendali alam?" Nahum bertanya, "Apakah Tuhan mengendali sejarah?" Alkitab berkata bahwa Tuhan sendirilah yang memetakan sejarah. Ketika rasul Paulus berkhotbah kepada orang Yunani di Bukit Mars Atena, ia berkata bahwa Tuhan menetapkan setiap bangsa dalam waktu dan tempatnya. Tuhan mengizinkan suatu bangsa untuk bangkit dan menjadi kerajaan, dan Tuhan yang membawanya ke akhirnya. Saya percaya bahwa Tuhan membuat kerajaan Inggris berakhir ketika kami mencuci tangan tentang orang Yahudi di tahun 1947 dan berkata kita tidak ingin lagi berurusan dengan orang Yahudi. Dalam lima tahun saja kerajaan Inggris lenyap.

Tuhan tidak saja mengendali seluruh alam, Ia juga mengendali seluruh sejarah. Ialah yang membangkitkan para penguasa dan menurunkannya. Tuhan pengatur sejarah. Karena itu sejarah dapat diramalkan. Sebagian dari tugas para nabi adalah meramalkan sejarah -- menulis sejarah sebelum itu terjadi. Nahum berkata bahwa Niniwe selesai, yang terkesan tidak dapat dipercaya apabila Anda melihat pada kekuatan dan kekuasaan Niniwe.

## Garis besar kitab

Di bawah adalah garis besar nubuatan Nahum. Hanya ada tiga pasal dan dengan mudah terbagi di antara mereka sendiri. Mereka berfokus pada kejatuhan Niniwe.

**Proklamasi – Siapa? – Intervensi (pasal 1)**
Malapetaka untuk musuh-musuh-Nya
Kelepasan untuk saabat-sahabat-Nya

**Deskripsi – Bagaimana? – Invasi (pasal 2)**
Hari penjarahan
Harinya singa

**Penjelasan – Mengapa? – Ketidak-manusiawian (pasal 3)**
Penaklukan oleh kekuatan
Pencemaran oleh keuangan

## Proklamasi (pasal 1)

Pertama sekali ada proklamasi bahwa para musuh Tuhan akan dihukum oleh Dia. Campur tangan ilahi berarti bencana untuk para musuh Tuhan, dan kelepasan untuk para sahabat-Nya. Intervensi Tuhan selalu memiliki sifat ganda ini. Apabila Ia melangkah masuk dalam sejarah dan bertindak, itu berarti bencana untuk semua yang menentang Dia dan yang memercayai diri sendiri. Tuhan adalah Tuhan yang cemburuan. Ia tidak iri -- Tuhan tidak iri siapa pun atau apa pun, sebab semuanya pada akhirnya adalah punya-Nya -- tetapi Ia cemburu. Iri adalah menginginkan kepunyaan pihak lain; cemburu adalah menginginkan apa yang merupakan hak Anda. Anda mungkin menjadi iri tentang istri orang lain, tetapi akan cemburu tentang kepunyaan Anda sendiri. Maka Tuhan cemburu karena Nama-Nya, reputasi-Nya, umat-Nya, dan dunia-Nya. Tuhan berkata, "Ini adalah nama-Ku, reputasi-Ku, dunia-Ku, dan Aku tidak akan mengizinkan orang berperilaku seperti ini dalam dunia-Ku."

Seiring dengan cemburu Tuhan adalah pembalasan-Nya. Ini bukan sifat Tuhan yang populer, tetapi kita perlu mengertinya jika kita ingin sanggup menghargai siapa adanya Ia. Nahum berkonsentrasi hampir sepenuhnya pada kecemburuan dan pembalasan Tuhan melawan mereka yang menentang Dia dan memercayai diri mereka sendiri.

Pasal pertama adalah puisi akrostik, yaitu tiap ayat mulai dengan huruf-huruf Ibrani secara bergantian, sehingga mudah untuk diingat oleh orang Israel. Itu merupakan kabar baik bagi mereka -- sesuatu untuk disimpan dalam hati mereka.

Pasal 1 bergantian antara pernyataan untuk Niniwe dan pernyataan untuk Israel -- kabar buruk untuk yang satu dan kabar baik untuk yang lain. Ini merupakan karya sastra yang sangat indah. Nahum dapat menguntai kata-kata dalam cara yang mudah diingat, oleh pengilhaman Roh Kudus.

## Deskripsi (pasal 2)

Jika pasal 1 adalah proklamasi bahwa Niniwe akan jatuh, pasal 2 adalah deskripsi tentang bagaimana itu akan terjadinya. Rinciannya jelas sangat mencengangkan -- hampir mirip seolah Nahum menonton peristiwa-peristiwa disingkapkan di televisi.

Hal yang menarik ialah bahwa bangsa yang akan datang menghancurkan Niniwe mengenakan seragam merah, seperti yang dinubuatkan Nahum, meskipun seragam seperti itu belum pernah didengar pada masa Nahum. Ia juga melihat bagaimana mereka masuk melalui pintu-pintu sungai dan memaparkan kota itu bergelimang darah.

> Dengar, lecut cambuk dan derak-derik roda! Dengar, kuda lari menderap, dan kereta meloncat-loncat!. Pasukan berkuda menyerang, pedang bernyala-nyala dan tombak berkilat-kilat! Banyak yang mati terbunuh dan bangkai bertimbun-timbun! Tidak habis-habisnya mayat-mayat, orang tersandung jatuh pada mayat-mayat!
> Semuanya karena banyaknya persundalan si perempuan sundal (Niniwe), yang menjual dirinya kepada para musuh Allah

Ini merupakan tulisan yang sangat nyata, dan kita dapat membayangkan bagaimana nabi mengkhotbahkannya. Nahum menyebut Niniwe singa ompong -- sebuah penggambaran yang dipilih dengan tepat, sebab singa adalah lambang Asyur. Tetapi mereka tidak lagi ancaman bagi siapa pun dan sendirinya sedang ketakutan. Maka ada semacam keadilan puitis di dalam ungkapan ini.

## Penjelasan (pasal 3)

Di pasal 3 Nahum maju dari paparan ke penjelasan. Alasan untuk penghukuman adalah ketidak-manusiawian Asyur yang begitu jelas. Di sini kita melihat keadilan Tuhan. Ia tidak menghukum Asyur karena melanggar Sepuluh

Perintah, sebab mereka tidak mengetahuinya. Ketika Tuhan mengutus seorang nabi untuk menyampaikan pesan yang melawan suatu bangsa yang bukan umat Tuhan, Ia menuduh mereka atas kejahatan yang melawan kemanusiaan yang secara insting mereka tahu salah. Mereka yang tidak mengetahui Sepuluh Perintah masih tahu bahwa bersikap barbar dan kejam adalah hal yang salah.

Jadi Tuhan menghakimi manusia dengan apa yang mereka ketahui. Ini adalah prinsip yang berlaku sepanjang Alkitab. Jika seseorang tidak mengetahui Sepuluh Hukum, mereka tidak akan dihakimi karena melanggarnya. Tetapi setiap orang memiliki beberapa pengetahuan akan Tuhan melalui ciptan di sekitar mereka dan hati nurani di dalam mereka. Tuhan akan menghakimi setiap orang dengan apa yang secara insting mereka tahu sebagai kesalahan. Dokumen U144 Persatuan Bangsa-Bangsa tentang Deklarasi Hak Azasi Manusia, tidak ditulis oleh orang Kristen, tetapi itu mencakup berbagai jenis hal yang semua orang akan mengakui sebagai hal yang adil dan benar.

Maka Tuhan menghakimi praktik jahat orang Asyur. Mereka mengendarai kereta-kereta mereka ke seluruh negeri, membantai semua penduduknya dan merampasnya dengan paksa. Mereka juga cemar karena uang, dan penyuapan adalah umum di antara mereka. Nahum berkata mereka tahu bahwa dua perkara ini salah, dan sebab itu Tuhan akan menghancurkan kota mereka.

Saya menimbang itu sangat berarti, sebab dunia kita tidak asing dari dosa-dosa itu, dan mereka tahu bahwa itu semua salah.

## Apa yang terjadi dengan Niniwe?

Hari ini Negeb adalah padang gurun. Yang tadinya istana megah telah lenyap total. Di tempatnya kini hidup burung hantu dan landak dan binatang buas lainnya, tepat seperti yang diramalkan oleh Zefanya. Tempat itu lenyap selama berabad-abad, tetapi ditemukan oleh seorang Inggris bernama Layard tahun 1820 di tepi barat Tigris.

## Apa yang terjadi pada Nahum?

Kita tahu bahwa nabi itu tidak pernah kembali ke Niniwe. Kuburannya ditemukan di tepi barat Tigris hari ini. Kuburan itu dipuja oleh orang Arab, yang mengakui Nahum sebagai salah satu orang kudus Tuhan.

Kapernaum, kota di Galilea, dinamai menurut dia (*Kaper* = 'desa', *naum* = *Nahum*). Di antara tempat-tempat yang disalahkan oleh Yesus, salah satunya adalah Kapernaum ini. Sebagaimana dengan Niniwe, mereka juga menolak untuk mendengar firman Tuhan. Seperti kota besar dulu itu, Kapernaum juga kini adalah reruntuhan.

# 24. ZEFANYA

## Sang utusan (1:1)

Kitab-kitab kenabian lebih berfokus pada pesan ketimbang pada pembawa pesan, dan hal ini tidak lebih jelas ketimbang halnya Zefanya. Kita tahu sedikit sekali tentang dia. Satu-satunya rincian biografis yang ada di pasal 1 ayat 1, dimana kita diberitahu nama dan silsilahnya. Nama Zefanya dalam Ibrani adalah Sephenjah, yang berarti 'Tuhan yang tersembunyi.' Tidak pasti apakah ini berarti Tuhan menyembunyikan diri-Nya atau Zefanya disembunyikan oleh Tuhan. Silsilahnya memberi petunjuk, sebab ia satu-satunya nabi yang meruntut silsilahnya sampai empat generasi. Hizkia, 'raja baik' terakhir Yehuda (lihat Yesaya 36-39), adalah kakek buyutnya. Maka, Zefanya berdarah kerajaan. Semasa pemerintahan Manasye, keturunan kerajaan dipersembahkan kepada dewa Molokh karena perintah raja, maka teori saya Zefanya disembunyikan oleh ibunya supaya ia terhindar dari pembantaian itu. Makanya namanya sendiri mencerminkan perlindungan Tuhan atas dia untuk menjadi nabi bagi umat itu.

Silsilah itu memberikan era ketika ia hidup dan berkhotbah. Sejak masa Hizkia, bangsa itu telah menyimpang jauh dari Tuhan. Selain persembahan anak dan penyembahan Molokh, Manasye mendirikan ulang lambang phalus dan patung asyera di tanah tinggi dan mendorong orang untuk kembali ke kultus kesuburan, dengan daya tarik seksualnya. Tempat pengorbanan anak itu adalah Gehena, sebuah lembah di selatan Yerusalem, yang dikutuk oleh Yeremia dan dipakai sebagai gambaran neraka oleh Yesus. Sepanjang tahun-tahun awal pemerintahan Manasye Yesaya berusaha menghentikan kemunduran dalam moralitas nasional dan memperingatkan Manasye akan konsekuensi parah dari jalan-jalan jahatnya. Tetapi raja itu menolak untuk mendengar dan melarang Yesaya berkhotbah, sehingga ia harus menuliskan nubuatannya dan mengedarkannya dalam bentuk tulisan. Akhirnya Manasye memerintahkan eksekusi mati Yesaya.

Tidak itu saja, sebab Manasye juga lebih jauh menolak Hukum Tuhan, terlibat dalam medium astrologi dan spiritualis. Kekacauan spiritual ini menyebabkan kekacauan moral, sebab penyembahan berhala selalu membawa ke immoralitas. Putusan Tuhan atas Manasye dalam 2 Tawarikh ialah bahwa ia lebih jahat daripada orang Kanaan asli -- ini suatu pernyataan mengejutkan, mengingat Tuhan telah memerintahkan umat-Nya untuk mengusir orang Kanaan karena kehidupan mereka yang cemar. Jadi dapat kita bayangkan bagaimana perasaan Tuhan saat itu. Ia telah mengusir orang Kanaan untuk memberi ruang bagi umat-Nya yang kudus, dan kini mereka menjadi lebih buruk ketimbang bangsa yang mereka gantikan.

Manasye mati sesudah memerintah selama 55 tahun dan digantikan oleh Amon, seorang dengan karakter sangat lemah dan tidak berusaha apa-apa untuk membereskan situasi itu, dan Yehuda melanjutkan kemerosotannya.

Amon dibunuh sesudah dua tahun atas takhta. Seluruh bangsa berada dalam kekacauan moral.

Lalu seorang anak berusia delapan tahun bernama Yosia menjadi raja, meski pemimpin sesungguhnya di masa awal itu adalah Hilkia, sang Imam Besar. Dengan para raja baik dan jahat di silsilahnya, tidak jelas siapa yang raja anak ini akan ikuti -- Hizkia, kakek buyutnya, atau Manasye kakeknya. Maka Tuhan mengutus nabi Zefanya untuk mencegah bangsa itu dari keharusan dibuang karena dosa mereka, sebagaimana yang telah dialami oleh saudara mereka di utara.

## Pesannya (1:2–3)

Suara nubuatan telah senyap selama 70 tahun. Sejak kematian Hizkia dan pembunuhan Yesaya tidak ada firman dari Tuhan. Maka Zefanya berbicara ke dalam kekosongan itu dengan pesan yang sangat kuat.

Nubuatan itu disebut ringkasan dari semua nubuatan, sebab ia mencakup sangat banyak unsur yang juga ditemukan dalam karya para nabi lainnya. Keseluruhan pesannya berkisar pada 'Hari Tuhan,' yang disebutkan 23 kali dalam nubuatan itu. 'Hari' yang dimaksud bukan hari periode 24 jam tetapi berarti suatu era waktu, sebagaimana dalam ungkapan 'hari (era) kuda dan kereta.' Hari yang dimaksud di sini adalah hari penghakiman Tuhan, pemberesan segala sesuatu; hari pembalasan kebenaran, ketika kesalahan dan kejahatan dihukum.

Ada sebuah paralel dalam almanak Inggris. Secara historis, ada empat hari untuk membereskan pembukuan: Hari Perempuan (25 Maret), Hari Tengah Musim Panas (24 Juni), Hari Peringatan Michael (Michaelmas -- 29 September) dan Hari Natal (25 Desember). Semua catatan pembukuan diperiksa, diaudit dan dibereskan, dan penipuan dihukum. Ini memberi kita gambaran tentang Hari Tuhan.

Zefanya memakai perkataan menarik untuk memaparkan emosi Tuhan. Ia berkata bahwa Tuhan 'gusar,' meski bukan seperti kemarahan karena egoisme yang manusia tunjukkan. Hari Tuhan adalah hari ketika Tuhan telah sampai ke batasnya dan kemarahan-Nya meluap.

Ada dua jenis kemarahan dalam Alkitab. Yang satunya adalah marah yang orang simpan di hati dan tidak kentara kepada orang lain. Yang lainnya adalah marah yang meluap tiba-tiba sampai semua orang tahu. Maka yang dinyatakan dalam Kitab Zefanya ini adalah jenis kemarahan di dalam ini. Nabi berkata bahwa kemarahan Tuhan kini mendidih, dan hari murka akan datang, ketika Tuhan tidak dapat lagi menahannya.

Meski meningkatnya kemarahan kerap luput dari perhatian, tanda-tanda kemarahan Tuhan dapat dilihat. Gejala peningkatan kemarahan itu terlihat untuk semua di dalam masyarakat yang mengalami kemerosotan (bandingkan Roma 1). Tetapi satu hari murka Tuhan akan mendidih tumpah. Kita harus menjauhkan hari ini dengan pertobatan dan memperbaiki segala sesuatu. Ini adalah salah satu tema dari nubuatan.

# Garis besar Kitab Zefanya

## Agama asing (1:4–2:3)

Sepantasnya (1:4–6)
Dideklarasikan (1:7–9)
Dipaparkan (1:10–16)
Dibelokkan (2:1–3)

**Wilayah yang dihukum (2:4–15)**
Sebelah Barat – Filistia (2:4–7)
Sebelah Timur– Moab dan Amon (2:8–11)
Sebelah Selatan – Mesir dan Etiopia (2:12)
Sebelah Utara– Asyur (2:13–15)

**Penebusan Masa Depan (3:1–20)**
Kutukan – keadilan ilahi (3:1–8)
(a) Kekeras-hatian nasional (3:1–7)
    (i) Memberontak (3:1–4)
    (ii) Menolak (3:5–7)
(b) Pemusnahan internasional (3:8)

Berkat – kemurahan ilahi (3:9–20)
(a) Kesalehan internasional (3:9)
(b) Kegembiraan nasional (3:10–20)
    (i) Bersukacita (3:10–17)
    (ii) Kembali (3:18–20)

Ketiga bagian ini sangat jelas tetapi sebagaimana sering terjadi, penjudulan pasal-pasal tidak membagi kitab ini dengan tepat.

# Agama asing (1:4–2:3)

Di bagian pertama nabi memerhatikan agama-agama asing yang telah menjadi kehidupan nasional Yehuda. Ia mencanangkan hukuman dan membuat empat pernyataan dasar tentang Hari Tuhan yang akan datang.

## Sepantasnya (1:4–6)

Telah terjadi penyimpangan cukup besar dari hubungan yang sepantasnya dengan Tuhan. Banyak yang membuang kesetiaan mereka kepada Tuhan Israel karena menyukai Tuhan-Tuhan lain. Para imam, yang seharusnya memastikan bahwa perjanjian dipelihara, sendirinya menyebabkan umat sesat. Takhayul adalah hal yang lazim dan banyak yang mengikuti kejahatan Manasye menyembah Molokh.

## Dideklarasikan (1:6–9)

Zefanya memaparkan apa yang akan terjadi kepada mereka ketika Tuhan menghakimi mereka. Ketika kita membaca kitab-kitab kenabian kita mungkin merasa sedang membaca pesan yang sama. Tetapi Tuhan perlu mengulang diri-Nya; khususnya karena ada 70 tahun antara perkataan ini dan perkataan-Nya terakhir. Zefanya memperingati umat itu bahwa Hari ketika Tuhan menghakimi segera akan datang.

## Dipaparkan (1:10–17)

Hukuman akan merupakan malapetaka untuk umat itu. Kebanyakan mereka nyaman saja tentang perilaku mereka dan bagaimana perasaan Tuhan tentangnya. Zefanya memperingati mereka bahwa ketika hukuman datang, setiap orang akan mengetahuinya.

## Dibelokkan (2:1–3)

Ia lalu menawarkan bagi mereka kemungkinan bahwa bahkan di tahap itu, penghakiman dapat dibelokkan dari Israel dan dijauhkan oleh pertobatan. Itu pesan yang sama yang semua nabi sampaikan. Jika mereka bersedia merendahkan hati mereka, Tuhan akan mendengar dan mengampuni serta memperlihatkan kemurahan kepada mereka sebagai jawaban. Sesungguhnya kebutuhan akan kelembutan adalah tuntutan kunci dalam pesan para nabi (lihat Yesaya 2:9 dan Mikha 6:8).

## Wilayah yang dihukum (2:4–15)

Zefanya menujukan pesannya kepada bangsa-bangsa yang mengancam Yehuda dari setiap arah mata angin. Di tepi barat Yehuda ada tanah Filistia, yang menurut klaim adalah asal dari 'Palestina' modern. Di sisi timur ada Moab dan Amon, dan ke selatan Mesir serta Etiopia. Ke timur laut ada Asyur, kekuatan dunia hari itu, di sungai Tigris dan Efrat. Sedikit bangsa tidak terdampak oleh bangsa Asyur. Mereka telah mengangkut 10 suku di utara. Babilon pada tahap ini masih suatu kuasa kecil tidak berarti.

Zefanya diberi pesan bahwa bangsa-bangsa ini akan dihakimi oleh Tuhan. Tuhan adalah hakim atas seluruh dunia, dan mereka akan dihakimi karena sikap mereka kepada Yehuda. Tetapi interaksi dengan Yehuda merupakan jalan dua arah. Tidak saja Tuhan menghakimi bangsa-bangsa asing karena sikap mereka kepada Yehuda, tetapi Ia juga memakai mereka untuk mendisiplin Yehuda. Dalam Kitab Amos kita diberitahu bahwa Tuhan membawa orang Filistin dari Kreta untuk menghuni tanah sebelah barat Kanaan pada saat sama sementara bani Israel menduduki Kanaan. Tuhan yang menggerakkan bangsa-bangsa untuk berpindah dan yang menggambarkan peta untuk memerintah di mana orang akan ada.

Maka orang Filistin menjadi duri nyata di bagian pinggir Israel, tepat sampai ke masa Raja Daud (sekitar

700 tahun sesudahnya). Bahkan, nama 'Filistin' telah menjadi peribahasa dalam bahasa Inggris untuk memaparkan seseorang yang memusuhi kebudayaan lain. Dalam Ulangan Tuhan menjelaskan situasinya: "Aku telah membawa mereka untuk menguji kamu. Jika engkau memelihara firman-Ku, kamu akan menghambat mereka dan mereka tidak akan menjadi masalah untukmu. Tetapi jika kamu tidak menaati Aku, Aku membawa mereka untuk menjadi alat mendisiplin kamu, dan apabila kamu berbuat salah mereka akan mengalahkan kamu."

Tindakan ini mendemonstrasikan keprihatinan Tuhan. Tuhan adalah Bapa untuk umat-Nya, dan bapa yang baik mendisiplin anak-anaknya apabila mereka berlaku salah. Bahkan, Ibrani 12 berkata, "Jika Tuhan tidak mendisiplin kamu, maka kamu bukanlah anak yang sejati dari Tuhan." Prinsip ini tidak selalu dipahami oleh pembaca Alkitab. Jika Anda menjadi anak Tuhan, maka Tuhan akan mendisiplin Anda ketika Anda berdosa. Tetapi Tuhan melakukan ini supaya Anda tidak perlu dihukum sesudah kematian. Maka orang Kristen boleh berharap bahwa hidup di dunia ini menjadi berat. Saya tidak pernah percaya kesaksian di mana orang mengklaim bahwa sesudah mereka datang kepada Yesus semua masalah lenyap. Tadinya saya percaya demikian, tetapi itu membuat saya tertekan, sebab kesaksian saya sangat beda. Saya datang kepada Yesus, dan masalah-masalah saya mulai! Ketika saya dibaptis dalam Roh masalah saya bahkan menjadi makin parah. Saya makin mengalami kesukaran di lima tahun terakhir dibanding di 40 tahun sebelumnya! Tetapi saya senang, sebab itu sesuai janji Yesus. Ia berkata, "Dalam dunia kamu akan mengalami kesukaran besar. Tetapi bersukacitalah -- Aku jauh lebih lagi!"

## Penebusan masa depan (3:1–20)

Di bagian terakhir terdapat ketegangan aneh antara kutuk dan berkat. Seolah-olah Zefanya berkata, "Pilihlah apa yang sungguh kalian inginkan. Apakah kalian sungguh ingin keadilan Tuhan?" Ia penuh dengan kemurahan dan ingin bermurah hati dengan kita, tetapi Ia tidak dapat memberinya tanpa kerja sama kita, sebab Ia hanya memberi kepada mereka yang memintanya.

Saya mendengar banyak sekali doa untuk semua jenis hal, tetapi yang membuat saya tergugah ialah ketika mendengar orang meminta kemurahan, sebab mereka mengerti hukum kunci dari Kerajaan. Kita hanya memohon kemurahan jika kita menyadari keburukan diri kita. Jika kita berpikir kita baik saja, kita memohon kesehatan, kekuatan, bimbingan, segala macam hal -- tetapi kita tidak memohon kemurahan.

## Kutukan – keadilan ilahi (3:1–8)

### (A) KEKERAS-HATIAN NASIONAL (3:1–7)

**(i) Memberontak (3:1–4)**
Di paruh pertama pasal 3 Zefanya menghadapkan umat dengan kemungkinan akan hari keadilan ilahi, ketika ia memberitahu mereka betapa kerasnya hati mereka. Mereka telah berontak melawan dengan sengaja dan menolak imbauan Tuhan.

**(ii) Menolak (3:5–7)**
Ia juga menuduh mereka tentang penolakan. Para pemimpin, pejabat, imam dan nabi semuanya terlibat. Mereka adalah umat yang keras hati. Beberapa waktu yang lalu, sesudah membaca ayat di Zefanya, "Pagi demi pagi Ia

memberi hukum-Nya," saya menggubah sebuah lagu ciptaan saya sendiri, untuk nada himne 'Besar Setia-Mu.'

*Great is thy righteousness (Besar kebenaran-Mu),*
*O God all holy (O Tuhan Maha kudus).*
*There is no error of judgement with thee (Tiada salah penghakiman-Mu).*
*Thou changest not, thy commandments (Kau tak berubah, perintah-Mu*
*They fade not (tak pudar).*
*As thou hast been, thou for ever wilt be (Seperti dulu, Kau senantiasa sama).*
*Great is thy righteousness (Besar kebenaran-Mu),*
*Great is thy righteousness (Besar kebenaran-Mu),*
*Morning by morning thy justice I see (Setiap pagi keadilan-Mu tampak).*
*All that is merited (Semua yang layak)*
*Thou has requited (Telah Kau ganjar).*
*Great is thy righteousness (Besar kebenaran-Mu) –*
*Lord, hear our plea. (Tuhan, dengar mohonan kami)*

Kita suka menyanyikan lagu yang menyenangkan tentang sifat positif Tuhan seperti tentang kesetiaan, tetapi kita harus menerima bahwa ada sisi lain pada Tuhan, dan kita harus bersyukur untuk itu juga. Paulus dalam suratnya kepada jemaat di Roma berkata bahwa kita harus "Mempertimbangkan kebaikan dan ketegasan Tuhan -- ketegasan kepada mereka yang jatuh tetapi kebaikan kepada Anda, asalkan Anda berlanjut dalam kebaikan-Nya."

Zefanya memberitahu umat itu bahwa jika mereka berlanjut memberontak dan menolak akan ada bencana nasional. Kemarahan Tuhan akan mendidih dan Hari Tuhan akan datang.

(B) PEMUSNAHAN INTERNASIONAL (3:8)

Hal yang benar tentang murka Tuhan terhadap Yehuda juga benar tentang seluruh dunia. Ia berkata bahwa kemarahan yang sama ini akan mendidih terhadap bangsa-bangsa dan memusnahkan mereka. Mereka semua akan berdiri di hadapan Dia dan yang jahat akan dihabisi oleh kecemburuan murka-Nya.

## Berkat – kemurahan ilahi (3:9–20)

Kitab ini disimpulkan dengan suatu catatan pengharapan, sebagaimana umumnya dengan para nabi. Sebagai contoh, Amos mengkhotbahkan tentang keadilan Tuhan, sebagai nabi terakhir kepada 10 suku di utara sebelum mereka dilenyapkan, tetapi kata akhir kepada utara adalah nubuatan Hosea, pesan tentang kemurahan dan kasih Tuhan. Sepertinya kata akhir Tuhan kepada kita ialah "Tidakkah kamu ingin kemurahan-Ku?" Zefanya berakhir dengan cara yang sama. Tuhan tidak ingin menghukum -- Ia tidak suka akan kematian orang jahat. Ia ingin menunjukkan kemurahan, dan karenanya mengakhiri dengan sebuah catatan pengharapan untuk masa depan.

(A) KESALEHAN INTERNASIONAL (3:9)

Catatannya tentang kemurahan untuk bangsa-bangsa ialah bahwa dari setiap bangsa Ia akan menarik orang-orang yang mengasihi Dia. Kita diberitahu bahwa orang-orang akan keluar dari setiap keluarga, suku, bahasa dan bangsa. Tuhan tidak ingin ada satu pun kelompok etnis di bumi yang terhilang. Inilah mengapa Ia memberitahu kita untuk mewartakan Injil kepada semua kelompok etnis dan memuridkan mereka.

## (B) KEGEMBIRAAN NASIONAL (3:10–20)

Tetapi kemudian ia mengakhiri dengan kemungkinan berkat bagi Israel sendiri. Sembilan kali dalam bagian kecil ini Tuhan berkata "Aku akan..." Yehuda mungkin melanggar perjanjiannya, tetapi Ia tidak akan pernah melanggarnya.

### (i) Bersukacita (3:10–17).

Di masa itu tak seorang pun akan berbangga atau angkuh; mereka tidak akan melakukan kesalahan dan tidak mengatakan kebohongan. Tak seorang pun akan sanggup membuat mereka takut. Ia bicara tentang masa depan gemilang ketika Ia akan menenangkan mereka dengan kasih-Nya. Ia bahkan berkata Tuhan akan bernyanyi tentang umat-Nya: "Ia akan bersukacita karena mereka dengan nyanyian."

### (ii) Kembali (3:18–20).

Tuhan akan mengumpulkan mereka yang telah tercerai berai dan mengembalikan suatu sisa yang akan menghormati Nama-Nya. Meski mereka telah ditolakkan, mereka akan ditinggikan dalam pemandangan dunia ini. Tuhan akan memberi mereka "kepujian dan kehormatan di dalam setiap tempat di mana mereka telah dipermalukan." Maka di akhir kitab ini ada suatu pengharapan yang luar biasa. Umat Tuhan memiliki kesempatan untuk kini dihakimi dan dibenarkan dengan Tuhan.

# Kesimpulan

Tersisa satu pertanyaan bagi kita tentang Zefanya. Apakah nubuatan Zefanya efektif? Apakah Yosia memberikan perhatian?

Yosia naik takhta pada tahun 640 SM di usia delapan tahun dan memerintah selama 31 tahun. Pada mulanya ia sangat dipengaruhi oleh Imam Besar Hilkiah, yang cenderung mempertahankan status quo, tetapi kemudian ia mulai dipengaruhi oleh Zefanya. Pada usia 16 ia menghancurkan mezbah-mezbah di Yerusalem. Usia 20 ia memerintahkan semua mezbah kafir di seluruh negeri untuk dihancurkan. Di usia 28 ia memerhatikan bahwa Bait Tuhan dalam kondisi buruk dan memerintahkan agar itu diperbaiki. Sementara mereka melakukan ini, seseorang menemukan salinan Hukum Musa di sebuah lemari tua berdebu. Mereka menyadari bahwa sudah sekian lama mereka tidak membaca atau mempelajarinya. Ketika Yosia membacanya, ia menjadi gentar. Ia menyadari mengapa Tuhan memberikan mereka peringatan. Maka di usia 28 ia memerintahkan agar Hukum Taurat dibacakan kembali dan dilaksanakan di seluruh bangsa.

Maka tanda-tanda yang ada sampai sejauh ini baik adanya. Tetapi Yosia tidak menyadari bahwa orang tidak dapat diubah menjadi baik dengan suatu Ketetapan Parlemen. Banyak orang masa kini berpikir bahwa jika saja pemerintahan kita mengeluarkan hukum-hukum yang baik, maka orang akan berperilaku baik menurut cara hidup Kristen. Tetapi perilaku benar tidak dapat dipaksakan dari atas -- itu harus diungkapkan dari dalam, dengan Tuhan bekerja dalam hati manusia.

Hidup Yosia berakhir sesudah melakukan serangan buruk ke tentara Mesir karena mengikuti nasihat salah sementara mereka melintasi Tanah Suci untuk menyerang Asyur. Ia meninggal dalam perang itu, kendati ia sudah menyamar.

Jadi meski memiliki beberapa pengaruh, Zefanya gagal membuat bangsa itu berbalik total. Umat itu tidak mendengar. Tetapi karyanya tidak sia-sia. Ada seorang muda seusia Yosia yang Tuhan perintahkan untuk menerima beban kenabian. Yeremia diberdaya dengan pesan yang memberitahu umat itu bahwa pembaruan tidak berjalan baik dan mereka harus kembali kepada Tuhan.

## Memakai Zefanya

Penerapan inti untuk orang percaya masa kini menyangkut penghakiman.

*(a) Hari Penghakiman untuk seluruh dunia akan datang sesudah kematian.* Penghukuman atas Yehuda adalah cicipan dan bayang-bayang dari apa yang akan terjadi kepada dunia ini. Dua kali Yesus merujuk ke Zefanya dalam hubungan dengan Kedatangan Kedua-Nya (lihat Matius 13:41 dan Zefanya 1:3; Matius 24:29 dan Zefanya 1:15). Jadi kebanyakan orang akan menghadapi murka Tuhan sesudah Yesus datang kembali.

*(b) Hari Penghakiman untuk umat Tuhan akan datang sebelum untuk orang lain.* 1 Petrus 4:17 berkata: "Karena sekarang telah tiba saatnya penghakiman dimulai, dan pada rumah Tuhan sendiri yang harus pertama-tama dihakimi. Dan jika penghakiman itu dimulai pada kita, bagaimanakah kesudahannya dengan mereka yang tidak percaya pada Injil Tuhan?"

Zefanya adalah peringatan kuat untuk orang Kristen bahwa mereka harus mengharapkan disiplin Tuhan, tetapi tidak tawar hati. Disiplin dalam kehidupan ini adalah tanda perhatian Tuhan dan meyakinkan kita bahwa kita tidak akan dihakimi bersama dengan dunia ini.

## Zefanya dan Wahyu

Sebagai penutup, kita juga harus mencatat bahwa ada korelasi penting antara Zefanya dan garis besar Kitab Wahyu.

Keduanya, Zefanya dan Wahyu mulai dengan penghakiman atas umat Tuhan -- Israel dan Gereja masing-masingnya. Kedua mereka maju ke penghakiman atas bangsa-bangsa (lihat Zefanya 2 ; Wahyu pasal 4-15). Akhirnya, mereka maju ke Hari Penghakuman (Zefanya 3:1-8; Wahyu 20).

Tetapi kata akhirnya ialah kebahagiaan akhir yaitu Tuhan memberikan tempat kepada umat-Nya di mana mereka dapat hidup untuk selamanya (Zefanya 3:9-20; wahyu 21-22). Dalam Zefanya lokasinya adalah Yerusalem tua, tetapi dalam Wahyu adalah Yerusalem baru. Dalam Zefanya Tuhan datang sebagai Raja, tetapi dalam Wahyu Yesus datang sebagai Raja.

Secara menyeluruh ada lebih dari 400 rujukan kepada Perjanjian Lama dalam Kitab Wahyu, tetapi hubungan terdekatnya adalah dengan nabi Zefanya. Maka kitab Perjanjian Lama yang terkesan tak jelas ini sesungguhnya adalah kitab sentral untuk kita mengerti masa depan.

# 25. HABAKUK

## Pendahuluan

Nubuatan Habakuk tidak biasa di antara kitab-kitab kenabian. Pertamanya, dalam kebanyakan nubuatan Tuhan bicara kepada umat melalui sang nabi, tetapi dalam Habakuk nabi ini yang bicara kepada Tuhan secara langsung, umat sendiri sama sekali tidak terlibat dalam percakapan yang terjadi. Unsur ini ada dalam nubuatan lainnya, khususnya Yunus dan Yeremia, tetapi tidak ada kitab kenabian lain yang mulai dengan cara mencolok ini.

Keduanya, dalam pasal 2 sang nabi diperintahkan untuk menuliskan pesannya dalam huruf-huruf besar di tembok.

Lalu ketiganya, pasal 3 adalah nubuatan yang ditulis untuk musik, sesuatu yang cukup langka. Para pemimpin yang lebih awal seperti Musa, Debora, Samuel, Saul, Elisa dan Daud adalah yang menemukan bahwa musik merupakan inspirasi untuk perkataan kenabian, meski kemudian Yehezkiel pun memakai musik.

Kita hanya tahu sedikit sekali tenntang Habakuk. Kita tahu bahwa ia bernubuat 20 tahun sesudah Zefanya, sekitar 600 SM, dan bahwa namanya secara harfiah berarti 'seseorang yang memeluk.' Itu merupakan istilah pergulatan yang dimasukkan ke dalam bahasa sehari-hari. Kita boleh menyebut dia 'si Penjepit -- bukan nama yang luar biasa memuji.

Tetapi meski namanya tidak terlalu menyenangkan, secara tepat itu memaparkan relasinya dengan Tuhan sebagaimana yang diungkapkan dalam kitab ini. Habakuk adalah seorang yang melekat kepada Tuhan, yang berani mengajukan argumen dengan Tuhan, dan yang mendesak untuk mendapatkan jawaban dari Tuhan, bahkan jika ia tidak suka ketika jawaban tersebut datang. Jadi meski kita tidak tahu banyak tentang latar belakang sang nabi, kita belajar sesuatu tentang pikiran, hati dan kehendaknya melalui pecakapannya dengan Tuhan yang dicatat dalam kitab ini. Kita juga mendapatkan wawasan ke dalam dimensi kunci pelayanan nubuatannya -- doanya (psl. 1), khotbahnya (psl. 2) dan pujiannya (psl. 3).

Kitab ini sangat relevan untuk kita masa kini, sebab ia mengurusi beberapa pertanyaan sangat mendasar yang ditanyakan oleh semua orang percaya yang berpikir. Jika Tuhan baik dan mahakuasa, mengapa orang yang tidak bersalah menderita dan yang bersalah bebas? Mengapa Tuhan tidak melakukan sesuatu tentang kekacauan yang ada dalam dunia ini? Kebanyakan orang bergumul sendiri atau dengan orang lain tentang isu ini. Tetapi cara terbaik mengurusi pertanyaan besar semacam itu adalah bergumul dengan Tuhan dan merapat kepada-Nya sampai Ia memberi Anda sebuah jawaban. Habakuk memberi kita suatu contoh indah tentang seorang yang justru melakukan hal tersebut. Keterus-terangan dan kejujurannya semata datang sepanjang nubuatannya, dan akibatnya kitab ini menantang dan sekaligus menyenangkan.

Kebalikan dari Zefanya, Habakuk penuh dengan 'ungkapan yang dapat dijadikan kutipan.' Contohnya,

"Mata-Mu terlalu suci untuk melihat kejahatan" (1:13) adalah ayat yang populer, meski seperti akan kita lihat nanti, kita harus berhati-hati bagaimana menafsirkannya. Berikut adalah beberapa ayat terkenal lainnya:

> Sebab bumi akan penuh dengan pengetahuan tentang kemuliaan TUHAN, seperti air yang menutupi dasar laut. *(2:14)*

> Tetapi TUHAN ada di dalam bait-Nya yang kudus. Berdiam dirilah di hadapan-Nya, ya segenap bumi! *(2:20)*

> Dalam murka ingatlah akan kasih sayang! *(3:2)*

> Sekalipun pohon ara tidak berbunga, pohon anggur tidak berbuah,... namun aku akan bersorak-sorak di dalam TUHAN, beria-ria di dalam Tuhan yang menyelamatkan aku. *(3:17–18)*

Ayat paling termasyhur dari Habakuk, yang menjadi *Magna Carta* (prinsip dasar) Protestantisme ialah "Orang benar akan hidup oleh iman" (2:4). Martin Luther membuat ayat yang satu ini berdering ke seluruh Eropa pada masa Reformasi, meski, sebagaimana akan kita lihat, ini tidak dimengerti dengan tepat.

# Garis besar Kitab Habakuk

## Sang nabi (1:1)

### Doa keluhan (1:2–2:20)
*Keluhan:* Tuhan bertindak terlalu sedikit
*Pertanyaan:* Mengapa yang jahat tidak menderita?

*Jawaban:* Yang jahat akan menderita (Babilon akan datang).
*Keluhan:* Tuhan berbuat terlalu banyak
*Pertanyaan:* Mengapa memakai yang jahat untuk menghukum yang jahat?
Mengapa yang baik menderita?
*Jawaban:* Yang baik akan bertahan!
Yang jahat akan menderita!

**Pujian yang digubah (3:1–19)**
Ia gemetar pada tindakan Tuhan masa lampau (3:1-16)
Ia percaya akan perlindungan Tuhan di masa depan (3:17–19)

Kitab Habakuk dengan jelas terbagi ke dalam dua bagian. Pasal 1 dan 2 membentuk bagian pertama dan pasal 3 adalah bagian kedua. Perbedaan antara bagian pertama dan kedua sangat besar, sebagaimana akan kita lihat di tabel berikut:

| **Pasal 1–2** | **Pasal 3** |
| --- | --- |
| Bergumul dengan Tuhan | Beristirahat dalam Tuhan |
| Sengsara | Bahagia |
| Berteriak | Menyanyi |
| Doa | Memuji |
| Tidak sabar | Sabar |
| Memohon keadilan | Memohon kemurahan |
| Menurun dalam kesedihan | Terangkat tinggi |
| Tuhan tidak aktif (dalam masa kini) | Tuhan aktif (di masa lalu dan depan) |

Tabel ini memperlihatkan perubahan besar antara pertama dan kedua, memimpin kepada pertanyaan yang tak terhindari: Apa yang terjadi pada Habakuk sampai perbedaannya tampak sedemikian tajam? Kita perlu masuk ke dalam nubuatan itu secara rinci untuk menemukan apa yang telah mengubahnya.

## Doa keluhan (1:2–2:20)

### Tuhan bertindak terlalu sedikit (1:2–11)

Habakuk memberitahu Tuhan persis seperti yang sedang ia pikirkan. Pertama ia mengeluh bahwa Tuhan bertindak terlalu sedikit dan kemudian ia mengeluh bahwa Tuhan berbuat terlalu banyak -- Tuhan terdesak olehnya!

Ia percaya akan doa interogatif. Doa syafaat adalah ketika Anda memohon Tuhan untuk sesuatu, tetapi doa interogatif adalah ketika Anda menanyai Tuhan pertanyaan. Itu adalah jenis doa yang sangat penting, yang saya alami sangat menolong. Saya hanya menanyai Tuhan suatu pertanyaan, dan jika sesuatu datang ke pikiran saya -- khususnya jika itu sesuatu yang sangat tidak terduga -- saya menerima itu sebagai datang dari Tuhan. Sembilan dari sepuluh kali terbukti demikian.

Sebagai contoh, ketika putri kami meninggal, kami tercengang mendapatkan betapa banyak hal telah ia lakukan untuk Tuhan. Ia tidak pernah menceritakannya, tetapi ia telah berhubungan secara teratur dengan para misionaris di Tiongkok, Afrika dan Haiti, untuk menyebut sedikit di antaranya. Tambahan, ia adalah pemimpin penyembahan di gereja, dan sedemikian disukai sampai seluruh gereja meratapi dia. Ketika saya bicara dengan Tuhan tentang dia saya berkata, "Tuhan, saya bangga sekali akan putri kami, tetapi bagaimana perasaan-Mu tentangnya? Tiba-tiba datang kata-kata ini kepada saya, "Ia adalah salah satu keberhasilan-Ku.' Jika Anda tidak pernah mendengar dari Tuhan dakam kehidupan Anda, maka berusahalah bertanya seperti pertanyaan ini: "Tuhan, adakah sesuatu dalam kehidupanku yang tidak Kau sukai?" Jika Anda sungguh ingin mendengar dari Tuhan, tanyakan saja pertanyaan itu kepada-Nya.

Keadaan sosial Habakuk menolong kita untuk mengerti pertanyaannya. Selama 20 tahun sejak masa Zefanya tidak ada satu pun firman dari Tuhan. Bangsa itu telah melanjutkan kemerosotannya, dalam pembangkangan terhadap pesan Zefanya. Raja Yosia belum mencapai apa yang diharapkan dengan reformasi yang ia adakan dan mengalami kematian dini di Megido tahun 608 SM. Habakuk bernubuat semasa penggantinya, Yoyakim, yang menjadi raja yang sangat duniawi dan mementingkan diri sendiri. Istananya diperluas tetapi di bawah pemerintahannya yang miskin menjadi makin miskin. Penyuapan, korupsi, pelanggaran hukum dan penindasan memenuhi jalan-jalan Yerusalem. Itu menjadi sedemikian mengerikan sampai tidak aman untuk berjalan di jalan-jalan sendirian pada malam hari. Orang Asyur, yang telah mengangkut 10 suku, kini mengalami kemunduran, maka tidak lagi ada kekuatan dunia seperti mereka.

## Mengapa yang jahat tidak menderita?

Perasaan bahwa tidak ada yang terjadi sementara Yerusalem mengalami kemerosotan merupakan inti dari perhatian Habakuk. Ketika ia bicara kepada Tuhan ia membangun kasusnya dengan sangat teliti. Ia tahu bahwa sifat Tuhan harus tercermin dalam sikap dan tindakan-Nya dan bahwa Ia tidak akan melenyapkan umat-Nya, tetapi ia juga tahu bahwa Tuhan harus melaksanakan hukuman dan menetapkan penghakiman atas dosa. Maka ia mengeluh kepada Tuhan bahwa Ia tidak berbuat apa-apa tentang kekerasan dan korupsi di kota suci-Nya. Ia ingin Tuhan membalikkan kecenderungan ini, mengubah masyarakat dan memulihkan hukum serta keteraturan.

## Tuhan bertindak terlalu banyak (1:12–2:20)

Tuhan menunjukkan anugerah dalam respons-Nya kepada kemarahan Habakuk, tetapi Habakuk dibuat heran dan kecewa oleh lima respons yang Tuhan berikan::

1. Bukalah matamu sedikit lebih lebar -- perhatikan.
2. Engkau akan mengalami kejutan besar.
3. Aku telah merencanakan sesuatu yang akan terjadi dalam masa kehidupanmu.
4. Aku belum memberitahu engkau apa yang akan Ku buat sebab engkau tidak akan memercayainya.
5. Aku telah mulai melakukan sesuatu dan engkau tidak memerhatikannya.

Singkatnya, Tuhan memberitahu Habakuk bahwa Ia telah memerhatikan kejahatan di Yerusalem dan dengan membangkitkan orang Babilon telah bertindak untuk menghukum orang Yehuda. Pada saat itu Babilon hanya sebuah kota yang sedang berkembang di Sungai Tigris. Sedikit saja yang pernah mendengar tentangnya, dan sampai saat itu jarang sekali disinggung dalam Alkitab. Tetapi ketika dua utusan dari Babilon mengunjungi Raja Hizkia dan diperlihatkan ke sekeliling istananya, Yesaya menyadari bahayanya dan meramalkan bahwa suatu hari Babilon akan mengambil segala sesuatu yang telah diperlihatkan raja kepada dua orang itu dari istana dan Bait.

Pada saat itu Babilon masih terlalu kecil untuk terkesan sesuai nubuatan itu, tetapi dalam masa Habakuk nubuatan ini sedang mendekati penggenapannya, dan dapat dimengerti bahwa Habakuk terkejut. Itu dapat dibandingkan seakan Tuhan berkata bahwa Ia akan mendatangkan Jerman Nazi untuk menghukum Inggris. Tetapi kita dapat melihat sepanjang sejarah bahwa demikian inilah khasnya Tuhan mengurusi bangsa-bangsa. Ia membangkitkan satu bangsa untuk mengurus satu lainnya. Maka kegiatan sedemikian tidak perlu mengejutkan kita.

## MEREKA LEBIH JAHAT DARIPADA KITA

Tetapi Habakuk terkejut dan kecewa. Kini ia mengeluh bahwa Tuhan bertindak 'terlalu banyak,' sebab ia tahu bahwa orang Babilon memiliki reputasi lebih buruk daripada orang Asyur, yang telah membuat sirna Israel (10 suku) dan membawa mereka ke pembuangan tanpa dapat kembali lagi. Tetapi orang Babilon akan lebih buruk lagi. Mereka adalah bangsa pertama yang memperkenalkan kebijakan pembumi-hangusan melalui mana mereka melenyapkan semua jejak kehidupan dari tanah bangsa yang mereka taklukkan. Habakuk menyadari bahwa jika orang Babilon datang ke Yerusalem maka tidak akan ada apa pun yang tersisa. Ini menjelaskan arti perkataan terkenal di akhir kitab ini: "Sekalipun pohon ara tidak berbunga, pohon anggur tidak berbuah,... kambing domba terhalau dari kurungan dan tidak ada lembu sapi dalam kandang..." Seperti inilah tanah itu jadinya sesudah kunjungan tentara Babilonia.

## MEREKA TIDAK AKAN MEMBEDAKAN ANTARA BAIK DAN JAHAT

Habakuk juga mengingatkan Tuhan bahwa ada sementara orang agamawi di kota Yerusalem yang akan turut mati bersama orang jahat. Meski ia tidak mengatakan demikian secara langsung, tersirat di dalamnya adalah dirinya juga. Ia marah bahwa Tuhan memakai orang yang lebih jahat dari Yehuda untuk melaksanakan hukuman itu. Dalam pertimbangan Habakuk itu sesuatu yang immoral, maka ia mengucapkan perkataan yang banyak dikutip, "Matamu terlalu kudus untuk melihat kejahatan" (1:13). Habakuk berusaha mengusulkan bahwa sifat Tuhan sendiri akan diragukan oleh apa yang ingin Ia lakukan itu. Tetapi dengan berbuat itu ia mengatakan sesuatu yang tidak benar tentang Tuhan. Tuhan murni dan kudus, tetapi tidak berarti bahwa Ia tidak dapat melihat kepada kejahatan, sebab Ia mengamati kejahatan yang dilakukan setiap harinya. Ia melihat setiap perkosaan, setiap penjambretan, setiap tindakan kekejaman. Habakuk memiliki pandangannya sendiri tentang apa yang Tuhan akan atau tidak akan lihat, tetapi ia salah.

Waktu Habakuk sudah selesai berargumen dengan Tuhan, ia bangkit ke menara penjaga di Yerusalem dan duduk di atas tembok. Ia berkata ia akan mengamati jika Tuhan sungguh melakukan apa yang telah Ia katakan. Ia hampir saja mengatakan, "Aku akan menantikan gertakan-Mu itu. Sungguhkah Engkau akan mendatangkannya, Tuhan."

## TEMPAT SALAH

Menjawab Habakuk, Tuhan berkata bahwa ia tidak menghasilkan apa pun dengan hanya berdiri di menara pengawas.

Ia harus pergi ke jalan-jalan dan menulis di tembok apa yang Tuhan telah katakan supaya orang yang berlalu-lalang dapat membacanya -- papan iklan pertama di Alkitab! Habakuk harus memperingatkan umat itu, bukan duduk mengambil jarak untuk melihat entahkah Tuhan akan melakukan apa yang Ia janjikan. Apabila Tuhan menyatakan kepada kita apa yang akan Ia lakukan, Ia berbuat itu supaya kita dapat memberitahu orang untuk bersedia, bukan supaya kita dapat menanti untuk memastikan apakah Ia akan melakukannya.

WAKTU SALAH

Tuhan juga memberitahu Habakuk bahwa jika ia tetap di menara penjaga ia tidak dapat melihat apa pun sepanjang waktu itu. Ia mungkin dapat menarik kesimpulan keliru tentang apa yang Tuhan lakukan. Tuhan berkata, "Penyataan itu masih menantikan saatnya." Maka ia perlu mengambil pemandangan jangka panjang dan memperingatkan umat akan apa yang akan terjadi.

## Yang baik akan selamat

Semasa percakapan inilah Tuhan memberitahu Habakuk bahwa "orang benar akan hidup oleh iman" (2:4b), yang telah menjadi ayat paling masyhur dalam kitab ini, sebab dipakai oleh Luther pada masa Reformasi. Tetapi sebagaimana telah kami singgung sebelumnya, meski banyak hal baik telah dicapai melalui Reformasi, ayat ini sendiri telah salah dimengerti.

Jika kita melihat ayat ini dalam konteksnya, Habakuk berkata bahwa orang Babilon akan membunuh juga orang benar bersama orang jahat. Tuhan berkata dalam ayat ini bahwa Ia akan melindungi orang benar (atau 'orang adil')

-- mereka akan selamat, asalkan mereka tetap setia kepada Dia. Ketika Babilon tiba di sana akan ada banyak orang yang kehilangan iman akan Tuhan, karena percaya bahwa Ia telah menolak mereka. Tetapi Tuhan berkata bahwa mereka yang terus percaya akan Dia akan bertahan melalui hukuman yang akan datang itu.

Jadi ini adalah arti sesungguhnya dari ayat itu. Kata 'iman' baik dalam bahasa Ibrani maupun Yunani, mencakup ide kesetiaan. Yang menyelamatkan adalah kesetiaan; mereka harua *terus saja* beriman dan *memelihara* iman.

Penafsiran ini sesuai dengan cara Perjanjian Lama memakai iman sebagai kata benda. Ini dipakai tentang kesetiaan dalam pernikahan. Iman dalam pernikahan adalah tetap bersama sampai kematian memisahkan keduanya. Ini juga dipakai tentang Musa ketika ia tetap mengedangkan tangannya sementara umat Israel memenangi perang melawan orang Amalek. Ia setia dalam mendoakan untuk umat itu.

Prinsip ini sama dalam Perjanjian Baru. Memercayai Yesus pada satu kesempatan bukanlah iman. Iman sejati adalah terus menerus memercayai Dia, apa pun yang terjadi. Inilah mengapa kita membaca dalam Injil, "Orang yang bertekun sampai ke akhir akan diselamatkan."

Bagian Perjanjian Baru lainnya juga memakai ayat itu dengan cara demikian. Tiga nas berbeda mengutip Habakuk 2:4 dan menafsirkan "orang benar akan hidup oleh iman" sebagai merujuk ke orang yang *terus menerus* percaya.

Dalam Roma 1:16-17 Paulus menulis :"Aku tidak malu tentang injil, sebab inilah kuasa Tuhan untuk keselamatan setiap orang yang percaya: pertama orang Yahudi, kemudian untuk orang bukan Yahudi. Sebab dalam injil kebenaran dari Tuhan dinyatakan, yaitu kebenaran yang berasal dari iman dari awal ke akhir, seperti ada tertulis: 'Orang benar akan hidup oleh iman.'" Dengan kata lain, keselamatan dimulai dengan iman dan diakhiri dengan iman. Keselamatan dinikmati dengan *terus menerus* percaya.

Dalam Galatia 3:11 Paulus mengkontraskan iman dengan pembenaran diri dengan memelihara hukum taurat. Ia berkata bahwa tidak seorang pun dibenarkan oleh taurat, dan mengutip Habakuk 2:4 sebagai alasannya, sebab "Orang benar akan hidup oleh iman." Hidup oleh iman bukan satu tindakan saja tetapi sikap terus menerus sepanjang masa kehidupan. Hanya *percaya yang terus menerus* akan Kristus yang menyelamatkan.

Penulis surat Ibrani juga memakai ayat ini untuk mendukung argumen tentang perlunya *kepercayaan yang berlangsung terus*. Dalam 10:39 sesudah mengutip Habakuk 2:4, ia menambahkan, "Tetapi kita bukanlah seperti mereka yang undur dan binasa, tetapi mereka yang percaya (yi. Percaya terus menerus) dan diselamatkan."

Jadi jelas bahwa nas-nas ini menggaris-bawahi koreksi yang sangat penting terhadap cara teks ini dipakai semasa Reformasi dan semenjaknya. Ayat ini harus ditafsirkan sebagai mengatakan bahwa jika seorang percaya hanya untuk satu menit -- yaitu, jika mereka telah membuat 'komitmen kepada Kristus' -- hidup mereka selamat. Ini adalah kesalahan besar dalam penggunaan teks itu. Orang yang benar akan hidup dengan 'memelihara iman' dengan Tuhan. Ada kenyamanan di antara sementara orang Kristen, yang memakai ungkapan tidak alkitabiah -- 'Sekali selamat, selamat selamanya' -- seakan iman singkat sekejap memastikan bahwa mereka luput dari murka Tuhan. Tetapi mereka yang memelihara iman dengan Tuhanlah yang selamat dari hal terburuk yang akan terjadi.

## Yang jahat akan menderita

Tetapi dengan memakai Babilonia untuk menghakimi, Tuhan tidak membiarkan mereka pergi dengan kejahatan mereka. Dalam paruh kedua pasal 2 terdapat serangkaian celaka ditujukan kepada Babilon. Kata 'celaka' dalam Alkitab adalah suatu kutukan dan tidak boleh dipakai oleh orang Kristen kecuali mereka yakin tentang apa yang mereka lakukan. Ketika Yesus berkata 'celakalah,' hal ngeri terjadi, dan Ia mengucapkan 'celaka' sesering Ia mengucapkan 'diberkatilah.' Sebagai contoh, ada 250,000 orang tinggal di pesisir Galilea pada zaman Yesus di empat kota besar. Yesus mencanangkan kutukan ke atas tiga kota tersebut. Ia berkata, "Celakalah kamu, Kapernaum," "Celakalah kamu Betsyaida,""Celakalah kamu Korazim," tetapi Ia tidak mengucapkan 'celaka' kepada Tiberias. Jika Anda pergi ke Galilea hari ini Anda harus tinggal di Tiberias, karena ini kota satu-satunya yang ada di sana. Kota-kota yang Yesus sebut 'celakalah' semuanya telah lenyap.

Habakuk mendaftarkan lima alasan mengapa Babilon akan mendatangkan murka Tuhan:

1. **Ketidakadilan.** Mereka menjarah bangsa-bangsa yang mereka taklukkan, dengan sedikit perhatian untuk orang-orangnya.
2. **Imperialisme.** Mereka mendikte bagaimana bangsa-bangsa yang mereka taklukkan harus hidup, dengan sedikit perhatian untuk keadilan dan sedikit belas kasihan kepada penderitaan manusianya.
3. **Ketidak-manusiawian.** Tuhan menghukum pencurahan darah oleh mereka, pemakaian kerja rodi untuk membangun Babilon, dan perlakuan tak berperasaan

terhadap para musuh mereka. Mereka bahkan memegang kaki bayi-bayi dan menghantamkan kepala mereka ke batu karang.
4. **Ketidaksabaran.** Semua mereka adalah manusia tak disiplin apabila menyangkut alkohol, dan melakukan berbagai hal mengerikan ketika mereka mabuk. Ini termasuk penghancuran binatang dan bahkan pohon. Ketika Israel pergi berperang Tuhan melarang mereka memotong satu pohon pun kecuali mereka membutuhkan itu untuk perang.
5. **Penyembahan berhala.** Mereka menyembah pohon, batu dan berhala logam tak bernyawa, mengabaikan Tuhan sejati Yehuda. Pada tahap ini, tentu saja Babilon belum mencapai puncak kekuasaannya, tetapi meski demikian Habakuk diperintahkan untuk mencanangkan kehancuran mereka.

Maka teguran ini adalah untuk tindakan yang melanggar hati nurani. Orang Babilon tidak dihakimi karena kegagalan memelihara Hukum Tuhan. Mereka tidak memiliki perjanjian dengan Tuhan. Tetapi mereka dihakimi karena melakukan hal-hal yang mereka tahu salah dalam hati mereka. Hukuman Tuhan atas mereka adalah peringatan untuk umat Tuhan bahwa Ia memerhatikan perilaku mereka dalam wilayah tersebut juga.

Maka Tuhan menjawab bantahan Habakuk dengan berkata bahwa yang baik akan selamat dan yang jahat akan menderita. Tuhan tidak buta kepada apa yang tengah terjadi, Ia juga bukan tidak sanggup atau tidak adil. Ia adalah Tuhan yang hidup, berbeda dari para berhala yang mati, yang tak bernafas buatan manusia.

Sesudah memberikan jawaban yang Habakuk cari, Tuhan kemudian menambahkan, "Berdiam dirilah di hadapan-Nya, ya segenap bumi." Demikianlah Tuhan berkata, "Engkau telah mendapatkan jawaban-Ku. Kini tutup mulut!"

## Pujian yang digubah (3:1-19)

Sementara berdiam diri itulah Habakuk melihat terang. Ia berhenti berbantahan dengan Tuhan dan memikirkan apa yang Tuhan katakan, dan seluruh suasana hatinya berubah. Ia mengerti bahwa Tuhan memiliki gambaran yang jauh lebih besar daripada yang ia punyai, dan juga pemandangan yang lebih jauh. Meski saat itu ia tidak dapat melihat Tuhan bekerja, Tuhan pasti akan bertindak ketika saatnya tepat.

Pasal terakhir ditulis untuk musik, digubah dalam pikirannya dengan tangannya sendiri, mencerminkan perubahan hatinya. Petunjuk iringan musiknya adalah tentang bagaimana cara menyanyikannya -- 'dengan iringan instrumen berdawai' -- dimasukkan di akhir pasal ini. Jadi ketika kita datang ke pasal 3 kita memiliki suatu ungkapan pemandangan yang sama sekali berbeda. Bahkan, teksnya sedemikian berbeda di sini sampai para sarjana mengklaim bahwa pasal 3 adalah suatu tambahan.

### Ia gentar tentang tindakan Tuhan masa lampau (3:1-16)

Di pasal 3 Habakuk mengubah fokusnya pada tiga kejadian. Ia mulai dengan "Ia," berpindah ke "kamu," berakhir dengan "aku;" seakan ia lebih terlibat secara pribadi sementara pasal berkembang.

IA (3:2–7)

Habakuk kini berfokus pada kuasa Tuhan dalam periode yang mencakup keluaran, pengembaraan dan penaklukan Kanaan. Ia memohon Tuhan melakukannya kembali. Apa yang telah ia dengar, ia ingin melihatnya. Kali ini tidak ada permintaan untuk perubahan rencana. Tidak ada pertanyaan tentang kegiatan Tuhan. Ia hanya meminta bahwa dalam murka-Nya, Tuhan ingat untuk bermurah hati. Maka jika pasal 1 berfokus pada kekejaman Israel dan pasal 2 pada kekejaman Babilon, pasal 3 meminta kekejaman Tuhan.

ENGKAU... (3:8–16)

Dalam ayat-ayat ini Habakuk terlibat dalam penglihatan itu. Ia masih bertanya, tetapi kali ini adalah pertanyaan yang benar. Ia merenungkan tentang keagungan Tuhan dan kuasa Tuhan dalam ciptaan. Ia tahu bahwa Tuhan memiliki kuasa untuk melakukan apa saja yang Ia suka. Ia kini puas untuk 'menanti dengan sabar hari bencana itu.'

## Ia memercayai perlindungan Tuhan di masa depan (3:17–19)

AKU (3:16–19)

Perubahan dari 'Engkau' ke 'aku' memberikan pengertian penting sementara Habakuk merenungkan reaksinya sendiri kepada kabar tentang penyerbuan Babilon. Ia 'berjalan oleh iman,' bahkan jika tidak ada petunjuk yang tampak tentang digenapinya firman Tuhan. Ia bicara tentang tekanan dari dalam -- bagaimana perasaannya secara artifisial terangkat oleh penglihatannya tentang masa depan.tetapi pada saat yang sama ia menghadapi tekanan dari luar yang membuatnya putus asa. Ia tidak menatap ke muka kepada bencana yang akan datang ke atas umat itu, tetapi kendati demikian ia sanggup 'bersukacita di dalam Tuhan.' Dalam pasal 1 bantahannya datang dari pikiran yang berpusat pada masa kini. Tetapi kini ia menatap ke belakang ke masa lampau dan melihat bahwa Tuhan selalu mengintervensi. Ia menatap ke masa depan dan melihat bahwa Tuhan akan mengintervensi kembali, dan karena itu ia siap menanti. Dalam zaman ini kita terlalu berfokus pada masa kini sampai kita tidak ada waktu atau sedikit saja memiliki waktu untuk masa lalu atau masa depan. Tetapi perspektif inilah yang akan menolong kita ketika ketidakadilan meliputi kita.

Saya telah mengubah pasal 3 menjadi bait lagu, menurut gubahan Beethoven 'Kesukaan yang Ceria.' Sepertinya tepat mengakhiri studi kita ini dengan cara ini.

> Lord, your fame has gone before you from the time your arm was bared,
> (Tuhan, kemasyhuran jalan di depan-Mu sejak saat lengan-Mu Kau tampakkan)
> Tales of deeds so overwhelming, even listening makes me scared.
> (Kisah perbuatan sedemikian dahsyat, bahkan mendengarnya membuat ku gentar)
> Now today, O Lord, repeat them, prove that you are still the same –
> (Kini, O Tuhan, ulangi, buktikan bahwa kau tetap sama)
> But in wrath remember mercy for the honour of your name.
> (Tetapi dalam murka ingatlah rahmat demi hormat nama-Mu)

> Look, this Holy God descending spreads the sky with glorious rays,
>
> (Tengok, Tuhan yang Kudus ini turun membentangkan angkasa dengan cahaya kemuliaan)
>
> *Trailing from his hand of power, earth is filled with sounds of praise;*
>
> (Meluncur dari tangan kuasa-Nya, bumi penuh dengan suara pujian)
>
> But the guilty nations tremble, plague and pestilence their fears:
>
> (Tetapi bangsa yang salah gemetar, tulah dan sampar mereka takuti)
>
> Even ancient mountains crumble when the infinite appears.
>
> (Bahkan gunung-gunung purba luluh ketika sang kekal tampak)
>
> Are you angry with the rivers? Is your wrath upon the streams?
>
> (Murkakah Kau dengan sungai? Adakah Kau murka terhadap aliran air?)
>
> Do you rage against the ocean with your horse and chariot teams?
>
> (Apakah Kau marah terhadap lautan dengan kuda dan kereta berkelompok?)
>
> Writhing hills and flooded valleys, sun and moon stand still in fear
>
> (Bukit yang menggeliat dan lembah yang banjir, matahari dan bulan diam ketakutan)
>
> At the glint of flying arrows, lightning of your flashing spear.
>
> (Kilas anak panah berterbangan, kilat ujung tombak-Mu

Striding through the earth in vengeance, threshing nations till it's done,
(Menunggangi bumi dalam pembalasan, mengirik bangsa-bangsa sampai tuntas)
All to save your chosen people, rescue your anointed one.
(Semua untuk menyelamatkan umat pilihan-Mu, meluputkan orang urapan-Mu)
You have crushed their wicked leader, stripped him bare and split his head;
(Engkau telah meremukkan pemimpin jahat mereka, menelanjangi dan membelah kepalanya)
So his storming, gloating warriors scatter to the wind instead.
(Maka para pahlawannya yang menyerbu sombong, sebaliknya disebar ke angin)

Having heard the final outcome, knowing all and not just part,
(Sesudah mendengar hasil akhirnya, mengetahui semua bukan sebagian saja)
Great emotion grips my body, quivering lips and pounding heart,
(Emosi dahsyat mencengkeram tubuhku, bibir bergetar dan jantung berdebar)
Trembling legs give way beneath me, yet with patience will I wait,
(Kaki di bawahku gemetar, namun dengan sabar ku menantu)
When the foe invades my country, certain of his dreadful fate.
(Ketika musuh menyerbu negeriku, sadar tentang nasibnya yang ngeri)

*Though the fig tree does not blossom and the vine is void of grapes,*

(Meski pohon ara tak berbunga dan pohon anggur tidak berbuah)

*Though the olive trees are barren and the fields produce no crops,*

*(Meski pohon zaitun mandul dan ladang tanpa hasil)*

Though no lambs are in the sheepfold and no cattle in the stall –

(Meski tiada domba di kandang dan tiada hewan di tempatnya)

Yet will I enjoy my savior, glad that God is all in all.

(Namun aku akan menikmati juruselamatku, gembira bahwa Tuhan ada di dalam semua hal)

Joyfully I face the future with my failing strength restored

(Dengan bersuka ku tatap masa depan dengan kekuatanku pulih kembali)

And my angry questions answered by this marvellous sovereign Lord.

(Dan pertanyaan marah ku dijawab oleh Tuhan yang ajaib berdaulat ini)

See my heart and feet are leaping like a deer upon the heights –

(Tengok hati dan kakiku berlompatan seperti rusa di ketinggian)

Set my words to holy music, voices and stringed instruments.

(Gubah kata-kataku untuk musik kudus, suara dan alat dawai)

# 26. YEREMIA DAN RATAPAN

## Pendahuluan

Yeremia adalah tokoh kunci dalam Perjanjian Lama dan adalah di antara para nabi yang paling dikenal baik. Tetapi kitabnya bukan yang paling populer. Berikut adalah tiga alasan mengapa orang tidak menyukainya. Kitab ini menakutkan, sukar dan menyusahkan.

## Menakutkan

Panjangnya 52 pasal, di urutan kedua sesudah 66 pasal Yesaya. Legenda berkata bahwa Yeremia mengunjungi Irlandia Selatan dan mencium Batu Blarney (*Blarney Stone*) dan menerima karunia membual! Panjangnya ini mencerminkan baik jumlah nubuatan dalam 40 tahun kariernya dan dedikasi penulisnya yang menuliskan nubuatan tersebut. Tetapi untuk banyak pembaca kitab ini terlalu panjang untuk ditangani dengan entusiasme.

## Sukar

Kitab ini tidak berurutan baik secara kronologis atau

topikal dan karenanya sukar diikuti. Tulisan ini telah digabungkan menurut cara yang terkesan disengaja. Kita boleh menyebutnya koleksi dari koleksi. Ini ditambah pula dengan fakta bahwa Yeremia seolah mengubah sudut pandangnya. Para pengkritik menyukai penemuan kontradiksi-kontradiksi dalam khotbahnya. Di tahun-tahun awal ia sama sekali menentang Babilon, tetapi kemudian ia menasihati umat untuk tunduk kepada Babilon. Ini merupakan salah satu alasan mengapa ia disebut pengkhianat politik. Sebenarnya selama lebih dari 40 tahun pesannya berubah seturut keadaan dan jalan yang Tuhan ingin ia ikuti.

## Tekanan

Alasan paling populer tidak menyukai Yeremia ialah bahwa kitab ini adalah bagian Alkitab yang paling menimbulkan perasaan tertekan. Seakan tidak ada hal lain kecuali kabar buruk untuk Yehuda, dengan Yeremia menceritakan kepedihan yang ia rasakan tentang apa yang akan terjadi kepada bangsa itu dan dalam pelayanannya sendiri. Nama 'Yeremia' sendiri dalam bahasa Inggris telah dipakai dengan arti menjadi selimut basah. Dalam sastra *'jeremiad'* adalah puisi ratapan atau nyanyian penguburan. Maka Yeremia telah menerima pewartaan yang buruk. Sekali lagi, ini bukanlah keseluruhan gambarannya. Ada kabar baik dalam nubuatannya, tetapi itu tersembunyi di antara sekian banyak kabar buruk sampai ia begitu mudah terabaikan.

Tetapi kendati berbagai kesukaran ini, ini adalah kitab yang mengagumkan. Dari semua tokoh dalam Alkitab, saya paling menyamakan diri dengan Yeremia. Satu kali saya berkhotbah menelusuri keseluruhan kitab dan harus berhenti dua kali sebab saya menjadi sangat terlibat secara emosional. Hampir-hampir tidak sanggup membagikannya. Akibat dari rangkaian khotbah tersebut datang nubuatan bahwa saya harus meninggalkan gereja itu dan melakukan perjalanan. Jadi kitab ini sangat berarti secara pribadi bagi saya.

Kitab ini sangat menarik sebab ada banyak kepentingan manusia di dalamnya, yang menarik pembaca untuk bersikap mengerti Yeremia dan bersimpati dengan situasinya. Nabi ini lebih banyak menyatakan hatinya dan pergumulan batinnya ketimbang nabi lain mana pun. Tetapi juga terdapat perhatian ilahi sebab kitab ini dikemas dengan informasi tentang Tuhan. Jika Anda mempelajari Yeremia dengan serius Anda akan mengerti Tuhan lebih baik.

# Saatnya

Yeremia mulai berkhotbah di abad ketujuh SM, hampir di akhir kehidupan dari dua suku di selatan, yang pergi ke pembuangan tahun 586 SM. (meski beberapa bahkan telah diangkut jauh sebelumnya). Ia hidup semasa pemerintahan tujuh raja Yehuda berbeda: Manasye, Amon, Yosia, Yoahaz, Yoyakim, Yoyakin dan Zedekia. Karier nubuatannya selama 40 tahun adalah semasa lima yang terakhir.

Ia bicara pada saat yang traumatis untuk umat Tuhan. Sepuluh suku di utara telah diangkut ke pembuangan oleh Asyur, menyisakan dua suku umat Tuhan yang tinggal di dan sekitar Yerusalem. Yesaya dan Mikha kini telah tiada, sebagian besar pesan mereka diabaikan. Yeremia adalah nabi terakhir untuk bicara kepada umat dan memperingati mereka bahwa sudah hampir terlambat untuk menghentikan bencana yang mendatang.

Kelahirannya terjadi pada masa pemerintahan Manasye, si raja jahat yang telah menggergaji Yesaya terbelah dua di dalam lubang batang kayu karena bernubuat melawan dia. Jika kejahatan ini masih belum cukup jahat, ia juga mengorbankan bayinya sendiri kepada iblis dan memenuhi jalan-jalan Yerusalem dengan darah orang tanpa salah. Dua anak laki-laki penting dilahirkan dalam masa pemerintahannya -- Yosia, yang menjadi raja, dan Yeremia. Manasye digantikan oleh seorang raja jahat lain, Amon, yang berlangsung hanya beberapa tahun sebelum Yosia mendapatkan dirinya naik takhta pada usia muda delapan tahun. Pada masa pemerintahannya itulah Kitab Ulangan ditemukan dalam sebuah almari berdebu dalam Bait. Yosia gentar membaca bahwa kutukan dari Tuhan ada di atas tanah dan umat itu. Maka ia berusaha memperbarui umat itu tetapi gagal.

Menarik bahwa meski Yeremia adalah salah seorang sezaman Yosia, ia senyap tentang reformasi itu. Yeremia tidak menyebut Yosia dan Kitab Raja-raja tidak menyebut Yeremia. Kesannya seakan Yeremia menyadari bahwa reformasi yang diperintahkan oleh raja tidak mengubah hati orang. Meski kelihatannya baik, secara luar situasinya tidak berubah. Nasihat buruk untuk perang yang menyebabkan Yosia terbunuh ketika berperang melawan Mesir di Megido, sebagiannya membuktikan bahwa masalah masih tetap ada.

Kematian Yosia membawa ke suksesi raja-raja jahat dan lemah. Adalah semasa pemerintahan empat raja jahat terakhir ini Yeremia membuat karya besarnya, yang menjadi salah satu alasan mengapa ia terlihat sangat negatif. Terkadang ia mengungkapkan perasaan tak berpengharapan, "Terlambat!" tetapi juga pengharapan tipis bahwa jika mereka bertobat, Tuhan masih akan mengubah situasi itu.

Ketegangan ini datang dari sebuah ilustrasi yang diberikan Tuhan kepada Yeremia. Dalam pasal 18 Tuhan menyuruh dia pergi mengunjungi rumah tukang periuk dan mengamati tukang periuk itu sementara ia membuat periuk, bergantung pada tanah liat yang ia pergunakan. Banyak orang mengandaikan bahwa pesannya menyangkut kesanggupan Tuhan untuk memilih melakukan apa saja yang Ia inginkan dengan kita. Lagu pujian ditulis dengan pengertian demikian dalam barisnya, "Kaulah penjunan, ku tanah liat!" tetapi bukan ini pelajaran yang Yeremia terima. Ia melihat maksud tukang periuk membuat jambangan indah tetapi karena tanah liatnya tidak mengikuti tangannya, ia mengembalikannya menjadi gundukan tanah, melemparkannya ke pelarikan lagi dan menjadikannya periuk tebal, dan kasar. Tuhan bertanya kepada Yeremia apakah ia belajar sesuatu dari pelajaran itu. Siapa yang menentukan akan menjadi apa tanah liat itu? Jawabannya ialah tanah liat itu yang memutuskan, sebab ia tidak mengikuti maksud asal sang tukang periuk. Jadi pesannya ialah Tuhan ingin membuat tanah liat itu menjadi jambangan indah, tetapi jika tanah liat tidak merespons, Ia sebaliknya akan membuatnya menjadi bentuk yang buruk. Maka dalam konteks zaman Yeremia, Tuhan berkata bahwa bahkan di tahap terakhir ini umat-Nya dapat bertobat dan berubah serta menjadi jambangan indah yang Ia maksudkan. Jadi ada hubungan dinamis antara Tuhan dan manusia dalam Alkitab. Tuhan tidak berurusan dengan boneka dan menetapkan apa yang akan terjadi. Sebaliknya, Ia ingin respons dari kita dan akan membuat kita menjadi seturut kehendak-Nya jika kita bekerja sama.

Tetapi perumpamaan tukang periuk ini memiliki pelajaran lanjutan. Tanah liat yang buruk dibakar dan menjadi keras sampai tidak dapat diubah, dan kemudian

Yeremia harus mengambil periuk keras itu dan melemparkannya menjadi berkeping-keping ke lembah Hinom tempat sampah dibuang. Tuhan berkata bahwa jika kita mengeraskan hati kita akan tiba di keadaan ketika kita tidak dapat diubah menjadi keadaan yang indah. Maka di tahap itu Tuhan akan menghancurkan kita. Tuhan lebih menginginkan kehidupan kita menjadi indah, dan jika kita bersedia merespons Dia Ia akan membuatnya demikian.

Pada saat itu Yeremia memperlihatkan bahwa segala sesuatunya bukan hanya bencana dan nestapa. Ia memberitahu mereka bahwa masih ada sedikit pengharapan. Tetapi akhirnya kitab ini berakhir dengan Zedekia, raja Yehuda paling terakhir, yang akhirnya diangkut oleh orang Babilon. Ia dipaksa menyaksikan anak-anaknya sendiri dibunuh dan kemudian matanya dicungkil, dan diangkut dalam keadaan buta. Itulah episode tragis dalam kehidupan umat Tuhan. Kesannya itulah akhir, tetapi ternyata masih akan ada lainnya yang terjadi.

## Orangnya

Yeremia adalah nama yang sangat tidak biasa. Dalam bahasa Ibrani ini dapat berarti 'membangun' atau 'menghancurkan' -- mirip seperti kata-kata dalam bahasa Inggris 'raise' dan 'raze' (Dalam bahasa Indonesia mungkin seperti 'bangkit' dan 'bangkrut'), yang terdengar mirip tetapi artinya berlawanan -- "meninggikan' atau 'menghancurkan total.' Nama itu sepenuhnya memaparkan pelayanannya. Pesan dasarnya selama 40 tahun ialah bahwa Tuhan menurunkan mereka yang tidak taat dan membangun mereka yang taat.

Ia dilahirkan di Anatot (kini Anatah), lima kilometer sebelah timur laut Yerusalem menatap ke bawah ke Laut Mati. Ia ditetapkan menjadi nabi oleh Tuhan sebelum ia lahir. Seperti Yohanes Pembaptis, ia dikhususkan sementara masih dalam kandungan ibunya. Ia menjadi seorang pemuda yang sangat beda, peka, pemalu. Ia dilahirkan ke dalam keluarga imam tetapi garis keluarganya ada di bawah hukuman Tuhan. Kutuk telah ditempatkan ke atas rumah keluarga Eli -- tidak seorang pun keturunannya yang akan berusia panjang karena dosa-dosanya. Karena itu Tuhan harus mendapatkan orang ini ketika masih muda jika Ia akan mendapatkan 40 tahun dari kehidupannya! Seorang pencinta alam, ia kerap memakai alam, khususnya burung, untuk menggambarkan pesan-pesan Tuhan.

Barangkali ia berusia 18 ketika mulai berkhotbah dan ia amat sangat gugup. Tuhan meyakinkan dia bahwa Ia akan menjadikan dahinya seperti tembaga, maka tidak satu pun dari tatapan permusuhan atau komentar umat akan dapat mengancam dia. Siapa pun yang telah bicara di depan umum akan mengetahui apa artinya itu.

Kehidupannya sebagai seorang nabi luar biasa berat. Ia harus pindah ke Yerusalem, sekitar lima puluh kilometer jauhnya, sebab keluarganya akan membunuh dia. Karier 40 tahunnya berlangsung seiring Habakuk, Zefanya, Yehezkiel dan Daniel, dan ia berada di kekentalan kancah dunia politik. Ia menasihati bangsanya untuk menyerah kepada bangsa Babil, dan umat membenci dia. Tak seorang pun suka akan kebijakan untuk menyerah itu. Orang Babilon memberi Yeremia pilihan untuk pergi ke Babilon dengan umatnya atau tetap di Yehuda -- sesungguhnya ini bukan pilihan, sebab ia tidak suka orang Babilon dan bangsanya tidak menyukai dia.

Akhirnya ia menetap di Mesir. Beberapa orang Yahudi menculik dia dan membawanya menyusuri Sungai Nil ke Pulau Elephantin, di mana Tabut Perjanjian telah dibawa sebelumnya. (Sekarang ini mungkin di Etiopia). Di sinilah ia meninggal, sendiri. Suatu kisah sangat sedih.

## Metodenya

### Bicara

Meski ia seorang pembicara, kebanyakan dari bicaranya adalah dalam puisi -- yang dalam banyak edisi Alkitab dikenali oleh baris-baris pendek, beda dari prosa, yang tampak seperti kolom dalam surat kabar. Menurut aturannya, ketika Tuhan bicara dalam prosa Ia mengkomunikasikan pemikiran-Nya kepada pikiran pembaca, tetapi ketika Tuhan bicara dalam puisi Ia berkomunikasi ke dalam hati pembaca. Puisi tentunya adalah bahasa hati, dan kebanyakan dari nubuatan Yeremia adalah dalam bentuk puisi. Sayangnya, terlalu banyak orang memperlakukan Alkitab semata sebagai sumber untuk mengerti pikiran Tuhan dan gagal memerhatikan bahwa Alkitab juga adalah kitab yang sangat emosional. Saya percaya terjemahan terbaik dari Ibrani ke dalam bahasa Inggris, yang mengkomunikasikan emosi dari bahasa Ibrani, adalah *the Living Bible*. Ini adalah yang paling akurat menerjemahkan perasaan Tuhan, meski bukan yang paling akurat dalam menerjemahkan pemikiran-Nya.

### Tindakan

Terkadang pesan Yeremia disampaikan melalui drama dalam rangka memancing komentar. Pada satu kesempatan ia menguburkan pakaian dalam yang kotor dan tua. Ketika ditanya mengapa, ia menjawab bahwa pakaian dalam itu menyajikan kehidupan umat itu. Telah kita perhatikan pelajaran penting yang didapat dari mengamati tukang periuk. Kali lainnya ia mengenakan kuk binatang sebagai beban untuk mendemonstrasikan perlunya tunduk kepada orang Babilon. Ketika semua orang di Yerusalem berusaha untuk menjual tanah milik sebab mereka tahu bahwa ketika orang Babilonia datang itu akan menjadi tidak bernilai, Tuhan memberitahu Yeremia untuk membeli tanah. Ia membeli sebidang tanah dari kerabatnya yang sangat mendesak untuk menjual. Yeremia tahu bahwa suatu hari umat itu akan kembali dari Babilon, dan investasi ini menyanggupkan dia untuk menyatakan bahwa tindakannya sesuai dengan perkataannya.

Penggambaran dramatis lainnya termasuk menyembunyikan batu, membuang buku ke dalam sungai Efrat dan seperti seorang perempuan memikul kendi di kepala mengitari kota. Semua ini terkesan janggal, tetapi mereka menangkap pesan yang disampaikan.

## Menulis

Nubuatan Yeremia disimpan oleh Barukh, salah seorang 'petugas ruang belakang Tuhan' yang menjadi seperti juru tulis untuk Yeremia. Pada satu saat nubuatan Yeremia membangkitkan amarah raja Yoyakim sedemikian hebatnya sampai ia mencabik-cabiknya dengan pisau dan membakarnya. Sesudah 23 tahun pelayanan, Yeremia tidak diizinkan bicara di depan umum, jadi Barukhlah yang memastikan bahwa suara Yeremia masih dapat didengar. Inilah orang yang dalam arti tertentu tidak akan pernah melakukan hal-hal besar dari dirinya sendiri, tetapi memungkinkan orang lain untuk mendengar firman Tuhan. Bahkan, Tuhan memberikan pahala lebih besar kepada mereka yang bekerja secara rahasia ketimbang mereka yang bekerja di depan umum. Tanpa karyanya, perkataan Yeremia telah hilang.

## Pesannya

Telah kita perhatikan bahwa Kitab Yeremia tidak dalam urutan kronologis atau topikal dan karenanya ini bisa sukar dibaca, tetapi ada pola umum yang membantu pengertian kita:

**Pendahuluan – Panggilan pribadi Yeremia (1:1–19)**

Bangsa yang berdosa (2–45)
627–605 SM Pembalasan langsung (2–20)
(kebanyakannya puisi)
Babilon menghancurkan Asyur (612 SM)
Babylon mengalahkan Mesir (605 SM)
605–585 SM: Pemulihan terakhir (21–45)
(kebanyakannya prosa)
Babilon mengangkut Yehuda

**Bangsa-bangsa sekitar (46–51)**

**Penutup – malapetaka nasional (52)**

Pendahuluan di pasal 1 adalah tentang bagaimana Yeremia dipanggil Tuhan sebagai seorang muda, dan tentang bagaimana ia sangat malu dan takut untuk bicara di depan umum.

Pasal 2–45, 'Bangsa-bangsa yang berdosa,' termasuk ramalan Yeremia bahwa hukuman Yehuda akan datang dengan cepat. Ini meliputi tahun 627–605 SM. Terutamanya ini dalam puisi, yang berarti Yeremia mengkomunikasikan perasaan Tuhan kepada mereka -- khususnya penyesalan dan kemarahannya. Tuhan memiliki emosi-emosi yang bertentangan. Ia mengasihi mereka tetapi Ia tidak dapat membiarkan mereka sebagaimana adanya mereka. Ramalan bahwa Babilon akan menghancurkan Asyur dan mengalahkan Mesir datang di sini. Raja-raja Yehuda telah keliru mengandaikan bahwa jika mereka membuat perjanjian dengan Mesir mereka akan terlindung.

Pasal 21–45 mengandung kabar baik dengan Yeremia melihat ke balik kesuraman pembuangan ke pemulihan akhir. Sesudah ia tahu bahwa situasinya tanpa harapan, ia memberi mereka pemandangan jangka panjang tentang pemulihan akhir umat itu. Bagian ini kebanyakannya adalah prosa, sebab terutama mengandung pikiran dari Tuhan ketimbang perasaan. Dalam jangka panjang, sesudah Babilon membuang Yehuda dan Yeruaalem dikosongkan, sebagian dari umat itu akan kembali dan membangun ulang Yerusalem, maka situasinya tidak hilang total.

Pasal 46–51 mencakup hukuman Tuhan atas bangsa-bangsa yang mengelilingi Yehuda. Pemulihan akan diikuti oleh hukuman atas mereka yang telah menyebabkan kesukaran Yehuda. Demikianlah operasi keadilan Tuhan dalam sejarah.

Pasal 52 merupakan sejenis penutup tentang bencana nasional mengerikan yang akan pecah atas bangsa Yerusalem. Ini memaparkan bagaimana Yeremia diangkut pergi ke Mesir, dan Yerusalem menjadi kosong dan hancur. Ini bukan akhir bahagia.

## Seperti para nabi lainnya

Banyak dari pesan Yeremia yang sama dengan yang dari para nabi lain. Bahkan, jika Anda membaca keseluruhan para nabi satu demi satu, Anda dapat mudah bosan. Sebab itu adalah cerita lama sama tentang penyembahan berhala, immoralitas dan ketidakadilan. Para nabi mengamati kemerosotan yang sama, Yerusalem dipenuhi dengan kekerasan sampai bahkan anak-anak tidak dapat bermain di jalan-jalan dan orang tua tidak berani ke luar.

Ada empat desakan besar dari pesannya yang kita dapatkan dalam semua nabi lain. Bahkan, apabila Yeremia hampir dihukum mati, seseorang mengingat bahwa Mikha telah mengucapkan hal yang tepat sama beberapa tahun sebelumnya, dan ini menyelamatkan kehidupan Yeremia.

### 1. UMAT YANG MURTAD

Umat itu cemar total. Penyembahan berhala dan immoralitas merupakan dua masalah besar. Sebagian dari praktik mengerikan dari bangsa-bangsa sekitar dipraktikkan oleh umat Tuhan, termasuk pengorbanan anak di Lembah Hinom dan berhala dibawa masuk ke dalam Bait Tuhan, berlawanan langsung dengan perintah kedua. Terjadi pembusukan moral dan kehancuran pernikahan.

Tuhan memanggil Yeremia untuk berkhotbah kepada orang tertentu yang bertanggungjawab untuk situasi itu.

### Para nabi

Pelayanan Yeremia dikacaukan oleh orang di sekelilingnya yang mengklaim bahwa mereka adalah para nabi juga tetapi memberikan pesan yang bertentangan dari Yeremia. Di pasal 23 ia menyerang para nabi palsu ini, menuduh mereka tidak pernah berdiri dalam sidang Tuhan dan mendengar apa yang Tuhan katakan kepada mereka. Sebaliknya mereka mengutip pesan-pesan mereka dari sama sendiri atau membuatnya dari pikiran mereka sendiri, memberitahukan apa yang orang memang ingin dengar. Secara khusus mereka berkata, "Damai, damai" ketika tidak ada damai. Mereka mengklaim tidak perlu khawatir. Pada akhirnya, Yerusalem adalah kota Tuhan dan Ia akan memerhatikan Bait. Tetapi Yeremia mengecam pedas mereka yang menaruh keamanan mereka di dalam Bait. Ia memberitahu bahwa mereka telah mengubahnya menjadi sarang pencuri, dan memperingati mereka bahwa mereka tidak dapat mengandalkannya hanya karena mereka adalah umat Tuhan, mereka tidak akan dihukum.

Ada pelajaran sama dalam Perjanjian Baru. Kebanyakan dari peringatan Yesus tentang neraka diberikan kepada orang-orang percaya lahir baru! Namun saya bertemu dengan banyak orang percaya yang tidak takut neraka sebab mereka menganggap bahwa itu tidak akan pernah terjadi kepada orang yang mengaku diri Kristen.

Tetapi Yesus mengajarkan bahwa kita harus terus beriman jika kita ingin luput dari murka yang sedang mendatang. Rasul Paulus mengingatkan orang percaya lahir baru bahwa semua akan tampil di hadapan kursi penghakiman Kristus. Kita akan dibenarkan oleh iman, tetapi dihakimi perbuatan.

**Para imam**

Yeremia mencela para imam karena dosa bangsa itu sebab mereka mendukung apa yang masa kini disebut 'perayaan antar-iman.' Mereka mengadakan ibadah keagamaan kafir atas nama toleransi -- sama seperti di Inggris masa kini terdapat kebaktian yang melibatkan kelompok keagamaan bukan Kristen, dalam keyakinan sesat bahwa semua kita berada di jalan berbeda menuju ke Tuhan yang sama.

**Para raja**
Para raja dihukum karena kegagalan mereka menjunjung hukum-hukum Tuhan. Yeremia bernubuat bahwa Yoyakim akan mati tanpa ratapan dan akan dikubur seperti keledai -- dan kematiannya terjadi sebagaimana yang telah dinubuatkan oleh Yeremia. Zedekia, raja terakhir, adalah raja yang lemah dan mudah dipengaruhi, hanyalah boneka dari para politikus.

Gambaran yang Yeremia pakai untuk memaparkan bangsa yang murtad itu penuh dengan metafora seksual, sebagiannya terkesan tidak pantas. Ia menyamakan umat yang mengikuti para Tuhan asing, sebagai istri yang tidak setia yang berzinah dengan mengikuti laki-laki lain. Hosea merupakan nabi pertama yang memakai metafora ini. Yeremia meminta umat membayangkan bagaimana perasaan Tuhan dengan istri yang tidak setia. Integritas mereka dalam hubungan lainnya pun miskin. Yeremia mengklaim bahwa 'tidak ada seorang pun yang jujur di Yerusalem.'

Salah satu hal menakutkan yang ia katakan kepada mereka ialah bahwa mereka tidak sanggup untuk tersipu. Mereka tidak punya malu. Kemurtadan mereka bahkan tidak menyusahkan mereka. Tuhan telah menceraikan 10 suku -- inginkah mereka agar Ia menceraikan dua suku itu juga?

## 2. BENCANA MENJELANG

Tekanan kedua dari pesannya yang juga terdapat dalam para nabi lain ialah tema tentang bencana yang akan datang. Ketika Tuhan membuat janji kepada Israel pada masa Musa, ia membuat dua jenis janji: "Aku akan memberkati kamu apabila kamu taat" dan "Aku akan mengutuk kamu apabila kamu tidak taat." Hal ini ditegaskan lagi dalam perjanjian Sinai. Maka ketika Tuhan menghukum, Ia memenuhi janji-Nya. Kebanyakan orang berpikir tentang kesetiaan-Nya sebagai memelihara yang baik untuk kita, tetapi kesetiaan-Nya dilihat juga dalam menghukum sebagaimana dalam mengampuni.

Yeremia spesifik tentang apa yang akan terjadi. Ia menerima penglihatan tentang periuk yang mendidih dari utara, dan memberitahu bangsa itu bahwa bahaya akan datang dari arah itu -- bukan dari Asyur, yang telah mengangkut 10 suku, tetapi dari Babilon yang tentaranya juga akan menyerbu dari utara. Ia memperingatkan mereka bahwa bahaya itu akan segera tiba. Ia mendapatkan penglihatan dahan pohon badam yang bersemi -- tanda mulainya musim semi, dan itu terjadi begitu cepatnya dengan pohon badam. Dalam cara yang sama, Yehuda akan segera melihat kedatangan Babilon.

## 3. PEMULIHAN TERAKHIR

Tetapi di balik bencana dan nestapa ini datang secercah sinar pengharapan. Sebagian dari nubuatan yang paling positif tentang masa depan umat Tuhan terdapat dalam Yeremia. Ia menubuatkan suatu bangsa yang dipulihkan dengan suatu perjanjian yang baru dengan Tuhan. Perjanjian lama dari Musa tidak berhasil, sebab perintah-perintah itu ditulis di luar dan bukan di dalam umat. Mereka dituliskan atas loh batu tetapi yang diperlukan adalah dituliskan atas hati. Maka dalam pasal 31 kita memiliki sebuah ramalan yang paling indah dalam Perjanjian Lama. Kita diberitahu bahwa Tuhan akan membuat sebuah perjanjian baru dengan isi rumah Israel dan Yehuda, didasari atas fakta bahwa Tuhan akan menuliskan hukum-hukum-Nya dalam hati umat itu. Mereka tidak akan perlu diajarkan tentang Tuhan sebab mereka akan mengenal Dia, dan Tuhan akan mengampuni mereka dan tidak mengingat dosa-dosa mereka lagi.

Banyak pembaca dalam gereja masa kini berhenti di sana, tetapi saya ingin membaca selanjutnya. Tuhan juga berkata:

> *Beginilah firman TUHAN, yang memberi matahari untuk menerangi siang, yang menetapkan bulan dan bintang-bintang untuk menerangi malam, yang mengharu biru laut, sehingga gelombang-gelombangnya ribut, --TUHAN semesta alam nama-Nya: "Sesungguhnya, seperti ketetapan-ketetapan ini tidak akan beralih dari hadapan-Ku, demikianlah firman TUHAN, demikianlah keturunan Israel juga tidak akan berhenti menjadi bangsa di hadapan-Ku untuk sepanjang waktu."* **(31:35–36)**

Maka Tuhan berkata bahwa hanya jika langit di atas dapat diukur dan dasar-dasar bumi di bawah dapat diselidiki Ia akan menolak semua keturunan Israel karena semua yang telah mereka lakukan. Tuhan menjamin bahwa Ia akan memelihara bagian-Nya atas perjanjian itu. Akan selalu ada Israel dan selalu akan ada. Fakta bahwa nama 'Israel,' kembali ke peta adalah bukti bahwa Tuhan memelihara janji-Nya.

Di sini Yeremia menjanjikan pemulihan akhir umat-Nya. Ia menulis tentang Tuhan membawa mereka balik dengan sukacita, nyanyian dan tarian, dan menyatakan bahwa ini akan terjadi sesudah 70 tahun. (Angka ini kelak menguatkan Daniel ketika ia membaca nubuatan itu di pembuangan dan menyadari bahwa 70 tahun itu hampir selesai. Angka ini mungkin terkesan sembarangan, tetapi itu telah dihitung dengan teliti untuk tanah itu mendapatkan istirahatnya, sebab mereka telah mengabaikan istirahat tiap satu-dari-tujuh tahun untuk tanah itu pada 500 tahun sebelumnya (2 Tawarikh 36:21).

Yeremia juga menjanjikan Yehuda seorang pemimpin baru. Ia memberinya julukan 'gembala yang baik,' 'carang yang benar,' 'raja mesianis,' 'tunas dari pohon Daud,' 'sumber kehidupan.' Ia berjanji bahwa orang ini akan datang dan akan memulihkan takhta kepada mereka dan orang bukan Yahudi akan berbagi dalam berkat Yehuda.

4. MUSUH-MUSUH DIHUKUM

Meski Tuhan akan mengizinkan Babilon membawa Yehuda ke pembuangan, Ia akan memastikan bahwa mereka dihukum karena kekejaman mereka. Habakuk telah mengutamakan hal ini dalam nubuatannya. Maka Babilon kemudian akan ditaklukkan oleh Persia dalam penggenapan akan nubuatan ini (yang selanjutnya, memimpin kembalinya orang Yahudi melalui keputusan Koresy, Raja Persia). Para musuh lain juga akan diurus: Mesir, Filistia, Moab, Amon, Edom, Damaskus (Siria), Kedar, Hazor dan Elam. Ada satu bagian di akhir kitab Yeremia yang meramalkan kepada semua bangsa yang telah menyerang Israel atau tidak bersikap baik kepada mereka, dan Tuhan sendirilah yang akan menjatuhkan pembalasan, bukan Israel. Hanya Mesir dan Babilon yang menerima beberapa komentar positif.

## Tidak seperti para nabi lain

Sesudah melihat ke hal-hal yang Yeremia katakan yang

ada kesamaan dengan para nabi lain, kini kita melihat pada tiga hal yang ia katakan yang cukup unik dirinya.

## 1. SPIRITUAL

Yeremia disebut sebagai 'nabi spiritual,' sebab ialah satu-satunya nabi yang berkata bahwa upacara keagamaan lebih buruk daripada tidak berguna jika hati tidak di dalamnya. Bahkan, kecamannya terhadap kemunafikan dalam penyembahan telah membuat sementara orang keliru mengandaikan bahwa Yeremia menganggap keseluruhan sistem persembahan korban kepada Tuhan adalah penyia-nyiaan waktu. Sesungguhnya ia berkata bahwa upacara penyembahan secara lahiriah tidak sebegitu penting, karena sebenarnya Tuhan mencari motivasi hati. Apakah sang penyembah sungguh terlibat dalam kegiatan spiritual. Tubuh boleh jadi bersunat, tetapi apakah hatinya juga? Para imam telah salah mendorong ide bahwa pelaksanaan keagamaan dapat merupakan pengganti bagi kesalehan. Maka Yeremia perlu memberikan tekanan kuat pada aspek spiritual dari kehidupan keagamaan.

Bersamaan itu, Yeremia menyiapkan umat untuk hari ketika mereka akan kehilangan Bait dan tidak dapat memberikan persembahan. Di Babilon mereka akan bertemu dalam tempat yang disebut 'sinagoge.' Sinagoge adalah kata Yunani yang berarti 'datang bersama.' Umat Tuhan akan berkumpul untuk tiga hal: memuji Tuhan, berdoa dan membaca Alkitab. Bahkan, ini menyamai situasi Gereja Perjanjian Baru, ketika keimamatan telah dibuat mubazir oleh korban Kristus yang sekali-untuk-selamanya. Gereja Perjanjian Baru datang berkumpul semata untuk merayakan perjamuan, untuk berdoa, untuk memuji dan untuk membaca serta mempelajari Alkitab. Jadi gereja-gereja awal efektif merupakan sinagoge Kristen. Pencobaan untuk Gereja Kristen sejak awal adalah berbalik ke upacara Bait dan memiliki imam, mezbah, ukupan dan jubah. Tetapi itu merupakan pengembalian ke pola Pejanjian Lama dan bukan hal yang Tuhan maksudkan sama sekali.

Yeremia adalah salah seorang yang membebaskan orang Yahudi dari kebergantungan pada upacara, sehingga mereka dapat ada tanpa upacara dan masih bertemu bersama di Babilon. Ia satu-satunya nabi yang dapat melihat dari jauh bahwa mereka akan menemukan sebentuk agama tanpa Bait dan semua perlengkapannya.

## 2. PERORANGAN

Hal unik berikutnya dalam nubuatan Yeremia adalah ia meramalkan bahwa dalam Perjanjian Baru Tuhan akan berurusan dengan perorangan. Perjanjian Sinai bersifat kolektif ketimbang perorangan, dengan seluruh umat bukan dengan masing-masing orang. Salah satu ciri mencolok dari Perjanjian Baru ialah penekanannya pada masing-masing orang. Yesus terus menerus bicara tentang para pengikut-Nya secara perorangan. Yeremia memaparkan perbedaan itu: "Pada waktu itu orang tidak akan berkata lagi: Ayah-ayah makan buah mentah, dan gigi anak-anaknya menjadi ngilu, melainkan: Setiap orang akan mati karena kesalahannya sendiri; setiap manusia yang makan buah mentah, giginya sendiri menjadi ngilu" (Yeremia 31:29-30).

Dalam Perjanjian Baru, perjanjian yang baru adalah perjanjian perorangan dengan setiap orang secara terpisah. Maka tidak mungkin mewarisi tempat dalam Kerajaan. Tuhan berurusan dengan setiap orang sebagai perorangan yang perlu membuat keputusan mereka sendiri. Jadi dalam Perjanjian Baru masing-masing orang dibaptiskan atas pengakuan pribadi mereka akan Kristus.

Jadi dalam Perjanjian Baru kita baca bahwa pada Hari Penghakiman setiap orang berdiri sendiri dan memberi jawab untuk dosa-dosa mereka sendiri, bukan untuk orang lainnya. Maka peralihan besar ini, dari Tuhan berurusan dengan umat ke Tuhan berurusan dengan perorangan, pertamanya bersuara dalam kitab Yeremia dan kemudian diambil oleh Yehezkiel, dan seluruh Perjanjian Baru didasarkan atas pengertian itu.

Dalam banyak segi kehidupan Yeremia sendiri mewujudkan prinsip ini. Ia dipenjara di luar Bait, ditolak oleh jemaat setempat dan dalam keadaan demikian harus bertahan atas dirinya sendiri dengan Tuhan.

## 3. POLITIK

Yeremia memberikan lebih banyak nasihat politis kepada para pemimpin Israel ketimbang nabi lainnya. Ketika Yehuda melemah, ia berusaha mengadu satu negara adikuasa melawan negara adikuasa lainnya. Tetapi Yeremia mengingatkan mereka untuk tidak pergi ke Mesir, sebab Babilon akan mengalahkan mereka juga. Nasihat politisnya adalah menyerah kepada Babilon, bekerja sama, dan mengusahakan untuk mendapatkan syarat penyerahan terbaik yang mungkin. Ia bahkan menyebut Nebukadnezar Raja Babil sebagai hamba Tuhan -- yang dapat dibandingkan dengan seorang dari Gereja pada tahun 1939 memberitahu Pemerintah Inggris untuk berunding dengan Adolf Hitler sebab Tuhan telah mengirimnya. Mengusulkan untuk menyerah kepada seorang tiran tanpa berusaha mempertahankan Yerusalem, terdengar seperti pengkhianatan.

Tetapi raja-raja Yehuda mengabaikan nasihat politiknya. Ia disebut pengkhinat. Ketika ia menasihati untuk menyerah kepada Babilon ia menaruh kuk atas bahunya dan berjalan mengelilingi Yerusalem sebagai alat bantu visual tentang apa yang umat harus lakukan. Ketika raja Babilon tiba di Yerusalem ia memasukkan Yeremia ke daftar penghormatannya (lihat pasal 39). Dapat kita bayangkan bagaimana perasaan orang Yahudi lainnya tentang ini. Tetapi ini sekadar babak terakhir dalam kisah panjang penganiayaan dan kesalahmengertian.

## Penganiayaan

Yeremia telah dianiaya sejak dari awal mula pelayanannya. Bahkan, usaha pertama membunuh Yeremia datang dari kerabatnya sendiri di wilayah tempat tinggalnya, desa Anatot. Mereka menyusun siasat untuk membunuh dia sebab kebanggaan keluarga terluka karena sang remaja ini pergi berkeliling membuat seisi Yerusalem tersinggung. Waktu itu Tuhan bicara singkat kepadanya: "Aku hanya sedang melatihmu untuk hal yang lebih buruk lagi." Luar biasa penghiburan itu!

Sejak itu ia dijuluki pengkhianat. Ia ditolak oleh para nabi lain sebab mereka adalah para nabi palsu. Ia dihindari oleh para imam sebab ia bicara melawan tugas imam, Bait dan korban. Raja-raja menganggapnya pengkhianat politik dan umat membenci dia, memikirkan berbagai plot untuk mengakhiri hidupnya.

Tidak saja diancam dengan kematian, Yeremia juga hampir mati di sejumlah kesempatan. Ia dirajam dan dipenjara oleh imam Pasyhur dan dilempar ke dalam liang penjara yang bercahaya redup. Pada kesempatan lain ia dibelenggu tangan dan kakinya, serta lehernya dikunci dengan jepit besi. Akhirnya ia ditempatkan dalam tampungan air (semacam sumur yang dalam berbentuk seperti botol, dengan bagian leher yang menyempit sehingga air tidak menguap). Apabila tanpa air, wadah itu biasanya mengandung endapan lumpur setebal satu sampai satu setengah meter di dasarnya. Jadi Yeremia ada dalam lendir lumpur sampai ke lehernya, dengan hanya sedikit sinar datang melalui lubang kecil di atas kepalanya. Tentu saja, ia harus tetap berdiri, atau ia akan terbenam dalam lumpur itu. Akhirnya ia dibebaskan oleh seorang asing yang berbelas kasihan padanya, mengulurkan tali ke dalam tampungan itu dan menariknya ke luar.

Ia kerap dalam persembunyian karena berbagai serangan terhadap hidupnya. Masih ada sedikit sisa di Yerusalem yang suka mencari nasihatnya, dan akhirnya ia dipaksa oleh orang Yahudi untuk kabur ke Mesir. Di sanalah ia kemudian mati. Kematiannya tidak dicatat dalam Alkitab. Salah satu tradisi mengusulkan bahwa ia dirajam sampai mati (lihat Matius 21:35; 23;37). Apa pun yang terjadi, jelas ia meninggal dalam ketidakjelasan, sedikit yang bermimpi bahwa ia akan menjadi termasyhur ke seluruh dunia dan bahwa kita akan membicarakan tentang dia 2,500 tahun kemudian.

## Sengsara

Yeremia dikenal sebagai 'nabi yang menangis.' Kitab Ratapan memperlihatkan kepedihan hatinya untuk bangsanya, untuk tanah yang hilang dan kota Yerusalem yang dihancurkan. Tetapi bahkan dalam Kitab Yeremia sendiri kesengsaraannya tampak, sebab ia tidak takut memberitahu kepada kita bagaimana ia berdoa dalam situasi tersebut.

## Penderitaan jasmani

Sejauh ini kita telah melihat beberapa penderitaan jasmani yang Yeremia rasakan dari tangan mereka yang menolak pesannya. Pastinya ia tidak takut membukakan jiwanya dan menyatakan perasaannya. Inilah seorang yang terluka dalam oleh apa yang bangsanya katakan dan lakukan kepada dia, khususnya ketika ia dianggap sebagai pengkhianat oleh keluarganya sendiri. Ia benci ketenaran yang beredar bersama kesetiaannya memproklamasikan pesan Tuhan, dan juga mengalami bahwa pelayanannya luar biasa membuatnya kesepian.

## Penderitaan mental

Penderitaan jasmaninya sudah cukup berat, tetapi ia juga merasa terperangkap oleh Tuhan. Penderitaannya yang khusus ialah bahwa Tuhan tidak memberi dia pilihan. Tuhan telah memanggil dia kepada pelayanan kenabian dan entah bagaimana memerangkap dia sehingga ia tidak dapat melakukan hal yang lainnya. Nubuatannya mencakup penyesalannya dan penderitaan mental serta emosional yang ke luar dari kesepian dan penolakan.

Salah satu yang paling buruk ialah bahwa pernikahan tidak dapat meringankan tindihan kesepiannya. Tuhan melarang dia menikah. Dengan demikian Yeremia tidak akan melihat anak-anaknya sendiri kelaparan ketika Babilon datang. Demikianlah kehidupannya sendiri menjadi pesan dahsyat, seperti halnya pernikahan Hosea dengan pelacur dan perintah Tuhan kepada Yehezkiel untuk meratapi kematian istrinya merupakan pesan yang mereka sampaikan kepada umat itu.

Kami telah mengisyaratkan bahwa kitab ini memberikan wawasan nyata ke dalam penderitaan Yeremia, dan pada saat sama menyediakan pertolongan bagi mereka yang sedang mengalami trauma.

Di satu kesempatan ia berkata, "Aku tahu, o Tuhan, bahwa kehidupan manusia bukan miliknya, dan bukan untuk manusia menentukan arah langkah-langkahnya." Sebuah kutipan terkenal: "Jika aku memutuskan untuk tidak pernah lagi bicara tentang Tuhan, ada api tersembunyi yang membara dalam tulang-tulangku. Aku lelah menanggungnya dan aku tidak dapat menahannya." Orang malang ini praktis berkata, "Aku tidak akan pernah lagi berkhotbah." Dan kemudian ia berkata, "Tetapi aku tidak dapat berhenti. Ini menyala dalam tulang-tulangku. Aku harus membiarkannya keluar."

Ia tidak punya pilihan tentang berkhotbah, sebab hatinya menyala-nyala untuk Tuhan. Bahkan ketika ia membuat keputusan untuk tidak lagi berkhotbah, ternyata ia kedapatan lagi di jalan-jalan sedang berkhotbah. Bahkan, sebenarnya Tuhan tidak mendesak dia untuk itu -- Tuhan tidak pernah memaksa orang. Tetapi kita dapat mengerti perasaannya tentang keadaan terperangkap itu.

Yeremia tahu bahwa umat itu tidak akan pernah mendengar, dan pada beberapa kesempatan ia menyimpulkan bahwa ia terlibat dalam tugas yang tanpa harapan. Tuhan bahkan melarangnya berdoa untuk umat itu (7:16).

Kendati demikian, doa-doa Yeremia adalah bagian nubuatannya yang penting dan mencakup beberapa nas yang sangat menyentuh hati (yi. 1:6; 4:10; 10:23–25; 11:20; 12:1–4; 15:15–18; 17:14–18; 18:19–23; 20:7–18). Sembilan doa Yeremia ini adalah di antara yang paling jujur dalam Alkitab. Ia memberitahu Tuhan setepatnya bagaimana perasaannya, dan demikian itu menyediakan contoh baik untuk doa-doa kita.

# Ratapan

Kitab Ratapan ditulis oleh nabi Yeremia, maka tepatlah bahwa kita mempertimbangkannya bersama Kitab Yeremia. Ini salah satu kitab paling sedih dalam seluruh Alkitab. Banyak yang membandingkannya dengan kitab Ayub, tetapi Ayub sedih karena tragedi pribadi, sedangkan Ratapan Yeremia adalah tangisan atas bencana nasional. Sementara Anda membaca Ratapan Anda hampir dapat melihat air mata menetes ke halamannya dan membuat tinta meleleh. Inilah orang yang mengungkapkan hatinya dalam tangisan.

Dalam terjemahan Perjanjian Lama dalam bahasa Yunani kitab ini semata disebut 'Air Mata.' Dalam terjemahan Ibrani kitab ini disebut 'Betapa,' sebab itulah kata pertama yang terbaca ketika gulungan kitab ini dibuka. Judul Alkitab Inggris dan Indonesia 'Ratapan,' datang dari kata Latin untuk air mata.

Kitab ini ditulis sementara Yeremia melihat kehancuran kota Yerusalem. Ia juga mengetahui penderitaan umatnya -- sebelum kehancuran Bait dan kota umat telah lebih dulu mengalami pengepungan yang mengerikan. Para ibu memakan bayi mereka sendiri dan bahkan memakan placenta dari para perempuan yang melahirkan. Mereka kepepet. Keseluruhannya sangat sangat menyedihkan, maka ia menangis. Pastinya seperti Hiroshima sesudah dijatuhi bom atom, atau Kosovo yang dicabik perang beberapa waktu lalu.

Fakta bahwa kitab ini ditulis sebagai serangkaian ratapan tidak perlu mengherankan kita. Kita tahu bahwa Yeremia seorang pujangga, sebab kebanyakan nubuatannya dalam bentuk puisi. Kita tahu juga bahwa ia musikal dan menulis lagu-lagu, juga karena ini kita dapatkan dalam kitabnya. Hal ini menegaskan hubungan luar biasa antara nubuatan dan musik. Semangat nubuatan mengilhami baik puisi dan musik, dan timbal balik. Sejumlah orang kudus Perjanjian Lama yang diberkati dengan karunia nubuatan akan meminta musik dimainkan untuk mereka sebelum bernubuat. Zakharia, Yehezkiel, dan tentu juga Daud sebagai contoh utamanya.

Ini bukan satu-satunya ratapan yang digubah oleh Yeremia. Ia juga menggubah sebuah ratapan (disebutkan dalam Kitab Tawarikh) untuk raja anak Yosia, yang keliru berpikir ia dapat mengalahkan Mesir dan terbunuh di Megido. Sama seperti halnya Daud meratapi Saul dan Yonatan ketika mereka terbunuh dalam perang melawan orang Filistin, demikian Yeremia menggubah ratapan untuk dinyanyikan seluruh bangsa ketika Raja Yosia mati dan pemerintahannya yang menjanjikan itu harus berakhir sebelum cukup waktu.

## Struktur

Meskipun perasaan kuat Yeremia untuk kota yang dihancurkan dan umat yang dibuang itu, ia menggubah ratapan dengan memakai pedoman yang ketat. Karena pembagian pasalnya begitu tepat, dengan masing-masing pasal membentuk satu dari lima lagu yang dengan indah dan teliti digabungkan bersama.

Ia memakai cara akrostik di mana huruf-huruf abjad berurutan dijadikan kerangka untuk lagu atau puisi. Karena abjad Ibrani ada 22, masing-masing bagian terdiri dari 22 ayat.

Empat dari ratapan itu disusun menurut pola ini. Ratapan ketiga sedikit beda, terdiri dari 66 ayat, tetapi kembali metode akrostik dipakai.

Puisi pertama memiliki 22 ayat -- satu untuk tiap huruf dan tiga baris untuk masing-masing ayat. Puisi kedua kembali dengan huruf pertama dari abjad Ibrani. Kemudian puisi ketiga, sekali lagi dengan tiga ayat untuk tiap huruf. Yang ke empat balik ke 22 ayat, dengan dua baris untuk tiap ayat. Satu-satunya puisi yang mengikuti huruf-huruf abjad adalah yang terakhir, meski ini pun memiliki 22 ayat.

## MENGAPA MEMAKAI CARA INI?

1. Lebih mudah untuk diingat. Yeremia ingin bahwa umat yang tertinggal di tanah itu dan yang dikirim ke pembuangan mendengar ratapannya dan menyimpannya dalam hati. Akrostik menolong tercapainya hal ini.
2. Metode ini mengungkapkan seluruh kedukaan Yeremia -- kedukaannya dari 'A sampai Z.' ini juga mengandung makna simbolis. Ia menceritakan suatu kisah kedukaan keseluruhannya dari alfa sampai omega, dari awal sampai ke akhirnya.
3. Tetapi saya pikir alasan ketiga adalah yang paling nyata. Saya mencoba melakukan sebuah eksperimen kecil. Saya mengambil sehelai kertas dan menuliskan 26 huruf abjad dan bertanya jika ini akan menolong saya menuangkan ajaran Ratapan. Saya dapatkan tepat sekali seperti itu. Hanya perlu kurang dari dua menit untuk menuliskan Ratapan Yeremia. Saya tidak menganggap ini sebagai karya tulisan hebat, tetapi saya pikir ini menyimpulkan seluruh kitab ini:

*Awful is the sight of the ruined city,* (Ngeri pemandang-
   an kota yang hancur itu)
*Blood flows down the streets.* (Darah mengaliri jalan-jalan)

*Catastrophe has come to my people,* (Melapetaka datang kepada bangsaku)
*Dreadful is their fate.* (Menakutkan nasib mereka)
*Every house has been destroyed,* (Tiap rumah telah dihancurkan)
*Families are broken for ever.* (Keluarga-keluarga hancur selamanya)
*God promised he would do this –* (Tuhan berjanji akan melakukan ini)
*Holy is his name.* (Kudus itulah namanya)
*I am worn out with weeping,* (Aku luluh dengan tangisan)
*Just broken in spirit,* (Semata hancur semangatku)
*Knowing not why.* (Tidak tahu mengapa)
*Let me die like the others –* (Biarkan saja aku mati seperti yang lain itu)
*My life has no meaning.* (Hidupku tidak berarti)
*Never again will I laugh* (Aku tak akan pernah lagi tertawa)
*Or dance for joy.* (Atau menari karena sukacita)
*Please comfort me, Lord;* (O Tuhan, hiburkanlah aku)
*Quieten my spirit,* (Tenangkan rohku)
*Remind me of your future plans. (*Ingatkanku akan rencana masa depan-Mu)
*Save your people from despair,* (Selamatkan umat-Mu dari keputusasaan)
*Tell them you still love them.* (Beritahu mereka Engkau masih mengasihi mereka)
*Understand their feelings,* (Mengerti perasaan mereka)
*Vent your anger on their destroyers.* (Lampiaskan murka-Mu atas para penghancur mereka)
*We will again* (Kami akan kembali)
*eXalt your name,* (Meninggikan Nama-Mu)
*Yield to your will,* (Tunduk kepada kehendak-Mu)

*Zealous for your reputation.* (Bergairah untuk kehormatan-Mu)

Maka abjad dapat menjadi alat sangat berguna untuk mengungkapkan perasaan.

## Sebenarnya mengapa ia menulis ratapan?

Bahkan dengan adanya hikmat dalam pemakaian ratapan, tidak langsung jelas mengapa ia memilih menulis dalam cara demikian, khususnya mengingat ukuran karyanya yang satunya.

Saya percaya ini karena ia ingin orang lain menangis bersamanya dan menyanyikan lagu-lagu itu. Mungkin ia ingin mengirimkannya kepada umat yang diangkut ke pembuangan supaya mereka boleh mengungkapkan perasaan mereka juga. Hal ini sangat masuk akal sebab ketika orang melalui suatu tragedi, penting bahwa mereka mengungkapkan perasaan mereka. Jika terjadi kedukaan, itu harus diizinkan untuk diungkapkan. Mengatakan kepada orang yang sedang berduka untuk tabah dan tidak menangis, adalah tindakan kejam. Orang Yahudi dan Katolik adalah dua kelompok terbaik dalam hal ini, sebab mereka memiliki tradisi bergadang (di rumah duka dengan kehadiran jenazahya), ketika secara aktif mereka dianjurkan untuk menangis. Sepanjang Alkitab air mata dianjurkan. Kecenderungan orang modern mengagumi orang yang tahan tidak menangis datang dari Yunani ketimbang dari pemikiran Ibrani. Dalam Israel modern seorang laki-laki tidak akan mungkin menjadi Perdana Menteri kecuali ia dapat menangis di kuburan serdadu Israel. Dalam pemikiran Ibrani seorang yang mampu menangislah yang laki-laki sejati -- itu bukan tanda kelemahan.

## Ia, mereka, kita

Hal berikut yang mesti kita perhatikan tentang puisi ini ialah perubahan kata ganti orang dengan masing-masing pasal.

Dalam puisi pertama kata ganti orang yang dipakai ialah 'ia' (feminin), merujuk kepada kota itu dan kepada penduduknya, disebut 'para putri Yerusalem.' Dalam Perjanjian Lama kota dan peduduknya dilihat sebagai feminin -- suatu tradisi yang juga diikuti dalam teks Inggris.

Lalu dalam puisi kedua, kata ganti orang yang dipakai adalah 'ia' (dalam bentuk maskulin). Ini adalah puisi tentang pribadi yang telah menyebabkan bencana itu. Ini tentang Tuhan.

Puisi ketiga adalah yang paling panjang dan menjadi sangat pribadi, sebab ini adalah tentang Yeremia sendiri. Pasal ini berfokus pada 'aku,' 'ku.'

Puisi keempat dan pasal ini hampir kebalikannya sebab tidak pribadi sifatnya, dengan paparan yang mengambil jarak, 'itu,' 'mereka.'

Yang kelima kembali ke 'kita' sementara Yeremia menyamakan diri dengan umatnya lagi. Tuhan tidak lagi 'ia,' tetapi disebut langsung sebagai 'Engkau, Kau sendiri.'

Apabila kita mempelajari Alkitab dengan teliti baik kita memerhatikan kata-kata kecil ini sebagai petunjuk kepada arti. Maka kelima tema sangat berbeda ini meminta judul sangat beda, yang mencerminkan cara yang dipilih Yeremia untuk melihat situasi itu.

## Kelima puisi

1. BENCANA -- 'IA' (FEMININ)

Puisi pertama melihat pada kota yang hancur dan anak-anaknya.

Bukan saja seluruh kota telah dikepung dan kemudian dihancurkan, juga bukan hanya Bait telah lenyap. Hal yang benar-benar menyusahkan Yeremia adalah fakta bahwa ini adalah kota Tuhan. Ia tahu bahwa dosa adalah penyebabnya, dan ini memedihkannya lebih lagi. Jelas bahwa Yeremia adalah saksi mata dari peristiwa-peristiwa yang ia paparkan. Ia melihat reruntuhan gedung-gedung, jalan-jalan kosong sesudah pembuangan ke Babilon. Mudah membayangkan dia bersama sedikit orang yang tertinggal memprotes: "Tidak berartikah ini untukmu, hai kalian yang berlalu? Tidak tersentuhkah kalian oleh pemandangan yang sangat ngeri ini?" maka deskripsi tentang kota yang kosong dan mati ini menjadi sangat nyata, mendemonstrasikan derita hati Yeremia ketika melihat pemandangan itu.

## 2. PENYEBABNYA --- 'IA' (MASKULIN)

Puisi kedua berfokus pada fakta bahwa bencana itu tidak akan pernah terjadi jika Yehuda menyerah kepada Babilon, sebagaimana yang diusulkan oleh Yeremia. Menyadari bahwa ia bisa jadi dapat menolong mereka untuk menghindari semua itu menjadi sesuatu yang menyakitkan. Yeremia tahu bahwa Tuhan mengizinkan pembuangan sebab Ia telah berjanji bahwa Ia akan mengurus mereka dengan cara itu jika mereka tidak taat, tetapi frustrasinya karena mereka telah menyia-nyiakan kesempatan tidak kurang beratnya. Hal ini tampak khususnya dalam puisi kedua, di mana murka Tuhan disebutkan lima kali. Yeremia tahu bahwa ada saat ketika murka Tuhan meluap. Ada dua macam kemarahan dalam Alkitab: kemarahan lambat yang mendidih, dan kemarahan cepat yang menyala lalu lenyap. Keduanya menyebabkan masalah pada tingkat manusia. Pada tingkat ilahi, amarah Tuhan bersifat lambat dan juga cepat -- meski, tentunya tanpa unsur pementingan diri yang mencirikan kemarahan manusia.

Seluruh tekanan dalam Alkitab mengenai amarah Tuhan ialah jika kita tidak memerhatikan Tuhan dengan teliti dan kita gagal melihat amarah-Nya meningkat, barangkali kita tidak akan pernah menyadari itu sampai ia mendidih. Dalam Roma 1 kita diberitahu bahwa kemarahan Tuhan telah meningkat. Kita diberi tanda-tanda untuk dicari, termasuk orang mengubah hubungan (seksual) yang wajar dengan yang tidak wajar. Tanda lainnya ialah perilaku anti sosial dan kehancuran kehidupan keluarga. Sedihnya, hal ini menjadi makin lazim di dunia modern.

3. PENAWARNYA -- 'AKU'

Puisi ketiga adalah yang bersifat pribadi. Yeremia menyadari bahwa Tuhan dapat meniadakan umat itu dalam amarah-Nya, tetapi sebalknya Ia mengirim mereka ke Babilon. Maka mereka masih ada, umat itu tidak sampai punah dan bangsa itu masih sebuah bangsa. Yeremia percaya bahwa karena kemurahan Tuhan sajalah maka mereka tidak seluruhnya dihabisi. Ia berkata, "Kemurahan-Mu selalu baru tiap pagi."

Adalah baik memiliki sikap sedemikian, apa pun masalah kita. Kita selalu dapat melihat kepada kemurahan Tuhan. Ada perbedaan mendasar antara cara dunia ini hidup dan cara umat Tuhan seharusnya hidup. Dunia ini hidup oleh *jasa* (*merit*)-- kita hidup dalam sistem jasa (*meritocracy*). Anda mendapat apa yang Anda kerjakan. Tetapi dalam Kerajaan Surga dasar hidup adalah *rahmat* (*mercy*). Dunia menuntut hak, tetapi orang Kristen sadar bahwa mereka tidak memiliki hak.

## 4. KONSEKUENSINYA -- 'MEREKA'

Yeremia maju untuk mengenang semua konsekuensi dari tidak bertobat. Ia bahkan surut ke Firdaus dan hukuman benar Tuhan atas Adam dan Hawa. Ia ingin semua orang tahu bahwa pengosongan ini memang ada maksudnya. Umat itu perlu tahu bahwa Tuhan terlibat dalam mengurus dosa, tetapi akan juga terlibat dalam pelepasan.

## 5. TANGISANNYA – 'KAMI'

Puisi terakhir tidak lain adalah doa, suatu permohonan untuk kemurahan Tuhan. Yeremia tahu Tuhan adalah satu-satunya pengharapan mereka, dan karenanya mengubah keputusasaannya menjadi doa bahwa Tuhan sungguh akan memulihkan umat-Nya sekali lagi ke tanah perjanjian.

Satu tema yang muncul dalam semua kelima puisi itu ialah 'dosa.' Hampir setiap halaman Perjanjian Lama memiliki dosa padanya -- kadang hanya kata, kadang perbuatan dosa. Sebaliknya, ada keselamatan pada hampir setiap halaman Perjanjian Baru.

Yeremia mengakui dengan jujur bahwa dosa umat layak mendapatkan hukuman ini, tetapi pada saat yang sama ia berseru kepada Tuhan untuk kemurahan yang akan memulihkan mereka. Itulah mengapa kita menyebut kitab ini 'Ratapan-ratapan' -- dalam bentuk jamak. Ini sungguh lima lagu ratapan dan kesusahan yang berbeda.

Sampai hari ini seluruh Ratapan dinyanyikan setiap tahun dalam setiap sinagoge pada hari ke sembilan Abib (Juli), sebab itulah tanggalnya ketika Babilon menghancurkan Bait.

Sampai hari ini setiap tahun orang Yahudi mengingat keluaran pada Hari Paskah, dan kehilangan Bait di hari ke sembilan bulan Abib. Setiap Juli Anda dapat pergi ke sinagoge dan akan mendengar mereka meratap. Hal yang menakjubkan ialah bahwa hari ke sembilan Abib bukan saja satu-satunya hari mereka kehilangan Bait Pertama -- pada hari itu juga tahun 70 Titus datang dan menghancurkan Bait Kedua.

Di hari yang sama ketika mereka meratapi kehilangan Bait Pertama, mereka kehilangan Bait Kedua -- dan Yesus, tentunya, telah meramalkan itu. Seperti Yeremia datang memperingati mereka tentang akan hilangnya Bait Pertama, Yesus datang untuk memperingati mereka tentang kehilangan Bait Kedua. Inilah mengapa Yesus dan Yeremia sangat sering disandingkan bersama.

Ketika Yesus berkata kepada para murid, "Menurut orang siapakah Aku ini?" mereka menjawab bahwa Ia telah disamakan dengan Yeremia. Nabi ini mungkin tidak terkesan sebagai pilihan jelas, tetapi kehidupannya adalah paralel sempurna dengan kehidupan Yesus. Maka seperti halnya Yesus dapat berkata, "musuh seseorang bisa jadi adalah dari kaum kerabatnya sendiri," demikian juga Yeremia memiliki masalah dengan wilayah keluarganya sendiri. Umat berupaya membuang Yesus dari ngarai di kampung halaman-Nya di Nazaret. Bahkan, keseluruhannya Yesus luput dari lima percobaan pembunuhan. Juga, sebagian dari tindakan Yesus adalah dalam semangat yang sama dengan tindakan Yeremia. Ketika Yesus membersihkan Bait dan memakai cambuk terhadap orang Yahudi yang menjadikan Bait pusat para penukar uang yang serakah, Ia mengutip Yeremia, "Betapa beraninya kalian membuat rumah Bapa-Ku menjadi sarang penyamun!"

Yesus adalah Yeremia dalam pemikiran populer. Yeremia sendiri pada satu tahap berkata, "aku merasa seperti domba yang digiring ke pembantaian." Yesus, untuk bagian-Nya, mengingatkan umat bahwa nenek moyang mereka telah merajam dan menolak para nabi yang telah diutus kepada mereka.

## Kaitan dengan Yesus

Di sisi utara Yerusalem terdapat sebuah goa di mana dalam tradisi Yahudi dikenal sebagai 'Goa Yeremia,' sebab mereka percaya bahwa di sinilah Yeremia pergi untuk berdoa ketika ia kesepian, terluka dan susah. Goa ini ada di bukit yang dinamai Golgota, di mana kita percaya Yesus mati di salib.

Salah satu perkara yang Yesus ucapkan ketika menuju Kalvari ialah, "Jika mereka melakukan hal ini di pohon hijau, apa yang akan mereka lakukan dalam kekeringan?" ia sedang memberitahu orang Yerusalem untuk tidak menangisi Dia tetapi menangisi diri mereka sendiri, sebab akan datang masa ketika hal-hal lebih buruk akan terjadi. Ia menunjuk ke tahun 70, hanya 40 tahun di muka. Empat puluh tahun adalah periode pengujian. Tuhan memberi orang Yahudi 40 tahun untuk merespons kepada Anak-Nya yang telah mati dan bangkit. Tetapi sebagai umat mereka tetap keras hati, maka 40 tahun kemudian Bait itu harus diruntuhkan kembali.

## Destini

Ada dua destini di hadapan orang percaya Perjanjian Baru -- yang satu ialah tangisan, ratapan dan kertakan gigi. Ketika Yesus memakai perkataan ini, Ia bicara kepada para murid-Nya sendiri, meski banyak yang mengandaikan bahwa perkataan itu ditujukan kepada orang tidak percaya. Destini lainnya yang mungkin terjadi untuk kita sebagai umat Tuhan ialah Tuhan akan menghapus air mata dari mata kita. Maka artinya dua kemungkinan destini yang menanti kita mencakup airmata -- entah kita akan menangis selamanya atau mengalami Tuhan menghapuskan air mata kita.

Tidak saja itu, tetapi dunia juga menghadapi prospek yang sama. Kitab yang lebih banyak mengutip Yeremia dan Ratapan ketimbang lainnya adalah Kitab Wahyu, yang berfokus pada zaman akhir. Separuh dari kutipan Perjanjian Baru yang dari Yeremia terdapat dalam Wahyu dan dihubungkan dengan kota Babilon. Babilon dalam Wahyu adalah pusat keuangan dunia akhir zaman -- kota itu akan dihancurkan. Ketika Babilon dihancurkan dunia akan meratapinya, tetapi menurut Kitab Wahyu, orang Kristen akan menyanyikan 'Pujian Haleluyah.' Sangat sedikit orang yang mendengarkan *Messiah* gubahan Handel, dengan 'Haleluyah'-nya yang agung, menyadari bahwa itu adalah perayaan tentang keruntuhan bursa saham dunia! Bank-bank dunia akan bangkrut dan seluruh sistem finansial yang manusia bangun akan runtuh.

Wahyu 19 mengakhiri dengan kutipan demi kutipan dari Yeremia. Ratapan bicara tentang reruntuhan Yerusalem. Tetapi Tuhan akan membawa sebuah kota baru turun dari surga ke bumi -- Yerusalem baru, seperti seorang mempelai perempuan berhias untuk suaminya. Di sinilah tempat orang percaya akan hidup, di bumi baru dalam Yerusalem baru untuk selamanya.

# 27. OBAJA

## Pendahuluan

Obaja adalah yang pertama dari antara para nabi pra--pembuangan dan kitabnya adalah yang tersingkat dalam Perjanjian Lama, hanya 21 ayat. Ia bicara pada 845 SM, dan ini membuka periode 300 tahun yang sepanjang itu nabi demi nabi memperingati umat Tuhan untuk tidak melanjutkan rangkaian tindakan mereka itu.

Kita tahu bahwa Yoel datang segera sesudah Obaja sebab ia mengutip darinya, mengingatkan umat tentang apa yang telah Tuhan katakan kepada mereka. Khususnya ia mengangkat satu ungkapan yang Obaja perkenalkan -- 'Hari Tuhan' -- suatu ungkapan yang dipakai dalam nubuatan-nubuatan Perjanjian Lama lainnya dan dalam Perjanjian Baru. Itu adalah hari ketika Tuhan membereskan yang salah menjadi benar, dan kita telah melihat itu di akhir kitab Yoel.

Kitab Obaja dimasukkan di akhir bagian ini karena fokusnya ada pada peristiwa-peristiwa di ujung paling akhir dari periode pra-pembuangan, ketika orang Yehuda dibuang ke Babilon.

Beberapa nabi memiliki dua pesan -- satu untuk umat Tuhan, Israel, dan satu lagi untuk bangsa-bangsa sekitar Israel. Obaja bicara kepada Edom, salah satu tetangga Israel, sebuah wilayah ke sebelah tenggara Laut Mati. Ini satu-satunya nubuatan oleh Obaja yang kita miliki hari ini, dan mungkin memang hanya satu ini yang ia berikan.

Kita tahu sedikit sekali tentang Obaja kecuali bahwa namanya berarti 'penyembah atau hamba Yahweh.' Kebanyakan pesan darinya adalah ramalan tentang masa depan yang datang sebagai penglihatan. Itu lebih merupakan pesan visual ketimbang lisan. Keadaan Edom di wilayah yang kini kita sebut trans-Yordan, perbatasan sebelah timur dari lembah Yordan. Itu adalah bagian tanah yang telah dijanjikan kepada umat Israel tetapi tidak pernah sungguh diduduki oleh mereka. Di bawah Raja Daud, Edom telah menjadi negara satelit, sama halnya seperti Polandia dan Latvia menjadi negara satelit Rusia. Begitu kerajaan Daud pecah, Edom mengusahakan kemerdekaannya sendiri dan berontak terhadap Israel. Mereka memiliki dua kota, Bosra dan Sela (masa kini dikenal sebagai Petra), terletak pada salah satu jalan paling penting di Timur Tengah, dari Eropa ke Arabia.

Petra adalah tempat yang tidak biasa. Di dalamnya ada bangunan yang terlihat seperti katedral yang diukir dari bebatuan pasir merah dan ratusan kuil yang diukir dari batu karang, semuanya di sekitar lingkaran besar yang kosong di tengah gunung. Menjulang di atas Petra adalah Gunung Seir, yang tingginya sekitar 600 meter. Nubuatan Obaja adalah tentang gunung itu.

Arsitektur kuil-kuil itu istimewa, dan dari puncak gunung tampak pemandangan Laut Merah dan Laut Mati. Itu menyediakan benteng yang tak tertembusi untuk bani Edom yang tinggal dalam goa-goa. Tetapi mereka adalah bangsa yang tak berTuhan. Para arkeolog menemukan mezbah-mezbah di mana mereka mempersembahkan manusia hidup-hidup kepada para Tuhan mereka.

Obaja berkata mereka penuh dengan kesombongan. Mereka percaya tidak ada yang dapat mengalahkan mereka -- bahkan Tuhan pun tidak. Maka Tuhan sendirilah yang melakukan itu, dan itulah inti dari pesan Obaja.

Penting bahwa di sini Tuhan Israel dilihat sebagai Tuhan para bangsa lain. Ini merupakan tema tetap sepanjang isi Alkitab, tetapi hal ini pasti terdengar radikal dalam zaman ketika setiap bangsa memiliki Tuhannya sendiri, dan juga masa kini ketika banyak yang percaya bahwa masing-masing orang harus diizinkan menyembah Tuhan yang mereka sukai tanpa memusingkan yang lainnya.

Tetapi orang Kristen percaya bahwa hanya ada satu Tuhan, yang akan menghakimi manusia dari setiap agama lainnya juga. Tuhan Israel adalah Tuhan yang dengan-Nya setiap bangsa akan harus berurusan dan kepada-Nya setiap bangsa harus memberikan pertanggungjawaban.

Ini juga adalah pesan Perjanjian Baru. Ketika Paulus bicara di Bukit Mars, Atena, ia memberitahu mereka bahwa Tuhan menetapkan waktu dan tempat untuk setiap bangsa. Ia yang menggambarkan peta dunia. Sebagai contoh, saya percaya Tuhan adalah yang membuat Kerajaan Inggris berakhir. Ketika saya masih anak kecil atlas sekolah kebanyakannya merah. Adalah mungkin mengelilingi dunia dan tidak pernah meninggalkan tanah Inggris. Apa yang terjadi pada kerajaan besar ini? Jawabannya ialah bahwa Inggris mencuci tangannya tentang umat Tuhan, Israel. Maka Tuhan berkata, "Jika Inggris tidak dapat memerhatikan Israel, ia tidak bisa juga memerhatikan yang lainnya," dan dalam tempo lima tahun kerajaan itu buyar. Saya percaya bahwa itu adalah salah satu contoh paling jelas tentang tangan Tuhan.

Maka melalui pembacaan kitab para nabi jelas bahwa Tuhan menghakimi bangsa-bangsa lain menurut bagaimana mereka memperlakukan umat-Nya. Saya percaya prinsip yang sama berlaku masa kini kepada Gereja. Tuhan menghakimi orang menurut bagaimana mereka memperlakukan Gereja. Apa yang kita lakukan kepada umat Tuhan kita lakukan kepada Tuhan. Yesus mengangkat prinsip yang sama, dengan mengatakan bahwa pada penghakiman akhir Tuhan akan berkata kepada bangsa-bangsa: "Apa pun yang kalian lakukan kepada salah satu yang terkecil dari antara saudara-saudara-Ku ini, kalian lakukan untuk Aku" (Matius 25:40). Dengan 'saudara' yang Ia maksudkan adalah 'umat-Ku.' Dalam cara yang sama, ketika Saul dari Tarsus berjumpa Yesus di jalan ke Damaskus, ia belajar bagaimana Tuhan melihat umat-Nya. Ia berkata, "Saul, Saul, mengapa engkau menganiaya Aku?" -- ketika kenyataannya Saul sedang menganiaya orang Kristen. Ia ketakutan ketika sadar bahwa dengan menganiaya mereka ia sebenarnya menganiaya Kristus. Tetapi sejauh menyangkut Kristus, menganiaya orang Kristen berarti menganiaya Dia. Maka umat Tuhan adalah biji mata Tuhan. Sama seperti halnya biji mata adalah bagian tubuh Anda yang paling sensitif, demikian Tuhan khususnya sensitif ketika umat-Nya dianiaya.

Dengan kini umat Tuhan ada di setiap bangsa dunia ini, setiap bangsa harus memutuskan sikap mereka kepada umat Tuhan. Pada Hari Penghakiman itu akan menjadi faktor penting. Prinsip ini menonjol dalam nabi demi nabi ketika mereka bicara kepada bangsa-bangsa lain, dan itulah mengapa kebanyakan nubuatan mereka ditujukan kepada bangsa-bangsa yang tinggal di sekitar Israel dan yang telah mengambil sikap terhadap Israel.

Maka meski pun Obaja mungkin terlihat sebagai kitab kecil tidak berarti, sesungguhnya ia mengurusi isu-isu penghakiman yang akan berakibat pada semua bangsa dunia.

## Garis besar Obaja

Kitab ini dapat dibagi menjadi dua bagian. Dalam bagian pertama (ayat 1-14) Obaja berkata bahwa satu bangsa akan dihakimi - yaitu, Edom. Dalam bagian kedua (ayat 15-21) nabi itu melihat semua bangsa dihakimi.

**Satu bangsa akan dihakimi (1–14)**
Bangsa-bansga menghancurkan Edom (1–9)
Edom merendahkan Israel (10–14)

**Semua bangsa akan dihakimi (15–21)**
Yahweh menghukum bangsa-bangsa (15–16)
Israel memiliki Edom (17–21)

## Satu bangsa akan dihakimi (1–14)

### Bangsa-bangsa menghancurkan Edom (1–9)

Secara harfiah Edom berarti 'merah.' Kota itu dibuat dari batu pasir merah, tetapi bukan karena itu ia disebut 'merah' (Bani Edom adalah keturunan Esau yang berambut merah). Lokasinya ada di sisi timur dari lembah retakan Arabah. Dua kotanya yang besar adalah Petra dan Bosra, keduanya monumen untuk kesanggupan manusia membangun.

Tetapi Obaja memberitahu orang Edom bahwa bangsa-bangsa akan menghancurkan mereka, dan bahwa tidak seperti perampok yang hanya mengambil barang-barang yang mereka sukai, mereka akan mengambil segala sesuatu, termasuk wilayah mereka. Ia memberitahu mereka bahwa Tuhan membenci kesombongan manusia. Kesombongan hampir merupakan undangan kepada Tuhan untuk merendahkan manusia tersebut, sebab menjadi sombong berarti memandang diri sendiri terlalu tinggi dan memandang semua orang lain sangat rendah. Jika Anda meninggikan diri Anda, Anda harus merendahkan orang lain, bahkan Tuhan sendiri juga.

## Edom merendahkan Israel (10–14)

Maka lokasi Edom di puncak Gunung Seir merupakan lambang dari sikapnya kepada bangsa-bangsa di sekitarnya, dan khususnya kepada Israel. Orang Edom adalah keturunan langsung dari Esau, yang telah menjual hak kesulungannya kepada Yakub dan yang konflik dengan saudara kembarnya itu sepanjang kehidupannya. Keturunan Esau bermukim di sisi timur lembah retakan dan keturunan Yakub bermukim di sisi barat. Dalam Ulangan Tuhan melarang Israel bersikap buruk kepada Edom karena Esau adalah saudara Yakub. Inilah mengapa Obaja memberitahu Edom bahwa ia tidak boleh memperlakukan saudaranya seperti yang telah ia lakukan. Tetapi sikap Edom kepada Israel agresif. Dalam Bilangan dan Ulangan kita baca bahwa mereka menolak mengizinkan Musa dan bani Israel lewat dengan aman melalui tanah mereka.

Antipati ini juga terlihat ketika Kerajaan Israel mulai runtuh pada masa Raja Daud. Bani Edom bangkit dan bergabung dengan siapa saja yang menyerang Yerusalem atau Israel -- entah Filistin, Arab, atau kemudian hari Babilon. Bangsa Babilon adalah bangsa yang sangat barbarik. Tetapi orang Edom bergabung dan menghasut mereka terus. Kebencian dan kecemburuan serta dendam berabad-abad keluar. Ketika orang Filistin datang melawan Yerusalem, orang Edom bergabung dengan mereka. Mereka menggunakan setiap kesempatan untuk mendukung pihak lain, barangkali karena mereka sendiri kurang kuat.

Pada tiga kesempatan Tuhan berkata, "Janganlah" mengenai perilaku mereka (12, 13, 14) dan memberitahu mereka bahwa ketidaktaatan mereka akan dihukum.

Jelas muncul pertanyaan. Apakah orang Edom mendengar apa yang Obaja katakan? Dan jika mendengar, apakah mereka memerhatikannya?

Bagian pertama nubuatan itu adalah tentang Edom, tetapi di tengah jalan seterusnya Obaja mengubah dari kata ganti orang ketiga ke kedua. Maka agaknya ia memiliki keberanian untuk pergi ke Petra untuk menyampaikan pesan itu secara pribadi. Tetapi tidak ada catatan bahwa mereka memerhatikan perkataannya -- bahkan, kebalikannya. Ketika Babilon menyerang Yerusalem pada 587 SM, mereka dihasut oleh orang Edom (Mazmur 137:7).

Lagi pula, para nabi lainnya juga bicara menentang Edom. Yesaya 21, Yeremia 19, Yehezkiel 49 dan Yehezkiel 25, semua menyalahkan Edom, dengan Yesaya memakai bahasa yang sama seperti yang Obaja pakai untuk menggarisbawahi kebulatan niat Tuhan untuk menghakimi. Jadi karena pesan Obaja dan para nabi lain diabaikan, hukuman Tuhan jatuh.

Sejarah mencatat bahwa pada abad enam SM bangsa Arab menyerang mereka dan mereka harus meninggalkan kota-kota mereka dan pindah menyeberangi lembah retakan ke Gurun Negeb untuk hidup sebagai orang Badui. Pada 450 SM tidak ada lagi sisa orang Edom di tanah mereka terdahulu, dan sejak 312 SM Petra jatuh ke tangan orang Nabatean. Negeb diberi nama baru Idumea sesudah ketibaan orang Edom. Orang Edom di-Yahudikan secara paksa oleh Hirkamus, sehingga Yudaisme menjadi agama resmi mereka, meski mereka mempertahankan karakteristik khas ras mereka.

Bani Edom tampil lagi dalam Perjanjian Baru. Herodes yang Agung (yang tampil dalam narasi bayi di Injil Matius) adalah dari Idumea. Ia meminta Yulius Kaisar untuk menjual baginya takhta atas Israel pada 37 SM, dan dengan demikian raja Israel adalah seorang Edom! Warisan bangsanya berupa gedung-gedung megah menjadi inspirasi untuk proyek pembangunan yang menyebabkan dirinya termasyhur. Ini mengapa ia membangun banyak istana, termasuk satu di Masada, sekokoh kuil-kuil megah di Petra.

Maka ketika Orang Majus datang menanyakan di mana mereka dapat menemukan Raja orang Yahudi yang baru lahir, Herodes marah. Ia tidak ingin orang Yahudi di takhtanya, sebab Edom telah menang! Jadi ini adalah motif di balik pembantaian setiap bayi laki-laki di bawah usia dua tahun di Betlehem.

Yang membunuh Yohanes Pembaptis adalah putranya dan yang kepadanya Yesus tidak bersedia untuk bicara. Cucu laki-lakinya adalah Herodes yang bertanggungjawab atas kematian Yakobus dan ia dimakan oleh cacing (lihat Kisah Rasul 12). Buyutnya adalah seorang bernama Agripa yang mati tahun 100 tanpa mempunyai anak.

Demikian, lenyaplah orang Edom. Tidak ada seorang Edom pun di dunia hari ini, dengan demikian nubuatan Obaja pun digenapi. Tuhan mengambil waktu untuk menghakimi manusia. Sampai lebih dari 600 tahun dari masa Obaja sampai kelenyapan akhir mereka. Dari sini kita dapat belajar dua pelajaran jelas mengenai hukuman Tuhan.

BUTUH WAKTU

> Meski penggilingan Tuhan menggiling dengan lambat,
> Namun mereka menggiling amat sedikit;
> Meski dengan sabar Ia berdiri menanti,
> Dengan pasti Ia menggiling semuanya.
>
> *Friedrich von Logau (1604–55)*

Tuhan mengambil waktu-Nya. Ia lambat untuk marah, tetapi apabila Ia berkata Ia akan melakukan itu, Ia pasti akan melakukannya -- mungkin seribu tahun kemudian, tetapi Ia akan melakukan. Di manakah Edom hari ini! Lenyap. Di manakah Israel hari ini? Kembali ke tanahnya.

TUHAN MENGHAKIMI MEREKA YANG MENYAKITI UMAT-NYA

Tuhan telah berkata kepada Abraham, "Aku akan memberkati orang-orang yang memberkati engkau, dan mengutuk orang-orang yang mengutuk engkau" (Kejadian 12:3). Tuhan memiliki dua umat dalam dunia hari ini: Israel dan Gereja. Menyerang salah satunya berarti menyakiti Dia.

# Semua bangsa akan dihakimi (15–21)

Edom adalah sebuah contoh tentang tipe bangsa yang durhaka yang senantiasa bermusuhan kepada umat Tuhan.

## Yahweh menghukum bangsa-bangsa (15–16)

Alasan di balik penghukuman itu jelas: "Sebagaimana yang telah engkau lakukan, demikian juga akan dilakukan kepada engkau." Penghukuman sesuai dengan kejahatannya. Orang Filistin juga disebut sebagai layak menerima murka Tuhan.

Obaja melihat bahwa suatu hari semua bangsa akan dihakimi. Tuhan Israel akan meminta pertanggungjawaban setiap bangsa, khususnya tentang sikap mereka kepada umat-Nya.

### Israel memiliki Edom (17–21)

Suatu hari, Israel akan memiliki Edom. Edom secara khusus dimasukkan sebagai bagian dari tanah yang Tuhan janjikan kepada umat-Nya -- maka suatu hari mereka harus memiliki itu, dan Obaja melihat hal itu. Ia melihat bahwa akan tidak ada yang selamat dari rumah Edom, dan bahwa tanah mereka akan dimiliki oleh pemiliknya yang sejati. Ia melihat Israel meluas ke utara ke Efraim dan Samaria, ke selatan ke Negeb, ke timur ke bukit-bukit Edom dan sejauh pesisir Mediteranea di barat.

# Apakah kaitan semua ini dengan kita?

Pertama, kita harus memerhatikan bahwa ada Yakub dan Esau dalam setiap kita. Dalam Surat Ibrani orang Kristen diperingatkan untuk tidak seperti Esau, yang menjual hak kesulungannya untuk semangkok sup, dan menangis sesudahnya. Ia penuh dengan penyesalan dan kepedihan, tetapi ia tidak pernah sanggup bertobat.

Sebaliknya kita harus menjadi Yakub. Ia bergumul dengan Tuhan sampai Tuhan membuatnya pincang. Tetapi ia mendapatkan berkat, dan dari Yakublah datang umat Tuhan Israel. Esau hidup untuk masa kini, untuk kepuasan langsung dari keinginan-keinginan jasmaninya, dan ia kehilangan masa depannya. Para Esau dunia ini hidup untuk dunia ini saja. Mereka tidak peduli tentang masa depan; mereka hanya mementingkan kepuasan hasrat-hasrat mereka untuk masa kini. Kitab Obaja mendorong kita menjadi seperti Yakub -- seorang yang dihancurkan oleh Tuhan dan menjadi seorang pangeran, dan yang namanya Israel kini ada di peta dunia kembali, sesudah 2.000 tahun.

Kedua, kita belajar dari kitab ini bahwa ketika Tuhan bicara, Ia memegang perkataan-Nya. Apabila Ia berkata Ia akan berbuat sesuatu, Ia mungkin tidak akan melakukannya Selasa yang akan datang, dan kita mungkin harus menunggu seribu tahun, tetapi jika Tuhan berkata Ia akan melakukannya, Ia akan melakukan itu, dan inilah alasan mengapa kita dapat memercayai firman-Nya. Jadi Obaja yang singkat ini mungkin disebut nabi kecil, dan memang ia menulis sebuah kitab kecil, tetapi segala sesuatu yang ia katakan pasti akan menjadi nyata.

# PERGUMULAN UNTUK BERTAHAN HIDUP

28. Yehezkiel
29. Daniel
30. Ester
31. Ezra dan Nehemia
32. 1 & 2 Tawarikh
33. Hagai
34. Zakharia
35. Maleakhi

# 28. YEHEZKIEL

## Pendahuluan

Kitab Yehezkiel adalah bagian Perjanjian Lama yang paling dilupakan dan paling kurang digemari. Hampir seluruh dari paruh pertamanya (pasal 1-24) berisikan bencana dan malapetaka tanpa jalan keluar. Teks yang membuat rasa menekan ini membawa pembaca untuk menyerah dan pindah ke kitab lain dalam Alkitab! Kitab ini panjang dan mengulang-ulang, dan 20 tahun khotbah diperas ke dalamnya. Kebanyakannya tidak relevan untuk situasi kita -- ini menyangkut dunia lain dalam zaman lain, dan kita tidak akrab dengannya. Bahasanya yang kadang kasar dan bahkan ofensif menjadi alasan tambahan ia tidak disukai. Hanya sedikit yang akan mengatakan kitab ini favorit mereka.

Tambahan lagi, Yehezkiel memperlihatkan sisi karakter Tuhan yang hanya akan menarik untuk sedikit orang. Nabi ini bicara tentang beratnya hukuman Tuhan. Masa kini keagamaan khas yang disiarkan di radio atau televisi berfokus pada kebaikan Tuhan tetapi jarang pada hukuman-Nya, dan memang demikianlah yang orang sukai.

Maka pada kilas awal terkesan hanya ada sedikit dorongan untuk membaca kitab ini! Tetapi kitab-kitab seperti Yehezkiel menantang kita untuk menanyakan dua pertanyaan: "Mengapa Anda membaca Alkitab Anda?" dan "Bagaimana Anda membacanya?" Kedua pertanyaan ini berhubungan, sebab alasan mengapa kita membaca Alkitab sungguh akan menentukan bagaimana kita membacanya. Metode akan mengalir dari motifnya.

## Bagaimana membaca Yehezkiel

Keseluruhannya ada tiga pendekatan untuk membaca kitab seperti Yehezkiel:

### Berpusat pada ayat (diri)

Pertama adalah pendekatan yang berpusat pada ayat, di mana orang mencari kata untuk diri sendiri. Saya tergoda untuk menyebut pendekatan ini sebagai 'pembacaan Alkitab metode ramalan bintang,' di mana kita membaca sampai menemui satu ayat yang cocok dengan situasi kita. Tetapi ini bukan yang Tuhan maksudkan tentang bagaimana kita membaca Alkitab. Sesungguhnya Anda harus membaca cukup banyak dari Yehezkiel sebelum mendapatkan ayat yang berbicara secara pribadi yang datang dari halaman Alkitab! Pembacaan Alkitab secara devosional dapat berguna dan lebih baik ada daripada tidak ada pembacaan Alkitab sama sekali, tetapi ini bukan cara membaca Alkitab yang benar. Cara itu pada dasarnya adalah pembacaan yang berpusat pada diri sendiri.

## Pendekatan berpusat pada nas (orang lain)

Berikut, adalah pendekatan berpusat pada nas. Sebagian orang Kristen membaca Alkitab terutama untuk kepentingan orang lain. Ini khususnya merupakan kasus para pengkhotbah dan guru, yang mencari-cari apa yang harus mereka khotbahkan. Empat nas dalam Yehezkiel merupakan favorit khusus para pengkhotbah.

Barangkali yang paling populer adalah pasal 37, menjadi termasyhur karena lagu Negro spiritual *'Dem bones, dem bones, dem dry bones ... hear the word of the Lord'*. (Hai tulang, hai tulang, hai tulang kering... dengarlah firman Tuhan). Tema kematian dan kehidupan terlalu baik untuk ditolak, dan gambaran luar biasa tentang tulang-tulang bersatu, ditutup dengan daging, membuat dampak yang dramatis.

Pasal 34 adalah pasal favorit lainnya, khususnya dipakai pada penetapan para pelayan pastoral baru. Isu pokoknya adalah gembala baik dan gembala jahat. Gembala baik mencari domba-domba yang sesat sementara gembala jahat mengenyangkan diri mereka sendiri. Mudah memakai nas ini sebagai dasar khotbah tentang tanggungjawab pastor.

Pasal 47 adalah satu lagi favorit untuk khotbah meski ia cenderung diambil lepas dari konteksnya dan dipakai secara alegoris. Dalam pasal itu seseorang menemukan sebuah sungai yang mengalir dari bait. Ia melangkah ke dalamnya sampai ke bagian mata kakinya, dan kemudian sampai ke lututnya, lalu sampai kedalaman yang dapat untuk berenang. Maka pengkhotbah memakai air itu sebagai gambaran Roh Kudus. Mereka bertanya: "Sedalam apa Anda telah masuk ke dalam Roh? Sudahkah Anda berenang dalam Roh, atau Anda masih bermain-main di air dangkal?" tetapi rincian geografis dalam konteksnya (para penangkap ikan di En Gedi di Laut dekat Lembah Arabah) pasti bermaksud menerima nubuatan itu secara harfiah. Laut Mati yang menjadi penuh dengan kehidupan karena luapan air segar yang membuat kadar garam menurun merupakan sebuah mukjizat alami, tetapi para pengkhotbah menganggap lebih mudah 'merohanikan' peristiwa sedemikian dan menerapkannya kepada sifat manusia, khususnya jika mereka mengalami masalah dengan intervensi supernatural dalam tatanan fisik. Dan perlakuan alegoris terhadap Perjanjian Lama bersejarah panjang di mimbar-mimbar gereja, berasal dari kecenderungan Yunani merendahkan hal yang harfiah dan fisik dalam ajaran Clement dan Origen dari Alexandria di abad ke tiga.

Akhirnya, pasal 18 berfokus pada tanggung jawab pribadi masing-masing individu untuk dosanya sendiri. Ada pepatah di Israel bahwa "para ayah makan buah anggur mentah dan gigi anak-anak menjadi ngilu" sebab Tuhan telah berkata bahwa Ia menghukum dosa sampai ke generasi ketiga dan keempat. Tetapi Yehezkiel memperkenalkan prinsip sangat penting bahwa pada Hari Penghakiman, masing-masing orang akan bertanggungjawab untuk dosanya sendiri. Ide bahwa masing-masing harus memberikan perhitungan kepada Tuhan adalah tema favorit para pengkhotbah. Tetapi kepopuleran pasal-pasal ini berarti, tentunya, bahwa kebanyakan pengkhotbah tidak menjamah bagian lain kitab ini.

## Pendekatan pada kitab (Tuhan)

Inilah pendekatan terbaik kepada Yehezkiel, dan ini melibatkan penangkapan seluruh kitab ketimbang hanya bagian-bagiannya. Hanya dengan melakukan ini kita sungguh dapat mengerti apa yang Tuhan katakan kepada kita melaluinya. Pada puncaknya alasan utama untuk membaca Alkitab ialah agar kita boleh mengenal Tuhan. Pembacaan Alkitab mengajar kita seperti apakah adanya Tuhan itu -- bagaimana Ia merespons kepada kita, bagaimana Ia merasa tentang kita dan apa yang akan Ia buat dengan kita. Jadi jika kita menghindari Yehezkiel kita menghindari bagian menentukan dari penyataan Tuhan tentang diri-Nya dan kita kehilangan apa yang diajarkannya kepada kita.

Apabila orang Kristen untuk pertama kali membaca Alkitab kitab demi kitab, saya selalu mengusulkan untuk memakai *the Living Bible*. Seperti telah saya sebutkan sebelumnya, beberapa tahun yang lampau gereja yang saya layani di Guildford membaca seluruh isi Alkitab secara non-stop dalam versi ini. *The Living Bible* adalah terjemahan yang paling akurat tentang perasaan yang diungkapkan dalam Alkitab, tetapi karena sifat terjemahannya adalah parafrase (mengalimatkan kembali dengan cenderung menyadur), versi ini bukan yang paling akurat tentang pemikiran dan pemilihan kata yang tepat dari teks alkitabiah.

Tentunya, Alkitab adalah firman Tuhan dan kata-kata manusia. Maka kita dapat membacanya untuk tujuan inspirasi dan interes. Ada cukup banyak interes manusia di dalamnya. Tuhan memilih mengkomunikasikan firman-Nya melalui manusia, dan dalam semua kerumitannya, pada waktu tertentu dan situasi tertentu. Ini bukanlah spekulasi 'menara gading' tetapi kata-kata yang membuat lingkup persepsi manusia tentangnya menjadi berbeda.

Dengan mengerti situasi kehidupan nyata yang digambarkan dalam Alkitab kita dapat menghargai cara firman Tuhan datang kepada manusia nyata dalam sejarah nyata. Apabila pengkhotbah mengambil firman ilahi ke luar dari konteks manusianya, akibatnya adalah khotbah dan pengajaran yang membosankan.

## Latar belakang Yehezkiel

Penting bahwa kita memahami latarbelakang sejarahnya sebelum kita melihat pada tema-tema besar dalam nubuatan Yehezkiel. Satu abad sebelumnya, 10 suku Israel telah diangkut ke Asyur. Mereka telah mengabaikan peringatan dari nabi Amos dan nabi Hosea, maka mereka diusir dari negeri mereka sendiri.

Yehezkiel prihatin dengan dua suku di selatan, yang keadaannya telah menjadi lebih buruk lagi. Kendati adanya peringatan melalui saudara mereka di utara. Mereka jatuh ke dalam perilaku fasik dan mengabaikan para nabi seperti Yesaya dan Mikha, yang telah memperingatkan mereka tentang hukuman yang akan datang. Ketika tidak lama kemudian Yeremia datang, mereka mengabaikan dia juga. Nubuatan singkat Habakuk memperingatkan mereka tentang azab yang akan datang dari tangan orang Babilonia, tetapi pesannya pun masuk ke telinga tuli. Maka akhirnya yang terburuk terjadi dan mereka diusir ke Babilon.

Dalam sejarah mereka terakhir telah terjadi beberapa titik terang, tetapi hal tersebut tidak cukup untuk memutar-balikkan bangsa itu, dan situasi rohaninya pada umumnya suram. Ketika Raja Yosia menemukan kitab Taurat sewaktu bait dibersihkan, ia gentar karena menyadari betapa telah jauh umatnya dari Hukum Tuhan. Mereka bahkan mempersembahkan bayi-bayi kepada Molokh illah kafir di Lembah Hinom. (Dalam pengajaran-Nya Yesus memakai tempat ini sebagai gambaran neraka.)

Maka Yosia berusaha memperbarui bangsa itu, menyingkirkan 'bukit-bukit penyembahan' dari tanah itu dan mengurusi kecemaran moral dalam masyarakat, tetapi itu sia-sia saja. Hati umat telah jauh dari Tuhan.

Lalu datang para raja jahat penggantinya. Yoahas memerintah hanya tiga bulan, sesudah dipilih oleh bangsa itu. Ia gagal mendukung Mesir, dan Firaun membawanya ke Riblah dan merantainya. Lalu datang Yoyakim. Meski ia adalah putra dari Yosia raja yang benar, ia tidak peduli tentang keadaan rohani bangsa itu. Bahkan, Yoyakim hanyalah raja boneka yang dipilih oleh orang Mesir untuk menggantikan Yoahas.

Maka pada keadaan itu dalam sejarahnya Yehuda bergantung pada kemurahan para adikuasa -- Mesir di barat daya dan Babilon di timur laut. Tuhan sebenarnya sanggup menjauhkan kuasa-kuasa besar itu, sebagaimana yang telah Ia lakukan di masa lampau, tetapi Ia telah berjanji bahwa jika umat itu menjauh dari-Nya, mereka tidak akan mengalami lagi perlindungan-Nya.

Maka Nebukadnezar dari Babilon menyerbu dan mengendali negeri itu selama tiga tahun sebelum akhirnya pergi. Yehuda menderita serangkaian serangan dari berbagai bangsa -- Aram, Moab dan Amon. Akibatnya yang tersisa dari Yehuda pada masa Yehezkiel hanyalah kota Yerusalem, yang kini sepenuhnya di bawah kekuasaan asing.

Hantaman terakhir datang ketika Babilon kembali dan mengepung Yerusalem selama dua setengah tahun. Akhirnya kota itu direbut dan semua hartanya dipindahkan, tepat seperti yang telah dinubuatkan oleh Yesaya.

Semua orang topnya diangkut pergi. Ini merupakan siasat favorit untuk membuat bangsa yang ditaklukkan menjadi tidak berdaya. Maka pembuangan pertama mengangkut 7,000 pejabat militer dan serdadu, sekitar 1,000 petukang dan 10,000 seniman, menyisakan hanya orang-orang yang paling miskin. (Secara kebetulan, nabi Daniel ada di antara orang-orang yang dibuang waktu itu.) Tampaknya seakan seluruh maksud Tuhan telah dibuat sia-sia.

Zedekia adalah raja boneka paling akhir. Ia diizinkan memerintah di Yerusalem dengan sedikit saja tentara. Sekali lagi kota itu dikepung dan Zedekia ditangkap oleh pasukan Nebukadnezar. Mereka membunuh setiap anaknya di hadapan matanya sendiri supaya ia melihat bahwa garis kerajaan telah berakhir. Lalu mereka mencungkil matanya, maka hal terakhir yang ia lihat adalah pembunuhan anak-anaknya. Lalu Nebukadnezar memerintahkan agar Yerusalem dihancurkan. Cerita sedih ini dapat ditemukan dalam 2 Raja-raja 22-25.

# Khotbah Yehezkiel

Sekitar waktu itulah Yehezkiel dipanggil untuk berkhotbah, meski ia ada ratusan mil jauhnya di tanah Babilon. Sejak dari permulaan, Tuhan memberitahu Yehezkiel bahwa Ia akan menjadikan dahinya sekeras batu -- tidak ada apa pun yang dapat membuatnya takut. Ketika bangsa itu menjadi makin keras saja dan tidak ingin mendengar, ia harus berbulat tekad dalam mengikuti seluruh penugasan Tuhan.

Sebagian pesannya datang melalui hal yang dikenal sebagai 'bahasa apokaliptik' (istilah itu secara harfiah berarti 'penyingkapan' -- dari apa yang semulanya tersembunyi, terutama tentang masa depan, yang mesti dipaparkan dalam ungkapan-ungkapan figuratif, bahkan sangat simbolis). Ini adalah bentuk nubuatan, tetapi lebih bersifat visual ketimbang verbal, sangat simbolis dan sangat dramatis. Yehezkiel dan Daniel adalah contoh paling baik tentang jenis nubuatan ini dalam Perjanjian Lama, dan Wahyu adalah satu-satunya contoh dalam Perjanjian Baru.

Seperti semua nabi, Yehezkiel memiliki penglihatan supernatural. Ini mencakup wawasan, prapenglihatan dan pengawasan. Ia sanggup melihat ke dunia dari perspektif Tuhan dan melihat penyingkapan maksud-maksud-Nya.

## Ruang

Yehezkiel melihat hal-hal yang terjadi di Yerusalem ketika berada ratusan mil di Babilon. Para sarjana modern membayangkan bahwa ia pasti pulang-pergi ke Yerusalem untuk melihat apa yang terjadi. Tetapi melalui Roh Kudus Yehezkiel benar-benar dapat melihat kejadian-kejadian di tanah asalnya. Pada satu kesempatan sementara ia sedang berkhotbah di Babilon ia melihat sebuah penglihatan tentang seorang di Yerusalem yang jatuh dan mati, dan beberapa minggu kemudian ia mendengar bahwa orang itu memang mati di Yerusalem tepat pada saat ketika ia melihatnya terjatuh mati dalam penglihatannya.

## Saat

Yehezkiel juga sanggup melihat ke masa depan. Alkitab adalah kitab yang penuh dengan ramalan tentang masa depan. Sekitar 27 persen dari ayat-ayat Alkitab mengandung ramalan, dengan Yehezkiel memiliki persentasi lebih tinggi ketimbang kebanyakan kitab lainnya dalam Alkitab. Yehezkiel dan Daniel memiliki persentasi ramalan masa depan paling tinggi ketimbang keseluruhan Perjanjian Lama. Sekitar tiga perempat dari ramalan dalam Yehezkiel telah digenapi sampai ke hurufnya. Kemungkinan terjadinya hal tersebut secara statistik adalah 1 sampai 75 juta. Ada 735 kejadian berbeda yang diramalkan dalam Alkitab. Sebagiannya diramalkan hanya sekali atau dua kali, lainnya lebih dari 300 kali. Dari 735 peristiwa ini, 598 (81 persen) telah terjadi. Alkitab sejauh ini 100 persen akurat. Sisa 19 persennya masih harus digenapi, tetapi kita dapat memastikan bahwa semua itu akan terjadi.

## Tiga periode

Nubuatan Yehezkiel diberikan dalam tiga tahap terpisah, dan dalam masing-masing periode waktu ia mengurusi pokok masalah berbeda. Dalam periode pertama (pasal 4-24), yang paling menyebabkan perasaan tertekan di antara ketiganya, ia berusia antara 30 sampai 33 tahun. Ia mencanangkan hal paling mengerikan bahwa Yerusalem akan dihancurkan total. Dapat dimengerti bahwa ini adalah bagian kitabnya yang tidak seorang pun suka mengutipnya (sesungguhnya, hanya sedikit sekali orang mengutip dari bagian ini). Periode pertama nubuatan ini adalah sebelum pengepungan pertama terhadap Yerusalem, yang sesudahnya kota itu ada di bawah kendali Babilon tanpa dihancurkan.

Kali kedua Yehezkiel bernubuat adalah di tahun ke sebelas atau dua belas pembuangannya, ketika ia berusia 36 atau 37 tahun. Periode nubuat ini dapat ditemukan di pasal 25-32. Kali ini Yehezkiel tidak bernubuat tentang Yerusalem tetapi tentang bangsa-bangsa sekitarnya, yang telah mengambil keuntungan dari fakta bahwa ia kini ada di bawah kendali Babilon dan senang melihat berakhirnya Israel. Bahkan masa kini Israel dikelilingi oleh bangsa-bangsa yang akan senang melihat ia dihancurkan.

Peristiwa besar berikutnya terjadi pada 587 SM, ketika Yerusalem dihancurkan total dan tepat pada saat bersamaan, Yehezkiel kehilangan istrinya di Babilon. Tetapi sang nabi dilarang meratapi, sebab pada menit yang sama istrinya meninggal, Yerusalem juga akan jatuh. Bahwa ia tidak meratap itu menjadi lambang tentang bagaimana Israel harus merasa tentang apa yang terjadi pada Yerusalem -- yaitu, sama sekali mati rasa. Ia diperintahkan untuk mencatat tanggal kematian istrinya di catatan hariannya supaya dapat dicocokkan dengan kabar dari tanah asalnya. Tentu saja, saatnya persis sama.

Tiga tahun sesudah istrinya meninggal dan tiga belas tahun sejak nubuatan terakhirnya, Yehezkiel mulai bernubuat lagi ketika ia berusia 50 tahun. Selama masa senyap sela itu Tuhan telah memberitahu dia bahwa lidahnya akan kelu ke langit-langit mulutnya, mencegah ia bicara sampai Tuhan melepaskannya.

Kali ini ia bernubuat untuk setahun, tetapi kini keseluruhan pesannya berfokus pada kepulangan. Contohnya, ia berkata bahwa satu hari di Lembah Tulang-tulang kering akan bekumpul bersama dan menjadi pasukan tentara yang hebat. Semua itu adalah optimisme positif, menatap ke muka ke masa depan yang baik (pasal 33-39).

Pasal 40-48 bicara tentang pemulihan bait di Yerusalem. Namun demikian, Yehezkiel meninggal tanpa pernah melihat bait atau Yerusalem kembali. Ia dikuburkan di kuburan di Babilon, di tempat bernama Kifi di Irak modern kini.

## Pengulangan

Ada satu ungkapan yang muncul 74 kali dalam nubuatan Yehezkiel -- *"maka kamu akan mengetahui bahwa Akulah*

*TUHAN."* Ini adalah pengulangan dengan sedikit variasi di bagian B, C dan D dari kitab ini (lihat diagram di bawah).

Dalam bagian B (pasal 4-24) perkataannya ialah: "kamu akan mengetahui bahwa Akulah TUHAN." Tetapi dalam bagian C, yang mengurus tentang pembalasan Tuhan pada para tetangga Yehuda, pengulangan itu adalah: "maka mereka akan tahu bahwa Aku adalah TUHAN." Ketika di bagian C, Yehezkiel pindah ke kabar baik tentang kepulangan dari pembuangan di Babilon, perkataannya ialah: "maka *bangsa-bangsa* akan mengetahui bahwa Aku adalah TUHAN." dengan kata lain, ketika Tuhan membawa orang Yahudi kembali ke tanah itu, seluruh dunia akan tahu bahwa Tuhan sungguh adalah Tuhan, sebab secara manusia, sama sekali mustahil untuk mendirikan kembali negara Israel.

Maka tiga variasi pengulangan ini memberitahu kita, pertama bahwa umat Israel tidak sungguh yakin akan Tuhan -- maka ada frasa, "maka kamu akan mengetahui..."; juga bahwa para tetangga Yehuda tidak sungguh yakin bahwa Tuhannya Israel hidup -- maka "mereka akan mengetahui..."; dan akhirnya, bahwa seluruh dunia tidak sungguh yakin bahwa sungguh ada Tuhan -- maka "lalu bangsa-bangsa akan tahu..."

## Garis besar kitab

**A. Penarikan imam kembali (1–3)**
**B. Pembalasan untuk Yerusalem (4–24) – ungkapan pertama**
Pengepungan Yerusalem
**C. Pembalasan atas para tetangga Yehuda (25–32) – ungkapan kedua**

Kejatuhan Yerusalem
D. **Kembali dari pembuangan di Babilon (33-39)**
E. **Pemulihan bait di Yerusalem (40–48)**

} ungkapan ketiga

## Penarikan imam kembali (pasal 1–3)

Yehezkiel dilahirkan dalam keluarga imam Zadok tahun 622 SM dan dengan demikian ia mencapai usia Bar Mitzvahnya ketika Raja Yosia dibunuh. Ia diangkut dari negeri tempat tinggalnya ketika berusia 25, sebagai bagian dari pembuangan pertama, bersama dengan Daniel dan para unggulan masyarakat Yahudi. Begitu mereka telah diusir, mereka diizinkan untuk tinggal dalam pemukiman dengan kebebasan relatif. Yehezkiel bermukim dengan keluarganya di tempat yang disebut Tel Aviv (nama ini kini menjadi nama untuk kota terbesar di Israel), yang terletak di tepi kanal yang menggabungkan sungai Tigris dan Efrat.

Nama Yehezkiel berarti "Tuhan menguatkan," tetapi dalam nubuatan ia lebih umum dirujuk (bahkan sampai 83 kali), sebagai 'anak manusia' -- sebuah judul yang Yesus pakai untuk diri-Nya sendiri. Tidak ada nabi lain yang dikenal dengan julukan ini.

Saya kagum memerhatikan bahwa di usia 30, ketika ia mestinya memulai keimamannya, ia dipanggil untuk menjadi nabi. Tetapi ia berada jauh dari negeri asalnya, dan tahu bahwa tidak akan pernah dapat menjadi imam di Babilon, sebab tidak ada bait di sana. Panggilan kenabian datang melalui suatu penglihatan tentang Tuhan yang menakjubkan. Maka dari usia 30 sampai 33 nabi yang disebut 'Anak manusia' ini, melakukan banyak mukjizat dan berkhotbah. Jelasnya, Yehezkiel adalah pendahulu Kristus, yang tentu saja adalah nabi, imam dan raja. Yesus memulai pelayanan-Nya ketika ia berusia 30, sebab itulah usia ketika laki-laki Yahudi dapat mulai melayani sebagai seorang imam.

Tetapi meskipun Yehezkiel tidak dapat bertugas di dalam bait, ia masih dapat ambil bagian dalam penyembahan. Dengan ketiadaan bait, sinagoge Yahudi (istilah itu berarti 'tempat pertemuan,' arti harfiahnya adalah 'datang bersama') menjadi tempat untuk memuji, berdoa dan membaca Alkitab. Bahkan, di hari-hari awal tumpang tindih antara Perjanjian Lama dan Baru ia menjadi model yang oleh orang Kristen awal diadopsi sementara Gereja menjauh dari fokus pada bait.

Panggilan Yehezkiel sangat tidak biasa (lihat pasal 1). Panggilan itu datang sebagai bagian dari suatu penglihatan aneh -- penglihatan itu sedemikian aneh sampai beberapa sarjana modern berspekulasi bahwa ia mengalami kejutan semacam epilepsi, mengalami trans atau memakai narkoba! Perlu seorang seniman surealis untuk berlaku adil tentang hal itu. Bahkan, penafsiran favorit masa kini ialah bahwa ia melihat *UFO* (*Unidentified Flying Object* -- atau yang biasa disebut juga Piring Terbang).

Pertama sekali, ia melihat empat makhluk, yang merupakan gabungan binatang, manusia dan malaikat. Mereka memiliki sayap malaikat, bagian tubuh manusia dan bagian tubuh binatang. Keempat makhluk ini jelas adalah perlambangan dari semua makhluk hidup yang telah Tuhan ciptakan dalam alam semesta-Nya, entah binatang, manusia atau malaikat. Ini adalah tiga ordo utama, dan ini mengingatkan kita bahwa manusia adalah puncak dari ciptaan.

Di atas keempat makhluk tersebut ia melihat sang pencipta di atas takhta-Nya -- agung, misterius, diliputi dalam kemuliaan. Di manapun Tuhan berada, ada kemuliaan. Bahkan, ungkapan 'kemuliaan Tuhan' berulang sepanjang kitab ini. 'Kemuliaan' berarti cahaya atau kecemerlangan Tuhan.

Jelas, takhta itu dapat berjalan ke segala jurusan. Ini melambangkan kemahahadiran Tuhan, yang sanggup ada di mana saja dan di mana-mana. Ia adalah Tuhan yang bergerak. Ini penting karena, sampai di tahap ini, setiap penglihatan tentang takhta Tuhan dalam Alkitab digambarkan statis keadaannya: tetap di Yerusalem. Maka menjadi penghiburan untuk Yehezkiel belajar bahwa takhta Tuhan bersifat mobil, sebab itu berarti Ia dapat bergerak ke Babilon. Ini merupakan kebenaran yang penting untuk dikomunikasikan ke pembuangan, yang mungkin memercayai bahwa Tuhan tinggal di satu tempat, ratusan mil jauhnya di Yerusalem.

Selanjutnya, 'mata-mata' pada pinggiran roda-roda memberitahu kita bahwa Tuhan dapat melihat segala sesuatu, di mana saja. Ini suatu gambaran yang sangat berarti. Tidak heran Yehezkiel takjub oleh penglihatan itu dan jatuh ke tanah.

Menarik bahwa ia jatuh bersujud. Dalam Alkitab reaksi kepada hadirat ilahi adalah jatuh tersungkur. Rasul Paulus pada pertobatannya dan Yohanes di Pulau Patmos jatuh dengan wajah ke bumi.

Tuhan kemudian memberikan gulungan kitab kepada Yehezkiel untuk menuliskan nubuatan-nubuatan yang harus ia sampaikan, dan Tuhan memberitahu dia untuk memakan gulungan tersebut. Kata-kata di gulungan itu adalah ratapan, perkabungan, celaka -- kata-kata kutukan. Namun ia merasakan itu manis.

## Pembalasan untuk Yerusalem (pasal 4–24)

Nabi demi nabi telah meramalkan datangnya dua bencana (1) Yerusalem akan dihancurkan oleh orang Babilonia, dan (2) umat itu akan diangkut ke Babilon. Yesaya, Yeremia dan Habakuk semuanya mengatakan hal yang sama.

Ketika Yerusalem direbut oleh orang Babilonia dan orang-orang top dalam masyarakat diangkut, kota itu masih berdiri. Sebagian orang Yehuda mengklaim bahwa hukuman itu tidak seburuk seperti yang Yeremia nyatakan. Sepertinya Tuhan berkata Ia akan menghancurkan kota itu, tetapi kenyataannya ia masih ada dan di dalamnya orang Yahudi masih hidup. Mereka mengakui bahwa mereka kini di bawah kuasa asing, tetapi mereka masih memiliki kota itu! Maka kesimpulannya mungkin Yehezkiel telah membesar-besarkan masalah dosa. Jika ia salah tentang keluasan malapetaka itu, mungkin ia juga salah tentang hal-hal lainnya. Maka firman Tuhan dilemahkan, mirip yang telah Iblis lakukan di Taman Firdaus ketika ia mempertanyakan pengertian Hawa tentang larangan Tuhan.

Tetapi penting untuk orang Yahudi mengerti apa yang Tuhan buat. Pembuangan itu bukan sekadar hukuman, tetapi dimaksudkan juga untuk mereformasi umat itu. Jadi perlu seorang yang meyakinkan mereka bahwa Tuhan serius dengan apa yang Ia katakan. Yehezkiel harus menunjuk kepada kehancuran Yerusalem sebagai saat ketika mereka akan mengetahui bahwa Ia sungguh adalah Tuhan. Dosa mereka sungguh seburuk yang nabi katakan, dan karena itu hukumannya pun akan seburuk yang nabi katakan.

## Yerusalem akan jatuh

Yehezkiel harus menyampaikan pesan ini tidak saja secara lisan, tetapi juga secara visual. Ia harus mengajar mereka dalam enam cara berbeda bahwa Yerusalem telah tamat:

1. Ia diberitahu untuk mengambil batu bata, menggambarkan tentang Yerusalem dan mendirikan benteng pengepungan dan seterusnya. Ia melakukan ini dengan membisu, ditonton oleh orang banyak yang pasti bertanya-tanya, "Apakah yang kini dikerjakan nabi tua ini?"
2. Seakan ini masih tidak cukup janggal, Tuhan memberitahu Yehezkiel untuk berbaring di sisi kiri badannya selama 390 hari dan kemudian di sisi kanan badannya selama 40 hari. Ia harus melakukan itu untuk melambangkan berapa lama rumah Israel dan rumah Yehuda telah tidak menaati Tuhan (390 tahun dan 40 tahun masing-masingnya). Tuhan berkata untuk memastikan bahwa Yehezkiel melakukannya dengan tepat, maia ia harus diikat dengan tali!
3. Yehezkiel juga harus mengalami kekurangan makan, untuk melambangkan kekurangan makanan semasa pengepungan Yerusalem. Ia diizinkan makan 2 ons roti dan 600 cc air tiap harinya, dan harus hidup dengan diet tersebut dalam waktu cukup lama. Ia harus memanggang roti di atas api yang dinyalakan atas kotorannya sendiri. (Sesungguhnya, ia memprotes Tuhan dan diizinkan untuk memakai kotoran lembu sebagai gantinya -- satu contoh indah tentang kelenturan Tuhan!) Semua ini dimaksudkan untuk memperlihatkan bahwa hidup di Yerusalem akan sangat susah semasa pengepungan itu.

4. Tuhan memberitahu Yehezkiel untuk mencukur kepala dan janggutnya dengan pedang tajam dan kemudian menumpukkan rambutnya dalam tiga tumpukan. Ia harus membakar tumpukan pertama ketika pengepungan Yerusalem berakhir. Tumpukan kedua harus dipenggal dengan pedang di sekeliling model kota itu, menggambarkan pembantaian. Kemudian tumpukan ketiga harus dilempar ke udara supaya tersebar -- yang menjadi nasib orang Yerusalem.
5. Untuk drama yang kelima Yehezkiel harus menaruh semua pakaiannya dalam tas, menggali lubang dalam tembok dan menyelinap ke luar melalui tembok itu pada malam hari. Dengan melakukan ini ia meramalkan apa yang akan terjadi ketika Yerusalem jatuh -- dan benar, Raja Zedekia harus meninggalkan kota itu dengan cara demikian.
6. Barangkali drama paling sulit menyangkut kematian istri Yehezkiel. Ia bahkan tidak diizinkan untuk meratap, sebab ketika Yerusalem akhirnya jatuh umat akan sedemikian terkejut sampai mereka tidak sanggup memercayainya dan bahkan tidak akan menangis.

Salah satu penglihatan paling mencolok dalam kitab ini ialah yang memaparkan tentang kemuliaan Tuhan dalam bait. Kemuliaan itu naik ke puncak Bukit Zaitun dan kemudian menghilang. Inilah persisnya yang terjadi kepada Yesus ketika mereka menolak Dia.

## Bagaimana Yerusalem akan jatuh?

Yehezkiel berkata bahwa kota itu akan jatuh kepada Nebukadnezar, yang dipaparkan sebagai memiliki 'pedang Tuhan.' Ada paparan menakutkan tentang Nebukadnezar berdiri di pertigaan jalan, membuang undi. Yerusalem atau Rabah atau Amon yang akan dihancurkan pertama? Kehancuran itu akan amat sangat kejam dan akan mencakup pemenggalan telinga dan hidung para penduduknya. Yehezkiel menulis tentang pedang, kekeringan, binatang buas dan sampar sebagai empat hukuman mengerikan atas umat itu. Kita baca bahwa pada waktu ini, kemuliaan Tuhan akan meninggalkan bait.

## Mengapa Yerusalem jatuh?

Ada tiga alasan utama untuk hukuman terhadap umat itu -- penyembahan berhala, immoralitas dan tidak bersyukur.

### PENYEMBAHAN BERHALA

Umat Tuhan menyembah dewi Asyera di bait. Gambar-gambar binatang dilukiskan di dinding reruntuhan bait. Kaum perempuan mulai menyembah dewi Tamus di pintu gerbang bait sendiri. Yehzkiel bahkan melihat 25 orang laki-laki di bait menyembah matahari. Itu adalah masa luar biasa dan menakutkan. Singkatnya, umat Tuhan berperilaku bahkan lebih jahat ketimbang bangsa-bangsa sekitarnya.

### IMMORALITAS

Yehezkiel menyebut Yerusalem 'kota berdarah' sebab kekejamannya mengeksploitasi para janda, yatim dan orang asing juga karena pembunuhan yang terjadi dalam kota. Julukan ini diberikan oleh Nahum kepada kota Niniwe yang jahat, ibukota kerajaan Asyur. Di Yerusalem berlangsung immoralitas seksual dan penghinaan kepada orangtua -- semua ini merupakan ketidaktaatan kepada Sepuluh Perintah Tuhan. Betapa dalam kejatuhan Yerusalem.

## TIDAK BERSYUKUR

Tuhan mengkritik umat itu karena ketidakbersyukuran mereka dan memakai lima perumpamaan untuk memastikan pesan-Nya mengena pada mereka:

1. *Pohon anggur liar.* Yehuda dilukiskan sebagai pohon anggur yang tak berguna dan tak bernilai. Kayunya tidak bernilai selain untuk kayu api. Dalam Yohanes 15 Yesus memakai perumpamaan serupa.
2. *Gadis.* Dalam pasal 16 Yehezkiel menceritakan kisah tentang bayi perempuan yang dibuang yang menjadi ratu dan kemudian pelacur.
3. *Dua saudari.* Nama mereka adalah Ohola and Oholiba, mewakili Samaria (yi. Sepuluh suku di utara) dan Yerusalem (dua suku di selatan). Keduanya adalah pelacur, melukiskan bagaimana kedua kerajaan telah menyimpang dari Tuhan. Bahasanya di sini ekstrim, dan ditujukan untuk menggoncang orang agar insyaf mereka telah menjadi bagaimana.
4. *Singa betina dan dua anaknya.* Anak-anaknya menggambarkan Raja Yoahaz diangkut ke Mesir dan Raja Yoyakim diangkut ke Babilon.
5. *Dua burung elang* – satunya mewakili Firaun dan satunya lagi Nebukadnezar.

Perumpamaan itu adalah cara mengkomunikasikan kebenaran kepada mereka yang ingin mengetahui -- sama halnya dengan seorang 'Anak manusia' satunya juga memakai perumpamaan sebagai cara berbicara kepada mereka yang sungguh ingin mendengarkan. Dalam perumpamaan-perumpamaan ini Yehezkiel memberitahu umat itu bahwa situasi mereka jauh lebih buruk daripada yang mereka sadari.

Pertamanya ia berkata bahwa masing-masing orang bertanggungjawab untuk keadaan pribadi mereka. Tidak ada gunanya menyalahkan para pendahulu mereka. Setiap orang harus berdiri sendiri pada Hari Penghakiman untuk memberikan pertanggungjawaban. Kedua, ia berkata bahwa tiap orang bertanggungjawab untuk keadaan *masa kini*. Yang penting bukan bagaimana seseorang tadinya, tetapi bagaimana mereka *adanya* kini. Yang benar mungkin menjadi jahat dan yang jahat mungkin menjadi benar. Adalah penting orang meninggal dalam keadaan anugerah.

Tetapi ia juga menyalahkan tiga kelompok orang yang mengizinkan situasi nasional menjadi begitu buruk; para nabi, imam dan raja. Ia berkata bahwa mereka semua adalah pihak yang bertanggungjawab untuk kondisi Yerusalem. Situasi demikian buruknya sampai Tuhan tidak akan menyelamatkan Yerusalem bahkan jika Nuh, Ayub dan Daud (tiga orang terbaik dalam sejarah) hidup di dalamnya -- hal ini tentunya membuat umat itu terguncang.

Maka sebagian besar dari bagian ini suram. Satu-satunya kilasan harapan datang di 16:60-72, 20:40–44 dan 21:24–27, di mana nabi mengisyaratkan perjanjian kekal yang akan Tuhan buat dengan umat-Nya. Kebaikan-Nya akan mempermalukan mereka sampai mereka menjadi benci kepada diri mereka sendiri.

## Pembalasan atas para tetangga Yehuda (pasal 25–32)

Bagian tengah kitab ini mengandung pesan kenabian yang Yehezkiel sampaikan ketika ia berusia 36 atau 37 tahun. Latarbelakangnya penting. Ketika Yerusalem jatuh, semua negara yang bertetangga senang. (Ungkapan 'Hip! Hip! Horee'! datang dari teriak girang 'Hip! Hip!' yang terdiri dari tiga huruf awal 'Yerusalem sedang jatuh!' dalam bahasa Latin, sehingga ungkapan itu aslinya adalah perayaan anti-Semitik.) maka banyak orang menjadi gembira dan berusaha menarik keuntungan dari serbuan Babilon itu. Orang Edom dan Amon melakukan perkara-perkara ngeri kepada orang Yahudi yang ditinggal, dan itu menjelaskan kepahitan yang diungkapkan dalam sebagian Mazmur-mazmur dari era ini.

Sebagai contoh, Mazmur 137 mulai dengan sedih, merenungkan sulitnya menyanyi tentang Tuhan di tanah asing, tetapi berakhir dengan teriakan getir: "Berbahagialah orang-orang yang menangkap dan memecahkan anak-anakmu pada bukit batu." Orang Edom memegang bayi-bayi di tumit mereka dan menghantamkan otak mereka ke tembok-tembok Yerusalem. Mazmur itu adalah tangisan dari hati: "Kami ingin kamu menderita dalam cara yang sama seperti yang kami tanggung."

Maka bagian tengah kitab Yehezkiel bukan sekadar ucapan kasar sembarangan atas orang bukan Yahudi, tetapi adalah paparan tentang pembalasan dari Tuhan kepada bangsa-bangsa sekitarnya ini karena mengeksploitasi kejatuhan Yerusalem.

Beberapa dari ramalan ini cukup terinci. Mari kita ambil satu sebagai contoh, di mana Yehezkiel meramalkan kejatuhan pelabuhan penangkapan ikan Tirus, terletak di pantai timur Laut Mediteranea. Yehezkiel meramalkan bahwa suatu hari Tirus akan runtuh sampai rata dengan tanah, seluruh kota akan dibuang ke dalam laut, dan tempat Tirus berdiri akan menjadi tempat para nelayan menjemur jala mereka. Ini suatu nubuatan luar biasa, sebab tidak ada kota yang pernah dilempar ke dalam laut, sebelumnya atau sejak itu.

Tetapi itu menjadi kenyataan. Ketika Aleksander Agung bergerak turun ke Mesir dengan pasukannya yang besar, orang Tirus hanya pergi ke perahu-perahu penangkap ikan mereka dan pergi ke pulau yang terletak sekitar setengah mil dari pantai, menyadari bahwa Aleksander memiliki angkatan darat tetapi tidak memiliki angkatan laut. Tetapi Aleksander tidak disebut 'Agung' tanpa alasan. Ketika ia melihat semua orang tersebut di pulau itu, menganggap mereka selamat, ia memerintahkan agar setiap batu bata, batu dan setiap potong kayu di kota dipakai untuk membangun jalan penyeberangan ke pulau itu. Sesudah ini dibuat, pasukan perangnya menyeberang dan mengalahkan orang Tirus. Kota mereka secara harfiah sungguh dilemparkan ke dalam laut.

Jika Anda melihat peta wilayah itu hari ini, Anda akan melihat bahwa Tirus modern ada di luar di atas pulau dan pasir menimbuni jalan penyeberangan yang Aleksander bangun itu. Jika Anda pergi ke tempat kota Tirus tua di pulau utamanya, akan Anda temukan kota itu sebagai batu gundul, dengan para penangkap ikan membentangkan jala di atasnya, tepat yang Yehezkiel telah nubuatkan.

Pasal 25 mencakup ramalan tentang Amon, Moab dan Edom di timur Yehuda, dan yang lainnya menyangkut Filistia di barat. Pasal 26-28 berfokus pada Tirus dan Sidon ke utara, dan pasal 29-32 mengurus Mesir di selatan.

Bagian tengah dari kitab ini cukup dapat dimengerti secara langsung, kecuali bahwa ada satu orang yang dikhususkan menjadi contoh dari kesombongan puncak -- raja Tirus. Banyak orang melihat ini adalah gambaran kesombongan Iblis dalam paparan tentang raja Tirus, sebab ia sungguh berkata, "aku adalah Tuhan." Firaun orang Mesir melakukan hal yang sama, bahkan membuat klaim tidak masuk akal, "aku telah menciptakan Nil." Ia mungkin telah menggali beberapa kanal irigasi, tetapi jelas bukan dia yang menciptakan Nil. Tuhan tidak akan membiarkan kesombongan manusia. Ini adalah dosa puncak bahwa orang meninggikan diri seakan ia adalah Tuhan. Itulah yang Adam dan Hawa buat di Taman Firdaus ketika mereka ingin menjadi Tuhan. Meski mereka telah diciptakan dalam gambar Tuhan dan dengan demikian sudah seperti Dia dalam sifat, mereka ingin menjadi seperti Dia dalam kuasa dan otoritas juga.

Penting bahwa Babilon tidak disebut barang sekali pun. Mungkin ini disebabkan menulis literatur yang anti-Babilon dianggap sebagai pengkhianatan, sebab umat itu kini telah berada di Babilon, maka komentar tentang bangsa itu tidak pada tempatnya. Yang jelas ialah bahwa sesudah pembuangan mereka umat Tuhan tidak pernah lagi menyembah kepada para ilah asing. Hukuman Tuhan telah mencapai tujuannya.

## Kembali dari pembuangan di Babilon (pasal 33-39)

Sesudah Yerusalem dihancurkan tahun 587 SM terjadi perubahan menyeluruh dalam khotbah Yehezkiel dari pesimisme ke optimisme. Dalam pasal 33-39 -- bagian paling menyenangkan dari kitab ini -- ia meramalkan dan mengantisipasi kembalinya umat dari pembuangan.

Pasal 33 bicara tentang pengawas yang berdiri di tembok-tembok kota, siang dan malam, memberikan peringatan tentang bahaya kepada penduduk. Apabila pengawas tidak melihat musuh yang datang, ia kehilangan hidupnya -- itu merupakan kejahatan besar dengan hukuman mati. Tuhan memberitahu Yehezkiel bahwa ia telah ditetapkan menjadi pengawas. Tuhan berkata kepadanya. "Jika engkau tidak memperingatkan umat ini, engkau harus membayarnya dengan darahmu. Tetapi jikalau engkau memperingatkan mereka, tidak ada lagi tanggungjawab yang kau tanggung -- mereka harus membayar dengan darah mereka sendiri."

Salah satu nas paling terkenal dalam Yehezkiel adalah di mana Tuhan meratapi fakta bahwa Ia mencari bahkan seorang saja yang akan 'mengisi celah' antara diri-Nya dan umat itu, tetapi Ia tidak dapat menemukannya. Tetapi Yehezkiel adalah orang itu. Memang, pastinya -- Yehezkiel tidak berada di Yerusalem -- ia ada jauh di Babilon -- tetapi tetap ia adalah seorang pengawas dan bila ia melihat adanya masalah datang, maka tanggungjawabnya adalah untuk memperingatkan umat itu. Jika ia tidak melakukan itu ia harus membayarnya secara pribadi. Maka ini berarti ia tidak punya pilihan tetapi harus menjalani pelayanan yang berat ini -- ia akan dianggap bertanggungjawab jika tidak melakukannya.

Pasal 34 berurusan dengan 'para gembala baik' dan 'para gembala jahat' di dalam Israel. Para gembala jahat adalah nabi, imam dan raja yang seharusnya memelihara Israel tetapi gagal melakukan itu. Di akhir pasal ini Tuhan berjanji bahwa Ia sendiri akan menjadi gembala baik mereka. Tentu saja, Yesus memikirkan pasal ini ketika Ia berkata bahwa Ia adalah gembala yang baik, yang berbeda dari yang jahat yang tidak memelihara domba-dombanya.

Menariknya, Alkitab tidak pernah menyalahkan domba tentang keadaan kawanan domba itu. Ini merupakan prinsip yang berlaku untuk para gereja juga. Para gembala yang bertanggungjawab untuk keadaan kawanannya, bukan para domba itu.

Dalam pasal 35 Edom disebutkan sendiri secara khusus, sebagiannya karena persaingan di masa purba antara dua bangsa yang bersumber dari pertikaian antara Esau dan Yakub.

Pasal 37 sangat terkenal sebab lagu Negro spiritual tentang tulang-tulang kering. Tetapi hanya sedikit orang yang lanjut membaca tentang dua tongkat, dan hal ini sama pentingnya. Yehezkiel diperintahkan untuk mengambil dua tongkat dan memegangnya dengan satu tangan, bersebelahan. Tuhan memberitahu dia untuk menuliskan 'Efraim' di satu tongkat (nama populer untuk sepuluh suku di utara) dan 'Yehuda' di satunya (nama untuk dua suku di selatan). Lalu ia diperintahkan untuk memegang keduanya di satu tangan supaya mereka menjadi satu tongkat. Sebagian orang berpikir ini adalah penglihatan, tetapi saya berpikir itu adalah mukjizat langsung, mirip seperti mukjizat tongkat Musa di Mesir. Tuhan berkata, "Aku akan menjadikan dua kerajaan ini satu umat kembali, dan Aku akan menjadi gembala mereka." Ini digemakan oleh perkataan Yesus, " Ada lagi pada-Ku domba-domba lain, yang bukan dari kandang ini; domba-domba itu harus Ku gembalakan juga dan mereka akan mendengarkan suara-Ku dan mereka akan menjadi satu kawanan dengan satu gembala.

Dalam pasal 38 terdapat suatu nubuatan aneh tentang

masa depan. Ini mengenai 'Gog' dan 'Magog' meski kita tidak pasti tentang apa arti dari nama-nama itu. Nama tersebut diangkat lagi di akhir Kitab Wahyu, sehingga jelas bahwa nubuatan ini belum digenapi. Peperangan besar akan datang dari utara, meski kita tidak tahu dengan tepat dari mana itu akan datang atau siapa yang menyebabkannya. Yehezkiel melihat dengan teleskop ke masa depan jauh darinya. Ia belum pernah melihat nubuatan ini digenapi dan kita pun belum. Tetapi suatu hari itu akan terjadi, dalam pertempuran akhir sebelum sejarah selesai.

Pasal-pasal ini memasukkan sebuah pengulangan yang sangat menarik -- "Aku akan." Itu berulang 77 kali. Perkataan perjanjian ini muncul dalam ungkapan seperti "Aku akan membawa mereka kembali," "Aku akan menjadi Tuhanmu" dan "Aku akan memberi engkau para gembala yang baik." Ini adalah Tuhan sebagai suami berbicara kepada istri-Nya yang menyimpang dan berkata, "Kita masih menikah dan Aku akan memelihara sisi bagian-Ku dari perjanjian ini -- Aku akan, Aku akan, Aku akan."

Ketika Tuhan membuat perjanjian-Nya dengan Israel Ia memberitahu mereka bahwa bahkan jika mereka melanggar perjanjian itu Ia tidak akan pernah. Dalam Ulangan kita baca bahwa akan ada masa ketika Ia harus membuang mereka ke luar dari tanah itu, tetapi Ia selalu akan mengembalikan mereka. Maka ketika Tuhan membawa mereka balik sesudah membuang mereka, para bangsa lain akan mengetahui bahwa Ia adalah Tuhan, sebab ini akan terjadi secara publik dan setiap orang akan mengetahui bahwa mereka kembali. Bangsa-bangsa sekitar boleh tidak menyukai ini, tetapi mereka harus mengakui bahwa Tuhan telah membawa umat-Nya kembali. Mereka masih umat-Nya. Roma 9-11 berkata bahwa meski mereka menolak Tuhan, Ia tidak menolak mereka.

## Pemulihan bait di Israel (pasal 40-48)

Kehilangan paling serius untuk umat itu dan Yehezkiel adalah kehilangan bait. Mereka selalu mengandaikan bahwa apa pun boleh hilang, Tuhan tidak akan pernah membiarkan tempat kediaman-Nya sendiri di bumi dihancurkan. Bagian ini yang berfokus pada bait adalah bagian paling sukar untuk dimengerti dalam kitab ini.

Sesuai dengan teks, nubuatan itu disampaikan di tahun ke dua-puluh-lima dari pembuangan Yehezkiel, ketika ia berusia 50 tahun. Sebagai aturannya, jika Alkitab memberikan tanggalan untuk suatu nubuatan, itu dimaksudkan bahwa Anda harus menyesuaikan teks itu ke dalam konteks sejarahnya dalam rangka mengertinya dengan tepat.

Yehezkiel tidak diizinkan untuk menyelesaikan khotbahnya kepada mereka yang dibuang tanpa mengisi mereka dengan pengharapan akan sesuatu untuk mereka nantikan. Mereka mungkin telah didisiplin, tetapi mereka tidak dihancurkan. Tuhan tidak akan pernah mengizinkan umat-Nya Israel lenyap. Yesus berkata bahwa langit dan bumi boleh berlalu, tetapi 'ras' Yahudi tidak akan pernah berlalu (Matius 24:34-35, menurut catatan tepi NIV). Keberadaannya yang berlanjut adalah salah satu bukti bahwa Tuhan Israel sungguh riil. Tuhan mengkomunikasikan kekekalan-Nya kepada apa saja yang Ia sentuh, jadi Anda tidak dapat menghancurkan apa yang merupakan milik-Nya.

Rencana untuk pembangunan bait diberikan dalam pasal 40-42. Bangunannya dipaparkan secara sangat terinci, sebagaimana dalam rancangan arsitektur. Dimensinya akan cukup untuk memuat 13 katedral Inggris! Tetapi cukup berbeda dibandingkan bait Salomo. Ini lebih besar, tidak ada ruang maha kudus, tidak ada tabut perjanjian dan tidak ada meja roti sajian.

Dalam pasal 43 Yehezkiel mendapat penglihatan tentang kemuliaan Tuhan kembali ke bait dan meneranginya. Sama seperti yang terjadi sesudah doa penahbisan oleh Salomo 600 tahun sebelumnya. Kemuliaan itu sedemikian terang sampai harus ditutupi dengan selubung agar tidak membutakan orang. Yehezkiel di awalnya melihat kemuliaan itu terangkat pergi, kini ia melihat kemuliaan itu kembali.

Ada mezbah dan ada persembahan korban, tetapi pasal 44 berkata tidak ada imam besar. Ini menentukan untuk penafsiran kita, sebab ketika orang Yahudi kembali dari pembuangan mereka masih memiliki imam besar, sampai dan termasuk ke masa Yesus. Dalam pasal ini tempat imam besar diambil oleh 'raja imam.' Menariknya, para imam yang ada dalam penglihatan itu adalah anak-anak Zadok -- keluarga Yehezkiel.

Khususnya paparan tentang bait sangat menggelitik sebab ia *tidak pernah dibangun.* Ketika orang Yehuda balik dari pembuangan mereka membangun bait yang sangat sederhana sampai Zakharia harus memberitahu mereka untuk tidak menyepelekan masa hal-hal kecil. Tambahan pula, mereka tidak punya raja ketika mereka kembali itu. Seorang bernama Yosua adalah imam besar dan Zerubabel adalah gubernurnya.

Pada masa Yesus, raja Herodes, seorang Edom (keturunan Esau), membangun bait dengan bentuk yang lebih megah dalam rangka untuk mengesankan orang Yahudi. Ia juga memasukkan beberapa dari ide Salomo ke dalamnya, tetapi itu cukup berbeda dari penglihatan Yehezkiel. Bait tersebut berukuran raksasa dan masih berdiri ketika Yesus memulai pelayanan-Nya. Sebagian dari batu-batunya berukuran panjang 12 meter, tinggi semeter dan lebar semeter, dengan berat 100 ton. Pemandangannya luar biasa megah, tetapi Yesus berkata tidak satu batu pun akan tetap berdiri di atas lainnya. Bangunan itu hampir selesai ketika orang Romawi meruntuhkan segalanya di tahun 70, dan demikianlah ramalan Yesus benar-benar menjadi kenyataan.

Jadi apakah bait Yehezkiel akan pernah dibangun?

## Tidak harfiah

Sebagian orang berkata bait itu tidak dimaksud untuk dibangun secara harfiah. Itu adalah penglihatan kenabian yang menyediakan pengharapan untuk orang Yahudi. Rincian dalam penglihatan itu membuatnya terkesan realistik tetapi ia merupakan perumpamaan yang harus dibaca untuk nilai rohaninya. Tetapi ini tidak menjelaskan mengapa Yehezkiel disuruh memberitahu rincian seperti itu kepada umat tersebut! Yang lainnya beranggapan bahwa itu adalah paparan tentang bait surgawi. Mereka menunjuk ke beberapa nas alkitabiah (yi. Keluaran 25:40; Ibrani 8:2, 5:9; 11 dst; Wahyu 9:11) sebagai bukti petunjuk.

## Harfiah

LAMPAU

Kemungkinan lainnya adalah bahwa Tuhan ingin mereka membangun bait itu, tetapi umat mengabaikan rencana Yehezkiel dan membangun versi mereka sendiri, yang mereka pikir dapat mereka biayai. Ini akan menjelaskan mengapa kemuliaan tidak kembali, raja tidak datang dan sungai tidak mengalir. Para pendukung pandangan ini menunjuk kepada fakta bahwa dalam pasal 43 pengulangan yang diulang sepanjang kitab ini, "maka kamu akan mengetahui" tidak muncul.

## MASA DEPAN

Kemungkinan lain lagi ialah bait itu akan dibangun di masa depan. Banyak orang Kristen yakin bahwa itu akan menjadi bagian dari Yerusalem Baru. Pintu gerbangnya yang berjumlah 12 akan dinamai menurut nama-nama 12 suku. Yerusalem Baru akan disebut 'Tuhan ada Disana.'

Yang lain berspekulasi bahwa bait akan dibangun kembali oleh orang Yahudi sebelum kedatangan Yesus kembali atau bahwa itu akan dibangun dalam Masa Milenium. Masalahnya di sini ialah para nabi lain menyebut tentang korban, mezbah dan imam, semuanya tidak terdapat dalam penglihatan ini (lihat Yesaya 55:6-8; 66:21; Yeremia 33:15-18; Zakharia 14:16).

Beberapa orang Kristen menegaskan bahwa Perjanjian Baru menjelaskan bahwa Tuhan tidak tinggal dalam bait (Kisah Rasul 7:48; 17-:24). Yesus merujuk ke diri-Nya sendiri sebagai 'Bait' (Yohanes 2:19, 21) dan orang Kristen pun dipaparkan sebagai bait (1 Korintus 3:16; 6:19; 2 Korintus 6:16; Wahyu 3:12). Karena itu (demikian lanjutan argumennya), entah bait itu akan dibangun atau tidak bukan merupakan masalah.

Sukar untuk memastikan apakah bait itu akan dibangun ulang. Ini merupakan salah satu wilayah di mana kita harus 'menunggu dan melihat!' Kabar baiknya adalah rencana Tuhan ialah Ia sendiri akan datang dan berdiam di bumi, dalam pribadi Yesus Kristus! Semua orang percaya kini adalah bait Tuhan -- Ia mendiami kita. Jadi bagaimana pun tidak pastinya kita tentang kemungkinan penglihatan Yehekiel tentang bait, kita dapat bersukacita akan hal ini.

## Pasal-pasal akhir

Dalam pasal 45 seluruh tanah itu dibagi di antara para suku, tetapi dengan cara yang sangat berbeda dari yang diatur dakam Kitab Yosua. Tanah itu dialokasikan dalam bentangan horisontal dari timur ke barat. Juga kita dapatkan pemulihan persembahan dan hari raya kudus dan hari raya, dengan perkecualian hari Pentakosta.

Lalu pasal 47 mencakup penglihatan tentang sebuah sungai baru di Timur Tengah. Kebanyakan sungai yang melintasi Tanah Perjanjian mengalir ke Mediteranea dari Bukit-bukit Yudea. Tetapi ada satu sungai ajaib yang disebut Yordan yang mengalir sepanjang retakan terpanjang di permukaan bumi, dari Siria ke Afrika. Titik terdalam dari retakan itu dan titik terendah di permukaan bumi adalah Yerikho.

Dalam penglihatan Yehezkiel sumber dari sungai baru itu tepat berada di bawah bait di Yerusalem. Sungai apa pun yang sumbernya di sana harus mengalir ke Laut Mati. Yerusalem dikelilingi oleh bukit-bukit, tetapi ada satu celah di bukit-bukit itu ke arah barat daya kota, yang menuju ke Laut Mati. Yehezkiel melihat sebuah sungai mengalir di lembah itu dan makin lama makin banyak sungai bergabung, sehingga ia menjadi makin dalam, dan orang yang berjalan di dalam sungai itu segera kedapatan dalamnya melebihi ukuran badannya dan harus berenang.

Yehezkiel melihat sungai baru itu memasuki Laut Mati di wilayah En Gedi, yang terletak setengah jalan ke Tepi Barat. Ini adalah tempat di mana Daud bersembunyi dari Saul di dalam goa-goa. Ia melihat sungai ini menyegarkan laut itu dan para nelayan Galilea datang ke laut untuk menangkap ikan. Itu bukan lagi Laut Mati -- itu adalah laut segar, dan hidup. Keseluruhan penglihatan adalah impian untuk mengisi umat itu dengan pengharapan bahwa masa depan akan menjadi lebih baik.

Akhirnya, di pasal terakhir kitab Yehezkiel pintu-pintu gerbang kota didirikan kembali dan tanah itu menikmati kedamaian dan kemakmuran. Segala sesuatunya ajaib. Jadi apa yang mulai sebagai kitab yang muram berakhir dengan pengharapan besar.

## Mengapa orang Kristen membaca Yehezkiel?

Pertama, kitab ini memberitahu kita bahwa Tuhan menghakimi umat-Nya sendiri -- penghakiman mulai dari isi rumah Tuhan. Tuhan kudus adanya dan karena itu Ia harus menghakimi. Seorang hakim memiliki dua fungsi -- menghukum yang jahat dan membela yang benar. Tuhan adalah hakim yang sempurna, sebab Ia tahu segala sesuatu, dapat melakukan apa saja dan dapat berada di mana saja. Nama-Nya dikaitkan dengan bangsa Yahudi, maka Ia harus menghukum mereka karena dosa mereka, tetapi karena kemurahan-Nya Ia juga meluputkan mereka dari para musuh mereka. Terlalu banyak orang Kristen berpikir bahwa secepat orang percaya akan Yesus, penghakiman selesai. Tetapi ini jauh dari kenyataannya. Kita semua mesti tampil di hadapan takhta pengadilan Kristus. Tuhan menghakimi umat-Nya sendiri, dan Ia menghakimi mereka dengan standar lebih tinggi daripada orang lain.

Keduanya, kita perlu mengingat bahwa Tuhan juga mengadakan pembalasan. Jika orang berbuat salah terhadap kita, tidak perlu kita yang membalas; kita aman menyerahkan itu kepada Tuhan. Jadi apabila seseorang berbuat buruk terhadap Anda, lebih baik merasa sedih ketimbang marah, sebab Tuhan akan membalaskan kepada mereka.

Ketiganya, Tuhan selalu akan memulihkan umat-Nya. Seperti halnya Israel tidak akan pernah lenyap dari sejarah, Gereja pun tidak akan pernah lenyap. Kita termasuk ke dalam umat kekekalan, dan akan selalu ada Israel dan Gereja, dan suatu hari akan ada satu kawanan di bawah satu gembala. Tuhan adalah Tuhan yang memulihkan umat-Nya.

Keempat, kita harus memerhatikan bahwa banyak dari yang kita lihat dalam Yehezkiel diambil di dalam Kitab Wahyu. Salah satu alasan mengapa orang Kristen tidak mengerti Wahyu ialah mereka tidak cukup tahu tentang Perjanjian Lama, dan khususnya Yehezkiel. Wahyu merujuk ke Perjanjian Lama sebanyak 300 kali. Ini mengambil simbol-simbol dari Yehzkiel dan memakai banyak sekali dari kitab Perjanjian Lama ini sampai jika Anda tidak mengetahui Yehezkiel, Anda akan dibingungkan oleh wahyu.

Di atas semua itu, Yehezkiel memberi kita suatu pemandangan tentang Tuhan -- tentang kemahakuasaan, kekuatan, kemahahadiran-Nya. Ada kesan dahsyat tentang kekudusan-Nya dalam kitab ini -- kesan bahwa Ia mengikatkan Nama-Nya dengan suatu bangsa, bahwa nama-Nya terletak di atas kepala mereka. Satu hal yang kita dapat memohon adalah kepada nama Tuhan dan reputasi Tuhan, sebab kita tahu bahwa nama-Nya terkait dengan kita. Entah kita memberikan nama baik untuk Tuhan atau nama buruk. Tuhan akan selalu membela diri-Nya sendiri pada jangka panjangnya.

Kitab ini mengingatkan kita bahwa reputasi Tuhan dipertaruhkan pada umat-Nya. Inilah sebab Ia akan memulihkan mereka, sebab Ia harus membela nama-Nya. Ia tidak akan membiarkan bumi dan bangsa-bangsa berpikir bahwa Ia selesai sebagai Tuhan sebab umat-Nya selesai. Banyak dari mereka mungkin binasa, tetapi umat-Nya akan berlanjut, sebab mereka adalah umat Tuhan.

# 29.
# DANIEL

## Pendahuluan

Kitab Daniel adalah campuran dari bagian Alkitab yang terkenal dan yang kurang terkenal. Setiap orang tahu mengenai Daniel dalam kandang singa, banyak orang tahu tentang Sadrakh, Mesakh dan Abednego dalam dapur api, dan kisah pesta Belsyazar dikenal oleh sebagian orang, sebagiannya karena kisah ini adalah asal dari ungkapan 'tulisan di dinding,' yang berarti hukuman sedang mendatang.

Pasal yang paling dikenal dari kitab ini mudah dimengerti, tetapi ada pasal-pasal lain yang termasuk pasal paling sukar dalam keseluruhan Alkitab. Bahasanya tidak lazim dan simbol serta penggambarannya tidak jelas.

Ketika menafsirkannya perlu diingat bahwa kitab ini adalah sebuah gambar bercampur. Ada banyak di dalamnya yang dapat dijelaskan pada lingkup manusia. Fakta bahwa Daniel sehat ketika menghindari daging merah dan bertahan dengan sayuran dan buah tidak mengherankan untuk siapa pun yang mengerti tentang nutrisi. Tetapi ada juga peristiwa-peristiwa yang jelas memiliki penjelasan supernatural, dan mereka yang skeptik terhadap mukjizat bergumul untuk menerimanya. Sebagai contoh, tiga orang dilempar ke dalam dapur api raksasa yang telah dipanasi tujuh kali lebih dari biasanya. Tidak saja mereka selamat, tetapi bahkan selembar rambut pun tidak hangus! Penjelasan alami tidak berlaku di sini.

Sebagian dari kitab ini masuk akal untuk kebudayaan Barat modern. Kita dapat mengerti berbagai catatan pengalaman dari orang yang terlantar yang jauh dari negeri asalnya. Tetapi dalam kitab ini juga terdapat hal yang jelas tidak akrab bagi kita. Fokus pada mimpi dan makhluk malaikat terkesan janggal, dan bahkan jika fokus semacam itu lebih populer, kebanyakannya akan dianggap tidak dapat dipercaya.

## Manusiawi atau ilahi?

Maka membaca Daniel membangkitkan banyak pertanyaan tentang sifat Alkitab. Apakah Alkitab sesungguhnya? Alkitab ini kitab manusiawi atau ilahikah? Di satu tingkat Alkitab ditulis oleh manusia tentang manusia, jadi banyak orang hanya memperlakukan Alkitab sebagaimana mereka memperlakukan kitab lainnya -- mereka membacanya sebagai karya sejarah atau sastra atau agama. Tetapi pendekatan ini kehilangan hal yang jelas. Sebab Alkitab -- dan Kitab Daniel khususnya -- mencakup berbagai peristiwa yang mustahil tanpa intervensi supernatural, dengan pola ramalan dan penggenapan yang menunjuk kepada tangan ilahi di balik semua itu.

Maka Alkitab pasti diilhami oleh Tuhan, dan ia jelas bicara *tentang* Tuhan. Hanya Tuhan dapat membuat mukjizat, menahan hukum alami, mencampuri proses-proses natural, dan mengintervensi hukum sebab dan akibat yang memerintah kebanyakan peristiwa di bumi kita. Dalam Kitab Daniel, Tuhan mengerjakan tanda dan mukjizat dalam banyak kesempatan. Dan hanya Tuhan yang tahu masa depan.

Dimensi supernatural didemonstrasikan ketika kita memeriksa isi kitab ini. Kitab ini meliput 75 tahun kehidupan Daniel tetapi 490 tahun sejarah. Hal yang mencengangkan ialah Daniel meramalkan peristiwa-peristiwa masa depan dengan ketepatan yang mencengangkan. Tambahan pula, ada bagian dari kitab ini yang masih menunggu penggenapan. Alkitab keseluruhannya meramalkan 735 peristiwa (27 persen dari ayat-ayatnya berfokus pada masa depan), dan 593 (yi. 81 persen) dari ramalan ini telah digenapi. Kitab Daniel mengandung 166 ramalan, banyak darinya yang simbolik.

Apabila tadinya nubuatan dan mukjizat dipahami sebagai bukti dari inspirasi ilahi Alkitab, masa kini hal-hal itu dianggap sebagai penghalang. Orang ingin menyingkirkan mukjizat dan nubuatan agar Alkitab menjadi mudah 'untuk dipercaya.' Hal-hal itu dilihat sebagai fiksi ketimbang sebagai fakta, sebagai saga dari sastra purba ketimbang kebenaran historis. Jadi, sebagai contohnya, Daniel dalam kandang singa disingkirkan. Entah singa-singa itu baru saja diberi makan, atau mereka tidak memakan Daniel karena ia hanya tulang berbalut kulit!

Mereka yang memperlakukan Alkitab seperti ini berkata bahwa kurangnya isi historis dalam kitab ini tidak berarti kurangnya nilai spiritual dan moral murni, maka banyak tafsiran Alkitab dari para sarjana liberal mengambil mukjizat itu sebagai dongeng, dan mengandaikan bahwa ramalan tentang masa depan ditambahkan kemudian hari sesudah peristiwa yang diramalkan itu terjadi.

Seperti akan kita lihat, Daniel pasal 11 adalah suatu catatan menakjubkan tentang serangkaian peristiwa yang terjadi berabad-abad sesudah masa kehidupan Daniel. Ada 27 ramalan spesifik dalam pasal ini, masing-masingnya digenapi beberapa abad sesudahnya. Entah ada orang yang menuliskan ramalan ini sesudah peristiwanya terjadi, atau kitab ini memang diilhami oleh Tuhan sebelumnya.

Menurut saya adalah luar biasa bahwa banyak orang yang ingin memperlakukan mukjizat dan nubuatan ini secara humanistik tetapi masih ingin memegang Alkitab. Mereka percaya mereka dapat memelihara nilai moral dan spiritualnya. Dengan kata lain, mereka berusaha untuk hidup menurut Sepuluh Hukum atau Khotbah di Bukit tetapi mengabaikan mukjizat dan nubuatan. Namun demikian, ini berarti bahwa hanya sedikit yang tersisa dari Alkitab. Ia tidak lagi merupakan kitab keselamatan; ia menjadi sekadar perangkat pedoman yang harus manusia lakukan dengan kekuatannya sendiri, ketimbang apa yang Tuhan dapat lakukan untuk kita.

Tetapi sikap demikian terhadap Alkitab sesungguhnya menelanjangi perasaan manusia terhadap Tuhan. Mereka tidak menginginkan aspek supernatural Alkitab sebab, jika mereka memercayainya lalu mereka harus hidup berbeda. Tuhan sedemikian riil dalam hal yang supernatural, dan karenanya kepercayaan akan hal ini berarti mereka harus berurusan dengan Dia.

Sebagai contoh, bukti petunjuk untuk kebangkitan adalah sedemikian kuat sampai juri mana pun dalam pengadilan mana pun akan sepenuhnya diyakinkan bahwa itu sungguh sebuah peristiwa yang benar-benar terjadi. Kesaksian para saksi mata ditambah bukti petunjuk di lingkungannya jauh lebih kuat ketimbang bahwa Yulius

Kaisar pernah menduduki Inggris dalam tahun 55 SM. Tetapi, masalahnya ialah jika Yesus bangkit dari kematian, maka orang tahu bahwa mereka harus mengubah kehidupan mereka. Jika kebangkitan Yesus sungguh terjadi, maka berikutnya berarti klaim-klaim Yesus tentang diri-Nya mesti benar adanya, dan karena itu klaim-klaim-Nya atas kita mesti juga sah adanya.

Anda tidak dapat mengabaikan Yesus, tetapi Anda dapat mengabaikan Yulius Kaisar. Anda dapat percaya tentang Yulius Kaisar tanpa berbuat apa pun, tetapi Ada tidak dapat percaya akan Yesus Kristus tanpa mengubah keseluruhan jalan hidup Anda. Maka skeptisisme tentang Alkitab biasanya berkaitan dengan keengganan untuk menerima dimensi supernatural Alkitab, sebab jika kita menerima dimensi tersebut ada konsekuensi praktisnya.

## Kitab yang berbeda

Kitab Daniel dapat dibagi ke dalam dua bagian. Paruh pertamanya (pasal 1-6) kebanyakannya mukjizat dan paruh keduanya (pasal 7-12) kebanyakannya adalah nubuatan. Maka mereka yang bermasalah dengan bagian-bagian supernatural Alkitab tidak akan tahu harus bagaimana dengan kitab ini! Pasal 1-6 mudah dibaca dan merupakan teks favorit untuk sekolah Minggu. Tetapi pasal 7-12 demikian sukar sampai bahkan orang dewasa jarang membacanya.

| PASAL 1-6 | PASAL 7-12 |
|---|---|
| Kebanyakannya mukjizat | Kebanyakannya nubuatan |
| Kata ganti orang ketiga 'ia' | Kata ganti orang pertama 'aku' |
| Ditulis tentang Daniel | Ditulis oleh Daniel |
| Semasa kehidupan Daniel | Sesudah kehidupan Daniel |
| Masa kini | Masa depan |

Juga terdapat perbedaan bahasa dalam dua bagian kitab ini, meski pembagiannya tidak semudah seperti yang didaftarkan di atas. Di bagian pertama, pasal pertama ditulis dalam bahasa Ibrani dan kelima berikutnya dalam bahasa Aram, bahasa resmi *lingua franca* masa itu. Dalam bagian kedua, pasal pertamanya bahasa Aram dan lima lainnya dalam bahasa Ibrani. Karena itu, agaknya pasal-pasal tesebut ditujukan kepada pembaca yang khusus. Pasal-pasal dalam bahasa Aram dituliskan untuk sidang pembaca dunia dan yang dalam bahssa Ibrani dimaksudkan untuk orang Yahudi.

# Latarbelakang Sejarah

Latar kitab ini adalah di Babilon, bangsa yang diperintah oleh Nebukadnezar -- seorang tiran yang sombong, dan kejam yang gemar menyiksa para korbannya. Ia adalah Hitler dari dunia purba. Ia menaklukkan Asyur dan kemudian ingin mengalahkan saingan utamanya, Mesir. Yehuda ada di antara keduanya, jadi harus disingkirkan jika ambisinya memerintah suatu kerajaan besar akan dapat dipenuhi.

Penting disadari bahwa anak-anak Israel diangkut ke pembuangan di Babilon dalam tiga tahap dan kembalinya juga dalam tiga tahap, meski mereka yang kembali lebih sedikit daripada yang pergi. Sesungguhnya suatu komunitas Yahudi penuh masih diam di Babilon (kini Irak) sampai tahun 1940-an. Agaknya 'orang majus' yang mengikuti bintang ke Betlehem datang dari komunitas Yahudi ini, dan bukan orang bangsa lain sebagaimana yang sering dikhotbahkan. Mereka mestinya tahu tentang nubuatan Bileam mengenai 'bintang' yang terbit dari suku Yehuda yang akan menjadi raja dari umat Tuhan.

## Tiga pembuangan

Pembuangan pertama terjadi di tahun 606 SM. Orang Babilonia mengambil lapis teratas dari masyarakat Yahudi -- yaitu, keluarga bangsawan dan pegawai istana -- bersama dengan perkakas bait. Ini sebagiannya adalah untuk memastikan bahwa orang Yahudi yang tertaklukkan tidak akan sanggup memberontak melawan pemerintahan Babilonia. Yoyakim dijadikan raja boneka. Mereka yang saat itu dibuang termasuk empat orang muda bernama Daniel, Hananya, Misael dan Azaria (orang Babilon menamai mereka kembali menjadi Beltsazar, Sadrakh, Mesakh dan Abednego). Ganteng dan cerdas para pemuda dari bangsawan Yahudi ini dipilih untuk dilatih supaya melayani raja Babilonia. Mereka adalah para pahlawan di bagian pertama kitab ini. Kita tahu bahwa Daniel tidak pernah kembali ke negeri asalnya.

Pembuangan kedua terjadi pada 597 SM. Kali ini kelas atas disingkirkan, termasuk para politikus, dan juga para seniman. Yehezkiel ada di antara mereka yang dibuang ini. Raja Yoyakin ditinggal untuk bertugas.

Sisa bangsa itu diangkut pada 586 SM, ketika kota dan bait dihancurkan. Orang Babilonia mengangkut Raja Zedekia tetapi meninggalkan nabi Yeremia.

## Tiga kepulangan

Kepulangan pertama pada 538 SM, ketika orang Parsi menggulingkan orang Babilonia, dan Xerxes mengizinkan para buangan, termasuk orang Yahudi kembali ke negeri asal mereka. Sekitar 50,000 orang Yahudi kembali pada gelombang pertama itu, dipimpin oleh Zerubabel. Lalu kelompok kedua di bawah Ezra kembali pada 458 SM, ketika pembangunan kembali bait dimulai. Gelombang terakhir terjadi sekitar 444 SM, ketika tembok kota itu dibangun kembali dan kota Tuhan dijadikan aman dari para musuh di sekelilingnya.

Kisah Daniel sangat erat terkait dengan Kitab Ester. Ester tinggal di Susa, ibukota kerajaan Media-Parsi, sementara Daniel memainkan peran besar baik dalam kerajaan Babilonia dan juga dalam Media-Parsi. Ia populer di bawah para raja bergantian itu. Kariernya menakjubkan, agak terlepas dari cara luar biasa ia merepresentasikan Tuhan.

# Bagian 1 (pasal 1–6)

## Pasal 1

Pasal 1 berfokus pada pembuangan Daniel pada 605/606 SM dan pemilihannya untuk menjadi pejabat istana Babilon. Ia diberi nama dewa Babilon, Beltsazar, seperti juga ketiga sahabatnya. Mereka tidak berkeberatan dengan nama itu, tetapi mereka tetap setia kepada Tuhan mereka ketika menyangkut soal makanan. Mereka diberikan hidangan agar gemuk, sebab kegemukan adalah tanda dari kemakmuran. Mereka digemukkan untuk posisi senior. Tetapi Daniel dan ketiga sahabatnya tidak ingin melanggar hukum tentang makanan dari Tuhan, maka mereka meminta petugas yang bertanggungjawab tentang pelatihan di universitas Babilon untuk mereka diizinkan dengan makanan menurut diet Yahudi selama 10 hari dan kemudian dibandingkan dengan yang memakan menurut diet Babilon.

Jadi Daniel memulai pendiriannya untuk prinsip yang relatif kecil soal makanan, tetapi ini memberinya kesanggupan untuk mengadapi singa kemudian hari. Ada suatu pelajaran penting di sini. Jika Anda dapat mempertahankan pendirian pada isu kecil, Anda akan dapat bertahan di soal lebih besar kelak ketika potongan lebih besar datang.

Dalam kejadian itu Daniel dan para sahabatnya tidak saja memiliki kesehatan lebih baik tetapi juga dalam studi mereka ketimbang para siswa lainnya. Maka mereka diizinkan untuk melanjutkan diet *kosher* mereka.

Maka peristiwa pembukaan ini memperkenalkan kita kepada para pemuda yang sungguh berkarakter yang meletakkan fondasi untuk pengabdian seumur hidup mereka kepada Tuhan, kendati di dalam pekerjaan yang oleh banyak orang disebut 'sekuler' Daniel dan sahabat-sahabatnya ada dalam 'pengabdian penuh waktu' kepada Tuhan. Bahkan, pekerjaan apa pun dapat menjadi panggilan sakral jika dikuduskan untuk Tuhan. Semua orang percaya harusnya ada dalam 'pelayanan penuh waktu' ini.

## Pasal 2

Pasal 2 memulai bagian yang lebih misterius dari kitab ini dengan sebuah mimpi tentang monster. Ini satu-satunya bagian dalam enam pasal pertama yang membingungkan orang. Jenis tulisan simbolik ini dikenal sebagai 'apokaliptik' -- sejenis sastra yang dipakai dalam kitab-kitab alkitabiah lainnya seperti Wahyu.

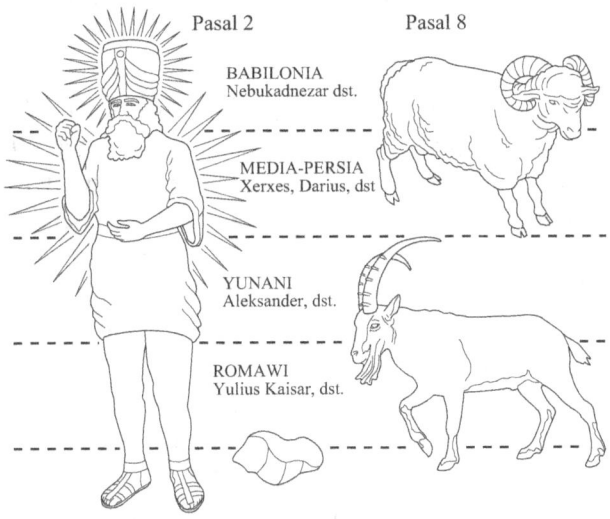

Pada 606 SM Nebukadnezar mendapatkan suatu mimpi, dan memanggil semua orang berhikmat untuk memberitahu dia tentang arti mimpi itu, atau mereka harus dihukum mati. Tetapi ia sendiri sudah melupakan mimpi itu, maka ia juga meminta agar isi mimpinya dipaparkan. Itu suatu perintah yang sangat sukar dan melampaui kesanggupan para orang bijak Nebukadnezar. Tetapi Daniel tidak saja sanggup menafsirkan mimpi itu tetapi juga menceritakannya kembali.

Mimpi itu mengenai raksasa yang terbuat dari berbagai bahan berbeda dari kepala ke kaki, mulai dengan kepala emas, sampai ke perak dan besi, turun ke kaki yang terbuat dari campuran tanah dan besi, yang tentunya memberi kita ungkapan akrab 'kaki tanah liat.' Tafsiran mimpi itu ialah kepala emas adalah Nebukadnezar, tetapi sisa badan lainnya adalah penyingkapan kerajaan-kerajaan masa depan sesudah Babilon. Media dan Persia di bawah

Xerxes akan menggantikan Babilon, tetapi tidak dengan kemegahan atau kemuliaan sebagaimana Babilon. Mereka akan diikuti oleh kerajaan Yunani di bawah Aleksander yang Agung yang akan melenyapkan Media dan Persia. Orang Yunani akan digantikan oleh Romawi, yang dilambangkan oleh kaki besi -- gambaran yang tepat tentang apa yang akan mencirikan Romawi. Pasukan perangnya yang menegakkan hukum Romawi. Roma akan diikuti oleh kaki dari tanah liat dan besi, suatu gabungan rapuh dan tidak stabil antara kelemahan dan kekuatan. Sebuah 'batu' akan mengakhiri semuanya.

Maka mimpi ini adalah peringatan pertama dari Tuhan kepada Nebukadnezar. Tuhan secara tegas berkata: "Aku yang mengatur kerajaan-kerajaan. Aku yang menyebabkan kerajaan bangkit dan jatuh, dan Aku akan membangkitkan kerajaan-kerajaan lain ini sesudah engkau."

## Pasal 3

Pasal 3 adalah kisah termasyhur tentang dapur api. Nebukadnezar, barangkali karena mimpi tadi, memerintahkan dibangun sebuah patung emas raksasa. Tingginya 27 meter dan lebarnya 2,7 meter. Patung ini mendominasi lanskap datar Mesopotamia. Ia membuat ketetapan bahwa apabila musik kerajaan dimainkan, setiap orang harus bersujud kepada berhala ini. Itu semacam agama yang dibentuk negara dan cara cepat mempersatukan kerajaan tersebut di sekitar satu kepercayaan. Tetapi Sadrakh, Mesakh dan Abednego menolak untuk taat (menarik, kita tidak diberitahu apa yang Daniel lakukan).

Laporan tentang penolakan ini tiba kepada Nebukadnezar, maka ketiga pemuda itu dilempar ke dalam dapur api, yang dipanaskan tujuh kali dari biasanya. Bahkan orang-orang yang melemparkan mereka menjadi hangus. Kita membaca bahwa Nebukadnezar melihat ke dapur api itu dan melihat empat sosok di sana, salah seorangnya terlihat seperti anak dewa. Sementara orang berspekulasi bahwa ini adalah penampakan awal dari Anak Tuhan.

**Pasal 4**

Kisah tentang kegilaan Nebukadnezar di pasal 4 adalah kisah favorit saya dalam Perjanjian Lama, yang barangkali menyatakan sesuatu tentang diri saya! Itu adalah tanda dan mukjizat, dan melalui itu ia bertobat kepada Tuhan Israel. Sedikit latarbelakang akan menjelaskan ketertarikan saya.

Nebukadnezar telah menikahi seorang putri cantik dari pegunungan Persia, di mana Teheran ibukota Iran kini terletak. Ia datang ke istana Nebukadnezar tetapi segera rindu akan tempat asalnya. Ia khususnya kehilangan pegunungan, pepohonan dan binatang-binatang liarnya. Ketika Nebukadnezar mendengar sumber keluhannya ia berjanji akan mengurusnya. Ia membangun sebuah gunung raksasa dari batu bata dan menutupinya dengan pohon-pohon, tanaman rambat dan tanaman lainnya. Itu sedemikian terkenal sampai menjadi salah satu dari tujuh keajaiban dunia. Pelancong berdatangan untuk melihat 'Taman Gantung Babilon.' Lalu di puncak taman itu ia menempatkan kebun binatang pribadi terdiri dari binatang-binatang liar, semua untuk menyenangkan istrinya, yang tidak biasa dengan tanah datar Babilon.

Suatu hari ia berada di atap istananya yang megah dan diserang oleh apa yang telah ia capai. Ia berkata, "Bukankah ini Babilon yang agung yang telah aku bangun dengan kuasa dan kemuliaanku?" Lalu ia tertidur dan bermimpi tentang sebuah pohon raksasa yang mencapai langit. Binatang-binatang bernaung di bawahnya dan ada banyak burung di dahan-dahannya. Pohon itu ditebang dan diikat ke besi, kemudian mulai tumbuh kembali.

Sekali lagi ia meminta Daniel menafsirkannya dan diberitahu bahwa ia adalah pohon itu, yang akan disingkirkan dari antara manusia selama tujuh tahun sampai ia mengakui bahwa Yang Maha Tinggi yang memerintah kerajaan-kerajaan manusia dan yang memberikannya kepada siapa saja sesuai yang Ia inginkan. Setahun kemudian Tuhan memberitahu Nebukadnezar bahwa ramalan itu akan digenapi. Demikianlah pastinya, ia menjadi gila selama tujuh tahun, sampai orangnya sendiri harus mengurung dia dalam kebun binatangnya. Ia memakan rumput selama tujuh tahun. Rambutnya tumbuh bagaikan sayap rajawali, dan kukunya menjadi seperti paruh burung -- persis seperti mulyuner Howard Hughes dalam pengasingan diri di hari-hari terakhirnya.

Di akhir tujuh tahun itu ia mengangkat matanya ke langit dan berkata, "Tuhan, Engkau sungguh Tuhan," dan Tuhan memulihkan dia ke takhtanya serta menjadikan dia lebih besar dari sebelumnya. Ini kisah dahsyat, meski akhirannya bercampuran. Ia membuat kesalahan dengan memaksa setiap orang bersujud menyembah Tuhan Israel -- penyembahan yang seharusnya adalah tindakan kehendak bebas bukan paksaan. Tetapi namun begitu, ia telah berubah.

## Pasal 5

Pasal 5 merupakan kisah berakhirnya Babilon. Beltsazar telah menggantikan Nebukadnezar saat itu. Pada sebuah pesta besar ia membuat kesalahan yang akan dibayar dengan hidupnya. Ia mengambil peralatan kudus yang telah dicuri dari bait di Yerusalem dan memakainya untuk pesta seks. Tetapi Tuhan mengamati, dan di tengah pesta Beltsazar melihat jari menulis di tembok: "MENE, MENE, TEKEL, UFARSIN." Ketika ia melihat jari tanpa badan itu menulis pesan ini, dapat dimengerti ia ketakutan setengah mati. Sekali lagi Daniel adalah penafsirnya. Ia menjelaskan artian tulisan itu, "Pemerintahanmu berakhir, engkau tidak layak dan kerajaanmu pecah terbagi." Malam itu juga orang Persia menyerang Babilon, kerajaan berakhir dan Beltsazar dibunuh.

## Pasal 6

Pasal 6 meliput kisah terkenal Daniel dalam kandang singa. Yang kurang dikenal ialah bahwa kini raja dan kerajaannya berbeda, dan bahwa Daniel berusia sekitar 99 tahun. Darius orang Media adalah rajanya, dan sekali lagi anti-Semitisme berjaya. Orang-orang kerajaan itu dipaksa untuk menyembah sang raja sendiri dan dilarang berdoa kepada ilah mana pun selama sebulan. Skema itu diatur oleh para rekan sejawat Daniel yang cemburu untuk menjebak dia, dan itu berhasil. Ia meneruskan kebiasaannya membuka jendela lotengnya untuk berdoa ke arah Yerusalem. Mereka yang berusaha mencari kesalahan Daniel kini memiliki amunisi yang mereka perlu, dan mereka memaksa Darius unuk menerapkan hukuman untuk ketidaktaatan. Ia menjebloskan Daniel ke sarang singa sebagai hukuman, tetapi malaikat menutup mulut singa dan ia diluputkan dari bencana. Maka sekali lagi Daniel membuktikan dirinya sebagai seorang berintegritas dan Tuhan membuktikan kesanggupan-Nya untuk memelihara hamba-Nya.

## Bagian 2 (pasal 7-12): warisan Daniel

Apabila kita masuk ke paruh kedua Kitab Daniel, kita berada dalam suasana yang sepenuhnya berbeda. Kita pindah dari kata ganti orang ketiga ke orang pertama, maka dari sekarang seterusnya Daniel sendiri yang menulis kitabnya. Ia juga pindah dari bahasa Aram ke kebanyakannya Ibrani, maka kita pindah ke bagian yang terutamanya untuk umat Tuhan. Yang pasti, orang tidak akan menasihati orang yang belum pecaya untuk membaca Daniel 7-12.

Dalam bagian ini Daniel membuat ramalan yang unik yang sangat terinci, sedemikian jelas urutan waktunya dan sangat akurat dalam terang peristiwa-peristiwa historis sampai ini tidak lain adalah sejarah yang dituliskan sebelum ia terjadi. Maka setiap pembaca diperhadapkan dengan pertanyaan apakah masa depan diketahui oleh Tuhan.

Alkitab membuat jelas bahwa Tuhan tidak hanya tahu masa depan tetapi juga membentuknya. Namun demikian, ini tidak berarti bahwa segala sesuatu ditetapkan sebelumnya dan direncanakan. Dalam Alkitab terdapat keseimbangan yang sangat halus antara kedaulatan ilahi dan taggungjawab manusiawi. Jadi kita tidak boleh berkata bahwa segala sesuatu ditetapkan sebelumnya, seakan kita adalah robot. Tetapi memang itu berarti bahwa Tuhan dapat membentuk berbagai kejadian. Jika saya bermain catur dengan seorang master catur, ia pasti menang, tetapi saya bebas membuat langkah yang saya ingin lakukan. Maka setiap langkah saya, ia dapat menandingi, dan ia tetap dapat menang. Tuhan memiliki lebih banyak kehendak bebas daripada kita, maka kebebasan kita dibatasi oleh kebebasan-Nya. Ada kelenturan dalam kedaulatan Tuhan yang sungguh harus kita hargai, agar jangan kita

# PENGLIHATAN DANIEL TENTANG MASA DEPAN

1. TIDAK TERUS MENERUS

   7 _____ 12

2. TIDAK TERUS MENERUS

   7    8    9    10    11    12

3. TIDAK BERBARENGAN

   MULAI   (Tahun yang Sama)   SELESAI

4. BERAGAM DALAM KELANGSUNGAN

5. SALING TUMPANG TINDIH

6. MENCAKUP DUA PERIODE

   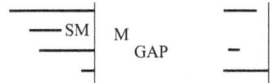
   SM   M   GAP

Pengelihatan Teleskopik Kenabian

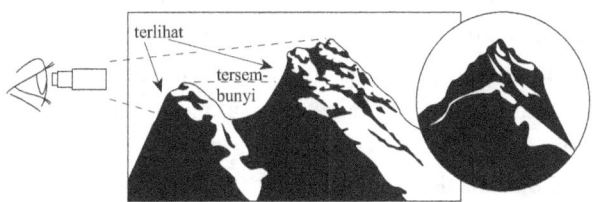

Pra-lihat                    Pra-penyingkatan

tergelincir ke dalam ide bahwa Tuhan menetapkan segala sesuatu sebelumnya, dan kita tidak penting.

Ada sejumlah pokok yang perlu dibicarakan tentang penglihatan masa depan dalam pasal 7-12.

Di sisi negatifnya, pokok-pokok ini tidak terus menerus, bukan merupakan serangkaian peristiwa yang saling berikutan. Juga tidak bersifat berurutan, dalam artian adanya aturan yang tepat. Tidak juga berbarengan, baik mulanya maupun akhirnya.

Pada sisi positifnya, penglihatan memang beragam dalam lama kelangsungannya, beberapa singkat dan beberapa meliputi periode waktu lebih lama. Mereka memang saling tumpang tindih, dan sebagian terjadinya bersamaan. Di atas semuanya, mereka meliputi dua periode waktu, yang satu menuju ke kedatangan pertama Mesias dan yang satu lagi menuju ke yang kedua. Seolah-olah Daniel melihat melalui sebuah teleskop kenabian dan melihat dua 'puncak' sejarah, yang lebih rendah di depan yang lebih tinggi, tanpa menyadari panjangnya lembah di antara kedua itu.

Jadi Daniel dapat melihat langsung ke kedatangan pertama Kristus, tetapi kemudian ia tidak dapat melihat hal apa pun lainnya sampai peristiwa-peristiwa yang menuju ke kedatangan Kristus kedua. Seperti kebanyakan para nabi Perjanjian Lama, ia tidak menyadari berapa lama waktu yang akan berlangsung antara kedua puncak tersebut. Ia melihat semua itu sebagai satu hal yang sedang mendatangi, dan ia menyebutnya 'kerajaan.' Ia tidak menyadari bahwa kerajaan itu akan datang dalam dua tahapan, sebab sang Raja akan datang dua kali.

Maka pasal-pasal ini meramalkan peristiwa-peristiwa yang menuju kepada kedatangan pertama sang Raja dan juga peristiwa-peristiwa yang menuju ke kedatangan kedua, dan yang mencengangkan ialah bahwa kedua rangkaian peristiwa-peristiwa ini hampir identik. Dalam periode pertama ada seorang bernama Antiokhus Epifanes. Dalam periode kedua ada seorang bernama Antikristus, dan paparan tentang kedua tokoh ini luar biasa mirip. Dengan kata lain, sementara kita mempelajari peristiwa-peristiwa yang menuju ke kedatangan Kristus pertama, kita mendapatkan wawasan ke dalam peristiwa-peristiwa yang menuju ke kedatangan kedua.

## Ramalan sudah digenapi

Apabila kita mempertimbangkan mimpi pertama Nebukadnezar dalam pasal 2, kita perhatikan serangkaian kerajaan manusia dengan kualitas yang menurun, dari raja keemasan, melalui yang perak, turun ke besi, sampai ke kaki tanah liat. Rangkaian kerajaan manusia ini akan menuju ke peresmian kerajaan ilahi. Maka kita memiliki kerajaan Babilonia, Media-Persia dan Yunani, diikuti oleh kerajaan Romawi, semasa Yesus, sang raja ilahi, datang ke dalam dunia ini. Daniel mengharapkan bahwa kerajaan ilahi akan sepenuhnya mengambil alih dari kerajaan-kerajaan manusia, tetapi ia tidak menyadari bahwa kerajaan ilahi itu akan berlangsung melalui periode di bumi berdampingan dengan kerajaan-kerajaan manusia. Ia melihat puncak kedua ini hampir sebagai bagian dari yang pertama dan tidak menyadari bahwa ada kesenjangan paling tidak 2,000 tahun, di mana kita hidup. Kita hidup dalam kerajaan ilahi, dan namun begitu masih ada kerajaan-kerajaan manusia dalam dunia ini seperti Rusia, Tiongkok dan Amerika Serikat.

Maka batu dari gunung yang tidak disentuh oleh manusia itu menghantam patung raksasa di kakinya, dan seluruh patung itu runtuh. Batu tersebut adalah kerajaan Tuhan yang menerobos masuk ke dalam kerajaan manusia -- menggantikan semua mereka, membuat semua itu tumbang, dan menegakkan kerajaan ilahi Tuhan di tempatnya. Daniel mengandaikan dari penglihatan itu bahwa ini akan terjadi satu kali saja, tetapi kita tahu bahwa itu terjadi dalam dua tahapan, sebab kerajaan dunia ini masih berlangsung berdampingan dengan kerajaan ilahi.

Nubuatan lainnya yang telah digenapi adalah pasal 8, di mana fokusnya ada pada domba dan kambing dengan sebuah tanduk. Dua binatang liar ini terhubung dengan dua bagian dari kerajaan raksasa di pasal 2 -- kerajaan Media-Persia dan kerajaan Yunani. Domba menunjuk ke kerajaan Persia, yang membentang dari India sampai ke Mesir, termasuk seluruh Turki. Segala sesuatu yang pasal 8 katakan tentang kerajaan Persia sungguh terjadi.

Kambing mewakili kerajaan Yunani sesudah kerajaan Media-Persia. Aleksander yang Agung diberi nama julukan 'Kambing' sebab ia selalu merangsek maju. Ia hanya berusia 32 tahun ketika mati, tetapi ia telah menaklukkan seluruh dunia 'beradab' dan dikagumi sebagai salah seorang penakluk besar dalam sejarah. Tetapi ia seorang yang mencari kepuasan diri sendiri, dan gaya hidupnya yang berdosa berkontribusi kepada kejatuhannya. Ketika ia mati, kerajaannya dibagi di antara empat jenderalnya. Lysinicus diberikan Turki, Cassander memiliki Yunani, Ptolemius mendapatkan Mesir dan Seleucid memiliki Siria. Maka Israel terjepit antara Seleucid dan Ptolemius, dan akibatnya menghadapi kesulitan besar.

Pasal 9 mengandung ramalan tentang berapa lama waktu sebelum sang raja ilahi tiba. Para sarjana Alkitab menyebut nas ini 'tujuh puluh minggunya Daniel,' dan banyak tinta telah dipakai tentang pandangan mengenai artinya. Teori-teori menarik melimpah banyaknya. Daniel diberitahu bahwa 'tujuh puluh minggu' ditetapkan untuk Israel. Tetapi penting untuk disadari bahwa kata 'tujuh' tidak berarti minggu tetapi tujuh tahun. Jadi yang dimaksud bukan 'tujuh puluh minggu' tetapi tujuh puluh kali tujuh -- yaitu, 490 tahun. Maka dari saat ketetapan untuk kembali dari Babilon ke Yerusalem sampai kedatangan sang raja akan ada 483 tahun (enam puluh sembilan kali tujuh).

Tidak jelas keputusan mana yang Daniel rujuk itu, juga tidak jelas entah ia memakai almanak Babilon (berdasarkan matahari, yaitu 365 1/4 hari) atau almanak Yahudi (didasari atas tahun bulan yang 360 hari). Sesungguhnya ada empat keputusan. Keputusan Koresh memulai kepulangan di tahun 536 SM. Kemudian Darius membuat keputusan berikutnya, yang mengizinkan lebih banyak lagi yang kembali. Arthasasta membuat dua keputusan, yang memungkinkan Nehemia untuk kembali dan membangun ulang. Tetapi keputusan mana pun yang dimaksud, tahun-tahun yang ditetapkan itu sampai ke saat kelahiran atau baptisan Yesus! Yang mana pun, hanya kurang dari 500 tahun kemudian Yesus datang -- yang untuk saya cukup tepat, sebab sungguh menakjubkan bahwa Daniel meramalkan kedatangan Kristus 500 tahun sebelum peristiwa itu terjadi.

Ada lagi rincian di pasal 9 yang perlu kita jelajahi. Meski ia meramalkan saat tepat kedatangan Kristus, Daniel diberitahu bahwa itu akan lama sampai akhir dari enam puluh tahun masa, ketika sang raja akan datang. Tetapi yang krusialnya, ia membiarkan 'minggu' ke tujuh-puluh di luar perisiwa-peristiwa ini. Saya percaya bahwa dalam minggu ke tujuh-puluh ia melihat melampaui kedatangan pertama ke kedatangan kedua. Jadi ada suatu gap besar antara minggu ke enam puluh sembilan dan ke tujuh puluh. Maka 'minggu' ini setara periode tujuh tahun yang masih belum terjadi, ketika Antikristus akan muncul. Menurut teks itu, akan dipaksakan suatu pakta dan kesepakatan dengan Israel akan mengalami ancaman. Pada masa itu khususnya penganiayaan akan menjadi sangat berat. Persembahan akan terhenti dan bait akan dinajiskan sebagaimana yang terjadi pada masa Antiokhus Epifanes, yang berarti harusnya bait pada suatu saat telah dibangun kembali.

Pasal 10 meliput penyataan lebih lanjut yang menyebabkan Daniel mengalami kegentaran. Itu memperlihatkan bahwa semua peperangan bumiah dibarengi oleh peperangan antara kekuatan malaikat dan kekuatan roh jahat. Ini merupakan wawasan yang sangat penting, meski banyak orang Kristen terlalu membesarkan kepentingannya. Pasal itu memberitahu kita bahwa di balik setiap kuasa bumiah dan setiap kerajaan yang bertumbuh ada penguasa demonik. Ada pengaruh demonik di balik orang yang ingin merebut kekuasaan atau menghancurkan negara lain. Pasal ini menyebutkan 'raja Persia' dan 'raja Yunani.' Tuhan mengirimkan malaikat-Nya Mikhael untuk menaklukkan mereka.

Menarik untuk diperhatikan bahwa Daniel tidak terlibat dalam peperangan itu, keseluruhannya adalah bagian para malaikat. Sebagian orang Kristen membangun strategi penuh untuk berdoa bagi penginjilan berdasarkan Daniel 10. Mereka percaya bahwa dalam kampanye penginjilan mereka harus mengidentifikasi roh jahat atas kota dan mengikatnya sebelum mereka dapat memulai mewartakan injil. Tetapi Yesus tidak berkata, "Pergilah ke segala bangsa, temukan roh-roh jahatnya dan ikat mereka," melainkan "Pergi dan jadikanlah murid-Ku dari antara segala bangsa." Mestinya kita serahkan peperangan spiritual kepada para malaikat sampai roh-roh jahat membuat dirinya menjadi nyata. Saya perhatikan bahwa Yesus dan para rasul tidak pernah pergi mencari roh-roh jahat, tetapi ketika roh jahat datang dan menyerang mereka, mereka mengurus roh jahat itu. Saya percaya itulah model untuk kita juga. Kita tidak perlu mencari roh-roh jahat dan berusaha mengikat mereka, tetapi kita harus melaksanakan tugas kita memuridkan orang untuk kerajaan. Pada satu kesempatan Paulus menunggu selama tiga hari sebelum ia mengusir roh jahat dari seorang anak gadis yang mengganggu pewartaannya.

Pasal 11 adalah ramalan yang paling menakjubkan dalam keseluruhan Alkitab. Dalam 35 ayat, 135 peristiwa besar diramalkan, meliputi jumlah 366 tahun (lihat tabel di akhir pasal ini). Para sarjana liberal tidak dapat menangani pasal ini. Mereka berkata Daniel tidak mungkin dapat menuliskan ini -- itu pasti ditulis 400 tahun kemudian. Tetapi Tuhan tahu yang awal dan yang akhir, dan Ia menyanggupkan Daniel menuliskan semuanya itu.

Di dalam pasal 11 juga disebut tentang Antiokhus Epifanes IV, siksaan terbesar terhadap bangsa Yahudi sebelum sang Raja ilahi datang. Ia menjadi penguasa dalam kerajaan Yunani tepat di utara Israel, dan ia adalah pelindung dari seorang anak laki-laki yang sesungguhnya adalah rajanya. Tetapi ia membunuh anak itu dan merebut takhta untuk dirinya sendiri. Ia seorang tiran mengerikan dan bermaksud meniadakan nama Yahudi. Ia menajiskan bait dengan mempersembahkan babi di atas mezbah, dan ia memenuhi ruang-ruang bait dengan para pelacur. Ia bahkan mendirikan patung Yupiter dalam bait. Ia membantai 40,000 orang Yahudi dan menjual sejumlah yang sama ke dalam perbudakan. Itu sedemikian mengerikan sampai orang Yahudi tidak sanggup menanggungnya. Dan akibatnya adalah revolusi Makabean. Antiokhus dapat dilihat sebagai paralel dari antikristus di akhir sejarah. Mereka saling terhisab; yang satu merupakan bayang-bayang dari yang lainnya. Jika Anda ingin tahu tentang antikristus, baca tentang orang ini.

Pembagian antara pasal 11 dan 12 khususnya tidak menguntungkan, sebab pasal 12 melanjutkan fokus pada antikristus dan memerhatikan tentang kejadian-kejadian yang berkaitan dengan kedatangan Kristus kedua, termasuk kebangkitan orang baik dan orang jahat.

## Ramalan yang belum digenapi

Meski kita dapat menentukan banyak cara di mana nubuatan Daniel digenapi, ada banyak aspek yang masih menanti penggenapannya.

Bahkan meski sang Raja sudah datang sekali, Ia masih belum mengambil kerajaan-kerajaan dunia. Untuk itu kita menantikan kembalinya Dia.

Pasal 7 mengandung beberapa penggambaran luar biasa. Sebagian orang berusaha menghubungkan pasal 7 dengan pasal 2 dan berkata bahwa keempat binatang buas aneh pasal 7 itu sama dengan empat kerajaan raksasa di pasal 2, karena itu mengusulkan bahwa kebanyakan peristiwa yang dipaparkan oleh penglihatan itu sudah pernah terjadi. Ada lima alasan mengapa pendapat itu tidak mungkin:

1. Sejarahnya tidak cocok dengan rinciannya. Yunani tidak mulai dengan empat kepala, juga Roma tidak memiliki empat tanduk. Sukar menemukan paralel di sini.

2. Dalam pasal 8 Persia dan Yunani adalah domba dan kambing. Agaknya tidak mungkin mereka harus dipaparkan secara lain kini.
3. Daniel diberitahu bahwa empat binatang buas 'akan bangkit' di masa depan, maka yang pertama tidak mungkin Babilon, yang telah lenyap.
4. Empat binatang buas itu tidak mungkin Babilonia, Persia, Yunani dan Romawi, sebab kita diberitahu bahwa tiga binatang buas yang pertama akan masih ada ketika yang ke empat tampil. Ketika Roma bangkit, tiga kerajaan lainnya telah berlalu, meski bangsa-bangsanya masih ada.
5. Di pasal 7 kekuatan binatang-binatang buas itu meningkat, tetapi patung raksasa itu menyatakan kerajaan-kerajaan yang memudar -- Roma tidak sekuat Babilon, sebagai contohnya.

Jadi apa yang harus kita lakukan tentang binatang-binatang buas itu -- singa bersayap, diikuti oleh beruang besar, diikuti oleh macan tutul bersayap dan berkepala empat. Diikuti oleh apa yang dapat saya paparkan sebagai monster atau naga, diikuti oleh sebuah kerajaan? Kerajaan itu jelas kerajaan Tuhan, yang didirikan di bumi oleh seorang tokoh 'seperti anak manusia, datang dengan awan-awan di langit' untuk memerintah bersama orang-orang kudus dari Yang Maha Tinggi. Jelas ini memaparkan pemandangan kedatangan Yesus kedua kelak. Spekulasi saya bahwa singa bersayap itu adalah Amerika Serikat dan Inggris, beruang adalah Rusia dan macan tutul adalah dunia Arab. Maka mereka masih ada di akhir zaman, tetapi mereka akan digantikan oleh kerajaan Tuhan, tetapi saya tidak dapat dogmatik tentang pengidentifikasian ini.

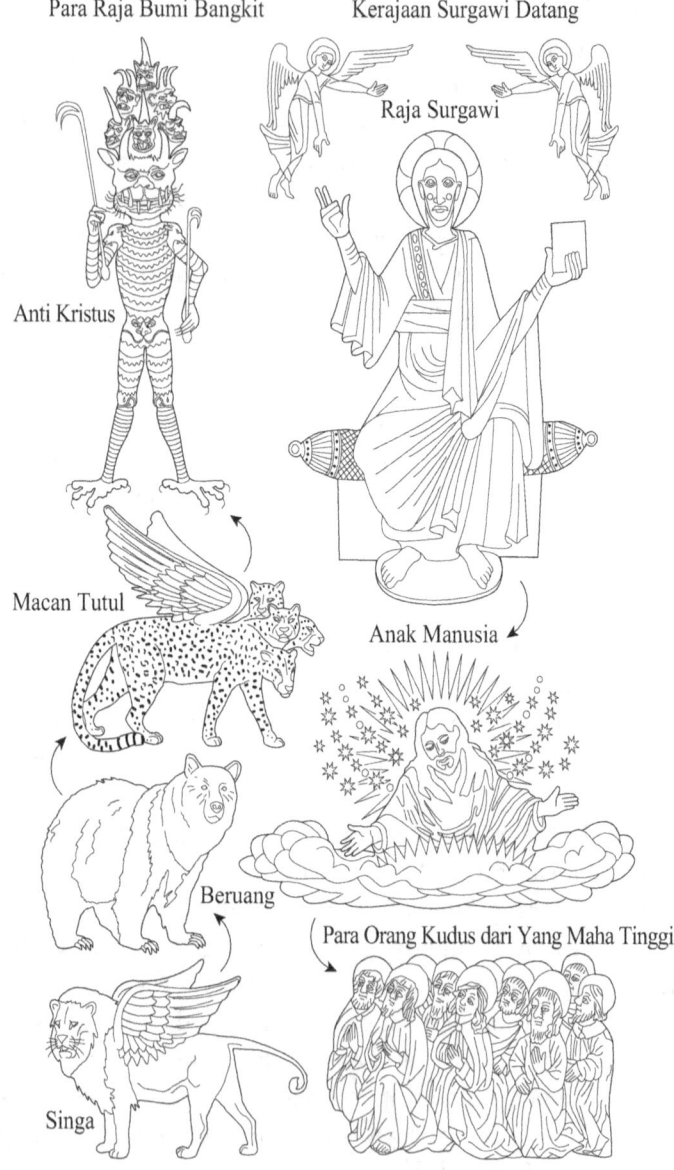

Maka dalam pasal 7 kekuatan-kekuatan dunia memberi jalan bagi antikristus. Kedatangan final kerajaan itu adalah ketika Anak Manusia datang dalam awan-awan kemuliaan untuk membereskan si antikristus dan mengambil kerajaan-kerajaan dunia, sehingga mereka boleh menjadi kerajaan Tuhan kita dan Kristus kita.

Juga jelas bahwa ada peristiwa-peristiwa yang dipaparkan dalam pasal 12 yang belum lagi terjadi. Daniel bicara tentang kebangkitan orang benar dan orang jahat, dengan yang benar bercahaya seperti bintang untuk selamanya. Ini adalah pertama kali dalam Alkitab disebutkan orang jahat akan 'dibangkitkan,' tema yang dikembangkan dalam Perjanjian Baru (lihat Yohanes 5:29; Kisah Rasul 24:15). Itu merupakan klimaks akhir dari seluruh sejarah.

## Mengapa semua ini dinyatakan kepada Daniel?

Karena Daniel sering kali tidak menyadari arti dari apa yang ia lihat, jelas bahwa hal itu bukan ditujukan untuk kepentingan Daniel tetapi untuk generasi kemudiannya. Segera akan datang periode 400 tahun ketika tidak ada lagi nabi, maka Kitab Daniel dimaksudkan sebagiannya untuk melengkapi umat Tuhan dalam masa gap itu. Fakta bahwa Tuhan telah meramalkan beberapa peristiwa yang terjadi semasa periode 400 tahun itu membuat kebisuan-Nya sedikit lebih tertanggungkan. Berikut beberapa bagian Alkitab lainnya yang menjelaskan pentingnya pra-peringatan: "Sungguh, TUHAN tidak berbuat sesuatu tanpa menyatakan keputusan-Nya kepada utusan-Nya, para nabi" (Amos 3:7); "Berawas-awaslah jangan kamu gelisah... Camkanlah, Aku sudah mengatakannya lebih dahulu kepada kamu" (Matius 24:6, 25); "Aku mengatakannya kepadamu sekarang juga sebelum hal itu terjadi, supaya jika hal itu terjadi, kamu percaya, bahwa AKU ADALAH Dia" (Yohanes 13:19).

Nubuatan dalam Daniel pertamanya diberikan sebagai penguatan untuk umat Tuhan. Melalui pasal-pasal ini mereka dikuatkan untuk melakukan sejumlah perkara sebab mereka tahu masa depan: untuk berdiri teguh, memanfaatkan, memberi pengertian, menanggung penderitaan, dimurnikan, menolak kejahatan dan mendapatkan perhentian.

Sebagian orang hanya ingin tahu masa depan karena rasa penasaran. Mereka ingin ada dalam keadaan tahu dan sibuk-sibuk dengan pengetahuan itu. Alasan hakiki Tuhan menyatakan masa depan kepada kita ialah supaya kita dapat menangani itu dengan tepat, bersiap sedia, dan berdiri teguh serta melakukan apa yang Tuhan ingin kita lakukan. Kita dapat menanggung penderitaan, karena mengetahui bahwa di akhir nanti akan ada kemuliaan.

Alasan lain Tuhan menyatakan masa depan ialah untuk memperingatkan orang tidak beriman, khususnya mereka yang ingin berkuasa dan membangun kerajaan manusia. Pada akhirnya Anak Manusia akan menggantikan semua mereka. Kita termasuk bagian dari Raja masa depan seluruh dunia ini. Anak Manusia akan datang dalam awan kemuliaan dan mendirikan kerajaan surga di bumi ini, dan kita akan memerintah bersama Dia. Maka lebih baik kita bersedia menjadi para pemerintah yang baik dan bertanggung jawab atas dunia bersama Dia.

Kita akan mempertimbangkan Kitab Daniel untuk orang Kristen ketika kita melihatnya lagi bersama dengan Kitab Ester di akhir pasal berikut.

# Berbagai Peristiwa yang Diramalkan dalam Daniel 11:2–35

## ay. 2 Persia

Tiga pemimpin sesudah Xerxes adalah:
- **Cambyses** (529–522 SSSSM), yang menaklukkan Mesir
- **Pseudo-Smerdis** (522–521 SM), yang mendapatkan takhta dengan menipu saudara Raja yang dibunuh dan dibantai oleh
- **Darius I Hystapes** (521–486 SM), disebutkan dalam Ezra 5–6.

Pemimpin keempat adalah **Xerxes I** (486–465 SM), Ahasywerosnya Ester 1. Ia adalah puncak dari kekayaan dan kekuasaan Persia. Ia menyerbu Yunani pada 480 SM tetapi kalah secara habis-habisan di Salamis.

## ay. 3–4 Yunani

**ay. 3 Aleksander yang Agung** (356–323 SM) membalas untuk Yunani dengan mengalahkan Persia dan dalam 12 tahun mendirikan sebuah kerajaan luas budaya Yunani, menundukkan Asia ke bawah Eropa. Ia adalah 'kambing jantan' Daniel 8. Ia mati di Babilon dalam usia 32 tahun.

**v. 4** Putra Aleksander dari Barsina dibunuh, dan putranya dari Roxana yang meninggal, juga dibunuh, maka kerajaan itu dibagi di antara empat jenderalnya.

- Lysimacus (Trakhia, Bithinia and Asia Kecil)
- Cassander (Makedonia dan Yunani)
- Ptolemius (Mesir)
- Seleucis (Siria sampai Babilon)

Dua yang terakhir menjadi 'selatan' dan 'utara' di sisa Daniel 11 (yi. Dalam relasi dengan umat Tuhan, Israel, kini kembali ke Palestina).

### ay. 5–35 Mesir dan Siria

Nas ini mencakup 162 tahun, dengan Israel 'terperangkap antara pintu dan engsel' (Luther) dari dua dinasti saling terhubung. Nama 'Siria' belum muncul dalam masa Daniel, maka wilayah ini hanya dirujuk sebagai 'utara.'

**ay. 5 Ptolemius I Soter (berarti 'Juruselamat')** (323–246 SM) memerintah Mesir dan seorang kerabat dekatnya, Seleucis I Nicator (312–281 SM), memerintah Siria. Keduanya mengambil julukan 'Raja' pada 306 SM. Seleucis menjadi lebih kuat, memerintah wilayah dari Asia Kecil sampai India, dan dengan demikian menjadi saingan dan ancaman.

**ay. 6 Ptolemius II Philadelphus ('kasih persaudaraan')** (285–246 SM) dari Mesir mendorong Antiochus II Theos ('Tuhan') untuk menceraikan istrinya Laodikea dan menikahi putrinya sendiri, Berenika. Persatuan tersebut tidak berhasil, baik pernikahan maupun sebagai usaha menyatukan dua keluarga kerajaan. Ketika Prolemius meninggal,

Antiokhus mengambil balik Laodikea sebagai istri, tetapi Laodikea membunuh dia, Berenika dan putra mereka.

## ay. 7–9

Periode 'papan jungkit' perang antara kedua bangsa itu.

**ay. 7** Saudara dari Berenika, **Ptolemius III Euergetes ('dermawan')** (246–221 SM) menyerang **Seleucis Callinicus** (247–226 SM) dan membunuh Laodikea sebagai pembalasan. Ia menang di seluruh kerajaan utara sampai menjangkau Persia dan Media.

**ay. 8** Ptolemius III kembali dengan berhala-berhala Mesir yang diangkut 280 tahun sebelumnya dan karena itu kemudian penduduk menyebutnya 'dermawan.'

**ay. 9** Seleucis mengembalikan serangan, kehilangan armadanya karena badai, sampai dikalahkan secara memalukan dan mati sesudah jatuh dari kudanya.

## ay. 10–20

**ay. 10** Dua saudara di utara– **Seleucis III** (226–223 SM), dibunuh oleh pasukan pemberontak dalam perang di Asia Kecil, dan **Antiochus III 'yang Agung'** (223–187 SM), yang naik kuasa usia 18 dan sepanjang hidupnya berperang untuk membalaskan perendahan ayahnya. Ia menyapu bagaikan air bah sejauh Gaza, baris berbenteng Mesir.

**ay. 11** Ptolemius V Philopater ('mengasihi ayah') (221–203 SM) menemui Antiochus Agung dengan pasukan 70,000 serdadu, 5,000 kavaleri dan 73 gajah di Rahpia tahun 217. Antiokhus dikalahkan total, dengan 10,000 mati dan 4,000 dipenjarakan serta dalam kesempitan ia sendiri luput dari penangkapan.

**ay. 12** Ptolemius V, melalui kelambanan dan kenikmatan, gagal menindak-lanjuti keberuntungannya. Antiokhus pulih dan pergi ke timur ke India dan Laut Caspian, meraih kekayaan dan kekuatan.

**ay. 13** Ketika Ptolemius dan ratunya meninggal secara misterius, Antiokhus menyerang Mesir kembali dan mengalahkan pasukan bersenjatanya (di bawah Jenderal Scopas) di Panias, dekat sumber Yordan, kemudian Kaesaria Filipi. Scopas lari ke Sidon.

**ay. 14** Yang lain kemudian membentuk aliansi baru dengan Antiokhus (yi. Philip dari Makedonia), termasuk beberapa orang Yahudi yang berpikir mereka membuat nubuatan tergenapi dengan melihat orang Mesir dikalahkan, dan mengharapkan kemerdekaan nasional terjadi sesudahnya. Banyak yang mati dalam perang ini.

**ay. 15** Sidon dikepung dan direbut, kendati usaha gagal oleh tiga jenderal Mesir untuk membuyarkan pengepungan itu.

**ay. 16** Antiokhus melakukan kesalahan menduduki Israel sebagai basis militer dan menjadikan negeri itu reruntuhan untuk mendukung pasukannya.

**ay. 17** Terancam oleh kekuatan Roma yang sedang berkembang, Antiokhus berusaha untuk bersatu dengan Mesir dengan memberikan putrinya yang muda dan cantik, Kleopatra sebagai istri untuk yang masih berusia tujuh tahun - Ptolemius V Epiphanes ('mulia') (204–181 SM). Pengharapannya bahwa Kleopatra dapat membawa Mesir ke bawah kendalinya kandas ketika ia dengan suaminya melawan ayahnya.

**ay. 18** Antiokhus bersikap menghina penuh kuasa Romawi yang bertumbuh --- 'Asia tidak peduli mereka [Romawi] dan aku tidak tunduk kepada perintah mereka." Ia menolak duta besar mereka, memutuskan untuk menaklukkan Yunani sendiri dan ia kalah secara memalukan oleh konsul Romawi Lucius Scipio Asiaticus di Thermopylae pada 191 SM dan di Magnesia di Sungai Maeander River pada 189 SM.

**ay. 19** Keadaan damai yang sukar dengan Roma mengirim Antiokhus pulang dalam keadaan kalah dan ia dibunuh sementara berusaha menjarah kuil di Elim. Ia membuka Asia untuk Roma.

**ay. 20** Seleucis IV Philater ('mengasihi ayah') (187–175 SM) hanya menginginkan damai dan ketenangan tetapi harus meningkatkan pajak berat untuk membayar upeti kepada Roma. Menteri keuangannya, Heliodorus, datang mengambil harta karun dari Bait di Yerusalem, dicegah oleh penampakan supernatural dan pulang untuk meracuni raja.

## ay. 21–30

**Antiokhus Epiphanes ('Mulia')** (175–164 SM).

Sang 'tanduk kecil' dari Daniel 7. Tiran terjahat dalam periode Perjanjian Lama. Kuasa Siria meredup dan segera memberi jalan untuk Roma. Frustrasinya menyebabkan penganiayaan pahit atas Israel dan usaha untuk menghapuskan agama Israel dengan menajiskan Bait dan memaksakan kebudayaan Yunani.

**ay. 21** Kekejiannya termasuk berhubungan dengan para pelacur dan persetubuhan publik, ketamakan, pesta pora, kelicikan dan intrik. Julukannya 'Epifanes,' berarti 'mulia' di belakangnya diubah menjadi nama ejekan 'Epimanes,' berarti 'orang gila.' Pewaris langsungnya untuk takhta Siria, Demetrius, ditangkap sebagai tawanan di Roma, maka Antiokhus merebut kuasa di Siria dengan jalan menjadikan dirinya pelindung dari urutan kedua garis ke takhta, yaitu putra bayi dari Seleucis IV, Antiokhus yang kemudian ia bunuh. Ia memperoleh popularitas dengan menjanjikan pengurangan pajak dan hukum yang lebih mudah, yang tidak ia genapi.

**ay. 22** Pertama kali kegiatan militernya tidak begitu berhasil. Ia meraih kedamaian dengan Roma melalui membayar upeti secara menunggak dan dengan menyuap. Kemudian menyerbu Mesir pada 170 SM serta mengalahkan Ptolemius V Epiphanes antara Gaza dan delta Nil. Di jalan ke selatan ia dipanggil di Yerusalem dan dibunuh oleh Onias, Imam Besar, pemimpin bayang-bayang dari Israel.

`**ay. 23** Meski Siria bukan sebuah bangsa besar, Antiokhus kini sanggup mengendalikan Mesir, dengan memakai dua keponakannya, **Ptolemius VI**

**Philometer** (181–145 SM) dan **Ptolemy Euergetes sebagai bidak.**

**ay. 24** Secara sistematis ia kemudian merampoki wilayah-wilayah paling kaya yang dalam cengkeramannya (yi. Galilea), memakai kekayaan itu bukan untuk dirinya sendiri (sebagaimana tindakan para penguasa terdahulu) tetapi sebagai suap untuk perkenan dan dalam kesesatan luar biasa (menyebar uang di jalan-jalan, berbaring di atas peralatan mewah dsb.). Ia juga menyusun rencana untuk merebut kota-kota Mesir seperti Aleksandria.

**ay. 25** Ia kembali melakukan ekspedisi ke Mesir dengan kereta, kavaleri dan gajah. Ia mencemarkan istana Mesir dan mereka berkomplot untuk melawan raja mereka.

**ay. 26** Ini menyebabkan kekalahan Mesir.

**ay. 27** Antiokhus dan Ptolemius Philometer duduk di sekitar meja, masing-masing berusaha saling mengecoh sementara membuat kesepakatan. Keduanya gagal.

**ay. 28** Ketika Antiokhus kembali ke utara, ia berpaling ke Israel, menginginkan kekayaan Bait, membantai 40,000 orang Yahudi dan menjual sejumlah yang sama ke perbudakan. Jason, Imam Besar, melarikan diri ke Ammon.

**ay. 29** Semasa ekspedisi berikutnya ke Mesir, ia menaklukkan sepupunya Philometer, tetapi dipaksa untuk kembali dari Aleksandria.

**ay. 30** Semasa ekspedisi terakhirnya ke Mesir, Mesir mengutus duta besar ke Roma yang mengirimkan kapal-kapal dari Siprus. Konsul Gaius Popilius

Laenas menuntut Antiokhus menarik pasukannya dari Mesir dan dengan marah Antiokhus pergi, menyadari bahwa ini adalah akhir dari pengharapannya.

### ay. 31–35

Antiokhus kini mengarahkan frustrasinya kepada umat Tuhan.

**ay. 31** Orang Yahudi menjadi kambing hitamnya dan ia memulai penganiayaan yang buas (dicatat dalam 1 dan 2 Makabeus), dengan menggunakan simpatisan di dalam Israel. Ia melarang ibadah dan persembahan. Mendirikan patung Yupiter dalam Bait dan mengorbankan babi di mezbah pada 25 Desember 168 SM (tentang 'pembinasaan keji' ini disebutkan dalam Matius 24:15).

**ay. 32** Ini memicu revolusi dari keluarga imamat Matathias dari Makabeus ('pemalu'). Di bawah kepemimpinan Yudas, terjadi banyak perbuatan kepahlawanan (disebutkan dalam Ibrani 11). Israel dimerdekakan dan Bait didedikasikan ulang pada 25 Desember 165 SM.

**ay. 33–35** Dampak mengejutkan dari penganiayaan itu adalah kebangunan rohani, sebab terjadi pemurnian dan pemisahan antara orang percaya sejati dan semu.

# 30. ESTER

## Pendahuluan

Kitab Ester tidak lazim karena dua alasan: bersama dengan Kitab Ruth, ini satu dari hanya dua kitab dalam Alkitab yang dinamai menurut nama perempuan; dan bersama dengan Kidung Agung, ini satu dari hanya dua kitab dalam Alkitab yang tidak pernah menyebut nama Tuhan secara langsung. Maka karena alasan ini banyak orang dibingungkan oleh Ester. Kitab ini adalah kisah menarik dan romants, tetapi mengapa ada dalam Alkitab? Mengapa kita harus membacanya? Apa yang mungkin dapat kita pelajari darinya?

Ester, bersama dengan Yehekiel dan Daniel, ditulis semasa pembuangan orang Yahudi, dan dengan demikian adalah salah satu dari sedikit kitab dalam Alkitab yang sepenuhnya ditulis di luar Tanah Perjanjian (meski Ester ditulis jauh kemudian hari dari kedua kitab lain itu). Kitab-kitab ini menceritakan bagaimana orang Yahudi berperilaku ketika mereka ada di dalam masyarakat bukan Yahudi, dan maka mereka dapat menjadi pedoman baik tentang bagaimana kita berperilaku dalam masyarakat bukan Kristen.

## Latarbelakang historis

Babilon dikalahkan oleh koalisi antara Media dan Persia. Darius orang Media adalah penguasa pertama dari kerajaan baru, diikuti oleh seorang Persia, Xerxes I (atau dikenal juga sebagai Ahasyweros). Daniel bangkit menjadi menteri perdana dan dikenal dengan nama Babilonianya, Beltsyazar. Hadassah bangkit menjadi ratu dan disebut Ester (sebuah nama bukan Yahudi, singkatan untuk Ishtar, dewi Babilonia). Maka baik Daniel maupun Ester dipromosikan ke posisi di mana mereka dapat menolong umat mereka.

Tuhan tidak memaksa orang Yahudi untuk kembali ke Tanah Perjanjian. Pastinya, jika semua mereka telah kembali, kitab ini tidak akan pernah ditulis. Ribuan banyaknya yang memilih untuk kembali, tetapi lebih banyak lagi yang memilih untuk tidak.

Kitab Ester barangkali adalah kitab terbaik dalam Alkitab yang teruji secara historis. Catatan-catatan lain di luar Alkitab, seperti *Histories* oleh Herodotus (sejarawan sezaman, lahir pada 480 SM), meneguhkan bahwa Ester adalah sebuah kitab yang ditulis kemudian. Ada banyak lagi catatan lain yang mendukung apa yang kita baca dalam Ester. Pada 1930 para arkeolog menggali Persepolis, ibukota kerajaan Persia, menggali sebuah kepingan batu piagam dengan nama 'Mardukha.' Menteri perdana di kitab itu adalah Mordekhai, maka sangat mungkin itu adalah orang yang sama.

## Kisah romantis

Kitab ini adalah sebuah kisah sangat romantis. Ester masih

muda dan cantik, ratu dari sebuah kerajaan. Hanya seorang yang tahu rahasia dirinya -- rahasia yang dapat berarti kematian! Itu adalah bahan menarik untuk majalah wanita.

Beginilah garis besar kisahnya: Xerxes memerintah atas sebuah kerajaan yang membentang dari India di timur ke Mesir di barat. Tetapi ada masalah di depan, maka ia mengadakan rapat selama 180 hari untuk memutuskan bagaimana ia harus mengatasi ancaman yang dikemukakan oleh bangsa Yunani. Di akhir rapat itu mereka mengadakan pesta tujuh hari di taman istana. Ketika mereka minum minuman keras terlalu banyak, raja memanggil istrinya, Wasti, untuk datang dan menari bagi mereka, sebab ia muda dan cantik dan raja ingin menghibur para jenderalnya. Tetapi Ratu Wasti menolak datang, dan itu memulai keseluruhan kisah. Penolakan ini membuat raja ada dalam situasi sangat memalukan. Jika ia tidak mengurus istrinya itu, dapat diduga apa yang akan dibuat oleh semua istri para jenderalnya, jika ia tidak dapat mengendali keluarganya, mereka juga akan mengalami masalah, maka harus diambil suatu tindakan. Ia memberitahu istrinya bahwa ia tidak boleh lagi ada di hadiratnya!

Tetapi ia mengalami tempat tidurnya dingin dan ia menjadi makin kesepian. Maka seseorang mengusulkan agar ia mengadakan kontes kecantikan, dan pemenangnya menjadi istrinya.

Itu suatu urusan serius. Ester harus melalui 12 bulan penuh rawatan kecantikan sebelum masuk ke gelanggang kontes. Wajar ia menang, maka ia menjadi ratu baru dari Xerxes.

Ia berasal dari suku Benyamin, hal yang menakjubkan, bila mengingat sejarah sukar suku itu. Mordekhai adalah sepupunya, tetapi ia telah piatu, maka Mordekhai mengangkatnya menjadi anak. Atas permintaan Mordekhai, ia memelihara hubungan mereka secara diam-diam -- sebab adanya sikap anti-Semitik, komunitas Yahudi dalam kerajaan itu ada dalam posisi genting. Kendati masih baru untuk harem, ia menjadi istri kesayangan raja.

Sementara kisah ini digelar, kita juga memerhatikan posisi seorang lain yang ditinggikan di istana ketika itu. Ia disebut Haman dan adalah 'si jahat' dalam kisah ini. Ia adalah keturunan Agag. Saul, raja pertama Israel, telah diberitahu oleh nabi Samuel untuk pergi dan mengalahkan Agag. Tetapi Saul tidak membunuhnya, dan karena itu Samuel mengambil alih dan mencincang Agag di depan mezbah Tuhan. Ini menyebabkan kebencian antara bani Agag dan orang Yahudi, dan demikian juga Haman menyimpan kebencian kepada orang Yahudi karena bagian sejarah itu -- kebencian yang membuat kisah ini khususnya sangat menegangkan. Kita memiliki suatu situasi penuh intrik -- seorang perempuan Yahudi yang tidak menyatakan bahwa ia Yahudi adalah ratu dari kerajaan Persia, dan Haman adalah penasihat tinggi istana tetapi membenci semua orang Yahudi.

Situasi kritis terjadi ketika Mordekhai tidak bersedia berlutut dan memberi hormat sebagaimana yang diperintahkan oleh raja maka Haman memberitahu raja bahwa mereka harus sungguh melenyapkan orang Yahudi yang tinggal dalam kerajaan itu. Mereka berbeda, dengan hukum mereka sendiri, kebiasaan mereka sendiri, dan agama mereka sendiri. Ia juga menawarkan akan memberikan suap besar kepada bendahara negara jika raja setuju untuk melenyapkan orang Yahudi. Mereka sungguh mengundi untuk memutuskan hari ketika semua orang Yahudi dengan diam-diam akan dibunuh. Menariknya, undian jatuh pada hari ke tiga belas dari bulan untuk pemusnahan orang

Yahudi. Itulah alasan mengapa angka tiga belas diperlakukan secara takhayul sejak itu.

Ketika orang Yahudi mendengar apa yang akan terjadi mereka meratap, berpuasa dan mengenakan baju karung serta menaburkan abu. Mordekhai mengirim pesan kepada Ester untuk meminta belas kasihan raja. Ia mengusulkan bahwa Tuhan telah membawa Ester ke kerajaan untuk masa seperti itu. Ia adalah ratu, melalui serangkaian peristiwa yang tidak terduga, dan ada di posisi untuk membantu umatnya.

Jadi Ester menghadapi pergumulan nyata. Haruskah ia menyatakan bahwa ia seorang perempuan Yahudi? Jika ia lakukan itu, hidupnya pun akan terancam. Tetapi ia memutuskan bahwa jika ia harus mati, biarlah ia mati.

Jadi bagaimana cara ia membuat permohonan itu diketahui? Ratu tidak diizinkan masuk ke hadirat raja kecuali dipanggil, tetapi ia tahu bahwa ia harus menemuinya. Maka dengan berani ia berjalan masuk ke hadiratnya dan mengusulkan untuk pesta, dengan Haman sebagai tamu kehormatan. Raja mengabulkan permohonan itu dan pesta pun diatur sebaik-baiknya.

Sementara itu, Haman menjadi sangat marah dengan Mordekhai sampai ia membangun tiang gantungan setinggi 23 meter untuk menggantungnya. Tetapi ia tidak memberitahu untuk menggantung siapa itu.

Malam sebelum pesta, raja tidak bisa tidur, dan karenanya ia bangun untuk membaca. Ia menemukan catatan lamanya dan membaca bagaimana Mordekhai telah menyelamatkan nyawanya beberapa tahun yang silam dari percobaan pembunuhan yang melibatkan dua orang pegawai istana. Ia teringat bahwa ia belum sempat memberikan penghargaan kepadanya. Maka segera keesokan paginya ia membuat pengaturan untuk memberikan Mordekhai penghargaan. Itu jelas suatu kebetulan yang luar biasa -- nyata adalah campur tangan Tuhan.

Sementara pesta, raja berkata kepada Haman, "Aku berusaha memikirkan suatu pahala untuk diberikan kepada seseorang yang sungguh menyenangkan diriku. Apakah usulmu?" Haman berpikir itu pasti dirinya, maka ia menjawab, "Buatlah iring-iringan penghormatan untuknya dan angkat ia menjadi Menteri Perdana." Raja setuju dengan usul itu, tetapi Mordekhailah orangnya yang dijemput dan diberikan pahala --- suatu pembalikan yang sukar dapat dipercaya.

Pada pesta itu Ester memberanikan diri bicara kepada raja tentang bangsanya. Ketika raja mendengar bahwa Haman di balik siasat sejahat itu, ia memerintahkan agar Haman digantung di tiang gantungannya sendiri, maka orang Yahudi pun selamat. Keputusan yang baru dikeluarkan membalikkan rencana pembunuhan oleh Haman dan memberikan hak kepada orang Yahudi untuk membela diri mereka dan hak untuk berkumpul serta melenyapkan kekuatan tentara yang mungkin menyerang mereka. Itu merupakan intervensi yang mengejutkan, sebab para pembunuh di seluruh kerajaan telah bersiap untuk membunuh semua orang Yahudi.

Maka ketika harinya tiba untuk keputusan Haman melenyapkan orang Yahudi, orang Yahudi bersiaga dan maju untuk mengalahkan musuh mereka serta menghukum mati keluarga Haman. Sedemikian itulah bahaya terhadap orang Yahudi sampai jika ini tidak terjadi, akan tidak ada lagi orang Yahudi tersisa sebab kerajaan Persia membentang dari India ke Mesir. Jika keputusan asalnya tetap berlaku, Yesus tidak akan pernah dllahirkan. Maka Ester menyelamatkan zaman itu. Tidak heran bahwa tiap tahun orang Yahudi merayakan Perayaan Purim sebagai kenangan tentang hari-hari itu.

Semua orang menyukai kisah semacam ini dan kisah ini memang telah diceritakan dengan istimewa. Seorang pencerita yang baik akan membangun titik ketegangan nyata dan kemudian melegakan ketegangan itu, sambil setiap orang kemudiannya hidup bahagia selamanya dan yang jahat tiba di akhir yang suram. Kisah Ester adalah karya unggulan dalam artian demikian.

## Garis besar kitab

**Bahaya (1–5)**
1: Pendahuluan
2–3: Keputusan raja yang pertama
4–5: Kejengkelan Haman terhadap Mordekhai
Raja tidak bisa tidur (6)
**Kelepasan (6–9)**
6–7: Peninggian Mordekhai atas Haman
8–9: Keputusan kedua dari raja
**Penutup (10)**

Kitab ini disusun indah secara simetris. Kita memiliki keputusan raja yang pertama bahwa setiap orang harus menyembah dia, dan keputusan raja yang kedua bahwa orang Yahudi tidak boleh lagi disentuh. Kita punya kejengkelan Haman dengan Mordekhai, dan kemudian peninggian Mordekhai atas Haman. Dan keseluruhan kisah ini berkisar pada satu orang yang tidak bisa tidur -- kebenaran memang jelas lebih janggal ketimbang fiksi!

## Mengapa ada kitab ini dalam Alkitab?

Tetapi pasti harus ada alasan lebih dari sekadar sebagai suatu kisah yang bagus. Mengapa kitab ini ada dalam Alkitab? Apakah sekadar memberi kita contoh untuk memiliki keberanian ketika kita kedapatan dalam posisi publik?

Yang jelas, Perayaan Purim tahunan adalah perayaan sekuler ketimbang spiritual. Tidak ada upacara keagamaan. Martin Luther berkata tentang Ester dan 2 Makabeus: "Saya berharap mereka sama sekali tidak eksis; sebab kitab-kitab ini terlalu meyahudikan dan banyak mengandung penyimpangan kekafiran."

Jadi apakah nilai Kitab Ester untuk orang Kristen? Apakah kita harus melihat Ester sebagai teladan tentang ketaatan, kerendahhatian, kesahajaan dan kesetiaan? Apa yang harus kita lakukan dengan aspek-aspek kurang menyenangkan dari kitab ini, seperti tentang pembalasan pembantaian terhadap orang Persia?

Kita harus memerhatikan semangat anti-Semitisme dalam halaman-halaman ini. Pertamanya, orang Yahudi *berbeda*. Mereka menjalankan hukum mereka sendiri dan mengikuti adat kebiasaan mereka: praktik penyunatan, pelaksanaan Sabat dan hukum makanan khususnya yang berbeda. Kedua, orang Yahudi itu *mandiri*. Mereka menolak untuk ada di bawah kendali dan karena itu dilihat sebagai ancaman bagi otoritas totaliter.

Setan berketetapan untuk menghancurkan orang Yahudi sebab keselamatan datang dari orang Yahudi. Setan ada di balik pembunuhan anak-anak lelaki di Mesir. Musa diselamatkan oleh keranjang anyaman kecil dari rumput.

Setan berusaha menghancurkan orang Yahudi sebelum sang Mesias dapat dilahirkan. Di balik pembunuhan 200 bayi di Betlehem ada si jahat, tetapi Yesus luput ke Mesir.

Maka ada sesuatu yang demonik tentang anti-Semitisme. Firaun berusaha membinasakan orang Yahudi, Haman mengupayakannya. Herodes mengusahakan itu dan Hitler mencobanya juga. Hal itu terus saja muncul dalam sejarah, sebab keselamatan adalah dari orang Yahudi. Kita mesti sangat berterima kasih kepada orang Yahudi. Segala sesuatu yang kita ketahui tentang Tuhan datangnya melalui mereka, dan Juruselamat adalah seorang Yahudi.

Empat puluh pengarang berbeda menulis Alkitab sepanjang lebih dari 1,400 tahun dalam tiga bahasa berbeda. Hanya seorang penulis yang bukan Yahudi -- dr. Lukas -- dan ia mendapatkan semua bahannya dari orang Yahudi. Tanpa orang Yahudi kita tidak akan memiliki Alkitab sama sekali. Tidak heran lebih dari semua bangsa lain mereka sangat dibenci.

Tetapi ada satu aktor tidak terlihat dalam drama ini. Tuhan mestinya berada di balik semua ini. Sebab ketika begitu banyak yang bergantung pada hal atau lingkungan yang tampak merupakan rincian kecil, jelas bahwa kita menyaksikan Tuhan sedang bekerja.

Saya melihat Tuhan bekerja dalam kisah ini, dalam hal Ia menyelamatkan umat itu yang darinya Putra-Nya akan dilahirkan. Saya melihat itu dalam doa dan puasa umat itu ketika mereka pertama mendengar tentang siasat jahat Haman terhadap mereka. Saya melihat dalam kepercayaan Mordekhai bahwa Tuhan mempertahankan umat itu. Ia bahkan memberitahu Ester bahwa jika ia tidak bersedia menjadi saluran Tuhan, seorang lain akan menggantikan. Ia tidak memakai nama Tuhan memang, tetapi itu tersirat. Ini adalah iman yang luar biasa akan pengendalian Tuhan mengatasi lainnya. Saya melihatnya di dalam berbagai peristiwa kebetulan yang semuanya cocok menyatu: bahwa Mordekhai telah menyelamatkan hidup raja beberapa tahun sebelumnya, bahwa Ahasyweros telah mencatat itu di catatan hariannya. Saya melihat dalam fakta bahwa Ahasyweros tidak dapat tidur dan membaca halaman berisi catatan tentang tindakan Mordekhai itu di bukunya. Jika nama Tuhan tidak terdapat dalam Kitab Ester, jari-jari-Nya pasti ada. Seorang sarjana menyebut Ester "romans providensia,' dan ia sungguh benar.

Jadi, mengapa Tuhan tidak pernah disebutkan? Ohh, inilah kejutan terbesarnya. Ia disebutkan lima kali, tetapi hanya sedikit orang menemukan itu! Sesungguhnya Ia disebutkan dalam bentuk akrostik, dengan memakai huruf-huruf pertama entah dari nama-Nya atau dari gelar-Nya. Kadang dituliskan maju, kadang mundur. Saya telah berusaha menuliskan itu dalam bahasa Inggris untuk Anda supaya Anda dapat melihatnya, tetapi ingat bahwa akrostik ini aslinya dalam bahasa Ibrani.

Orang Yahudi, yang senang bermain dengan kata-kata, sangat gemar dengan akrostik (memakai huruf pertama dari kata atau kalimat sebagai pesan 'tersembunyi,' seperti misalnya FAITH berarti 'Forsaking All I Trust Him' (Menolak Semua Aku Memercayai Dia). Anda akan menemukan hal sejenis itu di banyak mazmur-mazmur, khususnya di dalam yang terpanjang, Mazmur 119. Paparan tentang istri yang ideal di Amsal 31 adalah akrostik lainnya. Dalam kitab Ratapan empat dari lima pasalnya adalah akrostik abjad-abjad, tiap barisnya dimulai dengan urutan abjad-abjad secara bergantian. Itu suatu perangkat sastra yang piawai, dan itu dapat dipakai untuk menyampaikan isyarat atau pesan rahasia.

Dalam Kitab Ester ada lima akrostik, dan empat yang pertama mengikuti suatu pola yang sangat indah (lihat 1:20; 5:4; 5:13; 7:7). Yang dua pertama memakai abjad pertama dari empat kata berurutan, sedangkan pasangan kedua memakai abjad-abjad terakhirnya. Akrostik pertama tersusun mundur, yang kedua maju, yang ketiga mundur dan yang keempat maju.:

## Akrostik dalam Ester

| 1:20 | 5:4 | 5:13 | 7:7 | 7:5 |
|---|---|---|---|---|
| **D** ue | **L** et | Yet | For | Wher **E** |
| **R** espect | **O** ur | I | He | Dwellet **H** |
| **O** ur | **R** oyal | Am | Saw | The Enem **Y** |
| **L** adies | **D** inner | Sa **D** | That | That Daret |
| Shall | This | Fo **R** | There | **H** |
| Give | Day | N **O** | Was | Presume |
| To | Be | Avai **L** | Evi **L** | In |
| Their | Graced | Is | T **O** | His |
| Husbands, | By | All | Fea **R** | Heart |
| Both | King | This | Determine **D** | To |
| To | And | To | Against | Do |
| Great | Haman | Me | Him | This |
| And | | | By | Thing |
| Small | | | The | ? |
| | | | King | |
| HVHJ | JHVH | HVHJ | JHVH | EHYH |
| Backward | Forward | Backward | Forward | = 'I AM' |
| Gentile | Jew | Gentile | Jew | (Exodus |
| speaks | speaks | speaks | speaks | 3:15) |
| About | By queen | By Ha- | About | |
| queen | | man | Haman | |
| Overruling | Ruling | | Ruling by | |
| by God | by God | Overruling | God | |
| | | by God | | |

Perlu kita sadari bahwa akrostik ini sebenarnya ditulis

dalam teks Ibrani dan karenanya dalam bahasa Ibrani. Dalam bahasa Inggris atau Indonesia, empat abjad itu sesungguhnya adalah 'Y-H-W-H.' empat abjad dari nama TUHAN, diucapkan sebagai"Jehovah' atau 'Yahweh.' Untuk mengerti bagaimana adanya hal itu, mari kita ambil setaranya dalam bahasa Inggris dari bagaimana kita memakai kata 'Lord' (Tuhan -- sebagai pengganti untuk 'Jehovah' atau 'Yahweh.' Terjemahannya harus sedikit diubah supaya Anda dapat melihat bagaimana akrostik ini dibuat

Mari kita tinjau dulu yang pertama, 1:20: "Semua perempuan akan memberi hormat kepada suami mereka, dari pada orang besar sampai kepada orang kecil." Huruf-huruf awal dari kata "Due respect our ladies" (Para perempuan memberi hormat sepatutnya) adalah (D-R-O-L), yaitu kata 'Lord' (Tuhan) secara mundur. Lalu dalam 5:4 kita lihat hal yang sama secara maju: "Let our royal dinners" (Kiranya santap malam kerajaan kita) juga dieja sebagai L-O-R-D.

Mengapa itu ditulis kadang mundur dan kadang maju? Ketika ditulis mundur, itu diucapkan oleh orang kafir, tetapi ketika maju itu oleh orang Yahudi. Barangkali orang Yahudi mau mengatakan bahwa orang kafir tidak pernah dapat mengucapkan kata dengan benar, atau karena mereka tidak ingin menaruh nama kudus itu di bibir orang kafir.

Ada suatu akrostik dalam Ester yang berdiri sendiri. Abjadnya sedikit berbeda dan dibaca sebagai 'AKU ADA' (Ibr.: *EHYH*) meski urutannya kembali mundur. Penulisnya telah dengan hati-hati mengerjakan ini semua dan kemudian memasukkannya ke dalam teks supaya tidak ada orang kafir dapat memerhatikannya.

Ada beragam penjelasan mengapa metode ini dipakai, tetapi satu yang paling sesuai ialah sangat sederhana. Ini dituliskan pada masa ketika mengucapkan nama Tuhan orang Yahudi merupakan hal berbahaya (Xerxes mati pada 465 SM), dan karena itu barangkali, kitab ini ditulis tidak lama sesudah kejadian itu, ketika dokumen semacam itu akan dianggap subversif.

Pada awalnya orang akan meneruskan kisah Ester secara lisan, maka itu mungkin diingat sebagai kisah rakyat. Tetapi ada masa ketika kisah itu harus dituliskan, sebab umat itu merayakan kelepasan tersebut setiap tahun dan karenanya perlu mendengar kisah sesungguhnya tentang apa yang ada di balik perayaan itu. Tambahan lagi, anti-Semitisme meningkat dan dianggap bahwa orang memiliki dokumen tentang Tuhan Yahudi dianggap sebagai hal yang membahayakan. Maka Ester dituliskan tanpa menyebutkan Tuhan, tetapi memakai akrostik yang merupakan jawaban tipikal Yahudi untuk masalah itu.

## Apa yang orang Kristen pelajari dari Daniel dan Ester?

Mereka hidup sepanjang periode dan menghadapi pembuangan yang sama. Mereka adalah dua orang yang berada jauh dari tempat asalnya, namun mereka dipakai oleh Tuhan dalam posisi berpengaruh dalam masyarakat kafir, tanpa mengkompromikan prinsip mereka. Maka mereka sanggup memajukan kerajaan Tuhan secara berarti. Kedua kisah ini mendorong kita untuk maju sejauh mungkin untuk mendapatkan posisi yang baik dalam dunia, asalkan kita tetap setia kepada iman kita. Tuhan dapat memakai kita untuk kerajaan-Nya di posisi-posisi tinggi, maka kita dapat mempersilakan Dia menaruh kita di mana kita dapat membuat kemajuan.

## Tuhan memakai perorangan

Satu orang dapat membuat banyak perbedaan. Tuhan memakai laki-laki dan perempuan, dan semua kita sedang dalam pembuangan. Orang Kristen tidak terhisab dalam dunia ini. Kita tidak cocok, sebab kewargaan kita sesungguhnya adalah dalam surga. Kita secara bertahap sedang dijauhkan dari keterikatan kepada dunia ke keberadaan yang menyukai surga.

Tetapi Tuhan dapat memakai perorangan dalam kerajaan dunia ini yang memelihara prinsip mereka dan mengingat siapa mereka sesungguhnya. Tuhan dapat memakai orang yang bersedia dipromosikan tetapi tidak bersedia diasimilasikan. Orang Yahudi selalu menghadapi pencobaan untuk mengizinkan diri mereka diasimilasikan dalam rangka menghindari penganiayaan, dan orang Kristen menghadapi pencobaan yang sama.

Di Jerman pada awal abad lalu, orang Yahudi diasimilasikan ke kebudayaan dan bahasa Jerman sampai ketika Theodore Hertzl mengadakan Kongres Zionis pertama tahun 1897 untuk membahas ide tentang orang Yahudi memiliki negara mereka sendiri, orang Jerman Yahudi tidak ingin tahu itu. Hertzl ingin mengadakan konferensi di Munich, tetapi Yahudi Jerman berkata, "Jangan adakan di Munich. Kami kini orang Jerman -- kami bukan Yahudi lagi. Jadi jangan membuat kami malu." Maka Hertzl mengadakan konferensi itu di Basel, Swiss.

Orang Kristen mengalami pencobaan untuk berperilaku seperti semua orang lain supaya kita tidak disendirikan dan dianggap aneh. Tetapi Tuhan memakai perorangan yang bersedia menjadi berbeda. Kita terbiasa menyanyi di sekolah Minggu, "Beranilah s'perti Daniel -- yang pegang t'rus kebenaran." Daniel dan Ester keduanya bersedia mati ketimbang mengkompromikan iman mereka kepada Tuhan.

## Tuhan memelihara umat-Nya

Tuhan memelihara Daniel di kandang singa dan Sadrakh, Mesakh serta Abednego di dapur yang menyala-nyala. Ia juga memelihara orang Yahudi di Susan melalui Ester. Jika orang ingin meniadakan umat Tuhan, orang itu harus meniadakan Tuhan lebih dulu! Tuhan memelihara umat-Nya. Kita mungkin bisa mati untuk Dia, tetapi kita tetap terpelihara. Maka kita dapat yakin bahwa akan selalu ada Israel dan selalu akan ada Gereja.

## Tuhan memerintah dunia

Satu istilah yang lazim untuk kedua kitab ini ialah kata 'kerajaan.' Injil Kristen adalah injil tentang kerajaan. Untuk Daniel maupun Ester, kerajaan Tuhan adalah yang pertama.

Dari kedua kitab ini kita belajar bahwa kerajaan manusia masa kini ada dalam tangan Tuhan. Tuhan membangkitkan para penguasa dan menurunkan mereka. Nebukadnezar harus belajar bahwa Yang Maha Tinggi memerintah atas kerajaan-kerajaan manusia dan memberikannya kepada siapa Ia berkenan. Jadi Tuhanlah yang menarik garis-garis batas di peta dan memutuskan siapa yang memegang kuasa dan siapa yang tidak. Tuhan juga yang memutuskan setiap pemilihan -- Ia memiliki suara akhir yang menentukan -- terkadang dalam keadilan dan kadang dalam kemurahan. Jika Ia memutuskan menurut keadilan, Ia memberi kita pemerintah yang setimpal kita terima; jika Ia memutuskan dalam kemurahan, Ia memberi kita pemerintahan yang kita butuhkan. Sepanjang kehidupan saya Tuhan telah menyingkirkan dari jabatannya enam perdana menteri dalam waktu singkat sesudah mereka melanggar janji kepada Israel -- dari Neville Chamberlain sampai James Callaghan. Ketika George Bush, mantan Presiden AS berpaling melawan Israel dan menarik dana dari mereka, ia kehilangan kuasa secara singkat sesudah itu. Tuhan adalah Tuhan Israel. Ia memerintah kerajaan manusia; mereka memerintah hanya atas izin-Nya. Ia yang berkuasa.

Ada satu lagi penggunaan kata 'kerajaan.' Ada kerajaan-kerajaan manusia masa kini, tetapi ada juga kerajaan ilahi di masa depan, ketika Tuhan akan mengambil alih pemerintahan dunia ini. Kerajaan dunia ini akan digantikan oleh kerajaan Tuhan. Maka kita mesti menyadari bahwa tugas Daniel dan Ester belum lagi selesai. Mereka setia dalam pemerintahan di kerajaan kafir dan akan dibangkitkan dari kematian untuk memerintah dalam kerajaan yang akan Tuhan resmikan kelak. Maka ketika Yesus datang kembali ke bumi, Daniel dan Ester keduanya akan bersama dengan Dia.

Jadi kita tidak boleh membaca Alkitab semata sebagai sejarah, tetapi sebagai perkenalan kepada orang-orang yang kelak akan kita temui. Kita akan memiliki kesempatan sepanjang kekekalan untuk mengenal para orang kudusnya Tuhan yang agung itu. Kita akan memerintah bersama dengan para orang kudus dari Yang Maha Tinggi, bersama sang Anak Manusia yang di takhta-Nya. Semua orang itu yang telah membuktikan dirinya setia akan dipakai lagi di bumi ini untuk berbagi pemerintahan dalam kerajaan Kristus.

# 31.
# EZRA DAN NEHEMIA

## Pendahuluan

Ketika kita mempelajari sejarah umat Tuhan, Israel, kita melihat bagaimana Tuhan meningkatkan hukuman untuk dosa-dosa mereka. Setiap hukuman terkesan sedikit lebih keras ketimbang yang sebelumnya. Ia mulai dengan mengirimkan agresor seperti orang Filistin dari bangsa-bangsa di sekitar untuk menjajah mereka, maka hukuman pertama mereka adalah kehilangan harta milik. Tetapi mereka tidak memerhatikan ini, maka hukuman menjadi sedikit lebih serius, kekeringan, paceklik dan kekurangan makanan. Apabila mereka masih tidak mendengarkan, Tuhan mengirimkan penyakit dan hilangnya kesehatan. Tetapi hukuman puncaknya untuk mereka adalah kehilangan Tanah Perjanjian dan diangkut pergi ke dalam negara lain. Mereka telah diangkut keluar dari Mesir ke Tanah Perjanjian, tetapi Tuhan berjanji akan mengeluarkan mereka dari sana jika mereka terus saja dalam dosa.

## Dua pembuangan

Ada dua kali pembuangan. Yang pertama mencakup

sepuluh suku di utara, yang masa itu dikenal sebagai Israel, ketika Asyur menaklukkan dan mengangkut mereka pada 721 SM. Pembuangan kedua meliputi dua suku di selatan, dikenal sebagai Yehuda kali ini Babilon menaklukkan mereka tahun 586 SM. Pembuangan kedua ini yang menjadi perhatian kita ketika mempelajari Ezra dan Nehemia.

## Tiga pengusiran

Ketika Babilonia menyerbu Yudea mereka tidak meniadakan segala sesuatu, sebagaimana Habakuk memperkirakannya. Sesungguhnya mereka sedikit lebih baik. Mereka mengangkut umat itu dalam tiga kelompok, pada tiga kesempatan berbeda, masing-masing ketika Nebukadnezar bertakhta di Babilon.

Kelompok pertama pergi tahun 606 SM. Itu termasuk para pegawai istana, karena kepercayaan bahwa jika para pemimpin diangkut, akan lebih mudah untuk menundukkan bangsa Yehuda dan tetap membuatnya di bawah kendali Babilonia. Termasuk dalam lapis atas tersebut adalah Daniel, yang diangkut ketika masih remaja dengan para pegawai istana ke Babilon dan yang menjadi tokoh penting dalam pembuangan.

Tetapi mereka yang ditinggal masih berupaya memperoleh kemerdekaan mereka, maka pihak agresor datang kedua kali pada 597 SM dan membawa pergi semua petukang dan pedagang dengan harapan bahwa jika mereka memindahkan orang yang menghasilkan uang tersebut mereka dapat memiskinkan bangsa itu dan akhirnya membuat mereka terkendali. Di antara para petukang itu terdapat seorang imam bernama Yehezkiel, yang seperti Daniel menjadi tokoh penting juga dalam pembuangan.

Tetapi umat yang sisa masih saja memberontak, maka akhirnya tentara dari Babilon datang pada 587 SM, meruntuhkan bait rata ke tanah dan menghancurkan segala sesuatu. Yerusalem dibiarkan sebagai reruntuhan kosong, Yudea praktis kosong dan suku Yehuda serta Benyamin diangkut ke Babilon.

Pembuangan Yehuda berlangsung selama 70 tahun, tepat seperti yang telah dinubuatkan oleh Yeremia. Perkataannya menjadi penguatan untuk Daniel berdoa bahwa Tuhan akan menggenapi janji-Nya.

## Tiga kepulangan

Pembuangan tersebut berakhir tepat sebagaimana telah Tuhan janjikan, meski kenyataannya ada tiga kali kepulangan sehingga setimpal dengan tiga kali pembuangan. Yang pertama ialah 50,000 orang pada 537 SM, ketika Koresh menjadi pemimpin Persia dan Zerubabel adalah pemimpin orang Yahudi. Ia adalah salah satu dari garis kerajaan, yang merentang surut dari Raja Daud, maka keadaannya yang demikian adalah sebagian dari penggenapan janji Tuhan bahwa akan selalu ada keturunan Daud di takhta. Sesungguhnya, ia bahkan adalah salah seorang dari leluhur dalam pohon keluarga Yesus yang didaftarkan di Matius 1, yang mendukung pengesahan klaim Yesus sebagai sang Mesias.

Hanya lebih dari 90 tahun kemudian, pada 459 SM, terjadi lagi kepulangan kedua ketika Artaxerxes I di takhta Persia. Kali ini hanya 1,800 kembali di bawah Ezra. Ia seorang imam yang untuk pertama kali, mengembalikan orang Lewi untuk memulihkan struktur peribadatan untuk umat Israel. Tidak mudah mendorong orang buangan itu untuk ikut. Hanya sesudah imbauan berulang kali Ezra sanggup mendapatkan 1,800 orang yang mengikut dia dalam perjalanan panjang pulang untuk memulihkan kehidupan keagamaan.

Lalu, sekitar 14 tahun sesudahnya di tahun 444, Nehemia kembali dengan sedikit petukang. Perhatian utamanya ialah membangun kembali tembok Yerusalem yang telah dihancurkan oleh Babilon dan tanpa keberadaan tembok itu kota menjadi rentan terhadap serangan.

Maka dalam tiga kepulangan terjadilah pembangunan kembali kehidupan sosial, pembangunan kembali kehidupan keagamaan dan pembangunan ulang kehidupan fisik. Penting untuk diperhatikan bahwa keluaran kedua tidak sama seperti yang pertama yang paling termasyhur dalam zaman Musa. Agaknya yang kedua ini dilakukan sedikit demi sedikit. Sangat jelas bahwa relatif sedikit yang melakukan perjalanan 1,500 kilometer, empat bulan lamanya itu. Mereka memiliki waktu lebih nyaman di Babilon ketimbang para leluhur mereka di Mesir pada zaman Musa. Kali ini mereka bukan budak, tetapi sebagiannya telah terlibat dalam bisnis, dan ketika orang Yahudi terlibat dalam bisnis tidak mudah untuk mereka meninggalkannya. Saya pernah mendengar tentang sebuah kisah menarik mengenai seorang pria Yahudi di New York yang membeli toko kecil yang terjepit di antara dua toserba raksasa. Ia bingung harus memberi nama apa untuk tokonya, dan sesudah lama mempertimbangkan ia memutuskan menyebutnya 'Pintu Masuk!'

## Dua kitab, seorang penulis?

Kitab Ezra dan Nehemia dinamai sesudah kepulangan kedua dan ketiga, meski kenyataannya kedua kitab itu meliput ketiga kepulangan tersebut, dengan Kitab Ezra meliput dua yang pertama dan Kitab Nehemia meliput yang ketiga. Umat tersebut tidak lagi dikenal sebagai orang Ibrani atau orang Israel tetapi kini disebut orang Yahudi, menurut nama 'Yehuda' yang berarti 'pujian.' Dalam beberapa segi ini adalah perlambangan dari jenis umat yang mereka inginkan pada kepulangan mereka.

Hal pertama yang menyentak Anda tentang kedua kitab ini ialah mereka sangat serupa satu dengan lainnya. Mereka masing-masingnya mengikuti pola yang sama. Lagi pula, penulisannya pun sangat mirip dengan 1 dan 2 Tawarikh. Dalam Alkitab Ibrani Ezra dan Nehemia disatukan dalam satu kitab, dan kemudian hari disebut 1 dan 2 Ezra' serta digabungkan dengan 1 dan 2 Tawarikh. Satu usulan, yang saya pikir cukup beralasan untuk ini, ialah bahwa Ezra menuliskan keseluruhannya. Ia seorang yang teliti yang sanggup menyimpan catatan, dan tampaknya ialah yang menuliskan Ezra, Nehemia serta 1 dan 2 Tawarikh.

Ezra dan Nehemia keduanya ditulis dalam dua bahasa berbeda -- sebagian dalam bahasa Ibrani dan bagian lainnya dalam bahasa Aram. Aram adalah bahasa umum yang semua orang dapat mengucapkannya, seperti halnya Yunani adalah bahasa umum pada zaman Perjanjian Baru. Aram adalah bahasa Semitik yang dipakai di seluruh Bulan Sabit Subur di Timur Tengah. Orang Yahudi telah terpapar kepadanya dan memakainya di pembuangan mereka di Babilon dan ketika melakukan bisnis dengan orang dari bangsa lain. Maka banyak dari catatan yang mereka bawa balik dari pembuangan ditulis dalam bahasa Aram. Satu-satunya kitab dalam Perjanjian Lama yang juga mengandung dua bahasa ini adalah Daniel.

## Struktur kedua kitab

Ezra dan Nehemia masing-masingnya ditulis dalam empat bagian, dengan yang kedua dan keempat memiliki tema identik. Mereka berfokus pada pembangunan ulang negara dan pembaruan umat.

| EZRA | NEHEMIA |
|---|---|
| Kepulangan I (1–2) | Kepulangan III (1–2) |
| a, b | a, b |
| Pembangunan ulang (3–6) | Pembangunan ulang (3–7) |
| a, b, c | a, b, c |
| Kepulangan II (7–8) | Pembaruan (8–10) |
| a, b, c | a, b, c |
| Reformasi (9–10) | Reformasi (11–13) |
| a, b | a, b |

Kepulangan nomor I, di bawah Zerubabel berfokus pada pembangunan kembali bait, meski ini secara sporadis. Itu melibatkan nabi Hagai dan Zakharia untuk menyebabkan itu terjadi kembali. Kepulangan nomor II berfokus pada pembaruan umat itu. Kepulangan nomor III memimpin pada pembangunan ulang tembok, pembaruan perjanjian dan kembali pembaruan umat itu lagi. Setiap kali terkesan seakan umat itu lupa tentang dosa yang telah membuat mereka kehilangan tanah mereka.

Bahkan lebih penting lagi untuk kita memerhatikan struktur kedua kitab ini. Bagian pertama dalam tiap kitab memiliki dua sub-bagian, yang kedua memiliki tiga, yang ketiga memiliki tiga, dan yang keempat memiliki dua (didaftar sebagai 'a,' 'b,' dan 'c' dalam bagan di atas. Struktur ini amat sangat berarti. Ini telah dirancang dengan teliti dan digubah secara indah dan seimbang, sambil mengusulkan dengan kuat bahwa seseorang kemungkinan Ezra adalah pengarang dari keduanya.

Ada satu kesejajaran menakjubkan. Pasal 9 di keduanya adalah doa yang luar biasa, ketika baik Ezra maupun Nehemia mengakui dosa-dosa nasional. Kedua pasal itu khususnya penting dalam kedua kitab ini.

# Ezra – kitabnya

## Garis besar kitab

**Kepulangan I (pasal 1–2)**
Koresh: Dekrit untuk membangun bait (1)
Zerubabel dkk.. 'bangkit' (2)
**Membangun kembali (3–6)**
Yosua: Mezbah dan fondasi bait (3)
Ahasyweros: Sepucuk surat diterima (4)
Darius: Surat-surat diterima dan dikirim (5–6)
**Kepulangan II (7–8)**
Ezra dkk. 'berangkat' (7)
Ahasyweros: sepucuk surat dikirim (7) .
Orang-orang Lewi 'berangkat' (8)
**Reformasi (9–10)**
Doa syafaat pribadi (9)
Pengakuan dosa publik (10)

## Latarbelakang historis

Latarbelakang historis Ezra adalah sebagai berikut. Koresh adalah pemimpin Persia yang telah menaklukkan Babilon. Ia adalah pemimpin dari kekuatan besar dunia di timur dan Bulan Sabit Subur. Tetapi ia adalah seorang yang dermawan dan ia memiliki kebijakan yang berbaik hati terhadap bangsa-bangsa taklukan. Menarik bahwa sejak dari Yesaya, Tuhan telah bersabda bahwa hamba-Nya Koresh yang diurapi akan membawa balik umat-Nya dari pembuangan. Banyak sarjana tidak dapat percaya bahwa Yesaya sanggup mengetahui namanya, dan menegaskan bahwa teks tersebut ditulis sesudah peristiwanya. Tetapi Tuhan mengetahui nama orang tersebut. Dari catatan arkeologis kita tahu bahwa Koresh memberitahu semua umat tawanan di Babilon bahwa mereka boleh kembali dan membangun ulang agama mereka, asalkan mereka mendoakan dia kepada para sesembahan mereka. Maka kita lihat tangan Tuhan dalam pengaturan waktu itu, sebab 70 tahun kini telah sampai.

## Kepulangan I (pasal 1–2)

Dalam Kitab Ezra kita mendapatkan kepulangan pertama di bawah Zerubabel dan membangun kembali bait. Lalu berlangsung kepulangan di bawah Ezra dan reformasi umat tersebut. Salah satu ciri paling menyedihkan dari kedua kitab ini ialah bahwa ketika umat pulang kembali, mereka segera balik kepada kelakuan berdosa mereka. Sungguh menyedihkan, bukan?! Hal itu telah membuat mereka harus membayar dengan tanah itu, mereka telah dibuang selama 70 tahun, namun ketika mereka kembali mereka memulai lagi mengabaikan perintah-perintah Tuhan. Betapa cepatnya manusia lupa.

Sebagaimana telah kita perhatikan, Zerubabel adalah cucu dari Yoyakin dan karena itu ada di dalam garis kerajaan Daud. Meski ia dikenal sebagai Gubernur ketimbang Raja, ia dipilih untuk memimpin umat itu kembali. Ia membawa besertanya seorang Imam Besar bernama Yosua.

# Pembangunan kembali (pasal 3–6)

## YOSUA

Di bawah Yosua umat itu membangun mezbah dan mempersembahkan korban-korban ketika mereka tiba kembali di tanah asal mereka. Semasa pembuangan mereka tidak dapat memberikan persembahan sebab mereka tidak memiliki bait atau mezbah. Maka ini adalah prioritas pertama mereka pada kepulangan ini. Secara kebetulan, hal ini juga adalah hal pertama yang bapa leluhur mereka Abraham lakukan ketika ia mendirikan kemahnya. Tanpa kecuali, ia selalu mendirikan mezbah untuk penyembahan.

## ARTAXERXES (AHASYWEROS)

Setelah tiba kembali dan memulai persembahan, segera mereka menghadapi masalah. Artaxerxes menggantikan Koresh dan menerima sepucuk surat dari orang Samaria yang menghuni Yudea sebelum kepulangan itu. Orang Samaria adalah setengah Yahudi dan setengah kafir, hasil perkawinan campur antara sedikit Yahudi yang berhasil luput dari pembuangan dengan orang dari bangsa lain. Sebagai blasteran, hubungan mereka dengan orang Yahudi asli cenderung kurang ramah -- lepas dari segala hal lainnya, mereka telah luput dari pembuangan. Sejak saat itu orang Yahudi dan orang Samaria tidak dapat hidup berdampingan. Orang Samaria mengusulkan bahwa pembangunan ulang bait menyelubungi maksud jahat, dan karena itu mereka berusaha menghentikan pekerjaan tesebut. Tetapi mereka telah membuat satu kesalahan besar, sebab Artaxerxes adalah anak tiri dari Ester dan karena itu sangat bersimpati kepada orang Yahudi.

DARIUS

Sesudah itu, surat lainnya dikirim dari Babilon oleh seorang raja lain, Darius I, yang menguatkan mereka untuk meneruskan pembangunan ulang itu kembali. Di bawah Dariuslah Daniel dilempar ke gua singa dan Darius dipaksa untuk menyadari betapa besarnya Tuhan. Maka pembangunan ulang itu sangat tersendat-sendat. Ada masa ketika oposisi dari orang Samaria menghentikan pembangunan ulang itu dan ada masa ketika mereka hanya menjadi lelah bekerja di bait dan sebagai gantinya berkonsentrasi hanya pada pembangunan rumah mereka sendiri. Nabi Hagai bertanya, "Apakah sudah tiba waktunya untuk kamu mendandani rumah-rumahmu yang berpapan dengan baik sedang Rumah ini tetap menjadi reruntuhan?" dan perkataan tersebut menyentak mereka balik bekerja. Menjaga moril mereka tetap tinggi sungguh merupakan masalah, sebab mereka hanya suatu kelompok kecil manusia di tanah gersang yang melakukan bagian pembangunan ulang apabila mereka sanggup.

## Kepulangan II (pasal 7–8)

Sesudah 50 tahun kelompok di bawah kepemimpinan Ezra kembali. Kali ini masalahnya adalah hukum dan ketertiban, maka Ezra kembali dengan penugasan untuk menegakkan peraturan hukum. Artaxerxes mengirimkan sepucuk surat lain saat itu dan mendorong orang Lewi untuk pulang, yaitu ketika Ezra mendapatkan 38 orang lain yang bersedia pergi bersamanya. Teks Kitab Ezra kini dalam kata ganti orang pertama, sementara ia mencatat pengalamannya waktu itu.

## Reformasi (pasal 9–10)

### DOA SYAFAAT PRIBADI

Reformasi adalah bagian paling menyedihkan dari kisah itu. Ezra berdoa secara pribadi, memohon kemurahan Tuhan atas umat itu ketika ia melihat betapa cepatnya mereka berbalik kepada jalan-jalan lama mereka. Ezra mendesak agar umat membuat pengakuan dosa secara publik tentang apa yang mereka lakukan. Ia membuat daftar hitam dari semua orang yang berpaling menjadi pelanggar perintah Tuhan. Salah satu dosa paling umum adalah menikahi orang yang bukan umat Tuhan -- praktik yang dilarang untuk Israel dan juga dilarang bagi orang Kristen dalam Perjanjian Baru. Seseorang dengan tepat berkata bahwa jika Anda menikahi anak si jahat, Anda akan memiliki masalah dengan ayah mertua Anda!

### PENGAKUAN PUBLIK

Ezra mendesak pemutusan pernikahan tersebut sebab merupakan pelanggaran hukum pada pemandangan Tuhan. Perjanjian Baru tidak memberitahu kita untuk berbuat seperti itu, tetapi Ezra menganggap masalah ini sangat serius, maka para istri dan anak-anak dipisahkan supaya umat Tuhan boleh menjadi umat Tuhan yang murni. Ia bahkan menyelidik silsilah sebagian orang yang datang dari Babilon tetapi bukan orang Yahudi asli.

# Ezra - orangnya

Ezra adalah seorang tokoh yang menarik. Secara harfiah namanya berarti 'pertolongan' (Nama Nehemia berarti 'penghiburan'). Kelompok kecil para buangan yang pulang ini pasti membutuhkan pertolongan dan penghiburan. Ezra adalah keturunan langsung dari Harun melalui Eleazar putra Harun, dan kemudian Pinehas serta imam Zadok, maka ia memiliki garis keturunan keimamatan.

Kitab Ezra memberitahu kita bahwa ia membawa Alkitab bersamanya -- barangkali itu adalah Taurat (yi. Kejadian sampai Ulangan). Ia disebut sebagai 'manusia Kitab' sebab ia melakukan tiga hal dengan Alkitab. Pengabdian Ezra kepada Alkitab menghasilkan hati lembut yang menangisi dosa-dosa orang lain. Adalah mudah menangisi dosa-dosa Anda sendiri ketika Anda ketahuan, tetapi menangisi dosa-dosa orang lain menunjukkan kedalaman spiritualitas yang dimiliki sedikit orang saja.

Tradisi mengatakan bahwa Ezra adalah pemimpin dari majelis yang terdiri atas 120 orang Yahudi yang mengumpulkan kitab-kitab yang membentuk Perjanjian Lama. Kita tidak pasti apakah ini benar, tetapi jelas perhatiannya pada Alkitab meletakkan fondasi untuk 400 tahun berikutnya, sebab sepanjang periode itu tidak akan ada nabi dan satu-satunya firman dari Tuhan hanyalah firman yang telah diberikan di masa lampau, tentunya termasuk kitab Ezra dan Nehemia.

Sedikit orang menyadari bahwa Ezra meletakkan fondasi sinagoge yang berlandaskan Alkitab. Sejak masa itu seterusnya, urutan ibadah dalam sinagoge mengikuti pengarahan dari Ezra, bahkan sampai masa kini. Bahkan, semua ibadah sinagoge tepat merupakan kebalikan dari hampir semua ibadah Kristen. Urutan mereka dimulai dengan firman dulu, penyembahan kedua. Anda mendengar Allah sebelum Anda bicara kepada-Nya, maka ibadah Anda adalah respons kepada apa yang Ia katakan kepada Anda. Cara penyembahan seperti itu menjadi jauh lebih berarti dan jauh lebih beragam. Terkadang Anda merasa ingin menari dan menyanyi, dan kali lain Anda serius dan dalam suasana pertobatan. Sebaliknya dari keharusan mendorong orang untuk menyembah, Anda izinkan saja firman mengerjakan operasinya. Orang yang penuh dengan firman Tuhan selalu siap untuk menyembah. Jika Anda pergi ke satu sinagoge, mereka memakai satu jam untuk pembacaan dan penjelasan firman Tuhan kemudian mereka merespons dalam penyembahan.

Maka Ezra yang memulai urutan itu. Ia meletakkan sebuah mimbar kayu di tempat umum dan membacakan serta menjelaskan Alkitab kepada mereka, dan mereka menyembah Tuhan sebagai respons. Ini adalah urutan penyembahan dalam gereja awal, menurut sebuah dokumen yang disebut 'Didakhe.' Ketika saya melayani sebuah gereja di Guildford kami memakai sejam lamanya dalam firman dan setengah jam dalam penyembahan, dan itu berlangsung amat baik.

## Nehemia – kitabnya
### Garis besar kitab

Garis besar kitab Nehemia mengukuhkan kesamaan dengan garis besar dan struktur kitab Ezra, mendemonstrasikan bahwa keduanya datang dari pena yang sama. Ini juga memiliki pembagian empat rangkap, dengan dua sub bagian, kemudian tiga, lalu tiga, kemudian dua.

**Kepulangan III (1–2)**
Informasi menyedihkan (1)
Pemeriksaan rahasia (2)

**Membangun ulang (3–7)**
Mendirikan pertahanan (3)
Menghadapi kesukaran (4–6)
Tentangan eksternal,
Eksploitasi internal
Mendaftar keturunan (7)
**Pembaruan (8–10)**
Alkitab dikomunikasikan (8)
Dosa-dosa diakui (9)
Penundukan dijadikan perjanjian (10)
**Reformasi (11–13)**
Kuantitas mencukupi (11-12)
Kualitas spiritual (13)
Pernikahan campur
Dana disalahgunakan
Sabat dinodai
Tugas-tugas yang diabaikan

## Kepulangan III (pasal 1-2)

KABAR BURUK DARI YERUSALEM

Kepulangan ketiga dari pembuangan mulai ketika Nehemia, masih di Babilon, menerima kabar buruk dari Yerusalem. Ia waktu itu adalah pembawa minuman Raja Artaxerxes. Dugaan saya ia mendapatkan pekerjaan tersebut melalui ratu Ester, sebab Artaxerxes adalah anak tiri Ester. Tugas mencicipi anggur tersebut tidak terlalu menyenangkan, khususnya jika Anda bertanya-tanya jangan-jangan tugas mencicipi berikutnya adalah kesempatan terakhir Anda, tetapi itu adalah tugas sangat sarat tanggungjawab. Tugas itu menjadikan dia kepercayaan raja, dan ia dapat berbagi banyak hal dalam suasana nyaman hubungan tersebut. Ketika Nehemia mendengar kabar bahwa pembangunan ulang tembok Yerusalem telah diruntuhkan kembali dan bahwa penduduk setempat di sekitar Yerusalem marah tentang pembangunan ulang kota itu, ia kelihatan sedih sampai raja bertanya apa sebabnya. Nehemia menjelaskan keprihatinannya kepada raja, dengan perasaan takut bahwa wajah sedihnya mungkin menyebabkan hukuman atasnya. Ia terkejut akan respons Artaxerxes. Tidak saja raja memberinya otoritas untuk pulang dan membangun kembali tembok, tetapi ia juga menulis surat perkenalan untuk pihak yang memiliki bahan-bahan yang diperlukan untuk memudahkan proyek Nehemia.

PEMERIKSAAN GERBANG PADA MALAM HARI

Maka dalam bagian kedua dari bagian pertama kitab ini Nehemia kembali ke Yerusalem, melakukan pemeriksaan diam-diam tentang tembok-tembok pada malam hari untuk mengetahui kerusakannya. Inilah pemimpin bijak yang menghitung ongkos usaha sebelum ia melakukan apa pun -- seorang yang tidak tergesa dalam gaya serampangan yang bodoh. Ia seorang beriman, tetapi ia melihat dengan teliti apa tepatnya tugas-tugas tersebut sebelum ia memulai.

## Membangun ulang (pasal 3–7)

TEMBOK DIDIRIKAN

Nehemia mendapatkan bahwa tembok-tembok dan pintu-pintu gerbang perlu diperbaiki -- sebagian besar tembok telah hancur total dan yang lainnya perlu perbaikan besar. Para pengunjung ke Yerusalem masa kini kerap melihat ke tembok-tembok lama dari kota tua yang ada kini dan membayangkan itu pasti adalah kota Perjanjian Lama. Sesungguhnya, tembok yang ada kini hanya berusia beberapa ratus tahun, didirikan oleh Sulamein yang Agung sesudah perang salib. Kota tua terletak di luar tembok masa kini di juluran tanah sebelah selatan wilayah bait. Wilayah bait masa kini, dengan Mesjid Omar dan Mesjid Al Aqsa, seluas kira-kira 5,25 hektar -- sebuah panggung batu di puncak bukit. Namun demikian, penggalian kota Perjanjian Lama telah menemukan tembok dari zaman Nehemia.

Nehemia memperlihatkan kualitas kepemimpinan yang hebat dalam pembangunan ini. Dengan cerdas ia meminta umat untuk membangun bagian tembok di depan kediaman mereka sendiri. Kenyataan yang mencengangkan ialah ia dapat membangun seluruh tembok kota dalam 52 hari. Dengan tambahan pintu-pintu gerbang, maka untuk pertama kalinya kota itu aman.

## MENGHADAPI MASALAH

Tetapi mereka menghadapi banyak kesukaran pada masa itu:

*Tentangan eksternal.* Yang pertama itu ejekan. Orang Samaria mengejek pekerjaan tersebut, dengan mengklaim bahwa seekor anak serigala dapat merubuhkannya. Tetapi ketika ejekan itu ditanggapi dengan telinga tuli, mereka berusaha mengancam secara lebih serius. Mereka bahkan berkomplot dan berusaha membujuk Nehemia untuk menjauh dari tugas itu. Mereka berpura-pura bersahabat, mencoba membujuk Nehemia meninggalkan tugas dengan mengadakan perundingan. Tetapi dengan bijak ia menolak -- tidak ada apa pun dapat membelokkan dia dari tugas tersebut.

*Eksploitasi internal.* Mereka juga mengalami kesukaran internal. Di dalam kota, orang kaya semakin kaya dan yang miskin semakin miskin, terutama karena cara transaksi keuangan yang menentang Hukum Musa. Riba dikenakan pada pinjaman sedemikian rupa sampai melumpuhkan orang dengan utang mereka. Dengan berani Nehemia menyoroti masalah itu dan mengusahakan kesetaraan tingkat ekonomi di antara umat itu.

KOTA ITU KOSONG

Selanjutnya, sedikit sekali orang bersedia tinggal dalam kota tersebut. Mereka takut diserang dan lebih suka tinggal di pedesaan, di mana lebih mudah untuk bersembunyi. Maka Nehemia harus mendorong mereka untuk datang dan tinggal dalam kota. Ia memiliki daftar keturunan penduduk Yerusalem pra-pembuangan, dan ia mendorong orang untuk datang dan tinggal di mana keluarga mereka dulu pernah tinggal. Ia juga mengadakan sensus supaya tahu di mana orang berada. Terdapat 42,360 orang Yahudi, 7,337 hamba dan menariknya, 254 penyanyi. Kenyataan bahwa ia mendaftarkan para penyanyi memperlihatkan ketertarikannya dalam memulihkan penyembahan kepada Tuhan di bait.

## Pembaruan (pasal 8–10)

EZRA MEMBACAKAN TAURAT

Berikut kita temukan Ezra membacakan hukum Taurat secara publik dari mimbar kayunya sejak fajar sampai petang. Dikatakan bahwa ia tidak hanya membacakan, tetapi ia memberikan artinya supaya mereka dapat mengerti. Pembacaan itu mengambil waktu pada Perayaan Tabernakel, yang adalah perayaan panenan orang Yahudi. Itu dimaksudkan menjadi kesempatan penuh sukacita -- bahkan, para rabi berkata bahwa jika seseorang tidak penuh dengan sukacita di Hari Raya Tabernakel, mereka berdosa!

### TINDAKAN PENGAKUAN DOSA

Umat itu sedemikian tergugah sampai mereka meledak dalam tangisan, mengakui dosa-dosa mereka dan dosa-dosa para moyang mereka terhadap Tuhan. Ini menampilkan perbedaan tajam antara Ezra dan Nehemia. Ezra melihat situasi itu sebagai saat untuk menangis, tetapi Nehemia memberitahu mereka untuk mengadakan perayaan. Ezra menangisi dosa-dosa yang telah disingkapkan oleh firman Tuhan, tetapi Nehemia berfokus pada pembangunan ulang gembok dan berkata bahwa itu adalah kesempatan indah. Nehemia berkata mereka harus bergembira, memasak makanan enak dan membuat perayaan. Ada saat untuk menangis dan ada saat untuk bersukacita, dan kita bijaksana jika tahu kapan saat yang tepat itu.

### PERJANJIAN DIBUAT

Di akhir doa pengakuan dosa itu, Ezra mengatur agar umat memperbarui perjanjian mereka dengan Tuhan. Para pemimpin, orang Lewi dan para imam membuat kesepakatan mengikat. Pasal 10 mendaftarkan orang-orang yang menandatanganinya.

## Reformasi (pasal 11–13)

### MENDIAMI KOTA ITU

Sebagian dari pekerjaan Nehemia adalah mendorong umat untuk pindah ke dalam kota, sebab kini tembok telah didirikan ulang. Pasal 11 dan 12 mendaftarkan orang yang diwajibkan untuk tinggal dalam kota.

PERBAIKAN
### Pernikahan campuran
Di pasal terakhir Nehemia benar-benar harus bekerja keras. Pertama ia harus menceraikan pernikahan yang mencemarkan bangsa itu. Ia memanggil kutukan ke atas mereka yang telah menikahi orang di luar Israel. Saya sering mengatakan bahwa perbedaan antara Ezra dan Nehemia ialah Ezra menjambak rambutnya sendiri, tetapi Nehemia menjambak rambut orang lain! Secara harfiah Nehemia menjambak orang Israel yang berdosa.

### Dana yang disalahgunakan
Ia juga harus mengurus soal dana yang disalahgunakan. Beberapa orang telah salah menggunakan uang yang menjadi tanggungjawab mereka. Nehemia berusaha membawa keadilan dan kepantasan dalam urusan keuangan.

### Sabat dicemari
Sabat tidak dipelihara sebagaimana seharusnya. Para pebisnis yang kembali dari Babilon mendapatkan bahwa mereka tidak memiliki pasar yang sama menguntungkan, dan untuk membangun bisnis mereka harus membuka toko mereka di hari Sabat. Nehemia nyata-nyata mendesak agar pintu-pintu gerbang ditutup tiap hari Sabat supaya perdagangan tidak berlangsung.

### Tugas yang diabaikan
Dunia keagamaan sedikit lebih baik. Para imam mengabaikan tugas mereka di bait, dan karenanya Nehemia harus membereskan ini juga. Orang Lewi dan para penyanyi tidak dibayar untuk fungsi mereka di bait dan harus kembali bertani untuk membiayai kehidupan mereka.

Maka baik Ezra maupun Nehemia tidak saja harus menjadi pembangun ulang banyak hal, tetapi mereka juga harus menjadi pembaru umat itu. Mereka menjalankan otoritas mereka dengan berani dan bahkan keras dalam rangka mengembalikan bangsa itu sebagaimana seharusnya.

## Nehemia – orangnya

Secara keseluruhan kebanyakan orang merasa hangat tentang Nehemia ketimbang terhadap Ezra, dan itu mudah dimengerti. Ada sesuatu yang lebih menarik tentang Nehemia, tidak saja karena ia seorang yang bahagia dan mendorong orang lain untuk bahagia juga. Nehemialah yang berkata, "Kesukaan yang dari Tuhan adalah kekuatanmu." Saya pikir Ezra tidak pernah berkata demikian -- ia terlalu sibuk menangisi umat itu. Dalam banyak hal mereka adalah pasangan yang sempurna. 'Pertolongan' dan 'penghiburan' adalah bagian satu sama lain.

Tetapi ada karakteristik unik tentang Nehemia yang meninggalkan kesan mendalam pada saya. Ia jauh lebih terus terang tentang perasaannya ketimbang Ezra. Ia bicara lebih banyak tentang dirinya sendiri, ia lebih otobiografis. Secara khusus, ada lebih banyak nas dengan "aku' dan ini memberitahu kita empat hal tentang dia.

### Kehidupan penuh doa

Jika Ezra adalah manusia Alkitab, Nehemia adalah manusia doa. Sebelum melakukan apa pun, ia selalu berdoa dulu. Kita memiliki contoh tentang doa baik yang panjang maupun yang pendek, publik dan pribadi. Bukan panjangnya doa kita yang penting, kedalamannya yang penting.

Inilah orang yang bicara kepada Tuhan tentang segala sesuatu secara natural -- seorang manusia penuh doa. Ia meminta Tuhan untuk menghukum mereka yang terlibat dalam kejahatan, dan dengan terus terang ia meminta Tuhan untuk mengingat dia dan mengganjar dia atas perbuatan baiknya.

## Praktis

Ia seorang yang sangat teratur. Sebagian orang sedemikian berorientasi surgawi sampai tidak berguna untuk bumi ini, tetapi tidak demikian dengan orang ini. Ia tidak keberatan untuk ikut menyemen dengan tangannya sendiri. Ia dapat mengatur dengan baik, ia menyelidiki keadaan tembok-tembok dan memperkirakan kebutuhan umat itu. Ia tidak di awan-awan di atas, ia seorang yang praktis. Tidakkah indah bila Anda memiliki kombinasi antara manusia praktis dan manusia doa?

## Emosional

Ia seorang emosional dengan perasaan-perasaan yang dalam, memperlihatkan baik kesedihan yang mendalam maupun kebahagiaan yang besar. Ia mendorong orang lain untuk menikmati Tuhan, untuk bersukacita dan mendapatkan kekuatan dari sukacita, tetapi ia juga marah dan menjambak rambut orang lain. Ia hampir tidak pernah membosankan!

## Sosial

Tetapi melebihi semua itu ia seorang yang sosial. Saya pikir Ezra tidak dapat melakukan apa yang telah Nehemia buat, sebab Nehemia dekat dengan orang. Ia cemerlang dalam mengelola manusia. Ia sanggup akrab dengan orang dan menasihati mereka untuk menyelesaikan tugas itu. Ia dapat mengobarkan moril dan menolong mereka diberdayakan ulang ketika mereka lesu. Senantiasa ada hal menarik tentang orang semacam itu, dan menarik bahwa ketika ia bicara tentang pekerjaan, ia selalu berkata "kita." Pada satu kesempatan ia menolak menerima makanan yang merupakan bagian untuk Gubernur dalam rangka menyamakan diri dengan umat itu. Ia punya saat-saat pribadi ketika ia memeriksa tembok, tetapi menyangkut pembangunan, ia berkata, "kita membangun tembok ini." Ia memberikan pujian kepada setiap orang: "Kita menerima pekerjaan ini, kita bersungguh dalam bekerja dan kita menyelesaikannya dalam 52 hari." Ia tidak berkata, "Inilah pencapaian ku." Kita baca, "mereka melihat bahwa pekerjaan ini selesai oleh karena Tuhan kita."

Ada keseimbangan indah dalam karakternya -- berdoa dan praktis, bersukacita dan bersedih, tegar dan lembut, peka kepada Tuhan dan peka kepada manusia. Inilah teladan baik tentang karakter yang perlu kita kembangkan.

## Tuhan dan umat-Nya

### Tuhan

Pertanyaan umum ketika mempelajari sejarah alkitabiah ialah: Mengapa mempelajari sejarah dari masa yang sudah lama lewat? Apa kait mengaitnya semua itu dengan kita -- 9,000 kilometer jauhnya dan 2,500 tahun sesudah mereka?

Satu hal, kita memandang pada peristiwa-peristiwa menarik dan pribadi-pribadi yang mengilhami. Alkitab memaparkan kutil orang dan semuanya, serta tidak pernah membosankan. Tetapi kita sungguh membaca kisah Tuhan dan umat-Nya -- Tuhan yang mengikatkan diri-Nya sendiri dengan sebuah perjanjian kepada suatu umat dan bangsa, dan kini mengikatkan diri-Nya sendiri kepada kita dengan sebuah perjanjian baru. Perhatikan bagaimana Nehemia bicara tentang "Tuhan ku." Kita memiliki sebuah gambar tentang Tuhan yang memelihara janji-janji-Nya.

Ia menjanjikan umat-Nya dua hal -- memberkati ketaatan mereka dan mengutuki ketidaktaatan mereka. Tuhan yang sama yang memelihara janji yang satu akan memelihara janji yang lainnya juga, dan kenyataan bahwa Ia mengirim mereka ke pembuangan berarti Ia memegang janji-Nya kepada mereka.

IA MENGIRIM MEREKA KE PEMBUANGAN

Dalam Imamat 26:44 Tuhan berjanji untuk mengeluarkan umat itu dari Tanah Perjanjian jika mereka berkelakuan salah, dan Ia sungguh menepati janji itu. Alasan untuk pembuangan berlangsung sampai 70 tahun, jarang dihargai. Ini dijelaskan di akhir 2 Tawarikh.

Hukum-hukum Tuhan menyatakan bahwa tanah itu perlu istirahat Sabatnya seperti halnya umat itu sendiri. Tuhan telah memerintahkan bahwa setiap tujuh puluh tahun mereka tidak boleh memanen tanah itu, tetapi mengistirahatkannya dengan membiarkannya kosong. Tetapi tanah itu telah kehilangan liburannya selama 500 tahun -- yang tentunya setara dengan 70 kali 7 tahunan (setiap 7 tahun selama 500 tahun). Di akhir 2 Tawarikh Tuhan berkata, "Jika kamu tidak memberikan tanah itu istirahat, Aku akan. Tanah tersebut tertinggal 70 tahun istirahatnya, maka pergilah kalian selama 70 tahun."

Tuhan memegang perkataan-Nya. Ia berjanji mengganjar orang benar dan menghukum orang jahat. Ia akan melakukan keduanya, sebab Ia telah menjadikan itu perjanjian, dan itu akan berlaku kepada umat-Nya seperti juga kepada setiap orang lain. Paulus menulis kepada orang Kristen, "Kita semua akan menghadap takhta penghakiman Kristus, dan setiap orang akan menerima apa yang layak baginya sesuai dengan apa yang telah dilakukan dalam tubuhnya," entah baik atau jahat.

## IA MENGELUARKAN MEREKA DARI PEMBUANGAN

Sama seperti Tuhan berjanji untuk menghukum, Ia juga gemar memberkati (lihat Yeremia 29:10). Maka sesudah saat yang ditentukan Ia membawa mereka kembali -- keluaran kedua, meski kali ini tidak ada laut untuk diseberangi atau tentara yang mengejar.

## KARYA RAHASIA TUHAN

Dalam Ezra maupun Nehemia, saya mencatat bahwa Tuhan bekerja secara rahasia. Tidak ada perkataan kenabian dalam kedua kitab ini, tidak ada mukjizat, namun begitu kita melihat Tuhan bekerja secara menakjubkan dan tenang.

*Para pemimpin di dalam umat-Nya.* Kita melihat bagaimana Ia membangkitkan orang-perorangan dari dalam umat Tuhan untuk mencapai pekerjaan-Nya. Zerubabel menjadi pemimpin. Ezra dan Nehemia masing-masing memiliki tugas spesifik dan dibangkitkan pada saatnya yang tepat.

*Para pemimpin di luar umat-Nya.* Tuhan tidak terbatas pada umat-Nya saja. Ia juga bekerja dalam para pemimpin yang tidak mengenal Dia -- orang seperti Koresh, Artaxerxes dan Darius. Sebagian dari mereka bersimpati kepada umat Tuhan, lainnya seperti Nebukadnezar tidak bersimpati, paling tidak di awalnya.

## Umat Tuhan

Tuhan di balik pemandangan, melindungi umat-Nya, tetapi Ia juga mengharapkan umat memainkan bagian mereka dalam mengakibatkan perubahan. Ia telah memperlihatkan diri-Nya sebagai Tuhan pemelihara perjanjian, tetapi mereka sebagai jawaban diminta untuk memelihara bagian mereka dari perjanjian itu dan menjadi umat kudus sesuai yang Tuhan tuntut. Tetapi mayoritas umat itu gagal dalam tugas mereka. Satu pelajaran yang kita dapat dari kitab-kitab ini ialah bahwa umat itu sedemikian cepat berbalik kembali kepada dosa yang telah mereka buat sebelumnya. Satu-satunya dosa yang tidak mereka lakukan kembali adalah penyembahan berhala, sampai hari ini orang Yahudi sedemikian gentar tentang berhala sampai mereka tidak pernah lagi menyembah berhala-berhala, dan tidak akan pernah lagi.

Winston Churchill menulis sejarah dahsyat Perang Dunia II dalam 6 jilid. Saya sudah membacanya dan tulisan itu adalah bacaan sangat mengasyikkan, tetapi yang ke enam memiliki judul sangat menarik. Itu meliput bagian paling akhir dari perang tersebut, dan ia menyebutnya *Kemenangan dan Tragedi*. Subjudulnya adalah ini: 'Bagaimana demokrasi menang dan karena itu sanggup untuk memulai kembali kebodohan-kebodohan yang hampir saja harus dibayar dengan kehidupan mereka." Begitulah vonis akhir dari pemimpin besar dari zaman perang: manusia akan kembali kepada kebodohannya.

### HANYA SEBAGIAN YANG KEMBALI

Kendati terbuka kesempatan untuk kembali ke tanah asal mereka, hanya 50,000 dari dua juta orang yang sungguh melakukan itu (yaitu 2,5 persen). Alasan utamanya adalah hidup di Babilon makmur dan nyaman, sementara di Yudea boleh jadi akan keras dan tidak pasti. Mereka yang kembali menghadapi perjalanan sukar 1,500 kilometer dan kemungkinan jatuh miskin setiba mereka kembali di tanah itu.

## MEREKA YANG PULANG SEGERA JATUH KE DALAM DOSA

Telah kita perhatikan bahwa kendati pembuangan, umat masih saja jatuh ke dalam dosa. Mereka tidak takut Tuhan sebagaimana seharusnya dan segera melanggar Hukum Taurat seburuk seperti yang dulunya mereka buat yang menyebabkan pengembaraan mereka ke Babilon. Itu jelas dari kegagalan mereka memelihara pernikahan di dalam iman, dan kesediaan untuk mengekspolitasi sesama warga sebangsa apabila dapat.

Maka tidak heran bahwa di pasal 9 dari kedua kitab, Ezra dan Nehemia merasa tertekan oleh apa yang terjadi. Mereka harus membangun ulang umat, menyelamatkan mereka dari dosa-dosa mereka dan dari diri mereka sendiri.

## Akibatnya

Tuhan berhenti bicara kepada mereka selama 400 tahun -- akan tidak ada mukjizat atau pesan selama empat abad penuh. Maka Ezra dan Nehemia, serta dua nabi Hagai dan Zakharia memerhatikan tentang pembangunan ulang tersebut.

Daniel membuat sebuah ramalan menakjubkan yang sangat relevan untuk mempelajari Ezra dan Nehemia. Ia berkata: "Ketahuilah dan mengertilah ini. Sejak dari dikeluarkannya ketetapan untuk memulihkan dan membangun ulang Yerusalem sampai sang pemimpin Yang Diurapi datang, akan ada tujuh kali 'tujuh' masa dan enam puluh dua kali 'tujuh' masa... Sesudah 'tujuh' yang keenam puluh dua, yang Diurapi itu akan dilenyapkan dan akan tidak memiliki apa pun." Apabila kita mempelajari Daniel, kita lihat bahwa 62 kali 'tujuh' atau 490 tahun membawa kita ke masa pelayanan publik Yesus, entah kita menghitung dari ketetapan Koresh atau Artaxerxes.

Maka mulai dari pembuangan terus sampai ke Yesus ada garis kenabian langsung. Saya percaya bahwa Tuhan memperlihatkan itu kepada Daniel supaya kita harus mengetahui bahwa bahkan meski bani Israel kembali dari pembuangan dan balik jatuh ke dalam dosa kembali, segala sesuatunya tidak hilang. Tuhan tahu apa yang harus dilakukan mengenai hal itu. Tuhan tidak terkejut; Ia telah merencanakan apa yang akan Ia lakukan untuk memperbaiki situasi itu. Ia akan mengutus sang Juruselamat untuk mengeluarkan mereka dari dosa, dan itu sebab mengapa Yesus datang.

# 32.
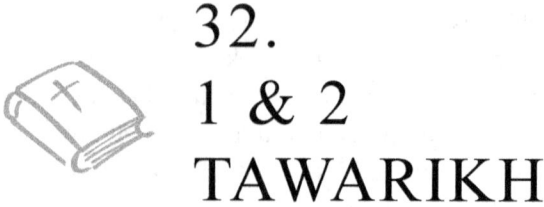
# 1 & 2 TAWARIKH

## Pendahuluan

Ketika orang berusaha membaca seluruh Alkitab mereka cenderung terhenti di Imamat atau di Tawarikh. Imamat memang sukar dibaca sebab tidak ada garis cerita di dalamnya dan upacara keagamaan yang dipaparkan di dalamnya terkesan tidak berhubungan dengan kehidupan modern. Tawarikh sukar sebab sembilan pasalnya tidak lain adalah silsilah, dengan nama-nama yang kebanyakannya sukar diucapkan. Lagi pula, sesudah menyelesaikan Kitab Raja-raja, orang akan dibingungkan oleh begitu banyak kisah yang sama yang diulang dalam Tawarikh, dan karena itu mereka menyimpulkan bahwa ini tidak bernilai dibaca.maka kita mesti memulai pelajaran kita tentang Tawarikh dengan bertanya mengapa kedua kitab ini terkesan meliput wilayah yang sama seperti 1 dan 2 Raja-raja.

Petunjuk pertama kita untuk menjawab pertanyaan ini ialah menemukan dengan memerhatikan urutan berbeda dari kitab-kitab ini dalam Alkitab Ibrani, yang cukup beda dari urutan dalam Alkitab Inggris atau Indonesia. Posisi Tawarikh dalam kanon Yahudi mengusulkan, sebagaimana akan kita lihat, bahwa hubungannya dengan Raja-raja tidaklah sebesar yang kita mungkin pikirkan, meski ia meliput periode waktu luas yang sama. Bagan di halaman 870 akan membuat situasi ini menjadi jelas.

Pertamanya, kita perhatikan bahwa kitab-kitab ini dikelompokkan secara berbeda. Dalam Alkitab Ibrani ada tiga kelompok kitab: Taurat, Nabi dan Tulisan. Bahkan ketika Yesus berbicara dengan dua orang di jalan menuju ke Emaus sesudah kebangkitan-Nya, Lukas mencatat bahwa Ia membimbing mereka menelusur Kitab Musa, Para Nabi dan Tulisan (Mazmur), dan menjelaskan bagaimana semua itu terhubung kepada-Nya. Pada akhirnya, inilah Alkitab-Nya (Lukas 24:27, 44).

Maka dalam Alkitab Ibrani, lima kitab pertama adalah Hukum (dikenal juga sebagai Taurat atau Pentateukh) -- yang kita sebut masing-masingnya Kejadian, Keluaran, Imamat, Bilangan dan Ulangan. Tetapi dalam Alkitab Ibrani mereka dikenal dengan kata-kata pertama di gulungan kitab. Kejadian disebut "pada mulanya"; Keluaran disebut "Inilah nama-nama"; Imamat adalah "Dan Ia memanggil"; Bilangan adalah "Di padang gurun"; dan Ulangan adalah "Inilah firman-firman."

Alkitab Ibrani lalu mendaftarkan apa yang dianggap sebagai kitab-kitab kenabian. Ada dua sub kelompok para Nabi. Pertama adalah Yosua, Hakim-hakim, Samuel dan Raja-raja. Baik Samuel dan Raja-raja hanya satu jilid dalam Perjanjian Lama Ibrani, alasan utamanya ialah bahwa bahasa Ibrani hanya memakai huruf mati dan tanpa huruf hidup, karena itu mereka hanya perlu ruang separuh saja. Ketika kitab-kitab ini diterjemahkan ke dalam bahasa Yunani dan kemudian Inggris dan bahasa-bahasa lain, mereka mengambil lebih banyak ruang sebab huruf-huruf hidup memakan lebih banyak ruang, maka dibagi ke dalam dua kitab, sebab huruf-huruf hidup menggandakan panjang kata-katanya.

Tetapi empat kitab ini digolongkan bukan sebagai sejarah tetapi sebagai nubuatan, sebab mereka memberikan perspektif kenabian tentang sejarah. Samuel adalah nabi yang mendominasi periode awal itu, dan sepanjang periode para raja ada lusinan para nabi. Yang menuliskan sejarah adalah para nabi dan mereka menafsirkannya serta memperlihatkan kepada umat apa yang Tuhan lakukan. Para nabi yang belakangan ditempatkan ke dalam sub kelompok kedua, yang sama seperti dalam Alkitab Indonesia.

Tulisan adalah sejenis kotak campur sari dengan banyak jenis kitab lain di dalamnya. Itu termasuk Mazmur (secara harfiah berarti 'puji-pujian;), Ayub dan Amsal. Rut tidak dianggap sebagai kitab kenabian, maka ia masuk ke dalam Tulisan, dan ini tidak diikuti dalam Alkitab Inggris atau Indonesia. Kidung Agung, Pengkhotbah, Ezra, Nehemia, Ester dan Daniel juga termasuk di dalamnya. Yang khususnya mengherankan ialah Daniel tidak ditempatkan di antara para nabi, tetapi ia bicara tentang bangsa-bangsa lain.

Sebagaimana diperlihatkan pada bagan, kitab terakhir dalam Perjanjian Lama Yahudi adalah Tawarikh, hanya ia disebut 'Perkataan Hari-hari." Maka jelas bahwa kitab itu dipandang dalam terang yang sama sekali berbeda dari Raja-raja. Kitab yang satu adalah kenabian dan yang lainnya bukan.

Pengaturan ini jauh lebih baik ketimbang yang dalam Alkitab kita, paling tidak karena kata terakhir dalam Perjanjian Lama Inggris adalah 'terkutuklah' sedangkan dalam bahasa Indonesia adalah 'musnah' (Kata terakhir dari Kitab Maleakhi). Dalam Alkitab Ibrani dua kata terakhirnya adalah 'naik ke' (berangkat pulang), sebagaimana dalam ungkapan 'mari kita pulang ke Yerusalem' (Ibr.: aliya).

Pengaturan dalam Alkitab kita memiliki tiga pengelompokan berbeda. Kita menganggap Kejadian, Keluaran, Imamat, Bilangan dan Ulangan sebagai sejarah, dan menggabungkannya dengan Yosua dan Hakim-hakim, seakan mereka bersambungan. Kita masukkan juga Rut sebab kita pikir ini pun bagian dari sejarah. Lalu Samuel, Raja-raja dan Tawarikh dalam pengaturan itu. Inilah mengapa kita cenderung mendapatkan kesan bahwa Tawarikh hanya mengatakan hal yang sama kembali.

Akibatnya ialah 1 dan 2 Tawarikh sangat sedikit dikenal dalam lingkungan gereja. Hanya ada dua ayat yang sering dikutip secara luas. Yang pertama dari 2 Tawarikh 7:14: "Jika umat-Ku yang disebut oleh nama-Ku akan merendahkan diri mereka dan berdoa serta mencari wajah-Ku, dan berpaling dari kejahatan mereka, maka Aku akan mendengar dari surga, dan akan mengampuni dosa mereka, serta akan menyembuhkan tanah mereka." Ada panggilan merdu dalam *Jika umat*-Ku didasari atas satu ayat ini, namun ayat tersebut diambil lepas dari konteksnya. Ayat ini dipakai seakan "Aku akan memulihkan tanahmu" berlaku kepada Inggris atau Amerika, tetapi tanah yang dimaksud adalah tentunya, tanah Israel. Dan tidak ada alasan untuk mengizinkan kita menerapkannya kepada tanah lainnya.

Ayat satunya lagi yang terkenal adalah dari pemerintahan Raja Yosafat, ketika ia diserang oleh tiga bangsa berbeda yang menjadi sekutu melawan Yudea. Mereka maju menyerang Yosafat, yang merespons iru dalam doa dan mencari Tuhan. Para nabi memberitahu dia, "Kamu akan memenangi peperangan ini," tetapi ia diberitahu untuk mengirimkan para penyanyi di depan pasukannya. Maka paduan suara memimpin tentara maju ke medan perang dan menyanyikan pujian kepada Tuhan, dan musuh pun lari. Ini hanya terjadi satu kali dan sukar menjadikannya contioh untuk menyanyi di jalan-jalan dalam rangka mengusir roh-roh jahat pergi dari kota, sebagaimana yang dianggap oleh beberapa orang Kristen. Kedua ayat ini telah dikutip lepas dari konteksnya. Sedihnya, di luar dua ayat ini, orang tidak kenal Tawarikh sama sekali.

## Perangkapan?

Kitab Tawarikh dan Raja-raja, tentunya bukan satu-satunya bagian Alkitab di mana periode yang sama diliput dua kali. Ada dua catatan penciptaan dalam Kejadian, pasal 1 dan 2 -- yang satu dari sudut pandang Tuhan, yang satu lagi dari sudut pandang manusia. Ada empat catatan kehidupan Yesus dalam Perjanjian Baru. Bahkan meski kitab-kitab ini terkesan sama, masing-masingnya datang dari sudut berbeda, sebab tiap Injil ditulis oleh jenis orang yang berbeda.

Tulisan Tawarikh dan Raja-raja mengingatkan kita bahwa semua sejarah mengandung sudut pandang. Anda tidak dapat menulis sejarah sambil menolak ketertarikan pribadi Anda, sebab dari semua yang terjadi, Anda memilih hal-hal yang tentangnya Anda tertarik dan yang Anda pikir penting adanya. Dengan adanya penyeleksian ini, Anda kemudian menghubungkan semuanya untuk memperlihatkan bagaimana hal yang satu menuju ke hal yang lainnya, dan kemudian Anda mengevaluasi apa yang Anda tulis.

Maka seorang sejarawan menjalani langkah-langkah pemilihan, penghubungan dan penilaian, serta pertimbangan moral tentang apa yang harus dicakup. Bahkan dalam kitab sejarah Inggris yang berciri parodi seperti *1066 And All That*, sepanjang buku itu dibuat pertimbangan moral tentang apakah sesuatu baik atau buruk. Dalam cara sama Anda temukan bahwa pertimbangan moral dalam Raja-raja berbeda dari yang dalam Tawarikh.

## Membandingkan Samuel, Raja-raja dan Tawarikh

Samuel dan Raja-raja adalah dua kitab dalam Perjanjian Lama Ibrani (dalam Alkitab kita berjumlah empat buku), dan mereka mencakup periode 500 tahun saja. Tetapi ketika kita membaca Tawarikh kita dapatkan bahwa kitab ini mulai jauh lebih awal dan berakhir belakangan. Ia menyebutkan Adam, surut balik melintasi abad-abad ke awal mula sekali ras manusia. Samuel dan Raja-raja berakhir di pembuangan, tetapi dalam Tawarikh kita memiliki kepulangan. 70 tahun kemudian. "Biarlah kita berangkat pulang ke Yerusalem" adalah kata terakhir dalam Tawarikh. Karena itu dua penulis ini memiliki tugas cukup berbeda di hadapan mereka, dan mereka memenuhi itu dengan cara berbeda juga.

| SAMUEL / RAJA-RAJA | TAWARIKH |
|---|---|
| 500 tahun | Mulai lebih awal, berakhir belakangan |
| Ditulis segera sesudah peristiwanya | Ditulis lama sesudah peristiwanya |
| Sejarah politik | Sejarah kegamaan |
| Sudut pandang kenabian | Sudut pandang keimamatan |
| Para raja utara dan selatan | Para raja selatan |
| Kegagalan manusia | Kesetiaan ilahi |
| Kejahatan kerajaan | Kebajikan kerajaan |
| Negatif | Positif |
| Moral – perilaku benar | Spiritual – upacara |
| NABI | IMAM |

Dalam Raja-raja, umat tersebut perlu penjelasan mengapa mereka telah dkirim ke pembuangan, tetapi dalam Tawarikh mereka tahu mengapa -- mereka hanya perlu dikuatkan dan dikirim balik ke tanah itu untuk mendirikan ulang tembok-tembok kota tersebut dan membangun kembali bait. Raja-raja dituliskan cukup langsung sesudah peristiwanya terjadi, Tawarikh lama sesudahnya. Sejarah politik mendominasi Raja-raja, sementara Tawarikh kebanyakannya adalah sejarah keagamaan. Maka Raja-raja ditulis dari sudut pandang kenabian, dan Tawarikh dari sudut pandang keimamatan. Raja-raja mencakup utara dan selatan; Tawarikh yang mencakup periode yang sama, tidak pernah menyinggung satu pun raja utara. Penulisnya sama sekali tidak tertarik tentang utara. Itu perbedaan yang sangat besar. Raja-raja berkonsentrasi pada kegagalan manusia yang membawa malapetaka. Tetapi Tawarikh ingin berkonsentrasi pada kesetiaan ilahi. Maka dalam Tawarikh kejahatan kerajaan dikecilkan dalam ragka memuji kebajikan kerajaan, maka Tawarikh mengandung pandangan yang jauh lebih positif tentang para raja.

Bukan berarti Tawarikh berusaha mengubah sejarah; kebalikannya, ia kebanyakannya memilih hal-hal baik yang dibuat oleh para raja. Penekanannya bersifat moral, dan kata kuncinya adalah *perbuatan benar*. Raja-raja menjawab pertanyaan apakah raja tertentu benar atau tidak. Tetapi dalam Tawarikh perhatiannya kebanyakan pada upacara, bait dan korban persembahan, dengan tekanan pada isu spiritual ketimbang moral. Maka dalam raja-raja kita memiliki tulisan nabi, dan dalam Tawarikh tulisan imam. Perbedaan sudut pandangnya sangat besar.

Jelas adanya bahwa salah satu jalan paling baik menentukan fokus Tawarikh adalah bertanya apa bahan yang dihapuskan dari yang dicakup dalam Raja-raja dan Samuel. Sekilas saja melihat isinya memberi kita petunjuk. Dalam Samuel, Saul memiliki sekitar se-per-enam isi kitab, dengan kehidupan Daud sekitar dua-per-tiga isi kitab. Catatan tentang kehidupan Salomo meliputi separuh dari 1Raja-raja dan kerajaan yang terpecah juga sekitar separuhnya. Jadi apa yang terjadi? Apa yang ditinggalkan oleh Tawarikh?

## Peniadaan

1. Tidak disebutkan tentang bagian Samuel dalam pemilihan para raja.
2. Saul hampir tidak menerima perhatian. Ada tentang kematian Saul, tetapi itu hanya disebutkan untuk memperkenalkan Daud. Tidak ada lainnya tentang kehidupan Saul yang lainnya. Sang penulis ingin pembacanya melihat para raja itu dalam pemandangan

yang baik, dan karena itu kebanyakan dari kehidupan Saul diabaikan.
3. Daud disebutkan cukup panjang, tetapi meski begitu pun menarik untuk kita perhatikan apa yang dihapuskan tentangnya. Konfliknya dengan Saul diabaikan, dan tidak ada disebutkan tentang tujuh tahun pemerintahannya di Hebron atau tentang istrinya yang banyak. Pemberontakan Absalom dilewati, dan seluruh episode dengan Batsyeba -- yang merupakan titik balik dalam pemerintahan Daud -- tidak disinggung bahkan satu baris pun.

Pemilihan bahan seperti ini sangat berarti. Tawarikh mencakup kisah-kisah positif dan meninggalkan apa pun yang tidak baik. Maka dengan ketiadaan episode dengan Batsyeba, Daud tampil cemerlang, seperti halnya juga Salomo. Tidak satu kata pun di sini tentang begitu banyak istri yang ia miliki, berhala-berhala yang dibawa ke dalam istananya, hubungannya yang salah dengan Tuhan, atau kegagalannya untuk mengurus bukit-bukit penyembahan dan kehadiran kuil-kuil kafir.

Fokus positif ini berlanjut di seluruh kitab itu. Sesudah pembagian kerajaan, Penulis Tawarikh meniadakan para raja utara dan mengutamakan para raja selatan. Ia memberikan banyak ruang untuk para raja baik seperti raja anak Yosia dan Hizkia, tetapi para raja jahat hampir tidak menerima liputan sama sekali.

Kecuali bahwa penulis Tawarikh berprasangka, ia cukup sengaja dalam keputusan penyuntingannya. Ia memiliki ketertarikan khusus -- ada tema-tema umum yang tidak menonjol dalam pemerintahan Saul tetapi ada dalam Daud dan Salomo, dan dalam pemerintahan beberapa raja Yudea.

## Garis besar kitab

**Kitab 1: raja yang saleh**
1–9: Adam sampai Saul
Raja pertama Israel
10–29: Daud dan Tabut Perjanjian
Raja terbaik Israel

**Kitab 2: raja-raja saleh**
1–9: Salomo dan bait
Raja terakhir Israel
10–36: Yerobeam sampai Zedekia
Raja-raja terbaik Yehuda
Raja terakhir Yehuda
Takhta dan bait

## Pencantuman

Pertama sekali, Penulis Tawarikh hanya memerhatikan garis kerajaan dari Daud, tidak dari yang lainnya. Maka Saul tidak dimasukkan sebab ia bukan dalam garis kerajaan Daud, tetapi dari suku Benyamin. Ada satu orang yang diberikan perhatian cukup panjang yang menerima sedikit perhatian dalam Raja-raja -- yaitu Zerubabel. Ia adalah dari garis kerajaan Daud dan kembali dari pembuangan di Babilonia. Di dalam dialah pengharapan umat akan kedatangan Mesias diletakkan, sebab ia satu-satunya dari yang kembali yang berasal dari garis keturunan Daud. Maka ketika Penulis Tawarikh masuk ke silsilah ada separuh pasal dipakai untuk pohon keluarga Zerubabel. Ia melukis garis kerajaan dalam kecemerlangan yang sangat bermanfaat.

## Fokus keagamaan

Tawarikh khusus memerhatikan sikap para raja kepada Tabut dan bait. Ia berkonsentrasi pada catatan tentang perlakuan umat terhadap Tabut Perjanjian dan bait yang diposisikan sebagai tempat dimana Tuhan sedia berdiam di antara umat-Nya. Maka kita diberitahu bagaimana Daud membawa Tabut itu ke Yerusalem, tentang kerinduannya membangun bait, penyiapannya untuk itu, pengumpulan bahan-bahan, penyusunan rancangan, dan bagaimana ia mengatur pelayanan ibadah dan paduan serta pemimpin paduan. Kebanyakan rincian dalam Tawarikh hampir dilewati saja dalam Raja-raja dan Samuel.

Tambahan lagi, enam dari sembilan pasal yang berfokus pada Salomo hampir sepenuhnya mengurusi bagiannya dalam pembangunan bait yang Daud ayahnya tidak diizinkan untuk membangunnya. Penulis Tawarikh mencatat doa Salomo ketika bait didedikasikan, dan bagaimana kemuliaan Tuhan datang. Tawarikhlah yang mengandung catatan tentang tambang bawah tanah yang menjadi asal bahan-bahan untuk bait itu didatangkan.

Jadi perhatian ini mengusulkan pandangan imam tentang sejarah. Nabi akan berkonsentrasi pada hal-hal buruk yang para raja lakukan dan menyebabkan penghukuman atas tanah itu. Tetapi imam suka mencatat pembangunan bait, penyusunan paduan suara dan pemantapan penyembahan. Ia tahu Daud sebagai seorang pemimpin penyembahan, penulis Mazmur dan orangnya yang ingin membangun bait. Daud dan Salomo dengan demikian dilihat dalam terang berbeda ketimbang dalam Raja-raja.

Sesudah masa Salomo, ketika kerajaan telah terbagi, Penulis Tawarikh hanya tertarik pada kerajaan selatan, sebab di sanalah bait dan para imam Tuhan berada, dan di mana garis kerajaan dipelihara. Ia mengambil delapan raja -- lima darinya baik -- dan, sesuai dengan prinsipnya, mengabaikan dua belas raja paling jahat di selatan. Telah kita perhatikan perhatiannya pada Daud dan Salomo. Mari secara singkat kita lihat enam raja lainnya.

# Enam raja

## Asa

Ia memilih Asa, yang menyingkirkan berhala-berhala di Yehuda dan Benyamin dan menyingkirkan ibunya dari istana, sebab ia diam-diam menyembah berhala di kamar tidurnya. Asalah yang membuat perjanjian dengan Tuhan dan memperkaya dengan perak dan emas sehingga, di mata imam, ia adalah seorang baik.

## Yosafat

Kemudian kita dapatkan catatan tentang Yosafat, putra Asa, yang mengutus orang Lewi untuk mengajar Hukum Taurat Tuhan di setiap kota. Ia berhasil menang atas Amon dan Moab. Sebelum ini kita lihat ia mengutus para penyanyi ke medan perang di bagian depan pasukan tentara, dan ia berperan dalam pemulihan perhatian lebih kuat pada Tuhan.

## Yoram

Seorang raja yang jahat yang disebut ialah Yoram, tetapi penyebutannya menentukan bagi plot kitab ini. Kesalahannya yang besar ialah menikahi putri Ahab, yang orangtuanya telah memasukkan penyembahan kepada para dewa asing. Ia datang ke selatan dan menyusun siasat untuk merebut takhta, dengan membunuh hampir semua pangeran dalam garis kerajaan. Tetapi seorang imam bernama Yoyada menculik pangeran paling muda, Yoas, dan menyembunyikannya selama enam tahun dan kemudian menghasilkan dia sebagai raja yang sah. Sekali lagi seorang imam memainkan peran menentukan dalam mempertahankan garis kerajaan dari Daud.

## Yoas

Yoas juga memiliki karakter campuran. Ia memulihkan bait dengan mendorong umat memberi dana untuk menunjang tugas tersebut. Tetapi ia membantai Zakharia yang saleh, anak dari Yoyada, kendati kebaikan yang telah Yoyada perlihatkan kepadanya.

## Hizkia

Hizkia membuka kembali dan memperbaiki bait. Umat merayakan Paskah dengan sukacita besar. Reformasi olehnya hanya diliput dalam beberapa ayat di Raja-raja, tetapi diberikan tiga pasal dalam Tawarikh. Ia mereformasi penyembahan dan mendirikan ulang bait dalam pemikiran umat.

## Yosia

Penulis Tawarikh juga memakai banyak waktu untuk Yosia, sang raja anak yang semasa pembesihan bait di musim semi menemukan kitab Taurat. Ia mengembalikan pelayanan dan perayaan-perayaan yang semestinya kepada bait dan berusaha mereformasi bangsa itu sementara mereka melangsungkan penyembahan kafir.

Semua para raja ini menentang penyembahan berhala, yang menjadi alasan mereka dipandang sebagai raja-raja baik dalam pemandangan para imam. Hal yang menarik ialah bahwa meski penyembahan berhala berlaku umum sebelum pembuangan, ketika orang Yahudi kembali dari pembuangan mereka tidak pernah dicobai sebagai bangsa untuk kembali ke penyembahan berhala, dan mereka tidak melakukan itu sampai hari ini.

Penting bagi pengertian kita tentang Tawarikh bahwa kitab ini berakhir dengan Koresh raja Persia mengalahkan Babilonia dan mengirim orang Yahudi kembali dari pembuangan. Mereka tidak pernah melihat rumah ibadah Yahudi dan tidak diperintah oleh seorang raja dalam garis Daud. Penulis Tawarikh memberitahu mereka tiga hal -- saya menyebutnya tiga R. ia ingin memberi mereka: *roots, royalty dan religion* (akar, kepekaan berkerajaan dan agama) kembali. Maka Tawarikh memiliki maksud yang jelas. Ia mewartakan, bukan sekadar mengajarkan sejarah

**PARA BUANGAN PULANG**

| | |
|---|---|
| *Siapakah* mereka | umat yang *berakar* |
| *Apakah* mereka | umat berkerajaan |
| *Mengapa* mereka | umat *keagamaan* |

# Jati diri

Orang buangan yang kembali ini butuh mengenal siapa adanya mereka. Mereka memiliki akar yang merentang balik ke Adam, sebab Tuhan sendiri telah mengendali sejarah mereka. Mereka kepunyaan Tuhan, dan Ia telah mengkhususkan mereka ke luar dari seluruh umat manusia, memilih Abraham dan memelihara mereka sebagai umat. Maka mereka bukan sekadar penghuni sebidang tanah, tetapi sebagai umat yang identitasnya terkait ke dalam maksud-maksud Tuhan. Itulah alasan adanya silsilah yang panjang itu.

## Kepemimpinan

Hal kedua yang perlu mereka ketahui adalah bahwa mereka merupakan satu umat kerajaan, dengan raja mereka sendiri. Penulis Tawarikh ingin mereka mulai berpikir tentang raja kembali dan untuk memulihkan kerajaan Israel. Ia memberitahu mereka, "Kalian bukan sekadar satu kelompok manusia -- kalian adalah imamat rajani, umat kerajaan. Kalian memiliki raja dan garis kerajaan yang dipertahankan, serta kalian akan menjadi suatu kerajaan kembali." Maka sementara umat itu menghadapi pencobaan untuk tenggelam ke dalam mentalitas budak, kitab ini adalah suatu inspirasi dahsyat.

## Tujuan

Hal ketiga yang ingin ia sampaikan adalah tujuan mereka eksis sebagai umat. Hal paling penting yang membuat mereka apa adanya mereka dulu ialah fakta bahwa mereka adalah umat pilihan Tuhan. Penyembahan mereka akan Tuhan mutlak sentral bagi identitas mereka sebagai umat. Maka ketika mereka kembali, prioritas mereka adalah membuat bait dibangunkan kembali dan penyembahan ditegakkan ulang menurut pola dari Musa.

Telah kita perhatikan bahwa 10 persen lebih dari mereka yang kembali adalah para imam, yang perbandingannya jauh melebihi jumlah imam di dalam keseluruhan umat itu. Mereka berkomitmen untuk menegakkan ulang Israel sebagai bangsa keagamaan, maka membangun ulang bait adalah prioritas puncak. Nama "Yahudi" secara harfiahnya berarti 'memuji Tuhan." Mereka tekun berusaha hidup sesuai nama itu.

Maka Tawarikh adalah sebuah khotbah untuk sisa umat yang pulang kembali, untuk menguatkan mereka agar bertekun di tengah masa yang sukar. Itu bukan pekerjaan yang sangat mengasyikkan, dan mereka harus bergumul untuk melangsungkan kehidupan. Mereka sangat miskin, dan membangun bait adalah pekerjaan yang kemajuannya lambat. Itu memerlukan dua orang nabi -- Hagai dan Zakharia -- untuk mendorong mereka terus mengerjakannya. Tetapi penulis Tawarikh harus berupaya menanamkan kebenaran dalam mereka bahwa Tuhan harus menjadi yang pertama di dalam kehidupan mereka sebagai umat.

Israel ada hari ini sebagian besarnya karena orang-orangnya ingin memiliki tempat tinggal mereka sendiri di mana mereka dapat hidup aman, meski dengan sedih harus saya katakan bahwa mereka belum sungguh kembali untuk menegakkan diri mereka sebagai umat Allah.

Saya tidak akan pernah melupakan 45 menit yang saya pakai bersama Presiden Israel di kediamannya. Di akhir percakapan ia berkata, "Yah, saya seorang agnostik. Saya tidak sungguh percaya akan Tuhan."

Saya menjawab, "Tetapi ini adalah tanah di mana Tuhan membuat mukjizat-mukjizat terbesar-Nya."

Ia berkata, "Saya tidak dapat memercayai itu."

Saya sangat sedih. Adalah penting bahwa mereka

ingin kembali sebagai umat Tuhan dan bahwa bait harus menjadi pusat dari kepulangan dan pengharapan mereka. Mereka telah pulang ke tanah mereka tetapi belum kepada Tuhan mereka.

## Penerapan Kristen

### Kristus

Tema-tema kitab Tawarikh diangkat ke dalam kehidupan Kristus.

#### AKAR

Matius mulai dengan silsilah Kristus, dan Lukas mengambil silsilah tersebut balik jauh sampai ke Adam. Adalah penting bahwa pembaca diyakinkan tentang kebenaran dari akar-akar Kristus. Kristus adalah seorang Yahudi, bukan seorang pribadi tanpa akar yang secara sembarangan jatuh masuk ke dalam sejarah, tetapi diutus untuk menggenapi pengharapan dari suatu umat tertentu.

#### KEPEKAAN BER-KERAJAAN

Lagi pula, Kristus dilahirkan dalam garis kerajaan, maka Ia dapat mengklaim sebagai anak Daud. Sesungguhnya, Ia dapat mewarisi takhta tersebut dua kali. Melalui ayah-Nya Ia memiliki hak legal untuk takhta dan melalui ibu-Nya juga hak itu lagi, sebab kedua mereka memiliki pohon keluarga yang kembali kepada Daud. Dan meski Ia tidak mengakui secara terbuka diri-Nya adalah raja, Ia adalah Dia yang duduk di takhta Daud selamanya.

AGAMA

Ia juga adalah kegenapan dari pengharapan keagamaan Israel, sebab sesungguhnya Ia menjadi sang bait. Kita diberitahu di bagian awal Injil Yohanes bahwa "Firman telah menjadi daging dan diam ('bertabernakel') di antara kita." Ia melihat diri-Nya sendiri sebagai fokus dari penyembahan mereka, sebagai yang menggenapi perlambangan dari bait itu. Ia membuat banyak dari kebiasaan Yahudi menjadi usang, sebab banyak darinya berfungsi sebagai penunjuk kepada Dia.

## Orang Kristen

AKAR

Rasul Paulus menjelaskan bahwa orang Kristen telah "dicangkokkan" ke dalam umat Tuhan, supaya bahkan sebagai orang asal kafir kita dapat berkata bahwa kita memiliki akar-akar Yahudi. Silsilah mereka adalah silsilah kita. Maka ketika membaca 1 Tawarikh 1-9, saya membaca pohon keluarga saya, sebab saya kini adalah anak Abraham. Akar-akar sedemikian bahkan menjadi lebih penting untuk kita ketimbang pohon keluarga kita sendiri. Pohon keluarga kita akan lenyap pada kematian, tetapi pohon keluarga Yahudi itu kini adalah silsilah baru kita. Dalam Kristus kita mewarisi berkat-berkat Abraham.

KEPEKAAN BER-KERAJAAN

Petrus mengingatkan kita dalam suratnya pertama bahwa kita kini adalah umat yang rajani dan imamat yang rajani. Kita adalah pangeran putra dan pangeran putri, kita harus menjejaki bumi seperti orang-orang kerajaan, sebab kita kelak akan memerintah dunia ini bersama Kristus. Kitab

Wahyu memberitahu kita bahwa Tuhan telah menyelamatkan suatu umat dari tiap kekerabatan dan suku untuk memerintah atas bumi ini. Karena itu, seperti halnya orang Yahudi purba, kita dapat hidup dengan martabat, karena mengetahui siapa kita dan apa posisi kita.

AGAMA

Tambahan, kita telah menjadi bait. Paulus bertanya, "Tidak tahukah kamu bahwa tubuhmu adalah bait Roh Kudus?" Kita harus mencerminkan ini dalam cara kita hidup.

Ketiga hal itu yang merupakan arti dari kepulangan umat tersebut dari pembuangan perlu diajarkan, kita juga perlu mengklaimnya. Satu perbedaan besar untuk kita ialah kita masih dalam pembuangan. Kita belum lagi pulang ke tempat kita sejatinya; kita adalah orang asing dan musafir di tanah asing. Saya tinggal di Inggris tetapi ini bukan tempat saya sejatinya. Kewargaan kita adalah di dalam surga, dan itu dapat menyebabkan ketegangan dengan siapa kita hidup bersama. Pada akhirnya Yesus berkata kepada para murid-Nya, "Mereka membenci Aku, maka sangat mungkin mereka juga membenci kamu."

Konsekuensinya, kita harus bekerja keras untuk memelihara hubungan kita dengan para kerabat dan sahabat kita yang tidak percaya, sebab kini kita adalah bagian dari suatu keluarga yang baru. Kita harus mengingat bahwa apa yang kita buat dengan tubuh kita, kita lakukan dengan bait Tuhan. Ini salah satu alasan mengapa banyak orang berhenti merokok ketika mereka menjadi orang Kristen. Tidak ada satu bagian Alkitab pun yang menentang rokok. Seperti sering saya katakan, ia tidak akan membuat Anda masuk neraka -- ia hanya membuat aroma Anda tercium seakan Anda sudah di sana! Tetapi banyak orang Kristen menyadari bahwa mereka salah memakai bait Tuhan -- membuatnya bau, menjadikannya kotor dan mempersingkat kehidupan. Jadi Tawarikh tidak hanya duplikasi sepenggal sejarah kuno menjemukan yang sudah diceritakan sebelumnya. Ini adalah pesan pengharapan untuk masa depan, yang memperlihatkan kita untuk apa kini kita ada dan bagaimana menemukan jatidiri sejati kita sebagai umat Tuhan di tanah asing. Ini adalah sebuah kitab penting dengan pesan yang vital, baik untuk umat pada zaman itu dan untuk kita masa kini.

# 33. HAGAI

## Pendahuluan

Hagai adalah yang pertama dari tiga Nabi-nabi Kecil terakhir dalam Perjanjian Lama. Sesudah ketiga nabi ini Tuhan tidak lagi memberikan penyataan lanjut selama 400 tahun lebih. Jadi selama empat abad orang Yahudi harus memberitahu anak-anak mereka, "Suatu hari kelak Tuhan akan bicara kembali kepada kita." Tidak sampai Yohanes Pembaptis sebelum suara-Nya terdengar kembali.

Ketiga kitab ini adalah kitab sangat singkat sebab para nabi itu bicara untuk jangka waktu yang singkat. Hagai hanya bicara selama tiga bulan, dan kemudian ia selesai. Hanya Obaja yang lebih singkat lagi dalam Perjanjian Lama. Zakharia bicara hanya selama dua tahun dan sedikit tumpang tindih dengan Hagai. Maka nubuatan-nubuatan singkat ini berbeda dengan Yesaya dan Yeremia, yang berkhotbah selama 40 sampai 50 tahun dan yang kitabnya karena itu jauh lebih panjang.

Hagai dan Zakharia dikenal sebagai nabi pasca pembuangan, karena mereka melayani sesudah pembuangan. Sebelum pembuangan, para nabi penuh dengan peringatan tentang bencana yang mendatang, tetapi sesudah itu suasananya berbeda jauh. Mereka penuh dengan penguatan dan penghiburan, sementara umat itu berusaha memperbaiki kerusakan bangsa tersebut.

Ada banyak kesamaan antara Hagai dan Zakharia:

1. Mereka bicara pada saat yang sama. Keduanya dengan teliti mencatat saat nubuatan mereka disampaikan, hal yang sedikit dilakukan oleh para nabi terdahulu. Umumnya mereka memberikan hari, bulan dan tahun ketika firman bersangkutan disampaikan. Masing-masing dari lima nubuatan Hagai memiliki tanggal yang tepat, maka kita dapat melihat berapa banyak hari dan bulan jarak di antara nubuatan itu. Hal yang sama juga dengan Zakharia. Mereka tumpang tindih hanya satu bulan di tahun 520 SM.
2. Mereka bicara di tempat yang sama -- kota yang dibangun kembali, Yerusalem di Yudea.
3. Mereka bicara untuk situasi yang persis sama. Latarbelakang sejarahnya adalah kunci untuk kita menangkap arti pesan mereka.

## Latarbelakang sejarah

Raja orang Persia, Koresh menaklukkan Babilon pada 538 SM. Ia seorang diktator yang baik hati dan memberitahu bangsa-bangsa yang telah diangkut pergi bahwa mereka dapat kembali ke tanah asal mereka, asalkan mereka membangun rumah ibadah yang di dalamnya mereka akan mendoakan dia kepada sesembahan mereka. Dalam peristiwa tersebut, hanya 50,000 orang Yahudi memutuskan untuk pulang. Sisanya, yang kebanyakan lahir dalam pembuangan dan telah menjadi para pedagang yang berhasil di Babilon, memutuskan untuk menetap. Babilon adalah rute perdagangan utama dan banyak orang Yahudi yang telah menjadi cukup kaya. Yerusalem tidak memiliki keuntungan yang sama dan terkesan hanya prospek yang suram.

Mereka yang pulang dipimpin oleh dua orang: seorang pangeran bernama Zerubabel (nama itu berarti 'benih babilon') dan Imam Besar Yosua. Zerubabel dilahirkan di pembuangan dan tidak pernah melihat Tanah Perjanjian, tetapi ia satu-satunya keturunan yang selamat dari garis kerajaan Daud, yaitu sebagai cucu dari raja terakhir yang sah, Yoyakin. Jadi ia harus kembali jika janji Tuhan bahwa akan selalu ada anak Daud di takhta Israel dapat digenapi. Nama Yosua berarti 'Tuhan menyelamatkan' atau 'Tuhan Juruselamat kita' dan merupakan bentuk dari nama Yesus. Ia adalah keturunan dari Ido dan menegakkan ulang keimamatan -- meski ini bukan hal sukar, sebab dua dari tiap lima belas orang yang pulang itu adalah para imam, sehingga ada banyak pilihan. Ketertarikan spiritual utamanya memotivasi mereka yang pulang itu, sebab mereka tahu mereka tidak akan menjadi kaya. Hidup di tanah yang 70 tahun lamanya tidak dibudidayakan dan dalam kota tanpa tembok itu akan merupakan perjuangan yang berat.

Pada waktu kepulangan ke tanah tersebut, perhatian pertama Zerubabel dan Yosua adalah membangun mezbah, dan keduanya membangun bait di sekeliling mezbah itu serta membangun kembali keberadaan mereka sebagai umat Tuhan. Ada kesamaan tertentu dengan bapa leluhur mereka Abraham, sebab dalam perjalanan pulang itu mereka menempuh rute yang persis sama. Kota asal Abraham, Ur, terletak menyusur turun mengikuti aliran sungai dari Babilon, maka mereka harus mengulang seluruh kisah

Abraham kembali dan meninggalkan tanah asal mereka, kerabat mereka dan usaha mereka serta pergi ke negeri yang tidak pernah mereka lihat. Hal pertama yang Abraham lakukan ketika ia mencapai Tanah Perjanjian adalah menancapkan kemahnya dan membangun mezbah serta memberikan persembahan syukur kepada Tuhan atas ketibaannya dengan selamat. Umat buangan yang pulang itu pun melakukan hal yang persis sama. Mereka mengumpulkan sejumlah batu dan membuat mezbah serta berterima kasih kepada Tuhan karena membawa mereka kembali.

Kita tidak boleh mengecilkan pengobanan besar yang telah mereka buat. Mereka meninggalkan sahabat, kerabat dan rumah mereka yang berdinding batu bata. Mereka menukar kemakmuran dengan kemiskinan, perdagangan yang berhasil dengan tanah yang tidak diusahakan selama 70 tahun. Tetapi mereka telah memiliki mimpi mereka dari Kitab Tawarikh tentang penegakan ulang suatu kerajaan rajani dengan raja mereka sendiri -- menjadi umat Tuhan di tanah yang Tuhan janjikan kepada bapa-bapa leluhur mereka.

Maka khayalan memberi jalan untuk kenyataan, ukuran tugas tersebut membuat mereka takut dan kecil hati. Sesudah dua tahun mereka berhenti membangun, dan selama 14 tahun tidak menyusun batu-batu bait lagi, hanya ada fondasi dan tembok yang rendah. Di atas kegiatan mengais untuk hidup, membangun bait adalah kemewahan yang tidak dapat mereka tanggung. Perhatian mereka kini hanyalah bertahan hidup.

Tetapi tugas membangun bait itu mengecilkan hati. Hanya ada sedikit orang dan mereka tidak memiliki sumber. Maka mereka memutuskan untuk membangun bait yang jauh lebih kecil dari bait Salomo, tetapi bahkan ini pun terkesan melampaui kesanggupan mereka. Mereka menghadapi tentangan dari orang Samaria dan ketika Darius menggantikan Koresh, mereka kehilangan subsidi yang Koresh berikan untuk membangun kembali bait. Darius memotong subsidi yang telah diberikan kepada umat yang pulang untuk membangun rumah ibadah, untuk mendanai kampanye-kampanye militernya.

Kemudian ekonomi mengalami resesi parah. Makanan menjadi langka dan sangat mahal, inflasi membubung dan kekeringan serta penyakit mengurangi pasokan makanan. Mereka tidak memiliki simpanan, karena uang yang telah mereka tabung di Babilon terpakai untuk makanan dan pakaian. Itu suatu antiklimaks besar sekali. Mereka pulang dengan harapan membangun kembali bangsa, dan sebaliknya mendapatkan mereka hampir tidak dapat bertahan hidup.

Mau tidak mau, mereka bertanya "Mengapa?" Mereka tiba pada kesimpulan bahwa kepulangan mereka sudah tepat tetapi mereka keliru memilih waktunya. Mereka mulai bertanya apakah mereka seharusnya tinggal lebih lama di Babilon, mengumpulkan lebih banyak dana untuk mereka dan menunggu sampai cukup sanggup untuk kembali dalam kekuatan dan kekayaan lebih besar. Abraham mungkin merasa cukup dengan kemah dan mezbah, tetapi mereka ingin membangun kembali. Mereka telah kembali selama 17 tahun dan hanya sanggup memperlihatkan sedikit pencapaian.

Ke dalam situasi memberatkan inilah Hagai bicara. Ia telah pulang bersama mereka dari pembuangan, barangkali sebagai imam, meski kita tidak tahu pasti. Ayahnya tidak disebutkan, maka keluarganya mungkin tidak terkenal. Nubuatannya dituliskan dalam prosa, dan perasaannya dalam puisi. Maka terdapat sedikit saja perasaan

Tuhan dalam kitab ini. Seakan Tuhan telah muak; Ia tidak lagi merasakan apa pun.

Juga penting untuk diperhatikan bagaimana firman Tuhan dipaparkan dalam Hagai. Kita diberitahu bahwa firman tidak datang 'kepada' Hagai, sebagaimana kepada para nabi lain, tetapi 'dengan perantaraan' Hagai. Maka ini merupakan firman wawasan yang ia lihat ketimbang penyataan. Ia diberikan wawasan mengenai apa yang salah dan pada 26 kesempatan dalam hanya 38 ayat, ia mengawali perkataannya dengan 'beginilah firman Tuhan.'

## Garis besar kitab

**Umat yang tertekan: 1:1–11**
Rumah-rumahmu berhias
Rumah-Ku terlantar
**Umat yang bertekad: 1:12–15**
Taat Tuhan
**Umat yang kecil hati: 2:1–9**
Rumah sebelumnya -- megah
Rumah yang kemudian -- lebih besar
**Umat yang ternoda: 2:10–19**
Bersih tidak membuat kotor menjadi bersih
Kotor pasti mengotorkan yang bersih
Pangeran yang ditunjuk: 2:20–23
Takhta-takhta lain ditumbangkan
Takhta diduduki

Keseluruhannya, Hagai membawa 26 kata dari Tuhan dalam lebih dari lima hari. Ia datang menanyakan pertanyaan dari Tuhan yang dimaksudkan untuk membuat umat itu berpikir. Mari kita lihat tema utama pesannya:

## Umat yang tertekan (1:1–11)

Alasan sesungguhnya mengapa umat itu tertekan adalah pemikiran mereka salah. Mereka perlu memperbaiki pemikiran mereka, dan perasaan mereka pasti akan mengikuti. Adalah mengherankan bahwa umat Tuhan tidak suka berpikir. Komentar paling umum yang lazim saya terima sesudah saya berkhotbah adalah, "Wah, Anda memberi kami sesuatu untuk dipikirkan," selalu diucapkan dalam nada setengah menegur, menyiratkan bahwa mereka tidak datang ke gereja untuk berpikir! Terkadang pengkhotbah dan nabi perlu membuat orang berpikir -- mengganggu mereka untuk memikirkan ulang dan memikirkan pertanyaan.

Umat tersebut gagal menyadari bahwa Tuhan telah menyebabkan malapetaka yang mereka tanggung. Mereka sendiri telah mengambil langkah pertama masuk ke dalam keputusasaan itu. Hagai menjelaskan bahwa mereka harus menilai situasi itu dengan tepat. Mereka beranggapan bahwa tidak tepat waktunya untuk membangun bait sebab mereka tidak dapat mengupayakan tenaga maupun dana yang dibutuhkan. Tetapi Hagai berkata bahwa kegagalan panenan dan inflasi tajam yang terjadi disebabkan mereka berhenti membangun bait. Sesegera mereka berhenti mengutamakan Tuhan dan rumah-Nya, situasi mulai menjadi bermasalah, tetapi mereka tidak memerhatikannya. Maka sebab dan akibat yang sesungguhnya adalah kebalikan dari yang ada dalam pikiran mereka.

Jalan keluar Hagai adalah menantang mereka tentang kualitas rumah mereka dibandingkan dengan keadaan bait. Rumah-rumah mereka berdinding kayu pada masa ketika kayu langka (sesudah pohon-pohon ditebang oleh orang Babilonia), dan mereka harus mendatangkan kayu aras dari tempat seperti Libanon. Orang yang rumahnya berdinding kayu telah memakai uang secara tidak perlu untuk rumah mereka, ketimbang memakai saja pasokan batu yang melimpah. Ini adalah pesan sangat sederhana: "Bandingkan saja rumahmu sendiri dengan rumah Tuhan, dan ini akan menyatakan di mana prioritasmu terletak."

## Umat yang bertekad (1:12–15)

Umat itu berespons secara positif, dan kembali melakukan tugas pembangunan ulang itu. Pembuangan telah mengajar mereka untuk mendengarkan para nabi, dan mereka pun bergerak cepat. Hanya perlu tiga setengah minggu untuk para pembangun menata dan mendapatkan bahan lebih banyak untuk bait itu.

## Umat yang berkecil hati (2:1–9)

Pesan kedua datang hanya 27 hari sesudah mereka mulai membangun. Moril merosot, sebagian besar karena orang usia lanjut membuat perbandingan aneh dengan bait Salomo: "Ini kalian sebut bait? Kalian harus melihat bait yang sebelumnya dulu kita punyai." Itu kritikan yang merusak dan menghantam keras para pekerja.

### Masa kini

Hagai memiliki firman dari Tuhan untuk membuat mereka tetap membangun. Ia memberitahu mereka untuk tidak putus asa oleh ukuran kecil bait yang dibangun ulang itu. Lebih baik mulai dengan kecil ketimbang tidak sama sekali. Tuhan tidak mementingkan tentang ukuran rumah-Nya. Yang Ia pentingkan ialah ada tempat untuk Dia tinggal di antara umat-Nya.

Dalam bagian ini Tuhan memberi mereka aturan dan janji. Aturan (perintah) itu bersifat rangkap: "Kuatkanlah" (tiga kali) dan "Jangan takut" (sekali). Janjinya adalah: "Aku beserta denganmu; Roh-Ku tinggal bersamamu."

## Masa depan

Tetapi Hagai juga berfokus pada masa depan. Ia meramalkan bahwa Tuhan akan mengguncang langit dan bumi dan semua bangsa. Di sini Tuhan meneguhkan bahwa Ia yang mengendalikan alam dan sejarah.

Lalu datang sebuah ungkapan yang membingungkan: "Kerinduan semua bangsa akan datang." Pilihan katanya dalam bahasa Ibrani sukar untuk diterjemahkan, tetapi saya pikir ini tidak mungkin mengacu kepada sang Mesias. (ITB: "Barang yang indah-indah kepunyaan segala bangsa datang mengalir.") Kata 'diinginkan / kerinduan' biasanya diterjemahkan dalam Perjanjian Lama sebagai 'yang berharga atau harta yang kamu inginkan" (Lihat 2 Tawarikh 32:27; 36:10; Daniel 11:18, 43). Ini adalah janji bahwa selanjutnya perak dan emas akan datang dan membantu memulihkan bait itu memiliki kondisi asalnya. Firman itu mengatakan bahwa Tuhan akan mengguncangkan bangsa-bangsa dan mereka akan mengirimkan harta mereka. Inilah tepatnya yang terjadi, sebab tidak lama sesudah nubuatan itu gelombang perak dan emas datang dari Persia untuk menolong pembangunan kembali tersebut (Ezra 6:4). Jadi kita membaca terlalu banyak ke dalam ayat ini jika kita pikir ini merujuk kepada sang Mesias. Tuhan juga berkata Ia akan memenuhi bait ini dengan kemuliaan-Nya, dan kemuliaan tersebut akan melebihi kemuliaan bait sebelumnya. Jelasnya, ini tidak dapat berarti bahwa kemuliaan Tuhan dapat lebih besar, sebab itu mengusulkan bahwa kemuliaan *shekinah*-Nya redup ketika memenuhi bait Salomo. Sebaliknya ini merujuk kepada kemegahan bangunannya itu sendiri. Ini berkaitan dengan janji bahwa kekayaan bangsa-bangsa akan datang. Selanjutnya, Tuhan menjanjikan bahwa bait itu akan mengalami kedamaian dan keserasian besar.

## Umat yang ternoda (2:10–19)

Krisis berikutnya datang dua bulan kemudian. Desember telah tiba, dan tidak turun hujan, Hagai telah berkata bahwa umat itu yang menyebabkan kekeringan dan kelaparan dengan menghentikan pembangunan ulang bait. Tetapi sesudah mengusulkan pembangunan selama dua bulan, hujan yang biasanya diharapkan turun di bulan Oktober masih juga tidak datang sampai Desember. Agaknya akan terjadi lagi paceklik berikutnya.

Maka Hagai memiliki satu masalah teologis. Meski Tuhan tidak berjanji akan merespons cepat, umat berharap demikian. Maka ia bertanya kepada Tuhan apa masalahnya. Jalan keluar dari Tuhan adalah kembali kepada umat dengan bertanya balik. Pada tiga kesempatan ia meminta mereka untuk berpikir baik-baik.

Pertama ia bertanya, "Jika engkau menaruh barang kotor dan bersih bersama, apakah yang kotor mengotori yang bersih atau yang bersih membuat yang kotor menjadi bersih?" Jawaban imam bahwa yang kotor mengotori yang bersih.

Berikut ia menanyai para imam, "Jika sesuatu barang dikuduskan untuk Tuhan dan engkau menaruhnya bersama sesuatu yang tidak dikuduskan, apakah pengudusan itu diteruskan dari yang dikuduskan ke yang tidak dikuduskan?" Jawabannya tidak.

Hagai menjelaskan bahwa Tuhan telah menunda hujan sebab mereka membangun bait yang dikuduskan tetapi mereka sendiri yang mengerjakannya tidak dikuduskan. Manusia yang cemar membangun bait yang bersih membuat bait bersih itu kotor dalam pemandangan Tuhan. Mereka berpikir diri mereka saleh sebab mereka membangun bait, tetapi sesungguhnya mereka telah mencemarkan bait itu di pemandangan Tuhan sebab mereka tidak membereskan kehidupan mereka.

Hagai tidak menjelaskan dosa-dosa itu, tetapi dari respons mereka dapat kita lihat bahwa mereka tahu ia sedang membicarakan apa. Mereka membereskannya, dan hujan mulai turun keesokan harinya. Firman Tuhan adalah, "Mulai dari hari ini Aku akan memberkati engkau," sebab mereka telah menangkap apa pesan tersebut.

## Pangeran yang ditentukan (2:20–23)

Pesan berikutnya adalah untuk Zerubabel. Pesannya sederhana: "Engkau cincin meterai Tuhan." Cincin meterai senantiasa dipakai oleh para raja, dan Tuhan berkata bahwa dari Zerubabel garis kerajaan akan ditegakkan kembali. Ia adalah penguasa dalam garis keturunan Daud -- tetapi, tentunya ia tidak pernah dapat menjadi raja, sebab Darius orang Persia itu yang raja. Sebaliknya Zerubabel dijadikan gubernur Yudea.

Janji berikutnya dibuat untuk Zerubabel: "Tetapi akan datang suatu hari ketika Aku akan mengguncangkan alam semesta dan bangsa-bangsa. Apabila Aku mengguncangkannya, Aku akan menggulingkan takhta mereka dan Aku akan menegakkan takhta Israel, dan garismu akan ada di situ." Tuhan menjanjikan bahwa Ia akan mengguncangkan Persia, Mesir, Siria, Yunani dan Roma dan akan menegakkan kembali kerajaan Israel dari garis Zerubabel. Ini akan terjadi 'pada hari itu,' yang mungkin berkaitan dengan nubuatan-nubuatan mengenai Yerusalem dalam Zakharia 12–14.

## Penerapan Kristen

### Kristus

Nubuatan tersebut belum pernah benar-benar digenapi untuk Zerubabel sendiri, tetapi silsilah Yesus mengusulkan cara melalui mana nubuatan itu menjadi kenyataan. Zerubabel memiliki tempat sangat penting dan mungkin mengherankan dalam sejarah keselamatan kita. Tuhan menggenapi janji-Nya kepada orang tersebut dengan menempatkan dia ada di dua sisi silsilah Anak-Nya. Yesus dapat menelusur garis legal-Nya balik ke Daud melalui ayah-Nya, atau ayah tiri-Nya, Yusuf (dalam Matius), dan menelusur garis jasmani-Nya balik ke Daud melalui Maria (dalam Lukas), maka Ia memiliki klaim ganda sebagai Anak Daud. Zerubabel berada dalam kedua garis.

### Orang Kristen

Pesan sentral Hagai adalah pentingnya menempatkan yang pertama sebagai pertama. Berulang kali Yesus mengangkat tema ini dalam pengajaran-Nya. Dalam Matius 6 Yesus memberitahu para pendengar-Nya untuk mencari lebih dulu Kerajaan Tuhan dan kebenaran Tuhan, dan hal-hal seperti makanan dan pakaian akan diberikan bersamanya. Negara dengan sistem kesejahteraan sosial terbaik adalah kerajaan surga, sebab Yesus berkata bahwa jika menempatkan Tuhan di tempat pertama, semua hal lainnya akan diperhatikan dengan sendirinya. Tuhan tidak menjanjikan kita kemewahan, tetapi segala sesuatu yang kita butuhkan akan disediakan. Terlalu sering kita cenderung menjadikan nafkah atau memelihara hidup sebagai yang pertama, dan kita memberikan sisanya untuk Tuhan. Tetapi bukan demikian cara kerjanya, dan pesan Hagai datang kepada kita dengan sangat jelas.

Ada lagi satu aspek lebih penting lagi. Tuhan tidak terlalu mementingkan apa yang kita lakukan untuk Dia, tetapi apakah kita bersih dalam melakukannya. Inilah sebab dalam Khotbah di Bukit Yesus berkata bahwa ketika kita membawa persembahan kepada Tuhan dan menyadari bahwa ada seseorang yang dengannya kita perlu membereskan hubungan dengannya, lebih baik kita pergi dulu kepadanya dan membereskan, sebelum membawa persembahan kita kepada Tuhan. Sekali lagi, pesan Hagai datang menembus. Orang yang cemar dapat membuat hal yang bersih menjadi kotor. Bereskan dulu segala sesuatu, tempatkan Tuhan sebagai yang pertama, dan kemudian Tuhan dapat menyambut apa yang Anda buat untuk-Nya dan memberkati serta memerhatikan Anda.

Ini sungguh pesan yang sederhana, tetapi pesan ini barangkali masih perlu diperdengarkan. Hidup bukan menyangkut bagaimana supaya berlangsung panjang atau mendapatkan nafkah yang baik, tetapi tentang hidup benar dan hidup untuk Tuhan.

# 34.
# ZAKHARIA

## Pendahuluan

Kitab Zakharia mengandung banyak kesamaan dengan Hagai. Bahkan, Zakharia 8 dapat dengan mudahnya datang dari mulut nabi Hagai. Ini tidak mengherankan sebab pelayanan Hagai dan Zakharia bertumpang tindih selama sebulan, dengan Zakharia mulai tepat ketika Hagai selesai. Dari sejak awal kita harus memerhatikan bahwa jika Hagai adalah salah satu dari Nabi Kecil yang paling mudah dimengerti, maka Zakharia adalah salah satu yang paling sukar. Ada tiga perbedaan utama untuk ditunjukkan:

1. Zakharia belakangan dari Hagai dan melanjutkan pelayanan nubuatannya jauh lebih lama. Itu seperti lomba estafet -- seakan Hagai menyerahkan tongkat kepada Zakharia yang kemudian lari meneruskan lebih jauh.
2. Kitab Zakharia jauh lebih panjang daripada Hagai. Dalam Alkitab kita, ia ada 14 pasal sedangkan Hagai hanya sepasang.
3. Zakharia melihat ke masa depan jauh, sementara Hagai mengurus waktu itu dan masalah-masalah yang

langsung. Zakharia terkesan sanggup melihat ke akhir zaman. Beberapa dari ramalannya yang lebih bicara tentang masa depan dekat bercampur dengan beberapa ramalan tentang masa depan lebih jauh, yang membuat kita bingung periode waktu mana yang dimaksudkan.

Juga terdapat lebih banyak puisi dalam Zakharia daripada Hagai. Gaya tulisannya jelas berbeda-beda. Ini yang kita sebut sebagai kitab 'apokaliptik.' Nubuatan apokaliptik adalah bentuk komunikasi dengan bentuk visual sangat kuat, penuh dengan simbol dan gambaran aneh. Khususnya binatang dan malaikat cenderung menonjol, dengan malaikat terlibat dalam menjelaskan arti gambaran itu kepada manusia. Ini mengingatkan akan Kitab Wahyu, paruh kedua Kitab Daniel, dan beberapa bagian Kitab Yehezkiel. Alasan mengapa nubuatan ini dalam bentuk yang aneh sederhana saja -- sangat sukar membayangkan hal-hal yang ada di masa depan yang jauh. Anda dapat membayangkan masa depan yang dekat dengan cukup mudah, sebab itu sekadar kelanjutan dari kecenderungan yang ada masa kini. Tetapi masa depan jauh lebih sukar. Pada akhirnya, bagaimana Anda memaparkan kehidupan di masa kini kepada seseorang yang hidup seribu tahun yang lalu? Pemaparan tentang televisi akan terdengar luar biasa. Mereka pasti hanya dapat mengerti sedikit atau tidak sama sekali. Satu-satunya jalan Anda memaparkan masa depan jauh kepada orang adalah berusaha dan menyampaikannya dalam bentuk gambaran atau simbol, dan kemudian menjelaskan simbol itu kepada mereka.

Maka Zakharia adalah jenis nubuatan yang sangat berbeda. Kita dapat mengerti Hagai dengan cukup mudah. Ia memberitahu umat untuk menyelesaikan bait, dan Tuhan akan memberkati mereka. Siapa yang perlu penjelasan lagi tentang itu? Tetapi Zakharia adalah pengutaraan yang sangat berbeda.

## Sang nabi

Namanya berarti 'Tuhan mengingat.' Itu nama yang sangat umum dalam Perjanjian Lama, ada 29 orang yang memiliki nama ini. Ia seorang imam, maka inilah seorang imam yang juga adalah nabi -- meski ini bukan hal yang luar biasa mengherankan, sebab sekitar dua dari lima belas orang yang pulang dari Babilon adalah imam. Itu kepulangan keagamaan, sebab umat kembali untuk menegakkan ulang nama Tuhan di Yerusalem. Pastinya mereka tidak pulang karena tanah itu akan menjadi lebih subur atau karena perdagangan akan lebih baik, sebab hidup di Babilon jauh lebih baik. Mereka pulang karena alasan rohani, dan demikianlah sejumlah besar imam pulang.

Ada dua perkembangan luar biasa yang Zakharia soroti. Yang pertama ialah bahwa para imam akan menggantikan para nabi sebagai pemimpin spiritual komunitas. Untuk 400 tahun berikutnya tidak akan ada nabi, hanya imam. Maka Zakharia sebagai imam dan nabi menjadi semacam tanda transisi itu. Sesungguhnya, ia meramalkan bahwa akan datang hari ketika tidak ada orang akan bersedia mengklaim dirinya nabi.

Yang menjadi perkembangan mencengangkan kedua ialah bahwa para imam akan mengambil dari para raja sebagai pemimpin. Zakharia membuat sebuah mahkota perak dan emas untuk dipasang bukan di kepala Zerubabel tetapi imam Yosua. Untuk pertama kali dalam sejarah Israel jabatan imam dan raja akan dipersatukan. Itu telah terjadi hanya satu kali dalam Perjanjian Lama, dalam

Kitab Kejadian, ketika seorang bernama Melkisedek yang adalah raja Yerusalem, juga adalah imam -- tetapi jauh hari sebelum kelahiran Israel sebagai bangsa. Kita tahu dari Perjanjian Baru bahwa ini adalah garis asal kedatangan Yesus. Ia berasal dari ordo Melkisedek, bukan Eli. Ia adalah imam, raja dan nabi. Maka Zakharia menandai sejenis penggabungan tiga posisi kepemimpinan. Imam mengambil alih dari nabi dan imam mengambil alih dari raja. Sejak masa Yesus hanya ada imam. Yohanes Pembaptis adalah nabi pertama yang mereka dapat sesudah 400 tahun. Tetapi para pemimpin adalah dua imam besar, Hanas dan Kayafas. Maka Zakharia adalah kitab sangat penting dalam menandai transisi ini.

Ada cara mudah membagi berbagai periode kepemimpinan berbeda dalam sejarah Israel. Jika Anda mengambil 2,000 tahun dari sejarah Israel sejak Abraham sampai Yesus, Anda dapat membaginya dengan sangat rapi ke dalam empat periode 500 tahun. Sepanjang 500 tahun pertama, dari 2000 sampai 1500 SM, mereka dipimpin oleh para bapa leluhur -- Abraham, Ishak, Yakub dan Yusuf. Sepanjang 500 tahun kemudiannya, dari 1500 sampai 1000 SM, mereka dipimpin oleh para nabi -- Musa sampai Samuel. Dari 1000 sampai 500 SM, mereka dipimpin oleh para raja atau penguasa. Tetapi dari 500 sampai kedatangan Yesus, para imam memimpin mereka. Maka Tuhan telah memberi mereka semacam contoh dari setiap jenis kepemimpinan. Masing-masing jenis kepemimpinan mengecewakan Israel. Yang sesungguhnya mereka butuhkan adalah seorang pemimpin yang dapat menyatukan semua jabatan ini -- yaitu, tentunya yang mereka dapatkan di dalam Yesus.

# Garis besar kitab

**Masalah menyakitkan (pasal 1–8)**
(*Dengan penanggalan teliti. Semuanya prosa.*)
Teguran dan pemberontakan (pasal 1)
Penguatan dan pentakhtaan (pasal 1–6)
    Empat penunggang kuda di antara pohon-pohon murad
    Empat tanduk dan empat tukang besi
    Seorang dengan tali pengukur
    Pentahiran Yosua
    Kaki dian emas dan dua pohon zaitun
    Gulungan kitab yang terbang
    Perempuan dalam gantang
    Empat kereta perang
Puasa dan perayaan (pasal 7–8)
**Ramalan masa depan (pasal 9–14)**
(*Tanpa penunjukan waktu. Sebagiannya puisi.*)
Nasional (pasal 9–11)
    Musuh-musuh yang takluk
    Raja damai
    Tuhan Mahakuasa
    Umat yang berkumpul
    Tetangga yang hutannya digunduli
    Para gembala yang tak layak
Internasional (pasal 12–14)
    Pasukan yang menyerbu
    Penduduk yang berduka
    Paa nabi yang lenyap
    Penduduk yang berkurang
    Para penyerang yang terkena sampar
    Penyembahan universal

Kitab ini terbagi ke dalam dua bagian. Ia menerima firman

dari Tuhan dalam gambaran, dan demikian juga cara ia meneruskan pesan itu. Tetapi keseluruhan pasal 1-9 menyangkut situasi yang saat itu sedang berlangsung, dan itulah mengapa seperti Hagai, ia mencatat waktu dari ketiga nubuatannya itu.

Nubuat pertama tidak memasukkan harinya, tetapi ia memberikan kepada kita bulan dan tahunnya. Yang berikut tiga bulan kemudian, dan yang ketiga dua tahun sesudah itu. Tidak jelas mengapa Hagai berhenti bernubuat atau mengapa Tuhan mengirimkan seorang lain untuk melanjutkan. Mungkin Hagai meninggal atau jatuh sakit dan tidak dapat melanjutkan. Zakharia mengambil alih tepat sebelum Hagai selesai.

## Masalah ketika itu (pasal 1–8)

### Teguran dan pemberontakan

Nubuatan itu diberikan sementara mereka masih membangun bait. Meski bait itu belum lagi selesai, paling tidak mereka mendengarkan Hagai. Satu hal mencolok tentang para nabi yang datang sesudah pembuangan ialah bahwa umat itu mendengarkan mereka dan melakukan apa yang mereka beritahukan. Saya yakin bahwa ini sebagiannya dipengaruhi oleh keberadaan mereka jauh dari tanah asal mereka selama 70 tahun. Memang, Zakharia mulai dengan khotbah-khotbah yang cukup diarahkan langsung. Ia mengingatkan mereka bahwa karena para orangtua mereka tidak bersedia mendengarkan para nabilah yang membuat pembuangan terjadi. Itu merupakan pengingat yang tepat waktu.

Khotbah itu sangat sederhana. Orangtua mereka tidak saja tahu mereka berbuat salah tetapi diberitahu bahwa mereka melakukan kesalahan. Mereka tidak memiliki alasan apa pun. "Maka," kata Zakharia, "jangan melakukan kesalahan yang sama. Jika kalian tidak melakukan apa yang Hagai katakan, kalian akan mengalami masalah lagi."

## Penguatan dan pentakhtaan

Kemudian Zakharia berhenti berkhotbah selama tiga bulan, dan mulai lagi memakai jenis pendekatan yang sangat tidak lazim. Ia memberikan mereka delapan gambaran, yang semuanya telah datang kepadanya dalam penglihatan pada malam hari. Perbedaan sederhana antara penglihatan dan mimpi ialah Anda tidak sedang tidur ketika melihat penglihatan, dan tidur ketika Anda bermimpi. Penglihatan ini datang pada malam hari, dan kita diberitahu bahwa Tuhan harus tetap membuatnya terjaga untuk memberi yang berikutnya kepadanya. Maka pada kesempatan ini Tuhan lebih menyukai memakai penglihatan ketimbang mimpi, meski semua itu diberikan pada malam hari.

Kedelapan penglihatan itu terkesan sangat tidak berhubungan satu sama lain, tetapi pada umumnya ditujukan kepada pembangunan bait -- khususnya dua yang pertama. Sambil kita melihat pada gambaran rahasia itu, ada pengulangan khusus yang datang empat kali: "Maka kamu akan mengetahui bahwa Tuhan Mahakuasa telah mengutus aku kepada kamu." Zakharia mengatakan bahwa pengujian terhadap seorang nabi ialah apakah yang diucapkannya terjadi. Salah satu hukum Musa mengatakan bahwa jika seorang nabi mengatakan sesuatu akan terjadi dan itu tidak terjadi, mereka harus merajam nabi itu dengan batu, sebab ia palsu. Ini harusnya membuat siapa pun berhati-hati sebelum membuat ramalan apa pun tentang masa depan. Untungnya. Kita tidak di bawah Hukum Musa, tetapi memang ada nabi-nabi palsu di sekitar kita, dan sangat penting bahwa mereka diuji. Jika ramalan mereka tidak benar dan tidak terjadi, mereka harus ditegur karena menyesatkan orang dan menyalahgunakan nama Tuhan.

## EMPAT PENUNGGANG KUDA DI ANTARA POHON MARDUK (1:7–17)

Ada dua kuda merah, satu coklat dan satu lagi putih, masing-masing dengan penunggangnya. Menurut sang malaikat, mereka adalah para pelapor kabar Tuhan -- para utusan Tuhan yang berkeliling mengitari bumi dan melaporkan kembali kepada Tuhan serta memberitahu Dia apa yang terjadi. Jika penglihatan itu terjadi masa kini, pasti mereka mengendarai sepeda motor. Mereka melaporkan akan ada damai di setiap bagian dunia, yang tepatnya adalah situasi sesudah Koresh mengalahkan Babilon. Sebab Koresh adalah seorang yang menyukai damai dan seluruh dunia mengalami damai semasa pemerintahannya. Zakharia memberitahu umat agar menggunakan kesempatan damai itu untuk membangun ulang Yerusalem dan menyelesaikan bait. Sesungguhnya, tidak lama sesudah itu mereka diserbu oleh orang Mesir, Siria, Yunani dan Romawi. Tuhan juga menambahkan bahwa Ia murka kepada mereka yang mengangkut umat-Nya pergi dan memperlakukannya dengan buruk. Ia murka dengan umat-Nya sendiri selama 70 tahun, tetapi kini Ia murka dengan bangsa yang memperlakukan mereka dengan penghinaan. Tetapi untuk saat ini akan ada masa damai, ketika Tuhan tidak mengirimkan perang kepada satu bangsa pun.

## EMPAT TANDUK DAN EMPAT TUKANG BESI (1:18-21)

Zakharia pasti memiliki latarbelakang bertani, karena ada banyak gambaran dari pertanian di sini. Di sini ia melihat empat tukang besi menghempaskan tanduk-tanduk. Sepanjang nubuatan apokaliptik tanduk adalah lambang kekuatan atau tentara. Tanduk adalah alat yang agresif, dan karena itu kini ia melihat gambaran tentang pencopotan tanduk akan terjadi di empat penjuru bumi. Tuhan menghempaskan tanduk-tanduk para agresor. Babilon tidak lagi ancaman, dan segera Tuhan akan menghempaskan juga tanduk bangsa-bangsa lain yang mengancam Yehuda, meski tidak jelas siapa mereka. Mereka dapat meneruskan pembangunan bait serta menguntukkan semua sumber mereka bagi pekerjaan tersebut tanpa takut terjadinya serangan dalam waktu dekat.

## SEORANG DENGAN TALI PENGUKUR (2:1-13)

Perhatian kini bergeser ke kota Yerusalem, dimana ia melihat seorang mengukur tembok-tembok luar. Zakharia menyadari bahwa kota itu akan menjadi terlalu kecil, dan akhirnya ia akan tumbuh melampaui tembok-temboknya. Yeremia telah meramalkan ini, dan ini adalah nubuatan yang menarik sekali. Saya punya serangkaian peta Yerusalem sepanjang zaman, memperlihatkan bagaimana ia berkembang dan meluas dari ketika ia masih kota kecil Daud. Yeremia dengan akurat telah meramalkan peluasan kota itu -- baik arah maupun di mana kota pinggirannya akan berada. Tentu saja memang, masalah dengan sebuah kota yang tumbuh dengan cepat ialah, bagaimana mempertahankannya, secepat tembok dibangun, ruang di balik tembok segera menjadi makin sesak. Orang dengan tali pengukur itu berkata, "Ini akan menjadi terlalu sempit untuk semua orang yang akan datang dan tinggal di sini." Lalu ada sebuah janji manis diberikan. Tuhan berkata, "Aku akan menjadi temboknya. Engkau tidak memerlukan tembok ketika kota ini bertambah luas -- Aku akan mempertahankannya."

Sebagiannya, penglihatan ini ditujukan sebagai penguatan untuk orang Yahudi yang kembali dari Babilon, khususnya jika mereka enggan pindah karena percaya bahwa Yerusalem tidak aman.

Ada dua ramalan tentang bangsa-bangsa kafir di sini::

1. *Mereka yang menyerang Israel akan harus berhadapan dengan Tuhan.* Ada ungkapan indah: Tuhan berkata, "Barangsiapa menjamah umat-Ku menjamah biji mata-Ku." Yang dimaksud biji mata (dalam bahasa Inggris 'apel' mata) ialah *iris*, bagian tengah yang berbentuk seperti buah apel dengan di tengah seperti tangkainya. Ini adalah bagian paling peka dari tubuh kita, dan begitu setitik debu akan menyentuhnya, kelopak mata kita akan menolaknya. Yesus sendiri sering berkata, "Seberapa yang kamu buat kepada yang paling kecil dari saudara-Ku ini, kamu melakukannya kepada-Ku." Prinsip ini sama. Umat Tuhan adalah bagian paling sensitif dari Tuhan.
2. *Banyak dari orang asal kafir yang akan menjadi bagian dari Israel* (lihat pasal 12-14). Sejarah membuktikan bahwa Tuhan Israel eksis -- sejarah orang Yahudi adalah buktinya. Siapa saja yang berani menyerang Israel harus membayarnya kemudian hari, namun banyak orang dari bangsa-bangsa lain yang bergabung dengan Israel dan telah dicangkokkan ke pokok pohon zaitun mereka. Baik hukuman atas bangsa-bangsa yang mengancam Israel maupun penggabungan bangsa-bangsa

ke dalam Israel memperlihatkan bahwa Tuhan Israel adalah Tuhan semesta dari segala bangsa.

PENTAHIRAN YOSUA (3:1–10)

Penglihatan berikutnya mengenai penggantian pakaian Yosua. Zakharia kini melihat pada kepemimpinan Zerubabel dan imam Yosua. Apa yang akan terjadi kini? Hal pertama ialah bahwa Iblis datang ke dalam penggambaran itu. Ia menampakkan diri di Kejadian 3 di taman Firdaus, di akhir Tawarikh, ketika ia mencobai Daud untuk menghitung jumlah Israel, dan di awal pasal Kitab Ayub. Tentu saja, ia ada di balik banyak perkara, tetapi ia menjadi sangat menonjol ketika Yesus tiba. Tetapi kini ia tampil di sini.

Apabila sesuatu yang benar-benar penting terjadi, si jahat berusaha menghentikannya. Ia berusaha membunuh setiap bayi laki-laki di Mesir supaya Musa tidak selamat dan umat itu tidak pernah dapat ke luar dari Mesir. Ia membunuh semua bayi di Betlehem ketika Yesus lahir, sebab ia tidak ingin bayi itu tumbuh dan melepaskan umat Tuhan. Pada kesempatan ini, ia berkata bahwa Yosua tidak dapat memimpin mereka, sebab ia seorang yang kotor, karena telah ambil bagian dalam dosa-dosa lampau Yehuda. Zakharia melihat Yosua berdiri dalam pakaian kotor dan menyadari bahwa si jahat benar. Iblis memang terkesan berfungsi dalam dewan penuntutan tindakan di surga. Dalam Kitab Ayub ia ada di surga dalam persidangan Tuhan, menuduh umat.

Dalam penglihatan itu Zakharia mendengar bahwa Yosua seperti sebuah dahan yang direnggut dari nyala api, bagaikan tongkat yang setengah terbakar dikeluarkan dari dalam api. Maka mereka melepaskan pakaian kotor Yosua dan memakaikan dia dengan yang bersih, dengan sorban bersih di kepalanya. Ini sebuah gambaran indah, sebab ia melihat bahwa oleh anugerah Tuhan, Yosua, kendati sebelumnya telah ambil bagian dalam dosa-dosa umatnya, kini pada pemandangan Tuhan bersih dan dapat menjadi imam, meski ia harus menjaga kesuciannya. Tuhan berjanji bahwa apa yang kini Ia lakukan untuk satu orang Yahudi ini, suatu hari nanti akan Ia lakukan untuk segenap bangsa. Ia berkata Ia akan membuang dosa dari tanah itu dalam satu hari saja. Tuhan dapat menyucikan seseorang dan menjadikannya imam. Ia juga berjanji bahwa pada hari itu, setiap orang akan mengundang tetangganya untuk duduk di bawah pohon anggurnya. Perkataan ini membayangkan Yesus menemukan Natanael dan memberitahu dia bahwa Ia melihatnya duduk di bawah pohon ara.

## KAKI DIAN EMAS DAN DUA POHON ZAITUN (4:1-14)

Berikutnya, Zakharia dibangunkan untuk melihat kaki dian emas bercabang tujuh dalam bait. Ia juga melihat sebuah tempat minyak di bagian atasnya dengan pipa yang mengalir ke dalam lampu itu, serta menyadari bahwa tampungan itu penuh minyak dan tidak ada orang perlu mengisi minyak kembali ke dalam lampu itu, sebab ada tampungan minyak yang mengalir ke dalam kaki dian tersebut. Ini melambangkan Zerubabel sebagai seorang yang memiliki persediaan Roh Kudus mengalir ke dalam dirinya. Dalam Alkitab minyak selalu merupakan lambang dari Roh Kudus Tuhan. Inilah mengapa kata 'urapan' dipakai ketika Roh Kudus datang atas seseorang -- urapan dengan minyak. Ratu Kerajaan Inggris Raya diurapi dengan minyak ketika ia dimahkotai tahun 1952. Maka Zerubabel adalah yang diurapi Tuhan, dan kata 'diurapi' dalam bahasa Ibrani adalah 'Mesiah' -- Yang Diurapi Tuhan ('Kristus' dalam bahasa Yunaninya).

Tetapi kemudian datang teks yang sering dikutip oleh banyak sekali orang: "Bukan dengan kuat, bukan dengan kuasa, tetapi oleh Roh-Ku," firman Tuhan. Dalam konteksnya, ini berarti bukan oleh kekuatan militer, bukan oleh kuasa politik. Dengan kata lain, garis kerajaan Daud harus mencapai apa yang dicapainya bukan dengan memiliki pasukan tentara, atau dengan mendapatkan otoritas politik, tetapi oleh Roh. Sungguh tragis bahwa Gereja kerap tidak menangkap arti hal ini, yaitu dengan episode mengerikan semacam Perang Salib. Kita tidak dapat menegakkan kerajaanTuhan dengan kekuatan militer atau kuasa politik, tetapi hanya oleh Roh Tuhan. Tetapi bukti bahwa kuasa ini telah diberikan kepada Zerubabel sangat luar biasa. Ketika mereka yang membangun bait pergi ke puncaknya, mereka merayakan peletakan batu paling penjuru -- yaitu batu terakhir yang ditempatkan di nok atas yang menyatukan keduanya atas dan bangunan yang telah mereka bangun. Teks mengatakan bahwa Zakharia benar-benar mengangkat batu penjuru itu dan meletakkannya dengan tangannya. Biasanya itu adalah batu yang cukup berat, tetapi nubuatan ini mengatakan bahwa ia membawanya dan menempatkan di tempatnya, dengan sebelah tangan, tanpa alat bantu, tanpa tali, tanpa kerekan. Kita diberitahu, "Maka kamu akan tahu bahwa Akulah Tuhan yang Mahakuasa, telah mengutus nabiku kepadamu." Samson mengangkut gerbang kota Filistin, dan kini Roh Kudus yang sama memberikan Zerubabel kekuatan untuk mengangkat batu besar itu dan mendirikannya. Itu sebuah gambaran yang sangat menarik.

Di dalam penglihatan berikutnya Zakharia melihat dua pohon zaitun yang melambangkan Zerubabel dan Yosua. Perlu ada kepemimpinan ganda; kaki dian bicara tentang Roh yang turun ke atas mereka berdua. Zerubabel penting untuk masa depan, meski bukan sebagai raja. Saya merasa bahwa karena di Persia mereka tidak diizinkan menjadi raja, mereka memutuskan untuk memahkotai imam, dengan pertimbangan bahwa Persia tidak dapat menolak imam, kendati kenyataannya ia bukan sungguh raja. Dengan berbuat demikian mereka terhindari dari masalah dengan kerajaan Pesia. Entah memang demikian kasusnya atau bukan, bait itu akan diselesaikan dalam masa kehidupan mereka, dan kemudian mereka akan tahu bahwa Tuhan Mahakuasa telah mengutus Zakharia kepada mereka. Tidak perlu meremehkan saat dari hal-hal kecil, apabila melihat ke bait itu dibanding dengan bait Salomo.

## GULUNGAN KITAB YANG TERBANG (5:1–4)

Gulungan itu berukuran sembilan kali empat setengah meter, dan ia terbang di udara, di atas tanah itu. Kata-kata di gulungan itu bertulisan, "Terkutuklah semua yang mencuri dan bersumpah dusta." Sementara ia melayang atas rumah-rumah umat, ia melayang-layang ketika melintas di atas rumah seseorang yang mencuri atau bersumpah dusta. Kutukan jatuh dari gulungan itu ke atas rumah tersebut dan rumah itu hancur. Zakharia hanya mengatakan bahwa Tuhan akan mengutuki siapa pun yang mencuri dan bersumpah dusta.

## PEREMPUAN DALAM KERANJANG (5:5–11)

Zakharia melihat seorang perempuan yang tampak seperti pelacur di dalam sebuah keranjang berukuran 35 liter. Dua perempuan dengan sayap yang kokoh terbang turun, mengangkat keranjang itu dengan perempuan tadi di dalamnya, dan terbang ke arah timur. Ini adalah gambaran tentang Tuhan mengangkut dosa-dosa mereka ke Babilon. Tuhan berkata, "Aku angkut para pendosa ke sana, sekarang Aku ingin mengangkut dosamu ke sana, sebab di sanalah tempatnya." Babilon, sebagaimana yang dikatakan di bagian Alkitab lainnya, adalah tempat dosa.

EMPAT KERETA PERANG (6:1–8)

Akhirnya, kita memiliki gambaran tentang empat kereta perang, dengan kuda merah, hitam, putih dan kuda belang yang pergi berkeliling bumi melakukan kehendak Tuhan. Mereka telah menyelesaikan pekerjaan di utara Babilon, maka salah satu kereta perang mengambil jedah. Tetapi tiga lainnya pergi ke mana-mana di seluruh dunia melakukan kehendak-Nya. Tuhan memegang kendali atas sejarah seluruh dunia. Agen-agen-Nya dapat diutus ke manapun dengan cepat.

Pada saat inilah tiga orang bijak tiba dari Babilon. Mereka pedagang, membawa perak dan emas sebagai pemberian untuk bait, tetapi Zakharia diperintahkan untuk mengambil sebagian darinya dan membuat mahkota lalu mengadakan pemahkotaan untuk Yosua di bait. Ucapan pengulangan terjadi lagi, "Maka kamu akan tahu bahwa Aku adalah Tuhan." Tetapi ini merupakan saat menentukan. Sebagaimana saya katakan sebelum ini, imam dan raja tidak pernah disatukan di Israel, kedua itu pernah disatukan di Yerusalem, lama sebelum orang Yahudi mengambilnya, yaitu pada masa Melkisedek. Tetapi kini kedua jabatan itu digabungkan. Tetapi ada suatu prasyarat datang bersamanya: "Jika umat-Ku rajin menaati perintah-Ku." Tuhan berkata Ia akan memberikan mereka seorang raja kembali, tetapi kali ini bukan dari garis kerajaan Daud. Yosua dipilih sebab ia adalah imam, dan dengan demikian Persia tidak akan berpikir bahwa sang pemimpin akan bermasalah bagi mereka. Itu adalah cara yang cerdik untuk mendorong mereka menjadi kerajaan Israel kembali, namun itu belum merupakan penggenapan sesungguhnya dari janji tentang Mesias.

## Puasa dan perayaan

Dua tahun kemudian datang dua orang kepada Zakharia dari Betel di utara. (Secara kebetulan ini mengusulkan bahwa dalam dua tahun mereka mulai meluaskan wilayah tua itu dan mendirikan kembali kota-kota lain selain Yerusalem). Kedua orang itu mewakili kelompok umat di Betel yang mencari bimbingan tentang hidup keagamaan mereka. Mereka datang untuk mencari imam tetapi mereka mendapatkan nabi. Mereka bertanya tentang dua kebiasaan, puasa dan pesta, sebab ini adalah dua kebiasaan yang mereka lakukan sebagai bagian dari agama mereka. Mereka ingin dulu bertanya mengenai puasa yang secara teratur mereka jalani. Mereka memiliki dua kesempatan tiap tahun, di bulan ke lima dan ke tujuh, untuk mengingat bagaimana Yerusalem telah dihancurkan, untuk meratapi kehilangan kota itu. Mereka bertanya berapa lama lagi mereka harus terus melakukan ini, khususnya kini Yerusalem telah dikembalikan kepada mereka.

Jawaban Zakharia menarik. Ia memberitahu mereka bahwa puasa itu sebenarnya adalah upacara yang mementingkan diri sendiri. Mereka berpuasa karena mereka sedih untuk diri mereka sendiri, sedih bahwa mereka tidak meninggalkan dosa-dosa mereka saja. Ia memberitahu mereka jenis puasa yang Tuhan inginkan dengan mengutip dari Yesaya 58. Mereka harus berpuasa dari ketidakjujuran dan kekejaman, dan sebaliknya menjadi bermurah hati serta baik hati, dan menolong yang tak berdaya dan membantu yang dalam kebutuhan. Puasa yang sungguh Tuhan inginkan tidak berarti melakukan puasa makanan tetapi hidup tanpa dosa. Ini adalah perkataan yang tepat untuk mereka yang mempraktikkan minggu-minggu sengsara (praPaskah), tetapi tidak pernah mengurusi dosa dalam kehidupan mereka. Tambahan, ia berkata bahwa justru karena alasan inilah terjadi pembuangan. Mereka telah mementingkan diri sendiri dan serakah ketimbang bermurah hati dan baik hati.

Mengenai pertanyaan tentang perayaan, ada beberapa perayaan tertentu yang telah dirayakan dalam pembuangan tetapi lebih merupakan hari libur ketimbang hari kudus. Mereka merayakan ini pada bulan ke empat, ke lima, ke tujuh dan ke delapan, jadi seluruhya ada dua puasa dan empat perayaan setiap tahun pada masa pembuangan mereka. Tetapi sekali lagi Zakharia memberitahu bahwa perayaan mereka terlalu mementingkan diri sendiri. Mereka menikmati waktu baik dengan makanan, persahabatan dan kesenangan, tetapi Tuhan tidak diberi tempat utama dalam perayaan tersebut. Mereka seharusnya menjadikan perayaan tersebut benar-benar sebagai hari kudus ketimbang hari libur, serta besyukur bahwa Tuhan telah membawa mereka kembali ke tanah itu untuk memuji Dia. "Jangan hanya memiliki hari libur atau hari libur perbankan -- milikilah perayaan tentang fakta bahwa Tuhan telah setia kepada kalian, bahwa kalian kembali ke gunung kudus, bahwa jalan-jalan penuh dengan orang muda dan orang tua kembali. Bersukacitalah bahwa Tuhan akan membawa kembali lebih banyak orang dan membuat keseluruhan tanah ini dihuni lagi. Itulah yang seharusnya kalian lakukan dengan perayaan-perayaanmu."

Zakharia juga memberitahu mereka bahwa mereka perlu bersiap sedia untuk kenyataan bahwa lebih banyak orang akan datang kepada mereka karena, sebagai orang Yahudi mereka mengenal Tuhan. Ia berkata akan datang waktu ketika orang akan datang dan menarik jubah orang Yahudi dan meminta dia menjelaskan siapa Tuhan.

# Ramalan masa depan (pasal 9–14)

Paruh kedua kitab ini lebih rumit, sebab kini Zakharia berpaling dari situasi masa kininya dan menatap ke masa depan jauh. Apa yang ia katakan dapat cocok ke saat di beberapa abad ke depan, dan itu tidak dalam urutan tertentu -- melainkan seperti *jigsaw* dengan kepingan berbeda-beda bentuk dan ukuran. Anda tidak tahu dimana masing-masingnya cocok dan tanpa ada gambaran utuh petunjuknya di tutup kotak, Anda benar-benar bingung. Ini mengingatkan saya akan permulaan Surat Ibrani, dimana dikatakan, "Pada dahulu kala Tuhan berbicara kepada para leluhur kita melalui para nabi dalam banyak cara berbeda (atau dalam kepingan dan potongan berbeda), tetapi kini Ia berbicara kepada kita melalui Anak-Nya." Yesus adalah gambaran utuhnya. Melalui Dia kita dapat mulai mencocokkan semua kepingan itu bersama dan mengetahui bagaimana akhirnya itu akan terwujud. Inilah mengapa Kitab Wahyu mengacu sedemikian luas kepada Zakharia, sebab ia sanggup mencocokkan kepingan-kepingan ini ke dalam gambaran tentang masa depan jauh atau 'zaman akhir,' saat ketika sejarah mencapai akhir dari hitung mundurnya. Yesuslah yang akan membuka meterai di gulungan kitab pada hitung mundur sejarah, dan karenanya kita lebih beruntung daripada orang Yahudi yang membaca kitab ini tetapi tidak dapat melihat bagaimana semuanya itu saling berkesesuaian.

Ada perubahan khusus dalam gaya tulisan dan isi paruh kedua kitab ini. Dan untuk pertama kalinya dalam nubuatan, sebagian darinya ditulis dalam puisi. Tidak ada penyebutan tentang situasi kontemporernya atau bait atau Yosua atau Zerubabel. Tidak ada penglihatan dan bahkan nama Tuhan berubah, dari 'Tuhan Balatentara' (Yahweh dari bala tentara surga) menjadi hanya 'Yahweh.' Itu mengandung perasaan yang berbeda penuh -- sangat berbeda sampai beberapa sarjana berkata itu pasti ditulis oleh orang lain. Sebagian lain sarjana sangat kaku dalam pendapat mereka. Tetapi sebenarnya bagian kedua ini berbeda karena Tuhan memberikannya kepada Zakharia dalam cara berbeda. Nas-nas ini tidak bertanggal, maka kita tidak tahu kapan mereka diberikan kepadanya, bisa jadi beberapa tahun kemudian.

Mengenai isinya, nubuatan ini disebut 'Ucapan Ilahi' (*oracle*). Arti harfiah dari kata Ibraninya ialah 'berat' atau 'beban,' tetapi biasanya diterjemahkan sebagai ucapan ilahi, meski saya pikir itu tidak cukup menampung arti asli sesungguhnya. Itu berarti 'beban berat.' Jika Tuhan memberikan Anda suatu beban yang berat, Anda akan mengerti apa yang saya katakan ini. Sesuatu terasa berat di hati Anda sampai Anda membagikannya, dan begitu Anda telah membagikannya, Anda merasa ringan. Anda tahu ketika beban itu telah dilepaskan.

Paruh kedua dari kitab ini mencakup dua beban berat sedemikian. Yang satu meliputi pasal 9-11 dan satunya lagi pasal 12-14, dan mereka sangat berbeda.

## Pasal kebangsaan (pasal 9–11)

Di pasal 9-11 fokusnya ada pada umat Israel. Tidak ada petunjuk tentang kapan perkara ini akan terjadi atau bahkan apakah mereka berurutan tepat. Menarik bahwa Efraim juga disebutkan. Ini adalah nama yang diberikan kepada 10 suku utara, dan mengusulkan bahwa mereka tidak dilupakan oleh Tuhan, bahkan meski mereka tidak pernah kembali dari pembuangan di Asyur.

Ada enam gambaran yang merupakan bagian dari masa depan, meski mustahil menghubungkannya satu sama lain.

### MUSUH YANG TAKLUK (9:1–8)

Gambaran pertama ialah bahwa para musuh Israel akan ditaklukkan. Siria, Tirus, Sidon dan Filistin semuanya disebutkan secara khusus. Tuhan akan mengurus mereka semua yang telah melawan Yerusalem. Ia tidak akan mengizinkan Yerusalem pernah terhapus dari peta. Ini adalah kota-Nya, dan di sanalah Ia menaruh Nama-Nya. Maka saya dapat menjamin bahwa bahkan jika New York, Beijing, Washington DC dan New Delhi lenyap dari peta, Yerusalem masih akan tetap ada. Akan selalu ada orang Yahudi yang selamat untuk dimasukkan ke dalam tanah itu. Ia bahkan berkata bahwa sebagian orang Filistin akan bergabung dengan mereka. Karena orang Palestina modern menyebut diri mereka keturunan Filistin, ini menjadi janji yang menggelitik, dan akan datang hari ketika tidak akan ada lagi penindas melindas umat Tuhan. Ini sekadar gambaran, dan kita tidak tahu kapan tepatnya itu akan digenapi, tetapi Tuhan memelihara janji-Nya, bahkan jika Ia menanti berabad-abad untuk melakukannya.

## RAJA YANG DAMAI (9:9–10)

Gambaran kedua adalah tentang seorang raja damai menunggangi keledai ke Yerusalem. Kita tahu bagaimana cocoknya gambaran ini, sebab Yesus memang melakukan itu, meski sedihnya ketika Yesus menggenapi nubuatan ini mereka tidak memerhatikan keledainya. Mereka berpikir bahwa Ia menunggangi keledai karena Ia tidak dapat menunggangi kuda, dan karena itu mereka sama sekali tidak menangkap pesan simbolisnya. Ketika Yesus menunggangi keledai orang banyak melambaikan daun palem dan melempar jubah mereka di jalan, berteriak "Hosana! Hosana!" itu bukan semacam ucapan 'Halo' surgawi, sebagaimana sebagian orang agaknya berpikir, tetapi itu berarti "Bebaskanlah kami sekarang!" itu teriakan umat yang telah ditindas selama berabad-abad, tetapi melihat kemerdekaan politik sedang mendekat. Mereka bahkan menyeru Dia "Anak Daud" dalam pengharapan bahwa Ia akan memerdekakan mereka.

Tetapi Ia tidak datang untuk berperang bagi mereka. Andai Ia ingin untuk datang dan berperang bagi pembebasan mereka, Ia akan menunggangi kuda, sebagaimana yang akan Ia lakukan pada kedatangan-Nya kedua. Maka mereka mengalami guncangan terbesar kehidupan mereka ketika Ia pergi melalui gerbang di Yerusalem dan berbelok ke kiri ketimbang ke kanan. Bukannya maju ke Benteng Antonia di mana pasukan Roma bermarkas, Ia mengambil cambuk dan belok ke kiri ke bait, di mana Ia mencambuki orang-orang Yahudi dan mengusir mereka dari bait Tuhan. Saya tidak heran bahwa beberapa hari kemudian mereka berkata, "Silakan kamu salibkan orang itu -- kami lebih menyukai pejuang kemerdekaan!" Ironis sekali bahwa sang pejuang kemerdekaan yang mereka pilih itu memiliki nama yang sangat tidak lazim -- Yesus Bar-abas, yang berarti 'Yesus, Anak Bapa.' Maka pada hari itu ada dua orang yang disebut Yesus, Anak Bapa. Pilatus berkata, "Yesus Anak Bapa yang mana, yang kamu inginkan?" mereka memilih sang pejuang. Tetapi Maleakhi berkata bahwa suatu hari sang Raja Damai ini akan datang dalam penghakiman. Ia akan membawa kebenaran dan damai, dan akan berkuasa dari laut ke laut.

TUHAN YANG MAHA KUASA (9:11–10:7)

Di sini kita memiliki sebuah gambaran tentang Tuhan yang tampil secara kasat mata untuk berperang bagi Israel, ini merupakan perubahan dari gambaran sebelumnya, yang menggambarkan damai. Di sini kita dapatkan Tuhan yang akan datang untuk kawanan-Nya dan menjadi gembala yang baik untuk mereka, tidak seperti para gembala jahat yang pernah mereka miliki. Gambaran ini mencakup paparan mulia tentang umat yang ditebus yang akan bergemerlap bagaikan permata di mahkota-Nya.

Ujaran ilahi berikutnya berfokus pada Yunani. Masih beberapa abad lagi sebelum bangsa Yunani datang untuk menaklukkan tanah itu, dengan dikepalai oleh Antonius Epifanes IV yang jahat itu. Ia mendirikan patung Zeus di bait di Yerusalem, menyembelih babi atas mezbah dan memenuhi ruang ibadah dengan para pelacur. Itu merupakan salah satu dari periode paling buruk dalam sejarah dan berlangsung tepat selama tiga setengah tahun -- itu adalah 42 bulan, atau 1,260 hari, yang persis merupakan periode yang diramalkan mengenai antikristus dalam Perjanjian Baru. Di bawah Antiokhus Epifanes orang Yahudi menderita apa yang orang Kristen akan derita di bawah si antikristus. Menarik sekali bahwa kebangkitan Yunani dapat diramalkan pada gambaran kepingan kecil ke tiga ini. Kita dapat menangkap apa yang berlangsung kini, tetapi sukar melihat apa yang mestinya merupakan pengertian mereka pada saat itu.

## BANGSA YANG DIKUMPULKAN (10:8–12)

Gambaran selanjutnya adalah tentang umat yang dikumpulkan -- pembalikan dari Diaspora, dengan orang Yahudi dibawa balik dari semua bangsa ke tanah mereka. Sungguh, bangsa Israel yang sekarang ini datang dari lebih 80 bangsa, maka mereka membawa musik dan tarian dari 80 bangsa. Ini adalah gambaran tentang umat yang dikumpulkan itu yang kembali ke tanah asal mereka, dan Zakharia berkata akan tidak cukup ruang untuk mereka. Alkitab (Yesaya 19:23) bahkan berkata bahwa akan dibangun jalan raya antara Mesir dan Asyur.

## PARA TETANGGA DIGURUNKAN (11:1–3)

Gambaran berikutnya menimbulkan teka-teki. Para tetangga Yehuda akan digurunkan -- pohon aras Libanon, pohon sanobar dari Trans Yordan atau Basan dan bahkan rimba raya Yordan. Masa kini, sebagian besar hutan Yordan telah lenyap dan hanya ada wilayah kecil pohon-pohon aras di Libanon. Pohon-pohon sanobar Basan telah lenyap, tidak jelas mengapa ucapan ilahi ini diberikan.

## PARA GEMBALA TAK BERGUNA (11:4–17)

Gambaran tentang para gembala yang tidak berguna ini bahkan lebih menimbulkan tanda tanya. Ini disajikan dalam bentuk perumpamaan yang dimainkan, dengan Zakharia mengambil tugas sebagai seorang pengawas gembala. Ia harus memecat tiga gembala yang tidak menggembalakan kawanan dombanya. Mereka membuang upah mereka kembali kepadanya -- 30 keping perak.

Zakharia 13:7 mengatakan, "Bunuhlah gembala, sehingga domba-domba tercerai berai." Sekali lagi kita memiliki bagian dari sebuah gambaran, namun kita dapat melihat di mana ini cocoknya ketika kita membaca Injil-injil. Yudas melemparkan balik 30 keping peraknya ke bait sebab ia adalah gembala jahat, meski ia pernah menjadi pengkhotbah maupun penyembuh. Yesus memakai kutipan tentang gembala yang dipukul dan domba-domba bercerai berai untuk merujuk kepada diri-Nya ketika para murid-Nya lari saat Ia ditangkap di Taman Getsemani.

Tongkat para gembala dipatahkan, 'kebajikan' pertama mengingat kembali perjanjian yang telah Tuhan buat dengan bangsa-bangsa, dan 'ikatan' kedua memecah persaudaraan antara Yehuda dan Israel.

## Internasional (pasal 12–14)

Rangkaian kedua dari gambaran ini bersifat internasional. Gambaran ini memperlihatkan pada kita apa yang akan terjadi, dengan Yerusalem di pusat tindakannya. Pada 21 kesempatan kita temukan nama Yerusalem dalam bagian ini. Seolah Yerusalem akan menjadi pusat perhatian masa depan. Di sinilah seharusnya Persatuan Bangsa-bangsa bermarkas -- inilah gambaran dari Zion sebagai pusat pemerintahan dunia.

Satu ungkapan kerap digunakan dalam bagian ini: 'pada hari itu' muncul 18 kali, dengan 'hari' saja muncul dua kali lagi, meski sebelumnya ia tidak dipakai dalam nubuatan ini. Kata tersebut juga kerap muncul dalam Perjanjian Baru, khususnya di bibir Yesus. 'Hari' ini bukan hari 24 jam. Kata Ibrani *yom* dapat berarti apa saja dari periode 24 jam sampai seluruh zaman. Kita menggunakan kata 'hari' seperti itu juga. Jika saya mengatakan, "Hari kuda dan kereta telah berlalu dan hari traktor telah tiba," saya sama sekali tidak berbicara tentang hari 24 jam, tetapi tentang masa atau era. Akan datang hari Tuhan ketika seluruh dunia akan melihat bahwa itulah hari kekudusan Tuhan kini di sini.

Hanya satu bagian dalam pasal 13 yang merupakan puisi, dan cukup menarik bahwa kata 'hari' tidak muncul dalam bagian itu. Sekali lagi urutan nubuatan ini tidak beraturan, dan 12:3 serta 14:2 barangkali merujuk ke peristiwa yang sama.

PASUKAN YANG MENYERBU (12:1–9)

Yang pertama ialah gambaran tentang kekuatan internasional Persatuan Bangsa-bangsa menyerang Yerusalem. Suatu pasukan yang dikumpulkan dari seluruh bangsa-bangsa dunia dikirim ke Timur Tengah. Ini belum lagi terjadi, tetapi ini adalah kepingan gambaran dari *jigsaw* itu. Yerusalem masih harus diserang lagi seperti demikian, maka jelas bahwa kesukaran yang Israel hadapi di panggung internasional masih akan berlanjut. Kita mungkin masih hidup untuk melihat kekuatan Persatuan Bangsa-bangsa dunia ini menyerang orang Yahudi. Mereka hanya memiliki sedikit sahabat tersisa di Persatuan bangsa-bangsa, dan Amerika, sahabat utama mereka, kini mulai berpaling melawan mereka.

PENGHUNI YANG BERDUKA (12:10–14)

Gambaran berikutnya adalah tentang penduduk yang berduka. Akan datang hari ketika penduduk Yerusalem sedemikian terjepit sampai mereka tidak akan berusaha dan membuat perjanjian damai dengan Palestina atau siapa pun lainnya, tetapi akan berseru kepada Tuhan.

Jawaban Tuhan adalah mengirimkan 'Dia yang telah mereka tikam' -- Yesus Kristus. Dapatkah Anda bayangkan bagaimana orang Yahudi akan merasa ketika mereka menyadari bahwa Yesus adalah Mesias mereka dan mereka telah membunuh Dia? Mereka akan meratap seakan putra sulung mereka sendiri yang telah dibunuh.

Zakharia adalah yang pertama berkata bahwa orang Yahudi akan sungguh melihat 'Dia yang telah mereka tikam.' Sesungguhnya, ungkapan itu sendiri diangkat dalam pasal pertama Kitab Wahyu, dimana kita diberitahu bahwa ketika Yesus datang kembali, mereka yang telah menikam Dia akan melihat Dia. Satu-satunya hal yang perlu untuk membuat orang Yahudi berubah adalah mengetahui bahwa Yesus dari Nazaret itu hidup adanya. Itulah yang telah mengubah Saul dari Tarsus, dan itu saja juga yang diperlukan masa kini.

Menatap balik ke 2,000 tahun yang sia-sia akan merupakan hal yang menyakitkan untuk mereka, ketika mereka seharusnya dapat memimpin dunia namun telah menjadi buruan dari satu negara ke negara lain, sebagaimana yang dikatakan dalam Kitab Ulangan. Tidak heran mereka akan menangis.

## PARA NABI LENYAP (13:1-6)

Zakharia mendapatkan penglihatan tentang para nabi palsu. Mereka telah mengalami berada di antara bahaya paling besar yang pernah dihadapi Yerusalem. Yerusalem akan dibersihkan dari semua orang macam itu, bersama dengan berhala dan ilah palsu. Dikatakan mereka akan ditahirkan dari dosa dan dibasuh dari semua kecemaran oleh sebuah sumber mata air. Ia lanjut mengatakan tentang Zion dibasuh dari dosa, dan para nabi palsu kemudian akan menjadi malu dan dipermalukan sampai mereka menanggalkan profesi mereka. Para nabi dengan luka-luka terlihat, yang tadinya dilihat sebagai lencana kehormatan, akan mengklaim bahwa luka-luka itu didapat di tempat pertemuan para sahabat mereka! Ini adalah gambaran gamblang tentang orang yang merasa malu karena telah memberikan pengajaran salah.

## PENDUDUK YANG BERKURANG (13:7–9)

Gambaran berikutnya adalah tentang penduduk yang berkurang. Tetapi nas ini jelas tidak dalam urutan, sebab di sini dikatakan bahwa Yerusalem berkurang penduduknya sampai sepertiga, sedangkan dalam nas berikutnya (14:2) berkurang separuhnya! Agaknya ini mundur ke teks tentang para gembala yang dipukul dan domba-domba tercerai berai. Saya tidak tahu pasti ke mana cocoknya nas ini; ini bisa di masa depan atau masa lampau. Kita harus menunggu dan melihat. Yang jelas ialah bahwa sepertiga dari yang tersisa akan menjadi sisa yang dimurnikan oleh Tuhan.

## PARA PENYERANG YANG KENA TULAH (14:1–15)

Pada pasal 14 kita kembali ke serangan internasional atas Yerusalem. Tidak jelas apakah ini merupakan serangan yang sama sebagaimana di 12:1-8, tetapi saya percaya ini pasti terjadi di masa depan. Tuhan akan mengumpulkan kekuatan militer besar ini, namun Ia juga akan berperang untuk orang Yahudi. Ini jelas terkait dengan kedatangan kedua dan barangkali dengan perang Armagedon, sebab kita memiliki pernyataan, "dan kaki-Nya akan berdiri di atas Bukit Zaitun." Tuhan tidak berkaki, tetapi Yesus punya, dan ini ditafsirkan oleh semua orang Yahudi sebagai kedatangan sang Mesias.

Kita diberitahu akan terjadi suatu letusan besar, yang akan menyebabkan perubahan geofisika secara menakjubkan ke seluruh wilayah tersebut. Saya mengandaikan bahwa ini mesti diterima secara harfiah, meski hal ini membuat imajinasi kita kewalahan. Yerusalem terletak di cekungan yang dikelilingi oleh gunung-gunung; ada tujuh puncak gunung di sekitar Yerusalem. Itu sebuah lanskap geomterik menakjubkan -- sisi timur *Dome of the Rock* menghadap ke Bukit Zaitun, sebelah timur laut menghadap Gunung Skopus, sisi selatan menghadap Gunung Penghakiman. Kita membaca bahwa ketika kaki-Nya berdiri di atas Bukit Zaitun, puncak-puncak gunung akan berguncang dan turun, dan Yerusalem akan kedapatan ada di puncaknya! Akhirnya Yerusalem akan ada di tempat tinggi.

Ini semua adalah bagian dari gambaran lengkapnya. Imajinasi kita mengalami kesulitan untuk mencocokkan semua ini, tetapi pokok utama dari gambaran ini ialah bahwa kekuatan Persatuan bangsa-bangsa yang mengepung kota itu akan diurus. Mereka yang datang untuk menyerang Yerusalem di perang akhir itu akan ditahan, "mata mereka akan menjadi busuk dalam lekuknya dan lidah mereka akan menjadi busuk dalam mulut mereka, dan dalam kegemparan besar mereka akan saling bunuh satu sama lain." Tidak heran, umat Tuhan akan berkata, "Tuhan adalah Sesembahan kita."

PENYEMBAHAN UNIVERSAL (14: 16-21)

Akhirnya, ada sebuah gambaran tentang semua bangsa melihat Yerusalem sebagai tempat dari nama Tuhan, dengan semua bangsa dunia merayakan Hari Raya Kemah Sembahyang. Itu adalah satu perayaan yang dilupakan oleh orang Kristen. Kita merayakan Paskah, yaitu sebagai

Kebangkitan Yesus. Kita merayakan Pentakosta yaitu pada Minggu Ketujuh sesudah Paskah, tetapi Kemah Sembahyang? Untuk orang Yahudi itulah hari raya terbesar, dirayakan di bulan September/Oktober. Itu adalah Perayaan panenan mereka. Mereka tinggal dalam kemah-kemah terbuka ke angkasa supaya dapat melihat langit dan mengingat bagaimana Tuhan telah membawa mereka melalui padang gurun. Perayaan itu berlangsung selama delapan hari, dan hari terakhirnya adalah hari pernikahan. Pada hari ini mereka 'menikah dengan Hukum Taurat.' Ada tudung pernikahan dan seorang rabi dengan gulungan Hukum Musa berdiri di bawah tudung itu.mereka semua menari berkeliling dan menikah dengan Hukum Musa untuk setahun lagi. Mereka mulai membaca Kejadian 1 keesokan paginya, dan mereka membaca sampai ke ayat terakhir Ulangan, 12 bulan kemudian. Saat itu mereka menikah lagi dengan Taurat. Tetapi mereka telah mendapatkan mempelai laki-laki yang kuat, sebab delapan hari Perayaan Kemah Sembahyang itu menatap ke masa depan ke perjamuan nikah dari sang Mesias, perjamuan nikah sang Domba.

Ini mengingatkan kita bahwa seluruh Alkitab adalah sebuah romans. Ia menceritakan bagaimana Bapa mendapatkan pengantin perempuan untuk putra-Nya, dan itu berakhir dengan mereka menikah hidup bahagia selamalamanya. Semua romans bagus berakhir dengan pernikahan, dan Alkitab tidak terkecuali! Pernikahan ini jatuh pada hari ke delapan dari perayaan ini, dirujuk dalam Kitab Wahyu sebagai perjamuan nikah sang Domba. Yesus lahir semasa Hari Raya Kemah Sembahyang -- semua petunjuknya ada dalam Injil Lukas. Ia lahir bulan September atau awal Oktober dalam bulan ketujuh, yaitu bulan Hari Raya Kemah Sembahyang. Kita baca dalam pasal pembukaan Yohanes bahwa "Firman telah menjadi daging dan bertabernakel di antara kita." Di Yohanes 7 para saudara Yesus dengan pedas menyindir agar Dia menghadiri Hari Raya Kemah Sembahyang, karena itulah saat mereka menantikan sang Mesias. Mereka tidak percaya akan Dia dan mereka hanya menggoda-Nya, tetapi Ia berkata, "Waktu-Ku belum lagi tiba."

Karena itu satu hal saya cukup yakin -- saya tahu bulan ketika Yesus akan datang kembali, saya tidak tahu tahunnya, tetapi Ia mesti datang pada waktu yang tepat. Itu akan terjadi pada masa Hari Raya Kemah Sembahyang. Sesungguhnya, banyak orang Yahudi percaya bahwa sang Mesias akan datang pada masa Hari Raya Kemah Sembahyang, berdasarkan Zakharia 14. Sejak saat itu bangsa-bangsa akan merayakan perayaan itu tiap tahun dan akan mengutus perwakilan ke Yerusalem. Kita diberitahu bahwa jika mereka tidak hadir, negeri mereka tidak akan mendapatkan hujan. Maka Hari Raya Kemah Sembahyang untuk orang Yahudi dan juga semakin banyak untuk kalangan Kristen, telah menjadi titik pusat pengharapan pemerintahan universal dari sang Mesias atas seluruh dunia.

## Penggenapan Kristen

Sesudah melihat ke kepingan-kepingan *jigsaw* itu, kini kita harus membangun gambaran utuhnya. Kita mesti ingat bahwa apa yang para nabi katakan boleh jadi tidak mengandung rujukan kepada pengaturan waktu peristiwanya. Kejadian yang tampak dekat satu sama lain boleh jadi terpisah ratusan atau bahkan ribuan tahun. Jelas bahwa banyak peristiwa yang dipaparkan merujuk ke kedatangan Yesus Kristus kedua kali.

## Kedatangan pertama

Yesus lahir pada Hari Raya Kemah Sembahyang. Ia datang ke Yerusalem untuk terakhir kali dengan menunggangi keledai. Ia dikhianati dengan 30 keping perak, dan ketika para murid lari saat Yesus diadili, para penulis Injil mengutip ayat ini, "Ketika sang gembala dibunuh, domba-domba tercerai-berai."

## Kedatangan kedua

Ada kaitan erat dengan Kitab Wahyu. Kita diberitahu bahwa kaki Yesus akan berdiri di Bukit Zaitun. Ada petunjuk kuat bahwa kedatangan-Nya akan jadi pada Hari Raya Kemah Sembahyang. Kitab Wahyu mengingatkan kita bahwa ketika Yesus datang kembali, bangsa Yahudi akan "melihat kepada Dia yang telah mereka tikam."

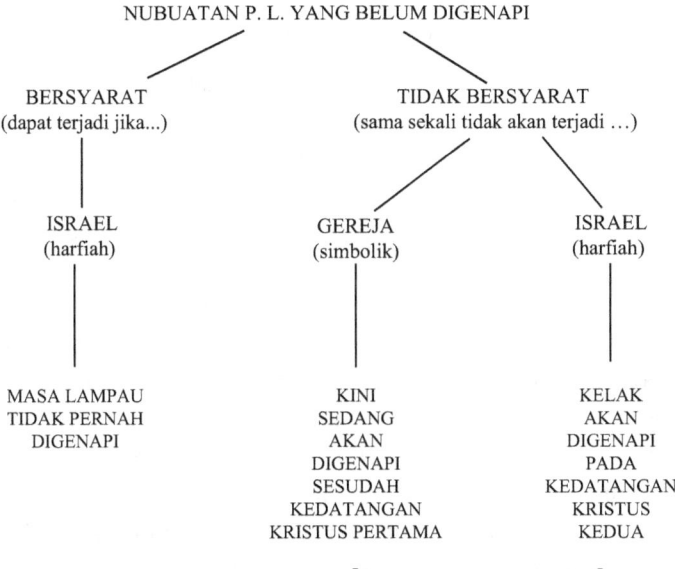

## Nubuatan yang belum digenapi

Zakharia, bersama dengan nubuatan Perjanjian Lama lainnya, mengandung ramalan yang belum digenapi. Bagan di bawah ini memberikan tiga penjelasan luas untuk ini.

### BERSYARAT

Sebagian orang mengatakan bahwa penggenapannya bergantung pada ketaatan Israel. Kata kuncinya adalah 'jika.' Karena Israel tidak taat, nubuatan tersebut menjadi usang dan tidak akan pernah digenapi. Dengan demikian tidak ada pentingnya mempelajari nubuatan sebab mereka tidak relevan untuk masa kini.

### TIDAK BERSYARAT

Sementara lainnya melihat nubuatan-nubuatan tersebut digenapi dalam Gereja. Mereka melihat nubuatan digenapi 'secara spiritual' -- maka Gereja adalah Israel baru, kini berkemenangan dan ikut serta dalam kemenangan yang diramalkan bagi Israel. Masalah dengan pandangan ini ialah bahwa meski berkat-berkat berlaku untuk Gereja, kutuk-kutuknya tidak. Jadi ada kegagalan dalam logika. Entah berkat dan kutuk berlaku untuk Gerteja, atau tidak sama sekali.

Lainnya mengharapkan nubuatan-nubuatan tersebut akan digenapi di masa depan. Roma 11 bicara tentang kebangunan rohani di antara orang Yahudi menjelang kedatangan kedua. Dalam pandangan ini, yang luput dari aniaya akan merayakan Hari Raya Kemah Sembahyang dalam

Kerajaan seribu tahun, ketika Yesus memerintah atas semua bangsa dari Yerusalem. Selebihnya dari waktu itu akan ada Yerusalem Baru, dengan 12 suku dan 12 rasul terkemuka.

Pandangan saya ialah bahwa nubuatan-nubuatan ini belum digenapi dan kelak akan digenapi secara harfiah. Mungkin tidak jelas benar bagaimana semua ini akan saling berkesesuaian satu sama lain, tetapi kita cukup tahu tentang dasar-dasarnya, dan kita dapat yakin bahwa Tuhan memiliki tujuan untuk seluruh dunia dan itu pasti akan terjadi. Yesus akan datang kembali untuk memerintah dan kita akan memerintah bersama Dia. Dalam artian itu Kitab Zakharia tidak berakhir dengan nada sedih dengan kegagalan orang Yahudi merespons, sebagaimana sebagian orang mengandaikannya, tetapi dengan catatan pengharapan bahwa suatu hari kelak Tuhan akan melakukan semua yang telah Ia janjikan.

# 35. MALEAKHI

## Pendahuluan

Latarbelakang Kitab Maleakhi sangat mirip dengan latarbelakang Hagai dan Zakharia. Kitab ini ditulis 100 tahun sesudah Yehuda kembali dari pembuangan di Babilon. Situasinya tidak baik; Yerusalem relatif masih kosong dan tanah pertanian sebagian besarnya gersang dan tidak diolah. Panenan terkini masih sangat sedikit dan serangan belalang serta kekurangan makanan membuat kehidupan menjadi berat dan mengkhawatirkan. Bait telah selesai di tahun 520 SM, tetapi kecil dibandingkan dengan yang Salomo bangun sampai kurang sanggup mengangkat moril umat itu. Meskipun Nehemia telah memperbaiki tembok-tembok, umat itu masih lebih suka tinggal di pedalaman, di mana mereka dapat lebih mudah bersembunyi dari serangan. Mereka belum membangun istana sebab mereka tidak boleh memiliki raja -- meski Zerubabel, gubernur mereka adalah pewaris sah dalam garis kerajaan Daud. Maka Yehuda kini terdiri dari sebuah kota bukit kecil dan beberapa desa sekelilingnya -- suatu cerminan suram dari kerajaan Daud pada masa jayanya. Umat itu kecewa, kecil hati dan bahkan putus asa. Mereka mulai bertanya apakah kembali ke Yudea itu layak. Mereka berkata, "Kami telah mundur 100 tahun, dan dimanakah kerajaan ini yang sedang akan kami bangun?"

Hanya ada satu keping kabar baik -- mereka telah menerima hajaran akibat penyembahan berhala di pembuangan. Tidak pernah lagi mereka pergi mencari sesembahan lain atau berusaha mengganti agama mereka. Tetapi sesudah mengatakan itu, praktik agama mereka menjadi formalitas saja. Umat itu mengunjungi bait, tetapi terutamanya karena tradisi -- ritual tanpa realitas, dan pastinya tidak lagi merupakan prioritas. Kini mereka bertanya berapa waktu minimum yang mereka perlu lewati untuk kegiatan keagamaan, dan berapa jumlah minimum uang yang harus mereka berikan. Tambahan lagi, para imam juga seperti kebanyakan orang. Mereka tidak memusingkan tentang berapa banyak orang datang menghadiri kebaktian, sejauh mereka dapat menjalaninya dan mendapatkan penghasilan. Ibadah-ibadah dilakukan secara santai dan tidak teliti, seakan tidak ditujukan untuk Tuhan.

Dengan sikap seperti itu dalam hidup keagamaan, tidak mengherankan bahwa itu berpengaruh kepada moral mereka juga. Ketika orang mempertanyakan mengapa sibuk-sibuk tentang Tuhan, tidak lama untuk akhirnya mereka berhenti memerhatikan kesalehan. Atau secara lebih sederhana, ketika satu generasi bertanya, "Mengapa sibuk tentang Tuhan?" generasi berikutnya akan bertanya, "Mengapa harus menjadi baik?" Maka, sebagai contoh, meskipun mereka tahu bahwa berdagang di hari Sabat adalah salah, mereka membangun tempat yang setara dengan pasar swalayan luar kota tepat di depan gerbang supaya mereka dapat membukanya di hari Sabat. Konsumerisme mengambil alih, dengan dampak merusak pada kehidupan keluarga. Pertanyaan, "Mengapa harus setia kepada Tuhan?"

segera menjadi "Mengapa harus setia kepada istri Anda?" -- khususnya ketika istri Anda menjadi makin tua dan daya tarik seksualnya mulai memudar. Mengapa tidak menukarnya dengan model yang lebih baru?"

Tambahan lagi, bangsa itu kekurangan perempuan sesudah kembalinya mereka dari Babilon, maka mereka menikah dengan orang dari luar umat Tuhan. Tidak saja mereka bercerai dan menikah kembali, tetapi juga mereka menikah kembali dengan perempuan bukan Yahudi, dalam penentangan terhadap Hukum Tuhan. Kota Yerusalem dipenuhi dengan para istri yang ditolak dan, karena tidak ada sistem jaminan sosial. Para janda, yatim piatu dan para istri yang dibuang itu mengalami masa yang sangat sukar.

Tidak ada pemerintah yang dapat mereka salahkan tetapi ada Tuhan yang dapat mereka salahkan, dan memang itulah persisnya yang mereka buat. Mereka berkata, "Tuhan tidak memberikan perhatian tentang kami, maka kami tidak memerhatikan Dia." Kedengarannya sangat mengesankan. "Tuhan telah berhenti mengasihi kita, maka kita juga berhenti mengasihi Dia. Kita tidak dapat percaya tentang Tuhan yang mengasihi -- lihat saja situasi kita ini. Kita harus memerhatikan diri kita sendiri. Ia telah membuang kita, maka kita juga boleh saja mengurus diri kita sendiri."

Kritikan mereka terhadap Tuhan bersisi ganda. Di satu pihak mereka berkata, "Tuhan tidak memberikan pahala kepada kehidupan yang baik," dan di pihak lain, "Ia tidak menghukum hidup yang tidak baik. Jadi mengapa repot?"

Itulah situasi yang harus Maleakhi urus. Seluruh nubuatannya dalam bentuk prosa, bukan puisi -- suatu petunjuk bahwa Tuhan telah kehilangan perasaan kepada umat-Nya -- sedemikian rupa sampai Ia tidak mau lagi bicara kepada mereka sampai 400 tahun! Ini adalah perkataan terakhir-Nya, dan merupakan perkataan yang dingin tentang hal itu.

## Ciri-ciri unik

Kitab Maleakhi memiliki lima ciri unik:

1. Terdapat lebih banyak ucapan Tuhan dalam Maleakhi dibanding dalam kitab-kitab kenabian lainnya manapun. Dari 55 ayatnya, 47 (yi. 85 persen) adalah kata-kata langsung dari Tuhan.
2. Nubuatan ini tak bernama. Kebanyakan orang menganggap bahwa 'Maleakhi' adalah nama pengarangnya, tetapi sesungguhnya ini sama sekali bukan nama. Ini semata berarti 'utusan.' Jadi ia semata seorang utusan tanpa nama, seorang 'bukan siapa-siapa' yang membawa perkataan Tuhan terakhir kepada umat-Nya di Israel. Orang Yahudi menduga pengarangnya ini adalah Ezra, tetapi kita tidak memiliki bukti petunjuk untuk memutuskan sesuatu atau lainnya.
3. Maleakhi tidak lazim dalam hal ia adalah seorang nabi yang berdialog dengan umat. Jelas bahwa ia mengucapkan nubuatan dan dicela, karena ia melaporkan pencelaan itu. Para pendengarnya tersinggung karena inti khotbahnya ialah, "Kamu memulai semua ini! Bukan Tuhan yang berhenti peduli tentang kamu. Kamu lebih dulu melakukan itu, kamu yang memulai. Jika kamu berhenti mementingkan Tuhan, Ia tidak akan lagi memikirkan tentang kamu." Dalam Roma di Perjanjian Baru, rasul Paulus menjelaskan bahwa

manusia membuat Tuhan angkat tangan, Ia membiarkan mereka. Maka nubuatan itu mengambil bentuk percakapan sengit antara nabi dan umat itu. Pada 12 kesempatan ia berkata, "Tetapi engkau berkata..." -- menyiratkan satu dan lain interupsi.
4. Ini berbentuk prosa, bukan puisi, sebab perasaan Tuhan telah mengering. Tuhan merasa kewalahan oleh umat-Nya dan karena itu tidak lagi bicara kepada mereka untuk 400 tahun selanjutnya. Maka di sini kita melihat hati Tuhan, tidakkah Ia merasa jengkel, sesudah membawa mereka ke pembuangan dan mengembalikan mereka, kini mereka tidak bersedia memikirkan tentang Dia?
5. Ciri ke lima ialah ini merupakan perkataan Tuhan yang terakhir. Barangkali urutan kitab-kitab orang Kristen dalam Perjanjian Lama akhirnya benar juga. (Alkitab Ibrani berakhir dengan Tawarikh.) Ini adalah pesan terakhir Tuhan untuk mereka, dan perkataan terakhir itu adalah 'terkutuklah.' Sampai hari ini, apabila orang Yahudi membaca Maleakhi di sinagoge mereka tidak membaca ayat terakhirnya: "supaya jangan Aku memukul bumi sehingga musnah (harfiah: dengan kutukan)." Mereka menolak mengakhiri pembacaan itu dengan firman Tuhan terakhir.

## Garis besar kitab

**Keselamatan masa lampau (1:1–5)**
Yakub – Israel – dikasihi – diselamatkan
Esau – Edom – dibenci – dihancurkan
**Dosa masa kini (1:6–3:15)**
Para imam (1:6–2:9)

Persembahan murahan
Khotbah Populer
Umat (2:10–3:15)
Pernikahan campur
Perceraian tak berperasaan
Pertanyaan meragukan
Persepuluhan yang tidak dibayarkan
Ucapan fitnah
**Pemisahan masa depan (3:16–4:6)**
Pilihan tepat
  Kelakuan benar– pemulihan matahari
  Kejahatan – pembakaran dalam api
Kesempatan terakhir
  Musa – pemberi hukum – ingatlah
  Elia – pendahulu – kenalilah

# Keselamatan masa lampau (1:1–5)

Untuk mengerti ayat-ayat awal dalam kitab ini kita harus mundur 1,500 tahun. Maleakhi mencanangkan bahwa Tuhan mencintai Yakub dan membenci Esau -- saudara kembar yang sikapnya satu kepada lain tidak baik. Itu terkesan janggal untuk telinga kita. Penting untuk disadari bahwa dalam Alkitab kata 'dikasihi' dan 'dibenci' tidak berarti sama seperti yang kita mengerti. Mengasihi seseorang berarti memerhatikan orang tersebut dan tidak mementingkan kebaikan diri sendiri. Membenci seseorang dalam bahasa alkitabiah berarti tidak peduli atau mengusahakan kebaikan seorang itu. Maka ketika Yesus berkata, "Kamu tidak layak mengikut Aku jika kamu tidak membenci ayahmu dan ibumu," Ia tidak memaksudkan bahwa pendengar-Nya harus menyimpan kepahitan dan kebencian terhadap mereka, tetapi bahwa mereka harus memerhatikan Dia lebih daripada mereka.

Tambahan lagi, Tuhan tidak hanya bicara tentang Yakub dan Esau di masa lampau tetapi tentang dua bangsa Israel dan Edom dalam zaman Maleakhi. Ia mengingatkan mereka bahwa di sepanjang 100 tahun sebelumnya Ia tidak melakukan lain dari kebaikan untuk Israel dan telah menghukum Edom. Ketika orang Babilonia datang mengambil orang Yahudi ke pembuangan, orang Edom -- keturunan Esau yang hidup di seberang Yordan -- bergembira dan ikut serta. Teriakan mereka adalah, "Horee! Selesailah mereka!" Mereka ikut serta dalam penghancuran mengerikan itu, memegang bayi-bayi orang Yahudi di kaki mereka dan menghantamkan kepala mereka ke tembok Yerusalem sampai otak mereka keluar.

Sejak hari itu Edom ada di bawah hukuman Tuhan. Itu datang sesudah periode waktu yang lama. Tuhan membuang mereka ke luar dari kota asal mereka Petra dengan membawa orang Arab melawan mereka. Mereka dipaksa untuk mengais untuk hidup di gurun Negeb, di mana tidak ada tanaman pangan.

Jadi dalam Maleakhi, Tuhan memberitahu Israel bahwa Ia telah melakukan semua ini kepada Edom karena apa yang telah mereka lakukan kepada orang Yahudi. "Aku telah mengasihimu dan Aku tidak memerhatikan mereka." Maleakhi meminta mereka untuk berpikir tentang kesanggupan mereka bertahan hidup dalam perbandingan dengan Edom, dan bersyukur kepada Tuhan. Pelajarannya jelas. Apabila kita mengeluh kepada Tuhan, kita mesti berpikir tentang apa yang telah Ia buat kepada orang lain dan merenungkan apa yang telah Ia lakukan untuk kita, dan beryukur karenanya.

Di balik semua khotbah Maleakhi ada satu ide khusus tentang Tuhan yang perlu kita tangkap dengan baik. Ia melihat Tuhan dalam tiga fungsi, sebagaimana keseluruhan Perjanjian Lama melihatnya juga -- yaitu wilayah yang dengan mudah dilupakan oleh mereka yang tidak membaca Perjanjian Lama. Kita membaca Perjanjian Baru dan berpikir Tuhan adalah Bapa yang mengasihi, tetapi tiga dimensi Tuhan sebagaimana yang dilihat dalam Perjanjian Lama ini penting adanya. Ia adalah Pencipta dalam masa lalu kita, Raja dalam masa kini kita dan Hakim dari masa depan kita. Kita harus ingat kerangka kerja ini ketika kita memikirkan berbagai isu terkait dengan Tuhan.

# Dosa-dosa masa kini (1:6–3:15)
## Para imam (1:6–2:9)

Orang pertama yang Maleakhi serang adalah para imam. Tuhan dilihat sebagai Bapa dan sebagai Tuan dan harus dihormati. Sebaliknya, mereka memperlakukan Tuhan dengan penghinaan. Terlalu sering dalam ibadah-ibadah gereja Tuhan diperlakukan dengan keterbiasaan ketimbang dengan takjub dan hormat. Di sini ia memberitahu para imam bahwa mereka membuat Tuhan direndahkan dan dihinakan. Sekali lagi umat merespons dengan bertanya, "Bagaimana?" Ia menjawab dengan dua contoh:

PERSEMBAHAN MURAHAN

Pertamanya, umat memberikan korban-korban persembahan murahan. Ketimbang memilih domba yang terbaik, sebagaimana dirinci dalam Hukum Musa, mereka memilih yang jelek -- yang buta dan pincang -- untuk dipersembahkan kepada Tuhan. Maleakhi menunjukkan bahwa dengan tidak memberikan persembahan yang terbaik kepada Tuhan, mereka sesungguhnya melakukan yang kurang daripada yang untuk gubernur Persia. "Engkau memberi untuk Tuhan sisa-sisa. Engkau memberikan kepada orang lain yang terbaik yang dapat kau beri!"

Keduanya, ia memberitahu mereka bahwa nama Tuhan besar di antara bangsa-bangsa tetapi tidak di antara mereka, sehingga orang kafir lebih memiliki hormat untuk Tuhan ketimbang mereka. Pesan itu cukup keras meresahkan.

## KHOTBAH-KHOTBAH POPULER

Berikut ia menyalahkan para imam yang memberitahu umat apa yang mereka ingin dengar ketimbang mengajarkan hukum Tuhan kepada mereka. Mereka seharusnya menjadi para hamba yang takut Tuhan, bukan berusaha menyenangkan manusia. Di sini lagi-lagi ada pencobaan mendasar dan tekanan atas mereka yang melayani Tuhan dalam Gereja. Sangat mudah memberikan orang apa yang ingin mereka dengar dan bukan mengganggu mereka, jika mereka terganggu, Anda tahu tidak akan diundang kembali!

Maleakhi mengingatkan mereka tentang perjanjian Tuhan dengan Lewi dulu pada masa Musa, ketika para imam diberitahu bahwa mereka tidak perlu bekerja untuk mendapatkan upah, tetapi akan didukung oleh umat lainnya, asalkan mereka mengajarkan umat untuk takut akan Tuhan. Tetapi kini mereka tidak mengajarkan umat untuk takut akan Tuhan, para imam Lewi diberitahu bahwa umat harus dapat menyaksikan kehidupan yang saleh dan tidak hanya mendengarkan perkataan mereka. Bibir dan hidup mereka harus memberikan pesan yang sama. Maka ia memberitahu bahwa mereka telah ada di bawah kutuk dan yang lebih buruk akan datang. Banyak anak-anak mereka yang akan mati dan keimamatan akan berakhir jika perilaku mereka berlanjut.

## Umat (2:10-3:15)

Kemudian Maleakhi berfokus pada umat itu. Ada lima hal yang memperlihatkan baik kepercayaan maupun perilaku mereka sedang tergelincir.

### PERNIKAHAN CAMPUR

Orang muda menikahi orang dari luar umat Tuhan. Sepanjang sejarah Israel sebagai bangsa, Tuhan telah menegaskan bahwa umat tersebut harus menikah di dalam bangsa itu sendiri. Praktik tersebut juga terjadi dalam Gereja. Jika Anda menikah dengan anak si jahat, Anda akan mengalami masalah dengan mertua Anda! -- selain sepanjang hidup sangat mengalami ketidakbahagiaan.

### PERCERAIAN TAK BERPERASAAN

Masalah kedua adalah yang dapat kita sebutkan sebagai perceraian 'tak berperasaan.' Sebagian mempraktikkan poligami berturutan. Poligami secara simultan adalah dimana laki-laki menikahi banyak perempuan pada masa yang sama; poligami berturutan adalah dimana mereka memiliki sebanyak mungkin istri yang mereka inginkan, asalkan mereka memiliki seorang pada satu waktu. Ini adalah satu lagi praktik yang telah menjadi sangat lazim dalam Gereja. Tetapi ini melukai hati Tuhan, sebab setiap pernikahan dibuat di hadapan Tuhan -- entah itu dilakukan di catatan sipil atau di gereja. Maka setiap pernikahan tunduk kepada Hukum Tuhan. Hukum Tuhan, menurut Yesus, ialah poligami berturutan menghasilkan perzinahan -- meski agaknya kebanyakan pengkhotbah masa kini takut mengatakan itu. Maleakhi menghadapi ini, dan kita harus menghadapinya juga, tetapi barangkali ini adalah hal paling tidak populer yang harus kita hadapi dalam Gereja masa kini. Tuhan hanya berkata, "Aku benci perceraian."

PERTANYAAN MERAGUKAN

Ketika Tuhan menuduh umat melanggar perjanjian, mereka menjawab, "Tetapi bagaimana kami melanggarnya?" Ia menjawab bahwa mereka melanggar perjanjian itu dengan saling menikah dengan orang di luar umat Tuhan. Mereka berpikir mereka tidak bersalah dan tidak suka bahwa sang pengkhotbah menyalahkan mereka. Orang tidak peduli Anda membuat pernyataan umum, tetapi ketika Anda mengatakannya secara jelas, itu melukai perasaan. Maleakhi menjelaskan bahwa ini membuat Tuhan khawatir. Dengan mantap ia berkata, "Kalian mengatakan, 'bagaimana dapat kamu percaya Tuhan mengasihi ketika hal ini terjadi?' Betapa beraninya kamu mengatakan pertanyaan seperti itu! Kamu bertanya, 'Dimanakah keadilan Tuhan?' Beraninya kamu bertanya seperti itu. Penghukuman akan datang, meski mungkin tidak secara langsung, sebab Tuhan sabar dengan kita. Tetapi jangan pernah menuduh Tuhan tidak adil dan tidak peduli tentang hal-hal buruk yang berlangsung."

Seakan ini tidak cukup buruk, Maleakhi mengguncang umat dengan mengatakan bahwa ketika Tuhan datang untuk menghukum orang jahat, Ia akan memulainya dari dalam bait. Mereka berseru agar Tuhan mengurus orang jahat, tetapi ketika Ia datang maka mereka dulu yang akan diurus-Nya! Para imam yang mula-mula akan dihakimi, dan kemudian umat tersebut.

Ia mendaftarkan orang yang tidak takut Tuhan: tukang sihir, pezinah, orang yang bersumpah palsu, mereka yang menipu upah para pekerja, mereka yang menindas para janda dan yatim piatu, dan mereka yang membuat orang asing tidak beroleh keadilan. Perkataan yang tertuju jelas.

Sampai di sini terjadi perubahan nada yang pasti. Kesannya Tuhan bicara dari hati-Nya. Ia menjelaskan kenyataan bahwa umat itu tidak dihancurkan adalah karena kemurahan-Nya. Mereka boleh melanggar perjanjian-Nya, tetapi Ia akan tetap berkomitmen kepada mereka. Tuhan berkata, "Kembalilah kepada-Ku dan Aku akan kembali kepadamu." Benar ketika kita menjauh dari Tuhan Ia akan menjauh dari kita, tetapi apabila kita kembali kepada-Nya Ia akan kembali kepada kita! Tuhan ada dalam hubungan dua jalur yang dinamis dengan umat-Nya, dan Ia merespon kepada mereka senantiasa. Tuhan terus menerus menjumpai kita di mana kita ada, merespons kita, terhadap sikap kita kepada-Nya. Sebagian orang berpikir tentang Tuhan sebagai yang sedang duduk di ketinggian surga yang jauh, dan membuat keputusan serta mendorong kita seperti boneka -- tetapi ini bukan gambaran Alkitab. Alkitab memperlihatkan Tuhan sebagai yang merespons kepada kita senantiasa, yang mengubah pikiran-Nya ketika kita berubah, yang menyesal ketika kita menyesal, yang kembali kepada kita ketika kita kembali kepada Dia. Ini suatu hubungan yang dinamis.

PERSEPULUHAN YANG TIDAK DIBAYARKAN

Selanjutnya Maleakhi memberitahu mereka bahwa mereka

mencuri dari Tuhan. Sekali lagi umat itu mempertanyakan hal itu, dengan mengatakan "Bagaimana? Kami tidak pernah mencuri dari Tuhan.' Sekali lagi jawabannya tajam: "Kamu telah mengabaikan persepuluhan dan persembahan."

Maleakhi berhasil mengena ke mereka dan mereka keberatan. Ia menjelaskan bahwa mereka tidak memelihara pemberian 10 persen yaitu persepuluhan kepada Tuhan atau persembahan sukarela, dan karenanya mereka ada di bawah kutuk sebab melanggar hukum tentang persepuluhan. Hukum Musa mengatakan bila Anda memberikan itu, Tuhan akan memberkati Anda, dan jika tidak, Ia mengutuk Anda sampai generasi ke tiga dan ke empat.

Memang orang Kristen tidak di bawah hukum Taurat. Sepanjang hidup saya tidak pernah mengkhotbahkan soal persepuluhan! Saya pernah mengkhotbahkan *persembahan,* sebab dalam Perjanjian Baru kita harus memberi dari rasa syukur kita -- Tuhan tidak ingin pemberian Anda jika Anda tidak suka memberikannya! Tetapi dalam Perjanjian Lama mereka harus memberi persepuluhan. Mengkhotbahkan persepuluhan masa kini selalu akan menimbulkan masalah. Suatu ketika istri saya dan saya mendengarkan seorang muda mengkhotbahkan persepuluhan di gereja. Kebanyakan yang melakukan ini berfokus pada berkat-berkat dan luput tentang kutukan, tetapi paling tidak ia konsisten. Tetapi pesannya itu mengerikan. Ia memberitahu jemaat bahwa jika mereka tidak memberikan persepuluhan, cucu dan buyut mereka akan menderita; Tuhan akan menghukum mereka yang melanggar hukum pesepuluhan sampai ke generasi ke tiga dan ke empat. Mereka akan hidup di bawah kutukan.

Maka ketika petugas datang untuk mengambil persembahan, mereka mendapatkan jumlah terbesar yang pernah dipungut untuk bertahun-tahun -- hal yang tidak perlu diherankan. Tetapi sesudah itu saya memberitahu para pemimpin gereja bahwa itu adalah ajaran yang jahat, sebab membuat orang memberi karena takut. Tuhan suka pemberi yang senang hati, dan kita memberi di bawah perjanjian baru anugerah. Untuk sementara orang persepuluhan akan terlalu sedikit dan untuk lainnya mungkin terlalu banyak, dan kita perlu lebih lentur.

Tetapi Maleakhi dapat dengan tepat mengatakan bahwa umat itu telah di bawah kutukan sebab mereka tidak membawa persepuluhan mereka. Jika mereka ingin mengalami berkat kembali mereka harus membawa semua persepuluhan ke rumah perbendaharaan Tuhan, dan Tuhan akan membukakan tingkap langit dan mencurahkan berkat tersebut sampai tidak dapat lagi ditampung. Konteks janji ini mengusulkan bahwa secara harfiah ia memaksudkan itu sebagai awan dan hujan yang mengakhiri kekeringan.

UCAPAN FITNAH

Maleakhi melanjutkan penghakimannya dengan menuduh umat tentang ucapan fitnah. Sekali lagi mereka merespon bagaimana mereka memfitnah Tuhan. Maleakhi mengatakan bahwa dengan jalan mereka merendahkan pelayanan Tuhan, dengan mengklaim bahwa itu tidak ada gunanya sebab bahkan pembuat kejahatan beruntung. Dengan berbuat demikian mereka mengklaim bahwa Tuhan bukanlah Tuhan sejati dan tidak tahu apa yang Ia lakukan. Apakah semua ini menghasilkan akibat? Apakah Maleakhi pengkhotbah yang efektif sebagaimana Hagai dan Zakharia? Apakah umat itu merespons? Jawabannya ialah sebagian memang merespons -- mereka membahas pesan itu dan bertobat. Mereka mengambil tanggungjawab mereka dan membereskan yang tidak beres. Tuhan bahkan menuliskan nama-nama mereka yang besungguh itu dalam sebuah kitab.

## Pemisahan masa depan (3:16–4:6)

Dalam bagian terakhir Maleakhi membuat garis besar pemisahan di dalam umat Tuhan. Ia berkata bahwa akan datang masa ketika Israel akan dibagi ke dalam dua bagian. Nabi itu menyebutnya 'hari Tuhan.' Ini disebutkan dalam para nabi lain seperti Zakharia, Amos dan Yoel. Itu adalah hari perhitungan, penetapan catatan dan penghakiman. Pada hari itu akan ada dua kelompok: mereka yang melayani Tuhan dan yang tidak.

Bagian nas ini mencakup paparan indah tentang kehidupan untuk orang benar. Saya biasa bangun pada jam 4 pagi untuk memerah susu dari 90 lembu di pertanian di Northumberland. Semasa musim dingin kami menaruh ternak itu dalam ruang dan memberi mereka makan selama berbulan-bulan. Lalu tibalah hari ketika kami melepaskan mereka ke luar untuk pertama kalinya dalam musim semi. Jika Anda kenal tentang kehidupan pedesaan, Anda tahu apa yang akan terjadi berikutnya. Bahkan lembu yang paling tua berloncatan seperti domba. Lembu yang besar dan tambun berjingkrakan ke sekeliling tanah peternakan dengan kegirangan. Maleakhi berkata seperti inilah yang terjadi dengan umat Tuhan. Mereka akan melompat karena sukacita tentang hari ketika Tuhan datang membawa keselamatan final kepada umat-Nya.

Mereka yang ditolak pada hari itu dipaparkan sebagai 'jerami yang dibakar sesudah panenan.' Pada masa ketika hal ini legal di Inggris, semua yang harus ditinggalkan dijadikan abu. Sama halnya ternak berloncatan di padang penggembalaan hijau di bawah matahari adalah gambaran tentang orang benar, abu jerami adalah gambaran dari mereka yang tidak merespons kepada Tuhan. Ada tiga hal yang harus kita perhatikan tentang pokok ini.

1. Israel sebagai umat akan bertahan hidup. Maleakhi berkata sebagai wakil Tuhan, "Aku tidak berubah. Aku tidak menyangkali firman-Ku." Maka kita dapat memastikan bahwa selalu akan ada Israel.
2. Tetapi jelas juga bahwa sebagian di Israel akan terhilang. Berarti, tidak semua orang Yahudi yang pernah hidup akan diselamatkan, tidak juga berarti bahwa orang Yahudi tidak perlu injil.
3. Ada pernyataan bahwa beberapa di luar Israel akan diselamatkan. Maleakhi berkata akan ada di antara bangsa-bangsa yang akan menjadi bagian dari orang benar, maka kita mendapatkan petunjuk tentang apa yang akan terjadi dalam Perjanjian Baru.

# Penutup (4:4–6)

Tiga ayat yang terakhir dibangun di sekitar dua orang terbesar dalam Perjanjian Lama -- Musa dan Elia. Ini adalah ajakan terakhir Tuhan kepada umat-Nya Israel dalam Perjanjian Lama -- firman-Nya terakhir untuk 400 tahun, sebelum dibukanya Perjanjian yang Baru.

Tuhan mengajak umat itu untuk mengingat Musa dan kembali kepada Hukum Taurat, sebab Tuhan adalah Raja mereka yang Agung. Lalu ia berkata bahwa Tuhan akan memberi mereka satu kesempatn lain. Ia akan mengirimkan seorang lagi nabi kepada mereka -- seorang tokoh seperti Elia yang akan datang untuk menantang mereka. Elia adalah seorang nabi besar pertama yang menantang penyembahan berhala dan immoralitas Israel, sedangkan Musa adalah nabi yang memimpin mereka ke luar dari Mesir dan yang memberikan mereka Perjanjian serta Hukum Taurat.

Maka Perjanjian Lama ditutup dengan kata-kata ini: "Jika mereka tidak mendengarkan Elia, maka tanah ini akan dihantam dengan kutukan." Mereka akan menerima satu lagi kesempatan terakhir sebelum hari Tuhan -- seorang nabi lagi yang menyiapkan jalan Tuhan. Selama lebih dari 400 tahun mereka menantikan terjadinya hal itu. Mereka ditaklukkan oleh orang Persia, Mesir, Siria, Yunani dan Romawi, dan akhirnya kesempatan itu pun datang. Tiba-tiba seorang yang berpakaian seperti Elia, makan sarang lebah dan madu hutan, persis seperti Elia. Negeri itu berjejalan untuk mendengarkan orang ini yang mengkhotbahkan pesan yang Maleakhi katakan akan ia khotbahkan. Ia memanggil umat itu untuk kembali kepada hikmat dan balik kepada kehidupan keluarga. Tetapi ia hanya datang sebagai pelopor untuk menyiapkan jalan bagi Tuhan Yesus.

Apabila Anda melihat ke Perjanjian Baru Anda temukan bahwa ada perdebatan besar tentang apakah Yohanes Pembaptis adalah Elia. Pada dua kesempatan, Yesus berkata bahwa Elia adalah Yohanes sepupunya (Matius 11:7-14; 17:9-13). Maka Maleakhi dan Matius berjalan berdampingan dalam Alkitab kita. Matius memberitahu kita bagaimana Elia sungguh datang dalam pribadi Yohanes Pembaptis. Ia secara sengaja mengenakan pakaian Elia dan makan makanan Elia. Ini adalah penyataan tentang tindakan Tuhan berikutnya. Ketika Yesus mencapai situasi penentu sesudah dua setengah tahun pelayanan-Nya dan membawa para murid ke kaki Gunung Hermon serta bertanya, "Menurut kamu siapakah Aku ini?" mereka menjawab, "Oh, sebagian orang menganggap Engkau adalah titisan Yeremia atau seorang lainnya." Tetapi Yesus bertanya lagi siapa adanya Dia menurut mereka. Petrus menangkap kebenaran tentang-Nya dan berkata, "Engkau pernah hidup sebelum ini, bukan? Tetapi bukan di bawah sini -- Engkau hidup di atas sana. Engkau adalah Kristus, Anak Tuhan yang hidup." Lalu Yesus mengajak Petrus, Yakobus dan Yohanes naik ke gunung itu, dan Musa serta Elia menampakkan diri dan berbicara kepada Yesus. Maleakhi telah menyatakan janji tentang kejadian itu, dan semua itu datang bersama.

## Penerapan Kristen

1. Di dalam 1 Korintus 10 kita diberitahu bahwa semua contoh dari Perjanjian Lama ini dituliskan untuk kegunaan orang Kristen. Apa yang telah terjadi kepada bangsa Yahudi dapat dengan mudahnya terjadi pada kita. Apatis, tidak percaya, immoralitas dan tak berperasaan dapat mengidapi orang percaya Kristen juga.
2. Kita mesti mengizinkan Perjanjian Baru menafsirkan Perjanjian Lama. Kita tidak di bawah Sabat atau hukum persepuluhan, tetapi di bawah Hukum Kristus, yang lebih ketat ketimbang Hukum Musa tentang perceraian dan pernikahan ulang, dan tentang banyak lagi isu lainnya.
3. Di satu sisi, kita tidak boleh bebas dalam cara kita memperlakukan anugerah Tuhan. Terlalu banyak orang Kristen yang secara praktis kehilangan takut

akan Tuhan -- jika kita berbuat demikian, kita tidak sepenuhnya meraih injil Kristus.
4. Kita harus ingat bahwa penghakiman mulai dari rumah Tuhan, para penulis Perjanjian Baru mengikuti pola yang sama seperti Maleakhi ketika menyangkut tentang penghakiman. Ketika Tuhan datang untuk menghakimi, Ia pertama menghakimi umat-Nya dan kemudian Ia menghakimi semua orang lainnya. Akan ada pemisahan bahkan di antara orang-orang dalam gereja. Kita tidak boleh menjadi terlena, sambil mengandaikan bahwa karena kita telah mengambil keputusan untuk Kristus di masa lampau kini kita OK. Kita harus memiliki kegairahan untuk 'memastikan panggilan dan pemilihan kita " dan untuk bertekun dalam perkata-perkara Tuhan, jika kita tidak ingin menghadapi hukuman yang datang pada umat di zaman Maleakhi.

#  Tentang David Pawson

Pawson melanjutkan legasi para penulis Kristen besar di Inggris, karyanya yang paling dikenal, <u>Unlocking the Bible</u> (Membuka Isi Alkitab) adalah yang terkenal di seluruh dunia baik dalam bentuk cetak, rekaman audio atau video.

Pawson dikenal menerima teks alkitabiah sebagai firman Tuhan yang berotoritas sambil menjelaskan artinya dan konteksnya dalam bahasa yang praktis dan dapat dimengerti. Karena ia mengikuti pengajaran Alkitab andai terjadi bentrokan dengan tradisi gereja, buku-bukunya kerap kontroversial.

Hari ini David bicara ke seluruh dunia dan diterima di *God TV* oleh jutaan pemirsa di hampir semua negara.

Lahir tahun 1930, David tadinya berniat menjadi petani sesudah menyelesaikan B.Sc. dalam pertanian di Durham University. Ia terkejut ketika Tuhan campur tangan dan memimpinnya ke dalam pelayanan. Belajar dalam program gelar lebih tinggi dalam teologi di Cambridge, di bawah para pendidik liberal berpengaruh, Pawson kehilangan kepercayaannya akan Alkitab dan hampir kehilangan imannya juga akan Tuhan.

Ia kembali ke kepercayaannya akan sifat Alkitab yang tidak menyesatkan (*infallibility*) dan tidak mengandung kesalahan (*inerrancy*) sementara menjadi pendeta di Angkatan udara Inggris (Royal Air Force). Semasa periode ini ia memutuskan mengkhotbahkan Alkitab secara sistematis dari awal ke akhir. Akibatnya di antara para prajurit membuat dia dan orang lain heran, dan mengukuhkan bagi dia tentang inspirasi Alkitab. Sejak itu, khotbahnya entah merupakan pelajaran Alkitab atau pelajaran topikal yang didasari atas pemeriksaan rinci dan kontekstual tentang apa yang Alkitab katakan.

Sebagai pastor dari Millmead Centre, Pawson membuat reputasi sebagai ekspositor Alkitab kalangan injili dan karismatik. Di bawah pelayanan Pawson, Millmead menjadi gereja Baptis terbesar di Inggris.

Ia kerap bicara di Inggris dan ke banyak bagian dunia, termasuk Eropa, Australia, New Zealand, Afrika Selatan, Belanda, Israel, AsiaTenggara dan Amerika Serikat.

David Pawson tinggal di dekat Basingstoke, Hampshire di selatan Inggris dengan istrinya Enid.

Buku-buku lain oleh David Pawson

A Commentary on the Gospel of Mark (Tafsiran Injil Markus)

A Commentary on the Gospel of John (Tafsiran Injil Yohanes)

A Commentary on Acts (Tafsiran Kisah Para Rasul)

A Commentary on Romans (Tafsiran Surat Roma)

A Commentary on 1 & 2 Corinthians (Tafsiran Surat 1 & 2 Korintus)

A Commentary on Galatians (Tafsiran Surat Galatia)

A Commentary on Ephesians (Tafsiran Surat Efesus)

A Commentary on 1 & 2 Thessalonians (Tafsiran Surat 1 & 2 Tesalonika)

A Commentary on Hebrews (Tafsiran Surat Ibrani)

A Commentary on James (Tafsiran Surat Yakobus)
A Commentary on The Letters of John (Tafsiran Surat-surat Yohanes)
A Commentary on Jude (Tafsiran Surat Yudas)
A Commentary on the Book of Revelation (Tafsiran Kitab Wahyu)
By God, I Will (The Biblical Covenants) (Oleh Tuhan, Aku Akan (Perjanjian Alkitabiah)
Angels (Malaikat)
Christianity Explained (Penjelasan tentang Kekristenan)
Come with me through Isaiah (Ikut Saya Menelusuri Yesaya)
Defending Christian Zionism (Membela Zionisme Kristen)
Explaining the Resurrection (Menjelaskan Kebangkitan)
Explaining the Second Coming (Menjelaskan Kedatangan Kedua)
Explaining Water Baptism (Menjelaskan Baptisan Air)
Is John 3:16 the Gospel? (Apakah Yohanes 3:16, Injil?)
Israel in the New Testament (Israel dalam Perjanjian Baru)
Jesus Baptises in One Holy Spirit (Yesus Membaptiskan dalam Satu Roh Kudus)
Jesus: The Seven Wonders of HIStory (Yesus: Tujuh Keajaiban dari Sejarah/Kisah-NYA)
Kingdoms in Conflict (Kerajaan-kerajaan dalam Konflik)
Leadership is Male (Kepemimpinan adalah Laki-laki)
Living in Hope (Hidup dalam Pengharapan)
Not as Bad as the Truth (autobiography) (Tidak Seburuk sebagaimana Kebenarannya -- otobiografi)

Once Saved, Always Saved? (Sekali Selamat, Selamat Seterusnya?)

Practising the Principles of Prayer (Mempraktikkan Prinsip-prinsip Doa)

Remarriage is Adultery Unless.... (Nikah Ulang adalah Perzinahan, Kecuali...)

Simon Peter – The Reed and the Rock (Simon Petrus -- Jerami dan Batu Karang)

The Challenge of Islam to Christians (Tantangan Islam kepada Orang Kristen)

The Character of God (Sifat Tuhan)

The God and the Gospel of Righteousness (Tuhan dan Injil Kelakuan Benar)

The Lord's Prayer (Doa Bapa Kami)

The Maker's Instructions (Ten Commandments) (Instruksi Sang Pencipta -- Sepuluh Hukum)

The Normal Christian Birth (Kelahiran Kristen yang Normal)

The Road to Hell (Jalan Ke Neraka)

Unlocking the Bible (Membuka Isi Alkitab)

What the Bible says about the Holy Spirit (Apa Kata Alkitab tentang Roh Kudus)

When Jesus Returns (Ketika Yesus Datang Kembali)

Where has the Body been for 2000 years? (Dimanakah Tubuh selama 2000 tahun?)

Where is Jesus Now? (Dimanakah Yesus Kini?)

Why Does God Allow Natural Disasters? (Mengapa Tuhan Mengizinkan Bencana Alam?)

Word and Spirit Together (Firman dan Roh Bersama)

## Buku-buku David Pawson dalam Terjemahan Bahasa Tionghoa

### Bread of Life, Taiwan
Come with me through Isaiah (Ikut Saya Menjelajahi Yesaya)
Come with me through Mark (Ikut Saya Menjelajahi Markus)
Come with me through Revelation (Ikut Saya Menjelajahi Wahyu)
Jesus Baptises in one Holy Spirit (Yesus Membaptiskan dalam Satu Roh Kudus)
Word and Spirit Together (Firman dan Roh Bersama)

### Elim Bookstore, Taiwan
Christianity Explained (Kekristenan Dijelaskan)
The God and the Gospel of Righteousness (Tuhan dan Injil Kelakuan Benar)
Is John 3:16 the Gospel? (Apakah Yohanes 3:16, Injil?)
Israel in the New Testament (Israel dalam Perjanjian Baru)
Leadership is Male (Kepemimpinan adalah Laki-laki)
Living in Hope (Hidup dalam Pengharapan)
Practising the Principles of Prayer (Mempraktikkan Prinsip Doa)
The Road to Hell (Jalan ke Neraka)
Why does God allow Natural Disasters? (Mengapa Tuhan Mengizinkan Bencana Alam?)

**Untuk sumber tentang pengajaran David Pawson lainnya,**

Termasuk DVD dan CD, kunjungi
www.davidpawson.com

UNTUK MENGUNDUH GRATIS
www.davidpawson.org

*Buku-buku David Pawson bisa didapatkan melalui True Potential Publishing, Inc. dan tokobuku-tokobuku di seluruh Amerika Utara. Untuk informasi tambahan tentang David Pawson, bahan bacaan contoh dan pesanan secara online sila kunjungi http://pawsonbooks.com*